【正德】袁州府志校注

歐陽文　鄢文龍　校注

暨南大學出版社
JINAN UNIVERSITY PRESS

中国・广州

圖書在版編目（CIP）數據

（正德）袁州府志校注/歐陽文，鄢文龍校注．—廣州：暨南大學出版社，2019.4
ISBN 978－7－5668－2079－2

Ⅰ.①正…　Ⅱ.①歐…②鄢…　Ⅲ.①宜春—地方志—明代
Ⅳ.①K295.63

中國版本圖書館 CIP 數據核字（2017）第 048988 號

（正德）袁州府志校注
（ZHENGDE）YUANZHOU FUZHI JIAOZHU
校　注：歐陽文　鄢文龍

出 版 人：徐義雄
策劃編輯：杜小陸
責任編輯：杜小陸　劉　晶
責任校對：鄧麗藤　李林達　劉雨婷　蘇　潔
責任印製：湯慧君　周一丹

出版發行：暨南大學出版社（510630）
電　　話：總編室（8620）85221601
營銷部（8620）85225284　85228291　85228292（郵購）
傳　　真：（8620）85221583（辦公室）　85223774（營銷部）
網　　址：http://www.jnupress.com
排　　版：廣州良弓廣告有限公司
印　　刷：廣州市快美印務有限公司
開　　本：787mm×960mm　1/16
印　　張：35.5
字　　數：480 千
版　　次：2019 年 4 月第 1 版
印　　次：2019 年 4 月第 1 次
定　　價：168.00 圓

目錄

《袁州府志》目錄……（一）

袁州府志卷之一……（一）

袁州府志卷之二……（三四）

袁州府志卷之十一……（二四四）

袁州府志卷之十三……（三三五）

袁州府志卷之十四……（三七六）

《（正德）袁州府志》整理説明

一、《袁州府志》現存正德、康熙、嘉慶、同治等刻本，其中正德刻本是現存最早的刻本。雖然其内容没有後出者完備，但保留了其他版本所未載録的資料，有其無可取代的文獻價值。今以一九六三年十月上海古籍書店影印的寧波天一閣藏明正德刻本《袁州府志》爲底本加以標點、校勘和注釋，以繁體字竪排形式出版。

二、《袁州府志》共十四卷，此外還有《〈袁州府志〉序》、《重修〈袁州府志〉序》、府境圖、府城圖、郡縣表、《〈袁州府志〉後序》等内容。爲盡量保持文獻原貌，本書的卷次、前後附録的内容及其先後順序、各部分行文均依照原著不變。原著中對本朝稱「我朝」「皇朝」「聖朝」等稱謂一律不改，但對於其頂格、提行或空格的行款格式則略加改動。爲便於閲讀，對原著中的序、碑、記、祭文、詔、令、表、狀、銘、哀辭等文體進行了分段。

三、本書在整理過程中，首先使用康熙刻本、嘉慶刻本和同治刻本進行校對，其次使用《（康熙）宜春縣志》《（同治）宜春縣志》《（同治）分宜縣志》《（康熙）萍鄉縣志》《（同治）萍鄉縣志》《（雍正）萬載縣志》《（同治）萬載縣志》《（民國）萬載縣志》進行校對，最後也參校其他文獻資料，如《四庫全書》《江西通志》《大清一統志》以及屈守元《韓愈全集校注》、祖無擇《龍學文集》、虞集《道園學古録》、羅倫《一峰文集》、歐陽玄《圭齋文集》等。對本書與各種文獻之間存在的差異，區分不同情況進行處理，適當加以校改，並出校勘記，附於相應各卷之後，每卷自爲起訖。明顯屬於他書有誤而本書無誤的，一般不校不改。若異文兩通或難斷是非，則將各種異文一一列示，存疑者有待專家考辨。校記中，爲使文字簡潔，閲讀方便，將《（正德）袁州府志》《（康熙）袁州府志》《（嘉慶）袁州府志》《（同治）袁州府志》分别簡稱爲《正德志》《康熙志》《嘉慶志》《同治志》，各邑縣志則一仍其舊。

四、本書爲繁體版，通篇采用文化部和中國文字改革委員會一九五五年聯合發布的《第一批異體字整理表》及其後有關規定中認定的規範字。針對原文中大量存在的異體字，我們以相關規定爲依據，並參考《漢語大辭典》《漢語大字典》《新華字典》《辭源》等工具書，根據具體情況采取遵循規範、適當變通的方法進行了整理，以求既規範用字又體現古籍的特殊性，既努力保持古籍原貌又盡量減輕讀者閱讀困難。

（一）對原文中字義範圍不超過相應規範字的異體字一律直接改爲規範字。例如原文中的「畞」「畒」「畆」「畮」均改爲「畝」，又如原文中的「窻」「牕」「窓」均改爲「窗」。

（二）對原文中字義範圍超過相應規範字的異體字則根據具體情況審慎分析之後進行整理，字義與相應規範字一致則改爲規範字，不一致則保留該異體字。如「賫」（規範字）和「賷」（異體字）。如「寓券非鄉大夫或郡守貳移書賷往不可」（張嗣古《待補莊記》），句中「賷」作「攜帶」解，與「賫」義同，故改爲規範字「賫」，而「率官屬資以裝賷」（本書卷八《人物》「鐘傳」條），句中「賷」通「資」，與「賫」字義不通，故保留異體字「賷」。

（三）對原文中某些寫法和現在簡體形式一致的字，若其字義範圍較與其對應的規範繁體字爲廣，則亦根據具體情況分析之後進行處理。如「朴」與「樸」（繁體規範字）。「尊敦儉朴」（張商英《宋大雅序引》）之「朴」，表「樸素」之義，故改爲規範繁體字「樸」，而「諸公鞭朴立威名」（黄庭堅《送别駕孫公汲還宜陽》）之「朴」意爲「擊打」「撻伐」，此義爲「樸」所不具有，故不能寫作「樸」。又「厚朴」之「朴」也不能寫作「樸」，故整理時均注意保留原文寫法。

（四）對原文中的通假字、古今字一般予以保留。如「元不遠山林」（戴復古《宜春東湖呈趙使君》），句中「元」字後來寫作「原」，屬於古今字，故保留「元」字。「君蚤有譽於鄉」（蘇伯衡《夏尚之太史哀辭》），句中「蚤」即「早」，屬通假字，也保留不變。

（五）對於人名、地名、書名中的異體字一般均予以保留。但是，如果同一名稱在全書中有不同寫法，則一律改爲規範字，如「劉嗣隆」或寫作「劉嗣隆」，統一爲「劉嗣隆」；「晦庵」或寫作「晦菴」，統一爲「晦庵」；「集雲峰」或寫作「集雲峯」，統一爲「集雲峰」。

（六）對原文中「淚」「傑」「異」「棄」「災」「嶽」「棲」「詠」「巖」「並」「煙」「簷」等異體字，本着從衆從俗的原則予以保留，故此，原文中已使用以上諸字所對應的規範字的，在遵循以上各條原則的基礎上，一並改爲該字所對應的異體字。

（七）對原文中一些明顯的版刻錯誤，字形混同等錯誤，根據文意可以斷定是非的，如「支」「攴」混用、「己」「已」「巳」混用的，則直接改動而不出校。

五、爲便於讀者理解，依據《漢語大辭典》《漢語大字典》《故訓匯纂》《辭源》等工具書及其他各種文獻對全書進行較爲翔實的注釋，主要是對可能影響理解文意的較爲晦澀的詞語進行解釋，對某些典章制度、歷史文化方面的詞語進行説明。

六、標點符號的使用，依據《標點符號用法》。主要使用的符號有：逗號、句號、引號、冒號、問號、嘆號、分號、頓號、書名號、間隔號、括號十一種常規性符號，不使用破折號、省略號、連接號與專名號等。

《〈（正德）袁州府志〉校注》序

徐時儀

方志是記載我國各地自然風景、民俗風情、政治經濟、文化科學、農耕技術等較爲係統的重要文史典籍，體現了人們在社會實踐活動中創造出來的物化成就和精神成果，蕴含着深厚的文化資源，内容上至天文星象，下及山嶽河川；巨至經濟民生，細及一山一水、一草一木、一事一物，皆追本溯源，叙其演變，詳述現狀，既有社會民情的真實叙説，又有軼聞傳説、民間趣事、歷史掌故、詩文歌咏的網羅徵引，信息量較之史書有過之而無不及，因此被視爲中華民族歷史文化寶庫中的珍寶而有『地方百科全書』之美譽。

地處『江南佳麗之地』的袁州可謂『文物昌盛之邦』，有膾炙人口的王勃《滕王閣序》中『物華天寶』『人杰地靈』所及其人、其事、其物爲证。如唐代詩人劉慎虚、鄭谷、沈彬、任濤、吴罕，宋代史學家劉恕和徐夢莘、詩僧惠洪，元代詩人揭傒斯、音韵學家與戲曲作家周德清，明代科學家宋應星，明末清初學者張自烈，清官况鐘等。其中徐夢莘撰有《三朝北盟會編》，周德清撰有《中原音韵》，宋應星撰有我國古代科技的百科全書《天工開物》。尤其是袁州自古州學、書院興盛，文化積澱厚重，富有尊師重教的優良傳統而有『袁州進士半江西』『江西進士半袁州（宜春）』的美譽。值得一提的還有禪宗史上著名的『馬祖興叢林』源於靖安寶峰寺，『百丈立清規』源於奉新百丈寺，而禪宗三大祖庭的臨濟宗萌芽於宜豐黄檗，曹洞宗揚穗於宜豐洞山，潙仰宗則結果於明月山仰山。

現存最早的《袁州府志》爲正德刻本，記述了袁州區域内自然、社會和人文的歷史狀况，既有山嶽、河川、湖塘、井泉的詳細記載，又有大量描寫自然景致和人文景觀的詩文記述，存後出各本未載資料甚多。歐陽文、鄢文龍兩位先生以一九六三年十月上海古籍書店影印的寧波天一閣藏明正德刻本《袁州府志》爲底本，傾力加以標點、校勘和注釋，具有徵引廣博、取材宏富、訂訛存疑、填漏補缺、校注精審、注釋翔實、文表互補、圖文並茂等特點，校點原文九十餘萬言，糾正九百多處訛、脱、衍、倒錯誤，校注文字達六萬多字，使這一珍貴的地方文獻有了定本，爲人們了解和研究袁州歷史和人文提供了可信的資料。

人生説來真是頗多感慨，袁州在某種意義上可以説是我的第二故鄉。一九六六年我小學畢業，自一年級起一直擔任班長、語數成績幾乎都滿分的我正準備報考重點中學，却慘遭『文革』浩劫而失學。學校停課鬧革命，折騰了一年多又復課鬧革命，鬧來鬧去，不用考試就近分配進了中學，然後學工學農學軍折騰了一番，居然也算中學畢了業。當時上海的一九六九届中學生都到農村接受再教育，一九七〇年四月三日年僅十六歲的我也義無反顧地踏上了奔赴江西的征途，分配在新余縣姚家鄉盤塘村插隊落户，由未成年的孩子成長爲插秧耕田皆還算在行的全勞力。一九七七年重新恢復高考，在全縣三千多名考生僅録取六名的第一輪招生中我有幸脱穎而出，奇迹般地進入江西師範學院宜春分院（今宜春學院），開始了我的第二個學生時代。我的青春年華是在袁州度過的，袁州的山山水水也流淌有我辛勤勞作的汗水，編織過我發奮圖强的青春夢想，如今年過花甲，猶每每憶及袁州的山水風情。

我們中華民族是一個崇尚『根』的民族，中國傳統學問的精髓是樸學，迄今爲止一切有價值的人文學術，無論是理論的闡發還是文本的解析，幾乎在所有的層面上都必須也必定是以實學實证研究作爲基礎的。歐陽文、鄢文龍二位先生點校的《袁州府志》可以説也是以樸學的實证研究作爲基礎的，由其點校的《袁州府志》可以縱觀袁州的社會變遷，不僅爲袁州歷史研究尤其是袁州現今建設和發展的研究提供詳盡的資料，有裨於繁榮袁州的地方文化，打造提升袁州的區域文化品位，擴大袁州地方文化的社會影響力，而且折射出中國文化的總體發展方向，有裨於感受袁州厚重的文化積澱，弘揚中華民族生生不息的文化元素。在此我們期待二位先生在《袁州府志》的研究方面再接再厲，陸續有更多的成果問世。

前言

袁州，古宜春也，乃江右名郡。其地處江湖之間，山水明秀，氣候宜人，林木豐茂，四時美景天然如畫。袁自《禹貢》，歷兩千多年而至今，其爲郡邑之史可謂久矣。史上名公巨卿出守是邦者相繼，諸賢如韓愈、李德裕、祖無擇等皆重道崇儒，興學造士，故一郡春誦夏弦，儒風昌盛；騰蛟起鳳，人才輩出。古人譽袁州爲『前賢過化之地，先正啓迹之鄉』，良有以也。

严嵩，郡之屬邑分宜人也，乃才學優贍之士。弘治十八年，嵩會試登第，中二甲進士，授翰林院編修。旋歸丁憂，筑堂讀書於鈐山之麓。正德七年（壬申），太守姚汀聘嵩修郡志，然次年姚守即因事而去，修志之事亦因之寢閣。幸徐璉繼任，又飛書聘嵩修之。越明年（甲戌），志成。

志，即《〔正德〕袁州府志》（以下簡作『《正德志》』），亦稱《甲戌志》，乃現存《袁州府志》中最早之刻本。严氏，太史也；太史者，修國史者也。以其修國史之才識撰修一郡之志，無亦牛刀之於割雞焉，宜是書之有可觀者也。要而言之，其善有三：

一曰廣搜博覽，資料豐贍。

是志言約十五萬二千，所載涵蓋建置沿革、山川形勝、風俗、土産、戶口、稅賦、城池、坊巷、公署、學校、兵衛、職官、科第、人物、祥異以及藝文等諸多方面，記述詳實豐贍，保存資料實夥，『使吾袁四境之内、千數百年之間之事迹可按籍而知，而文獻不至於無徵，其輔於有政者豈淺淺哉！』（劉琬《袁州府志》序）。嚴氏自稱『稽郡乘，觀星野，攟摭子史傳記之説，網羅金石之文，旁聽博聞山氓故老之談以輔益其事以爲志』（《重修〈袁州府志〉序》），可見其不僅考訂舊志，於各種載籍、金石乃至口頭材料亦能搜羅攟摭。史才既富，用力又勤，詳備豐贍，不亦宜乎！

二曰綱目秩然，條理分明。

材料既多，頭緒亦繁。若不能分門别類，則必將淆亂無章。嚴氏以太史之才，循舊志之體，將各類材料彙次成編，爲志凡卷十四，目四十有一。全書『首之圖，境土别矣；次之表，沿革識矣；次之創建、食貨諸目，官政具矣；次之名宦、人物，觀法者可考矣；又次之文藝，古今之制作備矣』（《重修〈袁州府志〉序》），即分别從地理疆域、歷史沿革、官政、人物和詩文序記等方面依次編撰，可見全書之架構次第分明。圖表之外，各卷均以世代先後爲序記述，如科舉、職官、名宦、藝文等，莫不如此。若涉府邑，則先按袁州、宜春、分宜、萍鄉、萬載之序依次載錄，再各以世代先後詳述之。

三曰發凡立例，書法謹嚴。

郡有志猶國有史。劉知幾曰：『夫史之有例，猶國之有法。國之無法，則上下靡定；史之無例，則是非莫準』（《史通·序例》）。故作史修志必先發凡立例，例之不可破猶法之不可違。嚴氏，修史者也，故其所撰修是志『發凡立例，提綱析目，莫不有書法存焉』（明張鳳《袁州府志後序》）。今自嚴氏《重修〈袁州府志〉序》與《凡例》觀之，其作史修志之原則具五：

曰示遠垂戒。『夫志，繁則複，簡則遺；（中略）一有於是則弗公，弗公則無以示遠而垂戒』，此言修志之旨，乃在於昭示後世，垂以訓戒。秉此宗旨，《正德志》『闡忠節於淪謝之餘，微怪誕於趨尚之頃。政迹有裨於治化者存之，詩文不繫於名教者黜之』（劉琬《袁州府志》序），即材料之取捨一皆以美善忠義爲主。修撰者以爲『書其美則惡者戒，書其得則失者彰，而勸戒之義昭』，褒揚正義，即可明政教、法度之體而奏勸戒教化之效。

曰真實可信。真實乃史志之魂，亦史志『勸善懲惡』之基。嚴氏撰修《正德志》，凡『《舊志》所存者』『參驗不差、足以傳信者』輒備書之，而『疑未信者』『其不可考者』則寧闕焉。又曰『炫文采則罔實』，故『不侈於文』、『不煩於辭』，以求『體質』、『事備』，記載信實可靠。

曰公正平允。史家向有『實錄直書』之傳統，以求公正平允，記載真實可信。故修撰者須嚴於操守，惟其『不牽浮議，不怵貴勢，不比親昵』方能『予奪公』，否則，『專溢美則近諛，徇情則曲，任己則愚。』故此，《凡例》又曰：『名宦、人物必既歿乃書。其見存者，雖有美績，法不得書，俟後續書』。人物若在世，則或有浮議干擾，或有權貴脅迫，而載筆者亦或徇於私情，均有妨於實錄，故當迴避以杜絶之。

曰條理有序。一郡之志雖小，然舉凡土地疆域、風俗物產、人物職官、山川名勝、圖表藝文等亦無所不包焉。內容既雜且多，唯有『不淆於序』方能『其統正』，若編撰不得法，記敘失條理，則將紊亂無序而不堪卒讀矣。此點前已述及，茲不贅。

曰繁簡適當。嚴氏曰『繁則複，簡則遺』，又曰『夫惟不煩於辭而其事備也』，意即修志須繁簡適當而記事完備。故嚴氏之撰修是志，『（舊志所錄）州土沿革、風俗、吏治、人才，要皆有微旨弗敢略』，及其所謂瑣屑之事，煩猥之文，『不繫郡重輕者』則『并從删去』。具體而言，詩文則『有關郡政者書之』而『私家記序不書，外教碑碣不書』，境内山川『書其名迹勝者』，物貨常產等『并記其大要，以明政教、法度之體，其細文、備儀則弗克贅云。』要之，《正德志》於舊志等材料均有所取捨，并非爲求全求備而照錄無遺焉。

《正德志》材料豐贍，可補闕，可訂訛，自有其不可替代之價值。

二

雖曰循舊志之體，然較之舊志，嚴氏於綱目之設置似仍有所創新。王一夔撰《袁州府〈舊志〉序》云：『環千百里之内，上下二千年之間，若疆域、若山川、若風俗、若形勝、若土產、若貢賦、若人才、若名宦、若橋梁壇祠寺觀仙釋之類，可一覽悉得之。』對照可知，若疆域、山川、人才云云，《正德志》與《舊志》略無差别，然王氏所言未及詩文，似舊志未設藝文一類。若果如此，則嚴氏確乎能不循成軌，以五卷之煌煌篇幅，全篇收録詩文序記，使之不至於湮滅無存，其中若干詩文或可補它書之闕。

其次，《正德志》之文字亦多有可訂它書之訛謬者。如，李華《房公德銘》有句云『子孝臣忠，元元踴躍』，其中『元元』二字余冠英、周振甫、啓功、傅璇琮主編之《唐宋八大家全集》作『元臣』。按，上下二句，『臣』字不當重出，且『元元』，百姓也；『元臣』，『重臣』『老臣』之謂也。此處句意應爲『百姓踴躍』之意，故二字當從本書作『元元』爲是。又如胡致隆題爲《仰山》一詩中有『一老有靈飛窣堵』之句，句中『窣堵』二字，《康熙志》卷十八、《〈康熙〉宜春縣志》卷之十七作『宰堵』，《同治志》卷九之七作『遠渚』。按，窣堵，乃『窣堵波』或『窣堵坡』之省，爲梵语stūpa之音译，意謂佛塔。故『宰堵』乃『窣堵』之訛，而『遠渚』則訛之甚矣。

《正德志》之修撰乃因舊志之弊病不堪。『袁舊有志，亦有續編。舊志失之繁，續編失之略。况歷年既久，其間不免有脱誤殘闕之弊，讀者病焉』（劉琬《袁州府志序》），『郡舊有志，然舛午異同，識者不能無議』（張鳳《袁州府志後序》），『訛舛闕誤，觀者病之』（嚴嵩《重修袁州府志序》）。有鑒於此，正德間先後兩任郡侯禮聘嚴氏重修之。嚴氏以『太史三長之筆而成一郡之書，宜其事必核、詞必正、類例必審』（劉琬《袁州府志》序），然以今所見之《正德志》而言，其訛舛闕誤亦甚夥，乃至於使人亦復有『弊復如昔』之感。

其一，闕載之處不少，尤以《藝文》（卷十至卷十四）、《科第》（卷七）以及《職官》（卷六）諸卷爲甚。

自文體而言，本書《藝文》所載僅有詩、文兩種，詞、賦之作竟只字無存。自作者而言，其闕漏之失尤爲令人嘆息。泛泛之輩所作或不足采，名流鄉賢之詩文所載又有幾何？胡榮《重建宜春縣學記》云：『邑多聞人，若陳重、黄頗、盧肇、鄭谷輩行誼文章卓然名世。』陳重著作情況未知，姑置不論。盧肇，會昌三年進士第一，『著述尤多，有《文標集》三卷、《海潮賦》一卷行於世』，然本書《藝文》內僅見其《別宜春赴舉》詩一首，卷五《祠廟》於『聳翠峰』條錄盧肇詩一首，卷一《山川》內於『震山』『閬城君廟』二條均提及盧肇有記而已。黄頗，『師韓退之爲古文，聲名大振，與盧肇氣不相下。（中略）著文千餘篇』（本書卷八《人物》），然全書未見一篇。鄭谷，晚唐著名詩人，乃我袁詩名最著者，然檢遍全書竟無一首，豈不怪哉！

本書又常僅載組詩之一二首，其餘則付之闕如。如卷十二載歐陽玄題爲《至正壬午十一月十三日祭始遷祖墓於防里村心。是日，春洲先生有古律四首紀其事，玄用韻奉答》詩一首，題中言春洲先生四首，歐陽玄奉答，當亦爲四首，《圭齋文集》卷二即載四首，可知其餘三首本書闕載。又如卷十二題祖無擇所作《吏隱》二首，檢《龍學文集》卷三知實爲十首，即本書闕載八首之多。

至於《職官》《科第》等卷目，闕載者往往遠較已錄者爲多。如本書卷六載宋袁州通判有陳侁等十二人，然據《嘉慶志》卷十七所載，宋袁州通判尚有黄慶基、呂和卿等八十二人，約爲已錄者七倍。又如本書卷七載唐袁州登科第者共十四人，然據《嘉慶志》卷二十一載，湛賁之後尚有宋迪、錢識、賈譽、易之武、楊鴻、謝防等六人，鄭谷之後尚有唐稟、陳州、何幼孫、李旭等四人，總共十人本書均闕載。

諸多闕漏，或有因修撰者目爲『煩猥』『瑣屑』『不繫郡重輕』而闕載不錄者，然大多仍無法以此解釋。如卷六《職官》載宋袁州通判十二人，何又缺載八十二人？若云此八十二人爲『細文』『瑣屑』，則所載十二人當亦無須記載之。若云所載爲聲名較著者，則《名宦》何爲不載王涯與周敦頤？若云詩文僅『識創建、紀游歷，有關郡政者』

書之，豈鄭谷、黃頗等竟無一詩一文可堪載存？豈祖無擇《吏隱》十首之中，二首爲『有關郡政者』而其餘八首爲非？

其二，舛訛錯謬之處屢見不鮮。試舉數例如下：

卷六《職官》載宋袁州知州事『陳元明』條，原作『龍舒陳』，誤。按，本書卷十三阮閱《化成巖記》云『宜春太守龍舒陳元明下車』，則該知州事姓名應爲『陳元明』，而『龍舒』爲其籍貫。龍舒，乃漢高祖五年所置縣，唐開元二十三年設舒城縣，即今安徽省舒城縣曉天鎮。《嘉慶志》卷十七作正作『陳元明』，故知原文大謬。

卷十一李華《房公德銘》『正色諤諤』句，『正色』原作『正己』，誤。按，『正色』謂神色莊重之貌；諤諤，直言爭辯之態，如『抗辭正色，補闕弼違，諤諤當朝，不忝其職矣』（《晉書·傅玄傳論》），『後孟衡舉進士，爲御史，正色立朝，屢劾大臣不法，百司憚其風采』（本書卷九《遺事》『嚴方伯孟衡』條），『正色立朝，名節迥絕』（本書卷十四黃綸《景韓堂記》）。《康熙志》卷十四、《嘉慶志》卷三十一、《同治志》卷九之二此句均作『正色諤諤』，故『正己』當作『正色』，『己』『色』二字形近而訛。

卷十二易重詩《及第後寄弟侄》有句云『內廷再考稱文異，聖主宣名獎意奇』，其中『獎意奇』，原作『特大奇』，誤。按，《嘉慶志》卷三十六作『獎意奇』，『獎意奇』與『稱文異』對仗工整，句意明白。疑本書離『獎』爲『將』『大』二字，又誤『將』爲『特』，且奪一『意』字，『獎意奇』乃訛爲『特大奇』。

卷十三阮閱《重修郡城記》有句云『千里既肅，乃謹奉詔，帥治中閭丘公霖暨僚屬登舊墉，視廢闉』，句中『閭丘公霖』，原作『呂公丘霖』。按，《康熙志》卷十五、《同治志》卷九之三均作『閭丘公霖』，本書卷三亦云『建炎初，升郡爲次要，城池樓櫓務令堅險，守臣汪希旦、治中閭丘霖革舊城而一新之，（下略）』。又據《嘉慶志》卷十七所載，宋袁州通判有稱閭丘霖者，則此人姓名當爲閭丘霖無疑。又『閭丘』爲複姓，故當尊稱爲『閭丘公霖』而非『閭公丘霖』，原文『公』『丘』二字倒乙。

卷十四虞集《袁州路分宜縣新建三皇廟記》有句云『典故論議屬諸博士，而郊社宗廟、執禮治樂、器服牲幣各有攸司，（下略）』，句中『牲』字原脱。按，下文有『器服牲幣』之語，且王頲點校本《虞集全集》於『服』字下亦有一『牲』字，故可據補。

此乃單字之脱略，亦有整句之闕漏，致文意難解，乃至張冠李戴，淆亂史實。如卷三《城池》，原文有句云『開元八年，刺史揭鎮築羅城一千五百餘丈，又增築外城，浚治壕塹。』粗讀一過，似無不妥，然若按諸史實，則頓覺大謬。揭鎮，乾寧二年任袁州刺史，距開元八年達一百七十五年之久，焉有開元八年築城之理？經與《同治志》相校，乃知『開元八年』四字之下，尚有『刺史房琯展故城直南二百步。創立廨宇。乾寧二年』等字句。由此可知，開元八年展故城者爲房琯，乾寧二年築羅城者乃揭鎮也。原文脱漏字句，致如此謬誤不堪（然房琯天寶間貶袁，亦無開元八年修展故城之理。請參閲本書卷三相關校記，此不贅述。）

《正德志》似此舛訛錯謬之處尚多，令人惋惜，亦令人疑惑：以嚴嵩『三長之筆』所撰修之郡志，何故有如此之失？因循舊志之陋歟？抑或限於日程之倉促歟？其中緣故，竟不得而知。

三

本書雖云整理完畢，然尚有三憾焉。

其一，尚存若干詞語未明其義。如『椓况累墩，厥石貞硜』（卷十四陳定《重建秀江橋記》）之『椓况』一詞，百思不得其解而又稽考無據。

其二，所采用之底本有二處缺頁，分别爲卷十四第七十頁與一百三頁，致羅倫所作《重修萬載縣治記》與李紹所作《府學進士題名記》合爲一篇。前者幸可據《康熙志》與《嘉慶志》得以補全，後者則因無處查考而殘闕不全。又卷十二第二十八頁版框外右上角影印者注云『本頁與上頁間有缺文，郭敘《浚渠亭》一詩重復，疑有廢頁』，有廢頁亦恐致文字缺失，難以補全矣。

其三，若干材料，主要爲藝文部分，因資料不足，無處查考而未能進行校勘。

本次整理，曰校勘、標點、注釋。校勘以存真、校異、訂訛，注釋以釋義、解說，標點以斷句、斷句以明文意，力求補闕訂訛、識文釋義以便閱讀使用。全書之整理，由鄢文龍教授與歐陽文共擔之。鄢文龍教授負責藝文部分（卷十至卷十四）之注釋，並對該部分文字之處理亦進行了認真檢查；歐陽文負責全書之錄入，標點與校勘以及卷一至卷九之注釋，並審核全稿。

才識譾陋，時間倉促，書中難免錯謬欠妥之處，如蒙方家、讀者賜教指正，將不勝感激之至！

歐陽文

丁酉中秋於安福復真書院

《袁州府志》序

夫府志者，志一府土地所該①之事、古今已往之迹，以布今傳後而輔於有政者也。袁舊有志，亦有《續編》。《舊志》失之繁，《續編》失之略。況歷年既久，其間不免有脱誤殘闕之弊，讀者病②焉。成化初，郡守永平劉君懋鋭意修述，爰命文學司訓陳定損益成集、刊存，迨③今餘四十年矣，而弊復如昔。弘治末，郡守川東朱君華毅然以重修爲己任，乃命文學司訓劉案搜葺編摩④，百凡⑤仍裁決於朱。稿僅成，會朱以憂⑥去，遂已。繼朱而守者，乃慈溪姚君汀焉。比至⑦，適太史嚴君嵩在告家居，姚乃走書鈐岡，以志事爲懇，而以郡生歐陽誠輔之。未幾，姚又以事去，志亦弗克就緒。嗚呼！事之成其難如此，其亦有待也哉！

正德癸酉冬，武邑徐君璉繼守於兹。君蓋剛果明决焉者，一自下車⑧，宿弊剗⑨而百廢舉。因訪郡闕典，莫此焉急。仍走書詣太史，促其成。凡館穀、筆札、治書、鋟梓之費，皆君自區畫而民無所與。志成，徐君謂予與張中丞皆

---

① 該：具有，具備。

② 病：批評，指責。

③ 迨：等到。

④ 搜葺編摩：猶言搜輯編集。

⑤ 百凡：猶凡百，泛指一切。宋蘇軾《與範子豐二首》之二：「軾百凡如昨，然方求郡，累削不允，終當堅請，以息煩言耳。」

⑥ 憂：居喪，多指居父母喪。古代，若官員的父母親去世，則本人要辭官守墓，稱「丁憂」。

⑦ 比至：及至，待到。司馬遷《陳涉世家》：「比至陳，車六七百乘，騎千餘，卒數萬人。」

⑧ 下車：《禮記・樂記》：「武王克殷，反商，未及下車，而封黄帝之後於薊。」後稱初即位或到任爲「下車」。《後漢書・儒林傳序》：「及光武中興，愛好經術，未及下車，而先訪儒雅。」

⑨ 剗：舊同「鏟」。消除，清除。

郡人，宜各有序。顧予學識荒陋，而語齒自不容辭，乃僭①序諸首曰：

袁自《禹貢》②歷漢、晉、唐、宋以來，郡邑名稱因革不一。肆我太祖高皇帝肇造區夏③，混一海宇，乃定爲府。其領縣有四，其疆域界限千數百里，其山川形勝爲江右上游，其生於斯若陳重、盧肇、鄭谷、彭俞輩，其仕於斯若韓愈、李德裕、祖無擇、周敦頤輩，輝映前後，具載英宗睿皇帝《大明一統志》及郡《舊志》，似今無志可也。然而累朝聖化漸摩，神功默運，日積月累而代與人殊，是以風俗以漸而隆，户口以漸而增，生息以漸而繁，文章以漸而盛，科甲、人物、名宦之蜚英騰茂④者以漸而日倍於前。今志不修，則其文獻無足徵矣。孔子以『夏殷之禮吾能言之』，而有『杞宋不足徵⑤』之嘆。然則使後世以吾郡爲無徵而不言焉，是誰之過與？徐君於是蓋籌之熟，故畢力其事焉。矧得太史三長之筆⑥而成一郡之書，宜其事必核、詞必正、類例必審。闡忠節於淪謝之餘，微怪誕於趨尚之頃。政迹有裨於治化者存之，詩文不繫於名教者黜之。所謂《舊志》之繁、《續編》之略者，則無矣。是使吾袁四境之内、千數百年之間之事迹可按籍而知，而文獻不至於無徵，其輔於有政者豈淺淺哉！予適際⑦其時，獲附名

① 僭：謙辭，表示做某件事情超越了自己的職權或能力。

② 禹貢：《尚書·夏書》中的篇名，保留了古代重要的地理資料。《（正德）袁州府志》中多處認爲袁州最早屬於揚州之域，其依據是《禹貢》中説『淮海惟揚州』（淮河與東海之間是揚州）。

③ 肇造區夏：語出《書·康誥》：『用肇造我區夏。』孔傳：『始爲政於我區域諸夏。』肇造，意爲開始統治。區夏，諸夏之地，指华夏、中國。

④ 蜚英騰茂：語出《史記·司馬相如列傳》：『蜚英聲，騰茂實。』司馬貞《索隱》引胡廣曰：『飛揚英華之聲，騰馳茂盛之實也。』後以『蜚英騰茂』稱人的盛名與實際相符。

⑤ 『夏殷之禮吾能言之』兩句：語出《論語·八佾》。原文爲：『夏禮，吾能言之，杞不足徵也。殷禮，吾能言之，宋不足徵也。文獻不足故也。足，則吾能徵之矣。』徵，證明。

⑥ 『矧得太史』句：矧，況且，何況。三長，指三种長處。《舊唐書·劉子玄傳》：『史才須有三長，世無其人，故史才少也。三長，謂才也，學也，識也。』三長之筆，猶言修史之筆，肯定對方有修史的才華學識和秉筆直書的精神。

⑦ 際：適逢，恰遇。

其間，而復托一言以爲引，抑何幸與！至於徐君崇文教、修武備、息嚚訟①、完坍城、浚壅渠、重儲積、新廨宇，諸政不期月②間而並集，宜其不勝書也。而嚴以書法涉嫌於見任，故未之及，將見繼嚴而有作者，詎能遺！詎能遺！予不佞，未復贅此，誠亦有待云耳。

正德甲戌季秋之吉，賜進士，嘉議大夫、都察院右副都御使、前奉敕提督撫治鄖陽等處地方　郡人劉琬書。

---

① 嚚訟：奸詐而好争訟。語出《尚書·堯典》：『吁！嚚訟，可乎？』嚚，奸詐。《左傳·僖公二十四年》：『心不則德義之經爲頑，口不道忠信之言爲嚚。』

② 期月：有二義：一整月；一整年。考諸記載可知，徐璉浚渠約半月，重修縣學約三月，故此處『期月』當指一整年。

重修《袁州府志》序

郡有志猶國有史也。古者，列國皆有史，晋《乘》、楚《檮杌》、魯《春秋》是也。後世作於朝廷者曰『史』，於四方者曰『志』。

明興，四方之志蓋爛然矣。法雖與史異，而疆域見焉，土風物産著焉，創建詳焉，食貨、兵防、祠祀、政教寓焉，名臣、哲士、貞媛之風美列焉。而後之曰『史』者，所采録又多，於此焉據①，則志於四方固亦史也。袁爲江右大郡，政賦視古侯國所出，才賢、文學、忠節、行誼之士炳靈毓秀②，彬彬所萃，法宜有志。故有志，訛舛闕誤，觀者病之。

歲壬申，嵩養痾鈐山，太守姚侯惟寧以書來屬輯志。謝不敏，不獲。於是稽郡乘③，觀星野，攟摭④子史傳記之説，網羅金石之文，旁聽博聞山氓故老之談以輔益其事以爲志。是故首之圖，境土别矣；次之表，沿革識矣；次之創建、食貨諸目，官政具矣；次之名宦、人物，觀法者可考矣；又次之文藝，古今之制作備矣。

既成而諦觀⑤焉，復自恧⑥曰：『是惡足謂志！』夫志，繁則複，簡則遺；紊則失序，昧則弗章；炫文采則罔

---

① 《康熙志》《同治志》均作『於此焉據』，意思頗爲費解。疑『焉』應作『爲』，乃形近而訛。若作『於此爲據』，則全句意爲：後來所謂『史』的，多從這些志書中采録資料，以爲依據，因此『志』也就是『史』了。

② 炳靈毓秀：炳靈，焕發靈氣。唐陳子昂《送吉州杜司户審言序》：『杜司户炳靈翰林，研幾策府。』毓秀，培育秀美（的才德）。

③ 乘：本指春秋時晋國的史書，后來一般的史書也稱『乘』。

④ 攟摭：摘取；搜集。《漢書·刑法志》：『相國蕭何攟摭秦法，取其宜於時者，作律九章。』

⑤ 諦觀：仔細檢視。諦，仔細。宋王之道《经堂爲王彦題》：『谛观子若孙，相值如浮萍。』

⑥ 恧：慚愧。

實，專溢美則近諛；徇情則曲，任己則愚：一有於是則弗公，弗公則無以示遠而垂戒。夫惟不煩於辭而其事備也，不淆於序而其統正也，不侈於文而其體質也。不牽浮議①，不怵貴勢②，不比親昵而予奪③公，其守嚴也。書其美則惡者戒，書其得則失者彰，而勸戒之義昭也。夫若是者，志之善歟？史之義歟？雖然，予何能焉？竊願勉焉耳矣。

《志》凡卷十四，目四十有一。姚侯倡之，未幾去。今守徐侯宗獻卒成之。振一郡墜典，使文獻足徵，二侯之功實爲大。協贊其成者，郡貳守黄君信〔一〕、通判毛君鵬、錢君士宜。而與予同事者，郡學生歐陽誠云。

正德甲戌秋八月既望，賜進士出身、翰林國史編修介溪嚴嵩撰。

〔校勘記〕

〔一〕貳守，指州府長官太守的副手。按『貳』原作『二』，誤。

① 浮議：没有根據的議論。宋蘇軾《謝王内翰啓》：『卓爾大賢，自足以破衆人之浮議。』
② 貴勢：位高權重的人。晋葛洪《抱樸子·任命》：『然車迹不軔權右之國，尺牘不經貴勢之庭。』
③ 『不比』句：比親昵，即比昵，親近之意。予奪，褒貶。宋周密《〈癸辛雜識〉序》：『一時之聞見，本於無心；千載之予奪，狃於私意。』

《袁州府志》凡例

一、郡前代圖志無可考。國初有《舊志》，又有《續編》，然求之民間，亡①矣。惟成化間，訓導陳定所修志僅存，其事多訛舛②，殘缺弗備，今芟補訂輯爲斯志。

一、四邑事迹舊各自爲志，今皆類附於郡，爲一志。

一、志以紀遠示法。其録州土沿革、風俗、吏治、人才，要皆有微旨弗敢略。若夫物貨、常産、舍宇、器物、凡目、仕官、雜員，世常抄取計簿，編以爲册，使觀者誇以爲詳，非也。今諸制並記其大要，以明政教、法度之體，其細文、備儀則弗克贅云。

一、境内山川不能悉書，書其名迹勝者。

一、户口、貢賦，前代録《舊志》所存者，本朝録國初及近歲所上者，其不可考者闕焉。

一、祠廟載祀典者書之，寺觀載定額者亦書之。

一、前代職官名氏《舊志》已缺不備，今博考史傳並先正③文集，參驗不差、足以傳信者備書之，疑未信者闕焉。

一、名宦、人物必既殁乃書。其見存者，雖有美績，法不得書，俟後續書。

一、傳人物惟以世代爲先後，其忠節、孝友、勛業、文學、隱逸、卓行並不析類，蓋據事直書，義自見云。

① 亡：丢失；喪失。或讀曰「無」，「没有」之意。

② 訛舛：錯誤，謬誤。多指文字方面。明錢希言《戲瑕·姓誤》：「苻姓從草，今並書竹；皇甫覆姓，今止呼皇，種種訛舛，何不正之。」

③ 先正：泛指前代的賢人。《書·説命下》：「昔先正保衡，作我先王。」孔傳：「正，長也，言先世長官之臣。」

一、事有無所附見而不可遺者，類書之爲『遺事』。

一、詩文識創建、紀游歷，有關郡政者書之〔一〕。私家記序不書，外教碑碣不書。

一、《舊志》事有瑣屑，文有煩猥①，不繫郡重輕者，並從删去。

〔校勘記〕

〔一〕郡政，原作郡致。《嘉慶志·凡例》：『非關於人民、土地政事者不録。』《康熙志·凡例》：『無關風土政治者概弗録入。』句意與此處相同。故據改。

① 煩猥：繁雜瑣碎。裴松之《三国志注》卷四四《蜀志十四》：袆别傳曰：『于時軍國多事，公务煩猥。』

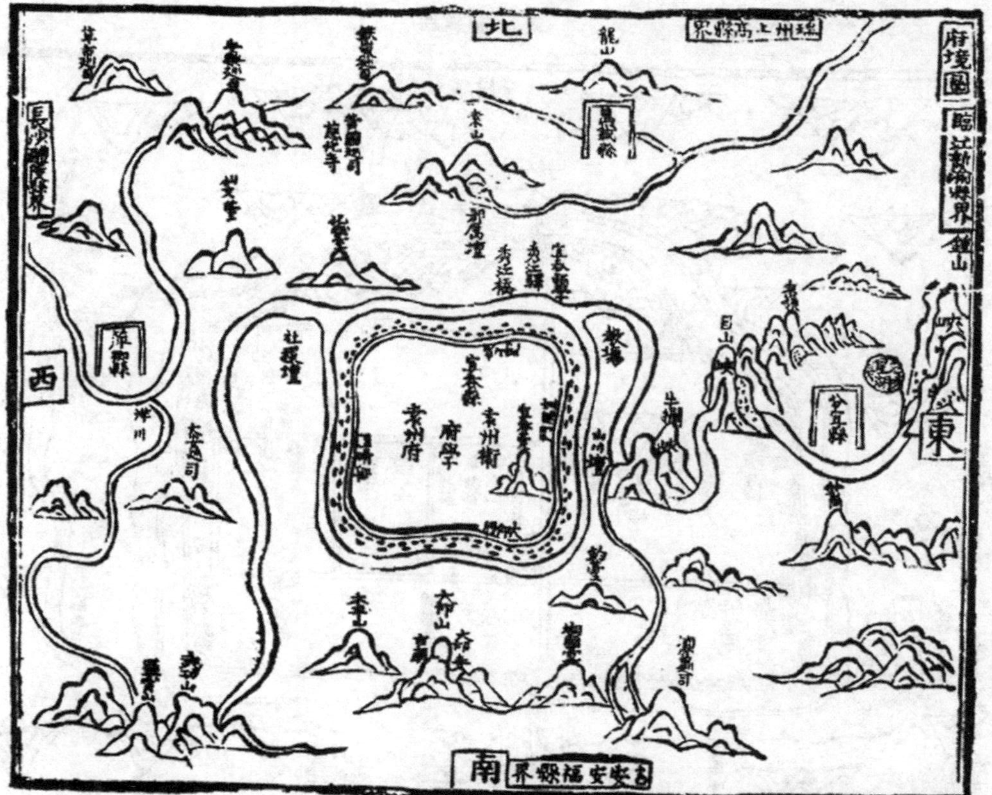

府境圖

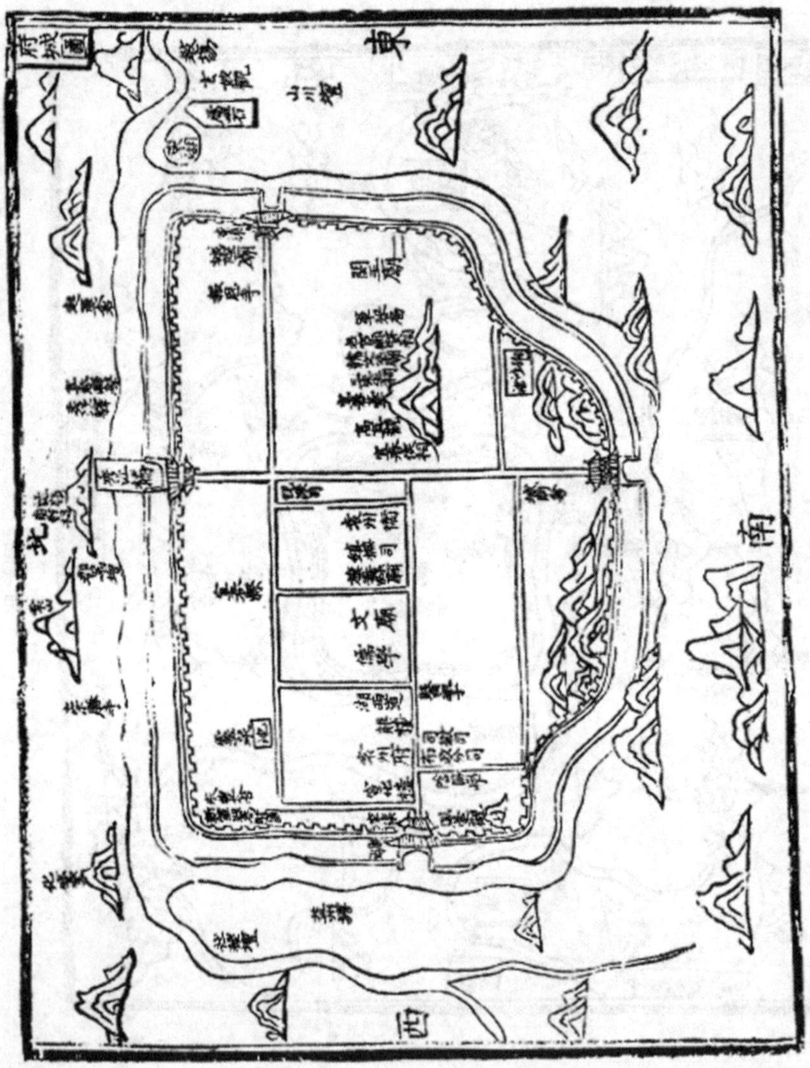

府城圖

郡縣表

袁，古宜春也。《禹貢》爲揚州，漢以下或爲國、爲郡、爲州、爲路、爲府。今推原其世次，質証以傳記，著之表。

	州	國	郡	路	府
唐	揚				
虞	揚				
夏	揚				
商	揚				
周	揚				
敬王六年		吴 春秋屬吴。			
元王三年		越 吴滅屬越。			
顯王三十五年		楚 越滅屬楚。			
秦 始皇二十六年			九江 分屬九江郡		

	州	國	郡	路	府
漢		淮南 高帝初，析九江郡爲淮南國。			
			豫章 析淮南國置豫章郡，始置宜春縣。豫章領縣十八，宜春其一也。		
元光六年		宜春 立宜春侯國。			
元鼎五年		國除，仍屬豫章郡。			
東漢					

		國	郡	路	府
三國 吳寶鼎二年			安成 分豫章、長沙、廬陵爲安成郡，宜春屬焉。又析宜春縣地增置萍鄉、新喻二縣，俱屬安成。		
晉	荊 武帝時，安成郡屬荊州。		安成 安成郡領縣七，宜春、萍鄉、新喻屬焉。又避鄭太后諱改宜春縣爲宜陽縣。		

	州	國	郡	路	府
	江 惠帝時分安成郡屬江州。				
宋					
齊					
梁					
陳					
隋 開皇九年			安成 土人文盛以安成郡叛。		

	州	國	郡	路	府
開皇十一年	袁 廢安成郡，於宜春縣置袁州，因袁山爲名。				
			宜春 大業初，改袁州爲宜春郡，領宜春、萍鄉、新喻三縣。隋末，林士弘、蕭銑相繼據有其地。銑敗，張善安據以降唐。		
唐 武德五年	袁 改宜春郡爲袁州，領宜春、萍鄉、新喻三縣。				

	州	國	郡	路	府
貞觀元年	分天下爲十道，袁屬江南道。				
開元二十一年	置十五采訪使，袁屬江南西道。				
天寶元年			宜春 改袁州爲宜春郡。		
乾元元年	袁 復改郡爲袁州。				
後梁					
	袁 袁州屬揚吴。				

	州	國	郡	路	府
後唐					
後晋					
天福四年	袁 李昇篡吴爲南唐，據有袁州地。				
後漢					
後周					
宋 開寶八年	袁 曹彬下江南，得州十九，袁乃居其一。是年以筠州萬載縣來屬。				

	雍熙元年	淳化三年	元 至元十三年	十四年
州	析宜春縣神龍等十鄉置分宜縣，並屬袁州。	割新喻縣隸臨江軍。	袁 立袁州安撫司。	
國				
郡				
路				袁州 改袁州爲路，置總管府，立録事司。
府				

	州	國	郡	路	府
至元十九年				隸江西行省。	
元貞元年				升萍鄉縣爲萍鄉州，屬袁州路。	
至正十二年				蘄黄寇起，徐壽輝僞將歐祥陷袁州路，據而守之。	

	大明	洪武二年
州		
國		
郡		
路		
府	袁州 壬寅年春，天兵平江南，歐祥遣子納款臣附。甲辰七月，以袁州路爲袁州府，除録事司。	復以萍鄉州爲縣，本府仍領縣四：宜春、分宜、萍鄉、萬載。

《袁州府志》目錄

目録終

袁州府志卷之一

建置沿革

袁州府

《禹貢》揚州之域，春秋屬吴，戰國屬楚，秦屬九江郡。漢爲宜春縣，屬豫章郡，後漢因之。孫吴寶鼎二年，分豫章，立安成郡，領縣三（宜春、萍鄉、新喻）。晉武時仍吴舊，爲安成郡，增置七縣（平都、宜春、新喻、永新、安復、萍鄉、廣興），屬荊州。惠帝時又分屬江州，南齊、宋、魏、梁、陳無所更易。隋開皇九年，有土人文盛者以安成郡叛。十一年，廢郡，於宜春縣置袁州，因袁山爲名。煬帝大業初，廢州置宜春郡，領縣如吴寶鼎時。隋末，爲林士弘所據，後爲蕭銑據。銑敗，張善安據以歸唐。高祖復爲袁州，領縣與隋同。太宗貞觀元年，分天下爲十道，袁屬江南道。玄宗開元二十一年，置十五采訪使，袁屬江南西道。天寶元年，復爲宜春郡。肅宗乾元元年，復爲袁州。五代時，僞吴楊氏、僞唐李氏相繼有其地。宋開寶八年，曹彬下江南，得州十九，袁居其一。是年，割筠州萬載來屬。雍熙元年，析宜春神龍等一十鄉置分宜縣，共領縣五。淳化三年，割新喻屬臨江，仍領縣四（宜春、分宜、萍鄉、萬載）。元改州爲路，路設達魯花赤，隸江西行省，立録事司，縣仍舊。元貞元年，升萍鄉縣爲州，仍隸本路。至正十二年，蘄黄寇起，徐壽輝僞將歐祥陷袁州，據而守之。壬寅年春，天兵平江西，祥遣子納款臣附。甲辰七月，以袁州路爲袁州府，除録事司，降萍鄉州爲縣，仍領縣四，隸江西布政司道，曰『湖西道』云。

宜春縣　附府城。漢置，屬豫章郡，吴屬安成郡。晋避鄭太后①諱，改爲宜陽縣。隋復改宜春縣爲袁州治。唐以後俱仍舊，國朝因之。八隅十四鄉，編户一百五十里。

分宜縣　在府城東八十里。本宜春縣地。舊名鈐岡，又名安仁鎮。宋雍熙元年，析宜春神龍、招賢、豐樂、化全、儒林、彰善、挺秀、文標、旌儒、清教十鄉增置分宜縣，仍隸袁州。元仍舊，國朝因之。三厢十鄉三十五都，編户一百八里。

萍鄉縣　在府城西一百四十里。本宜春縣地。吴寶鼎二年，析置萍鄉縣，屬安成郡。隋開皇間，郡廢，置袁州。大業初，州廢，置宜春郡。唐武德間，復爲袁州，縣皆隸焉。五代至宋因之。元元貞元年，升爲萍鄉州。至正壬辰，歐祥由湖南來寇，袁州守臣别速堅遣萬户李陽奕、劉原住等禦。戰不勝，州陷。甲午，湖南官軍吴天保以所部答剌軍②剋復州治。未幾，復爲祥所陷。壬寅歸附。國朝洪武二年，改州仍爲縣。三隅七鄉，編户一百三十里。

萬載縣　在府城北九十里。本漢建城縣，地屬豫章郡。吴黄武中，析置陽樂縣。晋太康元年，改康樂，仍屬豫章。唐武德五年，復陽樂縣，屬靖州，即今高安。八年，州廢，屬高安。五代揚吴順義元年，分高安四鄉置萬載縣。南唐保大十年，升高安爲筠州，萬載爲筠地。宋開寶八年，割隸袁州。宣和初，改建城縣。紹興仍舊名，元因之。國朝乙巳秋，設縣治，仍稱萬載。二隅二十四都，編户一百四里。

① 鄭太后：此指東晋簡文帝之母，名『阿春』。

② 答剌軍：疑即答剌軍軍之省。答剌軍是『應募而集』的志願兵。誕生在元軍攻宋戰爭的高潮階段。詳參《答剌罕軍考略》，《内蒙古大學學報社會科學版》一九九三年第一期。

郡邑名

宜春 隋名。《舊志》云：『府治西四里有泉，夏冷冬暖，瑩媚如春，飲之宜人，曰「宜春泉」，郡因以名』。**宜陽** 晋名。**分宜** 宋名。以宜春地所分。**鈐岡** 水南有鈐岡，爲邑山之望①。**安仁** 古安仁鎮。**萍鄉** 吴名。**楚萍** 以楚王渡江得萍實名。**萬載** 南唐名。**陽樂** 吴名。**康樂** 晋名。謝靈運封康樂公，即其地。**建城** 宋宣和名。

分野②

吴地，斗分野。西漢《地理志》斗玉衡③第六星，主揚州。東漢《天文志注》斗十度至女五度爲星紀④，於辰在丑，吴越分野。費直云。斗六度至須女⑤二度。謂之星紀，吴越分野。蔡邕云。豫章入斗十度。《州郡躔次》南斗牽牛，星紀之次。唐一衡云。天市垣二十二星，東南各列十一星，其東垣南第六星曰吴越。《宋志⑥》斗四度三十六分六十六秒外

---

① 望：指有聲望、威望的人或物。邑山之望，指郡邑的群山之中最有名者。

② 分野：与星次相对應的地域。古以十二星次的位置划分地面上州、國的位置与之相对應。就天文说，稱作分星；就地面说，稱作分野。如下文以星紀對應吴越。

③ 玉衡：北斗七星中的第五星。

④ 星紀：星次名。十二星次之一，與十二辰相配爲丑，與二十八宿相配爲斗、牛、女三宿。

⑤ 須女：星宿名。二十八宿之一，北方玄武七宿的第三宿。有星四顆，位於織女星之南。

⑥ 此條引自《宋史·天文志》，原文爲：『天市垣二十二星，在氐、房、心、尾、箕、斗内宫之内。東蕃十一星：南一曰宋，（中略）六曰吴越（下略）』。

入吳越分星紀之次。《元史①》

形勝

本府　秀水東奔，萍川西注。唐袁皓詩：『秀水東奔彭蠡浪，萍川西注洞庭波。』翠疊群峰，廻環千里。李問《仰山賦》枕吳頭，壓楚尾②。同上。江山多勝③。韓愈詩　山水秀麗。《寰宇記》江右奧區④。《輿地紀勝》湘閩孔道。　江右樂土。《郡志》　屏蔽江淮，襟帶湖湘。阮閎《郡城記》城郭井邑，在迤邐衆山之間，如圖畫屏障。祖無擇《慶豐堂記》五臺三峽。群書備數五臺：宜春、化成、湖岡、仙女、釣臺；三峽：牛欄、昌山、鐘山。

宜春　附郭

分宜　昌山層巒疊翠。袁水西來，折山麓，觸石滐⑤，蕩瀉出石峽之間。下爲秀江，清源澄澈，縈廻縣前。東有鐘山、仙臺二山對峙，下塹水口。縣北袁嶺七峰筆卓，水南鈐岡列嶂屏横。四山周合，宛若城圍。縣治濱水，形如簾狀。昔

---

① 此條引自《元史》卷五十六。

② 吳頭楚尾：江西的代稱。江西位於吳地的上游、楚地的下游，如首尾銜接，故稱。也作『楚尾吳頭』。

③ 江山多勝：語出韓愈《祖席得秋字送王涯刺袁州》：『莫以宜春遠，江山多勝游。』

④ 『江右』句：江右，指長江下游以西地區；東晋以後，西晋和北朝魏、齊、周所統治地區也被稱爲江右。此處當屬前者，即長江下游以西地區，以贛語爲主要語音。奥區，腹地。《後漢書·班固傳上》：『防禦之阻，則天下之奥區焉。』李善注：『奥，深也。言秦地險固，爲天下深奥之區域。』

⑤ 滐：崖岸，水邊高地。

蔣之奇詩①：『分得宜春地，東偏一畫屏。』《舊志》

萍鄉 祖楊岐山之脉，蜿蜒起伏，若飛鳳展翼之狀。邑尹鄭强鑿二池以象鳳二目。北有楚王臺之屹立，東有羅霄山之昂聳。迎鳳嶺峙於南，金魚洲塞於西。《舊志》

萬載 東接上高，西控衡湘。南距宜春，北抵分寧。石洞、白沙二水自東南合流，以經帶於左；金鐘、王居洞諸水自西北合流，以環抱於後。鵝峰、鶴嶺屹峙乎左右，月臺、紫蓋奠枕乎前後。《舊志》

疆域

本府 東西廣二百九十里，南北袤二百一十里，方一千三百里。東至臨江府新喻縣界（一百五十里），西至長沙府醴陵縣界（一百九十里），南至吉安府安福縣界（六十里），北至瑞州府上高縣界（一百五十里）。東到臨江府（二百七十里），西到湖廣長沙府（四百一十里），南到吉安府（二百四十里），北到瑞州府（二百九十里）。東南到吉安府廬陵縣（一百二十里），東北到瑞州府新昌縣（一百五十里），西南到長沙府攸縣（二百五十里），西北到長沙府瀏陽縣（一百六十里）。自府治秀江驛至南京會同館二十一驛，計二千六百三十里；北京會同館六十八驛，計六千七十五里。

宜春 東西廣九十里，南北袤一百二十里。東至合山四十里，爲分宜縣界；西至黃廟五十里，爲萍鄉縣界；南至

① 指蔣之奇《按行分宜》詩。

潤富嶺四十里，爲安福縣界；北至亂石七十里，爲萬載縣界。東南到分宜縣（八十里），東北到萬載縣（九十里），西南到安福縣（一百四十里），西北到萍鄉縣（一百四十里）。

分宜　東西廣六十里，南北袤一百五十里。東至聖陂一十里，爲新喻縣界；西至彬江四十里，爲宜春縣界；南至石分市五十里，爲安福縣界；北至石灰嶺一百里，爲萬載縣界。東南到廬陵縣（一百四十里），東北到上高縣（一百二十里），西南到安福縣（一百里），西北到宜春縣（八十里）。

萍鄉　東西廣一百五十里，南北袤一百七十里。東至分界嶺九十里，爲宜春縣界；西至插嶺界六十五里，爲醴陵縣界；南至馬迹嶺八十里，爲安福縣界；北至洪界九十里，爲瀏陽縣界。東南到安福縣（二百九十里），東北到宜春縣（一百四十里），西南到攸縣（二百七十里），西北到醴陵縣（九十里）。

萬載　東西廣一百三十五里，南北袤一百十五里。東至櫟頭山一百二十里，爲瀏陽縣界；南至周家市十五里，爲宜春縣界；北至皂山界六十里，爲新昌縣界。東南到分宜縣（一百二十里），東北到新昌縣（二百一十里），西南到萍鄉縣（二百五里），西北到南昌府寧州（三百四十里）。

風俗

江南火耕水耨，食魚與稻，以漁獵爲業。雖無蓄積，亦無饑餒。其俗信巫鬼，好淫祀。君子善居室，小人勤耕稼。隋《地理志》藝文儒術爲盛。杜氏《通典》風土爽塏①，山川特秀②，家給人足。多尚黄老清净之教。重於隱遁，有徐孺子遺風，與隆興、吉州同。《寰宇記》賦税及時，閭里無事。韓愈《謝表》士夫秀而文，細民險而健③。黄庭堅《道院賦》士力學，知廉耻；民樂耕，好儉嗇。阮閱《無訟堂記》儒風之盛，甲於江右。張九成《袁州學記》土俗願樸④。汪應辰《宜春序》事簡民醇⑤。《輿地志》山水明秀，古號多士⑥。林坰《宜春學記》

山川

宜春縣

袁山　府城東北五里，峰巒秀拔。昔高士袁京隱居於此，卒葬其側，故名。有大袁山、小袁山，形勢⑦迴聳相對。

唐人詩：「袁山大小雙螺並，秀水東西一帶横。」

坤⑧長山　府城西南七里。山自坤方來，連亘甚遠，故名。

震山　府城東一十里〔一〕，亦名馬鞍山。下有巖，幽暝深險，唐彭雲隱釣於此。寶應中，徵召不就。郡守嘉其行，

---

① 爽塏：高爽乾燥。《左傳·昭公三年》：「子之宅近市，湫隘囂塵，不可以居，請更諸爽塏者。」杜預注：「爽，明；塏，燥。」

② 特秀：聳立秀美。宜春地區具有典型的喀斯特地貌特徵，短錐狀小山衆多，山上樹木蓊葱蘢。一説特秀，特别秀麗，亦通。

③ 「細民」句：險，迅猛，迅疾。健，勇猛。險而健，謂袁州百姓迅疾勇猛。

④ 願樸：樸實敦厚之意。《後漢書·循吏傳·劉寵》：「山民願樸，乃有白首不入市井者。」

⑤ 醇：指道德風尚的淳厚質樸。

⑥ 多士：指人才濟濟，賢士衆多。《詩·大雅·文王》：「濟濟多士，文王以寧。」

⑦ 形勢：山形地勢。

⑧ 坤：古人以八卦定方位，坤爲西南方，震爲東方。下文震山亦因其位於府城東而得名。

因名其鄉曰『詔君鄉』，巖曰『詔君釣臺』。盧肇嘗有《震山巖記》。

湖岡山　府城南一十五里，亦名湖岡臺。晉鄧表家於此。有煉丹臺、養丹池、朝斗石。

雕山　府城東二十里。

雞籠山　府城東二十里。

書堂山　府城西南三十里。唐盧肇讀書於此。

石屋山　府城西北三十餘里〔二〕。洞深百餘丈，内有石柱、石鐘、石鼓。

小仰山　府城南三十里。晉鄧表修煉於此，又號鄧表峰。上有泉、壇、石臼、藥竈。又名水晶山。宋龔炳〔三〕詩：『萬丈青山插碧天，真人煉藥石依然。功成自此飛升去，屈指如今八百年。』

蟠龍山　府城南四十里。自路至山頂凡三十六曲，上有蟠龍寺。唐末，南平王鍾傳建寺。四面峭壁，湍瀑飛瀉。前有龍門關，平挹雲峰，蓋勝境也。王雲詩：『經夏地無暑，未寒泉有冰〔四〕。』

仰山　府城南八十里，爲州之鎮山。周廻数百里，高聳萬仞，不可登陟，只可仰觀，因名。絶頂名『集雲峰』，夏雲氣冒①其巔則雨立至，冬微陰即停②雪。宋李冲元詩：『孤雲欲作人間雨，流水空傳物外聲。老柏倚巖高轉瘦，寒花著雨墜還生。』〔五〕山下有寺曰『太平興國禅寺』及『二神廟』，舊傳二神捐地與小釋伽結庵於此。山有水分流，會於正廟。

老山　府城西南六十里。崇高峻拔，山巔飛瀑下注清瀝江北，流入秀江而逝。

石門山　府城南〔六〕六十里。石峭如壁，中有小徑通行。

---

① 冒：覆蓋，籠罩。
② 停：積聚。

寶山　府城北六十里。世傳昔有肅禅師過其山，遇訟者，勸之云：『欲出輪回道，先回自己心。』訟者以此言爲寶，因名。

木平山　府城南七十里。山有三峰，險峻秀拔。郡守王古禱雨有應，遂名其中峰曰『妙慶』，左曰『瑞光』，右曰『慈光〔七〕』。又有興化禪寺，寺中有飼龍亭、嘯自亭，景物清絶，不減仰山。宋李冲元詩：『窄徑隨溪轉，懸崖帶蘚斑。』

望鳳山　府城西北七十里。中有一峰，遠觀似鳳。

羊角峰　府城東十里，雙聳如羊角。

聳翠峰　府城西三十里〔八〕，峻壁孤峙平原之上。唐盧肇詩：『巍巍直上插青天，遠疑似與天相連。登臨下視群山小，千里平鋪在目前。』

神岡嶺　府治南八十步，祀仰山由此。

江北嶺　袁山門外。

仙女嶺　府城西三十五里〔九〕，地名清瀝。宋成恭后家此。

大軍嶺　府城西北九十里。舊傳隋煬帝時戰場，故名。山下有水蓁湖〔一〇〕。

化成巖　府城西北五里，下瞰秀江。唐長史李德裕嘗寓此讀書，後人因立祠。絶巔有塔，宋郡守王古所立。旁又有軒曰『倚巖』『翠靄』，有亭曰『振鷺』『容安』『仰高』『覽勝』『漱石』『嵌空』①，皆在巖上。後人因山之石鐫衛公像，爲亭庇之，登臨題詠甚衆。

① 以上名稱均取自李德裕詩。詳見本書張九成《化成巖記》。

萬勝岡　府城東五里。世傳楊吴敗劉崇景於此。

牛欄峽　府城東二十里[一二]。左有金雞山，右有銀屏山，相對若欄。

玉溪洞　府城東。洞中有種花處，名『錦綉谷』。

石窟洞　府城東北五里，雷潭院側。

石乳洞　府城東三十里[一三]。深一里許，滴乳堅凝成觀音、羅漢像。人或游宴其中，殽[一三]核①狼藉，經宿如掃。宋教授鄭王賔鐫石記其事。

盧石　宜陽門外東湖上。相傳唐狀元盧肇家石，奇秀可愛，宋祖無擇徙置東湖上。

文昌石笋　縣學射圃亭邊。高丈餘，峙如笋。

響石　府城南三里[一四]，獅子嶺後。聲傳響答，故名。

靈應石寶龜　縣南六十里，仰山正祠内。其形如靈龜之文，因名。

石室　《寰宇記》：『在石室山。數室相連，高十餘丈。相似素壁若雪，萬象森羅於斯所。』

秀江　府城北門外。源發羅霄山。流經府城西十五里爲稠江，至府城北澄清深碧，故曰『秀江』。下經分宜，過新喻，出袁河，至臨江府而合於大江。

東湖　在府城東三十步。宋至和二年，郡守祖無擇於湖上建亭樹爲游觀之所，張栻書扁。

李渠　府城西。唐刺史李將順因州多火災，決陂水入城，其深廣可通舟。郡人利之，目曰『李渠』。後淤塞，本

① 殽核：菜肴果品。

朝重疏如舊。弘治庚申，知府朱華嘗一浚。正德八年，知府徐璉重浚。

宜春水　府城西四里，又名靈泉。其水甘美，堪作酒。晉《道地記》云：『縣有美酒，隨歲舉上貢。』王烈《記》云：『宜春醇酎①，隨歲入貢。』

九曲水　府城南五里〔一五〕，其流縈廻二十里。

避賢溪水　府城南六十里，地名堵田。自大仰山發源，歷中村下尚古橋，入秀江東注。

仰山水　府城南六十里。源發三鑊潭，北歷獺徑，過仰山，迤邐東流，出浦村，入秀江。

夢水　府城東八十里〔一六〕。昔鍾儀欲相此村置縣，夜乞夢，果符所祝。及寤，因名。

鸞溪　府城西北六十里。下流入秀江。相傳吴彩鸞與文蕭曾游此溪。旁有蕭史臺。

雷潭　府城東北五里，秀水至此成潭，舊傳有龍潛於内。上有峭壁石罅，龍鱗印苔成痕。潭邊有寺。陸經詩：『蛟龍曾此盤，白晝起霹靂。』

飛劍潭　府城西七十里。舊傳唐王將軍坐潭石上，墜劍入潭。今石上劍痕尚存。

雪谷潭　在仰山上。水極冷，盛夏不可濯。張嗣古詩：『崎嶇鳥道開煙蘿，長松偃蹇聲蕩摩。白龍怒吼挂絶壁，蒼兕離立迎清波。枯〔一七〕笻②拄破青苔色，雷雨收功神斂迹。窮源不得空歸來，掬雪摶珠三太〔一八〕息。』

獺徑潭　府城南八十里，仰山之上，泓渟③澄深。《舊志》云：『仰山神龍之所宅也。』

盧洲　府城東演武亭後，以盧肇名。

---

① 酎：醇酒，反復多次釀成的酒。
② 笻：竹的一種。實心，節高，宜作拐杖。
③ 渟：水聚集不流的樣子。

益州塘　府城西北，周廣三十畝。唐元和中，刺史李將順以州宅地形低傾，宜作方塘以應之。後人以「益州」名。中有卧龍洲，「仁知」「義政」二亭。今塘存，亭廢。

雷塘　府城東北七里。韓愈有《雷塘禱雨文》。

洗硯池　在宜春縣學，唐盧肇故宅。池産緑毛龜。每出，則是邦文物必盛。

西池　府城西。唐乾元中，刺史鄭審所開。池上有故城潭、木瓜島、薔薇洲、柳堤、釣磯。

鳴玉池　府治内。唐刺史張公創。後改爲疏泉，蓋疏西陂之水至於此。

澄源池　府治内。唐乾德二年，郡守吕延貞鑿池。命名取「爲政當澄其源」意。

茭池　府治東[一九]。

防虞池　府治北五十餘步[二〇]，與縣相距數十步。因防火而名。元季兵後填塞，今作軍營。

放生池　府治北，靈泉清水池畔。紹興十三年詔置。後以秀江爲之，禁捕五里。

砲沙河[二一]　一名砲沙池。在府治東南一百五十步。池内有石若砲。

義井　府治東，集慶坊南。唐刺史李將順開鑿，及開防虞池、茭池，疏理清水池之水以爲火備。淳熙間，郡守張杓修。弘治庚申，郡守朱華重浚如舊。

雙清井　舊爲龜鼻井。府治東北甘棠坊，府學左畔，舊永積庫左。闊丈餘，内有二小石孔。

揚清井　舊爲左龜眉井。横二尺，長六尺。在府治北達理坊。

澄清井　舊爲右龜眉井。横直同上。在縣治前文會坊西，去西明井十步。

東明井　舊爲左龜目井。闊丈餘。在府治東北隅達理坊西，去揚清井三十步。

西明井　舊爲右龜目井。在古開元寺浴院後，即今縣治前三十步，文會坊之西。已上五井，《舊志》云：「世傳，府地形如龜，天綱袁公①於此城内鑿龜鼻、眉、目井，以全龜象。不專爲民汲，亦取『克制回禄』②之意。」宋淳熙間，郡守張杓嘗修治。後歲久，爲居民所侵。寶慶間，郡守曹叔遠既復李渠，並浚是井。弘治庚申，郡守朱華復浚治，易今名，表以牌額，護以石欄，汲者称便。

秋家巷井　府治北百餘步。清水池西委巷中。井水特重，漏壺用之。

司理院井　府治東南一十步。漏壺用之。郡守朱華重浚。

雙井　府治西五十步，西隅茶倉前〔二二〕。水清味甘，大旱此井不竭。

靈泉　有二。其一在府治北百步〔二三〕。舊傳泉日兩涌，與海潮通。後人滌溉池中，遂止。又云有比目魚，今不常見。旁有院曰『圓通』，廟曰『關羽』。見宋曾孝序《記》③。其一在府治南六十里，集雲鄉孚惠丘殿後。凡病療旱禱，迎水歸，輒應。宋謝諤銘曰：『神助覆載，行方便惠。水之爲功，方便攸係。靈泉之井，惟明惟馨。混混晝夜，其用則平。憂者以樂，病者以愈。如天降澤，甘露時雨。亭於其上，益於吉蠲。於以銘之，斯無盡年。』

孚惠聖泉　府治東南一百五十步，宜春臺仰山行祠下。壬辰兵後，填塞莫尋。

疏泉　府城内。疏西陂之水至於此。孫淇記。

湧珠泉〔二四〕　府城南門外泉水嶺。方廣丈餘，平地涌出，下溉田萬頃。

甘泉　府城北十五里。山竇中流出，味甚甘冽。

---

① 天綱袁公：即袁天綱，又作袁天罡。益州成都（今四川成都）人，唐初著名相士。《新唐書》卷二百四列傳第一百二十九《方技傳》有傳。

② 回禄：傳説中的火神。此處用以指火災。《舊五代史·世襲傳二·錢鏐》：『元瓘幼聰敏，長於撫馭，臨戎十五年，決事神速，爲軍民所附，然奢僭營造，甚於其父，故有回禄之災焉。』剋制回禄，即防範火災、防火救災之意。

③ 指宋袁州知州曾孝序於政和四年所作《靈泉記》。

濘泉　府城北三十里。溉田萬餘畝。

温泉　府城西南三十里，修仁鄉温湯里定光院前。氣温如湯，冬可浴。以生鷄卵投之即熟。水中猶有魚。凡三出：一在東岸上，僧人甃①爲池；一涌出江心巨石中，石類鍋狀，上寬五六尺許，平坦可坐，游者多於此饮以爲樂；一在西岸下。宋黄叔萬詩：『離火②自天爍，温泉由地生。我來需曉汲，聊用濯塵纓。』

分宜縣

鈐岡　縣水南二里。山自紅花仰延袤數十里。有新澤水出於右，長壽水出於左而夾於山末，故曰『鈐』。山勢聳特，登之則舉一邑皆在目前。有仰山行祠，官民時祀。祠側有泉，病者求飲即愈。唐張景修詩：『江抱羅村盤玉帶，地開石井涌銀濤。』

仙臺山　縣東南〔二五〕五里。群山環抱，一峰高聳。相傳，昔有牧羊者登山，遇兩仙對弈，語曰：『子下界人也，何爲來此？』今名其村曰『下界』。

鐘山　縣東一十里。水南曰『南鐘山』，水北曰『北鐘山』。裴子野《宋略》云：『永嘉元年，因洪水，有大鐘從山流出。驗其銘，乃秦時所造，因名山。有巨石臨江，如峽，故又名「鐘山峽」』。《輿地紀勝》云：『嘗有漁人釣得一金鎖，長數百尺。又得一鐘，如鐸狀。舉之，聲如霹靂，山川震動。漁者恐，沉於水。或曰此秦時『驅山鐸』也。

昌山　縣西二十里。山勢雄踞，横鎖江流，而袁水出峽間。險，常覆舟，舊名『傷山』，後改今名。又名『昌山

---

① 甃：以磚石壘砌池壁。

② 離火：即五行中的火。離，爲八卦中的離卦。離位爲火，故稱離火。

峽』。顧野王《輿地記》：『晉永嘉四年，羅子魯於山峽堰爲陂，灌田四百頃。』

銀山　縣南二十里〔二六〕。山巔多白石。

玉岡山　在縣西二十里。卓立如削玉，下則平延，盤廻幽静。

臺山　縣北二十五里。山嶺平夷，廣數畝，若臺。

小行山　縣南二十五里。

清風山　縣南三十里。有寶慈觀。

光子山　縣西四十里。晉時，李琳字光子，封渝川侯，卒葬於此，因名。

仁山　縣南五十里。

白巖山　縣南五十里。山有永清院。歐陽玄詩：『道人獨坐白巖阿，巖下皚皚白石多。曾到補陀南海岸，白花無數擁盤陀①。』

鷄足山　縣北八十里，旌儒鄉陳重里。山下有勝因寺，寺背有石竅，日出鹽以足寺用。後有利之者鑿而大之，鹽遂止。

甘竹峰　縣西三十里〔二七〕。相傳，觀察司李憲子游刺袁州，歿，葬此山。

袁嶺　縣西北十餘里。七峰聳起如列戟。舊傳，漢時袁閎，陳蕃薦之可登三事，安車徵之。及黨事將作，閎築土室隱居其下。

石分嶺　縣南五十里。抵安福界。

① 盤陀：不平的石塊。宋陸游《小園》詩：『倦就盤陀坐，閑拈榔栗行。』

仰嶺　縣南六十里〔二八〕。極高峻，登之可遠瞰吉安城。相傳，唐時有尚雅祖師騎虎至此山，因建寺。

洪陽洞　袁嶺三峰之麓。世傳葛洪、婁陽所居。洞口有巖，巉岏①如蓋。由洞門入石室，東向去地高數十丈。初入一間，其平夷明爽可容百人。由西竇而入，始幽暗。舊有人至七十二間，聞昌山渡篙聲。今游者可至第十二間，餘則隘而不可行矣。其中有白沙如鹽，旁有鹽翁，有石凉傘。又有石如帆，如鼓，如田土丘段，如仙佛之像，狀態不一。洞有水，春溢冬涸，上有雲霞絪緼②之狀。内有穴可通絶頂，仰見天日，俗云『天心』。又有石燕，至春或能飛翔。古今游者留題石壁甚衆。胡徽詩：『天窗通月影，地穴透江津。』

小洪洞　在前大洪洞之頂。門甚隘，其中廣容千人，有石倉、石閣、石磨之類。舊傳晋宋人有題名在深窕處，無火不可入，且險絶不可遍歷。

靈仙洞〔二九〕　縣北三十里。洞内去地三十丈。景物不減洪陽洞，但差小耳。中有丹爐，闊二尺，厚三寸許，其圓如既望③之月，略玷缺④。旁有一石磨，狀與丹爐尺寸不差毫秒，或以爲爐蓋。

桃源洞　縣北一百三十里。洞口空闊。東北行半里許，至一石室。虚曠，有石鐘、石磬，扣之有聲。直北一室，天窗虚明，石級如田。田旁有池，四時泓澄，石龍夭嬌⑤其上。

---

① 巉岏：山、石峻峭突兀貌。宋吴龙翰《夜兴》诗：『山房静对碧巉岏，与客歌骚夜未阑。』

② 絪緼：亦作『絪氲』。形容雲煙彌漫、氣氛濃盛的景象。南朝梁沈約《八詠詩·會圃臨春風》：『既鏗鏘以動佩，又絪緼而流射。』唐温庭筠《觱篥歌》：『情遠氣調蘭蕙薰，天香瑞彩含絪緼。』

③ 既望：周曆以每月十五、十六日至二十二、二十三日爲既望。後稱農曆十五爲望，十六日爲既望。蘇軾《赤壁賦》：『壬戌之秋，七月既望，蘇子與客泛舟游於赤壁之下。』

④ 玷缺：玉石上的斑點、缺損。

⑤ 夭嬌：亦作『夭蛟』。屈伸貌。《史記·司馬相如列傳》：『長嘯哀鳴，翩幡互經，夭蟜枝格，偃蹇杪顛。』張守節正義引郭璞曰：『皆猨猴在樹共戲恣態也。夭蟜，頻申也。』

風洞〔三〇〕　距桃源洞二里許。居山之陽，不可入。旁有泉，流水潺湲①，清風生焉。冬温夏冷。避暑者置盤飧②於中，食頃輒涑。其上有亭。

硯池石　縣東十里，盧肇讀書臺上。

望夫石　縣西十五里，昌山峽水中。相傳，唐太守鄭望夫於此修堰溉田，後人思之，因名其石。或云婦人望夫不至，化爲石。

縣前江　即秀江水，亦曰『清源渡』。

渭江　縣治東三里〔三一〕。自新祉江流至七里坑出。

嚴塘江　縣東南三十里〔三二〕。發源自檀溪，及李家礱出水口會新喻江。

峴江　縣南五十里。自雙源裏源發源，會於雷同嶺下，入章溪，至石磊下爲峴江。築陂溉田數千畝。

赤江　縣北文標鄉。源出珠塘之泉，下流三十里，由江斜出昌山峽而合秀江。

楊江　縣西北四十里〔三三〕。順流會秀江水而逝。

野江　縣西化全鄉。源發謝家坊，流入秀江。

介溪水　縣北十五里，化全鄉。發源界塘，渟匯③清澈。中有巨石平坦。冬夏不竭，溉田千餘畝。順流東南十餘里，至紈江會秀江水。

---

① 潺湲：水流貌。《楚辭·九歌·湘夫人》：『慌忽兮遠望，觀流水兮潺湲。』
② 盤飧：盤盛食物的統稱。
③ 渟匯：指溪水聚集不流，停滯而深。

竹橋水　縣東北二十里〔三四〕。自臺山發源，至聖陂普光橋出小江口白漾渡會袁河。

汊江水　縣南五十里〔三五〕。左自仰嶺發源，右自黄真人臺下發源，旋繞至大清里泉江山下。二水相夾，出安福同橋、盧陵板陂，至吉水同江聚入大河。

雙溪水　縣南五十里。兩帶會流，出雷同嶺下，歷章溪至峴江。

楊橋水　縣北八十里〔三六〕，文標鄉。順流六十里至楊江。

歙州塘水　縣北文標鄉。世傳，盧肇爲歙州刺史後歸，築塘於舍側，因名。

黄土潭　縣西南昌山峽水下流匯成，潭平廣澄澈。

西岡湖　縣北二里〔三七〕。廣六十丈，灌田數百畝。

落星湖　縣西五里。廣五十餘畝，其深莫測。旁有龍王祠，歲旱禱之輒雨。世傳，唐耕者白氏居此，一夕，見巨星流於屋，遂成湖。

西關洲　縣西關黄土潭之側。諺傳：『沙洲插縣前，分宜出狀元。』

沙米洲　縣治東，鐘山峽中。春夏湍急，白沙擁起，兩岸如米。邑人以之占豐歉：若南岸饒則是歲南岸豐，北岸亦然。

義井　縣東九十步，新民坊義井巷。宋元間修浚。冬温不涸。

卓篙泉　在鈐岡。相傳，昔仰山二神維舟卓篙於半峰，遂有泉涌出。

源潤水　大清里泉源嶺下。溉田百餘畝。

萍鄉縣

徐仙山　縣西三里。世傳，有徐姓者於此修煉成仙。上有徐仙亭。

石羊山　縣南五里。

毛仙山　縣東二十三里〔三八〕。古有毛仙驛。《方輿記》：『昔有人過此山，逢一人，遍體有毛，言辭異常，後不復見。』宋朱熹嘗問驛吏，云『狐魅所爲』，遂題詩驛中：『人言毛女住青冥，散髮吹簫夜夜聲。却有郵童解端的，向儂説是野狐精。』

石姥山　縣西五十里〔三九〕。有石屹立如姥瞻望。宋周兊詩：『石〔四〇〕貌蒼顔迴不殊，天工偶爾賦形軀。頑然本是無情物，應誤行人指望夫。』

南源山　縣北五十里。山南有泉不竭。

浴室山〔四一〕　縣北五十里〔四二〕。山下有浴池，世傳楊朱①嘗浴其中，因名。

九嶷山　縣東七十里〔四三〕。連帶九峰〔四四〕，因名。晋時三真人得道之所。山側有二山秀拔，若雙鴻飛舞之狀，曰仙鶴嶺。

五金山　縣西七十里〔四五〕。五峰相連，皆面西方，因名。

楊岐山　縣北七十里。世傳楊朱泣岐之所。山下旁有玉女殿，内有九石房〔四六〕，相映如屏風，世傳爲仙人所居。又有普通院及隋煬帝壇。

楚山　縣北九十里。相傳，昔楚昭王經此山頂。有昭王臺遺迹，下有昭王祠。

武功山　縣東一百二十里。舊名羅霄洞。宋紹興間，洞寇猖獗，路分趙扆領兵剿捕於此。有功，立柵山上，因名

① 楊朱：戰國時思想家，道家楊朱學派創始人。魏國人，又稱楊子、陽生、陽子居。活動於魯、宋一帶，也曾南游到沛（今江蘇沛縣），見過老聃。無成文著作，見解散見於《列子》《庄子》《孟子》《韓非子》《吕氏春秋》等。《列子》中的楊朱篇系晋人僞托。按萍鄉上栗境内有楊岐山，舊傳因楊朱過此山見歧路而泣於路旁而得名。據《袁州府志》等方志文獻記載的此類傳説，楊朱似確曾到過袁州萍鄉一帶。

山。根盤八百餘里，跨吉、袁二郡。相傳，葛玄煉丹於此，亦名『葛仙峰』。

雲蓋山　縣東一百一十里〔四七〕。

羅霄山　與武功山相連。崇數千丈，延袤①〔四八〕百餘里。下有石潭，深不可測。《寰宇記》云：『潭水所出水旁出石乳。歲旱，吏人祀之，因以大木長三四丈者投水中，即雨。木涌出，雨即止。』或曰：『昔人羅霄居此，因名。』

石笋峰　在葛仙壇之右。峙立如笋。

玉女峰　縣東六十里〔四九〕。亦名玉女墩。《輿地志》：『天將雨，有五色云气涌出石间，俗云「玉女披衣」。』相傳，昔有女子修道於此，因名。宋洪炎〔五〇〕詩：『曾〔五一〕折山花獻阿魔，茫茫仙意果如何？千年舊迹今蕪没，惟有長松挂蔦〔五二〕蘿。』

聖岡嶺　縣東五十里。衆山迤邐，望〔五三〕之蒼翠。晋甘卓嘗築壘其上。又有聖岡廟，即甘卓廟也。

案山嶺　縣北五十里。左右兩山相峙，中平如案，因名。又有亭曰高寒，爲往來休息所。

白鶴嶺　縣北五十里。

馬迹嶺　縣南七十里〔五四〕。平夷修遠。晋甘卓過此山，上有馬迹。

羅漢巖　縣北萍實②里南源山。

帝鐘巖　縣北〔五五〕東鄉内。高深各四丈〔五六〕。中有倒石，長三尺，其形如鐘。

---

① 延袤：綿亘；綿延伸展。宋葉適《宿覺庵》：『所居山，延袤十里，有江月松風之勝。』

② 萍實：漢劉向《説苑・辨物》：『楚昭王渡江，有物大如斗，直觸王舟，止於舟中。昭王大怪之，使聘問孔子。孔子曰：「此名萍實，令剖而食之，惟霸者能獲之，此吉祥也。」』

真如洞　縣南〔五七〕長豐里。洞口有石鐘、石黿，又有石如人形。
裏大洞　縣南長豐里。圓如覆鐘，兩洞相接。上洞有石，名雪峰；下洞有石如屏，石竅斜穿，中有小溪。上洞可容千人。相傳，建炎初巨寇張成叛，土人於此避寇。縣北又有石陂洞。
羅漢影石　大安里白鷺坑。元符間，巨石中裂，其聲如雷。一屹立，一墜田間。居民往視，有形如羅漢之像。
金星石　大安里。石如室，有光若金色。
縣前江〔五八〕　源發楊岐山，西流四十里至縣前，又九十里出渌口，過潭洲，入洞庭湖。蔣之奇詩『倒流楊岐水』是也。
泉江水　縣東三十里〔五九〕。有泉出江中。
羅霄水　縣東南四十里〔六〇〕。源發羅霄山，分二派，東流合盧溪水，西流出本縣，合湘東江入澧陵。
河潭　縣治東一百五十步，在萍實橋河中。
敷潭　縣北七十里。深不可測。有龍祠，歲旱禱焉。
韓滸潭　在縣北清教里〔六一〕。上有韓將軍廟。
蕭仙潭　縣西八十里。
青龍潭　在縣新安里。
金魚洲〔六二〕　縣治東，萍實橋水西。
鳳凰池　縣治前。元時，池中嘗産瑞蓮，夏鎮作記。
義井　有四：一在縣治左，皇華坊；一在右，宣化坊；一在東，進賢坊；一在西，仁和坊。

聰明泉　縣西一百步。宋進士葉景武讀書其地。

沸泉　縣同唐里。周圍二丈許，其出如沸。

暖泉　仙居里蘇家村〔六三〕，冬温如湯。又有冷泉在宣教里，夏冷如冰，飲之能已熱疾。

雨湧泉　縣北楊岐山。天欲雨，水先湧。周兖詩：『楊岐山下出靈泉，與海相通亘古傳。洶涌便知天欲雨，爲言陰石不須鞭。』

浴丹泉①縣東南羅霄山。世傳仙人洗丹於此，因名。文吾一詩〔六四〕：『夜浴丹砂浮暖氣，曉凝寒碧洗晴煙。』

卓劍泉　萍實里迎祥觀。

萬載縣

龍山　縣治後。龍江經其下。其勢岃施②，来自衡霍〔六五〕，爲縣之鎮。

月臺山　縣南浦橋之陽③，狀如圓月。

白塔山　縣東南二里許。舊有明真院及白將軍墓，相傳白起也。

穩山　縣西八里，俗呼爲穩山關。

銀山　縣西十五里〔六六〕。山下有巨石，潔白如銀。石下有洞，可容數百人，相傳避寇者多居之。

---

① 浴丹泉：即浴丹池，亦即羅霄井。《（同治）萍鄉縣志》卷一載：『羅霄井在縣東羅霄山下，即葛仙浴丹池。』

② 岃施：邐迤，綿延不斷貌。明王慎中《登金山口絶頂》詩：『瞻峰皆岃施，陟澗數回緬。』

③ 陽：古人以山南水北爲陽，山北水南爲陰。南浦橋之陽即南浦橋之北。

紫蓋山　縣西北一十五里。山勢崇聳，屹若車蓋，舊名『雲蓋』。相傳，仙人謝仲初①嘗游此，有紫雲上覆，因名。

五雷山　縣北[六七]二十里。其地五山，與逍遥觀拱對。

湯周山　縣西三十里[六八]。相傳晋安帝時，湯、周二仙修道之所。上有觀，觀後有碁盤石、試劍石，石上有題詠。

峰頂山　縣西南三十里。相傳爲馬祖禪師修道之所。舊有上中下三塔，今惟中塔存焉。有泉清洌。歲旱，禱雨輒應。

金雞山　縣北三十五里。有巨石在山下，遇夜金雞現，故名。

清泉山　縣東北四十里[六九]。絶頂有瀑布泉，因名。

謝山　縣北七十里。《輿地廣記》《九域志》《一统志》皆以爲山因劉宋康樂公謝靈運得名，或云謝仲初修真之所。上有仙臺、丹井、試劍石及履迹存。《舊志》：『有靈應觀、劉長者讀書堂。』今廢。

書堂山　縣西八十里。山谷深鬱，雖霽，常有雲霧。世傳，晋習鑿齒因符堅陷襄陽，避地讀書於此。

東臺山　縣南[七〇]九十里。

九龍山　縣西一百里[七一]。

鐵山　縣西一百二十里。其地界瀏陽。産鐵。

鵝鼻峰　縣東五里[七二]，地名東岐。元虞文靖公愛此山若蜀中鵝鼻峰，因名。

---

① 謝仲初：據江西萬載南溪《謝氏重修族譜》載，謝仲初爲謝超宗之次子，謝靈運之曾孫。然正史、方志等文獻資料均認爲謝靈運曾孫乃謝才卿、謝几卿。未知孰是，待考。（參見謝燕頡博文《神仙中人謝仲初》）

鶴岭　一名洪岡嶺〔七三〕，在縣西南二十里，與仙游巖相望。

十八渡嶺　縣北四十里。舊路在嶺下，循環一水，往來凡十八渡。後闢路嶺上，人便之。俗呼爲『十八洞』，非也。

古廟嶺　縣西六十里。

白水嶺　縣西八十里。

黄皮嶺　縣北八十里，與謝山相對。頂上有石屋一間。相傳，黄、皮二仙修煉於此，鄉人祀之于石屋。

陶逸巖　縣東三十里〔七四〕。世傳唐『竹溪六逸①』陶沔晚歲居此。巖穴出平田約高三丈，巖巒清潤。中有石屋，人稱爲『陶公石』，俗訛爲『桃花石』。

仙游巖　縣西十五里〔七五〕，與鶴嶺相望。有石類鐘，扣之清越。又有石類道士狀，人稱『仙人石』。

水晶巖　縣西五十里，嶺東②。巖中飛瀑瀉出，如濺玉。

靈棲巖　縣西九十里〔七六〕。高數丈，有崇勝寺。巖下有泉，自周公洞流來，灌田數百畝。有題詠。

龍成巖　縣西九十里，地名梅陂。山勢聳特。有石屋，深九房。宋元祐，有獵者逐獸至其中，得一獸骨，其頂穹然如角，識者謂『龍蜕骨』也。屋中有石，如列仙者以百數〔七七〕。有石鐘〔七八〕，扣之有聲。有石硯，巖溜注之。墨横硯上，筆在硯旁，皆石也。有石人坐沙旁，如鬻鹽狀。或掃之，其白復積。

---

① 竹溪六逸：唐開元末，李白與孔巢父、韓準、裴政、張叔明、陶沔居泰安府徂徠山下之竹溪，日縱酒酣歌，時號『竹溪六逸』。（見《新唐書·李白傳》。）

② 嶺東：按《雍正萬載縣志》載：『（水晶巖）在邑西五十里，地名嶺東，峰頂山之西。巖中飛瀑流瀉，如撒珠玉。天旱多禱於此。』據此可知，『嶺東』乃地名而非方位。

赤硃岡　縣西一里，社稷壇左。

石洞　縣南二十里。中闊一里，深五里，高數丈。前後兩門，水經其中。有石如田、如屋。古今游者入自後洞，出自前洞。

雲峰洞　縣西九十里，黄茅岡。門闊丈餘，中虚敞，循級而下則漸黑。有石若鐘磬、若仙佛狀，多不可記。有澗，水産石燕。里人祈雨者常窮其源，以辰巳時入，出則日西矣。

筆架石　縣治東南二百步。旁有潭，深浚莫測。石屹立中流，挺然平突。三尖小石旁附，狀類筆架，與儒學對。

叵囉石　縣一里，荷花池東。山巖側有塊石高數尺，上有孔，人吹之若叵囉①聲，回風入竅亦然。

獅子石　縣北五里。狀類獅子。石下有潭，亦名獅子潭。上鎸『獅巖大德二年春月書』九字，未詳何人書。

石笋　縣北十五里。昔唐南平王鍾傳廢宅有石如笋，高數仞，俗呼爲『鍾令公石笋』〔七九〕。

謝仙石　縣西四十里。一名麻鞋石，相傳謂謝仙遺迹。

龍江　縣北五里。源出縣西一百二十里金鐘湖〔八〇〕，下流入瑞州府境。

多江　縣北七里。源出石洞、金鐘湖。二水會流，抵此平泛。水涸，露小洲三五，横阻江水，支流合派，故名。

錦江　縣北三十里〔八一〕。源出謝山。邑人敖玉溪建橋。

金鐘湖　縣西一百五十里〔八二〕。湖水東流至官庄，過竹渡入龍江。

康樂水　縣東北三十里。《寰宇記》：『謝康樂嘗游於此，因名。』源出謝山，東流至丘江，合龍江水出上高。

①叵囉：亦作『叵羅』，西域語音譯，指西域一種口敞底淺的飲酒器。亦泛指酒杯。或即沙羅，盥洗用的淺盆。此處未詳何義。

石洞水　縣西南二十里。源出竹山洞，北流過楊河山，合白沙水下南浦橋，至縣學前過雙虹橋而入龍江，出上高。

劍池水　縣西一百里。池廣丈餘。別有曾家源水經過於池，合流下井田，同靈棲巖水出沙江，入金鐘湖。舊傳許旌陽①捕蛟洪州時，蛟潛逃於此池，旌陽捕而斬之，因名。

緑陰池　縣治南百步，再思橋右。

龍潭　縣東北之龍江，相傳有穴與獅子巖相通。山頂有龍江亭，今廢。

龍洲　縣東北二里許，龍河渡，約廣數百畝。石洞、金鐘湖二水西來[八三]，環抱合流而東注。

真君井　縣西廂外三百步[八四]。

仰山井　縣西十五里，仰山廟後龍山頂上。舊有亭，今廢。

義泉　縣南百步，公館後。

溥泉　縣東一百五十步，儒學前，臨河。味甘美。

卓劍泉　縣西二百五十步，廣報觀。

塗泉　縣東十里[八五]，泉陂。約闊十畝，澄澈泓渟，有龍居之。每旱，官民禱焉。

魚鱗灘　縣西六十里。水浚急，亂石横密如鱗。

---

① 許旌陽：許遜（二三九—三七四），江西南昌人，道教著名人物，浄明道、閭山派尊奉的祖師，晉太康元年舉孝廉，出任旌陽令，人稱許旌陽。作爲漢族民間信仰的神仙之一，在江南地區留下了斬蛟龍治水的傳説，受歷代朝廷嘉許和百姓愛戴，譽爲「神功妙濟真君」「忠孝神仙」，又稱「許天師」、「許真君」。

〔校勘記〕

〔一〕「一十里」，《（同治）宜春縣志》卷一作「十五里」，未知孰是。

〔二〕「西北」，《（同治）宜春縣志》卷一作「北」，未知孰是。

〔三〕「龔炳」，《嘉慶志》卷三十七作「蕭炳」。

〔四〕「冰」，原作「水」。《（康熙）宜春縣志》卷二作「水」，《（同治）宜春縣志》卷一作「冰」。按泉有水乃是自然之事，與寒冷與否無關，故作「未寒泉有水」於理不通。若作「未寒泉有冰」，意謂節氣未寒而泉已結冰，正以誇張之法極言蟠龍山之高聳入雲。「水」當爲「冰」之訛。今據《（康熙）宜春縣志》《（同治）宜春縣志》改。

〔五〕《嘉慶志》卷三十六、《康熙志》卷十八、《（康熙）宜春縣志》卷之十七引此詩均爲七言八句：紺巘千尋入杳冥，我來心地已澄清。孤雲欲作人間雨，流水空傳物外聲。老柏倚巖高轉瘦，寒花著雨墜還生。故人頗怪歸來晚，遠寄新詩照眼前。（後兩種文獻中「前」均作「明」。）

〔六〕「城南」，《（同治）宜春縣志》卷一「城東南」。按石門山在府城正南略偏東方向。

〔七〕「慈光」，《嘉慶志》卷四、《同治志》卷一之一、《（同治）宜春縣志》卷一均作「慈雲」，未知孰是。

〔八〕「三十里」，《（康熙）宜春縣志》卷二作「二十里」，未知孰是。

〔九〕「城西三十五里」，《（同治）宜春縣志》卷一作「城西南六十里」，未知孰是。

〔一〇〕「水蔡湖」，《（同治）宜春縣志》卷一作「水漿湖」。

〔一一〕「二十里」，《（康熙）宜春縣志》卷二作「三十里」，《（同治）宜春縣志》卷一作「二十五里」，未知孰是。

〔一二〕「三十里」，《（同治）宜春縣志》卷一作「三十五里」，未知孰是。

〔一三〕殽，原作「淆」，誤。《（康熙）宜春縣志》卷二、《同治志》卷一之一均作「殽」，今據改。

〔一四〕「三里」，《（同治）宜春縣志》卷一作「五里」，未知孰是。

〔一五〕「府城南」，《同治志》卷一之一作「府城外西南」，未知孰是。

〔一六〕「八十里」，《康熙志》卷二、《（康熙）宜春縣志》卷二、《同治志》卷一之一均作「八十五里」，未知孰是。

〔一七〕「枯」，《嘉慶志》卷三十五作「孤」。

〔一八〕「太」，《嘉慶志》卷三十五作「嘆」。

〔一九〕「東」，《（康熙）宜春縣志》卷二、《同治志》卷一之一均作「東南」，未知孰是。

〔二〇〕「北」，《康熙志》卷二、《同治志》卷一之二、《（同治）宜春縣志》卷一均作「西北」，未知孰是。

〔二一〕「砲沙河」，《（同治）宜春縣志》卷一載：「一名砲石河」。按本地方言「石」「沙」音近，疑當作「砲石河」。

〔二二〕「府治西五十步，西隅茶倉前」，《嘉慶志》卷四作「府治西北茶倉前」，略有不同。

〔二三〕「府治北百步」，《嘉慶志》卷四、《同治志》卷一之一均作「府城北城西」，比較含糊。

〔二四〕「湧珠泉」，原作「涌坑泉」。《（康熙）宜春縣志》卷二、《康熙志》卷二均作「湧坑泉」，《（同治）宜春縣志》卷一、《同治志》卷一之一均作「涌珠泉」。按「涌坑」其義殊爲难解，未若「涌珠」之美，並合乎釋文之描述；且「南池涌珠」爲宜春八景之一，故「涌坑泉」当爲「涌珠泉」之誤，今據改。

〔二五〕「縣東南」，《（同治）分宜縣志》卷一作「縣東」。按仙臺山在分宜縣城南略偏東方向，故應以本志所記爲確。

〔二六〕「二十里」，《嘉慶志》卷四、《同治志》卷一之一作「三十里」，未知孰是。

〔二七〕「縣西」，《同治志》卷一之一作「縣西南」，未知孰是。

〔二八〕「縣南六十里」，按《（同治）分宜縣志》卷一載「大岡山即仰嶺，在城南七十里」，未知孰是。

〔二九〕「靈仙洞」，《（同治）分宜縣志》卷一作「靈山洞」，疑「山」爲「仙」之誤。

〔三〇〕「風洞」，《（同治）分宜縣志》卷一作「清風洞」。

〔三一〕「東」，《（同治）分宜縣志》卷一作「東南」。按新社、七里坑均在分宜縣城之南略偏東方向，故《分宜縣志》所載近是。

〔三二〕「東南三十里」，《（同治）分宜縣志》卷一作「縣南三十里」。按檀溪在分宜縣城東南方向，似以本志爲是。

〔三三〕「縣西北四十里」，《（同治）分宜縣志》卷一作「縣西六十里」，未知孰是。

〔三四〕「二十里」，《（同治）分宜縣志》卷一作「二十五里」，未知孰是。

〔三五〕「五十里」，《（同治）分宜縣志》卷一作「六十里」，未知孰是。

〔三六〕「縣北八十里」，《（同治）分宜縣志》卷一作「縣西北六十里」，未知孰是。

〔三七〕「二里」，《嘉慶志》卷四、《同治志》卷一之一作「四里」，《（同治）分宜縣志》卷一作「三里」，未知孰是。

〔三八〕「二十三里」，《（康熙）萍鄉縣志》卷一作「三十里」，未知孰是。

〔三九〕「五十里」，《（同治）萍鄉縣志》卷一「四十里」，未知孰是。

〔四〇〕「石」，《（康熙）萍鄉县志》卷之八作「古」。

〔四一〕「浴室山」，《康熙志》卷二、《嘉慶志》卷四同，《（康熙）萍鄉縣志》卷一作「浴石山」。

〔四二〕「五十里」，《（同治）萍鄉縣志》卷一作「五十五里」，未知孰是。

〔四三〕「七十里」，《同治志》卷一之一作「九十里」，未知孰是。

〔四四〕「峰」，原作「封」。按《（康熙）萍鄉縣志》《嘉慶志》均作「峰」，獨《正德志》作「封」，「九封」不可通，今據諸本改。

〔四五〕「西」字原闕，今據《（康熙）萍鄉縣志》補。「七十里」，《嘉慶志》卷四作「五十里」，未知孰是。

〔四六〕「九石房」，《（康熙）萍鄉縣志》卷一作「九石旁」。按「內有九石旁」義不可通，應以本書爲是。

〔四七〕「東」字原闕，今據《（康熙）萍鄉縣志》、《康熙志》卷二、《嘉慶志》卷四、《同治志》卷一之一補。「一百一十里」，《康熙志》卷二作「一百二十里」，未知孰是。

〔四八〕「延袤」，原作「延廣」。《康熙志》卷二、《嘉慶志》卷四、《同治志》卷一之一均作「延廣」，獨《（康熙）萍鄉縣志》卷一作「延袤」。按「延袤」有綿延伸展之意，而「延廣」有廣闊之意，謂山脉長度當以「延袤」爲義長。本書卷一「鈐崗」條云「延袤數十里」，《（雍正）萬載縣志》卷二「湯周山」條云「延袤峭峻」，《同治志》卷一之一「鈐崗」條云「延袤數里」，各例均作「延袤」，今據改。

〔四九〕「六十里」，《（同治）萍鄉縣志》卷一作「五十五里」，未知孰是。

〔五〇〕「洪炎」，《嘉慶志》卷三十七作「王觀」。按本書卷六載「王觀，洪武初任（分宜縣丞）」，如《嘉慶志》所言王觀即此人，則不得稱「宋王觀」，疑《嘉慶志》誤，應以本書爲是。

〔五一〕「曾」，《嘉慶志》卷三十七作「層」。按作「層」則句意費解，疑誤，應以本書爲是。

〔五二〕「蔦」，《嘉慶志》卷三十七作「薜」。

〔五三〕「望」，原作「里」。按《（康熙）萍鄉縣志》卷一、《康熙志》卷二、《嘉慶志》卷四、《（同治）萍鄉縣志》卷一等均作「望」，獨本書作「里」，義不可通，今據諸本改。

〔五四〕「七十里」，《嘉慶志》卷四作「八十里」，未知孰是。

〔五五〕「北」，本闕。按本書體例，每一條下均作「縣（府城）某某方位若干里程」或「縣（府城）某某方位某某（鄉）里」。此處「東」字屬「東鄉里」，非指方位之「東」，故此處奪一表方位的字。《（同治）萍鄉縣志》卷一「縣」字下有「北」字，今據補。

〔五六〕「高深各四丈」，《康熙志》卷二、《（康熙）萍鄉縣志》卷一、《嘉慶志》卷四、《同治志》卷一之一均作「高十丈，深四丈」，疑「高十丈，深四丈」是。

〔五七〕「南」，原闕。按《（康熙）萍鄉縣志》卷一載「（真如洞）在縣南三十里長豐里」，則知按體例此處「縣」下應有一「南」字，今據補。

〔五八〕「縣前江」，《（康熙）萍鄉縣志》、《康熙志》卷二作「萍川水」。

〔五九〕「三十里」，《康熙志》卷二、《嘉慶志》卷四、《同治志》卷一之一均作「二十里」，未知孰是。

〔六〇〕「四十里」，《（康熙）萍鄉縣志》卷一、《康熙志》卷二均作「四十五里」，未知孰是。

〔六一〕「北」，原闕，今據《康熙志》卷二、《同治志》卷一之一、《（同治）萍鄉縣志》卷一補。

〔六二〕「金魚洲」，《（康熙）萍鄉縣志》卷一、《嘉慶志》卷四均作「金鰲洲」，乃後改之名。

〔六三〕「仙居里」，《康熙志》卷二、《嘉慶志》也均作「仙居里」，而《同治志》卷一之一、《（同治）萍鄉縣志》均作「仙桂里」。按《（康熙）萍鄉縣志》卷二載，仙居里在縣西歸聖鄉，仙桂里在縣西北觀化鄉，然歸聖鄉和觀化鄉的位置又有不同說法。歸聖鄉，《嘉慶志》卷三認爲在邑西，《同治志》卷一之一、《（同治）萍鄉縣志》卷一認爲在縣西北（偏西爲仙居里）；觀化鄉，《嘉慶志》卷三認爲在邑北，《同治志》卷一之一、《（同治）萍鄉縣志》卷一認爲在「近城四面」（南面爲仙桂里），《（同治）萍鄉縣志》卷二則認爲在邑東。衆説紛紜，未知孰是，待考。

〔六四〕《明一統志》卷五十七亦將此詩作者系於文吾一，然《（同治）萍鄉縣志》卷六、《（同治）安福縣志》卷十八均作劉長吾，孫欽善主編《全宋詩》卷三七〇三則作趙澤祖。按文吾一史志闕載，從字形上看，疑爲『劉長吾』之誤。劉長吾，永豐人，永樂十年（一四一二）壬辰科二甲進士，永樂十一年十二月壬戌任廣西按察司僉事。《（同治）安福縣志》卷十八載其題爲《煉丹池》詩曰：『銀河斜落萬山巔，玉界遥飛一竅泉。夜浴丹砂浮暖氣，曉凝寒壁沁晴煙。靈源每透流香細，雲液虚澄抱影圓。三咽便應凡骨换，坐臨磐石看飛潜。』《（同治）萍鄉縣志》卷六署名劉長吾的同題詩后四句文字上與《（同治）安福縣志》所載有出入：『靈源直透流香細，雲液虚澄抱影圓。三咽應知凡骨换，只今池上説神仙。』孫欽善主編《全宋詩》卷三七〇三第四四四四九頁載：『趙澤祖（《縉雲文徵》卷一作趙澤），字叔原，宋末縉雲（今屬浙江）人。曾官浙西安撫司幹官。事見趙章格輯《家傳詩鈔》（稿本）。』所録詩詩題爲『甘泉洞』，文字也有差異：『銀河瀉落萬山巔，玉界遥馳一道泉。夜浴丹沙浮暖氣，曉凝寒碧沁晴烟。靈泉透海流香細，雪液澄虚抱影圓。三咽只因凡骨换，坐臨磐石看飛錢。』從現有資料來看，該詩的作者和内容均難以確定。待考。

〔六五〕『衡霍』，原作『衡藿』。《（雍正）万载县志》卷一、《（同治）萬載縣志》卷五引《洪武志》及《嘉慶志》卷四均作『衡霍』，今據改。按：衡霍，此當指湖南之衡山，然湖南之衡山不當稱『衡霍』。安徽亦有衡山，又名霍山，故稱『衡霍』。袁州萬載之龍山安得來自安徽之衡霍？顯然，編撰者誤以安徽衡山『衡霍』之名稱湖南之衡山。《（民國）萬載縣志》卷一之二稱『《洪武志》云其勢岃施，來自衡霍，不知衡湖南湘水西，霍在淮南江北，俱不相屬』，即是看出此中謬誤（然又不知霍山亦稱衡山）。《同治志》卷一之一則改作『其脈來自湯洞、長垣、望府諸山』，蓋亦知『衡霍』之爲謬也。

〔六六〕『縣西十五里』，《康熙志》卷二、《嘉慶志》卷四作『縣南三十里』，《（民國）萬載縣志》卷一之二作『縣南稍西十五里』，未知孰是。

〔六七〕『北』，《嘉慶志》卷四、《同治志》卷一之一作『西北』，未知孰是。

〔六八〕『三十里』，按《（同治）萬載縣志》卷五、《同治志》卷一之二『四十里』，未知孰是。

〔六九〕『四十里』，《（雍正）萬載縣志》作『四十五里』，未知孰是。

〔七〇〕『南』，《（雍正）萬載縣志》卷一、《嘉慶志》卷四、《同治志》卷一之一均作『西南』，《（民國）萬載縣志》卷一之二作『西』，未知孰是。

〔七一〕『縣西一百里』，《嘉慶志》卷四同，《同治志》卷一之一、《（民國）萬載縣志》卷一之二作『縣西北九十里』，未知孰是。

〔七二〕『五里』，《同治志》卷一之一、《（同治）萬載縣志》卷五、《（民國）萬載縣志》卷一之二均作『十里』，未知孰是。

〔七三〕『一名洪岡嶺』，《康熙志》卷二、《（雍正）萬載縣志》卷二、《嘉慶志》卷四、《同治志》卷一之一同，而《（同治）萬載縣志》卷五、《（民國）萬載縣志》卷一之二則云『木星腦亦名鶴嶺』，『仙游巖在木星腦東北麓下』，『長垣山，（中略）乃牛婆嶺鶴嶺之統名』，並認爲『《舊志》（中略）是因長垣山有鶴嶺，遂誤爲牽合，不知木星腦亦名鶴嶺也』。簡言之，二《志》認爲與仙游巖相對的是木星腦而非洪岡嶺（揣摩文意，似乎洪岡嶺即長垣山之鶴嶺）。未知孰是，存疑待考。

〔七四〕『縣東三十里』，《（民國）萬載縣志》卷一之二作『縣北東三十里』，《嘉慶志》卷四作『邑東北四十里』，未知孰是。

〔七五〕『十五里』，《（雍正）萬載縣志》卷二作『十六里』，《嘉慶志》卷四、《同治志》卷一之一、《康熙志》卷二則作『六十里』，未知孰是。

〔七六〕『九十里』，《嘉慶志》卷四作『九十里』，《（民國）萬載縣志》卷一之二引《洪武志》作『八十里』，未知孰是。

〔七七〕『百數』，《（雍正）萬載縣志》卷二作『十數』，《（同治）萬載縣志》卷五『數十』，未知孰是。

〔七八〕『石鐘』，《（雍正）萬載縣志》卷二作『石鏡』。按本書作『石鐘』是，作『石鏡』則與下文『扣之有聲』文意相左。

〔七九〕『鐘令公石笋』，《（雍正）萬載縣志》卷二作『鐘令』，疑『公』與『石』二字倒乙，又將二字合爲一字。《（同治）萬載縣志》卷五、《（民國）萬載縣志》卷一之二作『令公石』，《康熙志》卷二、《嘉慶志》卷四、《同治志》卷一之一均作『鐘令公石』。

〔八〇〕『源出縣西一百二十里金鐘湖』，《（雍正）萬載縣志》卷二作『源出邑西一百里劍池水』，《同治志》卷一之一作『其正源出縣西百二十里古神尖之流水壁』，則各志對其正源有不同的看法。

〔八一〕『三十里』，《（同治）萬載縣志》卷五、《（民國）萬載縣志》卷一之二均作『二十里』，未知孰是。

〔八二〕『縣西一百五十里』，《康熙志》卷二、《（雍正）萬載縣志》卷二作『一百二十五里』，《嘉慶志》卷四、《同治志》卷一之一作『一百二十里』，未知孰是。

〔八三〕「二」，原作「一」。按金鐘湖和石洞水爲二水，二水方可言「環抱合流」云云，《（雍正）萬載縣志》卷二、《同治志》卷一之一正作「二」，今據改。

〔八四〕「西廂外」，原作「西外廂」。按「縣西外廂」不可通，當是「外」與「廂」二字倒乙，《（雍正）萬載縣志》卷二、《嘉慶志》卷四、《同治志》卷一之一、《（同治）萬載縣志》卷五均作「西廂外」，今據改。「三百步」，《康熙志》卷二、《嘉慶志》卷四、《（同治）萬載縣志》卷五作「二百步」，未知孰是。

〔八五〕「十里」，《（同治）萬載縣志》卷五作「六里許」，未知孰是。

袁州府志卷之二

户口

本府四縣

宋

大中祥符間：户通八萬五千零三〔一〕，口通一十五萬〔二〕八千六百三十三。

崇寧：户一十三萬二千二百九十九，口三十二萬四千三百五十五。

大明

洪武二十四年：户通六萬三千九百九十八〔三〕，口通三十七萬九千二百三十六〔四〕。

永樂十年：户通六萬四千九百九十五〔五〕，口通四十萬七千一百九十七〔六〕。

弘治十五年：户通六萬六百一十九，口通三十八萬九千六百八十八。

正德間同。

宜春縣

宋

大中祥符間：戶三萬二千七百五十六[七]，口五萬七千五百九十四。

大明

洪武二十四年：戶二萬八千一百二十六，口一十一萬四千三百七十六[八]。

永樂十年：戶一萬四千九百七十七，口一十二萬二千七百七十二。

弘治十五年：戶一萬八千一百二十七，口一十二萬六千三十二。

正德間同。

分宜縣

宋

大中祥符間：戶一萬六千七百九十八，口二萬八千四百九十二[九]。

大明

洪武二十四年：戶一萬三千二百三十，口七萬二千二百八十七。

永樂十年：戶一萬四千六十二，口七萬五千一百六十五。

弘治十五年：戶一萬二千七百七十一，口六萬二千二百七十四。

正德間同。

萍鄉縣

宋

大中祥符間：户二萬一千六百九十五[一〇]，口三萬九千一百三十四[一一]。

大明

洪武二十四年：户一萬五千七百二十八，口一十萬九百零五[一二]。

永樂十年：户一萬六千八百一十七，口一十一萬二千九十八。

弘治十五年：户一萬六千六百四十一，口一十一萬六千七百五十五。

正德間同[一三]。

萬載縣

宋

大中祥符間：户一萬二千七百五十四，口三萬三千四百一十三[一四]。

大明

洪武二十四年：户一萬五千九百九十八，口九萬五千七百八十一。

永樂十年：户一萬五千一百五十，口九萬七千四百八十。

弘治十五年：户一萬三千八十，口八萬四千六百二十七。

正德間同。

土產

穀

占穀① 紅白二種。其種有「五十日占」，俗名「救工饑[一五]」，熟最早，然不廣種，少蒔以接糧。有「六十日占」「八十日占」「百日占」，有「大占」「鬚占」。又有「晚穀」，熟稍遲，爲飯香軟。有贛州「早團穀」，早。又有「旱穀」，陸地可種。

糯穀 「早糯」，以七月早熟，土人仰此以爲新酒。「晚糯」，以十月獲，粒大而堅，用此造經冬酒。其名不一，有「白殼糯」「矮脚糯」「燕口糯」「鴨婆糯」「重陽糯」「椒子糯[一六]」。

麥 有「大麥」「小麥」，九月種，四月登②。

蕎麥 姿荏弱，幹赤，花白，秋種而冬食。

粟 有「占粟」「糯粟」「黍子粟」「草子粟」等名，皆古之粱也。藝者絶少，山鄉涸田或植之。

豆 有「黄豆」「青皮豆」「紅豆」「黑豆」「絳豆」「緑豆」「豌豆」「泥豆」，秋刈稻涸田種之，十月刈用爲腐。

芝麻 有黄、白。

---

① 占穀：《嘉慶志》卷七、《同治志》卷一之二「占穀」條下原注云「以得種於占城而名」。按占城，古國名。故地在今越南中南部。古稱林邑，唐元和后稱環王，后又稱占城。占穀，現常被誤寫成「粘穀」。

② 登：成熟，豐收。

蔬

薑　芥　芹　葱　水晶葱　蓊菜〔一七〕　白菜　薤　蒜　韭　莙薘①　茭白　菰根是也。　諸〔一八〕　蒿苣　蔊　出武功山。　薗荽②　菠薐③〔一九〕　百合　菘④　蕎⑤　氣葷，如小蒜而長。　芋　即蹲鴟，農家藉此以助歲計。　茨菰⑥　生水澤中。　薯　即玉延，種於圃，大者四五斤，一名『山藥』。　莧　有紅、白。　石耳石髮〔二〇〕出萍鄉。　玉板笋　笋　蕨　歲饑，搗其根爲粉以食。　蘿蔔　油菜　子⑦可作油。　瓠　俗名葫蘆。　甜瓜　冬瓜〔二一〕白瓜。　梢瓜〔二二〕　王瓜〔二三〕翠蔓頎姿。　絲瓜

藥

黄精　宜春出。　黄藥　白藥　香附子　即莎草根。　荊芥　枸杞　其根名『地骨皮』。　香薷⑧　天門冬　麥門冬　瓜蔞　根名『天花粉』。　紫金藤　蒼耳　楮實子　石楠　白芨　白蘞　木通　烏藥　何首烏　劉寄奴　厚朴　山藥　薄荷　金沸草　山梔子　薏苡仁　紫蘇　地黄　茴香　青木香　五棓

---

① 莙薘：即藥用甜菜，宜春本地人稱牛皮菜。
② 薗荽：即芫荽，俗稱香菜。
③ 菠薐：即菠菜。
④ 菘：即白菜。
⑤ 蕎：宜春地區指野葱，也稱蕎葱，而非蕎麥。
⑥ 茨菰：亦作『慈姑』。植物名，可作食用或藥用。
⑦ 子：指菜籽。作油，方言，意爲『榨油』。
⑧ 香薷：一年生或多年生芳香草本植物。莖和葉可以提取芳香油。

子　益母草　蓖麻治産難，出肉中刺。　車前子即芣苡①。

竹

筀竹②　笋美，根多，竹工絲以製器。　苦竹　夏笋，味苦。　斑竹　方竹短小，形方。　義竹　紫竹色紫。

木

梓　柏　楠　樟　檀黄白二種。　杉土人用作室。　檜似柏，葉細。　椿　血柏木红。　柞性堅，可作弩幹。　韋即櫧也。性堅，不凋。實小可食，或甘或苦。　梧子可食。　黄楊　銀杏木即白果樹。　栟櫚俗名『棕』。葉大如車輪，毛可用。　茶子樹冬花，子可作油。　白楊　桐子樹子可取油。凡栽杉，先植此樹，以其葉落而上肥。　鵂柏③　取子壓油爲燭。　冬青歲晏不凋。

果

桃　李　梅　杏梅　楊梅　石榴　梨　棗　栗小者曰『茅栗』。　柿　椑似柿而青黄。　枇杷　橙　橘　柚似橙而大。　香櫞類橙，色黄，形圓而香。　柑　金橘實小彈丸，色如金。　木瓜　鳧茈④　紅

---

① 芣苡：亦作『芣苢』。
② 筀竹：亦作『桂竹』，又名防露。
③ 鵂柏：今寫作『烏桕』。
④ 鳧茈：亦作『鳧茨』，即荸薺，又稱『馬蹄』『烏芋』『地栗』『水栗』，莎草科荸薺屬。

菱　西瓜 出萍鄉。

布帛

棉布　苧布 官税所徵。葛布 績葛爲布，有兼絲者。絹 宜春、萍鄉間出。紬① 土綾 出萍鄉，土産之絲，粗纇②。

物貨

茶　茶油 茶子搗之爲油。桐油　棕毛　火紙　白蠟　木炭　石炭　蜜　竹紙　草席 出萍鄉。甚粗，名龍須草，生田中。燈草 出萍鄉，生水澤中。鐵

魚

鯉 小而金色者曰金鯉。鯇 色青，俗名草魚。首春蓄苗者來自醴陵界中，買纔数寸〔一四〕，日以草飼之。鰱 鱮也。大頭而細鱗。鯽 鮒也。鯿 魴也。縮項細鱗，魚之美者。鱖 巨口細鱗，在石罅中。比目魚 靈泉池有，今罕見。鰷魚 白如銀。

---

① 紬：古同「綢」。

② 粗纇：粗劣多節。纇，結頭，疙瘩。《説文》：「節也。」《通俗文》：「多節曰纇。」

禽

青鶴　鵁鶄似鶴，色青，頂微紅。翬雉五色，俗名野鷄。山凤凰一名锦鷄。竹鷄　練雀

獸

虎　鹿　獐　麂　兔　猿　猴　白猿　金綫猿出木平山〔二五〕。每啼，有佳客至。玉面狸膚理至腴。

山羊　山牛　野猪大者數百斤類能傷人。豪猪毫如簪，長五六寸，能激以射人。

田賦

大明洪武初　本府四縣官民田、地、山、塘等項總一萬六千五百五十一頃三十一畝五分。

夏税米　二萬一千六百二十九石八斗八合八勺。

桑絲　五百一十五斤一十三兩二錢。

秋糧米　二十一萬七千四百四十六石五斗六合三勺。

塘租米　二千一百八十五石。

牛租米　二百四十九石六斗。

弘治十五年　官民田、地、山、塘等項總一萬六千五百二十八頃二畝八分。

夏税米　二萬一千七百九十石二斗九升一合六勺。

桑絲　五百一十九斤一十四兩六錢四分〔二六〕，織絹四百一十五匹二丈八尺七分。

秋糧米　二十一萬七千一百三十三石五斗七升三合五勺。
牛租米　一十一石九斗。
正德五年與弘治十五年同。

宜春縣

官田　一百九十頃三十四畝六分。
民田　四千九百二十四頃四十二畝七分。
夏税米　六千八百四十五石五斗六升一合二勺。
桑絲　二百四十六斤一十二兩四錢。
秋糧米　六萬八千二百九十六石二斗二升七合八勺。
牛租米　五石九斗。

分宜縣

官田　一百三頃四十七畝二分。
民田　二千六百七十四頃八十畝五分。
夏税米　四千一百一十八石七斗四升一合四勺。
桑絲　三十三斤二兩六錢四分。
秋糧米　四萬九百六十八石九斗八升一合七勺。
牛租米　六石。

萍鄉縣

官田　九十六頃六十一畝二分。
民田　三千六百一十六頃九十三畝二分。
夏税米　五千五百八十一石二斗九升八合七勺。
桑絲　一百五十一斤六兩二錢四分。
秋糧米　五萬六千七十石六斗三升八合七勺。

萬載縣

官田　一百七頃九十八畝一分。
民田　四千八百一十三頃四十五畝三分。
夏税米　五千二百四十四石六斗九升三勺。
桑絲　八十八斤九兩三錢六分。
秋糧米　五萬一千七百九十七石七斗二升五合三勺。

按：本府四縣糧，歐祥占據時每田一畝要民納米三鄉斗，計九升。後内附，祥誤以鄉斗作官斗造報。高皇帝謂三斗太重，減半科納，每民田一畝科糧一斗六升五勺，外夏税一升六合。共田六畝二分四厘科糧一石，外夏税一斗。比之鄰壤臨江、吉安、瑞州等府縣（每田一畝五升三合起科，該田一十八畝科糧一石，又無夏税），本府糧額實重二倍之上。正統元年，知縣周瑛奏，准行在户部江字一百四十二號勘合，到縣取勘，每田一畝比照鄰界縣分納本色米五升三合，其餘准收折色銀布以作輕賫①，袁民稍蘇。然歲改，人更不知前項重租折納情由，仍依常稅，府分一概分派遠運禄米，本色數多，民困如舊。

課程

大明

洪武二十四年本府歲辦各色課鈔

茶課鈔　一萬三千三百六十一貫一百九十文。

酒醋課鈔　一千六百三十貫九百六十文。

油榨課鈔　一千五十七貫七百五十文。

水碓課鈔　一千三百五十貫六百文。

水磨課鈔　一千二百五十三貫八百文。

府學地租鈔　四貫四百一十文。

商稅課鈔　九百一十二貫二百五十四文。

魚課鈔　九百四十三貫一百二十六文。

契稅課鈔　九百一十二貫二百五十四文。

魚油折納桐油　一千三百八十七斤一十五兩四錢八分。

---

① 即「輕賫银」，乃元明以来，税粮、漕粮、马草等折收银两的部分。《明史·食貨志三》：「輕賫銀者，憲宗以諸倉改兑，給路費，始各有耗米，兑運米，俱一平一鋭，故有鋭米，自隨船給運四門處，餘折銀，渭之輕賫。」

魚鰾折納桐油　七斤一兩六錢。
弘治間歲辦各色課程鈔四千九百四十六錠二貫五百九十一文〔二七〕。
茶課鈔　八百三十六錠一貫四百六十六文。
酒醋課鈔　一百一十四錠二貫八百六十四文。
油榨課鈔　八十一錠四貫四百三文。
水碓課鈔　一百一十一錠一貫六文。
水磨課鈔　二十三錠三貫六百文。
府學地租鈔　一貫四百七十文。
山租課鈔　一十三錠一貫二百八十四文。
竹木山租鈔　三千四百三十五錠四貫三百五十二文。
没官房地租鈔　一百六十九錠三貫六百九十二文。
廢寺地租鈔　一貫一百文。
棕樹課鈔　四貫六百六十九文。
磚瓦窑課鈔　四錠一貫六百文。
粗瓦碗窑　一十錠。
黑瓦窑課鈔　四錠二貫一十文。
學院地租鈔　一貫六百四十文。
茶引油課鈔　一百三十九錠二貫四百四十五文。
商税課鈔　一萬四千三百九十六錠四百三十四文。

比附課鈔　二百六十九錠三貫二百二十文。
契税工本鈔　三百五十六錠四百二十六文。
魚課鈔　四百七十一錠一貫一百一十一文。
魚油折納桐油　九百八十斤一十三兩六錢八分。
魚鰾（本色二斤一十一兩，折色一斤一十兩）折納桐油　一斤一十兩。
正德間同。

鹽鈔

大明

本府人户每口連閏納鈔六貫五百文，共鈔三十八萬二千六百貫有奇。

土貢

唐

歲進白苧布十匹。

宋

淳熙間上節日歲進銀二百兩、耗銀四兩、鐵一萬六千九百斤。

元

延祐間歲進鐵二萬五百斤。

至元間歲進雜色皮二百七張。

大明

歲進茶芽一十八斤。洪武四年進十斤，永樂二年增八斤。活野味六十隻。野鷄五十六隻、鵁鶄三隻、青鶴一隻。

歲辦翎毛二千二百七十二根〔三八〕、雜色皮一千六百九十張。

歲造弓二千張、箭二萬枝、弦一萬條。

宜春縣

茶芽五斤六兩、活野鷄一十六隻、鵁鶄二隻、翎毛八百九十二根（閏月又增七十五根）、雜色皮五百四十張、弓六百六十張、箭六千四百二十枝、弦三千三百條。

分宜縣

茶芽二斤一十五兩、活野鷄一十二隻、鵝翎五百五十根、雜色皮二百八十五張、弓三百六十張、箭三千六百枝、弦一千八百條。

萍鄉縣

茶芽五斤六兩、活野鷄一十七隻、鵁鶄一隻、翎毛九百三十根、雜色皮五百四十張、弓三百二十張、箭六千四百二十枝、弦三千三百條。

萬載縣

茶芽四斤五兩、活野鷄一十一只、青鶴一隻、雜色皮三百二十五張、弓六百六十張、箭三千五百六十枝、弦一千六百條。

徭役

宜春縣

皂隸 本府經歷司、照磨所各二名，本縣直堂十，答應二十五，典史廳二。**祇候** 本府知府衙四，同知通判、管糧通判、推官各二，經歷、知事、照磨、檢校、司獄各一，本縣知縣衙四，縣丞、主簿各二，典史衙一。**弓兵** 帥府二，本縣二十五，黄浦、澗富二，巡檢司各三十。**馬夫** 本府知府、同知通判、管糧通判、經歷、知事各十，本縣知縣、縣丞、主簿、典史各十。**門子** 布按二，分司各二，府堂五，經歷司、照磨所各二，府學五，縣廳四，典史廳一，縣學三，府縣學、射圃各一，東西北三壇、城隍廟各一，韓文公祠、張南軒祠各一，陰陽學、醫學各一，東廓亭一。**庫子** 本府油燭庫、永積庫、儀仗庫各二，府學四，本縣四，縣學二，秀江驛七。**看倉老人** 永豐、城東、城南三倉各一名。**斗級** 府學四，縣學二，永豐倉十，各倉共八名。**禁子** 府司、獄司四，本縣七。**膳夫** 府學一，縣學二。**防夫**、**管夫** 各三，俱秀江驛。**巡攔** 二十名，俱税課司。**鋪司** 十六。**驛司** 十六。**鋪兵** 六十六。

分宜縣

皁隸 本縣直堂十，答應二十五，典史二。祗候 知縣四，縣丞、主簿各二，典史衙二。弓兵 帥府二，縣廳二十五。馬夫 本縣四，衙各十。門子 布按二，分司各二，公館二，視學堂二，縣廳四，典史廳一，儒學並射圃共四，陰陽學、醫學各一，東西北三壇各一。庫子 油燭庫、儀仗庫、架閣庫各一，後堂庫二，儒學二，安仁驛十五。看倉老人 凡三，各預備倉。斗級 縣學二，各倉共七。禁子 江西斷事司四，本縣十。齋夫 六。膳夫 二，俱儒學。防夫 四。管夫 六。俱安仁驛。巡攔 四。渡子 昌山渡、清源橋各二名。鋪司、驛司 各十一。鋪兵 四十四。

萍鄉縣

皁隸 府堂十八，縣廳十，答應二十五，典史衙二。祗候 益府長史司一，本府知府、同知通判、管糧通判各二，經歷、知事、照磨、檢校各一，本縣各衙共九。與分宜縣同。弓兵 帥府二，縣廳二十五，大安里等巡檢司各三十。馬夫 本府通判、推官、照磨、檢校各十，本縣四，衙各十。門子 布按二，分司各二，公館、宣風公館二，縣廳四，典史衙一，儒學並射圃共四，各壇共三，濂溪書院一，陰陽、醫學各一。庫子 架閣、油燭、儀仗庫各一，支應庫六，本縣後堂庫二，秀江驛六名。看倉老人 二。斗級 本府永豐倉四，城南倉四，各倉二，學倉二。禁子 本府司獄司二，本縣七。齋夫 六。膳夫 府學一，縣學二。巡攔 四，隸稅課局。渡子 黃花渡二。鋪司 十六。驛司 十六。鋪兵 六十四。

萬載縣

皁隸 本府堂二十六，經歷司、照磨所各三，本縣十，答應二十五，典史廳二。祗候 益府長史司一，本府經歷司一，本縣九。與分宜縣同。弓兵 帥府二，縣廳二十五，鐵山巡檢司三十。馬夫 本縣四，衙各十。門子 布按二，分司各二，府堂三，公館二，縣廳四，典史廳一，儒學並射圃共四，三壇各一，陰陽、醫學各一。庫子 本府架閣庫、軍器局一，秀江驛三，本縣共十一，儒學二。看倉老人 五。斗級 本府永豐倉二，城南倉八，本縣儒學倉二，各倉六。禁子 本府司獄司四，本縣七。齋夫 六。膳夫 府學二，縣學二。防夫 四，隸秀江驛。巡攔 四。渡子 龍橋、竹橋二渡各二。鋪司 三。驛司 三。鋪兵 十二。

此外，舊設四縣機兵以戒不虞。正德九年，郡守徐璉奉例增設，凡三千七百名有奇。宜春一千二百零四名，分宜七百二十一名，萍鄉九百六十七名，萬載八百六十九名。除宜春附郭外，其分宜、萍鄉、萬載各發一半回縣操守，一半編定甲隊，分三班輪流同宜春班隊操練新製堅利器械。盔甲各二千五百，大旗五十二，中旗二百二十八，神銃二百二十八，挨牌二百二十八，槍、槌〔二九〕各四百七十，弓弩各七百，大鼓二，小鼓六，鑼四十七。每月定期率僚屬親臨教場操習弓矢，訓練武藝。陣法整嚴，賞罰必信。屬縣則①之，漸有成效，四境賴以寧焉。

〔校勘記〕

〔一〕『八萬五千零三』，《康熙志》卷四同，《嘉慶志》卷六、《同治志》卷三均作『八萬四千有奇』，未知孰是。

〔二〕『一十五萬』，《康熙志》卷四同，《嘉慶志》卷六、《同治志》卷三均作『一十六萬』，未知孰是。

〔三〕『六萬三千九百九十八』，《康熙志》卷四同，《嘉慶志》卷六、《同治志》卷三均作『七萬三千八十二』，未知孰是。

〔四〕『三十七萬九千二百三十六』，《康熙志》卷四同，《嘉慶志》卷六、《同治志》卷三均作『三十八萬三千三百四十九』，未知

① 則：效法，學習。

執是。

〔五〕『六萬四千九百九十五』，《康熙志》卷四同，《嘉慶志》卷六、《同治志》卷三均作『六萬一千零六』，未知孰是。

〔六〕『四十萬七千一百九十七』，《康熙志》卷四同，《嘉慶志》卷六、《同治志》卷三均作『四十萬七千五百一十五』，未知孰是。

〔七〕『三萬二千七百五十六』，《康熙志》卷四同，《（康熙）宜春縣志》卷六作『三萬二千七百二十五』，未知孰是。

〔八〕『一十一萬四千三百七十六』，《康熙志》卷四同，《（康熙）宜春縣志》卷六作『十一萬二千七百七十二』，未知孰是。

〔九〕『二萬八千四百九十二』，《康熙志》卷四、《嘉慶志》卷六、《同治志》卷三、《（同治）分宜縣志》卷三均作『三萬八千四百九十二』，未知孰是。

〔一〇〕『二萬一千六百九十五』，《（同治）萍鄉縣志》卷三作『主户七千五百六十九，客户一萬五千一百五十三』。按：主客户合計二萬二千七百二十二，與本書不一致，未知孰是。

〔一一〕『三萬九千一百三十四』，《（同治）萍鄉縣志》卷三作『主户一萬七千七百三十五，客户三萬三千四百一十三』。按主客户合計五萬一千一百四十八，與本書所載出入較大，未知孰是。原注亦云：『與《嘉定志》所載不符，茲依嘉定志而存《舊志》之説以備考。』

〔一二〕『一十萬九百零五』，《（康熙）萍鄉縣志》卷三作『一萬九百零五』，出入較大當脱一『十』字，應以本書爲是。

〔一三〕『正德間同』，按《（康熙）萍鄉縣志》卷三、《康熙志》卷四、《嘉慶志》卷六、《同治志》卷三、《（同治）萍鄉縣志》卷三均載：『正德八年，户一萬六千六百四十八，口十一萬六千七百八十四』，與弘治年間略有出入。

〔一四〕『三萬三千四百一十三』，《（雍正）萬載縣志》卷六作『三萬三千四百一十二』，未知孰是。

〔一五〕『救工饑』，《康熙志》卷十二、《（康熙）宜春縣志》卷十三同，《嘉慶志》卷七、《同治志》卷一之二作『救公饑』，義較長，然作『救工饑』亦通，今不改。

〔一六〕『椒子糯』，《嘉慶志》卷七、《同治志》卷一之二作『子江糯』，《康熙志》卷十二、《（康熙）宜春縣志》卷十三作『子紅糯』，《（同治）宜春縣志》卷一無『椒子糯』，有『穜子糯』，未知孰是。

〔一七〕『蕹菜』，《嘉慶志》卷七、《同治志》卷一之二均作『蕻菜』，並注云：『一名空心菜。』

〔一八〕『藷』，『薯』的異體字。指番薯。爲與下文指玉延（山藥）的『薯』相區别，對此異體字不作改動。又《嘉慶志》卷七、《同治志》卷一之二『薯蕷』條注云：『一作藷，紅、白二種，有佛掌、脚板等名，皆肖其狀。又有甘薯，生熟皆可食。』則將俗稱的脚板薯和甘薯歸於同一大類，而不涉及山藥。

〔一九〕『菠薐』，《（康熙）宜春縣志》卷十三作『菠菱』，《嘉慶志》卷七、《同治志》卷一之二均作『婆薐』。

〔二〇〕『髮』，原字似作『髟』，難以辨認，今據《（康熙）萍鄉縣志》、《嘉慶志》卷七、《同治志》卷一之二改。

〔二一〕『冬瓜』，《嘉慶志》卷七、《同治志》卷一之二均作『東瓜』，並注云：『對西瓜而言則曰「東」，舊志作「冬瓜」，誤。』

〔二二〕『梢瓜』，《嘉慶志》卷七、《同治志》卷一之二作『筲瓜』，並注云：『青如筲，故名。』《（同治）宜春縣志》卷一作『稍瓜』。

〔二三〕『王瓜』，《嘉慶志》卷七、《同治志》卷一之二均無『王瓜』條，有『黄瓜』條，並注云：『俗以爲月令之王瓜，非也。見《臨川志》辨。』按本地方言『黄』音『王』，故日常所謂『王瓜』實指『黄瓜』，非誤『黄瓜』爲『王瓜』也。

〔二四〕『緫』，《康熙志》卷十二作『総』，文義不順，當以本書作『緫』爲是。

〔二五〕『金綫猿』，《（康熙）宜春縣志》卷十三作『金絲猿』。又『木平山』，《康熙志》卷十二同，《嘉慶志》卷七、《同治志》卷一之二作『太平山』。按袁州無太平山，『太』當爲『木』字之訛。

〔二六〕『五百一十九斤一十四兩六錢四分』，《康熙志》卷四、《嘉慶志》卷八、《同治志》卷三、《（同治）宜春縣志》均作『五百一十九斤四兩六錢四分』，疑諸志脱『一十』二字，當以本書爲是，然亦無他據。

〔二七〕『二貫』，《康熙志》卷四、《嘉慶志》卷九、《同治志》卷三均作『三貫』，未知孰是。

〔二八〕『二千二百七十二』，《嘉慶志》卷九作『二百七十二』，出入較大，疑脱『二千』二字，當以本書爲是。

〔二九〕『檤』，疑即『梔』，『杷』的異體字。

袁州府志卷之三

城池

按漢高帝五年，大將軍灌嬰定豫章郡。六年，令天下郡邑皆築城，袁之有城或始諸此。古《圖經①》：『隋大業末，蕭銑陷城。唐武德四年九月〔一〕，安撫使李大亮建築郡城，高二丈，周圍四百八十四步。東南西面開壕，闊七丈，北以江爲壕。城外甓内土，爲露屋，覆以瓦。長壽二年，刺史魏元表遷州治出城東北二百步〔二〕。開元八年，刺史房琯展故城直南二百步。創立廨宇。乾寧二年〔三〕，刺史揭鎮築羅城一千五百餘丈，又增築外城，浚治壕塹。其後，司空〔四〕彭彦章展東南面城，通舊計一千二百七十二間〔五〕。楊吴乾貞二年賴金知州事，又於四郭城門外置鋪柵、羅城諸門。太和五年，韋建又筑開羅城二百余間，浚濠五百余丈。南唐保泰元年劉仁贍修東南面子城，悉用磚石。〔六〕』宋大中祥符間修《袁州圖經》云：『城周圍七里二十步，高三丈八尺。子城周圍一里一百二十步，高三丈七尺。北枕秀江，三面壕深四丈。』建炎初，升郡爲次要，城池樓櫓務令堅險〔七〕，守臣汪希旦〔八〕、治中閭丘霖革舊城而一新之，城基周圍二千三百一十五步，高增置二丈，女墻三千五百步〔九〕，敵樓、戰棚②〔一〇〕五十，總六百五十間，時阮閲爲之記。開禧間，郡守羅克開復加增治，邑人〔一一〕張嗣古記。後郡守〔一二〕李觀民、鄭自誠、

---

① 圖經：附有圖畫、地圖的書籍或地理志。或云即古方志也。

② 戰棚：古代城墻上防守用的活動棚屋。宋葉適《江陵府修城記》：『爲甎城二十一里，樓櫓戰棚之屋一千三間，浚隍池，繚甬道，備凡扞禦器械之用。』

方岳皆嘗繕修。元仍宋舊，無所浚治[一三]。國朝洪武四年，郡守劉伯起增修城堞，浚壕立栅[一四]，創四門城樓，門外增修月城，覆以串房，間以箭樓。天順七年，水溢城圮①，郡守[一五]劉懋同指揮石旻、邵琦等繕修。弘治六年，南門壞，知府王俊重修。正德七年，東西二門、月城圮，知府姚汀重修。正德九年，城四門樓屋俱壞[一六]，知府徐璉重修城上串樓一千七百餘間，各置栅闌②；垛口四千餘個，各置板搭。防範周密，人不能越。四門設官兵守[一七]衛，啓閉鎖鑰則袁州衛掌焉。

東，宜陽門，舊名宜春，又名安仁，通分宜縣。西，萍實門，通萍鄉縣。南，大仰門，舊曰神安，通仰山古廟。北，袁山門，通萬載縣。

宜春縣 附府城

分宜縣

舊無城。正德七年，旁郡寇數起，當道建議，屬邑始各築城。知府姚汀、通判錢士宜奉檄③理其事[一八]，凡三邑皆隸焉。知縣蕭時寘度地督工。城基周圍六百二十八丈，高一丈五尺，址闊一丈六尺，面闊九尺。東西北三面壘石築土，覆以瓦。南濱河，居民屋室叢逼④，惟壘石堤，列木栅其上。闢石門四。縣治後又闢小北門以便往來，從民請也。

東，仙臺門，通新喻。西，昌峽門，通宜春。南，清源門即清源渡，通安福。北，袁峰門，通萬載。

---

① 圮：坍塌。

② 闌：同『欄』，欄杆。

③ 檄：一種文體，古官府用以徵召、曉喻、聲討的文書。

④ 叢逼：叢，衆多繁雜。逼，逼仄擁擠。

萍鄉縣

新築土城。周圍一千三百七丈五尺，高一丈六尺，址闊一丈五尺，面闊九尺。上架木，覆以瓦。立石門四。又建小西門，以便民之汲水。督工知縣胡珮。

東，來秀門，臨河，通湖廣。西，瀟湘門，通醴陵。南，秀江門，通本府。北，通駟門，通瀏陽。

萬載縣

新築土城。周圍七百一十丈，高一丈五尺，址闊一丈四尺，面闊八尺。架木覆瓦。東南濱河。未幾，水決，知縣王甸重修石門三。

東，雙虹門，通上高。西，勝迹門，通萍鄉。南，臨浦門，通宜春。

坊巷

本府舊坊 晋、唐、宋間立

儒林坊 府學門左。疏泉坊 府治東判官巷。因疏西陂水名。擢秀坊 府治東七十步。李䙰膺薦名。熙春坊 府治東，近春臺。奬廉坊 鐵爐巷。宋理宗時，郡守趙筊夫以廉聞，御賜手詔奬勵，故名。三賢坊 府治東一百步。宋許載、王欽若、胡從義講學於此，〔因〕名①。尊賢坊 府治東九十步。唐李奇膺薦名。集雲坊 府治東，雲

① 『名』前『因』字原无，爲整理者所加。下同。

峰亭之前。**宜陽坊**府治東門内。舊名迎恩。洪武六年，知縣孫仕敏立。**懋仙坊**府治東棊盤巷。黄頞登第，〔因〕名。**育材坊**府治東丁竹巷口。唐湛賁讀書於此。**桂枝坊**府治東南。進士易標所居。**桂仙坊**府治西二十步。唐王轂登第，〔因〕名。三登坊府治西二十步。唐曹傅與弟藻、子遷同登第，〔因〕名。**叢桂坊**府治西二十步。唐鄭谷登第，〔因〕名。**桂林坊**府治西五十步，廂院巷口。唐鄭史登第，〔因〕名。**論思坊**府城東南。**重光坊**府治北六十步。唐魯受、易重同居此，會昌五年俱擢詞科，因名。**集仙坊**府治東北〔一九〕六十步。盧肇爲集賢學士，〔因〕名。**逍遥坊**府治東北〔二〇〕五十步。唐韋無强隱居其内，郡守董禎名坊以旌之。**集慶坊**府治西北六十步〔二一〕。刺史韓愈守郡，慶雲①見於西北，名。**通泉坊**府治北七十步，落驢巷。**永安坊**府治北城下。**貢賢坊**府治西北七十步。舊名積慶。唐蔣肱居此，擢進士第，因名。**秀江坊**〔二二〕府治北城下巷口一百步。**高士坊**府治北城外。因晋袁京名。**狀元坊**袁山門外，盧肇舊宅上。**祥應坊**在南門。**阜通坊**北門内。**相儒坊**因唐李德裕名。**飛騰坊**北門外。爲朱鑾立。

國朝坊

文明坊府學前。**藩宣坊**布政分司前。**澄清坊**按察分司前。**進士坊**十字街。爲袁魯訓立。**都憲坊**爲張文昭立。**司諫坊**爲都給事劉璁立。以上各坊俱毁。**承流、宣化二坊**宜春縣前。知縣林克潤立。**重恩、世科二坊**〔二三〕爲同知劉衢立。**毓秀、進士、綉衣三坊，中丞第**俱爲劉琬立〔二四〕。**清卿坊**爲龍暹立。**奪錦、進**

---

① 慶雲：五色雲。古人以爲喜慶、吉祥之氣。《列子·湯問》：「慶雲浮，甘露降。」《漢書·天文志》：「若烟非烟，若雲非雲，鬱鬱紛紛，蕭蕭輪囷，是謂慶雲。慶雲見，喜氣也。」

士二坊 爲龍夔立。冲天、進士二坊，天官、清署門 俱爲蕭義立。進士、三正二坊 南門。都憲坊 北門外。俱爲張鳳立。應奎、進士、綉衣三坊 南門。爲郭紳立。衣錦坊、橋梓清門 南門。俱爲彭彥充立。昂霄坊 爲黎獻立。貫雕坊 爲傅泰立。鳳鳴坊 爲劉儀立。會魁坊 西門外。爲龍霓立。丹桂坊 北門外。爲陳鐔立。旌義門 爲姚偉、張鏞、何必登立。貞節門 爲劉顒妻蕭氏立。

判官巷 府學右。鈔庫巷 府學左。舊鈔庫在内。銅壺井巷 鼓樓下[二五]。茭池巷 府學前。舊有池産茭。厢院巷 宋寶慶間，四厢民共立院於内以聽公務。顔家嶺巷 府學前。通南門街。登雲巷 因宋易著登第名。丁竹巷 蔡家巷 十字街。通東門街。萬家巷 在東門。王子巷 在東門。落驢巷 因湛郎登第、彭伉落驢名。新街巷 觀音巷 報恩寺前。丹桂巷 城隍廟前。蘆竹巷[二六] 神岡嶺巷[二七] 南門街。

宜春縣 附府

分宜縣

義泉坊 邑東九十步，清源橋東。紫微坊 邑東九十步。招賢坊 邑東二十五步。永慶坊 邑西四十步。善和坊 邑東五十步。折桂坊 邑東一百五十五步，舊鈐岡書院左。衣錦坊 邑西二十五步。爲李覯立。福壽坊 邑西五十步。新民坊 永樂間，知縣汪澍立。崇儒重道坊 儒學前。弘治十年，參議孫儒立。以上坊俱廢。承流宣化坊 縣前。知縣王謐立。宜陽駐節 安仁驛前。知縣孫勝立。進士坊 儒學右。爲李雲立。奎焕坊 爲舉人袁象賢立。登第坊 儒學東。爲郭儀立。應宿坊 爲知縣張壽立。大方伯坊 化全鄉。爲嚴孟衡立。重恩坊 化全鄉。爲贈太僕寺丞嚴仲温立。步玉坊 化全鄉。太史里 儒學東。俱爲嚴嵩立。登雲坊二 招賢鄉。爲謝文、胡永常立。狀元、衣錦、登瀛三坊 邑南大清里。至正間，知縣趙思順爲歐陽玄立。防里清門 歐陽玄書，爲族人立。進士坊邑東北。爲楊淵立。折桂坊招賢鄉。爲宋觀立。世科坊爲張澄、張材立。傅家巷邑治東。袁家巷邑治東。上袁家巷邑治西。瀛洲巷儒學東。新街巷邑治後。知縣吴蘭新闢。穿店巷一名後街。小穿店巷　井頭巷

萍鄉縣

宣化坊邑東五步〔二八〕。皇華坊館驛前。進賢坊邑西三十步。宋吴琯登第，〔因〕名。招賢坊宋丘莘登第〔二九〕，〔因〕名。由學坊邑北五十步。旌義門爲歐陽九興立。

萬載縣

福壽坊邑治東。吴元年，知縣趙中立。明德坊邑治前。宣化坊邑治西。崇文坊儒學前。今更名育賢。興賢坊邑治東五十步。爲歐陽潮〔三〇〕立。孝義坊爲孝子郭擦立。澄清坊按察分司前。興仁坊邑東果巷口〔三一〕。進士、少司寇二坊在再思橋。俱爲郭瑾立。鳴陽坊邑西。爲晏清立。康樂坊税課局前。進士、畫錦二坊邑東後街。爲易節立。官聯玉署坊邑東社學前。爲翰林侍書李瓊立。畫錦坊〔三二〕邑東。爲簽事楊焕立。榮錦坊爲舉人龍駿立。奪錦坊爲舉人何英立。集賢坊邑治東〔三三〕。舊傳吴文正公澄、虞文靖公集、揭文安公傒斯、歐陽文公玄嘗集於邑人黄璧家，故名。福慶坊邑東游家巷口。安仁坊邑東仰山廟下。崇俊坊爲舉人黄恭立。錦衣坊邑西。建城坊邑治東二里。進士坊龍河渡。爲劉蓋立。折桂坊歐桂西鄉。爲蕭傳立。攀桂坊進城鄉。爲蕭韶立。登雲坊萬載鄉。爲湯珵立。進士坊邑治西。爲龍儀立。文昌坊爲歐陽汶立。果巷邑治東。游家巷邑治西〔三四〕。

廂隅 鄉都市鎮附

宜春縣

東隅統圖二。西隅統圖二。南隅統圖二。北隅統圖二。東外廂統圖二。西外廂統圖二。南外廂統圖二。北外廂統圖二。以上在邑治。詔君鄉邑東〔三五〕。統里五。仁孝鄉邑南。統里四。歸化鄉邑東。統里九。集雲鄉邑南。統里十三。修仁鄉邑西〔三六〕。統里十三。化南鄉邑西。統里九。化北鄉邑北。統里十四。薦裏鄉邑北〔三七〕。統里六。薦外鄉邑西。統里一十。信義鄉邑東北。統里一十。遷喬鄉邑北。統里一十。善和鄉邑北。統里一十。石裏鄉邑西。統里九。石外鄉邑西北〔三八〕。統里十三。

下浦市邑東，詔君鄉〔三九〕。彬江市邑東，歸化鄉。福慶市邑南，集雲鄉。今廢。沙田市邑西，薦外鄉。獲富市邑北。黃圃市邑西，石裏鄉。

分宜縣

坊廂統圖一。東廂統圖一。西廂統圖一。以上在邑治。神龍鄉邑東。統都三、里十二。招賢鄉邑南〔四〇〕。統都四、里十一。豐樂鄉邑南。統都四、里十二。化全鄉邑西北。統都三、里七。儒林鄉邑東北〔四一〕。都三、里十二。彰善鄉邑西北〔四二〕。都五、里十三。挺秀鄉邑西。統都四、里十一。文標鄉邑北。統都三、里七。旌儒鄉邑北。統都三、里十。清教鄉邑北。統都三、里十。

昌山市邑西，化全鄉。新澤市邑南，招賢鄉。石分市邑南，豐樂鄉。俱廢。

安仁鎮 即今縣治。

萍鄉縣

東南隅 統圖一。西隅 統圖二。北隅 統圖二。以上在邑治。觀化鄉 邑東〔四三〕。統里四。遵化鄉 邑東〔四四〕。統里四。欽風鄉 邑西。統里四。歸聖鄉 邑西北。統里四〔四五〕。永寧鄉 邑南。統里四。安樂鄉 邑北。統里四。桂華鄉 邑東。統里四。

湘東市 邑西，欽風鄉。江西市 邑東，永寧鄉。桐木市 邑北，安樂鄉。

盧溪鎮 邑東，永寧鄉。宣風鎮 邑東，桂華鄉。上栗鎮 邑北，安樂鄉。

萬載縣

東隅 統圖四。西隅 統圖三。以上在邑治。懷舊鄉 邑東〔四六〕。都九、里三十一〔四七〕。萬載鄉 邑西。統都四、里十四。進城鄉 邑西北。都四，里二十。歐桂西鄉 邑北。都三，里十五。歐桂東鄉 邑東北。都四，里十七。

奇園市 邑西，懷舊鄉。高城市 邑西，懷舊鄉。周家市 邑南十五里〔四八〕。藍田市 獲富市 俱邑西南，懷舊鄉。

縣下鎮 即今邑之坊隅。

橋梁 津渡附

宜春縣

落流橋 府治東北。唐李將順疏西陂水入城，於此落流入秀江。秀江橋 袁山門外，跨秀江。元至正間建，舊名

『畫舫』。天順八年，郡守劉懋重修，陳定記。崇廣①二丈，袤②三十三丈，覆屋二十七楹。**湛郎橋** 府治東三里。舊名『赤坂』。唐湛賁登第，彭伉過此橋，聞之失聲墜驢，袁人誚曰：『湛郎及第，彭伉落驢。』又名『落驢橋』。**廣惠橋** 萍實門外二里。舊名『沙陂』。宋嘉定間，郡守趙簽夫建。正統初，知縣江慶重建。成化水圮，郡守劉懋重新，更今名。崇廣二丈，袤二百尺，覆屋二十楹。同知莫昂記。**尚古橋** 府治東十五里。因民淳樸而名，宋淳熙三年立。景泰五年，知縣楊宏修。成化初圮，郡守劉懋重修，莫昂記。崇一丈九尺，廣八尺，東西一十五丈。水自大仰山發源，入秀江東注。**下浦橋** 府治東二十里〔四九〕。**赤橋** 府治東三十五里〔五〇〕。**指南橋** 大仰門外。**通聖橋** 府治南十里。俗名游橋。**絳橋** 府治南。**南源橋** 府治東南。耆民黃倫武建。**寶山橋** 府治北。里人易廷選修。**三楊橋** 府治北四十里。

鵬津渡 府治東四十里。

分宜縣

清源橋 即浮橋，府治東。宋始建。聯木爲舟十六，歷代屢修，爲舟至二十四。成化初，分巡簽事沈鋭檄③經歷鄧璘重修，學士張元禎記。莫令立之繼修，自爲記。後屢圮，曹令忠、章令爵、吴令蘭皆修。今廢，涉者病焉。

化龍橋 東門外〔五一〕。宋淳祐間，邑尉彭逢原建。舊名鵲橋，又名德化。按《舊志》，儒學舊在橋西，庠士多登第，易今名，尚書章顥書扁。**福壽橋** 邑治北二百五十步。元至順間建。甃石堅好，舊覆屋，今廢。**天津橋** 化

---

① 崇，高度。廣，寬度。

② 袤，長度。

③ 檄：用檄文徵召、曉喻、命令。

龍橋東。宋宣和間，宗室趙朝修建。正德七年冬，朝修嗣孫富賢、富貫率族人重修。奉親橋 邑東五里。即躭①江橋。諳田橋 邑東鐘山里。里人簡同[五二]甫修。謝恩橋 邑西七里。宋屯田夏侯锡家其側，子公績、孫仕章相繼登第，皆拜恩於此，易名重恩。元虞集詩：『五代屯田宅[五三]，二[五四]爲列郡師。緑袍分草色，畫袖列[五五]花枝。雨過雙虹舉，風生駟馬馳。惟因[五六]橋下水，重[五七]見拜恩時。』崇廣各一丈，東西去岸四丈五尺。覆屋五間。今廢。仁政橋 邑南五里。通濟橋 舊名登龍。邑南招賢鄉。㴊江橋 邑南二十五里[五八]。龍港橋 一名廣德。邑南招賢鄉。嘉惠橋 俗名重田。邑南三十五里。石溪橋 邑南大清里。昔有隱者垂釣於此。林慈詩：『意適濠梁②上，心懷渭水間。得魚非所欲，明月棹歌③還。』登瀛橋 大清里。圭齋嘗游息吟詠其上。周述詩：『橋邊雁語初，橋下江聲咽。露滴碧河秋，吟殘半天月。』雙源橋 一名雙溪，在邑南。來慕橋[五九]化全鄉。舊名下界橋。里人嚴淮立，子編修嵩重修，易今名。坂橋 邑北宣揚里臺山下。儒林橋 邑北儒林鄉袁山里。收溪橋 俗名竹橋，在儒林鄉。鳳陽橋 邑北四十里。狀元橋 邑北文標鄉，盧肇狀元及第名。楊橋 邑北[六〇]文標鄉。新安橋 邑西挺秀鄉，距琴山十里。

昌山渡 邑西二十里。詣府孔道④，行旅旁午⑤。宋元渡以浮橋，峽水險惡，隨圮。今縣置渡船一艘，歲設渡子二

---

① 躭：『耽』的異體字。

② 濠梁：即濠上，濠水之上。《莊子·秋水》篇記載莊子與惠施游於濠梁之上，見鯈魚出游從容，因辯論魚知樂否。后多用『濠梁』『濠上』比喻別有會心、自得其樂之地。

③ 棹歌：行船時所唱之歌，亦作『櫂歌』。漢武帝《秋風辭》：『簫鼓鳴兮發棹歌，歡樂極兮哀情多。』

④ 孔道：大道，必經之道。明陳汝元《金蓮記·偕計》：『茲奉嚴君而同上公車，須別慈母而載馳孔道。』

⑤ 旁午：亦作『旁迕』。交錯，紛繁。《漢書·霍光傳》：『受璽以來二十七日，使者旁午，持節詔諸官署徵發。』顔師古注：『一從一横爲旁午，猶言交横也。』

人以通濟焉。江斜渡邑西二十五里〔六一〕。諳田渡邑東鐘山里。袁家渡邑東二十里。

萍鄉縣

萍實橋邑西南〔六二〕。以楚昭王得萍實名。吴寶鼎間，邑人李熹甃石爲橋而屋其上。兵毁。本朝洪武初重建。通濟橋邑治北二百步〔六三〕，古城北渡。邑宰郭濤建。宗濂橋邑東五十里，盧溪鎮。宋周濂溪建，後人慕之，因名。必東、妙濟二橋邑東盧溪鎮。宋周濂溪監税時立。

香水渡邑西北七十里〔六四〕，醴陵界。相傳即楚昭王渡江獲萍實處。黄花渡邑西玉山里。

萬載縣

南浦橋邑治南。元大德間建，本朝重修。雙虹橋縣學左。再思橋公館前。洪武初，縣丞馮厚禮建，欲民至此息訟，〔因〕名。塢溪橋邑東南一里。康樂橋邑東北。錦江橋邑北三十里。元邑人敖玉溪建，歐陽玄記。汪陂橋〔六五〕邑北黄田。平樂橋邑北進安里〔六六〕。昌田橋邑西二十里〔六七〕。永安橋邑西三十里。紹紅橋〔六八〕邑西三十五里。牟村橋邑西四十里。石虎橋邑西。昌江、沙江、潭埠三橋邑西六十里。里藍橋邑西一百里。

龍河渡邑東北三里〔六九〕。水湍悍①，邑民輸役往來悉艱於涉。昔有浮橋，廢。正德五年，同知郭浹積財具木石建橋。垂成，會升任去，事遂已。水北渡邑北五里，南田。丁田渡邑東十五里〔七〇〕，丁田。歐桂東西二鄉皆由

① 湍悍：水勢急猛。《史記·河渠書》：『於是禹以爲河所從來者高，水湍悍，難以行平地，數爲敗，乃厮二渠以引其河。』

於此。今有橋。**竹渡** 邑西十五里〔七一〕。舊有浮橋，今廢，設舟以濟。**丘家渡** 邑東二十里，丘江。瑞州、上高、瀏陽之人往來皆經此渡。**蔣家渡** 邑西二十里，緬村。**穩渡** 邑北三十里〔七二〕，宋家畬。

〔校勘記〕

〔一〕『九月』二字原闕，今據《（康熙）宜春縣志》卷十一補。

〔二〕『城外甓内土，（中略）出城東北二百步』等文字原闕，今據《同治志》卷二補。《（康熙）宜春縣志》卷十一與《同治志》略有不同：『城外甓内土，白露屋，皆覆以瓦。至長壽二年，刺史魏元表遷州治出城東北二百步』作『白露屋，皆覆以瓦。至長壽二年』。

〔三〕『刺史房琯展故城直南二百步。創立廨宇。乾寧二年』等文字原闕，今據《同治志》卷二補。按據本書卷六《名宦》篇『揭鎮』條可知，揭鎮於乾寧二年（八九五）任袁州刺史，與開元八年相差一百七十五年。然《同治志》所載仍有舛誤。本書卷六《名宦》篇『房琯』條載：『（房琯）天寶五載，試給事中。坐善李適之、韋堅，斥爲宜春守。』《舊唐書》卷一一一《房琯傳》載：『（房琯）天宝元年，拜主客员外郎。三年，迁试主客郎中。五年正月，（中略）寻改會昌爲昭應县。又改温泉宫爲华清宫，於宫所立百司廨舍，以琯雅有巧思，令充使繕理。事未畢，坐與李適之、韋堅等善，貶宜春太守。』又本書卷四《學校》篇載：『唐天寶五年，太守房琯始立廟於城南大仰門外五十步。』可見，房琯於天寶五年任袁州刺史，故修城亦當在天寶八年，而非二十六年前的開元八年。故知此處『開元八年』當爲『天寶八年（七四九）』之誤，或『開元八年』之下仍有闕文亦未可知。姑存疑待考。

〔四〕『司空』，《同治志》卷二作『刺史』。

〔五〕『計』字原闕，今據《同治志》卷二、《（康熙）宜春縣志》卷十一補，文意較完暢。

〔六〕『楊吴乾貞二年賴金知州事，（中略）悉用磚石』等文字原闕，今據《同治志》卷二補。《（康熙）宜春縣志》卷十一所載與《同治志》略有出入：『僞吴乾正二年頓金知州事，又於四郭城門外置鋪柵、羅城諸門以備守禦。太和五年，韋建又筑開羅城二百餘間，浚濠五百餘丈。後劉仁贍修東南面子城，悉用磚石。」

〔七〕『升郡爲次要，城池樓櫓務令堅險』等文字原闕，今據《同治志》卷二補。

〔八〕『守臣』，《同治志》卷二作『知州事』。

〔九〕『步』字原闕。按本文各處數據基本上帶有『丈』『尺』『步』『間』等單位，故此處疑奪一『步』字，今據《康熙志》卷十五、《嘉慶志》卷三十二、《同治志》卷九之三所載阮閱《重修郡城記》改。

〔一〇〕『戰棚』，原作『戰柵』。按戰棚，指古代城墻上防守用的棚屋。下文言『總六百五十間』，既言『間』，亦可證此處作『戰棚』不作『戰柵』也。又《康熙志》卷十五、《嘉慶志》卷三十二、《同治志》卷九之三均有『敵樓戰棚』之説（《同治志》卷二又作『戰柵』，應誤），今據改。

〔一一〕『邑人』二字原闕，今據《同治志》卷二補。

〔一二〕『李觀民』原闕，《同治志》卷 二『鄭自誠』前有『李觀民』，《（康熙）宜春縣志》卷十一則鄭在前李在後。按本書卷六《職官》載，李觀民紹興三十一年（一一六一）任，鄭自誠嘉定十一年（一二一八）任，李觀民應在鄭自誠之前，當以《同治志》爲是，今據補。

〔一三〕『無所浚治』，《同治志》卷二『元仍宋舊』下無此四字，而有『至正十二年爲天完將歐祥所據，二十二年始納款於明』等文字。《（康熙）宜春縣志》卷十一與《同治志》大體相同。

〔一四〕此處『柵』疑亦當作『棚』，然無他據，今不改。

〔一五〕『郡守』，《同治志》卷二作『知府』。

〔一六〕『城四門樓屋俱壞』，《同治志》卷二無『屋俱』二字。『四』，《（康熙）宜春縣志》卷十一四作『西』。按上文云弘治六年南門壞，正德七年東西門壞，可見城四門日漸頹圮。故本書所云較其他二志更合文意。下文載知府徐璉重修工程之巨亦可佐證之。

〔一七〕『守』，原作『字』，今徑改。

〔一八〕按正德七年修城事，《同治志》卷二、《（同治）分宜縣志》卷二只言及知縣蕭時賓，與通判錢士宜無涉。

〔一九〕「東北」，《（康熙）宜春縣志》卷十三作「東」，未知孰是。

〔二〇〕「東北」，《同治志》卷一、《（康熙）宜春縣志》卷十三作「東」，未知孰是。

〔二一〕「六十步」，《同治志》卷一作「七十步」，未知孰是。

〔二二〕「秀江坊」，《同治志》卷一、《嘉慶志》卷五、《（康熙）宜春縣志》卷十三均作「秀水坊」。

〔二三〕「重恩、世科二坊」，《嘉慶志》卷五、《（康熙）宜春縣志》卷十三作「世恩坊」，或爲後世合兩坊爲一坊所致。

〔二四〕「劉琬」，《康熙志》卷之九、《嘉慶志》卷五、卷二十一、二十五、《（康熙）宜春縣志》卷十三均作「高琬」。

〔二五〕「鼓樓」，《嘉慶志》卷五、《（康熙）宜春縣志》卷十三作「譙樓」。

〔二六〕「蘆竹巷」，《嘉慶志》卷五、《（康熙）宜春縣志》卷十三作「盧祝巷」。

〔二七〕「神岡嶺」，《嘉慶志》卷五作「神巷嶺」。按本書卷一《山川》作「神岡嶺」。

〔二八〕「五步」，《同治志》卷一、《嘉慶志》卷五均作「十五步」，未知孰是。

〔二九〕「丘莘」，《同治志》卷一、《嘉慶志》卷五均作「邱華」，《（康熙）萍鄉縣志》卷二似作「丘騎」，未知孰是。

〔三〇〕「潮」，《（雍正）萬載縣志》卷一作「朝」，未知孰是。

〔三一〕「果巷」，原作「東巷」。按本書下文載「果巷，邑治東」，則邑東有果巷。《（同治）萬載縣志》卷四正作「果巷」。今據改。

〔三二〕「晝錦二坊」，原作「晝錦二坊」，今徑改。

〔三三〕「東」，《（雍正）萬載縣志》卷二作「北」，未知孰是。

〔三四〕「西」，《嘉慶志》卷五作「北」，《（同治）萬載縣志》卷四作「東」，未知孰是。

〔三五〕「詔君」，原作「詔均」。本書卷一「震山」條載：「震山，（中略）唐彭雲隱鈞於此。寶應中，徵召不就。郡守嘉其行，因名其鄉曰「詔君鄉」，巖曰「詔君釣臺」。」《嘉慶志》卷三、《康熙志》正作「詔君」，且云「因徵君彭構雲名之」。由此言之，「詔君」較之「詔均」其義爲長，今據改。下同。又《（康熙）宜春縣志》卷十三、《同治志》卷一均作「詔恩」，后者注云：「詔恩因徵君彭構雲奉詔而名」，則詔君鄉後又改名爲詔恩鄉。後詔恩鄉和仁孝鄉合爲詔仁鄉。

〔三六〕「邑西」，《（康熙）袁州府志》卷十二作「邑東」，《同治志》卷一作「邑西之南」，《（同治）宜春縣志》卷一作「城西南五里」，未知孰是。

〔三七〕「邑北」，《同治志》卷一作「邑西」，《（同治）宜春縣志》卷一作「城西七十五里」，未知孰是。

〔三八〕「邑西北」，《同治志》卷一作「邑西」。

〔三九〕「詔君」，原作「詔均」，見〔三五〕條。

〔四〇〕「邑南」，《嘉慶志》卷三作「邑東」，未知孰是。

〔四一〕「邑東北」，《嘉慶志》卷三同，《康熙志》作「邑東」。

〔四二〕「邑西北」，《嘉慶志》卷三作「邑北」。

〔四三〕「邑東」，《康熙志》卷十二、《（康熙）萍鄉縣志》卷二作「邑西北」，亦作「邑西北」，《嘉慶志》卷三作「邑北」，《（同治）萍鄉縣志》卷一作「近城四面」，未知孰是。

〔四四〕「邑東」，《（同治）萍鄉縣志》卷一作「邑北」。

〔四五〕「邑西北。統里四」，原作「邑西，統北里四」。按「統」「北」二字倒乙，《康熙志》卷十二正作「邑西北。統里四」，今據改。

〔四六〕「邑東」，《嘉慶志》卷三作「邑東北」。

〔四七〕「三十一」，《康熙志》作「三十六」，似乎到康熙年間有所增加。然其他各鄉均無變化，何獨此鄉增加了五里？疑有誤。

〔四八〕「邑南十五里」，《康熙志》卷十二作「邑西，懷舊鄉」，未知孰是。

〔四九〕「下浦橋」，《嘉慶志》卷五無「下浦橋」，「獲鹿橋」條云：「郡城東二十里，地名下浦，即廣潤橋之一。」又「廣潤橋」條云：「一在上浦，府志東十五里，舊名上浦橋……一在下浦，舊名下浦橋。」據此可知下浦橋又名廣潤橋、獲鹿橋，疑因橋圮改建而致橋名亦發生變化。

〔五〇〕「三十五里」，《康熙志》卷十二、《（康熙）宜春縣志》卷十三均作「十五里」，未知孰是。

〔五一〕「東門外」，《嘉慶志》卷五、《同治志》卷一之二均作「東門內」。或爲城市發展城區外擴所致。

〔五二〕「同」，原作「冋」。按《康熙志》卷十二、《嘉慶志》卷五、《同治志》卷一、《（同治）分宜縣志》卷一均作「同」，今據改。

〔五三〕「宅」，《嘉慶志》卷三十六作「集」。

〔五四〕「二」，《康熙志》卷十二、《嘉慶志》卷五和卷三十六均作「三」，未知孰是。

〔五五〕「列」，按《嘉慶志》卷三十六作「别」。

〔五六〕「因」，《康熙志》卷十二、《嘉慶志》卷五均作「應」。

〔五七〕「重」，《嘉慶志》卷三十六作「常」。

〔五八〕「二十五里」，《康熙志》卷十二、《嘉慶志》卷五、《同治志》卷一之二、《（同治）分宜縣志》卷一均作「三十五里」。

〔五九〕「來慕橋」，《康熙志》卷十二作「種德橋」，疑後世改名。

〔六〇〕「邑北」，《（同治）分宜縣志》卷一作「邑西北」。

〔六一〕「二十五里」，《（同治）分宜縣志》卷一作「三十里」。

〔六二〕「邑西南」，《（康熙）萍鄉縣志》卷二作「縣南門外」。

〔六三〕「二百步」，《康熙志》卷十二、《嘉慶志》卷五、《同治志》卷一均作「三百步」，未知孰是。

〔六四〕「七十里」，《（康熙）萍鄉縣志》卷二作「六十里」，未知孰是。

〔六五〕「汪陂橋」，《康熙志》卷十二、《（雍正）萬載縣志》卷二、《嘉慶志》卷五均作「江陂橋」。按「汪」「江」二者字形相近，疑因形近而訛，然亦未知孰是。

〔六六〕「進安里」，《嘉慶志》卷五作「普安里」，《康熙志》、《（雍正）萬載縣志》卷二、《（同治）萬載縣志》卷六、《（民國）萬載縣志》卷二卷十二均作「晋安里」。按「進」與「晋」音近，而「晋」與「普」則顯屬形近。地名多據讀音而記，故「進」「晋」近是而「普」則當屬形近而訛。

〔六七〕「二十里」，《康熙志》卷十二、《嘉慶志》卷五均作「十里」，《（同治）萬載縣志》卷六、《（民國）萬載縣志》卷二均作「三十里」，未知孰是。

〔六八〕「紹紅橋」，《（雍正）萬載縣志》卷二、《嘉慶志》卷五、《（同治）萬載縣志》卷六、《（民國）萬載縣志》卷二均作「紹江橋」。按「紅」「江」字形相近，疑有訛謬，然亦未知孰是。

〔六九〕「三里」，《（雍正）萬載縣志》卷二、《同治志》卷一、《（同治）萬載縣志》卷四、《（民國）萬載縣志》卷二均作「二里」，未知孰是。

〔七〇〕「邑東」，《（雍正）萬載縣志》卷二、《（同治）萬載縣志》卷四、《（民國）萬載縣志》卷二均作「東北」。「十五里」，《康熙志》卷十二作「十里」，未知孰是。

〔七一〕「十五里」，《康熙志》卷十二、《（雍正）萬載縣志》卷二、《嘉慶志》卷五、《同治志》卷一、《（同治）萬載縣志》卷四、《（民國）萬載縣志》卷二均作「十里」，未知孰是。

〔七二〕「三十里」，《康熙志》卷十二、《（雍正）萬載縣志》卷二、《嘉慶志》卷五、《（同治）萬載縣志》卷四、《（民國）萬載縣志》卷二均作「三里」，未知孰是。

袁州府志卷之四

公署

府治

在城西北。南唐保大二年，刺史劉仁贍始建。宋景德間，郡守楊侃增修。建炎間，守汪希旦重建戟門。嘉定間，守滕强恕重建譙樓，樓下對創『班春』『宣詔』二亭。元至順壬申，總管錦州不花繕修路治，歐陽玄記。國朝改路爲府，治仍舊。永樂、正統間，知府朱璜、姚文繼修。弘治癸丑，知府王俊新後堂、穿堂。王去，知府朱華增其勝。正德壬申，知府姚汀新正堂。姚去，同知黄信繼董①其役。正德癸酉，知府徐璉至，落其成。甲戌，改建『經歷』『照磨』二廳夾正廳東西，『永積』、『龍亭』二庫輔後堂，東西兩廊、卷房以次完飭，皆徐守璉庀②其事。規構雄峻，制度③嚴整，焕然聿新云。

正廳 後堂名『仰韓』，徐守璉爲記，刻石並撰《同寅協恭序碑》。**經歷司** 正廳左。**照磨所** 正廳右。**六房** 東：吏、户、禮、架閣庫；西：兵、刑、工、承發司。**永積庫** 正廳後東。**龍亭庫** 正廳後西。**土地祠** 後堂左。**三賢堂** 正廳左，洪武間立。**知府廨** 後堂後，有多勝樓。**同知廨** 正廳東北。**通判廨** 同知廨左，舊在

① 董：主持，主管。
② 庀：治理，辦理。《國語·魯語下》：『子將庀季氏之政焉。』
③ 制度：規模，樣式。《史記·孝武本紀》：『上欲治明堂奉高旁，未曉其制度。』

東南慶豐堂基。正德六年，通判錢士宣徙居於此，顧思補軒。**管糧通判廨**正廳東。**推官廨**正廳東。**經歷廨**正廳右。**知事廨**正廳西南。**照磨廳**推官廳左。**檢校廨**正廳東南。**吏舍**六十二間，正廳西南。**戒石亭**廳中道。銘即宋太宗書孟昶《令箴》語，郡邑皆同。**儀門**五間。**外門**三間。**榜亭**左右三十二間。**申明亭**外門左。**旌善亭**外門右。**譙樓**府治東。宋嘉定間，郡守滕强恕建。築臺爲樓五間，原置銅壺一座，並夜天池、日天池、平壺、萬水壺、水海、影表、定南針、添水桶、更籌、漏箭、鐵扳、鼓角，設陰陽生輪值候籌報時。**宣化樓**府治西。元延祐六年，袁州路總管王禮建。**司獄司**府治前。南唐刺史劉仁贍建，宋元因之。洪武初，知府朱守仁修。弘治六年，王俊重修。**税課司**府治東北，熙春坊。國初太使羅顯立。**陰陽學**布政分司西。知府王俊立。**醫學**署於惠民藥局，府治東，湖西道前。正德八年毁，知府徐璉重修。**僧綱司**署於袁山門外崇勝寺。**道紀司**署於宜陽門外崇福觀。**秀江驛**府治北，袁山門外，即秀川館故址。洪武間，知縣孫仕敏建，知府朱華重修。**新軍器局**永豐倉西。王守俊建以儲造軍器，姚守汀以局前隙地爲射圃，徐守璉增拓之以操習民兵，立『籌幄』『講武』二堂。

布政分司府治南，舊爲宣詔亭。正統四年，知府何澄改建。天順七年，知府劉懋拓地新之。知府王俊重修。**湖西道**府治譙樓東。元名廉訪分司。洪武七年，知府劉伯起建。後累增飾，軒宇靚敞，巡撫、巡按、分巡官行部至皆寓於此。正德八年外门毁，知府徐璉重修。

宜春縣治

府治北百步，北内隅。初在郡治東城内，隋大業三年移於州之東七里。宋紹興三十一年，邑宰胡安老始徙於城内善政坊。元季兵毁。國朝洪武三年，知縣仲時舉以舊址狹隘，遷於府治北開元寺廢基，即今治。

正廳　後堂名節愛。典史廳正廳西。六房　知縣廨後堂後。縣丞廨廳左。主簿廨廳右。典史廨廳左前。吏舍廳右三十六間。庫房幕廳後，一間。縣獄儀門内西，六間。土地堂儀門内東[一]。縣門三間。申明亭門左。旌善亭門右。榜亭三間。河泊所在信義鄉。正統十四年裁革。税課局在石裏鄉。景泰三年，以課鈔稀少裁革。潤富嶺巡檢司在集雲鄉。黄圃巡檢司在石裏鄉，距縣百里。洪武初立。

分宜縣治

宋雍熙元年，析宜春地置縣，濱秀江。景祐丙子，大水，邑宰王揆建大門、長樓、架閣、卷籍以備水患。淳祐間，邑令李宏規重修。元季，悉毁於兵。國朝，知縣張仁、主簿桑以時仍舊基重建。弘治三年，知縣曹忠新正廳。正德七年，知縣蕭時賔新後堂。

正廳　後堂名中和。典史廳正廳右。六房　知縣廨中和堂後。縣丞廨中和堂左。主簿廨中和堂右。典史廨主簿廨前。吏舍二十四間。龍亭庫正廳左。庫房正廳後。縣獄儀門右，十二間。土地堂儀門左。儀門五間。譙樓即縣大門。申明、旌善二亭　陰陽學湖西道左。醫學邑東十五步。僧會司在福勝寺。道會司在上真觀。安仁驛湖西道東，舊有安仁坊。洪武五年，知縣張仁建。正德丙寅毁，知縣孫勝重修。貴山鐵務宋雍熙元年置，後廢。

布政分司邑東三十步。舊税課局改建。

湖西道邑東十五步。洪武七年，知縣戴備訥建。

府館布政分司右。弘治五年，知縣曹忠改舊總鋪地爲之。教場舊在邑東起運倉左操習民兵，今改於邑北西磯岡東嶽祠廢址。亭一間。

萍鄉縣治

始建歲月無可考。宋建炎己酉毀於寇，視事於僧舍。紹興丁巳，邑宰郭濤重建。元改爲州治，至正壬辰復毀於兵。國朝洪武三年，知縣趙彝仍舊基建，即今治。

正廳　後堂名『用中』。　典史廳 正廳東。　六房　知縣廨 用中堂後。　縣丞廨 用中堂左。　主簿廨 用中堂右。　典史廨 用中堂前左。　吏舍 一十八間。　架閣庫　龍亭庫　縣獄 吏舍後。十八間。　土地堂　儀門　外門　申明、旌善二亭　榜亭 十五間。　禁鐘樓 寶積寺前。　陰陽學 邑治左。　醫學 邑治右。　税課局 邑治西，萍實橋下。一在盧溪，一在大安里。官署雖革，課程猶存。　僧會司 在寶積寺。　道會司 在真聖觀。　大安巡檢司 邑東九十里。　安樂巡檢司 邑北九十里。　草市巡檢司 邑西八十里。

布政分司 邑治東。

湖西道 邑治北。

府館 邑西。弘治五年，通判胡玨建。　宣風公館 在宣風鎮。自府之萍鄉，此爲中路。　教場 邑治西門外。

萬載縣治

在城西龍山下。吳黄武中置縣。晋太康中，遷縣治東二十里。唐武德五年，復今治。成化二十年，知縣黄珙重修。

正廳　後堂 後有儼思亭。　典史廳 正廳西。　六房　知縣廨 正廳後。　縣丞廨 廳左。　主簿廨 廳右。

典史廨 廳左前。　吏舍 一十八間。　架閣庫　龍亭庫　縣獄 在榜亭後，五間。　土地堂　儀門 五間。

譙樓 即縣大門。 申明、旌善二亭 榜亭 東西一十三間。 陰陽學 邑治南。 醫學 署於惠民藥局。 税課局 邑東。洪武初建，景泰七年裁革。 僧會司 在崇信寺。 道會司 在廣報觀。 鐵山界巡檢司 邑西一百二十里，瀏陽界。

布政分司 邑治南，崇信寺旁。

湖西道 邑治東，僧學右。

府館 邑治南，再思橋左。知縣張文易民地立。 教場 南浦橋外。知縣張文建。横直各一百丈，亭三間。

學校 書院 社學附

府學

唐天寶五年，太守房琯始立廟於城南大仰門外[一]五十步。乾元元年，刺史鄭審移於城内郡治西四十步。大曆改元，刺史蕭定改建夫子廟及十哲①像。大中九年，刺史温璠復於房琯之舊。南唐保大十年，刺史李衎古移於郡治之西南三十步。宋景德三年，郡守楊侃奉詔增修講堂，自爲記。慶曆六年，郡守李訦置州學房錢以贍學徒，教授徐正夫記。皇祐五年，太守祖無擇以舊址狹隘，乃營於郡東二百步，今學是也。學成，盱江李泰伯爲記，京兆章友直篆額，河東柳淇書丹，世稱『三絶』。熙豐間，館閣第②天下學記，以袁爲冠。政和間，教授鄭王賔新戟門、

---

① 十哲：指孔子的十個弟子：顔淵、閔子騫、冉伯牛、仲弓、宰我、子貢、冉有、季路、子游、子夏。自唐定制，從祀孔廟，列侍孔子近側。開元時，顔淵配享，升曾參。后曾參配享，升子張。故此處的十哲爲：閔子騫、冉伯牛、仲弓、宰我、子貢、冉有、季路、子游、子夏、子張。後代又增有若和宋代的朱熹，合稱『十二哲』。

② 第：品第，評定。

禮殿，自爲記。紹興己未〔三〕，陳烯守又新之，張九成記。淳熙五年，郡守張杓新構堂，闢稽古閣，張栻記。慶元三年，高守諏之重建大成殿，劉顥記。嘉定間，鄭守自誠增修禮器，教授孫禮輿記。元仍改至元五年，張守熙祖建尊經閣於講堂之北，奉夫子燕居像於閣，移李泰伯《學記》石刻於堂中，虞集記。國朝洪武六年，劉守伯起重建閣，置四齋。洪熙元年，周守鐸重建大成殿。越五年，災，惟尊經閣、厨庫、廪舍僅存。宣德八年，何守澄重建，祭酒胡儼記。天順間，劉守懋以盱江《學記》兵燹①，刻石重創於戟門右。成化間，常守顯復修，吴節記。弘治壬子，王守俊以舊學在廟後，隘弗稱，乃大規度之。左廟右學，宏偉壯麗，有加於舊。尚書林瀚記。王去，朱守華重飾之，增創桂香樓五間。正德元年，同知賈澄增修樂器，訓導劉案記。

大成殿　東西廡　戟門　欞星門　宰牲房　神厨　神庫　明倫堂　四齋進德、育材、儲秀、興賢。

膳堂　號房　尊經閣　公廨五　學倉　學基《舊志》：『東抵甘棠坊三十步，西抵疏泉坊三十步，南抵崇儒坊，北抵永積庫。周圍三百九十步。』射圃　舊在尊經閣右，知府姚汀徙郡治西軍器局内。亭曰『觀德』。

南軒書院　在東湖上。中有張南軒栻祠，歲時祀之。今廢。

宜春縣學

舊附於州學。宋淳熙間，郡守張杓始與邑宰柯春卿議遷之袁山門外秀江之北，即狀元盧肇故居也。後有墨沼亭，亭旁有石如笋峙，盧故物。嘉定間，邑宰姜光重修，林垌記。元季兵毁。國朝洪武七年，劉守伯起建大成殿、兩廡、欞星、戟門、明倫堂、東西二齋，知縣孫仕敏刻魯司寇像，立石殿内。正統七年，姚守文建後堂，扁曰『敦教』，張益記。成化庚子〔四〕，署縣事經歷鄧璘重修，胡榮記。自是餘三十年，頹圮日甚。朱守華頗置材木磚

① 兵燹：因戰亂而造成的焚燒破壞等災害。清薛福成《應詔陳言疏》：『江蘇久遭兵燹，創痍呻吟，元氣未復。』

甓，欲新之，未成而去。正德七年，姚守汀始撤舊鼎創大成殿，通判錢士宣董其事。十年，徐守璉建堂齋、廨舍、外門，疊石堤江，築興賢樓，自爲記刻石。

大成殿　東西廡　戟門　欞星門　宰牲　神厨　神庫　明倫堂　二齋進德、育材。　膳堂　號房　尊經閣　公廨　學倉　學基東西二百步，南北二百五十步。　射圃廣一百二十步，袤三十步。亭曰『觀德』。

社學　一在府治東，一在萍實門外，一在府治南，一在袁山門外，一在府城東二十里下浦。

分宜縣學

在邑治東三十五步，今上真觀是也。宋初，建於邑西五里。宣和間，遷清源渡，學地爲觀所據。嘉定間，復建於西郊。端平元年，郡守趙思恕創學舍，自爲記。元仍改至元二年，縣丞徐邦憲新明倫堂，虞集記。元毁。國朝丙午，縣令張仁復於上真觀故地。洪武二十九年，王令思中建尊經閣、厨庫廨宇。正統十四年，巡按御史韓雍行部至邑，按復侵地。景泰五年，吴令江新大成殿。天順四年，吴令瑞又修之。成化二十三年，莫令立之新明倫堂、東西二齋。莫去，曹令忠嗣其事，學士汪諧記。

大成殿　東西廡　戟門　欞星門　宰牲房　神厨　神庫　明倫堂　二齋尊德、樂義。　膳堂　號房　尊經閣　公廨　學倉　奉詔視學之堂學左，故有寺曰『真果院』。弘治庚申，郡守朱華、邑令吴蘭廢寺，改故佛殿爲堂，提學副使邵寶書扁，主事楊循吉記。　射圃在視學堂前，觀德亭一間，知縣蕭時寘立。

鈐岡書院　舊在縣治東，宋建邑庠書院，遂廢。淳祐初〔五〕，邑宰王杭卜西郊建祠堂以祀周濂溪、張横渠、程明道、伊川、朱文公，仍扁曰『鈐岡書院』。兵毁。今視學堂曰『鈐岡書院』。

社學　一在邑東門起運倉左，一在邑治西，正德七年蕭時寘立。

萍鄉縣學

唐武德間，知縣唐蕚始建學縣東南二百步。宋紹興間，徙尉司之右。乾道初，復徙於邑西車田。國朝洪武四年，知縣李順英移建邑治西一百步。二十八年，知縣袁均正增建尊經閣。正統元年，知縣劉敬重建饌堂。十一年，知縣鄧福建講堂。弘治十七年，郡守朱華、知縣張時孜改遷於邑治南寶積寺側，規構勝舊。

大成殿　東西廡　戟門　欞星門　宰牲房　神厨　神庫　明倫堂　二齋 育材、進德。　膳堂　號房

尊經閣　公廨 三。　學倉　射圃 在戟門右。

胡安之書院 邑東二里。宋胡安之讀書之所。安之嘗受業於朱子。元末兵毁，址存。

宗濂書院 邑東二十五里，盧溪鎮。按《沿革録》云：『宋濂溪周先生監税是鎮，嘗立書院鎮西以授門人。後人即其地建祠，又於邑治南立濂溪書院，皆祀焉。』元末兵毁，址存。弘治間，知府朱華重建濂溪祠堂。

社學 西隅行府後〔六〕。

萬載縣學

在邑治東、雙虹橋之西。宋慶曆間建。崇寧間，知縣李存徙橋東南。乾道乙酉，遷之古寺廟，廢爲官舍。淳熙五年，復舊基。元至治中，僉憲薩德以學敎延見邑人江州榷茶太使黄璧，咨以修學之事。璧以爲己任，增設樂之屋，廣兩廡，移欞星門。至順辛未〔七〕，僉事〔八〕聶延世以先聖像設弗嚴，璧受命繪飾如初。仍改至元四年，殿棟撓①，前後簷溜②壞，副憲完顔至道仍以咨璧。凡三役，璧皆出私帑爲之〔九〕。虞集記。國朝甲辰三年〔一〇〕，知縣趙

① 撓：通『橈』，彎曲。
② 檐溜：即檐溝。

中因故址建廟學如式。洪武七年，知縣賈志通修戟門、兩齋、射圃、厨、庫、牲房。十三年，知縣崔進建魁星堂，後爲文會堂。正統十二年，知縣李璨修大成殿。成化戊子，知縣陳璨重修，張元禎記。丙午，知縣黄珙以舊基隘，復大拓地新之，立奎文閣於明倫堂後，易欞星門以石柱。締構①完好，堅緻逾昔云。

大成殿　東西廡　戟門　欞星門　宰牲房　神厨　神庫　明倫堂　二齋 興賢、育材。　膳堂　號房　尊經閣　公廨 三。　學倉　射圃 在育材齋西。

張巖書院 在獲富里。元臨江儒學教授文崖張氏立。有禮殿以祀先聖，有祠以奉周、程、張、邵、司馬六君子。張歿，其甥萍鄉榮氏加葺，率族人子弟就學焉。虞集記。

社學 一在邑治東，申明亭後，一在雙虹橋東。天順七年知縣王銓建。

兵衛

袁州衛

在府治東八十步。洪武元年，設袁州衛指揮使司、左右中三千户所，及經歷、鎮撫司。十三年，增設前後二所，共領五千户所，内設旗纛廟。永樂二年，立屯一十三處。

正廳 五間。指揮韋富立。　鎮靜堂 正廳後。行廊周回一十七間。指揮石偉增修。　經歷司 正廳左。　鎮撫司 正廳右。　旗纛廟 正廳西。　衛倉 衛治内東北隅。洪武十九年，指揮石原立。　軍器局 府治東二百五十步，宜春臺下。洪武七年，韋富立。　教場 府治東，宜陽門外。將臺一所，演武亭三間。景泰七年立。

---

① 締構：結構。《周書·武帝紀下》：「締構弘敞，有逾清廟。」

屯田一十三處，二千八百七十頃。積餘子粒一萬一千八百五十石。

左右二千户所 俱府治東南九十步，聯桂坊下。今廢，址存。中所 府治東南，聯桂坊下。 前後二所 俱府治東九十五步，熙春坊下。今廢，址存。

郵傳

宜春縣

府前總鋪　羅家山鋪　大安鋪　大塘鋪

彬江鋪 以上四鋪俱府治東路，抵分宜界。　十里鋪　布汊鋪

沙田鋪　七星鋪 以上四鋪俱府治西路，抵萍鄉界。　張家山鋪

雷橋鋪　石嶺鋪　三陽鋪　岐〔一〕石鋪

公嶺鋪　西嶺鋪 以上七鋪俱府治北路，抵萬載界。

分宜縣

縣前總鋪　金塘鋪　昌山鋪　路口鋪 以上四鋪俱邑西，抵宜春界。

白田鋪　聖陂鋪 以上二鋪俱邑東，抵新喻界。　金鷄鋪

新齒鋪　朱陂鋪　桑東鋪　石鎮鋪 以上五鋪俱邑南，抵安福界。

萍鄉縣

縣前總鋪　十里鋪　雲居鋪　高坑[一二]鋪

路行塘鋪[一三]　盧溪鋪　新路鋪　甘田鋪

白沙灣鋪　分界鋪 以上十鋪俱邑東，抵宜春界。　青山鋪

烏石鋪　湘東鋪　長充鋪　油草塘鋪[一四]

插嶺鋪 以上六鋪俱邑西，抵醴陵界。

萬載縣

縣前總鋪　郭村鋪 在邑治南，抵宜春界。　大樂岡鋪　太樂岡 以上二鋪在邑北，抵上高界。

儲恤

本府

永豐倉 在府治西北三十步。宋郡守李訦立，名『州濟倉』。郡守滕强恕復立，名『州儲倉』，自爲記。兵毀。國朝洪武元年，郡守裴顒重建，易今名。倉凡四厫，二十六間，歲貯官吏、旗軍俸糧並各項公用米。弘治二年，宜春知縣郭紝復建仁、義、禮、智四厫。城東預備倉 宜陽門外。弘治十四年朱華[一五]立。城南預備倉 在府治南三登坊，舊在城隍廟内。成化元年，知縣靳敏改建。弘治間，知縣郭紝、戴乾各添設厫一所。東倉 府城東十里，大安里，地名『下浦』。西倉 府城西三十里，薦外鄉，地名『沙田市』。南倉 府城南三十里，集雲鄉，

地名『福慶市』。北倉 府城北三十里，遷喬鄉，地名『下强村』。

宜春縣 附府

分宜縣

濟留倉 水南一里。洪武初立。

起運倉 邑治東門側。歲貯起運米。

城隍倉 舊在城隍廟側，知縣莫立之因地勢低有水患，徙建於水南。兩廒三十間，正廳、門屋各三間。

東倉 三間。邑東二十里，儒林鄉，地名『南山』。

西倉 三間。邑西二十里，化全鄉，地名『昌山』。

南倉 三間。邑南五都，地名『新崗』。

北倉 三間。邑北六十里，文標鄉，地名『楊橋』。

石鎮倉 邑南八都石分市。倉廢，址存。

嚴渚倉 邑南十都。

美塘倉 邑北三十都。

漿源倉 邑北十八都。俱景泰初知縣吳江建。

萬碩倉 水南一里。東西兩廒，知縣吳蘭新創。

秀溪倉 邑南五都。

萍鄉縣

存留倉 邑西六十步。洪武間立。

預備倉 邑治西六十步。知縣袁均正立。共七間。

東倉 邑東九十里，新安里，地名『泥源』。共五間。

西倉 邑西四十里，大安里，地名『何家村』。共五間。

南倉 邑南四十里，長豐里，地名『嚴溪』。共五間。

北倉 邑北十五里，清教里，地名『院前』。共五間。

萬載縣

東倉 邑東三百步，城隍廟側。十八間。

南倉 邑南二十里，地名『高城』。凡六間。

牟村倉 邑北四十里。知縣梁高立，陳璨重建。

官田倉 邑西七十里。弘治初，知縣黄珙立。

西倉 邑西六十里，地名『大富頭』。凡三間。

北倉 邑北三十里，地名『裏裕街』。以上俱知縣陳璨立。

新市倉 邑北七十里。知縣梁高建，陳璨重修。

便民倉 邑東北一里，地名『楊桐岡』。成化十二年，知縣陳璨立。凡十八間。

本府四縣養濟院五所，義冢五所。

院以收養孤貧，每男、婦一口月支米三斗，柴薪錢六十文，歲支冬夏布一件。病故者官給棺木埋葬。若義冢，則凡死無歸者皆得葬焉。

宜春縣

養濟院 舊名『存恤』，在袁山門外江北街。洪武五年，知縣孫仕敏立。弘治二年，知縣郭紝重修。十三年，知府朱華增置房舍、垣墉、蔬圃。

義冢 即漏澤園。一在南外廂泉水嶺上，一在西外廂戚家嶺上。俱約三百丈。

分宜縣

養濟院 邑治西門外一百三十步。洪武五年，知縣張仁建。正屋、門屋各三間。

義冢 邑治北門外，官塘西。環約三百丈有奇。宋邑令鄧友龍立。

萍鄉縣

養濟院 邑治西，城隍廟前。弘治十四年，知府朱華重建。正屋、門各三間。

義冢 邑西一里。周遭八十丈。知府朱華立。

萬載縣

養濟院 邑東廂外，地名『楊桐岡』。洪武三年，縣丞馮原禮立。正統八年，知縣李璨重修。成化六年，知縣陳璨重增屋舍、垣墉。

義冢 舊無。弘治十四年，知縣張文於邑治南二里，地名『赤硃岡』，度曠地築之。約四十餘丈。立綽楔①〔一六〕，扁曰『漏澤』。教諭朱憲記。

〔校勘記〕

〔一〕『内』，《嘉慶志》卷五作『外』。或爲後世將其遷於儀門外。

〔二〕『城南大仰門外』，《嘉慶志》卷十三作『城北袁山門外』。按本書卷十四載胡儼《新修學記》云『袁之儒學，自唐天寶五載刺史房琯始建於州之南』，據此可知當以本書爲是。

〔三〕『紹興己未』，原作『紹興乙未』。按紹興年間無乙未年。本書卷六《職官》云：『紹興九年任』，卷六《名宦》載：『陳烯，字元光。紹興九年知袁州。』紹興九年即紹興己未年（一一三九）。今據本書卷六改。《嘉慶志》卷十三作『紹定九年』，

---

① 綽楔，一作『棹楔』，門旁表宅樹坊的木柱。明馬中錫《瞻元世祖廟》詩：『棹楔半存蒙古字，陰廊尚繪伯顔軍。』

誤。紹定只有六年，亦無乙未年。

〔四〕『成化庚子』，《嘉慶志》卷十三作『成化十八年』。按成化庚子爲十六年，疑《嘉慶志》誤。

〔五〕『淳祐』，《嘉慶志》卷十三作『淳熙』。按本書卷六《職官》載：『王杭，淳祐初任。』

〔六〕『西隅行府後』，『行府』費解。《嘉慶志》卷十三作『西隅，府行署後』。意義較明。姑存疑不改。

〔七〕『至順辛未』，即至順二年（一三三一），《嘉慶志》卷十三作『三年』，誤。

〔八〕『僉事』，原作『僉憲』。按『僉憲』，乃僉都御史的美稱。古時稱御史爲憲臺。明代都察院設有左右僉都御史，因稱之爲『僉憲』。『僉事』，官名，元時諸衛、諸親軍及廉訪、安撫諸司，皆置僉事。故僉憲、僉事二者爲不同的官職名稱，不得混淆。至順乃元文宗年號，尚未有僉憲之官稱，亦不能以僉憲稱僉事。《嘉慶志》卷十三正作『僉事』，今據改。

〔九〕『璧皆出私帑為之』，《嘉慶志》作『皆璧出私帑為之』義較勝，然本書亦通，今不改。

〔一〇〕『國朝甲辰三年』，《嘉慶志》卷十三作『明吴元年』。按『國朝甲辰三年』這一説法比較少見。朱元璋於甲辰（一三六四）年稱吴王，此時仍用大宋龍鳳年號，丙午（一三六六）年改第二年年號爲吴元年，即丁未（一三六七）年，戊申（一三六八）年爲洪武元年。或因朱元璋甲辰稱吴王，故以甲辰爲年號。甲辰三年即丙午年，然非明吴元年。存疑待考。

〔一一〕『岐』，《嘉慶志》卷三作『崎』，未知孰是。

〔一二〕『坑』，《嘉慶志》卷三、《同治志》卷二作『岡』，未知孰是。

〔一三〕『路行塘鋪』，《嘉慶志》卷三、《同治志》卷二作『路行鋪』。

〔一四〕『油草塘鋪』，《嘉慶志》卷三作『油塘鋪』，《同治志》卷二無『油草塘鋪』，有『汕塘鋪』，『汕』或爲『油』之誤。

〔一五〕『朱華』，《嘉慶志》卷十一作『郭紝』。

〔一六〕『禕楔』，《嘉慶志》卷十一作『棹楔』。

袁州府志卷之五

壇壝

本府

社稷壇　府治西門外，街北一里。洪武初立。門、墻、神厨、庫、齋房、祭器並如式。弘治間，知府朱華復豪户所侵地拓新之。每歲春秋仲月上戊日，本府官率僚屬致祭。壇基東西廣四十丈，南北袤五十丈。

風雲雷雨山川壇　府治東門外，街南一里。宋元符祀式，風雲雷雨壇與山川壇别。洪武初，頒式建立，合爲一壇。歲用春秋二仲月上丁日後致祭。弘治間，朱華復民侵地重修，制度如式。壇基東西廣一十六丈，南北袤二十丈。

郡厲壇　北門外二里。洪武初立，制度如式。歲以三月清明、七月望日、十月朔日致祭。周圍四百六十丈。

宜春縣

社稷、風雲雷雨山川、厲壇　俱附府。

五穀壇　計一百三十六[一]所，在各里，俱洪武初立。其制度則周繚以垣，中立土壇。

鄉厲壇　一百三十六所，制度與五穀壇同。

分宜縣

社稷壇　邑治西。宋邑令程邁立。洪武七年，知縣戴備訥重立。

風雲雷雨山川壇　東門外。

邑厲壇　北門外。

五穀壇　三十五所，在各鄉都。

鄉厲壇　三十五所，在各鄉都。

萍鄉縣

社稷壇　邑治西。

風雲雷雨山川壇　邑治南。

邑厲壇　邑治北。

五穀壇　一百二十七所，在各里。

鄉厲壇　一百二十七所，在各里，俱洪武初知縣李順英立。

萬載縣

社稷壇　邑西二里，赤硃岡。

風雲雷雨山川壇　邑治南一里，月臺山。

邑厲壇　邑治北一里，楊桐岡〔二〕。

五穀壇　二十四所，在各里。

鄉厲壇　二十四所，在各里。

祠廟

本府

城隍廟　舊在府治西北三十步。洪武初，知府朱守仁遷於宜陽門内，相傳爲元萬户季陽奕〔三〕故址。按：《舊志·城隍廟記》謂袁古城爲漢將軍灌嬰所築，廟即祀之。國初，禮制未備，仍舊號『監察司民城隍威靈公』。洪武四年，大正祀典，稱『本府城隍之神』。每歲春秋同祭於山川壇，祭郡厲①則迎神以主之。

仰山古廟　府治南六十里，仰山獺徑潭之側。相傳，昔有邑人徐璠舟行至大孤山，有二蕭生云『居宜春仰山』，遂同載而歸。至浦東告別，期至石橋相訪。後徐至其處，見二龍，乃知爲仰山神。唐會昌初，建祠於仰山之陽。宋加王封。元符二年，賜祠額爲『孚惠』，豫章黄庭堅書。元重修。袁人事二神至謹，禱無不應。本朝封『大仰山之神』。每歲春秋二仲月，府官擇日詣廟致祭。弘治間，知府朱華闢路甃石，往來者便。

仰山正廟　府城南三十里，地名『堵田』。俗稱『南廟』。府城之〔四〕古廟，此爲中路。唐會昌間建，元歐祥重修。廟宇弘敞。里人湯氏世祀之。

仰山行祠　在宜春臺上。相傳宋建炎二年，金虜寇城，見黄衣白馬往來雉堞間，賊駭異而走。紹興間，遂立行祠。

① 郡厲：舊時謂府州設祭壇所祭祀的境内無人祭祀的鬼神。

關王廟　祀漢壽亭侯關羽。在宜春臺下二十步。元萬户高伯顔立，本朝重修。府衛官歲有常祭。

龍王廟　府治西七里。唐李將順於此疏陂水入城，民利之，遂立廟以祀龍王。旱，禱輒應。每歲春秋二祭。歲久廟圮。正德九年，郡守徐璉重修。又循舊堰址疊石覆土，决滯〔五〕疏流，立浚渠亭。自爲記，刻石。

三賢祠　府治廳左。洪武間，推官陳谷表建，祀臯陶、張釋之、于定國三賢，郡守李順孫記。每歲春秋致祭。

韓文公祠　祀唐韓文公愈也。公刺袁有德政，袁人思之。宋皇祐五年，郡守祖無擇始立祠祀公於府學講堂西，以李翺、皇甫湜、盧肇、鄭谷配，自爲之記。嘉定十一年，郡守鄭自誠重建，長樂黄幹記。元季毁於兵。國朝正統十四年，巡撫都御史韓雍行部至袁，命知府姚文度地遷於宜春臺右。知府王矩續成之，學士錢習禮記。正德七年，知府姚汀重修。每歲春秋二祭。

三先生祠〔六〕　祀宋濂溪周先生，明道、伊川二程先生。淳熙五年，郡守張杓始建祠於府學講堂東，朱熹記。元季兵毁。國朝正統十四年，都御史韓雍命改遷於宜春臺右、韓公祠左，錢習禮記。正德七年，知府姚汀重修。每歲春秋二祭。

南軒祠　袁山門外，江北嶺上。祀宋張南軒栻也。先生弟杓知州事時，先生嘗一至焉，作《廟學》《隱齋》二記。端平三年，郡守彭方以袁爲先生過化①之地，乃相地創南軒書院於東湖上祀之。歲久水决。元仍改至元二年，經歷嚴仲敎重修，又創藏書閣，虞集記。後東湖與書院俱廢。弘治間，知府童柷改建於此。春秋致祭。

名宦鄉賢祠　在宜春臺右。正德七年，知府姚汀創建，祀名宦房琯、李將順、劉仁贍、祖無擇、徐師閔、張杓、朱守仁，鄉賢盧肇、廖洪、彭俞、歐陽玄、劉迪簡、黄子澄凡十三人。春秋致祭。《祝文》：惟諸先生或官於袁而爲名宦，或生於袁而爲名賢。垂範於今，作則於前，姓名聞望相昭布於耳目，而功德行義皆流芳於簡編。顧

① 過化：謂經過其地而教化其民，或爲某地之地方官。此屬前者。清羅有高《鄧先生墓表》：『宋周濂溪先生過化贛南，未聞從游之士。』

典刑①之不泯，實名教之所先。用是循名責實，論世考言，列之一堂，祀之千百年〔七〕，以表後人崇慕之意，以爲邦人瞻仰之勸焉。（姚汀撰）

宜春侯祠　在宜春臺下。侯名成，長沙定王發之子，封宜春侯。始於城中立五臺，其最勝者宜春臺，植桃李以萬計。及薨，因葬臺下西北偏。宋咸平、嘉祐間，立廟臺側祀之，歲時居民祭享。嘉定間毁。洪武二年，居民趙敏中重建。今府治東南復有王子廟。

李衛公祠　府城西北五里〔八〕，化成巖之側，祀唐李衛公德裕。公爲袁州長史時寓是巖，有賦十五首。宋紹興十九年，尚書汪應辰倅②是州，爲之立祠，仍書扁。慶元間，郡守李訦重修。

都官祠　在城北七里，祀唐都官郎中鄭谷。

祖龍學祠〔九〕　在府學講堂之西十二步。祀宋龍圖學士祖公無擇。公治袁有美政，郡人祀於學宫。今廢。

王待制祠　在府治東南宜春臺下。待制諱古，宋紹聖間守袁，有德政。卒，袁人立祠於天王臺祀之，萍鄉簿趙鳴鐸記。後郡守辛炳移祠於仰山，復爲記。今廢。

宜春縣　附府。

分宜縣

城隍廟　邑治西四十步。洪武初，知縣張仁建。春秋二祭。

---

① 典刑：亦作「典型」，典範。宋蘇舜欽《代人上申公祝壽》詩：「天爲移文象，人思奉典型。」

② 倅：充任州郡的副職官員。宋蘇軾《密州通判廳題名記》：「未一年而君來倅是邦。」

仰山行祠　邑治水南鈐岡之巔。每歲春秋仲月望日有司致祭。

邑令祠　邑南大清里。元至正壬午，楚文公歐陽玄率族子所性立以祀祖南唐宜春令殊。公歿，族人遂以公配。謝利貞詩：『昔賢嘗遺治，此地祠基古。啼鳥破蒼煙，棠陰過初雨。澤深蕃胤嗣，時祭羅尊俎。遠似武城時，弦歌遍閭里。』①

陳重祠　在邑北陳重里。

躭江水府廟　邑東五里。世傳土人〔一〇〕李公者歿爲神，子孫因立祠奉其祀。祠前有亭濱江，爲迎餞所。

閱城君廟　邑西昌山渡。相傳有閱城人温媪者，産龍伯，有靈異，閱城人祀之。唐太和間，盧萼嘗夢龍伯謂曰：『君將爲江西縣令。』萼後果宰宜春，爲立廟，盧肇記。

萍鄉縣

城隍廟　在邑治後招賢坊，舊在縣後車田。洪武六年，知縣李順英改建。春秋致祭。

楚昭王廟　邑北安樂鄉楚山下。世傳，楚昭王當吴入郢時，引兵潛渡河，駐此。後人因立廟祀之。

甘卓廟　邑治東五十里。晋甘卓從元帝渡江有功，拜豫章太守。嘗領兵萍鄉東，死於王敦之難。廟食②於此，靈應顯著。本朝重建，有司春秋致祭。

册岡廟　縣南一十里。晋末，邑人潘徽、羅藪、傅康三人糾民兵捍寇。及卒，邑人立廟祀之。宋祖無擇嘗禱雨有

---

① 此處用『武城弦歌』之典。《論語·陽貨》：『子之武城，聞弦歌之聲。夫子莞爾而笑，曰：「割鷄焉用牛刀？」子游對曰：「昔者偃也聞諸夫子曰：「君子學道則愛人，小人學道則易使也。」」子曰：「二三子！偃之言是也。前言戲之耳。」』后借指禮樂教化。

② 廟食：謂人爲之立廟，受人奉祀，享受祭饗。《史記·滑稽列傳》：『廟食太牢，奉以萬户之邑。』

應。本朝重修。

王子廟　邑治西。即定王子、宜春侯成。

煬帝廟　邑北七十里，楊岐山下。

萬載縣

城隍廟　邑治東北。洪武初，縣丞馮禮即元紅巾劉仁故居改建。弘治間，知縣張文重修。

陶司空廟　邑西二十里陶家坊。世傳司空即陶沔。

仰山行祠　邑西二十里奇圃市。元丁亥歲旱，縣達魯花赤萬奴祈雨有應，命邑人陽俊〔一〕修。

寺觀

宜春縣

報恩寺　府治東門内。唐天授初爲『重興寺』，宋號『乾明』，崇寧間爲『崇寧萬壽寺』，政和間賜額『天寧』，又改爲『神霄宫』，紹興賜今額。元毁，本朝重修。　棲隱寺　府城南。　圓通院　靈泉池上。　泗州院　東門外。

國泰院　西門外。　崇勝寺　北門外。太平興國中賜額有『林樂堂』，黄庭堅書扁方丈有『竹尊者軒』。　報親顯慶禪寺　府城南集雲鄉蟠龍山頂。唐南平王鍾傳初建蟠龍禪院，宋治平間賜額『永慶』。淳熙改賜今額，是爲成恭皇后功德院。洪武二十四年立爲叢林。　太平興國禪寺　府城南大仰山下。二神捐地與小釋迦結庵之所，塔尚存。唐會昌賜名『棲隱』，宋改今額。山水奇勝，石徑縈迴，飛瀑湍融，泉流號號鳴殿庭下，敻異①人境。唐宋賜經、御書碑碣甚多，俱毀。今存元碑，程鉅夫奉旨撰記。　興化禪寺　舊名雲峰院，在府南木平山中。內有飼龍亭，在潭上。潭有龍，善道禪師常以飯飼之，因名。　慈化禪寺　府城西石裏鄉南泉山，普庵住持地。塔尚存。寺廣袤宏壯，爲郡刹之冠。　顯勝院　静梵院　普濟院　定明院　集福院　普信院　定光院　顯寧院　延慶院　悟空院　常樂院　雙林院　明教院　仁濟院　明德院　薦福院　清妙院　勝安院　勝利院　大通院　廣仁院　真如院　明福院　妙因院　棲真院　普安院　真乘院　净因院　普照院　萬年院　寶林院　明寂院　能仁院　護國院　净居院　壽昌院　慈雲院　法寧院　永安院　精進院　安定院

玄妙觀　東門外，即崇福觀。晋元康間建，洪武二十四年立爲叢林。　高真觀　舊爲長興道院，在宜春臺側，有棲霞閣。　澄心觀　宜春臺北。洪武初，歸並玄妙觀。　鳳臺觀　府治西南。　靖巖觀　棲真觀　福真觀　龍泉觀　仙居觀　昊天觀

分宜縣

福勝寺　邑西五里。吴寶鼎建，唐武德間名『齊隆』，元虞集過寺有詩，洪武二十四年聚成叢林。　真果院　舊在儒學左，弘治間遷於城隍廟左。　法雲院　水南。　安覺院　邑東。　福真院　叢林。　感慈院　邑西。　棲真院　普净院　廣化院　集聖院　崇化院　顯教院　會勝院　永清院　院內有白巖、清暉閣、方池、古

① 敻異：遠不同於，大不相同。清魏源《復何竹鄉同年論會計書》：『志慮遠大，敻異乎俗史之所爲。』

松。圭齋爲賦四詩，歐陽貞撰《清暉閣賦》。　寶雲院 以上邑南。　龍壽院　吉祥院　崇法院　惠照院

崇真院　石礱庵　南秀庵　壽昌院 以上邑北。

上真觀 邑東。相傳晋鄧真人飛升之地。　寶慈觀 邑東南。　煙堂觀 邑西。　洞靈觀 邑南玉華山。晋建，宋紹興賜額，本朝重修。相傳，晋時一女子修煉，誓言〔一二〕遇三『玉』必成丹。初至玉華山，次至玉虚觀，次至安福玉仙院，丹成飛升。今煉丹池存。　玉虚觀　真聖堂　南嶽堂 俱邑南。　崇道觀 邑北。

萍鄉縣

寶積寺 邑治南。周廣順中建。宋黄庭堅書『净樂堂〔一三〕』『入還堂〔一四〕』『德味厨』等額，且爲記。本朝重建。

五峰寺 黄魯直《送密老住五峰》詩：『我行〔一五〕高安過萍鄉，七十二渡繞羊腸。水邊林下逢衲子，東西南北〔一六〕古道場。五峰秀出雲雨〔一七〕上，中有寶坊如側掌①〔一八〕。去與青山作主人，不負法昌老禪將〔一九〕。』見《方輿勝覽》。　龍鳴寺 邑西。則天時宋之問書額。　永昌寺 邑治西。　治平院 桂華鄉。　廣照院 永寧鄉。　勝果院 桂華鄉。　寶真院 崇賢里。　南源寺　普通寺 遵化鄉楊岐山。有劉禹錫碑記。　楊岐寺　法界院　多福院　勝昌院　妙勝院　安靖院　真果院　寶界院　多寶院　惠日院　明山寺　曇華庵

真聖觀 邑治南。宋大觀間建。　冲真觀 永寧鄉。　虚明觀 邑東。舊名『景星』。　崇真觀 邑東桂華鄉九嶷、仙鶴二山之間。晋建，因易退、陳躭、楊惠三真人修煉之所。唐改爲『通元〔二〇〕』，本朝改今額。　紫清觀

佑聖觀

---

① 寶坊：對寺院的美稱。宋黄庭堅《題落星寺》詩：『星宫游空何時落，着地亦化爲寶坊。』

萬載縣

崇信寺　邑南緑陰池右。　净安院[二]　邑東北龍山下。歸並崇信寺。　莊嚴院　邑南。　安德院　廣仁院　法界院　普薰院　澄寂院　長興院　净覺院　光梵院　崇道院　法會院　大智院　悟真院　金繩院　明覺院　東山院　能仁院

廣報觀　邑西錦衣坊右。舊名『紫霄』。洪武二十四年立爲叢林。　逍遥觀　邑北五雷山。　湯周觀　邑西。　九仙堂　邑東。　耀靈觀　邑西。

丘墓

宜春

漢宜春侯劉成墓　府治東南，宜春臺側。成，長沙定王子。有祠於旁，舊呼爲『定王塚』。　梁丞相袁璞墓　府城東北袁山。墻高四尺，前有翁仲、石獸尚存。　湛陀墓　府城東。梁宣猛將軍。　都官鄭谷墓　府城北江北嶺。　袁超墓　《舊志》云：『在府治墻西北三十步。』古木盤屈。或云『天綱墓』，非。　越國夫人孫氏墓　府城東浦村。成恭后祖母。　信王夏協墓　府城南蟠龍山。成恭后父，追封信王。　太常卿龍暹墓　府城南通聖橋。朝廷遣官諭祭、築墳，傳文穆公撰銘。暹母封大恭人，彭氏亦蒙諭祭。　主事蕭義墓　府城北遷喬鄉焦坑嶺。　知府龍夔墓　城東大安里金鷄山。　侍郎郭紳墓　府城南青山。朝廷遣官諭祭，命有司營葬，大學士梁儲撰銘。

分宜

漢御史陳重墓 邑北六十里。 晉習鑿齒墓 邑北八十里棗木山。鑿齒，襄陽人，仕晉爲治中。避秦符堅，居萬載縣。卒，葬於此。 唐盧肇墓 邑北文標鄉。 李憲墓 邑西紅花峰。憲，李晟第三子[二二]。憲子游，袁州刺史。迎養，卒，葬於此。 圭齋始祖墓 邑南大清里。圭齋省墓至防里，率族人修治，加垣甓，建祠堂其上。 節孝歐陽先生墓 邑南前源山。諱中立，初試部郎，上書言新法不便，以司馬文正公門人坐元祐黨籍，廢。卒，弟子私謚『節孝先生』。有石碑。 袁神童墓 邑北楊橋。名叔棠，字國美，生淳祐間。 尚書劉仲質墓 布政使嚴孟衡墓 邑北石塘阡[二三]。 知縣李雲墓 邑南雙源。

萍鄉

唐刺史歐陽琮墓 在盧溪。琮，潭州人。唐末刺吉州。卒，葬於此。

萬載

唐孝子廖洪墓 邑西森[二四]坑。 宋徐鉉墓 邑東北清泉山。 曾文逌墓 邑北冠丘山下。墳高三尺，在塘中，今名『曾仙塘』。文逌，雩都人，精地理術。至萬載卒，葬焉[二五]。 布政使易節墓 縣東塢溪。 侍郎郭瑾墓 竹渡紫蓋山。

宮室

需宴亭 在府治南。唐天寶間太守房琯建，公暇宴耆民於此。 借翠軒 府治東。唐刺史劉仁贍建。因竹名。 澄

源閣 府治内。乾德間郡守吕延真建。旁有深樾亭。宋守沈昭遠有序並詩。 **多勝樓** **浮香樓** 俱在府治。宋建。 **疏泉亭** 府治内。宋天禧間州倅袁延慶建，自爲記。 **紅陰亭** 在倅廳。王冀公布衣時作記。 **慶豐堂** 府治内。宋祖無擇建，取『年穀屢登』之意，自爲記。有《十閑詠》。 **瑞禾堂** 府治左。宋大觀，仰山寺園中産瑞禾，張商英進圖。後人因建堂。 **南園道堂** 府治内。宋宣和間郡守辛炳建。詩云：『有節松筠方直操，無言桃李盡成蹊。』 **勁節堂** 府治内。宋趙資道詩：『爲愛青青竹一林，旋開庭宇占清陰。風前蕭瑟聲敲玉，月下玲瓏影碎金。』 **吏隱堂** 府治内。太守趙資道建。 **清心堂** 府治内。宋守趙資道詩：『燕坐都忘塵慮縈，小橋横絶跨幽亭。漣漪池面銀開鑒，滌蕩庭心玉展屏。』 **遠意軒** 府治南圃内。趙資道建。 **無訟堂** 府治内。宋郡守阮閲建並記。 **景韓堂** 舊名『燕珩』，在府治内廳事西。紹興中，陳烯來知州事，慕韓文公爲人，曰：『二千石當勤於治理，詎可飲食爲樂乎！』因更名『景韓』。歲久[二六]傾圮。慶元三年，郡守高諷之重修，黄榦記。 **尊德堂** 府治内。宋淳熙間郡守周必達建，其弟必正作記。 **四益齋** 在府治。宋郡守張杓建，刻其父浚所書《四益碑》於其中。 **隱齋** 在郡治。太守張杓建，南軒命名並記。取孟子惻隱之義。 **勤順堂** 宋開禧初，郡守羅克開建，取韓愈《鄆州溪堂序》『上勤下順』之語以名，林坰記。 **落梅堂** 府治内。 **不受暑堂** 多竹名。在府治内。宋建。 **明允堂** 府治内。舊推官廳事。 **西齋** **舫齋** 俱在郡圃内。 **稽古閣** 府學内。宋淳熙間郡守張杓建。 **叢桂堂** 府學内。宋嘉定間建，林坰記。 **介亭** 在東湖之南。張杓知州事，南軒先生栻過之，爲書『東湖』扁榜，且易盧石亭爲『介亭』，仍題榜側云：『介亭之石，本盧肇家故物也。挺然特立，望之，有汲黯在朝之氣象[二七]。予既取豫卦之六二之義以題其亭，並告來者。』 **東廓亭** 府治東，宜陽門外。知府支夔立。 **宜春臺** 府城内東南隅。高五十丈，郡人登覽之地。宋建炎中，立仰山行祠。李覯詩：『謫官誰住小蓬萊，唯有宜春有古臺[二八]。千里待看毫末去，萬家攢作畫圖來。』 **春風亭** **宜陽第一峰亭** **一覽**

樓　潙山閣 俱在宜春臺上。　棲霞閣 府城内高真觀。宋建。有王欽若詩。　鳳凰臺 府城内。枕城爲臺，樓觀突兀，竹松交翠。上有鳳臺觀。　四藤閣 府城南仰山寺。宋朱文公帥湖南，經游此，爲學者講道閣下，郡士李長明等皆受業焉。　潺潺閣 府城南仰山廟右。自溪前引水繞廟，潺潺有聲。留題者甚衆，宋婁乾曜有詩。　梯雲樓 仰山廟右〔二九〕。宋建。　仰山書堂 府城南。唐鄭谷讀書處。　讀書堂 在修仁鄉書堂山。盧肇讀書處。　居敬堂 在分宜縣治左。宋淳祐間，邑令李宏規建。　得翠樓　振衣亭 俱在鈐岡。　讀書臺 在分宜縣北二十里。堂西有車書巷，後有石倉，前有洗硯池。相傳羅隱嘗讀書於此。鍾山側又有盧肇讀書臺。鄧廷聞詩：『鐘山高高鍾水緑，昔有佳〔三〇〕人在幽谷。臺荒只見草萋萋，萬卷不留誰更讀？』　黄真人臺 在分宜縣南五十里。有巨石夷坦。相傳，晋時有黄大古者修煉於此。　飛泳樓 在萍鄉縣治西。宋紹興間建，爲放生亭。後邑令王謙改今名，取『鳥飛魚泳』之義。　勞拙堂 萍鄉縣治後。舊名『莞爾』，縣令王謙更以今名。　徐仙亭 在萍鄉縣西三里。世傳有徐仙修道於此。宋紹興間縣丞卓津建亭。　謝靈運讀書堂 在萬載縣東北四里。　龍江亭 在萬載縣。

古迹

司理院 府治東。李徵古建，祖無擇重建。　軍資庫 府治東。宋宣和間辛炳建，程如式記。　司户參軍廳 府治西偏。宋陳確建並記。　貢院 舊在宜陽門外，東湖之旁。内有公明堂。郡守江自任建，後守趙筱夫遷於府城内東隅，錢文子記。　待補莊 府治東北。宋建。　舊遞運所 袁山門外。　三皇廟 宜春臺畔。　唐刺史揭鎮宅 府治子城東。刺史劉仁贍改爲鹽鐵都作院，建炎間兵毁。　梁丞相袁璞宅 府治東北。宋爲開元寺。　鍾

傳宅 在府治西，化成巖之側。唐僖宗所賜。第有南北二池。今故址與池尚存。又有別業在萬載縣北，今爲民田。 **盧肇宅** 即宜春縣學。 **江宰相宅** 在府治東内隅。 **北墅** 府城北〔三二〕七里。宋鄭居仁創爲游觀之所。中有悠然亭。 **陳重故居** 在分宜縣北陳重里。後廢爲勝因寺。 **支移倉** 在分宜縣江之南。宋刺史周必達建，許介、歐陽朴記。 **三皇廟** 在分宜縣治。元建，虞集記。 **劉尚書宅** 在分宜縣西磯岡，東嶽廟側。 **峽山寨** 在分宜縣南。其地山峻水險，高崖峭壁。舊傳，後唐李克用曾駐兵於此。遺址尚存。 **白斜寨** 在分宜縣北旌儒鄉孝成里。 **萍鄉古城** 萍鄉縣東五十里〔三三〕。晉元帝渡江，使甘卓領兵抵此。一名『甘卓壘』。 **葛仙壇** 在萍鄉羅霄山巔，即晉葛洪修煉處。 **石室** 在萍鄉縣東五十里。數室相連，素壁若雪。 **龍鱗木** 在萍鄉縣東。本檀香木。客有用錢六十緡市其木，將伐之。其木夜生龍鱗，不敢伐。見《方輿勝覽》。 **羅漢松** 在萍鄉寶積寺。黃山谷手植。士夫題詠甚多。 **康樂故城** 在萬載縣東二十里。晉舊縣。劉宋封謝靈運爲康樂侯，即此地。一在東隅水東岸，元紅巾劉仁據縣時立，今廢。 **石鍋** 在萬載縣南七十里。巨石中有泉。天欲雨，則雲氣自水中起，如炊煙。

〔校勘記〕

〔一〕『一百三十六』，《嘉慶志》卷十四作『三百六十』，誤。按：其他三縣社稷壇和鄉厲壇的數量均一致，故『三百六十』當爲『一百三十六』之誤。

〔二〕『楊桐岡』，《嘉慶志》卷十四作『楊桐江』。按本地方言中『岡』『江』音同，疑因音近而訛，當以本書爲是。

〔三〕『季陽奕』，《嘉慶志》卷十四作『李元奕』。

〔四〕『之』，《嘉慶志》卷十四作『至』。

〔五〕「滯」，原作「帶」，於義不通，今徑改。

〔六〕「三先生祠」，《嘉慶志》卷十四作「五賢祠」，並注云：「（上略）明正統間都御史韓雍命改遷於宜春臺右外，增祀朱熹、張栻，曰「五賢祠」（下略）。」

〔七〕「祀之千百年」，《嘉慶志》卷三十四作「祀之几筵。將鑾格乎冥漠而式訓於千百年。」

〔八〕「西北」，原作「東北」，誤。按本書卷一載：「化成巖　府城西北五里。」《嘉慶志》卷十四正作「西北」，今據改。

〔九〕「祖龍學祠」，《嘉慶志》卷十四作「祖龍圖祠」。按祖無擇，字擇之，仁宗時加封龍圖閣直學士，故稱「祖龍圖」。又其曾孫祖行編有包括祖無擇詩文在内的《龍學文集》，故人們亦以「祖龍學」稱之。因此，「祖龍學祠」和「祖龍圖祠」均通，今不改。

〔一〇〕「土人」，《嘉慶志》卷十四作「士人」，義較勝。然作「土人」亦通，今不改。

〔一一〕「陽俊」，《嘉慶志》卷十四作「楊俊」。

〔一二〕「誓言」，原作「⿱㚘言言」，字僻難認。《（同治）分宜縣志》卷二作「誓言」，今據改。

〔一三〕「凈樂堂」，《四库全書》別集类《山谷集》別集卷四作「樂静室」，《文忠集》卷十七作「樂静堂」。

〔一四〕「入還堂」，原文字形不清，似作「八還堂」。《嘉慶志》卷二十九、《（同治）萍鄉縣志》卷二作「入還堂」，今從之。

〔一五〕「行」，《嘉慶志》卷三十五作「穿」。

〔一六〕「東西南北」，《嘉慶志》卷三十五作「南北東西」。

〔一七〕「雲雨」，《嘉慶志》卷三十五作「雲霄」。按：宋任淵、史容、史季温著《山谷集詩注》内集卷十六、黄庭堅撰《山谷集》卷七均作「雲雨」。

〔一八〕「寶坊」，《同治志》卷九之七亦作「寶坊」，《嘉慶志》卷三十五作「寶峰」。按作「寶坊」更合詩意。

〔一九〕《嘉慶志》卷三十五、《同治志》卷九之七於此句下還有「栽松種竹是家風，莫嫌陡絶無來往。但得螺螄吞大象，（《同治志》「大」作「天」），從來美酒無深巷」諸句。

〔二〇〕「元」，《嘉慶志》卷二十九作「真」。

〔二一〕『净安院』，《嘉慶志》卷二十九不載，有『静安院』或即『净安院』，然未言及歸並之事。

〔二二〕『第三子』，《嘉慶志》卷二十八作『第十子』。按《明一統志》卷五十七、《大清一統志》卷二百五十二、《江西通志》卷一百一十均作『第三子』。

〔二三〕『石塘阡』，《嘉慶志》卷二十八作『石塘堰』。

〔二四〕『淼』，《大清一统志》卷二百五十二、《嘉慶志》卷二十八均作『森』。

〔二五〕『焉』，原作『馬』，於義不通，今徑改。

〔二六〕『久』字原闕，今據文意補。

〔二七〕『有汲黯在朝之氣象』，《嘉慶志》卷二十八作『有汲黯在朝，淮南寢謀氣象』。按《新唐書·裴度傳》：『臣聞汲黯在朝，淮南寢謀；乾木處魏，諸侯息兵。』汲黯乃西漢名臣，爲人耿直，好直諫廷争。淮南，指淮南王劉安，他曾欲謀反，然因忌憚汲黯而停止謀劃。由此言之，『淮南寢謀』是因『汲黯在朝』，汲黯在朝耿直敢言，有凛然氣象，陰謀叛逆者因而畏懼退縮，是無何氣象可言的。故《嘉慶志》『淮南寢謀』四字於義不通，疑爲後人妄加。

〔二八〕『有古臺』，《（康熙）宜春縣志》卷之十七同，《嘉慶志》卷三十七作『最古臺』。

〔二九〕『右』，《嘉慶志》卷二十八作『左』，誤。《明一統志》卷五十七、《大清一統志》卷二百五十二、《江西通志》卷三十九均作『右』。

〔三〇〕『佳』，原作『家』，於義不通。按《康熙志》卷十八作『佳』，今據改。《同治志》卷九之八作『高』，與上句『高』字重復，亦誤。

〔三一〕『北』，《嘉慶志》卷二十八作『東』，未知孰是。

〔三二〕『五十里』，《嘉慶志》卷二十八作『四十里』。

袁州府志卷之六

職官

唐 刺史

應智頊 武德間任。見《名宦》。

袁瓚

闞人才[一] 舍人。

崔融[二] 字安成。齊州全節人。

馬構

胡元禮

蘇玉

何迎之 員外。

房琯 見《名宦》。

李汍[六]

元伯通 員外郎。

樊文器 郎中。

裴彥晦 員外。

元思禮

喬懷 郎中。

高景琢[三]

許輔

郭仲

盧升明[五]

曹明 員外。

朱子廣 郎中。

崔籍

魏元表 長壽二年任。

許輔乾 員外。

楊授

李璟[四] 天寶元年，薦鄉人彭聘君。

裴從心

李適之 中山王之後。天寶元年，代牛仙客爲左相。後爲李林甫所貶，死袁州。

楊仲舉 員外。

崔興朝 員外。

郭珍　張楚 郎中。　裴邁

李瑤 郎中。　盧子真[七]　鄭審[八]

盧舟 郎中。　閻瑜 廣德中任。見《名宦》。　張濟

李遵 員外。　蕭定 大曆元年任[九]。見《名宦》。　柳渾 大曆間任。見《名宦》。

李嘉祐 字從一。趙州人。　韋譚　李求

崔倕[一〇] 建中初任，見《名宦》。　張滂 郎中。　張令望 員外。

黄恭　董禎 員外。　周儼

盧挺 員外。　許峴 員外。　齊總

崔仕儉　張廷[一一] 員外。　王建侯

蕭睦　張愸 郎中。　蔣房 舍人。

鄭著 郎中。　趙蕃 郎中。　夏侯質 郎中。

趙全亮 郎中。　成應玄　孫結

蘇球　杜滄 員外。　張琮[一二] 員外。

王涯 字廣津。元和初任。韓愈分司東都時，賦詩祖其行。到官，慕房琯爲治，州境肅清。後同平章事，以李訓敗覆宗①。

李將順 元和四年任。見《名宦》。　韓愈 元和十四年任。見《名宦》。　温璠 大中元年立宣聖廟碑[一三]。

① 覆宗：毁敗宗族，滅族。《書·五子之歌》：『荒墜厥緒，覆宗絶祀。』

韋觀象

趙嵩 郎中。

成全[一四] 員外。

鄭公著 少監。

崔鼎

張阜 中丞。

鄧璠 中和元年任。見《名宦》。

張廻

杜瑄 天復間任[一五]。見《名宦》。

吕師周 天祐三年任。

劉信 天祐六年任，尋改撫州。

劉璋[一七] 太保。天祐十一年冬除。秩滿，加鎮南節度使，知袁州。

李元環

李宗

衛景温

李佋 承號姑臧房。① 見《唐宰相表》。

鍾離侑

黄蕚

李游 字觀業。中和兵興，有功。

揭鎮 見《名宦》。

冷約 天祐元年冬任。優柔無斷。三年十二月，吉州彭玗、彭璋率兵圍城。泰斐鎮洪州[一六]，遣吕師周代之。

彭彦章 天祐五年任。

劉崇景 天祐七年任。

裴諒 郎中。

顔遐福 修羅城，建城隍廟。

高厚 郎中。咸通五年任。

于環

張錯 員外。

范昌

徐公佐 尚書。大順二年任。

鐘匡時 字承勳，南平王傳之次子。光化二年任，時傳鎮豫章所自除。在任侈靡，好築臺榭，立映霞樓。

王琪 天祐六年，尋除舒州刺史。

姚章

① 姑藏房：唐代皇室的遠支。

右自武德至天祐，刺史一百有六人外，不赴任一人。

鍾傳 司徒。洪州高安人。乾符七年興師擊賊，詔授袁州刺史，不赴，屯兵筠陽。

别駕一人

李冬 代祖元皇帝子、蜀王諶五世孫。

長史三人

裴無悔 令寶之後、獻之曾孫也。見《唐宰相世系表》。　李撰 見《名宦》。

李德裕 見《名宦》。

司馬四人

李峴　張埱 説子。給事中。爲宜春司馬。　渾鐬 中書令瑊子。蔭補諸曹參軍，累擢豐州刺史。坐贜七百萬，文宗以勛臣子貶袁州司馬。

李景略 見《名宦》。

參軍一人

李大壽 李氏姑臧房六世孫。見《唐宰相世系表》。

五代　刺史

王安

馬潛 司空。順義四年，自和州刺史來任，是年卒於官。

劉崇安 司空。崇景弟。順義四年冬，自江西節度副使來任。

陳丹 司徒。順義五年冬，自除州刺史來任。二年，終於郡。

頓金 永安二年任。

張暉 司徒。太和元年任，明年罷。

趙思虔 司空。太和五年自蘄州刺史任，南唐昇元四年罷。

右僞吴刺史七人

劉仁贍[一八] 見《名宦》。

紀厚愉 保大三年任。

邊鎬 見《名宦》。

張承傑 初詔監臨袁州。昇元四年，權申報軍州公事。保大八年，邊鎬秩滿，以閤門使再知州事。

韋建 見《名宦》。

李徵古 萬載人。見《人物》。

史公銖 見《名宦》。

胡彦儔[一九] 僞吴武義三年，領兵赴袁州防戍。至南唐保大十五年七月，授馬部軍都指揮使，知袁州。

右南唐刺史八人外，遥授一人

翟彦釗 保大十四年，差充袁州申報軍州公事。十五年，詔還朝，轉檢校司徒，遥授袁州刺史。

軍事判官一人

駱延卿

周世宗朝刺史一人

柴克貞 世宗之族。顯德六年以太傅知袁州。

宋 知州事

楊文憲 司徒。乾德元年九月，以吉州兵馬都監知州事。

何進雄 太保。乾德二年正月，以巡檢升袁州軍州事。

李諷 太保。開寶三年任。

李雄 太保。開寶五年任。

劉茂忠 開寶七年任。見《名宦》。

趙孚 國子監丞。太平興國二年任。

趙頡 由太常博士。太平興國六年任。

胡憲 由國子博士。雍熙二年任。

張郢 由尚書比部員外郎。端拱二年任[二〇]。

田贊 尚書屯田郎中。淳化四年任。

王懿 至道三年任。見《名宦》。

劉厚德 尚書庫部郎中。咸平五年任。

楊侃 景德三年任。見《名宦》。

呂延真 乾德元年任。

趙鐸 太保。乾德五年任。

張誠 太保。

施興 太傅。開寶六年任。

王澣 殿中丞。開寶八年任。

趙昌言 右拾遺直史館。太平興國四年任。

胡昭度 侍御史。太平興國八年任。

王礪 由秘書丞。雍熙四年任。

王勗 殿中丞。淳化二年任。

張日用 尚書庫部員外。至道元年任。

廖康 由內殿崇班閤門祇候。咸平二年任。

司空亘 尚書駕部員外郎。景德元年任。

何蒙 字叔昭，洪州人。由太府少卿。祥符元年知州事，州民多采金，蒙建議『請以代租稅』，上曰：『如此，則農業廢矣』，不許。見《宋史》。

虞綽 由尚書比部員外郎。祥符三年任。

吴濟 由尚書屯田員外郎。祥符九年任。

熊同文 由尚書屯田郎中。天禧四年任。

周薰 由尚書駕部員外郎。天聖元年任。

劉嗣隆 由尚書職方員外郎。天聖四年任。

辛若濟 由尚書比部員外郎。明道二年任。

王化成 由尚書比部員外郎。景祐五年任。

周世南 由尚書虞部[二一]郎中。慶曆二年任。

韓綜 尚書祠部員外郎，充集賢院校理。皇祐元年任。

詹祥 由尚書比部郎中。皇祐四年任。

翁及 由尚書比部郎中。至和二年任。

凌景陽 由尚書屯田郎中。嘉祐四年任。

楊嶼[二四] 由光禄卿。治平元年任。

皮公弼 由尚書屯田郎中。治平四年十二月任。

石元之 由太常少卿。熙寧五年任。

徐師閔 熙寧十年任。見《名宦》。

歐陽陟 由太常博士。祥符六年任。

李龜從 由尚書祠部郎中。天禧二年任。

黄宗旦 由尚書工部郎中。乾興元年任。

鄭銓 由太常博士。天聖二年建東湖。

查拱之 郎中。天聖六年任。

陳知古 由尚書屯田郎中。景祐三年任。

李惟寅 由尚書虞部郎中。慶曆元年任。

句希仲 字袞臣。慶曆三年七月，以尚書都官郎中知袁州，任吉、筠刺史。卒，贈尚書吏部侍郎。

李錞[二二]

祖無擇 皇祐五年任。見《名宦》。

張顒 由尚書職方員外郎。嘉祐二年任。

曹琰 由尚書駕部員外郎。嘉祐七年[二三]任。

王億 由尚書職方員外郎。治平四年閏五月任。

錢昉 由司農少卿。熙寧二年任。

歐陽介 由尚書都官郎中。熙寧八年任。

廖子孟 字獻卿。元豐三年屯田郎中任。奏創黄圃巡檢司。

謝昌齡 由朝請大夫。元豐六年任。

張維 由朝請大夫。元祐元年任。

翁肅 由朝請大夫。元祐四年任。

陳龍輔 字寶臣。朝請郎。元祐七年任。

王古 字敏仲。紹聖二[二五]年自貳卿①謫守袁州。

鄭民瞻 紹聖三年任。見《名宦》。

董義 由朝散大夫。建中靖國元年任。

周兗 由朝奉大夫。崇寧三年任。

蕭昞 朝奉郎。大觀元年任。

趙璟 朝散郎。大觀四年任。

李景夏 朝散郎。政和元年任。

曾孝序 由朝議大夫。政和四年任。

桑安衍 朝議郎。政和六年任。

杜紹 朝散郎。政和七年任。

辛炳 宣和二年任。見《名宦》。

林徽之 朝奉大夫。宣和五年。

趙資道 朝奉大夫。宣和七年[二六]任。

吳安國 麗水人。見《名宦》。

阮閲 建炎元年任。見《名宦》。

汪希旦 建炎二年任。見《名宦》。

王仲嶷 建炎三年任。見《名宦》。

陳元明[二七] 建炎四年任。

趙士瓊 紹興四年任。

江古亮[二八] 字元采。紹興七年宗正少卿任。爲政寬和。

陳烯 紹興九年任，見《名宦》。

黄中 見《名宦》。

沈昭遠 紹興十三年任。見《名宦》。

王大寶 紹興間任。見《名宦》。

邵知柔[二九] 紹興間任。刻《贊皇集》。

陳述 紹興間任。

曾伋 紹興三十年任。見《名宦》。

李觀民 右朝請大夫。紹興三十一年任，三十二年五月奉祠。

---

① 貳卿：指侍郎。古代尚書稱卿，侍郎副之，故稱貳卿。

陳騤〔三〇〕見《名宦》。
嵇琬 右朝請郎。乾道二年任。
郭昌時 右朝請郎。乾道六年任。
汪悟 右朝奉大夫。乾道九年任。
章潭 右朝請大夫。淳熙三年任。
周必達 朝散郎。淳熙六年任。
張康 朝請大夫。淳熙十一年任。
黃環 承議郎。淳熙十四年任。
徐宏 字蘊之。平陽人。起居郎侍講，知袁州。奉祠。
曹訓 見《名宦》。
江自任 慶元元年任。
李訦 慶元五年任。見《名宦》。
李時中 見《名宦》。
余端誠 奉議郎，開禧三年任。
趙彥倓 嘉定三年五月任。
戚如琥 嘉定七年任。見《名宦》。
鄭自誠 嘉定十一年。見《名宦》。
王楝 見《名宦》。

黃彪 右朝請郎。隆興二年任。
葉程 右奉直大夫。石林先生子。
戴達先〔三一〕右奉議郎。乾道七年任。
李處全 淳熙二年任。
張杓 淳熙四年任。見《名宦》。
沈正度 朝請大夫。淳熙八年任。
湯中 淳熙十三年任。
黃邵 奉議郎。淳熙十六年〔三二〕任。
莫若晦 紹興〔三三〕二年任。
徐傅 見《名宦》。
高諏之 慶元三年任。
丘何 嘉泰元年任。見《名宦》。
羅克開 開禧元年任。見《名宦》。
劉履忠 嘉定二年任。
鄭昉 嘉定三年十月任。
李觀 見《名宦》。
滕强恕 嘉定十三年，見《名宦》。
朱貔孫 浮梁人。見《名宦》。

趙篋夫　嘉定間任。見《名宦》。

朱在　紹定三年由進士任。

彭方　端平間任。建南軒書院。

葉夢鼎　淳祐間任。見《名宦》。

程公許　見《名宦》。

程逸　字日休。

劉克莊　字潛夫，號後村。知袁州。見《謝除太守表》。

曹叔遠　寶慶二年任。詳《名宦》。

趙師恕　紹定五年任。修分宜學。

衛湜　蘇州人。見《名宦》。

趙逢龍　見《名宦》。

方岳　寶祐間任。見《名宦》。

何處仁　龍泉人。澹之子。

葛謙白〔三四〕

右自乾德至咸淳知州事一百四十人外，未赴任三人

張栻　字敬夫，號南軒。按《綱目》：『乾道八年，栻罷左司員外郎兼侍講，出知袁州。』《神道碑》《一統志》皆云『知袁州』。及考其弟杓知袁州，則淳熙四年也，相去僅四年，而南軒所作《隱齋記》及五年來袁作《學記》，無一詞及之，而且無一遺事可考。《神道碑》晦菴先生所作，其間有云『淳熙改元，公家居累年矣。上復念公，詔除舊職』，又云『自是退居，二年更歷兩鎮。上將復大用之，而公已病矣』。以是考其出處顛末①，惟乾道八年、九年事無所見，豈嘗有是州之命而遂退居歟？虞集記南軒書院藏書閣，亦無來官之說。今故備列之，以俟後之考者。

蘇轍　字子由，蜀州人，仕翰林學士，以上疏忤旨落職，知汝州，再謫知袁州。未至，降少府監筠州居住。

---

①　顛末：本末；前後經過情形。《宋史》卷二百九十八：『臣聞天地以來，覆載之内，圣賢交騖，古今同流。校其顛末，鮮克具美。』

劉清之 字子澄，臨江人。紹興末進士，授宜春簿，未上，丁父憂①。服除，改建德，累官知衡州。光宗時，起知袁州，以病未赴。

通判

陳侁〔三五〕皇祐間任。

袁延慶〔三六〕天禧三年任。見《名宦》。

李禹卿〔三七〕至和二年任。見《名宦》。

孫汲 朝奉郎。元豐七年任。

孫琪 宣和六年任。見《名宦》。

趙伯厚 淳熙十四年任。

張鼎 慶元間任。修貢院。

潘傳 寶慶元年任。見《名宦》。

汪應辰 聖錫。玉山人。見《名宦》。

徐琢 紹定三年任。見《名宦》。

蕭安之 咸淳間任。

錢朝隱 承議郎〔三八〕。

軍事判官

王逢〔三九〕

軍事推官

虞祥〔四〇〕建安人。慶元元年任。

---

① 丁父憂：父親去世稱丁父憂，母親去世則稱丁母憂。舊制，父母去世，子女要守孝，三年内不能婚娶、赴宴、應考，也不能做官。劉清之即因遭父喪而未赴任宜春簿。

録事參軍

姜元鼎 字巽夫。由進士。嘉定間任。

司理參軍

李冲元 紹聖間任。見《名宦》。

張洽[四一] 嘉定間任。見《名宦》。

司户參軍

陳確 紹興間任。作《參軍廳記》。

黎仲吉[四二] 寧都人。

監酒

鄒浩[四三] 元豐中任。見《名宦》。

州學教授

徐正夫[四四] 慶曆六年任。

鄭王賔 政和二年任。重修學。

張綱 紹興七年任。

劉瑜 紹興九年任。

潘宇 進士。乾道間任。

胡時 見《名宦》。

李中 淳熙初任。

周文宗 淳熙間任。

應雄飛 淳熙十一年進士任。

夏蹈古 慶元三年任。

季顥[四五] 進士。吉州簿，再除教授。

達煥 開禧初任。

虞（名逸）嘉定元年任。建叢桂堂，林坰記。

林式之

孫禮輿[四六] 嘉定間任，分教。

元 袁州路達魯花赤

朵思甘 名見敦世傑。元初以世襲本路宣差。卒，追贈江西榷茶都轉運使、上輕車都尉、廣安郡侯，謚通敏。子朵兒只仍襲其職，凡三十餘年。

別速堅 至正間任。見《名宦》。

路總管

王禮 延祐六年任。建宣化樓。

張宗顔 後至元四年任。見《名宦》。

張熙祖 廣信人。後至元間任。建尊經閣，修南軒書院。

王也速迭兒 字子文。廉公幹濟①，召爲户部尚書。

錦州不花 至順間任。

那海 延祐間任。有文武材。訪李衛公迹，刻像於化成巖石。

寶童

同知

孫思遠 至正間死節。

---

① 幹濟：謂辦事幹練而有成效。《梁書・劉坦傳》：「爲南郡王國常侍……遷南中郎録事參軍，所居以幹濟稱。」

治中

守仕杰 至正間任。

推官

李從善 至元初任。　鄭時中 字以道。滎澤人。

經歷

嚴仲毅 至元間任。見《名宦》。　孔智[四七] 至正間任。

知事

程鵬翼 字九萬。婺源人。至正間任，死節。

照磨

霍盤 至正十三年城陷，自縊。

大明

袁州府知府

朱守仁 乙巳年任。見《名宦》。　劉伯起 洪武初任。見《名宦》。

吴允恭 宣平人。老人任。　李順孫 洪武間任。爲政寬和。

裴顒[四八] 洪武間任。治政廉明，任内召還。

朱瓚 湘鄉人。工部郎中任。

周鐸 永樂間任。見《名宦》。

王宗泉 宣德初任。

何澄 江陰人。宣德八年任。

王昇 正統初任。

姚文 正統七年任。見《名宦》。

王矩 景泰二年任。見《名宦》。

呂遜

陸諒 直隸高郵人。

劉懋 天順七年任。見《名宦》。

常顯 成化八年任。見《名宦》。

江豫 孟震。直隸當塗人，進士。成化十一年任，丁憂去。

陳雲鶚 余姚人，進士。成化十二年任。精刑名。

顧禎 蘇州人，舉人。成化十七年，光禄署正任。

趙禎 蘇州人。刑部員外郎任。

王俊 弘治元年四月任。見《名宦》。

童梲 弘治十一年任，見《名宦》。

朱華 素卿。長壽人，進士，大理寺副。弘治十三年任。

支夔 聞喜縣人，進士。弘治十八年任。

姚汀 維寧。慈溪人，進士，南京文選郎中。正德四年升任令，左遷福建運司同知。

徐璉[四九] 宗獻。真定武邑人，進士，户部郎中。正德八年任。

同知

孫養浩 乙巳年任。見《名宦》。

郭銘 景泰初任。

顧敬 正統間任。

項伯經 青田人。由明經任。

莫昂 成化元年任。見《名宦》。

李純 成化十一年任。見《名宦》。

陳碁 成化二十一年任。見《名宦》。

周楷 明則。常熟人。弘治間任。

俞綸　孝陵衛人。廣信同知補任。八月而去，人多賢之。

許鵬　山陽人。舉人任。

賈澄　辰州衛人。進士任，升四川僉事。增修大成樂器。

潘珩　直隸人，舉人任。

郭浹　興國人，進士。正德五年任。升山東僉事。

林富　守仁。莆田人，進士。正德七年任，升寧波知府。

黃信　君實。留守中衛籍，福建晋江人，進士。正德七年任。

通判

蔡廷琇　乙巳年任。見《名宦》。

林暄　永樂五年任。見《名宦》。

徐盛　建安人。正統間任。

徐致遠　景泰初任。

夏繼先　天順七年任。

董緒　麻城人。成化十年任。

于瀛　瀘州人。成化十一年任。

高圭　閩縣人。成化十五年任。

周恬　淳安人。成化十五年任。

鄧志昂　華容人。成化十八年任。

王澄　弋陽人。成化二十三年任。

湯璥　丹徒人。成化二十三年任。

袁嵩　武進人。弘治四年任。

鄭循　歙縣人。舉人任。

胡珏　湖廣人。

林墳　莆田人。舉人任。

黃傑　蕭山人。

孔經　山陰人。

張玠　光州人。舉人任。

梁奎　順德人。舉人任。正德五年姚源戰歿。

錢士宜　汝和。會稽人。正德六年舉人任。

毛鵬　海寧人。正德六年監生任。

朱祺 天吉。咸寧人。舉人任。

徐麟 文瑞。錢塘人。監生任。

推官

陳谷表 洪武間任。

陳全 正統間任。見《名宦》。

傅思潤 景泰初任。

常琳 晋江人。天順八年任。

李仁直 鳳陽人。成化十三年任。

孔閶 瑞安人。成化十三年任。

王泰 沂州人。成化十四年任。

楊塤 嘉定人。成化二十一年任。

稽恒 歸安人。成化二十三年任。

鄭景和 麻城人。弘治間舉人任。

蔡宥 常熟人。弘治六年舉人任。

孫球 臨海人。

方絅 開化人。弘治十八年舉人。

葛垣 蒙城人。正德六年監生任。

諸鼎 餘姚人。正德九年舉人任。

陳輅 以載。高要人。舉人任。

經歷

程閑祖 乙巳年任。

金鐘 懷遠人。

鄧璘 金壇人。成化七年任。有吏才，升永寧知縣。

鮑懋 崇陽人。

邵鎡 武昌人。

徐文遠 常山人。

韓玘

沈玥 山陽人。正德三年任。

知事

朱誠 乙巳年任，升衛輝經歷。
李昭
李瓊
陳珏
張誠
李敬
龐掄
徐琳
曾琇 永安人。正德六年任。

照磨

王奇
何昱
黃璋
何永清
馬環 正德五年任。
崔環 正德八年任。

檢校

李泰
黃文璩[五〇]
周勝
楊淮
王來
楊節 餘姚人。序班。正德四年任。

教授

簡迪 萍鄉人。由人材任。後升監察御史。
徐倫 洪熙元年任。
徐勝 當塗人。宣德元年任。
柳正茂 岳州人。舉人任。有修學功。
唐津 嵊縣人。舉人任。
林琮 上杭人。舉人任。
蔡永 華亭人。監生任。
韓冕 敘州宜賓人。舉人任。後家於袁。

袁寧 天台人。舉人任。　葉藻 山陽人。弘治六年舉人任。以謹厚稱。

卓榕〔五一〕莆田人。弘治十年舉人任。　李良玉 崑英。雲南中衛軍籍。正德四年舉人任。

謝麟 長州人。監生任。

訓導

龍淵　何材　葉瑩　唐子昌

朱恭　程規　李春　鍾琳

陳定 見《名宦》。　翁璡　張淦　方愚

馮治　周學　何魯　王道

羅璋　王鋼〔五二〕　鄭滄　林士俊 見《名宦》。

夏璧　陶麟　張暕〔五三〕　羅儒

宋禮　劉案　趙誠　魯鎮 建德人。見任。

沃寬 蕭山人。見任。　張孟學〔五四〕茂名人。見任。　廖球 龍巖人。見任。

宜春縣

吴

宜春長 周泰 字幼平。九江下蔡人。隨孫策討江夏，還，過豫章，補宜春縣長。

唐

宜春令 盧蕚 太和五年任，有善政。

李玄真

南唐

宜春令 歐陽殊 殊，一作『洙』，安福令萬八世孫。保大三年任，以教化爲務。

宋

知縣事

程元白 見《名宦》。

張補之 治平間任。見《名宦》。

胡安老 紹興三十年。見《名宦》。

薛紹 乾道間[五五]任，見《名宦》。

詹岑 宜高。縉雲人。

柯春卿 淳熙間[五六]任。見《名宦》。

司馬遡

姜光 四明人。

趙師慮 淳熙間[五七]任。見《名宦》[五八]。

縣丞

張紱 清江人。博學能文章，所著有《愚谷集》。

主簿

程如式[五九] 宣和三年任。權州學教授，士子受業百餘人。

縣尉

馬緘〔六〇〕宣和間任。

林仰 紹興間任。

徐璹〔六一〕慶元初任。

元

縣尹 無考。

主簿

周子忠 至正壬辰任。死節。

大明

知縣

仲時舉 洪武元年任。見《名宦》。

孫仕敏 洪武四年任。

陳拳 洪武七年任。

陸思原 洪武九年任。

范仲義 洪武十九年任。

楊弘〔六二〕義烏人。

蔡冑 永樂六年任。見《名宦》。

江慶 宣德七年任。見《名宦》。

鐘英 宣德間任。

靳敏 天順八年任。

周篚 盱眙人。成化三年舉人任。有廉稱，升解州同知。

鄭文 新會人。
林資 成化十四年任。
郭絍 弘治二年任。見《名宦》。
戴乾 元之。臨海人。弘治四年進士任，召爲監察御史。
金啓 樂清人。舉人任。
楊琛 宜興人。舉人任。
張遜 弘治十八年舉人任。
吳文淵 閩縣人，舉人。卒於官。
林克潤[六三] 閩縣人。正德六年舉人任。
張參 華亭人。舉人任。

縣丞

李素 洪武初進士任。　祝子成　毋瑜　宜觀
孫誠先[六四]　徐諒　駱章　秦麟
高聰　呂尚洪　劉浚　王欽 清苑人。

主簿

張轅　陳鶴　何汶　郝亨
蔡芳　吳熒　羅溉　陳璽
盧佶　吳用衡

典史

蔣鑑　趙景明　何景　翁琦

侯鳳暉 曲江人。

教諭

姚翔〔六五〕　顧幸孫　周榮　楊宏

萬謙　徐澤 見《名宦》。　林禎 見《名宦》。　張高 龍游人。監生任。

訓導

劉仲質 見《人物》。　蕭瓚　趙文　趙昱

唐鐸　張注　游時豫　謝恕

葛森　繆澈　沙瑞　傅巖

繆銘 平陽人。　林昭 新會人。

分宜縣

宋　知縣事

狄棐 見《名宦》〔六六〕。　郎簡 見《名宦》。　王揆 景祐間任。見《名宦》。

李丹 奉議郎。　段賁〔六七〕　呂延年 紹興元年任。

徐璵〔六八〕 紹興四年任。　歐陽表 紹興六年任。　李彧 紹興七年任。

曹繹 紹興八年任。
傅大猷 紹興十二年任。
馮汝舟 紹興十六年任。
嵒輔 紹興二十四年任。見《名宦》[六九]。
趙觀 紹興二十七年任。
李續 隆興元年任。
孫共懿 隆興二年任。
許棣 乾道元年任。
羅畢 乾道三年任。
向友益 乾道七年[七〇]任。
程邁 鄱陽人。乾道八年任。
謝諤 淳熙元年任。見《名宦》。
翁履之 淳熙三年任。
羅翁旦 淳熙五年任。
許及之 淳熙七年任。見《名宦》。
趙伯瑗 淳熙十年任。
周宗文 淳熙十三年任。
鄧友龍 淳熙十六年任。以明敏稱。
梁綸 紹熙三年任。
彭崧 慶元元年任。
曾絜 慶元三年任。
李祀 慶元四年任。
趙師懿 嘉泰三年任。
費珽 開禧二年任。
章焕 嘉定元年任。
謝好古 嘉定初任。
宋洙 嘉定七年任。
石孝睦 子和。嘉定十一年任。
劉敏文 嘉定十四年任。
王杭 淳祐初任。
許晟 淳祐三年任[七一]。
趙汝芰[七二] 淳祐四年任。
李宏規 淳祐八年任。
章采 咸淳間任。建學。

縣丞

宣發 淳祐間任[七三]。

主簿

劉孟容[七四] 淳熙十四年任。建浮橋。

縣尉

趙崇瑗 紹定間任。

彭逢原 淳祐間任。建化龍橋。

王奎〔七五〕廬陵人，淳祐間任。

元

縣尹

劉才德 膠東人，修明倫堂。

孔萬齡

李敬 大德二年任。

孫果 至大元年任。

王梴 字居仁。至大二年任。

張天材 漢卿。延祐六年任。

衛弼 良輔。洛陽人。至治三年任。

趙瑗 涿州人。大定三年任。

王元輔 真定人。天曆元年任。

馬榮祖 曹州人。至順二年任。

周益臣 至元二年任。

趙思順 尚之。臨江人。得士民心，立縣官題名記。

縣丞

徐邦憲〔七六〕修學。

大明

知縣

張仁 丙午年任。見《名宦》。

戴備訥 洪武六年任。見《名宦》。

姜從道 興化人。洪武十五年。

張仲蒙 洪武二十年任。
陳仲芳 洪武二十三年任。
陳繼宗 洪武三十年任。見《名宦》。
王思忠 黄州人。洪武末任。
汪澍 黟縣人。永樂七年任。有政績。
周瑛 正統初任。見《名宦》。
何澄 鈞州人。正統間任。
吴江 景泰二年任。見《名宦》。
吴瑀 景泰七年任。見《名宦》。
于企 東昌人。監生任。
童璲 蘭溪人。成化五年任。
白瑾 山陰人，進士。成化間任。
莫立之 成化十九年任。見《名宦》。
曹忠 弘治二年任，見《名宦》。
章爵 隨州人。弘治九年舉人任。吏法精練，有能稱。
陳來 慈溪人。弘治十二年舉人任。卒於官。
吴蘭 弘治十四年任。見《名宦》。
孫勝 奉化人。正德二年進士任。召爲刑部主事。
王謐 漳浦人。正德五年舉人任。
蕭時賓 羅田人。正德七年舉人任。
王峪 慈溪人。進士任。

縣丞

王觀 洪武初任。
揭明德
張迪 見《名宦》。
陳慧
吴忠信
李必彰
吴成
李忠
劉瑛
吴旺
何任
閻鼎
夏常儀
黎獻
黄鏐
舒聰
鄭經
宣譽
汪鑑
胡海
張機
龔器
楊昌璽 貴州都平長官司人。監生任。

主簿

桑以時 洪武初任。　孟翼　鄭士達　商祐
劉鼎　馮宗器　陳祥　單瓊
莫怡　李節　孫鏞　塗容
胡海　歐榮　陽芳　黄顒[七七]
葉珎　陳表　房綰　馬宣 濟寧州人。
鄭大河 莆田人。正德八年任。

典史

張仁民 永樂間任。　沈節　邵智　王紀
張寶　左鏞　祝昇　潘亮
劉衮　朱玉　應昌 見《名宦》。　陳迪
潘文樬　郭德玉 莆田人。正德六年任。

教諭

陳詵卿　成儉　陳諫　夏思義 長洲人。舉人任。
盧源　俞達　王昱　陳定
覃昂　李茂　張乾

李藩舉人任。升廣東布政司經歷。見《名宦》。　張表舉人任，升肇慶府學教授。

周璣　高輔雲南安寧千户所人。正德七年舉人任。

訓導

周與學本縣人。　唐艮　錢茂維　丘贇

郭俊　陳寵　費芳　曹健

侯榮　李洪謨　蔡木　李鳳

周聰　劉璿　莊大林　陳哲

賀儆[七八]　胡縉常山人。

萍鄉縣

唐

萍鄉令

唐蕚武德間任。

宋　知縣事

張錫大中祥符間任。見《名宦》。　唐謨熙寧初任，見《名宦》。　張希顏景德間任。見《名宦》。

黃大臨 紹聖中任。見《名宦》。　郭濤 紹興間任。　趙伯才〔七九〕紹興間任。

孫逢吉 龍泉人。見《名宦》。　王謙 淳熙二年〔八〇〕任。建勞拙堂、飛泳樓。

何異 撫州人。淳熙十年任。見《名宦》。　周世昌〔八一〕紹興間任。

縣丞

歐陽綰〔八二〕進士任。　卓津 紹興間任〔八三〕。

主簿

趙鳴鐸 記王待制祠〔八四〕。

縣尉

潘友文〔八五〕淳熙間任。見《名宦》。

盧溪鎮稅務

周敦頤 見《名宦》。

元

萍鄉知州

吉天祐 元貞元年任。見《名宦》。　趙榮 榮甫。　李從善 河間人。至正三年任〔八六〕。

同知

脱脱 至正間任。見《名宦》。

大明

知縣

杜谷[八七] 洪武元年任。　趙彝 洪武三年任。見《名宦》。　李順英 洪武四年任。見《名宦》。

袁均正 洪武二十八年任。增建尊經閣。　史瑜 洪武三十五年任。　何正 永樂六年任。見《名宦》。

劉敬 正統元年任。　鄧福 正統十一年任。　沈敏[八八] 天順七年任。

王璇 成化初[八九]任。　胡英　張師傅

江吉　李寶[九〇]　徐信

劉濟　陳良弼　何孔時 順德人。弘治七年[九一]舉人任。

桑元真[九二]　張時孜 弘治十七年進士任。見《名宦》。

孫綬 正德四年[九三]進士任。　胡佩 金華[九四]人。正德七年進士任。

高桂[九五] 潁上人。監生任。

縣丞

楊永　省侃　潘溶　舒泰

李鏡　鄭惟廉　杜常　賀縉

孫璟〔九六〕正德九年任。

主簿

南秀　郭輕〔九七〕　楊宣〔九八〕　何理隆

汪文　胡景〔九九〕　孟昂　羅紱

鄒文舉　廖焕〔一〇〇〕正德八年任。

典史

張轍〔一〇一〕正德七年任。

教諭

李清　趙文仲　余謐　敖魁

葉平　戴欽　俞章〔一〇二〕正德八年任。

訓導

官清〔一〇三〕　丘顯　蔣暉　汪廉〔一〇四〕

葉軒　羅友義〔一〇五〕　李憲　謝哲

夏文韶 正德二年任。

萬載縣

宋〔一〇六〕 知縣事

楊楫 元豐元年任。

姜植 元祐元年任。

朱凱 元祐四年任。

陳元 元祐七年任。

趙子孟 元祐間任。

黃公儒 紹聖二年任。

劉琬 紹聖三年任。

周璿 元符二年〔一〇七〕任。

褚夏 元符三年任。

連伯虎 崇寧元年任，見《名宦》。

王旅 崇寧間〔一〇八〕任。

李存始 崇寧五年任。

杜庸 大觀四年任。

吳施 政和二年〔一〇九〕任。

傅之理 政和三年任。

李井〔一一〇〕 宣和元年任。

歐陽識 宣和四年任。

張翔 建炎元年任。

任世英 建炎四年任。

徐昇 紹興三年任。見《名宦》。

郭濤 紹興五年任。

雷孚 紹興七年任。

喬升 紹興間任。

姚時行

盧壽時 紹興十二年任。

范如璋 紹興二十九年任。

鄧服采 隆興元年〔一一一〕任。

洪綸 乾道元年〔一一二〕任。

費義 乾道五年任。

王昌祖 乾道八年任。

馮堯文 淳熙二年任。

祝勛 淳熙四年任。見《名宦》。

趙不諫 淳熙七年任。

席薿〔一一三〕 淳熙間任。

趙伯游 淳熙十年任。

錢文 淳熙十四年任。見《名宦》。

申汝翼 淳熙十五年任。

張諤 紹熙三年任。

林思純 慶元元年任。

彭時行 慶元四年任。 王偀 嘉泰二年任。見《名宦》。 陳雄 嘉泰三年任。

錢達 開禧二年任。 沈爕 嘉定三年任。 林景達 嘉定六年任。見《名宦》。

林力行 嘉定九年任。 汪閩中 嘉定十二年任。 冷應徵[一一四] 寶慶間任。見《名宦》。

元 縣尹

王國用 至元間任。 成楝 張輔[一一五]

大明 知縣

趙中 乙巳年任。見《名宦》。 韓或 洪武三年[一一六]任。 賈志通 洪武五年[一一七]任。見《名宦》。

崔進 洪武十三年[一一八]任。 束清 洪武二十七年任。見《名宦》。 舒仲誠 三十五年任。見《名宦》。

吳子成 永樂二年任。 劉嘉 永樂二年[一一九]任。 黃埜 永樂六年任。

白質 永樂十二年任。 韓顒[一二〇] 永樂二十二年任。 辛礪 宣德元年任。

汪悠久 宣德四年任。見《名宦》。 李燦 正統六年任。見《名宦》。 梁高 景泰二年任。

李富 天順四年任。 王銓 天順七年任。 邢廷禎 成化二年任。見《名宦》。

陳璨 成化四年任。 陳瑶 成化十六年進士任。 黃珙 成化十八年任。見《名宦》。

童寬 弘治二年進士任。 周曆 武進人。弘治三年進士任。 于鎰 金壇人。弘治六年任。

張文 弘治十二年御使調任。 顧英 順中。慈溪人。弘治十六年進士任。召爲監察御史。

韓憲 正德三年舉人任。見《名宦》。 洪世傅 海陽人。正德五年任。 陸璥 蘭溪人。正德六年任。

王甸　崇陽人。舉人。正德八年大庾知縣調任。　張邦穀〔一二一〕　沂興人。舉人任。

縣丞

馮理〔一二二〕　鄭鈞　江漇〔一二三〕　田耕

陳復禮　王道翁　張文惠　張受才

戚紀　陳亮　王澄　周濟

徐純　施琦　李昌　魏冲

楊升　劉建　鄭文安　孫恭

黃璋　陳衡　陳禄〔一二四〕　黃仲質

屠澄　張惠　石鉉〔一二五〕　姚鵬

李浩　謝恕　方完　盧觀　正德九年任。〔一二六〕

主簿

舒慶　邵俊　楊玘　璩中道

張汜〔一二七〕　楊義　秦紀　范恭

譚弼　王秀　徐瓚　姚経

熊文盛　張賜　韓忠　冀呆〔一二八〕

戴福　正德八年任〔一二九〕。

典史

趙廣銘　葉盛　董文　蔣曈

陳璉　羅權　唐奇 正德九年任。〔一三〇〕

教諭

歐陽汶 本縣人。　程惟善　董匡　文中

李景〔一三一〕　喻淳　馮毅〔一三二〕　張德暄

李仁　楊璘　朱憲　孫昱

陳謨　沈南金 正德六年舉人任。〔一三三〕

訓導

歐陽輝 本縣人。　曾宜勉　張暉　夏壽生

劉顒〔一三四〕　薛致中　葉福　桂梧

劉顯　秦傑　韓聰　李倫

胡賔　羅聰　吴蒙　麗茂 正德二年任。

周倬 正德六年任。〔一三五〕

名宦

唐[一三六]

應智頊　筠州建城人，武德間袁州刺史。時更隋室大亂之後，智頊與民休息，鎮以清浄，民安樂之。

房琯　字次律，河南人。少好學，風度沈整①。以蔭補弘文生。天寶五載，試給事中。坐善李適之、韋堅，斥爲宜春守。首立學宫，建文宣王廟，改創州治。作亭於州之南，榜曰『需宴』，公暇與民同樂焉。累官吏部尚書、同中書門下平章事。上元中，司封員外郎李華撰其《德銘》。元和，刺史王涯爲之刻石，柳宗元書其碑陰②。

李揆　字端卿，係出隴西冠族。美風儀，善奏對③。累拜中書侍郎、同中書門下平章事。肅宗嘆曰：『卿門地、人物、文學皆當世第一。』吕諲以故相鎮荊南，揆遣吏至諲所，構抉④過失，諲密訴諸朝。帝怒，貶揆袁州長史。累年，仍徙歙州刺史，拜尚書左僕射。

閻瑜　代宗末袁州刺史。當兵革後，專務德化，招集叛亡。數年，州境大理。及改撫州，百姓隨之，先瑜而發，吏不能止。其見愛如此。後拜户部侍郎，卒。

蕭定　字梅臣，右僕射瑀之曾孫。以蔭起家陝州參軍事、金城丞。莅事清挺。歷左、右司郎中。爲元載所惡，外遷

---

① 沈整：深沉整肅。『沈』，同『沉』。《新唐書·房琯傳》：『琯少好學，風度沈整，以蔭補弘文生。』

② 碑陰：碑的背面，又指碑後面的文字。

③ 奏對：有二義，一指封建時代臣子當面回答皇帝的問題，二指文體，乃『奏疏』和『對策』的合稱。此處二者皆可。

④ 構抉：搜尋捏造。《新唐書·李揆傳》：『吕諲政事出揆遠甚……揆懼復用，遣吏至諲所，構抉過失。諲密訴諸朝，帝怒，貶揆袁州長史。』

袁、潤、信、宋、湖、蘇六州刺史。大曆中，有司差天下刺史治最，定與常州蕭復、濠州張鎰爲第一，而劭桑稼①、均賦役、集徠游口在鎰、復之右。遷户部侍郎，官至太子少師〔一三七〕。

柳渾 字夷曠，一字惟深，本名載，梁僕射惔〔一三八〕六世孫。天寶初擢進士第，大曆中袁州刺史。均利器用，昭明物則，緩九賦，明制量，酌古良牧之政宜於時者宣而行之。召拜諫議大夫。朱泚亂，署以爲相。渾羸服②步至奉天，奏言：『臣名向爲賊污，且「載」於文從戈，非偃武③所宜。』乃更名渾。

崔倕 建中初，德宗求可當良二千石者，以倕權④爲袁州刺史。期月有成，詔書顯揚，就加真秩〔一三九〕。

李將順 元和四年，自員外郎出知袁州。時州多火災。將順一日與僚屬出西郭門，知南山水可堰，乃命於數里外築防疏溝，引水入城，其深廣使可通舟。郡人利之，目曰『李渠』。又於城西北築塘，名『益州』，功施⑤後世焉。

韓愈 字退之。元和十四年，坐⑥諫佛骨貶潮州。憲宗進大號，加恩移授袁州刺史。州人以男女爲隸，過期不贖則没入之。愈悉計傭，得贖所没，歸之父母者七百餘人。召拜朝散大夫，守國子祭酒。赴闕，奏以在袁日放免傭隸之政推之天下，遂著爲令。宋皇祐，知州事祖無擇始建公祠郡庠西。

李德裕 字文饒，棲筠孫、吉甫子也。卓犖有大節。穆宗時擢翰林學士，太和中拜中書門下平章事，封贊皇縣伯。八年，貶袁州長史。既至，寓郊外精舍。遇清景輒杖策獨游，吟詠著述以自適，不以遷謫介意。禮郡士盧肇。

---

① 劭桑稼：即劭農，意謂鼓勵農業生産。劭，勸勉。

② 羸服：穿着破舊的衣服。《新唐書·張濬傳》：『不得志，乃羸服屏居金鳳山。』

③ 偃武：停息武備。唐獨孤及《賀袁修破賊表》：『陛下方鋭志於偃武，不得已而用兵，乃命將受略，使先勝後戰。』

④ 權：唐以來稱試職或代理官職爲權。故此後才被『就加真秩』，授以實職。宋戴埴《鼠璞·權行守試》：『本朝職事官，並以寄禄官品高下爲權行守試。侍郎、尚書，始必除權，即真後始除試守行。予考之漢，試守即權也……權字唐始用之。韓愈權知國子博士，三歲爲真。』

⑤ 施：延續，延伸。

⑥ 坐：犯罪；判罪。《舊唐書·徐有功傳》：『季昶鍛鍊成其罪，龐氏當坐斬，有功獨明其無罪。』

後起主文柄①，肇遂冠多士[一四〇]。

李景略 幽州良鄉人。署李懷光幕府。懷光屯咸陽，將襲東渭橋。景略諫不聽，輒痛哭曰：『豈意此軍遂爲不義乎？』遁歸靈武，節度使杜希全表置於府。累轉侍御史、豐州刺史，當回紇通道。前刺史軟柔，每虜使至，與抗禮，景略折②之，虜不敢抗，以父行呼景略。威名顯聞，希全忌之。誣奏，貶袁州司馬。希全死，遷羽林將軍。對延英③論奏，衎衎④有大臣風。

鄧璠 筠州高安人。中和元年，自尚書、江西節度使權知袁州。興崇學校，民樂於從事。有古循吏⑤風。詔令再任。

揭鎮 乾寧二年守袁州。興利除害，惠鮮疲瘵⑥。勸課農桑，財用饒富。增築羅城，浚治濠塹，斂不及民。

杜瑄 天復元年，以司空爲袁州刺史。愛恤疲瘵，自出私帑銀三百兩以寬民賦。

南唐[一四一]

劉仁贍[一四二]字守惠，彭城人。少略通兵書，事南唐爲左監門衛將軍。自黄州刺史遷袁州。曉暢吏事，規畫有方，一新州治。後守壽州，能全節盡忠所事，史爲之立傳。

---

① 文柄：科舉時代考選文士的權柄。宋王讜《唐語林·德行》：『（崔樞）明年登第，竟主文柄，有清名。』

② 折：折服。南朝宋劉義慶《世説新語·輕詆》：『宏自以有才，多好上人，坐上無折之者。』

③ 延英：唐時宫殿名。肅宗時，宰相苗晉卿年老，行動不便，天子特許在延英殿召對，以示優禮。後延英論奏便相沿成爲故事。見《新唐書·苗晉卿傳》。

④ 衎衎：剛直從容的樣子。《列子·仲尼》：『南郭子俄而指子列子之弟子末行者與言，衎衎然若專直而在雄者。』

⑤ 循吏：守法循理的官吏。

⑥ 惠鮮疲瘵：鮮，通『斯』，指示代詞，或認爲意同『於』。瘵，疾病；久病後的虚弱。疲瘵，困乏疲弱之人。《尚書·無逸》：『徽柔懿恭，懷保小民，惠鮮鰥寡。』唐白居易《授武元衡門下侍郎平章事制》：『信及夷貊，恩加疲瘵。』

邊鎬 仕南唐，位司空。保大四年，以定楚功除州刺史。到官，增修城堞。州北廣濟橋，本鄧璠所修，至是水衝毁。鎬造舟爲梁十二，名曰『永濟』。宜春有浮橋自此始。八年，轉檢校司徒，守信州。

韋建〔一四三〕 袁州刺史。清静自處，無所侵撓，郡中大治。既去，百姓思之。

史公銖〔一四四〕 保大十三年，以太保自池州團練使除袁州刺史。政事練習①，吏不能欺。廉明直幹，民皆安堵②。時稱爲『文武兼資』云。

宋

劉茂忠〔一四五〕 安福人。嗣主時授萍鄉制置使。既至，撫輯③士庶，申明法令。步騎練習，械具修整。萍鄉與湖南接境。茂忠嘗獵境上，潭人來抗，茂忠怒，縱兵深入而還。潭帥謀『冬至日，茂忠宴，將吏必不設備』，帥衆來寇。侯騎告急，衆皆色喪。茂忠怡然命間道④設伏，焚絶橋梁。亭午⑤決戰，大破之，殲其帥。後主嘉其功，遷袁州刺史。宋師平江南，吉州刺史申屠令結茂忠以抗命。屬令堅死，茂忠遂釋甲來降。將入朝，自郡府公籍外，餘軍旅科配之牘悉命焚之。袁人賴焉。

王懿 至道三年，以秘書丞守袁州。時州多火災，懿疏李渠以備之。民歌之曰：『李渠塞，王君開，四民惠利絶火

---

① 練習：熟練諳習。宋司馬光《贈衛尉少卿司馬府君墓表》：『駕部君寬厚有守，練習法令，善爲政吏，民不能欺。』
② 安堵：猶言安居。漢陳琳《檄吴將校部曲文》：『百姓安堵，四民反業。』
③ 撫輯：安撫收聚。《明史·孝宗紀》：『夏四月戊寅，刑部侍郎何鑑撫輯荊襄流民。』
④ 間道：亦作『閒道』。偏僻的小路。亦謂取道於偏僻的小路。漢陸賈《楚漢春秋·亞父碎玉鬥》：『沛公脱身鴻門，從間道至軍，張良、韓信乃謁項王。』北魏酈道元《水經注·汾水》：『數十里間道險隘，水左右悉結偏梁閣道，纍石就路，縈帶巖側。』
⑤ 亭午：即正午。清龔自珍《尊隱》：『日之亭午，乃炎炎其光，五色文明。』

災。』未幾，召還。

楊侃 杭州錢塘人。景德三年，由太常博士直集賢院知袁州。侃好古有文行，不妄進取，時以有德君子名之。仕終右諫議大夫、集賢院學士。後避真宗諱，改名大雅，字子正。

袁延慶 天禧三年通判袁州。有能名，刺史李龜從異待之，州務多委决。復舊渠以備火災，立疏泉亭，刻石紀其事。

祖無擇 字擇之。皇祐五年，以太常博士知袁州。自慶曆詔天下立學，十年間徒文具①，無命教之實。無擇首建學宫，置生徒，郡國弦誦之風自此始盛。建韓文公祠，修鄭都官墓（即郡圃），建慶豐堂。又創東湖臺榭，暇日觴詠其間。

李禹卿 字君益。唐宰相吉甫八世孫。自郢州僉判除通判蘇州，移通判袁州（一四六）。會知州翁及死，禹卿哀其貧。適吴人歸職田錢二十萬，立分其半遺及家，僚屬乃亦合錢二十萬以賻②。遷知澤、隨二州。既去，民懷其恩。官至司農少卿。

程師孟 江西轉運使。盜發袁州，州吏爲耳目，久不獲。師孟械吏數輩送獄，盜即成擒。

徐師閔 字聖徒，蘇州人。熙寧十年，以司農少卿知袁州。時江西劇賊詹遇屠戮，列城爲之騷動。袁獨預修武事，具戰艦，號令嚴肅，常若寇至，遇避不敢犯境，袁民歌之。且有瑞粟、嘉禾之異，繪圖以進。爲治鎮静，有惠愛，吏民爲生立祠。轉運蔣之奇薦於朝，部使者第課優等，知洪州王韶皆列奏留再任。尤爲蔣堂、蔡襄所知。

---

① 文具：謂空有條文。《史記·張釋之馮唐列傳》：『且秦以任刀筆之吏，吏争以亟疾苛察相高，然其敝徒文具耳，無惻隱之實。』司馬貞索隱：『謂空具其文而無其實也。』

② 賻：贈送金錢財物以助人治喪。《禮記·檀弓上》：『孔子之衛，遇舊館人之喪，入而哭之哀，出，使子貢説驂而賻之。』

在官自輔臣以下，薦之者幾百人。官至正議大夫、東海郡侯。告老，以中散大夫、普寧郡侯致仕。有以黄白術爲獻，師閔問：『能久乎？』曰：『五十年乃變耳。』師閔曰：『吾平生不妄語，若欺人於五十年後，豈吾心哉！』年八十卒。

鄭民瞻 字叔嚴。紹聖三年知袁州。發奸擿①伏如神。值連歲荒歉，乃量民户口多寡及富民積穀幾何，均數約直以給告糴者。圖四境爲一圖，置之座隅，而間遣人按視，民賴無流亡之患。

李冲元 字元中。廬州舒城人。紹聖中，爲袁州司理。到任，獄訟息，日賦詠自娱。冲元嗜浮屠學。山谷黄庭堅過郡，留與冲元論禪[一四七]。逾月去，爲作《難禪閣銘》。

鄒浩 字志完，晋陵人，元豐進士。元符中，以言事監袁州酒税，責授平江軍司馬、南安軍安置。卒謚忠。

辛炳 字如晦，福州侯官人。宣和二年，繇②殿中侍御史知袁州。興學，喜士，愛民。

孫琪 宣和六年通判袁州。到官未幾，民三罹火災。琪見袁延慶疏泉爲火備，乃治西陂，浚舊渠如故，自爲記[一四八]。

吴安國 麗水人。宣和初太學進士，累遷考功郎中。以太常少卿使金，金人渝盟，拘留欲脅服之。安國毅然不屈，曰：『我首可得，我節不可奪。』金人不敢犯。靖康初，遣還，擢知袁州。

阮閱 建炎初來守。初至，訟牒填委，閱理譬之。不逾旬，民大孚服，插筆之風爲息，乃榜西廳爲『無訟堂』。後致仕，寓居宜春，吟諷自適。

---

① 發奸擿伏：揭露隱蔽的壞人和壞事。舉發隱匿的惡人惡事。形容吏治精明。《資治通鑒・後周世宗顯德六年》：『又勤於爲治，百司簿籍，過目無所忘，發姦擿伏，聰察如神。』

② 繇：古同『由』。自，從。

汪希旦 字周佐。建炎初知袁州。增築城隍，浚治壕塹，修備戰具。去後，賊累逼城，民賴以安。

王仲嶷 字豐甫[一四九]。建炎三年，紅巾賊逼城，仲嶷率衆堅守，親撫士卒，逾月不困。賊知其不可下，遁去。

陳烯 字元光。紹興九年知袁州。慕韓愈爲人，州治立景韓堂，刻《昌黎内外集》於郡齋。尤注意興修學校，教育士類。

黄中 字仲庸，平陽人，登紹興第。歷館閣，累遷起居舍人兼侍講，出知袁州，以右文殿修撰卒。中於學以關洛①爲宗，與朱晦庵往復講論。嘗較藝漕闈②，時學禁方嚴，中發策有云：『平居不以利禄入其心，而培植涵養如木有根、水有源。用之則回既倒之狂瀾，不用則唱和於寂寞之濱，亦足以名世。任此責者，誰歟？』晦庵後見之，曰：『近年若此等議論令人嘆服。』

沈昭遠 字傳耀。紹興十三年，繇户部侍郎出知袁州。舊試貢士皆寄僧舍，昭遠始創貢院。民輸義倉米，吏違法倍斂，昭遠力爲減其半。時四邑歲以羡餘錢米上邑，不下數十萬，昭遠曰：『此非天降地出，無非虐取於民』，盡却之。民皆感悦[一五〇]。

王大寶 字元龜，知袁州。宗丞沈清臣以詆和議忤時相，貶沅，道過袁。大寶曰『吾同年生也』，留之數日。僚吏白『恐觸丞相怒』，大寶不爲動。嘗進《詩書易解》，高宗謂執政曰：『大寶留意經術，其書甚可采。』時經筵闕官，遂除崇政殿説書。

曾伋 字彦思。紹興三十年來知袁州。悉意愛民。隆興初，元有旨『江西和糴百萬，轉輸丹陽』③，伋奏不可，朝

---

① 關洛：指宋代理學的兩個主要學派的代表人物，關中的張載和洛陽二程（程顥和程頤）。

② 較藝漕闈：謂參加漕試考試。較藝，競争技藝；漕闈，漕試試場。

③ 『元有旨』句：元，『原』的古字。本來；原來。三國魏嵇康《琴賦》序：『推其所由，似元不解音聲。』和糴：古時官府以議價交易爲名向民間强制徵購糧食。始於北魏。

廷從之。袁得免和糴，伋之惠也。

陳騤 臨海人。紹興中，試春官①第一。累官將作少監，歷知贛、秀、太平、袁州。光宗時，爲吏部侍郎兼侍講。應詔疏三十條，皆切時病。歷參知政事。卒，贈少傅，謚文簡。

胡時 字伯止，樂清人。師事止齋陳傅良，盡得伊洛之學②。操履③有守。登乾道第，授迪功郎、袁州教授。風姿粹美。初得第，權貴欲以女妻之，且示以奩具之盛，時辭曰：『老姑家貧，曾以女許嫁，不敢背約。』遂歸娶之。

張杓 字定叟，忠獻魏公之次子。典州日年甫三十餘，發奸擿伏，政稱神明。崇尚儒雅，修郡學明倫堂、稽古閣。伯兄栻嘗來袁州，爲記新學。官至兵部尚書、端明殿學士。

汪應辰 通判袁州。凡所予奪，人無異詞。始至，或以其書生易之，已乃知吏師所不能及。

曹訓 字子序。自贛移知袁。奉法鋤奸戢吏。總倉二司委郡和糴，訓曰：『袁免和糴舊④矣。一旦開病民之端，訓之罪也。』祈懇切至，竟得免。將滿，除直秘閣，知閬州。

徐傅 字宗說。倅太府，以稱職聞。知袁州，慈祥廉介，節用愛人。漕臺下令和糴，傅摹曾、曹二公《免糴記》具請，漕不復强。

李訦 字誠之。自黃州滿守宜春。燭事⑤無遁情而行之以恕，正俸外一毫不取。儲粟二萬碩以待荒歉，名『州濟

---

① 春官：唐光宅年間，曾改禮部爲春官，后『春官』遂爲禮部的别稱。《（嘉慶）袁州府志》卷二十四『陳騤』條正作『禮部第一』。

② 伊洛之學：指宋代二程（程顥、程頤）的理學。程氏兄弟爲洛陽人，講學於伊洛之間，故稱。

③ 操履：操守。《明史·顧佐傳》：『佐孝友，操履清白，性嚴毅。』

④ 舊：長久。《漢書·雋不疑傳》：『竊伏海瀕，聞暴公子威名舊矣，今乃承顏接辭。』

⑤ 燭事：明察事理。燭：明察；洞悉。

倉』。官至户部侍郎、寶謨閣待制，帥廣西。

丘何 字漢規，瑞安人。監進奏院，遷太府簿。時方詆道學，世以道爲諱，何獨奏疏論《中庸》及《皇極》偏黨之義，語意懇切。慶元丁巳，將有事南郊，太常闕卿丞肄儀①，宰相以何名聞，遂攝卿行禮。自受誓②至飲福，細大無違，名聲驟起。方將超擢而不肯謁當路③，積二年出知袁州，卒。

李時中 字守正。由軍器監丞知袁州。悃愊無華④，慈祥廉介。秩將滿，除提舉廣東監事。去之日，書所得俸，白之於仰山神曰：『此外無一毫他取，神其鑒之。』其刻勵⑤如此。

羅克開 字達甫，吉州龍泉人。乾道八年進士。累遷大理正，知袁州事。至，立斷無留滯。洞寇李元勵猖獗，爲檄交馳。克開靖以安之，民不驚擾。開禧兵役猝起，方取常平⑥啖邊軍，廣和糴以續饋⑦。公出郡錢移於鄰境，常平獨完。又上言袁無藏粟，俵户停炊，洶洶無告，和糴亦免。善政爲一時冠。嘗自詠曰：『撫摩二字圭三復，

---

① 肄儀：古代王者因事舉行祭祀，按例都要先預習威儀，謂之『肄儀』。《周禮·春官·小宗伯》：『凡王之會同、軍旅、甸役之禱祠，肄儀爲位。』

② 受誓：謂祭祀之前，先申儆戒。《唐律疏議·職制·大祀不預申期》『受誓誡』元王元亮釋文：『受誓，謂未行祭祀，先申儆戒也。自太子諸王皆受誓。』飲福：古禮。祭祀完畢飲食供神的酒肉，以求神賜福。

③ 『方將』句：超擢，升遷，越級升遷。唐元結《辭監察御史表》：『聖私殊甚，特加超擢。』當路，掌握政權的人；當權者。宋陳亮《庶弟昭甫墓誌銘》：『疇昔之年，當路欲置我於死地，病餘而繼以囚繫。』

④ 悃愊無華：誠樸而不浮華。悃愊：至誠。《漢書·劉向傳》：『論議正直，秉心有常，發憤悃愊，信有憂國之心。』顏師古注：『悃愊，至誠也。』

⑤ 刻勵：刻苦勤勉。宋曾鞏《故翰林侍讀學士錢公墓誌銘》：『刻勵就學，並日夜，忘寢食。』此處似當作『刻厲』，謂對自己要求苛刻嚴厲。明方孝孺《題周氏文後》：『寬裕有容者，譽人多過其實；刻厲疾惡者，取人多喪其真。』

⑥ 常平：古代一種調節米價的方法。筑倉儲穀，穀賤時增價而糴，穀貴時減價而糶。漢宣帝時耿壽昌首創。此指常平倉。啖：給（某人）吃。

⑦ 續饋：補充（輸邊的）糧食。饋：輸送糧食。

公直一生衡不欺。①』可以見其志矣。

戚如琥 金華人。從吕東萊游，篤於修齊②之道。累遷國子博士，改知袁州，政績大著。甫受代而卒，門人私謚『貞白先生』。

李觀 由太常博士知袁州。明敏廉介，不可干以私。後除提舉本路常平茶鹽。

鄭自誠 字性之。戊辰廷試第一。著作佐郎，知袁州。政先撫字③，賙恤④困急。去之日，民攀轅塞途。

滕强恕 字仁伯。由宗正少卿守袁州。以節用愛人爲本，造平政橋，置州儲倉，惠政頗多。秩滿，除江西漕。

王棟 字子東，丞相文正公淮之子。由司農少卿出守袁州。政尚簡静而馭吏以嚴，人不敢玩⑤。秩滿，改知泉州。

張洽 嘉定間袁州司理參軍。有盗黠甚，辭不能折。會獄有兄弟争財者，洽諭以全手足之愛，辭氣懇切。訟者感悟，盗聞之自伏。

朱貔孫 字興甫，浮梁人。度宗時以華文閣學士知袁州。至郡，宣布⑥德義，興學勸士，尤以戢暴禁貪爲先務。郡

---

①『撫摩』句：撫摩，安撫。《宋史·理宗紀四》：『輕徭薄賦，一意撫摩，恤軍勞民，庶底興復。』圭，古代帝王諸侯朝聘、祭祀、喪葬等舉行隆重儀式時所用的玉制禮器。長條形，上尖下方。其名稱，大小因爵位及用途不同而異。復圭，謂復職。明楊慎《藝林伐山·留圭復圭》：『《易》曰：「告公用圭。」古者，諸侯朝於天子，五玉輯瑞，此用圭之制也。《尚書大傳》有留圭、復圭。留圭，如今之奪爵貶秩。無過行者，復其圭；能改過者，復其圭，如今之復職也。』此言『圭三復』，即多次復職之意。

②修齊：謂修身齊家。

③撫字：安撫體恤平民百姓。《西湖佳話·白堤政迹》：『立朝則盡言得失，守邦則撫字萬民。』

④賙恤：周濟救助。《金史·雷淵傳》：『不迎送賓客，人皆以爲倨。其友商衡每爲辯之，且賙恤焉。』

⑤玩：輕慢，刁頑。明何景明《法行篇》：『夫法清則政寬而人威，法亂則政煩而人玩。』

⑥宣布：大力宣揚，廣爲宣傳。《後漢書·李恂傳》：『（李恂）後拜侍御史，持節使幽州，宣布恩德，慰撫北狄。』

倉受租，舊倚斛面取贏①，吏加漁取②。貔孫知其弊，悉榜除之。許民自槪量，宿弊頓革。升敷文閣學士、知福州、福建安撫使。未幾，卒於袁之郡治。

趙鋑夫 字仲禮。嘉定間知袁州。待士恤民，一出於誠。理宗嘗問廉吏，真德秀以鋑夫對，首賜御札褒寵，除直秘閣，爲湖南憲。

曹叔遠 字器遠，瑞安人。少學於陳傅良，年十九以《春秋》魁鄉薦③，登紹興第。久之，李璧薦爲國子録。忤韓侂胄，罷通判涪州，守遂寧。營卒莫簡倡亂，入遂境，輒戢④其徒，無肆暴，曰：『此江南好官員也。』入朝爲工部郎。寶慶間出知袁州，減秋苗斛面米七千四百餘斛，浚李渠，興學校，懲嚚訟，邦稱大治。以太常卿召除權禮部郎中，終徽猷閣待制，謚文肅。

衛湜 字正叔，蘇州人。好古博學。嘗集《禮記》諸家傳注爲一百六十卷，名曰《禮記集説》，寶慶二年上之。仕終朝散大夫、直寶謨閣、知袁州。學者稱爲櫟齋先生。

葉夢鼎 字鎮之，寧海人。淳祐中知袁州。轉運司和糴米三萬斛，夢鼎言：『袁山多田少，朝廷免和糴已百年。自今開之，百姓有無窮之怨。』從之。又毁萬載旗甫村〔一五一〕淫祠，塞其妖。

趙逢龍 字應甫，鄞縣人。知袁州，日具蔬飯坐公署，事至即面决遣。爲政務寬恕，撫諭⑤惻怛一以天理民彝爲

---

① 贏：盈餘，收支相抵後有餘的財物。

② 漁取：侵奪占取。《新唐書·魏謩傳》：『恤宗女之幼，不爲漁取。』

③ 鄉薦：唐宋應試進士，由州縣薦舉，稱爲『鄉薦』。

④ 戢：約束。《北史·隋紀上·文帝》：『兵可立威，不可不戢；刑可助化，不可專行。』

⑤ 『撫諭』句：撫諭，亦作『撫喻』。安撫曉喻。唐顔真卿《容州都督元君表墓碑銘》：『容府自艱虞以來，所管皆固拒山谷，君單軍入洞，親自撫諭，六旬而收復八州。』惻怛，惻隱；憐憫。宋葉適《樂清縣學三賢祠堂記》：『賈公惻怛長者，惠貧恤孤。』民彝：人倫，舊指人與人之間相處的倫理道德準則。《書·康誥》：『天惟與我民彝大泯亂。』孔傳：『天與我民五常，使父義、母慈、兄友、弟恭、子孝，而廢棄不行，是大滅亂天道。』

言，民是以不忍欺。

程公許 字季與，一字希潁，叙州宣化人。淳祐間以直寶謨閣知袁州。請蠲和糴之半。改命郡吏部總所綱運而厚其資，免募平民，民甚便之。新周敦頤祠，葺張栻書院，聘宿儒胡安之爲諸生講説。

潘傳 字才甫，四明人。寶慶初通判袁州，攝州事。聽斷精明，風采振厲①。庭無留訟，吏不能欺。其待士尤加意。

徐琢 字文之，嚴陵人。紹興間通判袁州。值歲歉，極力賑濟，全活甚衆。民深德之，爲立生祠。

方岳 字巨山，祁門人。景定間知袁州。新橋梁及城門，爲大役。後邕廣連兵出湖湘，旁江西而北，袁有城可恃者，岳力也。

程元白 中山博野人。太平興國初以明經中第，爲贛縣尉、上蔡主簿，擢宜春令。居官有惠愛，不求名譽。後以子琳貴，累贈太師、中書令。

張補之 治平間知宜春縣。政尚仁愛，民懷其德。邑人朱景陽作詩榜於道頌之。

胡安老 建安人。紹興三十年宰宜春。政先撫字，不爲鈎距②。民安樂之，爲立生祠。

柯春卿 三山人。宰宜春。吏事精明，剖决不倦，太守張杓雅器重之。遷邑庠秀江之北。其後倅天府〔一五二〕，亦有能聲。

薛紹 字承之，永壽人。登乾道第。知宜春縣，有治聲。守貞、和二州。歷官直秘閣，卒。

---

① 振厲：凌厲；迅猛。三國魏阮籍《東平賦》：「雲電相干，長風振厲，蕭條太原。」

② 鈎距：亦作「鉤鉅」。機謀。輾轉推問，究得情實。《舊五代史·晉書·安重榮傳》：「惟重榮自能鈎距，凡有争訟，多廷辯之。」

趙師虙 字學古，受業晦庵先生之門。淳熙間，知宜春縣。逋賦浩穰①，師虙用心撫字，催科不苛。遇貧病者輒收撫之，過客之資皆輟②己俸爲之備。及卒，衣衾不能具。

狄棐 字輔之，潭州長沙人，舉進士甲科。以大理評事知分宜縣。歷開封司録，通判益州。爲政愷悌③，不爲表襮④。死之日，家無餘資。《宋史》有傳。

郎簡 字叔廉，杭州臨安人。爲隨州觀察推官，丁憂服除，引對，真宗曰：『簡歷官寡過，而無一人薦，是必恬於進者。』特改秘書省著作佐郎，知分宜，徙知竇州，仕至尚書工部侍郎致仕。《宋史》有傳。

王揆 著作佐郎，知分宜縣。景祐丙子夏大雨水，公宇民舍墊溺⑤。揆修葺廨舍，建大門長樓，不忍一毫斂之民。規畫財用，市材傭工，旬月而工備。民懷其德。

謝諤 字昌國，新喻人。淳熙元年知分宜縣。縣積負郡錢數十萬，歲常賦外，又徵緡錢三萬餘。諤疏其弊於諸監司，請免之。

許及之 字深甫，永嘉人。淳熙七年知分宜縣。未赴任，以本縣積欠錢十七萬緡白之廟堂，皆得蠲免。後歷通顯，猶惓惓⑥舊治，奏蠲減月椿⑦，賴其力焉。

---

①『逋賦』句：逋，拖欠；拖欠的賦税債務。浩穰：衆多；繁多。《漢書·張敞傳》：『京兆典京師，長安中浩穰，於三輔尤爲劇。』顔師古注：『浩，大也。穰，盛也。言人衆之多也。』

②輟：通『掇』。輟俸，取出俸禄。宋葉紹翁《四朝聞見録·洛學》：『文忠（真文忠）嘗出其副示予，相與嘆息，公輟俸命書市刻之。』

③愷悌：亦作『愷弟』『豈弟』。和樂平易。《左傳·僖公十二年》：『《詩》曰：「愷悌君子，神所勞矣。」』杜預注：『愷，樂也；悌，易也。』

④表襮：亦作『表暴』。自炫。唐韓愈《南海神廟碑》：『（孔戣）治人以明，事神以誠，内外單盡，不爲表襮。』

⑤墊溺：淹入水中。《金史·康元弼傳》：『大定二十七年，河决曹濮間，瀕水者多墊溺。』

⑥惓惓：念念不忘；關心牽掛。宋王安石《奉酬許承權》詩：『三秋不見每惓惓，握手山林復悵然。』

⑦月椿：指月椿錢。南宋爲支應軍餉而加徵的税款名目，因係計月椿辦錢物，故稱。又『椿科』，指正項賦税外增加的税。

張錫 字貺之，漢陽人。大中元年甲科，試秘書省校書郎、知南昌縣，遷萍鄉令。爲人清方①敏默，爲善不倦而常晦斂，不欲人知。歷翰林侍讀學士、右諫議大夫，贈工部侍郎。

唐謨 熙寧初，以寺丞出知萍鄉。下車，修鄉校，訪儒者，親執筆〔一五三〕講說。學池中生瑞蓮，是歲郡貢士四人而萍鄉居其三。

張希顏 景德間知萍鄉縣。驛傳橋道皆修葺，野無惰農，肆無賭博，市易不喧，夜中更鼓分明。殿直范延賞〔一五四〕言於張詠，薦之朝。

黄大臨〔一五五〕字元明，洪州雙井人〔一五六〕，山谷庭堅之兄。紹聖中知萍鄉，爲良宰。山谷嘗來省焉。

孫逢吉 龍泉人。隆興初進士，知萍鄉縣。紹熙初爲右正言，累遷吏部侍郎。時朱熹在講筵，持論切直。小人潛激上怒，逢吉謂：「熹所言皆正，願留之以重經幄②。」後以忤韓侂胄，出知太平州。丐祠③，卒謚獻簡。

何異 字同叔，臨川人。淳熙間知萍鄉縣。政尚慈恕，博訪儒雅，聽訟得情而歸於恕。丞相周必大、參政留正以院轄擬異，孝宗問「有無列薦」，正等以萍鄉政績對，乃遷國子監主簿，後仕至工部尚書。

潘友文 淳熙間爲萍鄉縣尉。值歲饑，賑濟有方，民德焉。已而諭邑士鍾咏輩立社倉爲經久計，朱文公記之。

周敦頤 字茂叔，濂溪先生。慶曆間爲分寧縣簿。嘗被臺④檄攝萍鄉、盧溪市徵局。袁進士講學於門者甚衆。

---

① 清方：廉潔正直。宋歐陽修《跋李西臺書》：「李公爲人端重清方，爲當時所重。」

② 經幄：猶經筵。漢唐以來帝王爲講論經史而特設的御前講席。宋代開始稱經筵。元明清三代沿襲此制，而明代尤爲重視。

③ 丐祠：請求奉祠。宋制，五品以上官員，不堪任事，或年老退休，多充任宮觀使、提舉、提點、主管宮觀等閑職，無職事，但領薪俸，叫「奉祠」。參見邱樹森主編《中國歷代職官辭典》。宋周密《齊東野語·趙伯美》：「未幾，以病丐祠，有旨轉一官，別與差遣。」

④ 臺：古代中央政府的官署，一般指御史臺。

徐昇[一五七]紹興三年知萬載縣。時江南以金兵連年，生靈凋瘵①，縣治焚毀，昇乃乞師以靖凶殘，重建縣治，民賴以安。

祝勛　三衢人。淳熙四年宣教郎，知萬載。時儒學舊址以監市②居之，而學官生徒皆寓古寺，勛乃復舊址建學。

錢文　崇德人，乾道進士。尉當塗，捕販私茶數十輩。法當進秩，文辭不願以爲績，郡守奇之。後歷知萬載縣及循州，克著能聲。卒，官至朝奉大夫。

王僎　紹興人。嘉泰二年令萬載。發豪民易谷梁之罪，逮赴詔獄③，奸猾④屏迹。

林景達　嘉定六年知萬載縣[一五八]。感民以誠，民不忍欺。其卒也，百姓甚哀悼之。

冷應徵　字公定，隆興分寧人。寶慶間知萬載縣。大修學舍，招俊秀治業，旌其通經飭行者以勸。歲歉，棄孩滿道，乃下令恣民收養所棄，父母不得復問，全活甚衆。葉夢鼎[一五九]列其行事，風厲⑤餘邑。《宋史》有傳。

元

張宗顏　字子愚。路總管。治政廉明，就任，擢爲九江茶鹽使。

---

① 凋瘵：衰敗；困乏。唐白居易《忠州刺史謝上表》：「下安凋瘵，上副憂勤，未死之間，斯展微效。」宋蘇軾《賀提刑馬宣德啓》：「匪惟凋瘵之獲蘇，抑亦庸虚之知勉。」

② 監市：管理市場的牙人。

③ 詔獄：關押欽犯的監獄。

④ 奸猾：奸詐狡猾的人。亦作「奸滑」。《史記·魏其武安侯列傳》：「丞相亦言灌夫通奸猾，侵細民，家累巨萬。」

⑤ 風厲：鼓勵；勸勉。風，通「諷」。宋蘇軾《〈六一居士集〉叙》：「賴天子明聖，詔修取士法，風厲學者專治孔氏，黜異端，然後風俗一變。」

嚴仲毅 字伯威。路經歷。興舉學校，增修夫子廟，創建尊經閣並南軒書院藏書閣。

別速堅 路達魯花赤。至正壬辰九月，歐普祥兵圍城，城中固守。明年十一月，食盡城陷，速堅與同知孫嗣遠被執。不屈，皆遇害。知事程鵬翼，字九萬，自焚死。同時，宜春簿周子忠被執，亦死焉。

吉天祐 元貞元年知萍鄉州。撫字有方，不尚苛細，政平訟簡，民安之。

脱脱 至正間同知萍鄉州事。剛勇果敢。壬辰，蘄黃紅巾歐普祥率衆由湖南醴陵至縣黃花渡，脱脱集義民拒戰，死之。

大明

朱守仁 徐州人。乙巳年八月來守郡，時新設郡治。守仁德政廉勤，撫字有方，升四川右布政使。未幾，召拜太僕寺卿。

孫養浩，同知；**蔡廷琇**，通判。俱乙巳年任，二人皆政治有聲。養浩徵赴部，廷琇升臨江府知府。

劉伯起 洪武初知府。興學戢吏，清介①正直。任內召還。

周鐸 鄆城人。永樂中知府事。剛毅正直，廉潔有爲。興學校，革奸弊，郡人悦服。後卒於官。

林暄 仁和人。太學生，授常熟縣丞。守身廉潔，綜事勤公。永樂五年，以求賢升通判袁州。

姚文 嘉興人。正統間知慶遠府，移知袁州府事。廉正有威，吏不敢欺。興利除害，民皆稱便。卒於官，囊橐蕭然②。

---

① 清介：清正耿直。三國魏劉劭《人物志·體别》：「清介廉潔，節在儉固，失在拘扃。」

② 囊橐：行李財物。蕭然：虚空。唐白行簡《李娃傳》：「及旦，盡徙其囊橐，因家於李之第。」

陳全 宜興人。正統間推官。廉平明允，治獄無冤。升監察御史。

王矩 平陽人。景泰二年知府。政尚寬愛，訟平務簡。以憂去，民思慕之。

劉懋 永平人。舉鄉貢。南京户部員外郎，知府事。清慎得民心。

常顯 山西榆社人。舉進士，授南京刑科給事中。成化八年，擢守郡。性穎利①，有風幹②。修郡學，政績顯著。仕至河南左布政使。

莫昂 吴江人。由鄉貢，成化間授府同知。文學優贍③，訓迪生徒多所成立④。以病乞歸，囊槖蕭然。李純，臨桂人；陳碁，清苑人，皆同知。純有冰蘗⑤聲，致仕去。碁剛直，吏不能欺，卒於官。

王俊 字世英，閩縣人。舉進士，改翰林庶吉士，歷户部員外郎，知府事。矜嚴善爲容⑥，神采英毅，政令明肅，吏民畏憚之。勢家武斷⑦，痛繩以法，郡中稱治。大新廟學，規構鴻侈⑧。諸生程課，常自稽閲。九載，秩滿去。升廣東參政，卒。

① 穎利：聰慧敏鋭。亦作『潁利』。唐崔嘏《授盧懿吏部郎中制》：『自非神機穎利，識用周密，則不得備於斯選也。』

② 風幹：風骨和才幹。《新唐書·卓行傳·司空圖》：『父輿，有風幹。』

③ 文學句：文學，文才；才學。宋王讜《唐語林·補遺三》：『德裕雖丞相子，文學過人。』優贍，淵博豐富。南朝梁簡文帝《與湘東王論王規令》：『文辨縱横，才學優贍。』

④ 『訓迪』句：訓迪，教誨；啓迪。宋周煇《清波雜誌》卷八：『前哲訓迪後進，拳拳如此，爲後進者，得不服膺而書紳！』成立：成長。元劉祁《歸潛志》卷八：『屏山在世，一時才士皆趨嚮之。至於趙所成立者甚少。』

⑤ 冰蘗：亦作『冰蘖』。喻寒苦而有操守。明宋濂《徐貞婦鄭氏傳》：『爾居官宜冰蘗自守。禄或不給，則售此用之。』

⑥ 爲容：修飾容貌。《詩經·衛風·伯兮》：『豈無膏沐，誰適爲容？』

⑦ 武斷：以威勢妄斷是非、胡作非爲。唐元稹《授劉悟昭義軍節度使制》：『州里行信讓之風，鄉曲除武斷之患。』

⑧ 鴻侈：宏大。《新唐書·封倫傳》：『素營仁壽宫，表爲土功監，規構鴻侈。』

童柷　字勉和，蘭溪人。舉進士，授工科給事中。以言事謫官，起知青州，補袁州。寬簡不擾。卒於官。

趙中　字允中，懷寧人。國初知萬載縣。時紅巾殘毁之後，民尚轉徙，不遑寧居。中勞來還定，未幾，悉復縣郭。居民初不滿百户，後致六七百户，遂置七坊。厢、縣廳、譙樓、廟學，皆中所建。

張仁　黄州人。國初知分宜縣。開創縣治，不勞力而事集，百姓德之。

仲時舉　洪武元年知宜春縣。開建縣治，施政〔一六〇〕有方，民咸安之。

趙彛　洪武三年知萍鄉縣。招流亡，撫孤弱。建公宇百餘間，民不知勞。其建置設施條理精緻，人至今稱之。

李順英　陝西人。洪武辛亥知萍鄉縣。改建儒學，作興①士類，民安其化。

賈志通　淮安人。洪武壬子知萬載縣。爲政愷悌，民懷其惠。先是，知縣趙中建廟學未備，志通至，遂捐己俸，勸帥邑人協力成之。庠士課程，躬自稽督。以秩滿去。

戴備訥　西安人。洪武六年知分宜縣。公勤廉慎。興學校，新橋梁、祠廟。使民以時。秩滿去，百姓追思焉。

陳繼宗　常州人。洪武三十年知分宜縣。撫字有恩，民懷其德。升吏部郎中。

束清　丹徒人。洪武甲戌由人才知萬載縣。性廉介，儉以自奉。民或逋租，自鬻衣帶以代償。其愛民如此。

舒仲誠　貴池人。洪武三十五年由太學生知萬載縣。爲政嚴明，處斷平允。小民逋逃，勸令富室貸以種糧、農具，僦②以房舍，勿收其息，遠近翕然還業。嘗朔旦謁廟，有民婦燈晨績者，賚以米布。民聞，樂趨生事③。擢湖廣按察司僉事。

---

① 作興：器重；抬舉。《儒林外史》第四九回：『只因上年國子監裏有一位虞博士，着實作興這幾個人。』

② 僦：租賃。

③ 生事：生計。元辛文房《唐才子傳·孟郊》：『郊拙於生事，一貧徹骨。』

蔡冑 四明人。永樂六年由進士知宜春縣。德政寬恕而民自化。以憂去。

張迪 鳳翔府人。永樂間進士，分宜縣丞。以儒學飾吏事，德化慈仁。丁憂去。

何正 武城人。永樂六年知萍鄉縣。值鄰寇李法良作亂湘潭醴陵間，正導袁軍討平之。又築斂陂灌田數十頃〔一六一〕。民爲歌曰『寇至侯禦之，民饑侯食之』，至今頌焉。

汪悠久 餘姚人，太學生。宣德四年知萬載。法制嚴整，洞察隱微。先是，邑逋賦有至六七年者，民逋逃過半。悠久爲奏免，始各安業。縣治、分司、學校、祠廟皆爲新之，壇樹皆其所種。

江慶 開化人。宣德七年知宜春。勤於吏事，修舉廢墜。升知州。

周瑛 嘉定人。太學生。正統初知分宜縣。先是，本縣糧額每畝科米一斗六升，民多逋租。瑛爲疏，准每畝比例止納本色米五升三合，餘折銀布輕賫。民至今德之。

李璨 福清人，進士。正統六年知萬載。寬猛得宜，獄訟屢空。朔望詣學謁廟，勉勵諸生，蠲其徭役①，士翕然知學。御史韓雍以廉能薦之，升衡州通判。

吴江 直隸宣城人，太學生。景泰二年知分宜縣。興學勸農，抑暴植良，民戴之如父母。都御史韓雍以江才可理劇②疏，調吉之安福〔一六二〕，民留之弗得。

吴瑞 山陽人，舉進士。景泰七年知分宜縣。到任盡革積弊，門不設監鑰而請托私謁無一敢至。税糧申派、折色歲派均里甲銀兩。詞訟不遣卒，令投牒者自拘攝，民至無敢後。決以片言，莫不帖服。天順六年，召爲監察御史。

---

① 蠲：免除。

② 理劇：猶治劇，指處理繁重難辨的事務。《後漢書·趙憙傳》：『荊州牧奏憙才任理劇，詔以爲平林侯相。』

邢廷禎 金華人。舉賢良方正，任廣州經歷。成化初，擢知萬載縣。識見明敏，用法平恕，民之煢獨①貧苦者尤加恤焉。

黄珙 永興人。舉進士，知萬載縣。嚴明有治聲，升刑部主事。仕至江西按察司僉事，卒。

莫立之 字斯立，錢塘人。舉進士，知分宜縣。以寬恕稱，遇民有恩意。修學宫、城隍、倉、清源橋。召爲監察御史，仕至四川按察司副使。

郭紘 臨海人，成化辛丑進士。知宜春縣。廉明有威，吏不敢欺。廢墜多所振舉。擢南京監察御史，累官參政。

曹忠 字原孝，江陰人。舉進士，弘治初知分宜縣。機悟融敏。新縣署、使館、衢道，百廢修舉，民不知勞而事集。興崇學校，薦寵②士類。部使交薦其能。以外艱③去。仕至工部郎中。卒，民愛而思之。

吴蘭 字佩之，崑山人。舉進士，授分宜知縣。蘭宅心仁厚，性操廉謹。故事④：徵税歲有火耗銀⑤，吏白令所當得。蘭不受，爲市穀，置萬石倉以賑濟。糧長暴徵，民加耗銀，蘭知其弊，召民即縣廡下秤收，使得自達，宿弊頓革。邑火燔民舍，及大水爲沴，憂見言面。考績去，擢南京監察御史，卒。

應昌 仙居人。以吏授分宜典史。居官不挈家累，弊衣惡食，以清苦稱。

張時孜 鄞縣人，進士。知萍鄉縣。律身勤慎，門無私謁。治官如家，旦起視事至夜分不輟，食寢爲廢。坐劬⑥劇

---

① 煢獨：孤獨無依。《書·洪範》：「無虐煢獨，而畏高明。」
② 薦寵：推薦愛護。《史記·魏其武安侯列傳》：「稠人廣衆，薦寵下輩。士亦以此多之。」
③ 外艱：舊時指父喪或承重祖父之喪。母喪稱内艱。
④ 故事：先例。舊日的典章制度。《漢書·劉向傳》：「宣帝循武帝故事，招名儒俊材置左右。」
⑤ 火耗銀：原指鑄造錢幣時的損耗，明清時指賦税正項之外加徵的税額。
⑥ 劬：勞苦。

致疾。歲入覲，卒京師寓舍，邑民憐之。

韓憲 蕭山人。由鄉貢知萬載。有治劇才。性剛果，嫉豪右，欲痛懲艾①之。會得疾，卒於官。

陳定，山陰人；林士俊，晋江人，皆郡學訓導。定有文行，勤訓迪，名士多出其門，子三人亦相繼登第。累應聘，典②文衡，升分宜教諭。士俊優經學，善教，人樂從之，後升永州通判。

徐澤，常熟人；林禎，莆田人，皆宜春學教諭。澤能文章，著《禦虜安邊策》一篇。禎勤教，出俸資爲諸生膏火費，卒於官。

李藩，南寧人，分宜學教諭。朱憲，山陰人，萬載學教諭。藩純謹寡言，持身不苟。憲端實，勤訓迪，士論皆賢之。

武勛

歐祥 一名普祥。初事天完帝徐壽輝爲將。至正壬辰，祥陷袁州，壽輝以祥統兵守禦其地。庚子五月，陳友諒弑壽輝，僭稱帝。祥屬焉，然耻友諒所爲，不樂爲用。辛丑八月，太祖帥師討友諒，拔江州僞都，友諒挈妻子奔武昌。既而友諒守南昌。祥以王師威震，豪俊傾心，潛識天命有在，遣使以其地降。壬寅正月，車駕③至南昌，祥

---

① 懲艾：懲治。《東觀漢記·明帝紀》：『陛下至明，懲艾酷吏，視人如赤子。』

② 典：執掌，主持。文衡：判定文章高下以取士的權力。

③ 車駕：帝王所乘坐的車，亦用以代稱帝王。宋陸游《老學庵筆記》卷四：『趙正夫丞相薨，車駕臨幸。』

率衆來見。上嘉其誠，封袁國公，俾仍守舊鎮，加兵權，預①征討。尋②率師取撫州等郡，又從克平武昌。甲辰三月，上遣使以書諭祥及江西守將鄧愈，曰：『贛州熊天瑞壬寅年納款投降，請受賞賜，不期③背違初言，輕擾地方，理宜聲討，安靖人民。今命袁國公將劉右丞、黄參政、陶參政、小劉僉院、永新周同僉等軍馬盡數調遣，委自平章歐文廣親行統領，會合龍泉平章彭時中、廣信元帥葛俊等各部軍齊足，悉聽總兵官鄧愈節制，攻討贛州。』愈等如制奉行。未幾，贛州平。是時，江右郡縣多反叛，祥與黄參政從王師討之，多預有功。

黄彬 不詳其邑里。當元季奮起，以兵從徐壽輝攻略。歲壬辰，壽輝遣歐祥陷袁州，遂命守禦，以彬爲副將。庚子，陳友諒弑壽輝，僭號④。凡壽輝所部將士，咸受節制，彬亦屬焉。然醜友諒所行，不樂爲之用。辛丑八月，太祖親征友諒，拔江州僞都。友諒奔武昌，一時江右爲陳氏守土者各具書來納款。壬寅正月，車駕至南昌，胡美等迎謁。於是，彬知天命，即率衆來降。上嘉其誠，授江西等處中書省參知政事，握兵從征。是年，取新淦，討康泰、祝宗，克復南昌，削平永新周安山寨，復同趙將軍攻拔兩山八陣指揮。時江右初附，觀望未決，往往復有叛者，皆率兵討平之。癸卯四月，友諒罄舉國兵圍南昌三月，守臣告急。七月，上帥彬及諸將往援，遇寇兵於鄱陽湖，大戰康郎山，連勝之。相持凡月餘，友諒竟敗死，其子理復奔武昌自立。甲辰二月，攻克武昌，江漢諸郡皆響附⑤。以功進階中奉大夫。贛州熊天瑞負固恣肆，三月，上以書諭江西守將鄧愈及袁國公歐祥將彬等往討。彬既受約束，戒嚴所部，人百其勇，所過吉安以南山寨相宜剿捕。兵至贛州，天瑞畏威，不敢戰。圍

---

① 預：參加；參與。

② 尋：不久；隨即。

③ 不期：不意；不料。元王實甫《西廂記》第二本第二折：『不期有賊將孫飛虎，領兵半萬，欲劫故臣崔相國之女。』

④ 僭號：冒用帝王的稱號。《三國演義》第九八回：『孫權不久必將僭號稱尊，如稱尊號，恐陛下伐之，定先入寇也，臣故欲以兵待之。』

⑤ 響附：響應歸附。《舊唐書·韋弘景傳》：『虞卿多朋游，人多響附之。』

既久，勢窮蹙①，計無所出。乙巳正月，以城降，贛州平。彬禆益之功爲多。丙午丁未，連鎮行省。洪武元年六月，上聞江西諸山寨逋卒多逃竄爲民患，詔彬統所部兵移鎮袁州以招集之。彬至，下令有能來歸，願從軍者聽其補伍，願還農者放免復業，皆給糧以資。由是，遠近聞風來者不可勝計，置袁州衛以隸之。二年十二月，大賞守禦有功，賜白金文幣。三年十一月，大封功臣，授開國輔運推誠宣力武臣、榮禄大夫、柱國，封宜春侯，食禄九百石，賜鐵券，仍賜文綺及帛二十匹。詔以贛州上猶縣山寇作亂，領兵討捕之。十一年春，北邊有警，詔與湯和率步騎駐臨清操備。未幾，召還。後數年卒。

韋富 湖廣黄岡人，歐祥部屬。歸附後，授袁州衛千户，尋升本衛指揮僉事。衛治創建多其績。洪武二年，以擒宋赤脚功升指揮同知。九年，調遼東金州。

石原 鳳陽定遠人。國初從軍渡江，授岳州衛百户，尋升襄陽千户。洪武十七年，以征雲南功升袁州衛指揮僉事。前後征廣、雲南，俘馘②甚衆。以疾卒。子玉襲，升指揮使。玉子偉通大義，不拘小節，存恤士卒，芟强植弱，境内鎮静③。尤樂事詩書，以文濟武。名所居堂曰『思勲』。

邵昱 合肥人。父富國初從渡江，以勛累進京衛指揮。既老，昱代之，授袁州衛中所千户。常領軍從征湖南及兩廣蠻洞，勛績偉著。一日，太祖皇帝念富父子忠勛之盛，同召至京，特進階爲袁州衛指揮使，俾掌纛烏。富對：『有故人石原子玉，見僉衛事④，子昱舊居其屬，未可列其右也。』上嘉其有古人遺讓之風，遂升石爲指揮使而邵爲指揮同知，皆世襲焉。昱從子通襲其職，居官不刻，軍士德之。

---

① 窮蹙：窘迫；困厄。宋文天祥《高沙道中》詩序：『人生窮蹙，無以加此。』
② 俘馘：俘獲斬殺。《續資治通鑑·宋高宗紹興元年》：『是夜，大破之，俘馘首領及甲兵以萬計。』
③ 鎮静：安定。《宋書·何承天傳》：『今若務存遵養，許其自新，雖未可羈致北闕，猶足鎮静邊境。』
④ 『見僉衛事』句：見，『現』的古字。現在；目前。僉，輔助。

流寓

陳瓘 南劍人。宋徽宗朝爲右司員外郎。以書抵曾布論《日録》及國用事，布怒，罷知泰州。尋除名，編管袁州。

知浹 宋汾州人。知《書》，通《春秋》《左傳》。好直言，岳飛以賓客待之。飛初下吏①，浹上書聲其冤，流袁州。

吴師古 宜興人，舉進士。紹興初，胡銓上書沮②〔一六三〕和議，師古鋟木③傳其書，忤秦檜，流袁州。

〔校勘記〕

〔一〕『闕人才』，《嘉慶志》卷十七作『闕仁才』。

〔二〕據《嘉慶志》卷十七所載，崔融之前有崔操一人。

〔三〕據《嘉慶志》卷十七所載，高景琢之前有房環一人。

〔四〕據《嘉慶志》卷十七所載，李璟之前爲房琯。

〔五〕據《嘉慶志》卷十七所載，盧升明之前有鄭望夫一人，並注云：『修堰溉田後人思之。采《通志》補。』

〔六〕『李珖』，《康熙志》卷之五、《嘉慶志》卷十七作『晄』，並注云：『舊志作「李珖」。』

〔七〕據《嘉慶志》卷十七所載，盧子真之後爲鄭宏、盧處閏、齊翔、李運。

---

① 下吏：交付司法官吏審訊。《漢書·朱建傳》：『人或毀辟陽侯，惠帝大怒，下吏，欲誅之。』

② 沮：阻止。清蒲松齡《聊齋志異·男生子》：『楊妻夙智勇，疑之，沮楊行。』

③ 鋟木：猶鋟板。宋周煇《清波别志》卷中：『甫鋟木，亦以有不應言者，旋被旨毀板。』

〔八〕據《嘉慶志》卷十七所載，鄭審後爲李揆，並注云：「字端卿，隴西人，采《通志》補。」

〔九〕「元年」，《嘉慶志》卷十七作「二年」。

〔一〇〕「崔倕」，《嘉慶志》卷十七作「崔瑶」，而崔倕則位於李將順之後。

〔一一〕「張廷」，《嘉慶志》卷十七作「張延」，並注云：「《通志》「延」作「廷」。」

〔一二〕據《康熙志》卷之五、《嘉慶志》卷十七所載，張琮之後有韋建。

〔一三〕「元年」，《嘉慶志》卷十七作「九年」。

〔一四〕「成全」，《康熙志》卷之五、《嘉慶志》卷十七作「成金」。

〔一五〕「天復」，《嘉慶志》卷十七作「天福」，訛。

〔一六〕「泰斐」，《嘉慶志》卷十七「鍾匡時」條下注中有「秦棐」，疑即此人。

〔一七〕據《康熙志》卷之五、《嘉慶志》卷十七載，袁州唐刺史尚有崔操、房環、鄭望夫、鄭宏、盧處閏、齊翔、李運、李揆、韋建等九人本書缺載。

〔一八〕據《嘉慶志》卷十七載，韋建、張承傑二人在劉仁贍之前而不是其後。

〔一九〕「胡彦儔」，《嘉慶志》卷十七作「胡儼儔」。

〔二〇〕「二年」，《嘉慶志》卷十七作「三年」。

〔二一〕「虞部」，《嘉慶志》卷十七作「工部」。

〔二二〕「李錞」，《嘉慶志》卷十七注云：「《通志》作「李忱」。」

〔二三〕「七年」，《嘉慶志》卷十七作「四年」。

〔二四〕《嘉慶志》卷十七楊嶼前有李禹卿，並注云：「采《通志》補」。

〔二五〕「二年」，《嘉慶志》卷十七作「四年」。

〔二六〕「七年」，《嘉慶志》卷十七作「五年」。

〔二七〕「陳元明」，原作「龍舒陳」。按本書卷十三阮閎《化成巖記》云：「宜春太守龍舒陳元明下車」，則「龍舒」當爲陳元明之籍貫。漢高祖五年置龍舒縣，唐開元二十三年設舒城縣，即今安徽省舒城縣曉天鎮。《嘉慶志》卷十七作「陳元明」，今據改。

〔二八〕「江古亮」，《嘉慶志》卷十七作「江公亮」。

〔二九〕據《嘉慶志》卷十七所載，邵知柔之前有黄开，並注云：「通直郎，遂昌縣人，紹興年間任。」

〔三〇〕據《嘉慶志》卷十七所載，陳騤之前有張栻。又，陳騤之後有元衡，並注云「字公權，吴人。紹興間任，以清操著。」

〔三一〕「戴達先」，《嘉慶志》卷十七作「戴逵先」。

〔三二〕「十六年」，《嘉慶志》卷十七作「十四年」。

〔三三〕「紹興」，疑當作「紹熙」。按淳熙至一一八九年，慶元始於一一九五年，紹熙恰在一一九〇年至一一九四年之間，而紹興則起訖於一一三一年至一一六二年之間，故不當於此處出現一紹興間人物。然《康熙志》卷之五、《嘉慶志》卷十七亦作「紹興」，故姑存疑而不改。

〔三四〕據《康熙志》卷之五、《嘉慶志》卷十七載，宋袁州知州尚有李禹卿、黄开、元衡、徐霖四人，本書闕載。又「方岳」條「寶祐」二字，《康熙志》作「景定」。

〔三五〕據《嘉慶志》卷十七所載，陳侁之前有梅執方、郭師愈、章拱之、萬公儀、翁肅等五人。

〔三六〕「袁延慶」，本書均作「袁延慶」，然《嘉慶志》卷十七均作「袁延度」。

〔三七〕《嘉慶志》卷十七李禹卿在孫汲后，誤。據注文，李禹卿至和二年（一〇五五）任，孫汲元豐七年（一〇八四）任，故置孫汲於李禹卿之前爲不妥。

〔三八〕據《康熙志》卷之五、《嘉慶志》卷十七所載，宋袁州通判除以上諸人外，尚有王參、徐仲旬、翁肅、梅執方、郭師愈、章拱之、萬公儀、黄慶基、吕和卿、孫傑、曾軫、楊扶、張德温、謝文開、吴靖、胥彦、柳交、陳公弼、梁子履、張益謙、姚翼、王濛、閭丘霖、石端中、趙不凡、梅克實、滕裕、黄行、吕師尹、汪應辰、來時、當杭、王孝先、車剛中、勾充、尤昇、蔡禪、趙叔佶、姚莆、錢令問、蔡楠、檀師醇、謝知幾、黄伯建、王燾、趙善牡、劉俣、趙伯粟、黄守立、施廣文、趙善愈、宋博、陳畯、趙彦直、張昇、趙邵之、趙希漢、林焊、趙善槱、葉有秩、鄭偁、石範、李大東、湯涣、施伉、楊扶、陳匕十、朱淵、鄭行可、時瀾、蘇枘、趙汝增、衛樸、吴珵、寧必豫、曾樵、趙紘、葉奕孫、王仲虎、曹南老、宋傳、黎立武等八十二人，本書闕載。

〔三九〕據《康熙志》卷之五、《嘉慶志》卷十七所載，宋袁州軍事判官尚有張彦博一人，本書闕載。

〔四〇〕據《嘉慶志》卷十七所載，宋袁州軍事推官尚有蕭洵、趙汝球、徐倫三人，本書闕載。

〔四一〕據《康熙志》卷之五、《嘉慶志》卷十七所載，宋袁州司理參軍尚有馮延暉一人，本書闕載。

〔四二〕據《康熙志》卷之五、《嘉慶志》卷十七所載，宋袁州司户參軍尚有郭匯、向子長、饒廷直、趙善熊、童宗説等五人，本書闕載。

〔四三〕據《康熙志》卷之五、《嘉慶志》卷十七所載，宋袁州監酒尚有周敦頤一人，本書闕載。

〔四四〕據《嘉慶志》卷十九所載，徐正夫之前有童宗説一人。

〔四五〕『季潁』，《嘉慶志》卷十九作『李潁』。

〔四六〕據《康熙志》卷之五、《嘉慶志》卷十九所載，宋袁州州學教授尚有童宗説、施德、林護新、陳哲夫、羅開禮、周聞孫六人，本書闕載。

〔四七〕據《嘉慶志》卷十七載，元袁州路經歷尚有唐文教、李楫二人，本書闕載。

〔四八〕『裴顒』，《嘉慶志》卷十七作『裴禺』。

〔四九〕據《康熙志》卷之五、《嘉慶志》卷十七所載，明袁州知府尚有楊任一人，本書闕載。並注云：『洪武間任，有傳。』

〔五〇〕『黄文璩』，《嘉慶志》卷十七作『黄文據』。

〔五一〕『卓榕』，《嘉慶志》卷十九作『卓镕』。

〔五二〕『王鋼』，《嘉慶志》卷十九作『王綱』。

〔五三〕『張晎』，據《康熙志》卷之五、《嘉慶志》卷十九夏璧之後有陳晎一人，疑與『張晎』爲同一人，然未知孰是。

〔五四〕『張孟學』，《嘉慶志》卷十九作『張學孟』。

〔五五〕『乾道間』，《嘉慶志》卷十八作『（淳熙）十一年』。

〔五六〕「淳熙間」，《嘉慶志》卷十八作「淳熙三年」。

〔五七〕「淳熙間」，《嘉慶志》卷十八作「紹熙五年」。

〔五八〕據《康熙志》卷之六、《嘉慶志》卷十八所載，宋知宜春縣事尚有李寬、雷孚、趙不悱、王時、熊俊明、吴希慈、田望、魏績、許叔達、劉子昂、趙伯適、王大鴻、黄抗、樂伯興、黄介、馮師仁、陳特立、馬陽、胡振、徐炎、邢正夫、萬永肩、周自求、江立叔、趙師耳、王繼老、韓曮、朱元龜、丁居易、王洙、王孝序、黄應西等三十二人。

〔五九〕據《康熙志》卷之六、《嘉慶志》卷十八所載，宋宜春縣主簿尚有王謨一人，本書闕載。

〔六〇〕「馬緎」，《康熙志》卷之六、《嘉慶志》卷十八作「馬一緎」。

〔六一〕據《康熙志》卷之六、《嘉慶志》卷十八載，宋宜春縣尉尚有彭龜年一人，本書闕載。

〔六二〕「楊弘」，《嘉慶志》卷十八作「楊元」。

〔六三〕「林克潤」，《嘉慶志》卷十八作「林克閏」。

〔六四〕「孫誠先」，《嘉慶志》卷十八作「孫誠光」。

〔六五〕據《康熙志》卷之六、《嘉慶志》卷十九所載，姚翔之前有劉仲温一人，本書闕載。

〔六六〕據《嘉慶志》卷十八所載，狄棐之後有金極一人，並注云：「樂平進士，采《饒州志》補。」

〔六七〕據《康熙志》卷之七、《嘉慶志》卷十八所載，段賁之後有蕭從一人，並注云「新喻人，元豐進士，采《臨江志》補。」

〔六八〕「徐璵」，《嘉慶志》卷十八作「徐與」。

〔六九〕此云「見《名宦》」，然《名宦》内並未見「咼輔」者。宋萬載知縣連伯虎亦然。

〔七〇〕「七年」，《嘉慶志》卷十八作「三年」。

〔七一〕「淳祐」，原作「紹定」。按前後均爲淳祐，此處不當插入一紹定年間任職的人。《康熙志》卷之七、《嘉慶志》卷十八正作「淳祐」，今據改。

〔七二〕「趙汝芰」，《嘉慶志》卷十八作「趙汝茇」。

〔七三〕據《康熙志》卷之七、《嘉慶志》卷十八所載，宋分宜縣丞尚有周習、陳雄、徐點三人，本書闕載。

〔七四〕據《嘉慶志》卷十八所載，宋分宜主簿尚有朱景文、鍾紹安、傅實之、李碩、鄧元等五人，其中朱景文、鍾紹安、李碩三人亦見于《康熙志》卷之七。

〔七五〕《嘉慶志》卷十八趙崇瑗、彭逢原、王奎三人闕，唯載趙汝濤一人。

〔七六〕據《康熙志》卷之七、《嘉慶志》卷十八載，元分宜縣丞尚有龔璛、陳陽鳳二人，本書闕載。

〔七七〕『黄顒』，《嘉慶志》卷十八作『黄禺』。

〔七八〕『賀倣』，《康熙志》卷之七、《嘉慶志》卷十九作『賀效』。

〔七九〕『趙伯才』，《康熙志》卷之七、《嘉慶志》卷十八作『趙伯牙』。

〔八〇〕『二年』，《康熙志》卷之七、《嘉慶志》卷十八作『十四年』。

〔八一〕據《康熙志》卷之七、《嘉慶志》卷十八所載，宋萍鄉知縣尚有鄭强、張大年、陳如塤、董純臣、劉溥季、程昌時、任世英、阮秀實、范寅選、何辰昌、蕭經、褰及辰、趙子禴、劉霆、張康世、韓顯祖、向滈、冏輔、趙公廩、黄毅、張适、李邈、詹掄、王思恭、張奭、馬承規、龔輿、董居誼、鄭公明、胡傑、趙彦達、黄之伊、李公準、廖季高、林環、葉嗣延、趙彦璋、商應孫、趙鎬夫、林自強、沈忞、吳鎧、葉槃、何策、趙趕夫、潘斗建、趙璊夫、朱承祖、趙耒夫等四十九人。

〔八二〕『歐陽綰』，《嘉慶志》卷十八作『歐陽琯』。

〔八三〕據《康熙志》卷之七、《嘉慶志》卷十八所載，宋萍鄉縣丞尚有江曄、梁敬、曾崧、鄭震、黄昇、王元琳、李叔括、劉泰、趙時勉、王舜卿、范公約、鄭紹祖、陳世臣、宋文仲、宋蒙、陳紹實、宋國昌、謝崑、唐康侯、解汝爲、蔣天民、趙善韞、陳卓、季齊愈、鄭衍、沈剛孫、塗從龍、季禹卿、趙汝汲、陳遠、黄節、趙希芳、李楝、羅嗣祖、趙希□、鄭濤、趙希浥、婁濂等三十八人。

〔八四〕據《康熙志》卷之七、《嘉慶志》卷十八所載，宋萍鄉主簿尚有楊忠彦、胡早、趙克明、翟用誠、盧泳、唐琦、董世雄、范剛、陳居簡、范端凝、黄志立、張端永、張良弼、張禮維、吳璹、徐廷賓、劉之芳、楊泳、張舟之、周如晦、袁采、黄人傑、江泰、方珪、袁卓、董仲元、周顓、趙希本、周約、江以言、譚景山、趙善教、王自知、劉天譽、劉夢龍、任應龍、趙從思、孟大壯、趙希謕、胡熠、趙汝綠、王宗説、陳節、趙崇銘、虞德、蕭夢得、趙希志、李子正、段平甫、鄧允端、王有問、李拔、史威、汪思問、吴賁等五十五人。

〔八五〕據《康熙志》卷之七、《嘉慶志》卷十八所載，宋萍鄉縣尉尚有葉整、熊溥、蔣芾、李商烈、羅靖、吴當世、李浚義、何寧國、田轍、王大隱、韓環、李沆、連洞、陳龜年、劉林叟、歐陽棠、吴灼、李璋、孫觀與、劉光祖、趙疇、向士伯、林顏中、劉欽、任道生、王轍、曾迨、成允升、李良佐、曾柘、鮑師愈、王興祖、朱仁、李堯年、王源、吴士志、胡瑮、萬輗、趙演、王衜、王大節、黄庶、林沖之、趙彦輗、陳禧、皇甫洪、王季明、趙希召、趙汝倈、洪艾、陸漸、趙必臨、李萬言、趙永、林昌壽、廖夢昭、盧士龍等五十七人。

〔八六〕據《康熙志》卷之七、《嘉慶志》卷十八所載，元萍鄉知州尚有燕琦、李諒、史元美等三人。

〔八七〕「杜谷」，《康熙志》卷之七、《嘉慶志》卷十八作「杜谷珍」。

〔八八〕「沈敏」，《康熙志》卷之七、《嘉慶志》卷十八作「沈晦」。

〔八九〕「成化初」，《嘉慶志》卷十八作「天順間任」。

〔九〇〕「李寶」，《康熙志》卷之七、《嘉慶志》卷十八作「李實」。

〔九一〕「七年」，《嘉慶志》卷十八作「十三年」。

〔九二〕「桑元真」，《康熙志》卷之七、《嘉慶志》卷十八作「桑元貞」。

〔九三〕「四年」，《嘉慶志》卷十八作「三年」。

〔九四〕「金華」，《嘉慶志》卷十八作「湯溪」。

〔九五〕據《康熙志》卷之七、《嘉慶志》卷十八載，正德十二年之前明萍鄉知縣尚有馬公澤、王復泰、竇時用、蕭興宗、王銑、葛啓、阮敏、黄璿、俞廷濟等九人，本書闕載。

〔九六〕據《康熙志》卷之七、《嘉慶志》卷十八載，正德九年之前明萍鄉縣丞尚有劉本、朱倫、徐成美、王頊、李淳、彭昶等五人，本書闕載。另潘溶、杜常分别作潘镕、杜瑺。

〔九七〕「郭輊」，《嘉慶志》卷十八有「郭慶」，或爲同一人。

〔九八〕「楊宣」，《嘉慶志》卷十八作「楊瑄」。

〔九九〕「胡景」，《嘉慶志》卷十八作「胡璟」。

〔一〇〇〕據《康熙志》卷之七、《嘉慶志》卷十八載，明正德八年之前，明萍鄉縣主簿尚有王如珪、梁漮、彭任等三人，本書闕載。

〔一〇一〕據《康熙志》卷之七、《嘉慶志》卷十八所載，張轍之前尚有帥瓊、張琦、王昺、沈興、羅安、周鉉、葉夢昭、金亨、孫全等九人，本書闕載。

〔一〇二〕據《康熙志》卷之七、《嘉慶志》卷十九載，正德八年之前明萍鄉縣教諭尚有芒文績、盧忠二人，本書闕載。

〔一〇三〕據《康熙志》卷之七、《嘉慶志》卷十九載，官清之前尚有張經、詹巨卿、蔣惠、周宸、吴行純、陸平、吴孜等七人，本書闕載。

〔一〇四〕汪廉，《康熙志》卷之七、《嘉慶志》卷十九作「江廉」。

〔一〇五〕「羅友義」，《康熙志》卷之七、《嘉慶志》卷十九作「羅有義」。

〔一〇六〕據《康熙志》卷之七、《嘉慶志》卷十八載，唐縣令有王仁恭、朱郁二人。本書闕載。

〔一〇七〕「二年」，《嘉慶志》卷十八作「元年」。

〔一〇八〕「崇寧間」，《嘉慶志》卷十八作「崇寧五年」。

〔一〇九〕「二年」，《嘉慶志》卷十八作「三年」。

〔一一〇〕「李井」，《嘉慶志》卷十八作「李甘」。

〔一一一〕「隆興元年」，《嘉慶志》卷十八作「乾道三年」。

〔一一二〕「元年」，《嘉慶志》卷十八作「五年」。

〔一一三〕「席嶷」，《嘉慶志》卷十八作「席凝」。

〔一一四〕據《康熙志》卷之七、《嘉慶志》卷十八載，宋萬載知縣尚有董沂、越師、孫琪、朱起章等四人，本書闕載。

〔一一五〕據《康熙志》卷之七、《嘉慶志》卷十八載，元萬載縣尹尚有戴璧、馮士毅、易肅三人，本書闕載。

〔一一六〕「韓或，洪武三年任」，《嘉慶志》卷十八作「韓彧，洪武五年任」。

〔一一七〕「五年」，《嘉慶志》卷十八作「八年任」。

〔一一八〕「十三年」，《嘉慶志》卷十八「九年任」。

〔一一九〕「二年」，《嘉慶志》卷十八作「三年」。

〔一二〇〕「韓顒」，《嘉慶志》卷十八作「韓禺」。

〔一二一〕據《康熙志》卷之七、《嘉慶志》卷十八載，明萬載知縣張邦穀之前尚有李遠、胡子愚等二人，本書闕載。

〔一二二〕「馮理」，《嘉慶志》卷十八作「馮原禮」。

〔一二三〕「江澣」，《嘉慶志》卷十八作「江幹」。

〔一二四〕「陳禄」，《嘉慶志》卷十八作「陳録」。

〔一二五〕「鉉」，《康熙志》卷之七、《嘉慶志》卷十八，均作「鉉」。

〔一二六〕據《康熙志》卷之七、《嘉慶志》卷十八載，明正德九年之前萬載縣丞尚有王琇一人，本書闕載。

〔一二七〕「張汜」，《嘉慶志》卷十八作「張記」。

〔一二八〕「呆」，《康熙志》卷之七、《嘉慶志》卷十八均作「杲」。

〔一二九〕據《康熙志》卷之七、《嘉慶志》卷十八載，明正德八年之前萬載縣主簿尚有黃自仲、曹遜、李腖等三人。

〔一三〇〕據《康熙志》卷之七、《嘉慶志》卷十八載，明正德九年之前，萬載縣典史尚有韓昱、陳良、胡斌、朱選、婁暻、蔡倫等六人，本書闕載。「唐奇」，《康熙志》《嘉慶志》均作「唐琦」。

〔一三一〕「景」，《康熙志》卷之七、《嘉慶志》卷十九均作「璟」。

〔一三二〕「毅」，《康熙志》卷之七、《嘉慶志》卷十九均作「轂」。

〔一三三〕據《康熙志》卷之七、《嘉慶志》卷十九載，明正德六年之前，萬載縣教諭尚有應文寶、許俊、俞蘭、陳大梁、方俊等五人，本書闕載。

〔一三四〕「劉顒」，《嘉慶志》卷十九作「劉禺」。

〔一三五〕據《康熙志》卷之七、《嘉慶志》卷十九載，明正德六年之前，萬載縣訓導尚有張益謙、張用中、朱如真、尹源、李忠、潘文煥、黎寶、沈繼、鄧榮、何漢等十人，本書闕載。

〔一三六〕《嘉慶志》卷二十四采《通志》補兩人：晉郭察，永嘉中爲安成太守，時孟梁流寇破臨桂諸郡，進逼安成，察力戰死之。唐唐萼，武德間令宜春。始建學於縣南寶積寺左。至今祀之。

〔一三七〕『太子少師』，《嘉慶志》卷二十四作『太保』，注云『據《明一統志》』。

〔一三八〕『惔』，《嘉慶志》卷二十四作『掞』。

〔一三九〕《嘉慶志》卷二十四崔倕之後補：王涯，字廣津，元和初爲袁州刺史。韓愈作詩以祖其行，涯到官慕房琯爲治，刻其德銘。在郡一年，召知制誥翰林學士。後入相，罹甘露之難。

〔一四〇〕《嘉慶志》卷二十四於李德裕之後采《通志》補：韋建，太和五年知袁州，在任筑開維城二百餘間，浚濠二百丈。清静爲政，無所侵擾，郡中大治。並注云：『按南唐有韋建，見後。此又一人，宜並載。今補』。按本書記南唐韋建：清静爲政，無所侵擾，郡中大治。而《嘉慶志》采《南唐書》記爲：韋建，少居吳武王軍中，以膂力聞。累遷諸軍都虞候，爲左衛史，出爲袁州刺史。建不知書而性渾厚，清静自處，無所侵擾，郡中大治。數年，入爲統軍，百姓思之。對比可知，各條記載語言有重複之處，而所謂不同或亦因側重點不同而已，《嘉慶志》記唐『韋建』側重刺袁功績，記南唐韋建側重早先經歷，故疑兩『韋建』乃同一人。

〔一四一〕《嘉慶志》卷二十四於南唐之前補楊吳一人：王安，廬江人，吳順義二年累遷至袁州軍周副使除知州軍事。以沉默寬緩爲治，州民便之。修治城壕，民忘其勞。秩滿歸朝。李昇受禪，遷處州節度使。

〔一四二〕《嘉慶志》卷二十四於劉仁贍之前補：張承傑，初詔監臨袁州，闢州治。昇元四年，詔權袁申報州軍，又移州廨，復故基，重里甲仗樓庫。是年詔歸。保太八年，再除知袁州。專以慈仁訪求民瘼，課效爲最。

〔一四三〕《嘉慶志》卷二十四於韋建之後補：李徵古，萬載人，爲尚書吏部郎中。保太十年除州刺史。自唐末五季之亂，宜春更刺史幾二十有九，皆武夫勛臣。徵古以儒術緣飾吏事，百姓安之。修文宣王廟，崇重儒士，雖四方雲擾，弦誦獨不衰。

〔一四四〕《嘉慶志》卷二十四於史公銖之後補：呂延真　以司徒自吉州兵馬都監移知袁州。臨事敬慎，修城浚濠有不便於民者革不逾時。在郡，歲屢豐。五年，告歸。

〔一四五〕劉茂忠，《嘉慶志》卷二十四將其系於南唐。

〔一四六〕「移通判袁州」，《嘉慶志》卷二十四作「移知袁州」。

〔一四七〕「山谷黃庭堅過郡，留與沖元論禪」，《康熙志》卷之六《秩官列傳》「李沖之」條亦云「（沖元）與蘇軾、黃庭堅友。庭堅過郡，留與論禪。」然《嘉慶志》卷二十四據《嘉靖志》作「與蘇軾、黃庭堅過郡，留與論禪」。按綜合各種資料，未見蘇軾和黃庭堅一起過郡之説，且語句不通順，當以本書與《康熙志》所載爲是。

〔一四八〕「琪見袁延慶疏泉爲火備，乃治西陂，浚舊渠如故，自爲記」，《康熙志》卷之八、《嘉慶志》卷二十四作「琪見袁延度《疏泉亭記》，欲浚舊渠爲火備，（中略）遂治西陂，浚舊渠如故，琪自爲記」。按《嘉慶志》所記更爲明晰。

〔一四九〕「豐甫」，《嘉慶志》卷二十四作「豊甫」。

〔一五〇〕本書本卷《職官》「呂輔」條注云「見《名宦》」，而《名宦》實未載。《嘉慶志》卷二十四「沈昭遠」條下載：呂輔，不知何許人。紹興二十四年知分宜縣，六年治最升右通直郎。《遷官誥》云：「百里之吏最爲近民。自鳴鼓之不聞，而製錦之多敗。撫字催科廉勤不擾，宜膺殊寵，以懋遠圖。」

〔一五一〕「旗甫村」，《嘉慶志》卷二十四《同治志》卷六之三作「旗箣村」。

〔一五二〕「天府」，《嘉慶志》卷二十四作「大府」。

〔一五三〕「執筆」，《康熙志》卷之八、《嘉慶志》卷二十四作「執經」。按「執經」義長。

〔一五四〕「范延賞」，《嘉慶志》卷二十四作「范延貴」。

〔一五五〕「黃大臨」，《嘉慶志》卷二十四作「黃太臨」。

〔一五六〕「洪州雙井人」，《嘉慶志》卷二十四作「分寧人」。

〔一五七〕《康熙志》卷之八亦作「徐昇」，《嘉慶志》卷二十四有「徐升」，當與此「徐昇」爲同一人，然所記文字頗異：徐升，字公允，豐城人。宣和進士，主萬載簿。值凋殘之後，開墾田土，公私交裕。冰雪自守，不名一錢。卒，左司范瓚銘其墓。

〔一五八〕「嘉定」，原作「嘉泰」。《康熙志》卷之八、《嘉慶志》卷二十四作「嘉定」。按嘉泰、嘉定均爲宋寧宗趙擴年號，嘉泰共四年（一二〇一—一二〇四），嘉定共十七年（一二〇八—一二二四），故並無嘉泰六年，當從《嘉慶志》，今據改。

〔一五九〕「葉夢鼎」，《嘉慶志》卷二十四作「葉夢得」，並注云「一作葉夢鼎」。

〔一六〇〕「施政」，《嘉慶志》卷二十四作「施設」。

〔一六一〕「數十頃」，《康熙志》卷之八作「數十百頃」，《嘉慶志》卷二十四作「數千頃」。按：「數十頃」似非爲多，當作「數千頃」，或「數十百頃」。然亦無據，故不改。

〔一六二〕「調吉之安福」，《嘉慶志》卷二十四作「移知福清」。

〔一六三〕「沮」，《嘉慶志》卷二十四作「阻」。按作「沮」或「阻」，義兩通。

袁州府志卷之七

科第

唐

彭伉 貞元七年進士。

湛賁 貞元十二年進士。俱宜春[一]。

宋震 會昌二年進士，萬載人。

盧肇 會昌三年狀元。見《人物》。

黃頗 會昌間[二]進士。見《人物》。

易重 會昌五年狀元。見《人物》。

魯受 會昌五年進士[三]。

鄭史 咸通元年[四]進士。

袁皓 咸通六年進士。見《人物》。

盧文秀 肇子，咸通間[五]進士。

鄭谷 光啓三年進士。見《人物》[六]。

蔣肱 大順二年[七]進士。

易標 景福二年進士。以上俱宜春人。

盧邈 《舊志》謂唐末僑居湖南，登進士第[八]，獻回文詩二百首[九]。官至秘書正字。

南唐

唐廩 乾祐元年[一〇]進士。官至秘書正字。著《貞觀新書》三十卷，見唐《藝文志》。萍鄉人。

王轂 宜春人。見《人物》[一一]。

李徵古 萬載人。見《人物》。

宋進士

王欽若 雍熙二年梁顥榜。新喻人。時新喻屬袁州。後拜相真宗朝〔一二〕。

許載 端拱元年程宿榜。都官員外郎。萍鄉人〔一三〕。

何朝宗 咸平三年陳堯咨榜〔一四〕。萍鄉人。

李衢 大中祥符元年姚曄榜。分宜人。見《人物》〔一五〕。

夏侯錫 天禧三年王整榜〔一六〕。分宜人。見《人物》。

李奇 景祐元年張唐卿榜。宜春人。見《人物》。

朱景暘 仲舒。景祐元年張唐卿榜。萍鄉人。

李觀 衢從侄。慶曆二年特奏名登第。見《人物》。

李士爕〔一七〕 衢子。慶曆六年賈黯榜。

朱彥博 嘉祐八年許將榜。萍鄉人。見《人物》〔一八〕。

彭持 治平二年彭汝礪〔一九〕榜。分宜人。見《人物》。

羅尚友 治平四年許安世榜。武昌推官。萍鄉〔二〇〕。

梁公价 熙寧六年余中榜〔二一〕。分宜人。見人物。

高漸 熙寧九年徐鐸榜。縣尉。萍鄉人。

夏侯公績 元豐八年焦蹈榜。錫子。〔二二〕

曹傅〔二三〕 元祐三年李常寧榜。宜春人。見《人物》。

曹藻 元祐三年李常寧榜。傅弟。

曹遷 元祐三年李常寧榜。傅子。

彭俞 紹聖四年何昌言榜。宜春人。見《人物》。

李格 元符三年李釜榜〔二四〕。萍鄉人。見《人物》。

湯夢觀 崇寧五年蔡薿榜〔二五〕。萍鄉人。見《人物》。

李珏 政和八年王嘉〔二六〕榜。衢之孫。

蕭杞 宣和六年沈晦正奏名第六。萬載人。

李師愈 宣和間〔二七〕進士。分宜人。見《人物》。

鍾碩 宣和間進士。宜春人。

鍾琬 碩從子。宣和間進士。

文彥光〔二八〕 建炎二年李易榜。萍鄉人。

歐陽椿 紹興張孝祥榜〔二九〕。分宜人。見《人物》。

趙善堅 乾道二年蕭國梁榜〔三〇〕。宜春人。見《人物》。

孟浩 乾道五年鄭僑榜。宜春人。見《人物》。

彭公信 淳熙二年詹騤榜。萍鄉人〔三一〕。

吴瑄 淳熙八年黄由榜。萍鄉人〔三二〕。

柳著 淳熙十四年王容榜〔三三〕。萍鄉人。

沈莊可[三四]號菊山。孝宗時進士。分宜人。

張樞 紹熙[三五]元年余復榜。萍鄉人。

周大德 紹熙元年余復榜[三六]。萍鄉人。

彭世範 寶慶二年王會龍榜[三七]。萍鄉人。

趙若燭 理宗時進士[三八]。光澤令。分宜人。

何夢彰[三九]紹定二年黃樸榜。萍鄉人。

黎韶 紹定五年徐元杰榜[四〇]。萍鄉人。

丘騂 端平二年吳叔吉榜[四一]。萍鄉人。

丘應從 淳祐十年方逢辰榜。開州知州。萍鄉人[四二]。

劉應龍 開慶元年周震炎榜。萍鄉人。

歐陽化龍 廷飛。咸淳間[四三]進士。登仕郎。分宜。

宋應登 咸淳十年王龍澤榜。萍鄉人[四四]。

孫億 宋末進士。分宜人。見《人物》。

胡從義 宋末進士[四五]。萍鄉人。見《人物》。

孫汲 殿試下第，次舉特奏名。分宜人。見《人物》。

葉景武《一統志》云宋進士。萍鄉人。[四六]

元

夏鎮 延祐甲寅鄉試第三，至治辛酉會試第八，登進士第。宜春人。見《人物》[四七]。

歐陽玄 中延祐甲寅湖廣鄉試，乙卯登進士第。分宜人，瀏陽籍。見《人物》。

歐陽朝《舊志》謂至順庚午進士。瑞州路録事，歷通山、龍南二縣尹。萬載人。

袁州海牙 至正甲申進士。分宜人。見《人物》。

中都海牙 元末鄉进士。

夏侯士章 公績孫。至正间[四八]进士。

夏以忠 大都路流寓科第二。見《人物》。

黃盅 鄉進士。萬載人。見《人物》。[四九]

文德 泰定丁卯鄉進士。萍鄉人。

大明

洪武三年至五年，每歲皆開科取士。既而謂所舉未足以盡得人，六年以後姑罷之。越十七年甲子，始復詔禮部儒臣重議，定科舉成式：省試三年一舉，中式者謂之鄉貢；明年會試中式御策之謂之進士。今止據鄉試，總四縣列書之，而注某科進士、官職於其下。

洪武四年辛亥科

歐陽貞 鄉試第三，分宜人，見《人物》。

洪武十七年甲子科

黃子澄 歲貢，中應天府鄉試，乙丑丁顯榜進士。分宜人。見《人物》。

甘泉 丁顯榜進士。授監察御史。卒於伍。萍鄉人。　陽定周 丁顯榜進士。華容縣丞。宜春人。〔五〇〕

洪武二十三年庚午科

黃徵 悠遠。蕭山教諭。萬載人。

洪武二十六年癸酉科

朱隆 處謙。沅江教諭。萬載人。

洪武三十六年壬午科

吳哲 宜春人。

永樂元年癸未科

晏然 永寧。鎮江府學訓導。

吳謙 遜志。金堂教諭。俱萬載人。

彭斌 甲申曾棨榜進士。刑部主事。宜春人。

龍儀 希文。甲申曾棨榜進士。永壽知縣，刑部郎中，調黃州同知，升山東參議。萬載人。

永樂三年乙酉科

郭遵謨

王嗣先 壬辰馬鐸榜進士。

王奉先 俱分宜人。

王彝 叙倫。武陽教授。萬載人。

永樂六年戊子科

謝廷珪 嘉定教諭，嘉興教授。

陳楫 順慶府同知，俱宜春人。

宋觀 利賓。處州教授。

周景和 俱分宜人。

許魁 新興訓導。萍鄉人。

永樂九年辛卯科

劉儀 山東聊城教諭。宜春人。

楊淵 乙未陳循榜進士。仕終監察御史。

嚴孟衡 乙未陳循榜進士。見《人物》。

羅恪 中應天府鄉試。兵部主事，山西參議。以上俱分宜人。

宋廷謙 禹城教授。

文炯 真定教授。俱萍鄉人。

彭昶 特顯。選任御史。

易節 乙未陳循榜進士。見《人物》。

劉藎 迪訓。陳循榜進士。刑科給事中，調直隸通州州判，嚴州府經歷。

王鏞 希音。青州訓導。

伍常 棗陽教諭。以上俱萬載人。

永樂十二年甲午科

周忠

江瀚源 以上俱宜春人。

胡永常 高郵訓導。分宜人。

蕭韶 永善。建寧府訓導。

蕭傳 希曾。瓊山教諭。以上俱萬載人。

永樂十五年丁酉科

袁象賢

鍾理實 俱分宜人。

陳觀

李榮

謝紳 咸寧知縣。以上俱萍鄉人。

楊資 友善。黃巖教諭。

李智 仲哲。俱萬載人。

永樂十八年庚子科

周子從 分宜人。

陽信 德孚。賓州同知。

黃恭 衛輝教授。三典文衡。俱萬載人。

永樂二十一年癸卯科

袁嗣節　周謙

鄧昇　俱宜春人。　郭儀　興山教諭。分宜人。

黄敏　通州訓導。萍鄉人。　郭瑾　甲辰邢寬榜進士。萬載人。見《人物》。

宣德九年丙午科

郭慶　中應天府鄉試。耒陽知縣。分宜人。

宣德四年己酉科

彭夔　宜春人。　劉文　國子助教。

彭發　鳳陽教授。俱安福人，宜春籍。　彭瑀　光澤訓導。萍鄉人。

宣德七年壬子科

何瓊　桃源訓導。萍鄉人。　龍駿　河源訓導，翰林孔目，刑部檢校，金鄉知縣。萬載人。

宣德十年乙卯科

彭志昌　經魁。宜春人。　吳守清　衢州教授。

習昭　俱分宜人。　李瓊　廣東高要訓導，英國公門館，順天府學訓導，詹事府校書，翰林侍書，汀州知府。萬載人。

正統三年戊午科

易賢　實應訓導。宜春人。　朱良　孟直。石首教諭，升靖江王府紀善。萬載人。

正統六年辛酉科

湯瑆　廷玉。大竹教諭。萬載人。

正統九年甲子科

劉衢　宜春人。見《人物》。　文勉　萍鄉人。

正統十二年丁卯科

朱亮　孔昭。萬載人。

景泰元年庚午科

張澄　南部知縣。分宜人。

景泰四年癸酉科

袁魯訓　宗道。丙戌會試第九，羅倫榜進士。東陽知縣。宜春人。

天順二年己卯科

傅泰 樂清教諭。　陳鐔 中應天府鄉試。瀘州知州。俱宜春人。

李雲 載章。吴寬榜進士，授海鹽知縣。剛敏有吏才。　張材 俱分宜人。

張文昭 中順天府鄉試，甲申彭教榜進士。刑部主事，歷官左僉都御史。萍鄉人，平山衛籍。

成化元年乙酉科

蕭義 辛丑王華榜進士。宜春人。見《人物》。

成化四年戊子科

劉琬 德資。戊戌曾彦榜進士。松陽上海知縣。治行卓異，擢南京監察御史。巡按四川，有風裁①，升松江知府。嘗疏便民數事，松民德之。歷陝西湖廣參政、湖廣浙江布政、撫治鄖陽副都御史。以擒巨寇功兩賜白金綵幣。召還京別用。

郭绅 乙未謝遷榜进士。俱宜春人。见《人物》。　唐瓊 萍鄉人。

何英 實夫。南雄教授。　晏清 希夷。秀水知縣。俱萬載人。

劉聰 中順天府鄉試，戊戌曾彦榜進士。給事中。累官副都御史。宜春人，蘇州衛籍。

---

① 風裁：風度神采。宋葉適《李仲舉墓誌銘》：『始，仲舉使余與深之游，余甚幼，而能記仲舉言行，象其風裁，至今想見之。』

成化七年辛卯科

朱鑾　中應天府鄉試。徐聞知縣。宜春人。

成化十年甲午科

龍夔　庚戌錢福榜進士。宜春人。見《人物》。

成化十三年丁酉科

張鳳　應時。辛丑王華榜進士。歷任江浦、長樂、内黄、新城知縣，升太平府同知，降沂州知州。壬戌朝覲，吏部舉天下方面守令卓異者六人，鳳居其一，升雲南知府。有撫夷功，賜綵幣，升廣西參政，掌思恩軍民府事。開創府治，撫輯夷民。降敕褒獎，升南京太僕寺少卿，轉僉都御使操江①，改巡撫蘇松，升副都御史，巡撫山東。以擒賊功賜金幣。四疏乞休，馳驛②還家。

嚴瑛　孟衡子。鄉試第九。犍爲教諭。分宜人。

成化十六年庚子科

汪鳳朝　應祥。茂州知州，征賊陣殁。宜春人。

黎獻　舜臣。中應天府鄉試。温州府通判。萍鄉人。

---

① 操江：明代官名。全稱『提督操江』，以副僉都御史爲之，領上下江防之事。

② 馳驛：駕乘驛馬疾行。

成化二十二年丙午科

彭直 古愚。白鹽井提舉。安福人，宜春籍。

弘治五年壬子科

黄黼 文繡。宜春人。刻厲問學，士多師之。李彦 邦直。戊辰吕柟榜進士。歙縣知縣。豐城人，袁州衛籍。

龍霓 致仁。丙辰朱希周榜進士。刑部主事員外郎，浙江按察僉事。宜春人，南京牧馬千户所籍。

弘治八年乙卯科

彭夔 師舜。丙辰朱希周榜進士。工部主事，禮部員外郎，福建右參議。安福人，宜春籍。

周臣 朱希周榜進士。刑部主事，順天府推官，卒。宜春人，泰州衛籍。

弘治十一年戊午科

嚴嵩 維中，孟衡玄孫。乙丑顧鼎臣榜進士。庶吉士，授翰林院編修。

弘治十七年甲子科

林照 應暉。宜春人。謝秩 在朝。分宜人。

正德二年丁卯科〔五一〕

郭叙 天倫，紳子。丁丑舒芬榜進士。文明 用晦。舒芬榜進士。萍鄉人。

正德八年癸酉科

趙鎰 貴之。分宜人。

正德十一年丙子科〔五二〕

郭鵬 時舉。解元。宜春人。　李香〔五三〕汝蘭。分宜人。

按：《舊志》：陽仲聲，辛未進士；朱秉恭，乙丑進士。考《登科録》無。《萬載縣志》：朱秉恭由府學中式，不著年。後任四川金堂教諭，改遠安。宜春縣學歲貢彭志忠中應天府鄉試，李仲鼎由鄉試任澧州訓導、樂陵教諭，俱不著年。並記之，以俟考者。

歲貢

府學

周孟禋 零陵知縣。　陶宗銘 清河知縣。　楊伯憲 蔚州同知。　盧循 清遠知縣。

彭偉〔五四〕連山知縣。　陽焕 上虞知縣，升廣西僉事。克振風紀。　何輔 永淳知縣，應天推官。

陳楫 蓬州同知。　戚賢 廣西監察御史。　陳擊柝 刑部員外。　葛敏 江安知縣。

吴哲 故城教諭。　龍正中 工部主事。　徐克敏 東流知縣。　袁瀲 遂寧知縣。

彭鏞 寧波同知。　楊嶷 衡州訓導，宣化知縣，户部員外，辰州知府。　李濤 福山知縣。

羅紳 石康知縣。　易衜 龍川知縣。　葉玄真 黄巖知縣。　鄒濟 楊州同知。

易季彥 衛經歷。
黃瑾 武陵知縣。
彭紀 吏目。
楊瓊 州吏目。
黃峻 廣東按察知事。
劉福崇 縣丞。
劉仕忠[五五] 連江縣丞。以子琬貴，贈知府。
高鐸 經歷。
袁榮 碭山縣丞。
彭述 堂邑知縣。有治聲，升光州知州。兩膺封贈。
劉塤 臨安推官。
周仲斌 邵武推官。
白源清 巴縣知縣。興利除害，晝策拯荒，全活飢民甚衆。保留再任。
李堅 仙居主簿。
劉義 浙江都司經歷。
陳暹 溥城縣丞。
榮華 應城知縣。
程徵 浦江知縣。
張旭 永州推官。
譚浩 英德知縣。
蕭盛 祈州判官。
曹榮 湘潭教諭。
朱勝 衡陽縣丞。
李彬 鳳陽照磨，轉汀州。
劉綱 永春知縣。
劉觀 將樂縣丞。
詹慶 蒙城訓導。
伍瑺 相城縣丞。
高富 壽光主簿。
高英 寧遠教諭。
朱晟 衡山縣丞。
彭遜 成都照磨。
高昭
歐陽溥 興濟。永明訓導，含山、桐城教諭。
陳禄
劉清 雷州府照磨。
傅霖 巴陵主簿。
歐陽法 雲和教諭。嘗攝縣事，有政績。
白錦
郭洪 浙江副理問。
胡泳 豹韜衛經歷。
彭錫 大寧知縣。
歐陽澈
張瓚
郭釗 陽江訓導。
王宣 永安州判官。已上成化前。
歐陽源 蒲圻、寶坻訓導。
楊樞機 維摩州同知。
易明璋 都司經歷。
易元載 隆慶經歷。
歐陽淵 安吉訓導。
歐陽瀚 惠安縣丞。
李萬程 清遠教諭。
郭蒙 路南州吏目。
蕭道行
彭姚
湯傑
彭貫 餘姚主簿。
何仕奇
謝澄 蜀府典寶。
劉璇
楊皡 肇慶推官。

歐陽淑 東陽縣丞。　李公儀 宜章知縣。　彭澄　陳珪
黄復端　黄翰　袁賢　袁忠 已①上俱弘治。
彭康　胡高 零陵訓導。　彭賢 直隸元氏訓導。　劉景序 建寧訓導。
劉松　張楷　劉紀 寧海訓導。　蘇時 黎平府訓導。
郭禮 涿州訓導。

宜春縣學

易友諒 潼州判官。　胡兼善 福建都司斷事。　鄒勝 太平縣丞。　陳德新 宣城縣丞。
李圓 湘潭訓導。　周仲信 無爲知州。　彭志忠 應天中試。　朱宜 原武知縣。
劉源 韶州經歷。　袁鑑 順寧通判。　柳秉道 武平主簿。　彭政 廉州經歷。
李玄 澧州教諭。　湯英 樂至主簿。　彭瑜 鎮遠經歷。　湯鼎 柳州照磨。
吕華　習鼎 衛經歷。　鐘旻 崇寧教諭。　胡士宜 衡州知事。
龔奇 南靖訓導。　林全 天津衛學教授。　丘洪 惠州知事。　彭程 山東布政司檢校。
王孝 犍爲知縣。　瞿敬 建陽教諭。　胡廣 棗陽訓導。　彭汝平 湘鄉教諭。
馮經 蒲圻主簿。　彭觀 臨安訓導。　劉達 宣州經歷。　彭鳳 欝林判官。
鍾崇貴　易有應　劉文序 甌寧主簿。　吴廷桂 廉州經歷。

① 已：古同「以」。

余安 兗州通判。　易瑜　梁萬鍾　劉禄
易寶　袁鍾器　韓繼善　鐘鼎 泗州訓導。
周溥　彭良

分宜縣學

袁仕傑 海寧知縣。　袁志仁 刑部主事。　彭子禮 東安縣丞。　丁志昂
趙杞材 長沙什方訓導。秩滿赴銓，部考最上。詩力求休致，有『老去思鄉土，桃李故園春』之句。已上洪武。
彭悦 歸州判官。　彭思哲〔五六〕廣南通判。　彭善同 黄巖知縣。　孫仲傑
李志寧　陳守諒 陳留主簿。　李彦高　陽凌佐
敖文昌〔五七〕　王汝廉　袁仕郎　郭慶 已上永樂。
宋禧　李旭　鍾惟勉 武義知縣。　朱鏞 汜水教諭。
張瑀 湖廣布政司經歷。已上宣德。　張疇 廣東鹽課提舉。　王賔
林靖 隨州衛經歷。　梁材 石首縣丞。　高舉　歐陽鏞 燕山前衛經歷。
羅弘 長汀主簿。已上正統。　劉貴 朱城〔五八〕縣丞。　伍敏 上元知縣。　張壽 鄒縣知縣。
劉琦　熊偉　劉昕　郭恒尹仁器 蜀府紀善。
劉俊 已上天順。　謝修　袁閥　夏鑑 冠帶榮身。
郭鉉 潁上教諭。　尹重〔五九〕　郭鏞 桃源訓導。　尹翱 當陽訓導。
易方 臨安縣丞。　袁瓚　歐陽湘　林璧 恭城訓導。

林瑞 宣平訓導。已上成化。　鍾啓 衛知事。　張崇　張浩 巴東訓導。
張琳　張蓋　袁達賢　李公信 襄陽衛經歷。
習瑚　劉安舒　鍾高　高佐 蜀府教授。
黄禮 福寧訓導。已上弘治。　李公瑩　李美　鍾元載 臨武訓導。
郭鼎

萍鄉縣學

李性忠[六〇] 吏部司務。　林文彬 嘉興推官。　陽文真 將樂知縣。[六一]　文思睿 湘陰知縣。
彭彦良 湘州照磨。　陳謨 監察御史，升廣東僉事。性嚴毅，有能聲。　鍾日新 鹽運司副使。
魏應章 交州知事。　陳名 鴻臚寺序班。　胡用亨 新寧教諭。　湯榮貴 光禄寺署正。
許英才 磁州判官。　何仕修 臨海縣丞。　盧恭 平原知縣。　何莊 應天府推官。
易東 南海訓導。　李春 武功衛經歷。　黎敬 衡陽縣丞。　黎旭 鎮海衛經歷。
周輝 留守衛經歷。　彭榮 安樂縣丞。許奇[六二] 廉州照磨。　張海 武陵知縣，有廉幹聲。
黄憲 秀水知縣。　龔永 肇慶通判。　温珮 黔陽縣丞。　朱紱 黟縣縣丞。
鐘秀 陽宗知縣[六三]。　榮宗 興武衛經歷[六四]。　柳績 按察司檢校。　周政 温州推官。
黎信　宋璟 留守衛經歷。　劉志 楚府教授[六五]。　彭霄 宣平縣丞。
彭焕 零陵知縣。　李昂 周府審理[六六]。　李浩 海康縣丞。　李達 大冶主簿。
賀寧 封安知縣。　易濟 犍爲主簿。　文淮 瑞安縣丞。　盧慶 瓊州照磨。

瞿通 建陽主簿。　王璟　胡淵　李器 嘉興縣丞。
甘霖　蔡春　鍾音　黎華 曲江縣丞。
黎實　龔璉 已上成化。　賀誠 結安州判官。　聶克清
黎鉞　文澄　李通　龔居易
吴秀　劉慶　黎珏　顔衝 已上弘治。
賈世禄　蔡日昇 惠安訓導。　胡尚學

萬載縣學

龍鐔 洪武二十六年，特授浙江按察使。三載，因事左遷長洲知縣。未幾，用薦升晋府長史。卒於官。
黄慶安 瑞安教諭。　易坦 武進縣丞。　伍鼎 永福知縣。　張檝 户部主事，改兵部，調雷州通判，升蘇州同知。已上洪武。
張世寧 永福知縣。　王鐔 吏目。　李勉 亳縣教諭。　朱鼒 後軍都督府經歷。
劉執中 江夏知縣。　何晏　龍淇 威縣知縣。　吴真 交阯細江主簿。
龍凌 威縣知縣。　何澧　馮泰　王琳 金堂主簿。
郭弘　冷泉　袁閏　易震 潮城知縣。
馮璘 孝感縣丞。　常質 開封經歷。　孫胤 梧州照磨。已上永樂。　楊明 汝原教諭。
楊晟 鹽井衛經歷。　楊簡 建寧照磨。　龔顯 武驤右衛經歷。　潘紹 棗陽訓導。已上宣德。

謝正 閩縣知縣。
朱良
王質
龍綱 通州州判。
辛節 閩縣知縣。
伍純 濟南通判。
朱亮
鍾昱 韶州經歷。已上正統。
葉洪
鄧璋 惠安主簿。
張節 寧國檢校。
朱紹 桃源主簿。
郭儀
鄧璘 已上景泰。
周鉉 荊府工正。
楊濤 全州學正。
何英 已上天順。
陳瑚 建寧訓導。
龍毓霖 大名訓導〔六七〕。
龍時舉 章明知縣。
鐘鼎 雷州訓導。
王昌 徐州吏目。
龍清
郭溥 徐州訓導。
高亮
楊恭 瀋陽王府教授。
李瑛 開建訓導。
伍祥 祁陽訓導。
李珵 揭陽訓導。已上成化。
李時
黃璿 松溪訓導。
李升
吳俊 縣丞。
鄒泰
辛輔
唐希賢 縣丞。
施貴
孫持
林松
諶高 已上弘治。
楊傑
孫鳳
張鎰
辛相

恩例入監

柳彰 辰州推官。
劉敬 永州檢校。
蘇貴 咸寧知縣。
任和 湯溪縣丞。
彭寬 吏目。
朱禮 平樂府經歷。
蕭循 衛經歷。
高昺 平陽縣丞。
周偉 主簿。
廖喧
高暹
易大器

王萬川　曹華 訓導。　郭恂 教諭。已上應天順初四十以上例。

易相 應成化元年軍餉例。　歐陽鸞 安平州吏目。　歐陽相 已上應成化二十一年納粟例。

龍復初　甘露　張煥

石宮 已上應正德四年納銀例。　龍旻 暹子。以父蔭。

辟舉

袁子文〔六八〕宜春。洪武初舉儒士。官至禮部郎中。　簡迪 萍鄉。洪武初舉明經。任監察御史。

劉仲質 分宜。洪武初舉儒士。見《人物》。　歐陽汶 萬載。洪武六年舉儒士。任本縣教諭。

彭源 萍鄉。舉明經。任訓導。　文貫 萍鄉。舉明經。任訓導。

張益謙 萬載。洪武八年舉儒士。任本縣訓導。　湯以敬 萬載。洪武八年舉人才。

吳彥文 萬載。洪武八年舉人才。　黃伯奇 分宜。洪武間舉才行老成。見《人物》。

張用中 萬載。洪武十三年舉人才。景陵教諭。　李善伯 分宜。洪武十三年舉茂異。商水知縣。

王登 萬載。洪武十三年舉秀才。仕終鹽課提舉。　楊益中 萬載。洪武十二年舉秀才。宜都主簿。

簡良昭〔六九〕分宜。洪武間舉懷才抱德。沔陽同知〔七〇〕。　簡子憲 分宜。洪武間舉賢良方正。汀州同知。

朱如真 萬載。洪武間舉儒士。任本縣訓導。　周彥清 分宜。洪武間舉人才。任河間府經歷。

夏均奇 分宜。洪武間舉人才。任翁源知縣。　王淩霄 分宜。洪武間舉孝廉。任平陽同知。

歐陽輝 萬載。洪武間舉儒士。本縣儒學教諭。　羅漢卿 分宜。洪武間舉人才。任寧國知縣。

尹源　萬載。洪武二十五年舉儒士。任本縣教諭。

彭務政　分宜。洪武二十八年舉人才。衛經歷。

陳伯良　萬載。永樂六年舉人才。

郭彦明　萬載。永樂二十三年舉人才。

龍暹　景昇。宜春。正統初舉童子，工大字。授中書舍人，直内閣。莅事慎勤，爲元老所重。升禮部員外郎，預修英、憲兩廟實録。遷郎中，累進太常卿，食從二品俸。給驛還家，卒，訃聞，遣官諭祭①營葬。

張立綱　分宜。

歐陽汶　分宜。景泰五年舉經明行修。見《人物》。

蘇貴彰　宜春。舉譯書。任通政司經歷。

蘇銓　舉譯書。任光禄署丞。

蘇和　舉譯書。任鴻臚序班，改餘杭縣丞。

蘇穏　舉譯書。任鴻臚主簿。

蘇𥡴　銓子。舉譯書。任鴻臚序班。

吏員

李文節　宜春。洪武間任工部主事。

袁朝陽　宜春。洪武間任兵部主事。升員外郎。

嚴迪聰　分宜。任黄州推官，有能名，升大理評事，官至太僕寺丞，食少卿俸。

歐陽遵學　分宜。永樂初，中允吴均薦入文淵閣纂修《大典》。書成，授富陽縣丞。有惠政，卒於官。學士劉球銘墓，稱其廉孝。

黄迪行　分宜。嘗奏本府重租事。

① 諭祭：謂天子下旨祭祀臣子。明袁中道《東游日記》：『文莊知之，上聞於朝，遣使諭祭。』

李子廉 分宜。有士行。任常熟縣丞。作堂，名『正心』，學士劉球記。官至西城兵馬。

張智 萍鄉。任遂昌縣丞。正統末，征賊，死於敵，追贈布政司理問①。

許中和 萍鄉。任麗水縣丞。正統末，被檄征賊，死於敵，追贈布政司理問。

曾用賢 萍鄉。大理評事。

歐陽孟江 萬載。任都察院照磨。乞休家居，有旨支七品俸閑任。

〔校勘記〕

〔一〕據《康熙志》卷之九、《嘉慶志》卷二十一載，湛賁之後尚有宋迪（貞元十三年）、錢識（元和五年）、賈譽（元和七年）、易之武（寶曆元年）、楊鴻（開成二年）、謝防（會昌元年）等六人，本書闕載。

〔二〕『會昌間』，《康熙志》卷之九、《嘉慶志》卷二十一作『會昌三年』。

〔三〕據《嘉慶志》卷二十一載，魯受之後尚有徐渙（大中十年）、伊播（咸通四年）二人。

〔四〕『咸通元年』，《康熙志》卷之九、《嘉慶志》卷二十一作『開成元年』。

〔五〕『咸通間』，《康熙志》卷之九、《嘉慶志》卷二十一作『咸通六年』。又於盧文秀之後有魯繇、何迎二人。

〔六〕據《康熙志》卷之九、《嘉慶志》卷二十一載，鄭谷之後尚有唐廩、陳炯、何幼孫、李旭等四人。

〔七〕『二年』，《康熙志》卷之九、《嘉慶志》卷二十一作『三年』。按大順爲唐昭宗年號，不存在大順三年，應以本書爲是。

〔八〕《康熙志》卷之九、《嘉慶志》卷二十一系於景福二年。

〔九〕『二百首』，《康熙志》卷之九、《嘉慶志》卷二十五作『三百首』。

① 理問：官名。元行省有理問所，置理問、副理問等官。明清時爲布政使司直屬官員之一，掌勘核刑名。

〔一〇〕『乾祐』，《康熙志》卷之九、《嘉慶志》卷二十五作『乾寧』。按乾寧爲唐昭宗年號（八九四—八九八），乾祐爲五代後漢高祖劉知遠年號（九四八—九五〇），二者相差近五十年，未知孰是。

〔一一〕據《康熙志》卷之九、《嘉慶志》卷二十一載，之後有劉式一人，而唐廩、李徵古則闕載。

〔一二〕王欽若《康熙志》、《嘉慶志》未載。按：據《宋史》卷二百九十六，梁顥爲雍熙二年進士。故此處『三年』或爲『二年』之誤。

〔一三〕『元年』原作『九年』。按端拱共二年，無端拱九年，且程宿爲端拱元年狀元。故知『九年』乃『元年』之誤。然《康熙志》卷之九、《嘉慶志》卷二十一許載與姚道古均作端拱二年陳堯叟榜。未知孰是。

〔一四〕據《康熙志》卷之九、《嘉慶志》卷二十一載，何朝宗之前尚有：雍熙二年梁顥榜易少儀；端拱二年陳堯叟榜姚道古，淳化三年孫何榜胡從義、胡咸秩、戴國貞、劉説、李儀等七人。又『陳堯咨』原作『程堯咨』，徑改。

〔一五〕據《康熙志》卷之九、《嘉慶志》卷二十一載，李衢之前尚有易綸一人，之後有大中祥符八年蔡齊榜易隨。

〔一六〕『天禧三年王整榜』，原作『天禧二年王拯榜』。《康熙志》卷之九、《嘉慶志》卷二十一於『夏侯錫』條下注云『天聖二年宋郊榜』，又於『易著明』條下注云『天禧二年王整榜』。按：王整，字子齊，乃天禧三年狀元。

〔一七〕『李士燮』，《康熙志》卷之九、《嘉慶志》卷二十一作『李粱』，並注云『一名士燮』。另本榜進士尚有李拱、李稷、袁邇臣、李矩等四人。

〔一八〕據《康熙志》卷之九、《嘉慶志》卷二十一載，朱彦博之前尚有皇佑五年鄭獬榜張拱之一人。

〔一九〕『彭汝礪』，原作『彭汶礪』，今據《宋史》卷三百四十六、《康熙志》卷之九、《嘉慶志》卷二十一改。

〔二〇〕據《康熙志》卷之九、《嘉慶志》卷二十一載，羅尚友之後有熙寧三年葉祖洽榜黄醇一人。

〔二一〕『余中』，《康熙志》卷之九、《嘉慶志》卷二十一作『余忠』。傅璇琮主編《宋登科記考》卷六采各本作『余中』。按：中字正道，故名當以本書及《宋登科記考》爲是。

〔二二〕『夏侯公績』、『焦蹈』，《康熙志》卷之九、《嘉慶志》卷二十一均分别作『夏侯績』、『焦韜』。

〔二三〕『曹傳』，《康熙志》卷之九、《嘉慶志》卷二十一的作『曹傳』，《宋登科記考》采各本亦作『曹傳』。

〔二四〕據《康熙志》卷之九、《嘉慶志》卷二十一載，李格之後尚有曹迫、崇寧二年霍端友榜曹邁二人。

〔二五〕據《嘉慶志》卷二十一載，湯夢覿之後還有夏侯安雅、政和二年莫儔榜黄裳元、政和五年何㮚榜羅長康、黄澤厚、費昭祖等五人。

〔二六〕『王嘉』，《康熙志》卷之九、《嘉慶志》卷二十一、《宋登科記考》作『王昂』，另李珏之前還有駱仲舉、宣和三年何涣榜鍾碩、鍾琬、趙安仁等四人。

〔二七〕『宣和間』，《康熙志》卷之九、《嘉慶志》卷二十一作『宣和六年沈晦榜』，另李師愈之後尚有易元英、黄次元、羅長民等三人。

〔二八〕『文彦光』，《康熙志》卷之九、《嘉慶志》卷二十一作『文彦元』。另文彦光之後還有喻榆一人。

〔二九〕『紹興張孝祥榜』，《康熙志》卷之九、《嘉慶志》卷二十一作『紹興二十四年張孝祥榜』，且歐陽椿之前有紹興五年汪應辰榜李祖樞、紹興十二年陳誠之榜潘郢、彭蔚等三人；之後有紹興三十年梁克家榜袁孝顯、龍興元年木待問榜趙善敫等二人。

〔三〇〕據《康熙志》卷之九、《嘉慶志》卷二十一載，乾道二年蕭國梁榜還有郭昌明、彭大年等二人。『蕭國梁』，《嘉慶志》卷二十一作『蕭國良』。

〔三一〕據《康熙志》卷之九、《嘉慶志》卷二十一載，彭公信之後有淳熙五年姚穎榜趙伯薇一人。

〔三二〕據《康熙志》卷之九、《嘉慶志》卷二十一載，吴琯之後有淳熙十一年衛涇榜石鎮、李長民二人。

〔三三〕據《康熙志》卷之九、《嘉慶志》卷二十一載，淳熙十四年王容榜還有趙善諲一人。

〔三四〕『沈莊可』，《康熙志》卷之九、《嘉慶志》卷二十一闕載。按本書注云『孝宗時進士』，則爲紹興、龍興、乾道、淳熙年間。如順序無誤，則沈莊可亦應爲淳熙年間進士。

〔三五〕『紹熙』，原作『紹興』。按前有『紹興』，此處不得再有『紹興』，『紹興』與『慶元』之間當爲『紹熙』，《康熙志》卷之九、《嘉慶志》卷二十一正作『紹熙』，今據改。下文『周大德』條並改。

〔三六〕據《康熙志》卷之九、《嘉慶志》卷二十一載，紹熙元年余復榜還有趙善救、趙㑺夫，張嗣古等三人，余復榜之後有淳熙四年陳亮榜歐陽琯、劉堪，慶元二年鄒應龍榜黃淮，嘉泰二年傅行簡榜趙汝鏠、張耕，嘉定元年鄭自誠榜趙師仟，嘉定四年趙建大榜趙崇渭、文琯，嘉定七年袁甫榜趙崇玠，嘉定十年吴潛榜劉日宣、王孚，嘉定十五年劉渭榜趙熙夫等十二人。

〔三七〕據《康熙志》卷之九、《嘉慶志》卷二十一載，寶慶二年王會龍榜還有趙彦俒、趙崇微、趙師回、趙汝鑰、趙汝棨、趙汝鎡等六人。

〔三八〕「理宗時進士」，《康熙志》卷之九、《嘉慶志》卷二十一、傅璇琮《宋登科記考》均係於景定三年方山京榜。

〔三九〕據《康熙志》卷之九、《嘉慶志》卷二十一載，同榜進士還有潘詵、趙希琄、趙彦閏、趙汝珻等五人。

〔四〇〕據《康熙志》卷之九、《嘉慶志》卷二十一載，紹定五年徐元杰榜還有何簡易一人。

〔四一〕據《康熙志》卷之九、《嘉慶志》卷二十一載，端平二年吴叔吉榜還有趙時皓一人，之後有嘉熙二年周坦榜李發一人。「吴叔吉」，《嘉慶志》卷二十一同，《康熙志》卷之九與《宋登科記考》均作「吴叔告」。

〔四二〕據《康熙志》卷之九、《嘉慶志》卷二十一載，淳祐十年方逢辰榜之後有寶祐四年文天祥榜甘談、田鎮則、周明復等三人。

〔四三〕「咸淳間」，《康熙志》卷之九、《嘉慶志》卷二十一均系於咸淳十年王龍澤榜。

〔四四〕據《康熙志》卷之九、《嘉慶志》卷二十一載，宋應登之後有咸淳間歐陽承宗一人，並注云「見《分宜志》」。

〔四五〕「宋末進士」，按《嘉慶志》卷二十一系於咸淳十年王龍澤榜。

〔四六〕按：《嘉慶志》卷二十一「登科不記年」條下還有朱鼎、彭疇、方榮甫、邱榮等四人。

〔四七〕據《康熙志》卷之九、《嘉慶志》卷二十一載，夏鎮之後尚有張榮一人。

〔四八〕「錫之孫」原作「公續孫」。按據本書卷八《人物》「夏侯錫」條可知，士章乃錫之裔孫。《康熙志》卷之九、《嘉慶志》卷二十一均作「錫之孫」。

〔四九〕《康熙志》卷之九系黃蛊和夏侯士章袁州海牙于至正，年份不明，而《嘉慶志》系黃蛊于至正二十年、袁州海牙于至正四年、夏侯士章于至正二年。且附不計年李喆一人。

〔五〇〕據《康熙志》卷之九、《嘉慶志》卷二十一載，洪武乙丑丁顯榜還有朱秉恭一人。

〔五一〕據《嘉慶志》卷二十一載，正德丁丑舒芬榜之前有正德戊辰呂柟榜李彦一人。

〔五二〕『十一年』，原作『十二年』，誤。正德十一年爲丙子，今徑改。

〔五三〕『李香』，據《嘉慶志》卷二十一，與黄表（分宜人）同系於正德辛巳（十六年）楊維聰榜。

〔五四〕據《嘉慶志》卷二十二載，彭偉之前有袁慶祥一人。

〔五五〕『劉仕忠』，《康熙志》卷之九、《嘉慶志》卷二十二作『高仕忠』。按：劉仕忠子劉琬、孫劉祉，本安福人，高姓。見卷三校記一五條。

〔五六〕據《嘉慶志》卷二十二載，彭思哲之後有羅宗素一人。

〔五七〕據《嘉慶志》卷二十二載，敖文昌之後有李汝楫一人。

〔五八〕『朱城』，《嘉慶志》卷二十二作『宗城』。按：宗城，疑即廣宗城，隋時避太子楊廣諱，改爲宗城。未見有名朱城者。

〔五九〕『尹重』，《康熙志》卷之九、《嘉慶志》卷二十二作『尹童』。

〔六〇〕據《康熙志》卷之九、《嘉慶志》卷二十二載，李性忠之前有宋代黄嘉和元代何仲淳二人。

〔六一〕據《康熙志》卷之九、《嘉慶志》卷二十二載，『陽文真』作『歐陽文真』，且其後尚有袁再生、陽德勝二人。

〔六二〕據《嘉慶志》卷二十二，『許奇』之前有『文郁』一人。

〔六三〕『陽宗知縣』，原作『宗陽知縣』。《嘉慶志》卷二十二作『陽宗知縣』。按：陽宗乃雲南陽宗縣，今據改。另，鐘秀之後尚有黄頤一人，本書闕載。

〔六四〕《嘉慶志》卷二十二，棨琮之後有魏徽一人。

〔六五〕楚府，《嘉慶志》卷二十二作『趙府』，劉志之後有張輝一人，本書闕載。

〔六六〕據《嘉慶志》卷二十二載，李昂之後有文瓚、周昌二人，本書闕載。

〔六七〕『大名』，原作『大明』，《嘉慶志》卷二十二作『大名』，今據改。

〔六八〕本書只載明代辟舉名録，據《嘉慶志》卷二十三載，歷代辟舉尚有漢陳重，宋彭舉正、譚綺、文彦直、朱畋、龍以禮，元彭應雷、彭簡、歐陽時遇等十人。

〔六九〕『簡良昭』，《嘉慶志》卷二十三作『簡良炤』。

〔七〇〕《嘉慶志》卷二十三宜春吏員還有王仲等十四人，應該不全是修志之後，疑本書有遺漏。

袁州府志卷之八

人物

漢

陳重，字景公，宜春旌儒鄉人（今隸分宜）。少與鄱陽雷義爲友，俱學魯氏《詩》、顏氏《春秋》。太守張雲舉重孝廉，重以讓義，雲不聽。明年，義亦以孝廉舉，重與俱在郎署。有同署郎負息錢數十萬，責①主日至。重密爲代還，終不言惠。又同舍郎誤持鄰舍郎絝以歸，主疑重所取，重不辨而市絝以償之。後同舍郎以絝還主，其事乃顯。後與義俱拜尚書郎，義黜，重亦以病免。義歸，舉茂才，讓於重，刺史不聽，義遂不應命。鄉里爲之語曰：『膠漆自謂堅，不如雷與陳。』後三府同時俱辟二人。重爲細陽令，政有異化，遷會稽太守。後爲司徒所辟，拜侍御史。

彭翼，宜春人。獻帝時歷官建平、長沙、北海三郡太守，封宜春侯。

施游，宜春人。仕爲太常博士、安南將軍、九江太守，封宜春侯。

---

① 責：債的古字。

晋

袁京，宜春人。不樂仕進，隱居府城東北五里山，時人因名袁山，郡守爲立高士坊。

唐

彭雲[一]一名構雲。宜春人。自幼學通陰陽圖緯，隱居不求聞達。玄宗遣使者以蒲輪召之至再，始行。命之官，不就辭歸。孫伉，貞元間舉進士，歷官石泉令、岳州録參，有能稱。

韋無强，宜春人。隱居十五年不出户。郡守董禛[二]欲表不求聞達科，固辭不就，爲立逍遥坊表之。

湛賁，宜春人。初爲郡吏。其妻與郡士彭伉妻姊妹也。伉登第，親族往賀，座上皆名士，獨飯賁於後閣。賁自是感憤力學，一舉擢上第。

盧肇，字子發，宜春文標鄉人（今隸分宜）。自幼穎拔不群。會昌三年進士第一，累官集賢學士，歷歙、宣、池、吉四州刺史，所至有治聲。著述尤多，有《文標集》三卷、《海潮賦》一卷行於世。子文秀，咸通間進士，官至弘文館學士。

黄頗，字無頗，宜春江夏里人。少負異材。師韓退之爲古文，聲名大振，與盧肇氣不相下。會昌間登進士，歷官御史。著文千餘篇。

易重，字鼎臣，宜春人。會昌中張瀆榜進士第二。入内廷再考，張被黜，升重第一。寄家詩云『一春攀折兩重枝』。官至大理評事。

廖洪，萬載人。家貧，養親至孝。大中初，二親亡，洪捧土成塋，結廬墓側，有青蛇白獸之異。咸通間，縣令朱邵[三]以聞，詔加旌表。

袁皓，字退山，宜春人。博學能文章。咸通間舉進士，累官吉、撫二州刺史、集賢殿圖書使。自號『碧池處士』。

有《碧池書》三十卷、《集道林詩》二卷。

鄭谷，字守愚，宜春人。七歲能詩，司空圖見而奇之，因拊其背曰：「當爲一代風騷主。」光啓三年舉進士，授京兆鄠縣尉。乾寧間，以都官郎中退居仰山書堂，卒。有《宜陽集》三卷，號《雲臺編》。其詩清婉明白，爲薛能輩所稱。時僧齊己亦以能詩名，及見谷，深敬服焉。其詠鷓鴣詩尤工，世號「鄭鷓鴣」。

鍾傳，萬載人。以負販自業。僖宗時，討王仙芝有功，拜江西團練使，俄拜嶺南節度使、檢校太保、中書令，爵潁川郡王，尋徙南平王。黄巢亂後，州縣廢貢舉，惟傳歲薦士，行鄉飲禮，率官屬資以裝齎①，故士不遠千里趨之。傳少時好射獵。嘗醉遇虎，與鬥，持虎不置，會人斬虎。及貴，嘆曰：「士處世尚智謀，勿效吾暴虎②。」因畫搏虎狀以戒子孫焉。

南唐

王轂，宜春人。南唐初登第。長於樂府，有《鴻門詞》《苦熱行》《暑日觀道旁樹》《玉樹曲》，膾炙人口。

宋齊丘，字子嵩，萬載人。祖震，會昌初進士，爲唐寧縣令，贈衡州刺史、檢校司空。父訥，天復二年攝鎮南軍節度使推官，守大理評事。齊丘好學，善屬文。李昪刺金陵，延四方士，齊丘往依焉，甚被親禮。時朱瑾之難，丘嘗參預謀議。徐温惡之，以爲殿直判官，凡十餘年不遷。温卒，遂擢拜左右司員外郎中，累遷諫議大夫、兵部侍郎參議機密，甚愜③民望。後爲洪州節度使，遷大傅大保，封青陽公。後乞歸九華山，賜號「九華先生」。

---

① 裝齎：隨行所携帶的財物。《漢書·爰盎傳》：「及盎使吴見守，從史適在守盎校爲司馬，乃悉以其裝齎買二石醇醪。」顔師古注：「裝齎，謂所齎衣物自隨者也。」

② 暴虎：空手和老虎搏鬥。《詩·鄭風·大叔于田》：「襢裼暴虎，獻於公所。」毛傳：「暴虎，空手以搏之。」

③ 愜：快心；滿足。

著《化書》《理訓》各十卷。

李徵古，萬載人。仕南唐爲尚書吏部郎中。保大十年，除本州刺史。自唐末五季之亂，宜春更刺史皆武夫勛臣，徵古始以儒術飾吏事。修舊起廢，崇重儒士，雖四方雲擾，弦誦①獨不衰焉。

徐鉉，字乾璹，萬載人。十歲能文。交泰中，爲左右廂兵馬檢校、國子祭酒兼御史中丞。有材辯，時稱爲『江南文士』。

盧絳，字晉卿，肇族子。磊落有大志，好言當時利害。舉進士不第，投筆入金陵，詣後唐主上疏。未報，復詣樞密陳喬獻書。喬異之，表署本院承旨，遷沿江巡檢，累遷沿江都部署。宋平金陵，諸郡皆下，絳獨不順。數遣使諭旨，久之，乃降。宋太祖問：『何久不降？』對曰：『臣知事李氏而已。』太祖大義之。

宋

易言，字應之。任俠有口才。真宗朝，履水蛮寇宜州，邊帥不能制，募辨士往説之。言應召，单騎而往。酋長迎待甚歡，竟歸順息兵。真宗嘉之，錫以官。言任氣，居官不能久。後元昊擾邊，近臣多薦言可任。上見其老，不欲遣行，但令赴流内銓注〔四〕樞府司户。嘗著《排奸黨説》，極論崇寧人材之弊。年八十卒。

李衢，字叔達，宜春人，西平王晟之後。大中祥符元年登第，官至屯田員外郎。子士安，官至朝奉大夫；士燮，職方員外郎。孫珏，登政和第。

夏侯錫，分宜人。天禧二年王整〔五〕榜進士。歷衡州司理、知蒙陽縣、吉州判官，後知南康、興化軍，皆有善政。治平四年，以朝奉郎官至尚書都官屯田郎中致仕。子公績，元豐八年進士。裔孫士章，元至正間以明經登第。

① 弦誦：弦歌誦讀，亦指詩禮教化、學校教育。《晉書·儒林傳序》：『雖尊儒勸學，亟降於綸言；東序西膠，未聞於弦誦。』

歷桃源教諭、瑞州教授，改本州教授。

李奇，字子正，宜春人。景祐初進士，職方員外郎。性慷慨，不事産業。既得官，悉以祖産遺諸弟，而戒子孫不得進取。既卒，人挽以詩云：『祖來産業分兄弟，身後詩書遺子孫。』

李觀，衢從孫。少讀書過目即成誦。慶曆二年，試南宫，賦偶失韵。主事見其策，稱賞，特爲奏名登第。時方冠，知清江縣。熙寧初，爲太官令，言役法不便，出倅括蒼。題詩直廳，有『自知不是封侯骨，夜夜江山入夢來』之句。元祐初，監江州太平興國觀。司馬温公薦之，除知虔州，不就，請監南嶽廟以歸。觀好神仙學，嘗創玉溪洞，自號『玉溪叟』。有抱一堂，終日醉吟其間，於世味淡如也。

朱彦博，萍鄉人。嘉定間進士，通判潁州。上書神宗，極言當時利害。歷知虔、虢、解三州，所至有聲。嚴而不苛，明而不察，官吏畏之如神。子畋，朝奉郎。

彭持，字知權，分宜人。口吃，内敏，爲文有西漢風。少時謁知州事張顒，令賦詩，立就，張大稱賞。後在成均，與孔武仲齊名，同領鄉薦。明春，登上第。元豐中，自司農丞出爲監司，號『霹靂手』。終奉議郎、江西提舉。

梁公价，字寶臣，分宜人。幼孤。博極群書。熙寧六年進士，調贛縣主簿，升承信郎，守四門博士致仕。

曹傅，宜春人。弟藻、子遷同登元祐[六]三年進士第，顔其堂曰『三桂』。傅後以朝請郎知常州。藻，宣教郎，宰益陽。遷，通直郎，知柳州[七]。

彭俞，字濟川，宜春人。少隱集雲峰亭。精《易》學，自號『連山子』。紹聖四年舉進士，知溧陽縣，雪冤甚多，帥臣監司交薦之。官至朝散郎。有《君子傳》三卷、《循吏龜鑑議》[八]十二卷、《文集》二百卷、《貫道編》[九]五卷、《時議》一卷，其餘著述甚富。

李格，字承之，萍鄉人。幼孤，好學不倦。家貧，躬爨，手不釋卷。目重瞳，觀書五行俱下。既長，通五經。元符三年舉進士。爲人特立，歷州縣，同官多憚之。嘗著《墨梅墨蘭賦》《子産論》《春秋指歸》，皆傳於世。

湯夢覩，萍鄉人。崇寧間舉進士，知循州。時蠻寇劫掠旁郡，不敢入其境，自相戒曰：『切莫犯此老子。』朝廷聞而嘉之。

蕭杞，萬載人。宣和六年正奏名第六。杞長於《易》大衍之數。剛果不苟合。歷官州郡，有治聲。終廣州通判，遷市舶提舉。

李師愈，字夢授，分宜人。宣和間舉進士，調永新主簿、貴池縣丞。未之官，隱於家。扁其堂曰『見一』，取『林下何曾見一人〔一〇〕』之意。有《文集》十五卷。

鄭銓，字應權，宜春人。博通六經。兩貢上舍①不遇，因歸教授鄉里。不求聞達，自號『應菴』。性儉約通顯，奉養如寒素時。尤工大書。累章告老，詔以顯謨閣待制致仕。積官至宣奉大夫。

郟元鼎，字寶之〔一一〕，宜春人。受業於應菴，問學該貫，爲鄉里所推重。號『易齋』。鄉舉數不第。卒，無嗣，郡達官出其門者每歲裒金拜掃其墓。

張瑄，字子律，宜春人。少穎悟不群，從郟易齋受業。爲文渾厚，熟於典故，尤工五言詩。歷州縣以材諝②稱，立朝靖重③不苟。守嘉興，卒。上念之，加直秘閣。瑄平居不事生産，仕至二千石，喪歸無屋可廬，其清約如此。然勇於爲義，人有急則投袂④應之，未嘗以匱乏辭。子嗣古，起居舍人，有文行。

黄嘉，萍鄉人，太學生。靖康間，同陳東輩伏闕上書，又詣開封府尹王時雍，曰：『初以尹獻《熙豐十事》，將謂有爲，今乃奸邪如此！』時雍退避。梅山見嘉輩，曰：『諸君日食國家二升米，乃能如此，某等有愧多矣。』

---

① 上舍：宋代太學分外舍、内舍和上舍，學生可按照一定的條件依次上升。
② 材諝：才智。宋曾鞏《禮部制》：『宜得智謀材諝之士以修厥官。』
③ 靖重：安詳凝重。《宋史·富紹庭傳》：『紹庭字德先，性靖重，能守家法。』
④ 投袂：甩袖。形容激動奮發。《左傳·宣公十四年》：『楚子聞之，投袂而起。』

後終廉州法司。

歐陽椿，字永年，分宜人。本廬陵六一先生之族。紹興張孝祥榜登第。瑞金主簿、道州判官，改臨江判官。淳熙七年，改儒林郎、永州教授。復進通直郎，賜緋魚服。又升奉議郎，勇退而歸。蕭散林泉，號『宜林老人』。有《自備集》行於世[一二]。

繆綺[一三]，字德新。幼力學，有偉氣。高宗爲康王時，從往河北，與虜議和。及即位，官承信郎，一日間加至十三資。

趙善堅，字德固，宋宗室，家於袁。乾道間舉進士。嘗通判婺州，朱文公爲常平使者，深器重之。時大旱，奉行荒政，全活甚衆。五典名藩，所至以『廉能』稱。官至户部尚書。

孟浩，字養直，宜春人。乾道間知武寧縣，有聲。累遷知湖州，以忤權貴罷。後復起，官至直秘閣。爲人廉介，一毫不妄取予。爲文章有法度，所著有《鼯技集》[一四]。

文彦直，字益之，萍鄉人。端謹温粹，通《周易》大義。好學無間，寒暑避難，手不釋卷。紹興初，以恩調漢陽軍判官，終淮陽節度推官。

夏執中，字子權，宜春人。父協，生女有異光穿室。及長，爲孝宗后。后始貴，協已亡。訪得執中，補承信郎、閤門祇候。未幾，遷右武郎、閤門宣贊舍人。初，執中與其微時妻至京，宫人諷，使出之，擇配貴族，欲以媚后，執中弗爲動。他日，后親爲言，執中誦宋弘語以對，后不能奪。執中既貴，始從師學大字，頗工。復善騎射。高宗行慶壽禮，近戚争獻珍玩，執中獨大書『一人有慶，萬壽無疆』以獻。高宗喜，錫賚甚渥。嘗爲館伴副使，連射皆中，金人駭服。孝宗聞其才，將召用之，謝曰：『他日無累陛下，保全足矣。』人以此益賢之。屢遷奉國軍節度使，提舉萬壽觀。寧宗即位，加至少保，卒。

胡安之，字叔器，萍鄉人，號『自齋』。受業朱晦庵先生之門，經史疑義多所著述。郡守程公許葺南軒書院，聘安之爲諸生講說。

孫億，字延齡，分宜人。舉進士，知吉州[一五]。吉民歲市縑六萬餘匹，主外計者收帑錢以供他費，給鹽以償民縑。億發其弊。吉租歲收四十萬斛，漕臣意在聚斂，戒庾吏①收什二以充羨餘。億拒臺命，出納一用倉式。卒，蒙贈葬，俞襄公靖[一六]爲志其墓。

孫汲，字公善，分宜人，寄籍臨江。應舉，由朝散郎。監司知其材，檄攝吉州守事。不逾月，境内稱治。時黄庭堅宰大和，有詩贈之曰：『宜春别駕鄉丈人，來假廬陵二千石。』

易充，字正翁，號中洲，分宜人。唐狀元重之後。幼聰敏拔群，年十六七博通《易》《書》《詩》，號『三經處士』。教授鄉閭，遠近從學者甚衆。所著有《中洲文集》。

胡從義，萍鄉人。少爲吏，後業儒，力學刻苦。舉進士，仕至員外郎。

元

趙榮，字榮甫，號東溪。由吏學發身，仕至朝請大夫、袁州路萍鄉州知州致仕。子彦文以賢才徵，知閩縣事。

袁州海牙，字伯源，高昌人。其祖名也初，任袁税務太使，因家於宜春。海牙以《詩經》登至正甲申進士第，授承事郎、進賢縣達魯花赤。公勤廉能，興利除害。增公廨，新學校，爲士民仰戴。善屬文②。其弟中都海牙亦以鄉進士授教官。

---

① 庾吏：《周禮》中有『庾人』之官，負責養馬。此處『庾吏』蓋指管理倉庫之類的小官吏。

② 屬文：撰寫文章。《宋史·儒林傳三·程大昌》：『程大昌，字泰之。徽州休寧人。十歲能屬文。』

歐陽玄，字原功，號圭齋。其先分宜防里人，自其祖遷瀏陽。玄魁①湖廣鄉貢，進士及第。歷官翰林學士承旨。文章道德師表當世云。

彭應雷，字震卿，分宜人。延祐間以儒業任南寧判官，遷同知蘭溪州事。有清白聲。擢知象州，秩滿引年，用奉訓大夫、安福州知州致仕。

夏以忠，字尚之，宜春人。宋成恭后父族，號『懷魯軒』。以《春秋》試大都路流寓科第二，授翰林國史院編修官，調國子助教，遷太史院都事〔一七〕。王師克燕，拔其知名士官之，以忠獨以老病乞歸。會遣使搜訪元史，强之如江廣。以忠辭不得命，乃行，至番禺卒。太史金華蘇伯衡著文哀之。

夏鎮，字定遠，號果齋，宜春人。以《春秋》登進士第，任茶陵州判官，終奉訓大夫。鎮學行端飭②，爲文章簡古有法，學者多宗之。

彭繼凱，分宜人。至正壬辰三月，歐普祥寇陷袁州。夏四月，繼凱募義士迎戰於山心，大敗之。適安福義士袁明東等亦引兵來會，遂並力克復，州治乃下。令禁殺掠，修城池，繕甲兵，吊死恤孤，民賴稍安。奉檄江西丞相伯顔令署本路同知事，因遣人詣贛，迎舊守寶童歸。寶童嫉其功，中秋夜宴，令刺客伺其酒酣殺之。城中驚擾，義士潰散。

黄盅，字子中，萬載人。受學於吴文正公澂。公奇其志學，遂以子妻之。題其書舍曰『大本堂』，虞文靖公集爲記。至正丁卯，舉鄉薦，任龍泉學教諭。

---

① 魁：獲得第一；中第一名。宋周密《癸辛雜識後集·太學文變》：『淳祐田辰，徐霖以書學魁南省。』

② 端飭：莊重謹慎。清周亮工《書影》卷五：『其人短小端飭，雙眸炯炯，高冠草履，不知貧賤之可戚也。』

大明

劉仲質，字文質，分宜人。自幼好學，博通經書。洪武初，舉爲宜春訓導，選入翰林，階文林郎，官至禮部尚書。

劉澤民，字朝佐，宜春人。邃經術，通詞章。洪武元年知縉雲縣，有德政，民以『劉父』稱。升嘉興府同知。

歐陽貞，字元春，分宜人。嘗受〔一八〕學豫章太史揭傒斯、鄉進士夏鎮。工古文詞，造詣深至。所著有《易問辨》三十卷〔一九〕，《史提鈎》七十卷，他詩文有《餘學初集》《龍江叢稿》《東齋寓録》《貧樂集》。性沖約①。遭亂，不樂仕進。國朝混一初，科舉法行，始以《易經》魁鄉試。仕考城、扶溝縣簿，以『廉簡』稱。未幾，以老病乞休，自號『石户農』。

黄子澄，名湜，以字行，分宜人。少從邑人歐陽貞受《易》、周與學受《尚書》、清江梁寅受《春秋》。博學，負俊聲。游鄉校，同舍避席，推爲高等。洪武癸亥，膺貢，入國學。明年，京闈鄉試第二，會試第一，進士及第。授翰林編修，升修撰，累官太常卿，見親重。高廟時，太宗靖難之師入，子澄死焉。

劉迪簡，其先安福人，徙居宜春。幼習儒業，通《易》《詩》《春秋》三經。國初徵授尚賓館副使，屢陳時務。進皇王太學通旨，使交址②。竣事，卒南寧。所著有《尚賓集》。孫衢舉鄉貢，通判常州，轉同知揚州，所至有治聲。

黄伯奇，分宜人。性資純篤，好禮尚義。洪武間，以才行老成舉，授金華知府。莅政嚴謹，吏服其能。

① 沖約：沖淡儉約。《南史·臧燾傳》：『宋武帝受命，拜太常。雖外戚貴顯，而彌自沖約。茅屋蔬飧，不改其舊。』

② 交址：一作『交趾』，又作『交阯』。原爲古地區名，泛指五嶺以南。漢武帝時爲所置十三刺史部之一，轄境相當今廣東、廣西大部和越南的北部、中部。東漢末改爲交州。越南於十世紀三十年代獨立建國後，宋亦稱其國爲交趾。

嚴孟衡，分宜人。永樂乙未進士，授監察御史。負才望，有聲院中，升浙江副使。丁外艱，服除，改四川。剛正嚴毅，人不敢干以私，所至貪濁悉自引去。論事侃侃，於人少許可，同列亦皆推讓其能。擢四川右布政使，卒於官。

易節，字時中，萬載人。永樂乙未進士。擢行人，歷禮部員外郎。才能著稱。宣德間，奉璽書知成都府事，升貴州左布政使。有惠政，夷人化服。卒於官。

郭瑾，字邦器，萬載人。永樂甲辰進士，擢刑科給事中。持身端謹。官至刑部右侍郎。

蕭義，字宜之，宜春人。舉成化辛丑進士，試政工部。奉命往營代藩葬，事集而人不擾。王賢之，授吏部稽勛主事。卒。義操履端慎，爲時所重。問學典實，文詞雅暢，袁士多師之。所著有《葵菴集》。

歐陽汶，字伯魯，分宜人。以經明行修〔二〇〕舉，授開封府學訓導，改永康。不受士贄，師範嚴整，進國子學録。嘗上疏論事，幾得禍。祭酒丘文莊公甚器之。遷周府長史，後改伊府。致仕家居，足迹不造城府，時論服其清介。

郭紳，字廷章，宜春人。舉成化乙未進士，授寧海知縣。擢監察御史，出知襄陽府。歷甘肅行太僕寺卿、貴州參政、福建布政，仕至南京刑部右侍郎，卒。紳器宇凝重①，雖歷崇顯而居鄉待人不設城府，寬厚簡樸，有長者風。

龍夔，字舜卿。舉進士，授禮部儀制主事。歷主客精膳員外。

---

① 凝重：莊重；穩重。《晉書·呂光載記》：「（呂光）沈毅凝重，寬簡有大量，喜怒不形於色。」

貞節

楊節婦 周氏，宜春人。蔚州同知楊伯憲妻。年十九歸伯憲，克堇婦道。甫六年，伯憲卒於官，周護喪歸葬。遺腹一子，撫教成立。養姑①二十餘年，敬孝如夫在時。年八十三卒。正統元年旌表其門。

張氏 宜春監生易相妻。相卒，張年二十七，無嗣。勵志守節，孀居四十餘年。鄉族重之。

劉顒妻蕭氏〔二一〕顒，府學生，卒時蕭年二十五。矢志不移，撫二孤有立。弘治十六年有司奏聞旌表。

陳烈婦袁氏 分宜石鎮陳九淵之妻。元季兵亂，邑萬户王同者聞袁美姿容，殺其夫，欲娶之。袁曰：『夫爲我死，當以死報。』遂自刎。

孫氏女 宋宜春別駕汲之裔。初受里人陽遵哲聘。哲謫戍遼東，父欲別擇所歸。女聞哲行，自縊死。

鄧氏 安福人。父秀，湖廣僉事。鄧十九歸府學生分宜歐陽鳳。鳳殁，無嗣，守節自誓。弘治十二年旌表。

宋氏 分宜學生趙璧妻。璧亡時年二十四，二孤一遺腹。撫育勞瘁、茹苦勵操三十餘年，鄉族稱之。

張節婦 敖氏，萬載張鼎實〔二二〕妻也。元末，敖舅姑②、夫俱斃於寇，敖時年一十餘〔二三〕。無子，以兄子爲嗣，撫訓成立。洪武二十三年旌表。

甘希魯妻鄧氏 萬載人。鄧年二十適希魯。卒，遺腹一子。家貧自織，撫其孤，有貞白操。

---

① 姑：丈夫的母親。婆婆。

② 舅姑：稱夫之父母。俗稱公婆。唐朱慶餘《近試上張籍水部》詩：『洞房昨夜停紅燭，待曉堂前拜舅姑。……』

封贈

嚴仲恭 以子孟衡貴，封監察御史。嚴仲温 以子迪聰貴，贈太僕寺丞。易子謙 以子節貴，贈禮部員外郎。羅用傑 以子恪貴，贈刑部郎中。歐陽俊質 以子鏞貴，贈燕山前衛經歷。劉愚魯 以子衢貴，贈常州通判。蘇體用 以子貴彰貴，贈通政司經歷。彭德明 以子述貴，贈棠邑知縣。蘇璉 以子貴貴，贈南京錦衣衛經歷。龍清 以孫暹貴，贈太常寺卿。龍瑛 以子暹貴，封禮部員外郎。劉仕忠 以子琬貴，贈監察御史加松江知府。郭子高 以孫紳貴，贈行太僕寺卿。郭和 以子紳貴，贈監察御史加贈行大僕寺卿。張偉 以子鳳貴，贈内黄縣知縣加贈沂州知州。嚴淮 以子嵩貴，贈翰林院編修。

仙釋

慧寂 韶州湞昌人[二四]，姓葉。學佛有戒行。唐開成中，入郴州王莽山。見山神，告以宜往處袁之仰山。慧寂行抵仰山，遂創庵以居。後有僧乘空而來，相講論，大有所契，且示以貝多葉梵書，乃騰空而去。江南觀察使韋宙奏請賜號。虚中 宜春人。唐末游湖湘，與齊己爲詩友。住湘西漂成寺[二五]。嘗寄華山司空圖侍郎詩曰：『門徑放莎垂，往來投刺稀。有時開御札，特地挂朝衣。嶽信僧傳去，天香鶴帶歸。他年周召化，無復更衰微。』司空有詩云：『十年華嶽峰前住，祇得虚中一首詩。』普庵印肅 姓余，宜春人，住慈化寺。嘗讀《華嚴經論》，豁然大悟，作偈曰：『捏不成團撥不開，何須南嶽與[二六]天台。六根門首無人問，惹得胡僧特地來。』後果有異僧至，與相詰難，一旦遂能默記旁通，知未來事。築室南嶺曰『普庵』，四方慕道者益衆。

法普 宋仁壽人。幼不茹葷，精勤踐履，苦行卓然。居仰山，緇流①多從之。宰相張商英聞於朝，賜以紫方服。後杖錫雲游。久之，復歸，思居静惠室。有僧在其中，夜夢神告曰：『此非汝所覺，即遷别舍。』明日，法普至，居之。宣和初，召住嶽麓，辭不往。

德一 宋宜春人。九歲出家，詣仰山參簡禅師。後雲游四方，禱雨輒應。

牧菴 宋鄞人。性專静。出家參佛眼禅師，造次②不忘提撕③。後登廬阜、游衡嶽，結茅棲焉，四方衲子聞風而至。樞密柳仲士鎮長沙，以衆望起之，往領住持。

仁公一初 住持分宜福勝寺。能詩。虞伯生過寺，相與酬和。虞詩：『江頭説與老禪知，玩水觀山豈定〔二七〕期？白髮自來無所處〔二八〕，黄花更老不嫌遲。爐煙繞座寒留宿，缺月窺簷〔二九〕夜誦詩。惟有峽中三石谾④，千年幾度見來時。』一初和：『老却黄花客未知，回舟旬日謾〔三〇〕相期。龍江話月銜杯久，獺徑看雲步屧⑤遲。天地長懸司馬記，山川有待杜陵詩。錦囊收拾同誰讀？側聽蛩聲入思時。』又答虞詩：『翰苑虞夫子，名聞四海傳。偶携天上月，來繫寺前船。一見如曾識，三生定有緣。不嫌雲卧冷，與我共留連。』

月樓上人 分宜棲真寺僧。工詩，圭齋爲序，稱其『思致清醇，氣格深妥』。

澈公一清 寶雲院長老。能詩，圭齋雅重之。

謝仲初 萬載人。修煉於閣皂山，得道而歸。過縣西，無水，拔劍刺地，涌泉甘潔。過江無舟，以竹葉渡之，登謝山冉冉去。

沈廷遂 宜春人。南唐尚書郎彬之子也。性坦率，豪於

---

① 緇流：僧徒。僧尼多穿黑衣，故稱。北魏楊衒之《洛陽伽藍記·城内胡統寺》：『（諸尼）常入宫與太后説法，其資養緇流，從無比也。』

② 造次：須臾，片刻。《魏書·禮志四》：『治身不得以造次忘，治國庸可而須臾忽也。』

③ 提撕：教導。北齊顔之推《顔氏家訓·序致》：『吾今所以復爲此者，非敢軌物範世也，業以整齊門内，提撕子孫。』

④ 谾：長大的山谷。宋歐陽修《廬山高贈同年劉中允歸南康》詩：『試往造乎其間兮，攀緣石磴窺空谾。』

⑤ 步屧：行走，漫步。《南史·袁粲傳》：『（袁粲）又嘗步屧白楊郊野間，道遇一士大夫，便呼與酣飲。』亦指脚步聲或指脚步。明王世貞《莫參政子良張山人携飲天寧寺作》詩：『東風依步屧，愛此禪房幽。』

觴詠，舉動異衆。盛夏附火，嚴冬单衣。遇深山古洞，竟日不返。時人異之，呼爲「沈道者」。羅昇　宋宜春人。少貧，業屠狗，晚乃貨藥市中。遇異人，授以方術，年幾百。忽一日，辭親戚，奄然而逝。時政和八年也。後人見其在瀏陽市貨藥。有書寄鄉人，驗其日，乃殁之明日也。懶懶道人　周樞，字寰中，安福人。通儒術，能詩。居分宜洞靈觀，有道行。洪武間至京，禱雨有應，朝廷嘉之。

〔校勘記〕

〔一〕「彭雲」，《嘉慶志》卷二十五作「彭雲構」。
〔二〕「董禛」，《嘉慶志》卷二十五作「董禎」。
〔三〕「朱邵」，《嘉慶志》卷二十五作「朱郁」。按：《康熙志》卷之七、《嘉慶志》卷十八均載有唐萬載縣令朱郁。故疑作「朱郁」爲是。
〔四〕「銓注」，《嘉慶志》卷二十五作「銓任」。按銓注謂對管理的考選登録。
〔五〕王整，原作「王拯」，參見卷七校記〔一六〕。
〔六〕「元祐」，《嘉慶志》卷二十五作「元符」。按本書卷之七曹傅、曹遷條均作「元祐」，應以本書爲是。
〔七〕「柳州」，《嘉慶志》卷二十五作「郴州」。
〔八〕「循吏龜鑑議」，《嘉慶志》卷二十五作「循吏龜鑒」。
〔九〕「貫道編」，《嘉慶志》卷二十五「《貫通編》」。
〔一〇〕「林下何曾見一人」，《嘉慶志》卷二十五作「林下見一人」。
〔一一〕「寶之」，《嘉慶志》卷二十五作「元之」。
〔一二〕「自備集」，《嘉慶志》卷二十五據《通志》作「《自修集》」。

〔一三〕「縪綺」，《嘉慶志》卷二十五作「譚綺」。

〔一四〕「鼯技集」，《嘉慶志》卷二十五作「鼯枝集」。

〔一五〕「知吉州」，《嘉慶志》卷二十五作「知吉州永新縣」。

〔一六〕「俞襄公靖」，《嘉慶志》卷二十五作「余襄公靖」。

〔一七〕「都事」，《嘉慶志》卷二十五作「都司」。

〔一八〕「受」，原作「授」。按歐陽貞師從揭傒斯、夏鎮爲古文，《嘉慶志》卷二十五亦云「（歐陽貞）從學士揭傒斯、鄉進士夏鎮學」，故依文意改「授」爲「受」。

〔一九〕「易問辨」，《嘉慶志》卷二十五作「周易問辨」。

〔二〇〕「經明行修」，《嘉慶志》卷二十五作「明經行修」。

〔二一〕「劉顒」，《嘉慶志》卷二十七作「劉禺」。

〔二二〕「張鼎實」，《嘉慶志》卷二十七作「張寶實」。

〔二三〕「一十餘」，《嘉慶志》卷二十七作「二十餘」。

〔二四〕「韶州湞昌人」，《嘉慶志》卷二十九作「懷化人」。

〔二五〕「漂成寺」，《嘉慶志》卷二十九作「粟城寺」。《欽定四庫全書·御定全唐詩》卷八百四十八亦云「虚中，宜春人，客於馬氏，住湘西粟城寺，與齊己、尚顔、棲蟾爲詩友。」故疑「漂成寺」爲誤，当作「粟城寺」爲是。

〔二六〕「與」，《嘉慶志》卷二十九作「又」。

〔二七〕「定」，《嘉慶志》卷三十六和《同治志》卷九之七均作「定」，《嘉靖志》卷二十九作「足」。

〔二八〕「所處」，《嘉慶志》卷三十六《同治志》卷九之七作「處所」。

〔二九〕「簷」，《嘉慶志》卷三十六《同治志》卷九之七作「禪」。

〔三〇〕「謾」，《嘉慶志》卷三十六《同治志》卷九之七作「漫」。

袁州府志卷之九

祥異

唐元和十五年六月十六日，有慶雲見於州西北，至暮方散。五色光華，不可遍觀。時韓愈刺郡，有賀表。

南唐保大二年，郡城火災。

宋大中祥符三年七月，江漲，害民田，壞州城。

景祐三年夏，苦雨。水驟漲，墊民廬，官署，圖籍、倉廪皆渰浸。

元豐二年，有禾一莖八穗至十一穗，皆層出，長者尺餘。

元祐元年，宜春鄉貢進士王忱家産粟二本四穟，其長逾尺。

大觀四年季夏，有瑞蓮生於泮水之西隅，合附同莖，駢花並實。郡守趙璠寫爲圖。是秋〔一〕，仰山太平興國禪院産穀①一本而七穟，尚書左僕射張商英上表進《瑞禾圖》及宋大雅《獻修嘉禾》十有〔二〕三章。賜詔褒答。商英請並寫置中書省右僕射廳壁，許之。仍許三省樞密院同觀。

宣和六年，郡城民居三火。

隆興初，萍鄉池中芙蓉春開一本而三花。是年，郡發解進士四人，而萍鄉居其三〔三〕。

淳熙七年五月戊戌，分宜縣大水，決田害稼。

① 穀：古同『穀』。

九年夏五月不雨，至於秋七月旱〔四〕。

十四年五月，旱。

十五年六月，水圮民廬。

十六年五月丙辰，分宜縣水。

紹興四年，自夏及秋四時皆水。

慶元六年五月，郡縣皆大水。自庚午至於甲戌，漂民廬害稼。

嘉泰四年春，大饑，殍死者不可勝瘞。

元至正四年〔五〕，萍鄉州治前鳳凰池蓮生一本二花，駢首並蒂。夏鎮記。

大明永樂十年夏，猛虎爲害，僉事黄翰爲《驅虎文》禱於城隍〔六〕。

天順八年夏四月，大水，秀江橋圮。

宣德九年旱，民大饑。十年旱，饑。

成化十四年四月十六日，大水。

弘治七年冬，嚴寒。林木枯摧，人行凍死〔七〕。八年夏秋，四縣旱，饑。

弘治十年，瑞竹産於分宜嚴嵩書塾旁，一莖七節，上分兩岐。

十四年夏，萍實門外有塘蓮開一枝雙葩。分宜知縣吴蘭廨庭中梧桐有甘露降。

十六年夏，大旱，民饑。

十七年夏，袁山門外池生蓮一枝雙葩。是年十二月，分宜縣火，燔民廬五十〔八〕餘，延燔儒學前坊及安仁驛。

十八年二月，分宜袁嶺白氣如虹，上騰三日。

正德元年秋七月，大水，山崩橋壞，墊民廬舍，早稻仆泥出秧。

二年夏，大仰門外池生蓮三本，皆同蒂異萼。
三年，旱，饑。
四年，旱，大饑。民藏林莽中，要負米者奪之。或群其黨數百，發富民廪强糴。是歲，竹生花結米，民采之食。
五年，旱。
六年秋，監生韓繼善家石榴一蒂結六實。
七年，旱。
八年，旱。是秋九月，郡城火，燔民居百餘家，延燎湖西道門、惠民藥局、府學西二齋並門廊、宰牲房。

遺事

唐盧肇、黄頗皆宜春同舉，郡守獨餞頗。明年肇狀元及第歸，郡守接甚厚，延肇觀競渡，肇賦詩：『扁舟鼓浪去如飛，鱗鬣崢嶸各鬥機。向道是龍剛①不信，果然奪得錦幖歸〔九〕。』守大慚。《書言故事》

盧肇初赴舉，先達曰：『袁州出舉人邪？』曰：『袁州舉人亦猶沅江出鱉甲，九肋者稀矣。』《摭言》

鄭都官谷與僧齊己俱有詩名。齊己賦《早梅》詩曰『前村深雪裏，昨夜數枝開』，谷見之曰：『數枝非早也，不若一枝。』自是，遂呼爲『一字師』。《五代史補》

徐璠自維揚歸浦村。一日，往謁二神。儼然示人狀，與之從容坐語。自是往來甚数。神曰：『子每至，當叩石橋，大呼「叔季」，予即出。』又問：『子欲雨乎？暘②乎？予實司其事。』璠笑曰：『無田可耕，雨暘非急。』一

① 剛：偏。隋煬帝《效劉孝綽憶詩》之一：『憶睡時，待來剛不來。』
② 暘：晴，晴天。

夕，山水泛至，夷高淖下，爲田五頃，今浦村西徐田是也。璠駭其事，急往謝。忘叩石橋，竊窺其穴，乃見二龍蟠潛自如，雲霧滃然①。璠驚出。今堵陂亦有徐公廟。

二神嘗一日過山下寡姥家求飯，姥具飯甚嚴，且謝曰：『老婦愧無葷食以爲奉。』神曰：『予非人，實仰山神也。』姥曰：『婦聞仰山神四方來祭無虛日，何爲求飯耶？』神曰：『四方來祭，烹羔獻豚，鷄鴨具陳，職固當血食②。下民之愚，有不可求福而求之者，有實可禍而求免者，予皆不得而享之。是以有請於姥也。』

韓絳札子奏：『臣頃者奉使江南，其時爲旱災。臣至袁州，自書祝文致禱於仰山靈濟王。祈求之日，即時雨降。臣親睹顯應，功利及民，伏望聖慈增加美號。』

長沙王容以淳熙癸卯冬赴省，道過袁州，禱於仰山神。夜宿州東旅舍，夢人歌《玉樓春》，纔半闋，云：『玉堂此去春風暖，正飛絮馬前撩亂。姮娥剪就緑羅衣，待來到蟾宫與换。』次年果登第。後三年，又作殿元。俱《仰山實録》。

宋范延賞爲殿直，押兵過金陵。張忠定公爲守，因問曰：『天使沿路來，還曾見好官員邪？』延賞曰：『昨過袁州萍鄉，邑宰張希顔著作者雖不識之，知其好官員也。』忠定曰：『何以知之？』延賞曰：『自入萍鄉境，驛傳橋梁皆葺治，田萊開闢，野無惰農。及至邑，則廛肆無賭博，市易不敢喧争。夜宿邸中，聞更鼓分明。以是知其必善政也。』忠定大笑曰：『希顔固善矣，天使亦好官員也。』即日同薦於朝。《方輿勝覽》

知州事張顒嘗榜客次：『凡士人謁見者，必令作詩賦。』人無敢闖其門。郡士彭持獨奮袂曰：『豈可謂秦無人耶？』請命題。張壯之，曰：『賦「日新之謂盛德」及《藏器待時詩》。』俄頃成篇，張大稱賞。治平初，持竟登上第。《舊志》

---

① 滃然：雲氣騰涌、煙霧瀰漫的樣子。《新唐書·裴寂傳贊》：『應龍之翔，雲霧滃然而從。』

② 血食：謂享受祭品。古代殺牲取血以祭，故稱。《漢書·高帝紀下》：『故粵王亡諸世奉粵祀，秦侵奪其地，使其社稷不得血食。』

知萍鄉縣事黃大臨字元明，山谷之兄。谷之謫黔州也，元明送之，故書縣廳壁云：『兄元明自陳留山渡漢沔，上夔峽，過一百八盤，涉四十八渡，送余至摩圍山。掩淚握手，臨别有詩云「急雪脊令①相並影，驚風鴻雁不成行」』。《氏族大全》

成恭夏皇后，宜春清瀝人。曾祖令吉爲吉水簿。夏氏初入宫，爲懿聖太后閣中侍御。普安郡王夫人郭氏薨，太后以夏氏賜王，封齊安郡夫人。即位，進賢妃。逾年，奉上皇命，立爲皇后。乾道二年，謁家廟，親屬推恩十一人。三年，崩，謚安恭，寧宗時改謚成恭。初，后之生也，有異光穿室，父協奇之。及長，以姿納宫中。久之，父居益困。及歸，客袁之蟠龍僧舍，號『夏翁』。翁亡後，始貴，追封信王。《宋史·后妃傳》

沈菊山性嗜菊。由進士知錢塘縣，嘗植菊數百本以自樂。晚操益堅。適以九月九日歿，朱文公挽之詩：『愛菊平生不愛錢，此君原是菊花仙。正當地下修文日，恰值人間落帽天。生與唐詩同一脉，死隨陶令葬千年。如今忍向西郊哭，東野無兒更可憐。』

元至正壬午，圭齋以翰林承旨自瀏陽歸分宜省墓。屏謝導吹，車徒稀寂。其鄉人孫春洲先生，有名士也，有詩曰：『圭齋只是一圭齋，不帶些兒官樣回。若使他人官二品，門前車馬鬧如雷。』

郭擦，萬載人。左手及兩足廢，以右手擦地行，名擦。擦母老，病風，丐諸市爲養，如此者十八年無倦。元貞〔一〇〕二年冬，遇一道人，手藥五丸與之。擦服其藥，手足病良愈。既又遺母一丸，母亦愈。餘三丸，以授鄰之富人，鄰富人病亦愈。供給其母子終身不渝。人以爲孝感所致。《舊志》

黃太常子澄少謁石門梁孟敬先生，令賦庭中枯梅，黃立賦曰：『百千年樹未爲枯，三五個花何太疏。聞道石門春意動，不知曾有暗香無？』先生奇之，留與卒業。子澄平生詩文泯滅不復見，其一二篇爲人所傳誦者，《贈同里

---

① 脊令：即鶺鴒，鳥名。

劉醫士歌〔二二〕》：『世人欲學醫國手，今人不見古人有。古人已遠可奈何？力追猶落軒岐後。四時錯運六氣淫，窮簷蔀屋①多呻吟。眼前盡是學醫者，到頭蘇息誰關心？宜春劉君故鄉客，京國相逢舊相識。囊中剩貯活人方，住市懸壺不盈尺。夜來疏雨敲梧桐，爲言歸思生秋風。侵晨過我揖我別，行李便逐南飛鴻。嗚呼！上醫不可見，搔首乾坤淚如霰。還家種杏早成林，宋清當有河東傳。』又一詩：『仗鉞曾登大將壇，貂裘遠賜朔方寒。出師無律真兒戲，負國全身獨汝安。論將每時悲趙括，攘夷何日見齊桓。尚方有劍憑誰借？哭向蒼天幾墮冠。』此殆真筆。今里士不辨真贋，俚語鄙詞輒相傳録，强傳爲其所作，適病之也。

新淦練都御使子寧與子澄實同死事。時以黨禍被逮，有司株繫彌年不解，近臣有以爲言者。文皇曰：『使練子寧等在，朕固當用之。』詔悉從寬宥。帝之德至矣。

嚴方伯孟衡儀狀魁碩，不類南產。初爲邑諸生。一御史行部至，慶節行禮，適天雨，拜於庭上。孟衡當贊儀，厲聲曰：『拜下，禮也。今拜乎上，泰也。』御史瞠目視之，復厲聲曰：『怒目視君，大不敬也。』御史改容，稱嘆而去。後孟衡舉進士，爲御史，正色②立朝，屢劾大臣不法，百司憚其風采。

朱鑾少浮湛里中，不事生業。年三十二，見諸生學，心慕之。乃挾册入鄉塾，昕夕占畢忘倦③，鄉里語曰：『未落拓，三十二歲讀太學。』遂由鄉校升國學。領京闈鄉薦，任徐聞知縣。純實方確，有古風，鄉黨尤稱其孝。

---

① 蔀屋：草席蓋頂之屋，泛指貧家幽暗簡陋之屋。宋王安石《寄道光大師》詩：『秋雨漫漫夜復朝，可嗟蔀屋望重霄。』清黄景仁《古歌》：『曒曒日光，不入大廈而入蔀屋。』

② 正色：謂神色莊重，態度嚴肅。《書·畢命》：『弼亮四世，正色率下。』《公羊傳·桓公二年》：『孔父正色而立於朝。』

③ 『昕夕』句：昕夕，朝暮，一整天。占畢，亦作『佔嗶』。經師不解音義，但誦讀文字内容以教人。『昕夕占畢』就是從早到晚地誦讀的意思。

〔校勘記〕

〔一〕『是秋』，《嘉慶志》卷二作『政和中』，且注云：『按《省志·豫章書》載：「大觀四年秋九月，右丞相張商英言袁州産瑞禾，高逾九尺，分布七穗。上瑞禾圖。政和元年，仰山太平禪院産嘉穀。與舊《府志》所載年月微異。」』

〔二〕《嘉慶志》卷二作『右』。

〔三〕《嘉慶志》卷二載：『熙宗初，萍鄉縣學泮池中芙蓉春開一本三花，是歲郡發解鄉試四人，萍居其三：蘇方叔、高無黨、彭襄』，並注云：『按《府志》與《縣志》同，但無三人姓名。而《省志》則載：「龍興元年春，萍鄉池蓮一本三花。是年，袁州發解進士四人，萍鄉居其三。州守趙瑺爲圖。」今《選舉志》内熙寧間解試並無蘇方叔三人，即龍興元年亦無解試。郡守趙瑺既圖大觀四年之瑞蓮，自大觀四年至龍興元年，中間已隔五十餘年，不應復有趙瑺之圖。《省志》固不能無訛，而府縣志亦不知何所本。今姑仍之，以俟辯正。』《嘉慶志》卷二又載：『大觀四年夏六月，瑞蓮生郡泮池之西隅，合柎同莖，駢花並實。郡守趙瑺繪圖爲文以記之。』按各本所載産瑞蓮事近似，然又相牽扯關聯，疑有混淆之處。

〔四〕《嘉慶志》卷二於本條下載：『十年大旱。』

〔五〕『至正四年』，《嘉慶志》卷二云當爲『元至元四年』，並注云：『按《舊志》載至正四年，誤。』

〔六〕《嘉慶志》卷二於此條之前載：『二十年春雨雪六十日。明洪武二十二年旱。三十四年旱。永樂十年春，大水。』

〔七〕『人行凍死』，《嘉慶志》卷二作『人多凍死』。

〔八〕『五十』，《嘉慶志》卷二作『五千』，並注云『《縣志》作五十』。

〔九〕此詩《康熙志》卷十九題作《及第後江陵觀競渡寄袁州刺史成應元》，内容亦與本書所載出入較大：石溪久住思端午，館驛樓前看發機。鼙鼓動時雷隱隱，畫橈翻處雪霏霏。衝波突出人齊喊，躍浪争先鳥退飛。報道是龍剛不信，果然奪得錦標歸。又『錦幖』，《康熙志》和《（同治）宜春县志》卷九均作『錦標』。

〔一〇〕『元貞』，（《嘉慶志》卷二十五作『至正』。

〔一一〕『贈同里劉醫士歌』，《嘉慶志》卷三十五題作『送劉醫士歌』。

袁州府志卷之十

藝文一　詔令表狀

御筆①手詔〔一〕

石刻，在府治儀門②左。

上有道揆③，下有法守。上行而下效，則政修而民安。朕奉承先志，述而行之，靡有遺舉④；又更法定令，布在天下：凡以爲民而已。吏怠不虔⑤，輒因緣爲奸，托法以便私，倚令以搔衆。法以便民，而反戾⑥於民，豈朕志

---

①「御筆」：謂帝王親筆所書或所畫。手詔：帝王親手寫的詔書。《東觀漢記·東平憲王蒼傳》：「（上）手詔賜蒼曰：『骨肉天性，誠不以遠近爲親疏。』」宋趙昇《朝野類要·法令》：「手詔，或非常典，或是篤意，及不用四六句者也。」

②儀門：明清官署、邸宅大門内的第二重正門。《明會典·禮部十七·官員禮》：「新官到任之日……先至神廟祭祀畢，引至儀門前下馬，具官服，從中道入。」《江寧府志·建置·官署》：「其制大門之内爲儀門，儀門内爲莅事堂。」

③揆：管理，掌管。

④遺舉：錯誤。

⑤虔：恭敬；誠心。《左傳·莊公二十四年》：「女贄，不過榛栗棗脩，以告虔也。」杜預注：「虔，敬也。」

⑥戾：乖張，違逆。唐韓愈《上賈滑州書》：「讀書學文十五年，言行不敢戾於古人。」或「反戾」爲詞，違背、背離之意。晉葛洪《抱樸子·微旨》：「背向異辭，反戾直正。」

哉！蓋部使者廢於舉察，州縣苟簡①，無愛民之心，有害法之意[二]。宜令諸路監司②悉力奉行。有懷奸廢法不如令者，按罪以聞，仍令御使臺體訪③彈奏。

袁州今月初四日准尚書、刑部符准崇寧四年九月二十三日《勅節文》：『《御筆手詔》：奉聖旨模本④行諸路，各於監司及州軍長官廳刊石安立，遵守施行。本部今打造到模本《御筆手詔》一本，裱背成軸，隨牒前去。』並准《小貼子》：『十月二十三日奉聖旨：「並用金填，不得摹打，違者以違制論。」』右本州今依准勅命指揮，於長官廳刊石安立，遵守施行。崇寧四年十二月初四日，朝奉大夫、知袁州軍州、管勾學事、兼管内勸農事、騎都尉、借紫⑤臣周兌。

---

① 苟簡：草率而簡略。宋曾鞏《序越州鑒湖圖》：『況於事之隱微，難得而考者，繇苟簡之故，而弛壞於冥冥之中。』

② 監司：負有監察之責的官吏。漢以後的司隸校尉和督察州縣的刺史、轉動使、按察使、布政使等通稱爲監司。《後漢書·左雄傳》：『監司項背相望，與同疾疢，見非不舉，聞惡不察。』

③ 體訪：察訪。宋曾鞏《福州舉知泉州陳樞久不磨勘特與轉官狀》：『臣體訪得轄下知泉州尚書屯田員外郎陳樞，不下磨勘文字已十五年。』彈奏：猶彈劾奏聞。《晉書·劉隗傳》：『隗之彈奏，不畏彊禦，皆此類也。』《舊唐書·職官志三》：『凡事非大夫、中丞所劾，而合彈奏者，則具事爲狀，大夫、中丞押奏。』

④ 模本：照原本摹寫或摹畫。宋趙希鵠《洞天清禄集·古畫辯》：『米元章就人借名畫，輒模本以還，而取其元本，人莫能辨。』

⑤ 借紫：唐宋時規定官員的服色，三品以上服紫，未至三品者特許服紫，稱爲『借紫』。《宋史·輿服志五》：『或爲通判者，許借緋；爲知州、監司者，許借紫，任滿還朝，仍服本品，此借者也。』

御筆手詔〔三〕

石刻，在儀門右。

朕親御路朝，首興教化。士風所繫，尤務作新。比年以來①，習尚澆漓②〔四〕，文氣〔五〕卑薾③。純厚典實，視昔歉焉。豈涵養之未充，抑薰陶之或闕？咨爾訓迪之職④〔六〕，毋拘内外之殊，各究乃心，俾知所嚮。矯偏適正，崇雅黜浮，使人皆君子之歸，如古者賢才之盛。副予至意，惟爾之休。付三省⑤。

皇帝臨御之三年，鋭情經術，緝熙⑥聖學。萬幾餘暇，親灑宸翰⑦。顧謂士風文氣視古少殊，宜懋迪

---

① 比年句：比年，近年。宋王安石《上曾參政書》：『某親老矣，有上氣疾之日久，比年加之風眩，勢不可以去左右。』

② 習尚：猶風尚。宋曾鞏《送江任序》：『至則宫廬、器械、被服、飲食之具，土風、氣候之宜，與夫人民謡俗、語言、習尚之務，其變難遵而其情難得也。』澆漓：亦作『澆醨』。浮薄不厚。多用於指社會風氣。唐張九齡《敕歲初處分》：『政猶踳駁，俗尚澆醨，當是爲理之心未返於本耳。』

③ 卑薾：原寫作『卑苶』，疑即『卑靡』之意，謂格調低下柔弱。

④ 咨爾：《論語·堯曰》：『堯曰：「咨，爾舜！天之曆數在爾躬。」』邢昺疏：『咨，咨嗟；爾，女也……故先咨嗟，嘆而命之。』後常以『咨爾』用於句首，表示贊嘆或祈使。宋葉適《毋自欺室銘》：『咨爾弟昆，敬事一心。』訓迪：教誨啓迪。宋周煇《清波雜志》卷八：『前哲訓迪後進，拳拳如此，爲後進者，得不服膺而書紳！』

⑤ 三省：指中書省、門下省、尚書省。自南北朝至唐，三省同爲最高政務機構。《新唐書·百官志一》：『初，唐因隋制，以三省之長中書令、侍中、尚書令共議國政，此宰相職也。』

⑥ 緝熙：《詩·大雅·文王》：『穆穆文王，於緝熙敬止。』毛傳：『緝熙，光明也。』又引申爲光輝。《漢書·揚雄傳上》：『喻於穆之緝熙兮，過《清廟》之雝雝。』此處用爲動詞。

⑦ 宸翰：帝王的墨跡。宋趙彦衛《雲麓漫鈔》卷一：『我淵聖皇帝居東宫日，親灑宸翰，畫唐十八學士，並書姓名序贊，以賜宫僚。』

而申儆之。蓋嘉與薄海内外，興起治功，形于細書①，傳之副墨②，播告天下，德至渥也。臣叔遠職在侯服③，獲親率僚采④，舞拜明詔，庶幾精白承休⑤，廣宣睿指。俾衿佩呫筆之習⑥，自此觀感丕變。黜漓還醇，返薄歸厚，以無負聖天子之丕訓⑦。《易》不云乎：『觀乎天文，以察時变；觀乎人文，以化成天下⑧。』文者，貫道之器也。《詩》不云乎：『倬彼雲漢，爲章於天。周王壽考，遐不作人⑨。』人才之盛，

---

① 細書：小字。《北史·韋世康傳》：『眼闇更劇，不見細書。』

② 副墨：指文字，詩文。《莊子·大宗師》：『聞諸副墨之子。』王先謙集解引宣穎云：『文字是翰墨爲之，然文字非道，不過傳道之助，故謂之副墨。』

③ 侯服：古代王城外圍，按距離遠近劃分的區域之一。夏制稱離王城一千里的地方。《書·禹貢》：『五百里甸服……五百里侯服。』孔傳：『甸服外之五百里。侯，候也，斥候而服事。』周制稱王城周圍方千里以外的方五百里的地區。《周禮·夏官·職方氏》：『乃辨九服之邦國，方千里曰王畿，其外方五百里曰侯服，又其外方五百里曰甸服。』鄭玄注：『服，服事天子也。』舊説以《書·禹貢》所記爲夏制，《周禮·夏官·職方氏》所記爲周制。

④ 僚采：同僚。《金石萃編·唐褚亮碑》：『動名教於搢紳，映徽猷於僚采。』

⑤ 精白：純浄潔白；純潔清白。漢桓寬《鹽鐵論·訟賢》：『懷精白之心，行忠正之道。』承休：承受美善。《史記·封禪書》：『今鼎至甘泉，光潤龍變，承休無疆。』

⑥ 衿佩：指青年學子。語出《詩·鄭風·子衿》：『青青子衿，悠悠我心……青青子佩，悠悠我思。』毛傳：『佩，佩玉也。士佩瓀玟而青組綬。』明李東陽《擬進〈憲宗純皇帝實録〉表》：『衿佩三千，聽橋門之警蹕；豆籩十二，增闕里之褒崇。』呫筆：鄢氏按，疑爲『呫畢』之誤。猶佔畢。後泛稱誦讀。

⑦ 丕訓：重大的訓導。唐韓愈《順宗實録》三：『朕奉若丕訓，憲章前式。』

⑧ 語出《易經·賁卦》。

⑨ 語出《詩經·大雅·棫朴》。倬：高大，顯著。

治功所由以超越也。堯言誕布①，黎獻②於〔七〕躍。一洗舊習，日異月殊。將見列於紳緌③者，無非恂恂④質實之風，視《周詩》『作人』之詠，其奚愧？發於詞藻者，無非渾渾典雅之氣，視《羲易》『化成』之象，其何歉？旋乾轉坤，跨唐軼漢，實繇兹始。則焕乎雲章⑤之頒，非可視爲故常之典矣。謹拜手臨摹奎畫⑥，勒諸琬〔八〕琰⑦。欽襲賜本，藏於金匱⑧。於萬斯年，祗奉無斁⑨。臣叔遠不揆蕪淺⑩，敢昧死陳述盛際⑪，著於下方。寶慶三年閏五月望，朝請大夫、直華文閣、權知袁州軍州、兼管内勸農營田事、借紫臣曹叔遠百拜恭書。

---

① 誕布：廣泛宣布。《説郛》卷八五引宋張商英《護法論》：『誕布詔令。』
② 黎獻：黎民中的賢者。《書·益稷》：『萬邦黎獻，共惟帝臣。』蔡沈《集傳》：『黎民之賢者也。』
③ 紳緌：紳，大帶；緌，冠帶之末梢下垂部分。借指有官職的人。宋陸游《光宗册寶賀太皇太后箋》：『紳緌雜遝，遥瞻濟濟之賀班。』
④ 恂恂：温順恭謹貌。《論語·鄉黨》：『孔子於鄉黨，恂恂如也，似不能言者。』陸德明《釋文》：『恂恂，温恭之貌。』
⑤ 雲章：語出《詩·大雅·棫樸》：『倬彼雲漢，爲章於天。』鄭玄箋：『雲漢之在天，其爲文章，譬猶天子爲法度於天下。』後用『雲章』指帝王的文章。宋歐陽修《仁宗御飛白記》：『而雲章爛然，輝映日月。』
⑥ 奎畫：指帝王的墨跡。元李冶《敬齋古今黈拾遺》卷一：『世以祕監爲奎府，御書爲奎畫，謂奎宿主文章也，故宋有奎文閣、寶奎樓之稱。』
⑦ 琬琰：爲碑石之美稱。宋蘇軾《賀林待製啓》：『著書已成，特未寫之琬琰；立功何晚，會當收之桑榆。』
⑧ 金匱：銅製的櫃。古時用以收藏文獻或文物。匱，古同『櫃』。《漢書·晁錯傳》：『陛下之德厚而得賢佐，皆有司之所覽，刻於玉版，藏於金匱，歷之春秋，紀之後世，爲帝者祖宗。』
⑨ 無斁：無厭惡，無厭倦，即樂意從事而不懈怠。漢枚乘《七發》：『高歌陳唱，萬歲無斁。』或作『無終』，即『永遠』之意來解亦可。唐元稹《鶯鶯傳》：『何幸不忘幽微，眷念無斁。』
⑩ 蕪淺：蕪雜淺薄。唐盧照鄰《雙槿樹賦》序：『學涉蕪淺，文多瞽漏。』
⑪ 盛際：猶盛時；盛世。明宋濂《忠孝堂銘》：『遭逢盛際，忝被官使，方愧不能效犬馬之力。』

牧民訓[九]　石刻，在儀門内。

惟天生民，惟君司牧①。都鄙②盈區，分劃九服。③ 乃建州伯，此維與宅。民吾同胞，咨爾保息。朕兹念兹，用簡畀④尔。思昔藝祖⑤，紫雲一晢。眷焉牧養，言如天地⑥。爾念哉！悉爾心，祇祇兢兢，乃惠乃康。惟廉惟平，惟爾典常⑦。視民如身，視郡如家，視屬縣如子，是可以爲民父母矣。勉旃愈往⑧！各勤我班瑞之分命⑨。付

---

① 司牧：管理，統治。宋王禹偁《賀南郡大赦表》：『伏惟尊號皇帝陛下，司牧黎元，敦崇孝治，言有父也。』

② 都鄙：周公卿、大夫、王子弟的采邑，封地。《周禮·天官·大宰》：『以八則治都鄙。』鄭玄注：『都鄙，公卿大夫之采邑，王子弟所食邑。』孫詒讓《周禮正義》：『凡公卿大夫貴戚有功德，得世禄者，皆頒邑以爲其禄，是謂采邑；在王子弟無官者，雖無禄，而得以恩澤食邑。』又指國都與邊邑。《左傳·襄公三十年》：『子産使都鄙有章。』杜預注：『國都及邊鄙。』又指國都與邊邑。此處當作后者。『都鄙盈區』，大意爲都城邊邑遍布宇内。如揚雄《司空箴》：『茫茫九州，都鄙盈區。』

③ 九服：王畿以外的九等地區。依《周禮·夏官·職方氏》，王畿之外方五百里者爲九服，依次爲侯服、甸服、男服、采服、衛服、蠻服、夷服、鎮服、藩服。又指全國各地區。如《周書·文帝紀下》：『俾九服寧謐、誠賴翊贊之功。』此處當爲后者，與『盈區』相應。

④ 簡畀：謂經過選擇而付予。《書·多方》：『簡畀殷命，尹爾多方。』《孔傳》：『天與我殷之王命，以正汝衆方之諸侯。』《蔡沈集傳》：『簡擇畀付殷命，以正爾多方也。』

⑤ 藝祖紫云句：藝祖：宋人稱宋太祖趙匡胤爲藝祖。

⑥ 《宋史·列傳第三十二董遵誨》：『太祖微時，（中略）遵誨嘗謂太祖曰：『每見城上紫云如蓋，（中略）是何祥也？』（中略）太祖乃辭宗本去，自是紫云漸散。后太祖對遵誨恩遇有加。此或爲『眷焉牧養』之意。

⑦ 典常：常道，常法。《易·繫辭下》：『初率其辭而揆其方，既有典常；苟非其人，道不虚行。』韓康伯注：『能循其辭以度其義，原其初，以要其終，則唯變所適，是其常典也。』

⑧ 勉旃：努力。多於勸勉時用之。旃，語助，之焉的合音字。《漢書·楊惲傳》：『方當盛漢之隆，願勉旃，毋多談。』

⑨ 班瑞：頒還瑞玉。《書·舜典》：『輯五瑞，既月，乃日覲四嶽群牧，班瑞于群后。』《蔡沈集傳》：『頒還其瑞，以與天下正始也。』《史記·五帝本紀》引此文，裴駰集解引馬融曰：『五瑞，公侯伯子男所執，以爲瑞信也。堯將禪舜，使群牧斂之，使舜親往班之。』《南齊書·高帝紀上》：『鳳書表肆類之運，龍圖顯班瑞之期。』分命：命令；任命。晋陸機《辯亡論下》：『分命鋭師五千。』

三省。

皇帝臨御之七年，念我土宇，惟自下民；民之父母，州牧侯伯。涣頒一札，誕告萬方①：『謹爾侯度，無俾民憂。』雲漢昭回，莫不震疊②。臣安之暫司郡寄③，親率僚采，舞拜綸恩④。竊惟《聖經》曰『民惟邦本，本固邦寧⑤』，又曰『欲王以小民，受天永命⑥』，大哉！王言以民牧爲訓，所以培植邦本、祈天永命者，至矣！予小臣敢不益礪廉平⑦，以推康惠！敬摹奎畫，勒諸琬琰，使後之人知我宋萬年惟王，惟在子子孫孫永保民云。臣安之不揆蕪淺，輒昧死陳述盛際，著於下方。咸淳六年四月日，朝散郎、添差通判袁州軍州、兼管内勸農營田事、賜緋魚袋⑧、暫護州印臣蕭安之百拜恭書。

---

① 誕告：廣泛告知。《書·湯誥》：『王歸自克夏，至于亳，誕告萬方。』孔傳：『誕，大也。以天命大義告萬方之衆人。』

② 震疊：震動，恐懼。《詩·周頌·時邁》：『薄言震之，莫不震疊。』毛傳：『震，動；疊，懼。』宋王安石《用前韵戲贈葉致遠直講》：『或冒突超越，鼓行令震疊。』

③ 郡寄：謂作郡太守。《宋史·黄洽傳》：『藝祖懲藩鎮偏重之失，不欲兵民之權聚於一夫之手。今使主兵官兼郡寄，是合兵民權爲一。』

④ 綸恩：皇帝的恩典。指詔書。明張居正《送梁鳴泉給諫册封晋藩》：『已欣勝覽馳千里，况捧綸恩出五雲。』

⑤ 語出《尚書·五子之歌》。

⑥ 語出《尚書·召誥》。

⑦ 廉平：清廉公平。《史記·孝文本紀》：『妾父爲吏，齊中皆稱其廉平。』

⑧ 緋魚袋：指緋衣與魚符袋。舊時朝官的服飾。唐制：五品以上佩魚符袋，宋因之。唐韓愈《董公行狀》：『入翰林爲學士，三年出入左右，天子以爲謹願，賜緋魚袋。』亦省作『緋魚』。宋王安石《梅公神道碑》：『館之集賢，賜服緋魚。』

袁州刺史謝上表[一〇]

韓愈①見《名宦》。

臣某言：臣以去年正月上疏論佛骨事，先朝恕臣愚直，不加大罪，自刑部侍郎貶授潮州刺史。伏遇其年七月十三日恩赦②，至其年十月十四日[一一]準例量移③，改授袁州刺史④，以今月八日到任上訖⑤。臣某誠懽誠喜，頓首頓首。伏以州小地狹，税賦[一二]及時，人安吏循，閭里無事，微臣惟當布陛下惟新之澤，守國家太平[一三]之規，勸以耕桑，使無怠惰[一四]而已。臣以愚陋無堪，累蒙朝廷奬用。掌誥西掖⑥，司刑南宮⑦，顯榮頻煩，稱效[一五]寂

---

① 韓愈（七六八—八二四），字退之，世稱韓昌黎，河陽（今河南省孟州市）人，祖籍河北昌黎，長慶四年，因病告假，十二月二日，因病卒于長安，終年五十七歲。韓愈是唐代杰傑出的文學家、思想家，古文運動的領袖，在中國散文發展史上地位崇高。他是唐代古文運動的宣導者，宋代蘇軾稱他『文起八代之衰』，明人推他爲唐宋八大家之首，與柳宗元並稱『韓柳』，有『文章巨公』和『百代文宗』之名。曾積極參加討伐淮西叛藩吴元濟的戰争，任裴度的行軍司馬。著有《韓昌黎集》四十卷，《外集》十卷，《師説》等等。

② 《舊唐書·憲宗紀》云：『元和十四年（八一九）年七月辛巳（當從新史作「己丑」，十三日），群臣上尊號曰元和聖文神武法天應道皇帝，是日，御宣政殿受册，禮畢，御丹鳳樓，大赦天下。』

③ 量移：多指官吏因罪遠謫，遇赦酌情調遷近處任職。《宋史·欽宗紀》：『（靖康元年七月）詔：「蔡京子孫二十三人已分竄遠地，遇赦不許量移。」』

④ 洪興祖《韓子年譜》元和十四年下云：『《實録》云：「十月己巳，韓愈袁州刺史。」己巳，十月二十四日也。』

⑤ 表稱憲宗爲『先朝』，憲宗元和十五年正月二十七日崩，哀詔至江西，當在閏正月末，則今月，當是二月也。

⑥ 西掖：乃中書或中書省之别稱。漢應劭《漢官儀》卷上：『左右曹受尚書事，前世文士，以中書在右，因謂中書爲右曹。又稱西掖。』唐張九齡《酬周判官兼呈耿廣州》詩：『既起南宮草，復掌西掖制。』據《新唐書》卷一七六載：『執政覽之，奇其才，改比部郎中、史館修撰。轉考功，知制誥，進中書舍人。』可知，韓愈曾做過中書舍人，故有『掌誥西掖』之説。

⑦ 據《舊唐書·憲宗紀》載，元和十二年（八一七）十二月韓公爲刑部侍郎。《舊唐書·職官志》：『刑部尚書、侍郎之職，掌天下刑法及徒隷、勾覆、關禁之政令。』

蔑①。又蒙赦〔一六〕其罪累，授以方州。德重恩弘，身微命賤。無階②答謝，惟積慚惶③，無任感恩慚惕④之至。謹差軍事副將郝泰奉表陳謝以聞。

賀皇帝即位表⑤

臣某言：伏聞皇帝陛下以閏正月三日〔一七〕，虔奉遺詔⑥，昭升〔一八〕大位。天地神祇⑦，永有依歸⑧；華夏蠻貊⑨，永有承事。神人交慶〔一九〕，日月貞明⑩。臣某誠懽誠喜，頓首頓首。

臣聞王者必爲天所相⑪，爲人所歸，上符天心，下合人志，然後奄有四海⑫，以君萬邦。伏惟皇帝陛下承列聖

---

①《晉書·張駿傳》：『夙承聖德，心繫本朝，而江、吳寂蔑，余波莫及。』此處稱效寂蔑，指功效甚微。

②無階：謂没有門徑。三國魏曹植《離思賦》：『慮征期之方至，傷無階以告辭。』宋岳珂《桯史·淳熙内禪頌》：『墮在山林，無階上徹。』

③慚惶：亦作『慚皇』。羞愧惶恐。南朝梁簡文帝《答徐摛書》：『竟不能黜邪進善，少助國章，獻可替否，仰裨聖政，以此慚惶，無忘夕惕。』

④慚惕：羞愧惶恐。《隋書·楊素傳》：『晝夜迴徨，寢食慚惕，常懼朝露奄至，虚負聖慈。』

⑤元和十五年（八二〇）正月庚子（二十七日），憲宗崩。閏正月丙午（三日），皇太子即帝位於太極殿，是爲穆宗。見《唐書·穆宗紀》。

⑥遺詔：皇帝臨終時所發的詔書。《史記·秦始皇本紀》：『而更詐爲丞相斯受始皇遺詔沙丘，立子胡亥爲太子。』

⑦神祇：天神與地神。《書·湯誥》：『爾萬方百姓，罹其凶害，弗忍荼毒，並告無辜於上下神祇。』孔傳：『並告無罪稱冤訴天地。』

⑧依歸：依托；依靠。《後漢書·光武帝紀上》：『維宗室列侯爲王莽所廢，先靈無所依歸，朕甚愍之。』

⑨蠻貊：亦作『蠻貃』。古代稱南方和北方落後部族。亦泛指四方落後部族。《書·武成》：『華夏蠻貊，罔不率俾。』

⑩貞明：謂日月能固守其運行規律而常明。《易·繫辭下》：『日月之道，貞明者也。』孔穎達疏：『言日月照臨之道，以貞正得一而爲明也。』晉葛洪《抱樸子·博喻》：『故善言之往，無遠不悦，惡辭之來，靡近不忤；猶日月無謝於貞明，枉矢見忘於暫出。』

⑪相：輔助；佑助。《書·盤庚下》：『予其懋簡相爾，念敬我衆。』孔傳：『簡，大；相，助也。勉大助汝。』

⑫奄有：全部占有。多用於疆土。《詩·商頌·玄鳥》：『方命厥后，奄有九有。』

之丕績①，當中興之昌運。爰自主鬯春宮②，齒胄③國學，孝友之美，實形四方；英偉之姿，久動群聽。及初嗣位，遐邇莫不歡心；爰降詔書，老幼或至垂泣〔二〇〕。舉用俊乂，流竄奸邪，雖虞舜之去四凶④、舉十六相，不能過也。天下翹首以望太平，天下傾心以觀至化。臣某誠歡誠喜，頓首頓首。

臣聞昔者堯舜以吁嗟⑤，君臣相戒，以致至治；周文王以憂勤，日中⑥不食，以和萬民，故能澤流無窮，名配日月。伏惟皇帝陛下儀而象之，以永〔二一〕多福。天下幸甚！天下幸甚〔二二〕！

微臣往因言事得罪先朝，守郡〔二三〕遠方，拘限條制〔二四〕，不獲奔走稱慶闕庭⑦。無任歡欣〔二五〕踴躍、感恩戀闕⑧之至。謹奉表以聞。

---

① 丕績：大功業。《書·大禹謨》：『予懋乃德，嘉乃丕績。』宋宋祁《上皇太后第二表》：『獲贊事經，亟成丕績。』

② 春宮：謂太子所居之東宮也。穆宗以元和七年七月乙亥（十九日）册爲皇太子。見兩《唐書·憲宗紀》。主鬯：《易·震》：『震驚百里，不喪匕鬯。』孔穎達疏：『震卦施之於人，又爲長子。長子則正體於上，將所傳重，出則撫軍，守則監國，威震驚於百里，可以奉承宗廟彝器粢盛，守而不失也。』後因稱太子爲『主鬯』。唐柳宗元《賀踐祚表》：『主鬯彰孝恭之美，撫軍著神武之功。』

③ 齒胄：指太子入學與公卿之子依年齡爲序。《禮記·王制》：『王太子、王子、群后之太子、卿大夫元士之適子、國之俊選皆造焉。凡入學以齒。』《文選》王融《三月三日曲水詩序》：『出龍樓而向豎，入虎闈而齒胄。』李周翰注：『公卿之子爲胄子。言太子入學，以年大小爲次，不以天子爲上，故云齒胄。齒，年也。』

④ 《左傳·文公十八年》：『舜流四凶族：渾敦、窮奇、檮杌、饕餮。投諸四裔，以御螭魅。』

⑤ 吁嗟：嘆詞。《史記·五帝本紀》：『堯曰：「誰可順此事？」放齊曰：「嗣子丹朱開明！」堯曰：「吁，頑凶，不用。」』『舜謂四嶽曰：「有能奮美堯之事者，使居官相事。」皆曰：「伯禹爲司空，可美帝功。」舜曰：「嗟，然！禹，汝平水土，誰是勉哉。」』

⑥ 日中：正午。《左傳·昭公元年》：『叔孫歸，曾夭御季孫以勞之。旦及日中不出。』楊伯峻注：『季孫以旦至叔孫家，候至中午，叔孫仍不出戶接見。』《史記·司馬穰苴列傳》：『穰苴既辭，與莊賈約曰：「旦日日中會於軍門。」』指從天亮到正午的半天時間。《荀子·議兵》：『贏三日之糧，日中而趨百里。』《史記·周本紀》：『文王禮天下賢者，日中不暇食以待士，士以此多歸之。』

⑦ 闕庭：即『闕廷』，朝廷。亦借指京城。《周書·明帝紀》：『非有呼召，各按部自守，不得輒奔赴闕庭。』

⑧ 戀闕：留戀宮闕。舊時用以比喻心不忘君。唐杜甫《散愁》：『戀闕丹心破，霑衣皓首啼。』

賀赦表①

臣某言：伏奉二月五日制書〔二六〕，大赦天下，常赦所不原者咸蒙〔二七〕除罪②，與之更始，令得自新。恩浹幽明③，慶溢寰海④。臣某誠懽誠喜，頓首頓首。

臣聞王者必於嗣位之始，降非常之恩，所以象德乾坤，同明日月。伏惟皇帝陛下文思聰明⑤，聖神睿哲⑥；發號出令，雲行雨施。懼刑政之或差，憐鰥寡之重困；知事久之滋弊，慮法訛之益奸。罪人悉原，墜典咸舉⑦。生恩既及於四海，和氣自〔二八〕充於八紘⑧。臣某誠懽誠喜，頓首頓首。

---

①《新唐書·本紀第八·穆宗》：「二月丁丑，大赦。」穆宗以元和十五年（八二〇）閏正月丙午（三日）即位。是年二月癸酉朔，丁丑，五日也。時韓愈爲袁州刺史。

②原：寬恕；原諒。《史記·高祖本紀》：「城降，令出罵者斬之，不罵者原之。」除罪：免罪。《史記·平準書》：「入物者補官，出貨者除罪。」

③浹：沾潤。謂施予某種恩惠。唐陳子昂《謝賜冬衣表》：「今又俯浹宸慈，曲延寵賚。」

④寰海：海内；全國。南朝梁江淹《爲建平王慶明帝疾和禮上表》：「仁鑄蒼嶽，道括寰海。」

⑤文思聰明：《書·堯典》：「昔在帝堯，聰明文思。」孔疏：「此堯身智無不知，聰也。神無不見，明也。以此聰明之神智，足可以經緯天地，即文也。又神智之運，深敏於機謀，即思也。聰明文思，即其聖性行之於外無不備知。」

⑥睿哲：聖明；明智。晋陸雲《大將軍宴會被命作詩》：「睿哲惟晋，世有明聖。」

⑦舉：復興；振興。《禮記·中庸》：「繼絶世，舉廢國，治亂持危。」

⑧八紘，即八極。《淮南·地形》：「九州雲外，乃有八殥」「八殥之外，而有八紘。」

微臣往因論事，獲譴海隅①，旋沐朝奬，待罪山郡。未離貶竄②之地，忽逢曠蕩③之恩。踴躍欣歡，實倍常品。限以官守，不獲隨例稱慶闕庭，無任感恩戀闕之至，謹奉表陳賀以聞〔二九〕。

賀册皇太后表④

臣某言：伏承〔三〇〕閏正月二十七日，皇太后光膺⑤令典，受册宫闈。歡心始自於内朝，孝理遂形於寰海。臣某誠歡誠喜，頓首頓首。

---

① 海隅：亦作『海嵎』。海角；海邊。常指僻遠的地方。《書·君奭》：『我咸成文王功於不怠，丕冒海隅出日，罔不率俾。』孔傳：『今我周家皆成文王功於不懈怠，則德教大覆冒海隅日所出之地，無不循化而使之。』此指韓愈被貶潮州。

② 貶竄：貶謫放逐。明謝肇淛《五雜俎·事部三》：『又其次如退之、子瞻之貶竄，孟郊、賈島之流落，其憂爲身命也。』

③ 曠蕩：亦作『曠盪』。浩蕩，廣大。漢陳琳《爲曹洪與魏文帝書》：『來命陳彼妖惑之罪，叙王師曠蕩之德，豈不信然。』亦有寬宥，從寬論處之意。《舊唐書·柳奭傳》：『神龍初，則天遺制，與褚遂良、韓瑗等並還官爵，子孫親屬當時緣坐者，咸從曠蕩。』此處或二者兼而有之。

④ 元和十五年（八二〇）閏正月丙午（三日）穆宗即位，庚午（二十七日）册其母懿安皇后郭氏爲皇太后。見《舊唐書·穆宗紀》。時韓愈爲袁州刺史。

⑤ 光膺：榮受。明宋濂《應制冬日詩序》：『臣素以遭逢盛際，光膺聖眷。』

皇太后夙贊先皇，弼成至化。誕生明聖①，纘繼鴻休②。華胥實贊於軒圖③，文母④有光於周道。恭惟懿德⑤，克配前芳。

皇帝陛下出震⑥承乾，垂衣御極⑦。式⑧展臣子之念〔三一〕，以明教化之源〔三二〕。禮命載崇，華夷⑨同慶。臣待罪外郡，不獲随例稱賀〔三三〕闕庭，無任踴躍欣歡〔三四〕之至。謹奉表賀以聞。

---

① 據《舊唐書・穆宗紀》載：貞元十一年（七九五）正月，憲宗第三子恒生於大明宮別殿。

② 纘，續也。鴻，大也。休，美也。

③ 《易・繫辭下》疏引《帝王世紀》：「華胥，太昊母。」太昊，即宓犧氏。《易・繫辭下》又載：「宓犧氏始作八卦，以通神明之德。」即此所謂「軒圖」。

④ 文母：文德之母。對后妃的稱頌。《詩・周頌・雝》：「既右烈考，亦右文母。」毛傳：「文母，太姒也。」鄭玄箋：「文德之母。」《世本》曰：「太姒者，文王之妃，莘氏之女也，號曰文母。亦思媚太姜太任，旦夕勤勞，以進婦道。文王治外，文母治內。生十子，太姒教誨十子，自小及長，常以正道押持之，卒成武王、周公之德。」

⑤ 懿德：美德。特指婦女的美德。明王玉峰《焚香記・辨非》：「桂英堅志，死不改節，懿德可嘉，爵祿宜永。」

⑥ 出震：《易・說卦》：「帝王出乎震。」八卦中的「震」卦位應東方。出震，即出於東方。唐劉禹錫《武陵書懷五十韵》：「繼明懸日月，出震統乾坤。」承乾：《易・說卦》：「乾爲天，爲圜，爲君，爲父。」承乾，蓋即承奉天命，繼承皇位。

⑦ 《易・繫辭下》：「皇帝、堯、舜垂衣裳而天下治。」

⑧ 式：副詞。用於下對上或平輩之間，表示尊敬。宋王安石《賀呂參政啓》：「果膺夢卜之求，式受鈞衡之任。」

⑨ 華夷：指漢族與少數民族。後亦指中國和外國。《晉書・元帝紀》：「天地之際既美，華夷之情允洽。」宋蘇軾《賜太師文彥博生日禮物口宣》：「卿勛在廟社，名聞華夷。」

賀慶雲表①

臣某言：臣所領州今月十六日②申時有慶雲見於西北，至暮方散。臣及舉州官吏百姓等無不見者。五采五色，光華不可遍觀；非煙非雲③，容狀詎能詳述？抱日增麗，浮空不收。既變化而無窮，亦卷舒而莫定〔三五〕。斯爲上瑞，實應太平。臣某誠歡誠喜，頓首頓首。

謹按沈約《宋書》云：『慶雲五色者，太平之應④。』又據《孝經·援神契》曰：『王者德至山陵〔三六〕，則慶雲出⑤。』故黄帝因之以紀事⑥，虞舜由之而作歌⑦。又按季夏六月，土王用事〔三七〕，其日丙戌〔三八〕，亦主於土。西北方者，京師所在。土爲國家之德，祥見京師之位。既徵於古，又驗於今。

伏惟皇帝陛下，德合覆載⑧，道光軒、虞。嗣位之初，禎祥⑨繼至。升平之符既兆，仁壽之域以躋。微臣往在先朝以論事得罪，身居貶黜之地，目睹殊常之慶，抃躍欣〔三九〕幸，實倍常情。伏乞宣付〔四〇〕史官，以彰聖德所致。

---

① 洪興祖《韓子年譜》定此《表》元和十五年（八二〇）袁州作。

② 據本書卷四《祥異》篇，此日爲元和十五年六月十六日。

③《漢書·天文志》：『若烟非烟，若雲非雲，郁郁紛紛，蕭蕭輪囷，是謂慶雲。慶雲見，喜氣也。』

④ 語出《宋書·符瑞下》。

⑤ 語出《孝經·援神契》。

⑥《左傳·昭公十七年》曰：『郯子曰，皇帝以雲紀官，故爲雲師，而雲名。』

⑦《尚書大傳》：『俊乂百工相和而歌《卿雲》，帝舜乃唱之曰：卿雲爛兮，糺縵縵兮！』

⑧ 覆載，天地也。《禮記·中庸》：『天之所覆，地之所載。』晋皇普謐《帝王世紀》：『黄帝，少典之子，有熊國君也。居軒轅之丘，故號曰帝軒轅。帝舜爲有虞氏。』

⑨ 禎祥：吉祥的征兆。《禮記·中庸》：『國家將興，必有禎祥。』孔疏：『禎祥，吉之萌兆。祥，善也。言國家之將興，必有嘉慶善祥也。』

瞻戀闕庭，心魂飛馳〔四一〕，無任欣抃①踴躍之至，謹差某官奉表陳賀以聞〔四二〕。

進仰山瑞禾圖表及宋大雅十三章〔四三〕

張商英②

臣近上表進袁州仰山瑞禾③〔四四〕。蓋《春秋》書『大有年』，乃魯國一侯之事。今天下稔而禎祥〔四五〕發於嘉穀，則《春秋》所書，何足道哉！伏蒙聖恩，賜以詔答。宸翰天文，輝焰部室④〔四六〕；温詞德意，淪浹⑤肌體〔四七〕。臣竊於《天保》之詩〔四八〕，君能下臣以成其政〔四九〕，故臣能歸美以保其上〔五〇〕。垂之六經，照之萬世。臣拜首稽首⑥〔五一〕，對揚睿聖之丕顯休命⑦，謹繪《瑞禾圖》，作《宋大雅》十有三章，繕寫⑧如右，上表以聞〔五二〕。

---

① 欣抃：歡欣鼓舞之意。宋蘇舜欽《詣匭》疏：『果能霈發明詔，許臣寮皆得獻言，臣初聞之，踴躍欣抃。』

② 張商英：北宋蜀州（四川崇慶）新津人。字天覺，號無盡居士。自幼鋭氣倜儻，日誦萬言。初，任通州主簿，入寺中見大藏經卷册齊整，憤曰：『吾孔聖之書，乃不及此！』欲著無佛論，後讀《維摩經》，見『此病非地大，亦不離地大』，深有所感，乃歸信佛法。《宋史》有傳。

③ 瑞禾：即嘉禾。指一株多穗或異株同穗之禾。古人視作吉祥之兆。《宋史·五行志二下》：『元豐二年，簡州、安德軍麥秀兩歧。曹州生瑞禾。』

④ 部室：猶『蔀屋』，幽暗簡陋之屋。

⑤ 淪浹：深入；滲透。宋羅大經《鶴林玉露》卷十三：『秦檜之説，淪浹士大夫之骨髓，不可得而針砭。』

⑥ 拜首：古代男子跪拜禮的一種。跪後兩手相拱，俯頭至手。宋道誠《釋氏要覽·禮數》：『拜首，謂以頭至手，即（《周禮》）第三空首拜也。』亦作『拜手』。稽首：古時一種跪拜禮，叩頭至地，是九拜中最恭敬者。《公羊傳·宣公六年》：『靈公望見趙盾，訴而再拜；趙盾逡巡北面再拜稽首，趨而出。』

⑦ 對揚：古代常語，屢見於金文。凡臣受君賜時多用之，兼有答謝、頌揚之意。《書·説命下》：『敢對揚天子之休命。』孔傳：『對，答也。答受美命而稱揚之。』轉爲偏義，謂答謝，報答。漢蔡邕《司空文烈侯楊公碑》：『虔恭夙夜，不敢荒寧，用對揚天子丕顯休命。』丕顯：猶英明。《南齊書·武帝紀贊》：『武帝丕顯，徽號止戈。』

⑧ 繕寫：謄寫，編録。唐李白《與韓荊州書》：『然後退掃閑軒，繕寫呈上。』王琦注引《韻會》：『編录文字謂之繕寫。』

《宋大雅》序引：

彼修者禾，相臣報上也。相臣得異禾於集雲峰下，高逾九尺，分布七穗。是歲天下大豐，粒米狼戾①，揚厲②功迹〔五三〕而作是詩也。

彼修者禾，其穗七兮。敻古③所無，今感格兮。歲在庚辰，利見大人。十有二祀，而紀庚寅。乾坤六子④〔五四〕，遇庚則新。大人法天，有革有因。皇帝孝仁，羹墻神考⑤。遹追先猷⑥，三代之道。炳然⑦規模，百世之寶。敢弗祇從〔五五〕，率意改造。蔽自淵衷⑧，格遵熙豐。法非補完，熙豐是同。乃戢⑨干戈，不勤遠略。煩斂是蠲，冗官⑩

---

① 狼戾：謂散亂堆積。《孟子·滕文公上》：『樂歲粒米狼戾。』趙岐注：『樂歲，豐年；狼戾，猶狼藉也……饒多狼藉，棄捐於地。』

② 揚厲：發揚光大。唐韓愈《潮州刺使謝上表》：『鋪張對天之閎休，揚厲無前之偉績。』

③ 敻古：遠古。五代何光遠《鑑誡録·判木夾》：『西山八國，敻古已來，爲中國西南之患也。』

④ 六子：謂《易》八卦中的震、巽、坎、離、艮、兑。此六卦皆由構成乾卦的阳爻和構成坤卦的阴爻組成。《漢書·郊祀志下》：『《易》有八卦，乾坤六子，水火不相逮，靁風不相誖，山澤通氣，然後能變化，既成萬物也。』顔師古注：『乾爲父，坤爲母，震爲長男，巽爲長女，坎爲中男，離爲中女，艮爲少男，兑爲少女，故云六子也。』

⑤ 羹墻：又作『見羹見墻』。《後漢書·李固傳》：『昔堯殂之後，舜仰慕三年。坐則見堯於墻，食則睹堯於羹。後以『羹墻』爲追念前輩或仰慕聖賢的意思。神考：此指宋神宗趙頊。

⑥ 『遹追』句：遵循繼承。《詩·大雅·文王有聲》：『匪棘其欲，遹追來孝。』鄭玄箋：『乃述追王季勤孝之行，進其業也。』《資治通鑒·漢獻帝建安二十四年》：『繼以孝明、孝章，遹追先志，臨雍拜老，横經問道。』胡三省注：『遹，述也，遵也。』先猷，先世聖人的大道。語出《文選·班固〈幽通賦〉》：『謨先聖之大猷兮，亦鄰德而助信。』李善注引曹大家曰：『猷，道也。言人常當謨先聖人之道。』

⑦ 炳然：光明貌。蘇軾《謝孫舍人啓》：『穆如清風，草木皆靡；炳然白日，霰雪自消。』

⑧ 淵衷：淵深的胸懷。多用來稱頌皇帝。宋蘇舜欽《京兆求罷表》：『雖淵衷廣納，未欲加罪於瞽言；而卑論弗臧，安可尚居於厚位。』

⑨ 戢：收藏兵器。《詩·周頌·時邁》：『載戢干戈，載櫜弓矢。』毛傳：『戢，聚也。』

⑩ 冗官：指有班位而無固定職事的散官。後亦泛指閑散的官吏。《漢書·申屠嘉傳》：『錯所穿非真廟垣，乃外堧垣，故冗官居其中，且又我使爲之，錯無罪。』顔師古注：『冗，謂散輩也，如今之散官。』

是削。屏斥浮虛，尊敦儉樸。舳艫①尾銜，溯流通洛。泉幣②既平，商旅雲行。四民樂化，迭爲重輕。乃疏禁網，乃釋眚枉③〔五六〕。流徒賜還，鹿解禽放。戴恩和順，涵泳曠蕩。父子怡怡，朋友交餉。百度孔修④，德澤滂流⑤。官知奉法，吏畏先疇⑥〔五七〕。桴鼓⑦不鳴，奠枕⑧靡憂。職是⑨善化，有赫臨下。陰陽泰通⑩，薰蒸⑪陶冶。惠雨柔風，大和⑫塞野。滲漉百嘉⑬，芃芃⑭禾稼。帝宅中天，曷知其然。四方郡國，咸奏豐年。豐年之象，何以昭宣？爰有異粟，八節如鞭。一本之上，雙莖相向。穗葉敷榮⑮，挺拔尋丈⑯。高而不危，神力扶持。同而能異，濟物是

---

① 舳艫：船頭和船尾的並稱。多泛指前後首尾相接的船。《漢書·武帝紀》：「自尋陽浮江，親射蛟江中，獲之。舳艫千里，薄樅陽而出。」顔師古注引李斐曰：「舳，船後持柂處也。艫，船前頭刺櫂處也。言其船多，前後相銜，千里不絶也。」

② 泉幣：錢幣，貨幣。唐柳宗元《非〈國語〉上·大錢》：「古今之言泉幣者多矣。」

③ 眚枉：過失，過錯。此指違法犯罪之人。

④ 孔修：治理得很好。《書·禹貢》：「四海會同，六府孔修。」孔傳：「水、火、金、木、土、穀甚修治，言政化和。」

⑤ 滂流：廣泛流布。《明史·循吏傳·曾泉》：「若使海内得泉等數十人分治郡邑，可使朝廷恩澤滂流，物咸得所。」

⑥ 先疇：先人所遺的田地。《文選·班固〈西都賦〉》：「士食舊德之名氏，農服先疇之畎畝。」呂延濟注：「先疇，先人畎畝。」

⑦ 桴鼓：指警鼓。用於報警告急。漢荀悦《漢紀·宣帝紀三》：「由此桴鼓希鳴，世無偷盗。」唐崔日用《餞唐永昌》：「洛陽桴鼓今不鳴，朝野咸推重太平。」

⑧ 奠枕：猶安枕。宋岳飛《五嶽祠盟記》：「朝廷無虞，主上奠枕，余之願也。」

⑨ 職是：惟此，因此。

⑩ 泰通：國泰政通。宋范仲淹《奏爲薦胡瑗李覯充學官》：「泰通之朝，豈敢隱默。」

⑪ 薰蒸：熏陶。宋司馬光《上謹習疏》：「上行下效謂之風，薰蒸漸漬謂之化。」

⑫ 大和：亦作「太和」。指天地间冲和之气。《易·乾》：「保合大和，乃利貞。」朱熹《周易本義》：「太和，陰陽會合沖和之氣也。」

⑬ 百嘉：衆善，各種好事。《國語·楚語下》：「天明昌作，百嘉備舍。」韋昭注：「嘉，善也。」

⑭ 芃芃：茂盛貌。《詩·鄘风·载馳》：「我行其野，芃芃其麦。」毛傳：「麦芃芃然方盛长。」

⑮ 敷榮：開花。三國魏嵇康《琴賦》：「迫而察之，若衆葩敷榮曜春風，既豐贍以多姿，又善始而令終。」

⑯ 尋丈：泛指八尺到一丈之間的長度。宋趙彦衛《雲麓漫鈔》卷八：「柳公權親筆啓草一紙，皆小楷，字僅盈分，而結體遒媚，意態舒遠，有尋丈之勢。」

宜。彼修者禾，其實駢羅①。天子萬年，本支蕃多②。

謝除太守表〔五八〕

劉克莊③見職官。

遭嘖言④而去國〔五九〕，自屏空山；奉明詔以典州，且叨善地〔六〇〕。已臨封域，具布〔六一〕詔條⑤。本起鯫生⑥〔六二〕，最爲拙宦⑦；偶逢總攬⑧，遂忝旁招。猥塵公府之僚，嘗奉便朝之對。莫施螢爝⑨，裨日月之清明；雖披龍鱗，覺雷霆之開霽⑩。惟小臣之孤立，恃明主以少安。及速彈排〔六三〕，尚蒙涵貸。支離賦粟⑪，方此養

---

① 駢羅：駢比羅列。宋司馬光《樞密院開啓聖節道場排當散念作語》：『肴羞交錯，笙磬駢羅。』

② 蕃多：猶繁多。漢賈誼《新書·禮》：『取之有時，用之有節，則物蕃多。』

③ 劉克莊，初名灼，字潛夫，號後村居士，莆田（今屬福建）人。初爲靖安主薄，後長期游幕于江、浙、閩、廣等地。淳祐六年，賜同進士出身，官至龍圖閣學士。詩屬豪放派，作品數量豐富，内容開闊，多言談時政，反映民生之作。著有《後村長短句》。劉克莊是最早的《千家詩》編選者，其《分門纂類唐宋時賢千家詩選》曾作爲《四庫全書》未收書編入《宛委別藏》。

④ 嘖言：責備的議論。宋周密《癸辛雜識別集·劉朔齋再娶》：『魏鶴山之女初適安子文家，既寡，謀再適人。鄉人以其兼二氏之撰，争欲得之，而卒歸於朔齋。以故，不得者嫉之。朔齋以是多嘖言。』

⑤ 詔條：皇帝頒發的考察官吏的條令。唐柳宗元《代裴行立謝移鎮表》：『唯當遵守詔條，貶棄奸慝，平勻徭賦，示以義方。』

⑥ 鯫生：淺薄愚陋之人。亦作謙稱，猶言『小生』。唐劉禹錫《謝中書張相公啓》：『豈唯鯫生，獨受其賜？』

⑦ 拙宦：謂不善爲官，仕途不順。多用以自謙。唐白居易《初罷中書舍人》：『自慚拙宦叨清貴，還有癡心怕素飧。』

⑧ 總攬：亦作『總覽』，『總擥』。謂廣爲延攬。《後漢書·班固傳上》：『期於總覽賢才，收集明智，爲國得人，以寧本朝。』

⑨ 螢爝：螢，螢火；爝，燭光。謂微弱的光。常作能力薄弱的謙詞。《南齊書·王儉傳》：『太陽躋景，無俟螢爝之暉。』

⑩ 開霽：放晴。明都穆《都公談纂》卷下：『觀主老道士爲余言，是日必晴，雖陰霾亦必開霽。』

⑪ 支離：即『支離疏』之省，乃《莊子》寓言人物。肢體畸形，於世無補，而坐受賑濟。見《莊子·人間世》。宋黄庭堅《次韵師厚病間》之三：『古來支離疏，粟帛王所仁。』賦粟：徵收田賦。清方苞《〈熊偕吕遺文〉序》：『凶荒賦粟，不遠其居。』

痾①〔六四〕；象罔②得珠，俄而起廢。

唯袁爲郡，舊名安静之區；與盜比鄰，今亦孤危之地。城空無備，兵少且孱。以妄庸繆分千里之憂，恐倉卒③難待一朝之變。而況別慈顔於膝下，魂夢屢驚；旅隻影於天涯，宦游奚樂？徒有君親之一念，若爲忠孝之兩全。

兹蓋伏遇皇帝陛下奮發威靈〔六五〕，作新吏治。謂多壘艱危〔六六〕之際，務使民安；凡録屏臨遣之人，率由聖澤。乃如臣等，亦在數中。臣敢不厚培本根！申畫圻封④〔六七〕，守長江之險；與我共願，爲强敵之防。四境不治，如之何？此則微臣之罪。

袁州申使狀⑤

韓愈

使司⑥牒州牒

右自今月二日〔六八〕後，每奉公牒，牒尾『故牒』字皆爲『謹牒』字，有異於常。初不敢陳論，以爲錯誤。今

---

① 養痾：養病。《後漢書·文苑傳下·高彪》：『公今養痾傲士，故其宜也。』

② 象罔：亦作『象網』。《莊子》寓言中的人物。含無心、無形迹之意。見《莊子·天地》。唐趙嘏《成名年獻座主僕射兼呈同年》：『曾失玄珠求象罔，不將雙耳負伶倫。』

③ 倉卒：亦作『倉猝』。匆忙急迫。宋葉適《淮西論鐵錢五事狀》：『取而自鑄，遂致怨咨，以爲破壞兩州，事起倉猝。』

④ 申畫：重新劃分。《書·畢命》：『申畫郊圻，慎固封守，以康四海。』圻封：封疆，邊界。

⑤ 元和十四年十月，韓愈由潮州刺史移袁州刺史。《舊唐書·穆宗紀》：『元和十五年六月，以中書舍人王仲舒爲洪州刺史，御史中丞，充江西觀察使；九月，以袁州刺史韓愈爲朝散大夫、守國子祭酒。』此狀作於十五年秋。

⑥ 《舊唐書·穆宗紀》云：『元和十五年六月戊寅，以中書舍人王仲舒爲洪州刺史、御史中丞，充江西觀察使。八月乙亥，前江西觀察使裴次元卒。』則元和十五年初，江西觀察使爲裴次元，使司即江西觀察使司。袁州爲江西觀察使屬州。

既頻奉文牒，前後並同，在愈不勝戰懼之至。伏乞仁恩，特令改就常式，以安下情〔六九〕。

皇帝即位降赦賀觀察使狀①

二月五日恩赦，今月二十四日卯時到州。當時集百官、僧道、百姓宣示訖。聖上以繼②明之初，垂維新之澤。曲成③不遺於萬物，大賚④遂延於四海。寰宇斯泰，品類皆蘇。渥恩⑤普沾〔七〇〕，遠近同慶。愈以藩條有制，拜賀無由，不勝欣抃之至，謹差萍鄉縣丞李某奉狀陳賀〔七一〕。

〔校勘記〕

〔一〕《同治志》卷九之八題作「徽宗崇寧四年御碑文」。

〔二〕「法」，原作「民」。按，《同治志》卷九之八作「法」，「法」與「民」對舉，且本詔書之主旨即強調法令，故當作「法」爲是。今據《同治志》改。

〔三〕《同治志》卷九之八題作「理宗寶慶御碑文」。

---

① 《舊唐書·穆宗紀》云：「元和十五年閏正月丙午，皇帝即位太極殿東序。二月丁丑，御丹鳳樓，大赦天下。」時韓愈爲袁州刺史。此狀作於是年二月二十四日後。

② 繼明：持續不斷的光明，借指皇帝即位。宋司馬光《論西夏札子》：「自是正旦生辰，乃至陛下繼明，皆不遣使入賀，其不臣大矣。」

③ 曲成：多方設法使有成就，委曲成全。《易·繫辭上》：「曲成萬物而不遺。」

④ 大賚：猶重賞。南朝宋傅亮《爲宋公求加贈劉前軍表》：「俾忠貞之烈，不泯於身後；大賚所及，永秩於善人。」

⑤ 渥恩：深厚的恩澤。漢揚雄《劇秦美新》：「臣雄經術淺薄，行能無異，數蒙渥恩，拔擢倫比，與群賢並，愧無以稱職。」

〔四〕「尚」，《同治志》卷九之八作「常」。按，作「尚」義較長。

〔五〕「氣」，《康熙志》卷十四作「章」。按，下面亦云「士風文氣」，且《同治志》卷九之八亦作「氣」，故當以作「氣」爲是。

〔六〕「職」，《同治志》卷九之八作「方」。按：「咨」，嘆詞。「訓迪之職」指負責教化的官員。故當以本書作「職」爲是。

〔七〕「於」，《康熙志》卷十四作「鼓」。按：「鼓躍」似不成詞，且「於」與「誕」同爲虚詞對舉。故當以本書作「於」爲是。

〔八〕「琬」，原作「琓」，疑爲「琬」之俗字。按，《康熙志》卷十四作「琬」，今據改。

〔九〕《同治志》卷九之八題作「度宗咸淳六年牧民訓御碑文」。

〔一〇〕屈守元《韓愈全集校注》「州」字下無「刺史」二字。宋王伯大重編《別本韓文考異》卷三十九、魏仲舉編《五百家注昌黎文集》卷三十九、東雅堂《昌黎集注》卷三十九均於題下注云或無「刺史」字。

〔一一〕「十四日」，《康熙志》卷十四、《嘉慶志》卷三十、《同治志》卷九之二、宋王伯大重編《別本韓文考異》卷三十九、魏仲舉編《五百家注昌黎文集》卷三十九、東雅堂《昌黎集注》卷三十九均作「二十四日」，疑本書「十」字上脱一「二」字。

〔一二〕「税賦」，《康熙志》卷十四、《嘉慶志》卷三十、魏仲舉編《五百家注昌黎文集》卷三十九皆作「賦税」，亦通。

〔一三〕「太平」，《康熙志》卷十四、《嘉慶志》卷三十、魏仲舉編《五百家注昌黎文集》卷三十九、東雅堂《昌黎集注》卷三十九均作「承平」。

〔一四〕「怠惰」，《康熙志》卷十四、《嘉慶志》卷三十作「怠墮」。按：「墮」通「惰」。

〔一五〕「效」，《康熙志》卷十四、《嘉慶志》卷三十作「職」。

〔一六〕「赦」，屈守元《韓愈全集校注》注云：「祝本作「放」」。按：「放」作「免去」解亦通，然以作「赦」爲義長，當以本書及其他各本爲是。

〔一七〕「三日」，宋王伯大重編《別本韓文考異》卷三十九、東雅堂《昌黎集注》卷三十九均注云或無「三日」二字。

〔一八〕「昭升」，宋王伯大重編《別本韓文考異》卷三十九、魏仲舉編《五百家注昌黎文集》卷三十九、東雅堂《昌黎集注》卷三十九均注云或作「昭承」。

〔一九〕『神人』，屈守元《韓愈全集校注》作『神明』。按，既言『交慶』，則當作『神人』爲是。

〔二〇〕『垂泣』，宋王伯大重編《別本韓文考異》卷三十九、東雅堂《昌黎集注》卷三十九均作『垂泣』，然於『泣』字下注云或作『涕』。魏仲舉編《五百家注昌黎文集》卷三十九作「垂涕」。』

〔二一〕『永』，魏仲舉編《五百家注昌黎文集》卷三十九於『永』字下注云『永，一作「求」』。

〔二二〕屈守元《韓愈全集校注》注云，或不疊『天下幸甚』字。

〔二三〕『守郡』，魏仲舉編《五百家注昌黎文集》卷三十九作『僻守』。

〔二四〕『制』，宋王伯大重編《別本韓文考異》卷三十九、魏仲舉編《五百家注昌黎文集》卷三十九、東雅堂《昌黎集注》卷三十九均注云或作『例』。

〔二五〕『歡欣』，宋王伯大重編《別本韓文考異》卷三十九、魏仲舉編《五百家注昌黎文集》卷三十九、東雅堂《昌黎集注》卷三十九均作『欣歡』。

〔二六〕屈守元《韓愈全集校注》注云，『五日』或作『丁丑』。按：此月五日即丁丑日。

〔二七〕『蒙』，宋王伯大重編《別本韓文考異》卷三十九注云『方無「蒙」字』、東雅堂《昌黎集注》卷三十九注云『或無「蒙」字』。

〔二八〕『自』，宋王伯大重編《別本韓文考異》卷三十九、魏仲舉編《五百家注昌黎文集》卷三十九、東雅堂《昌黎集注》卷三十九均作『遂』。按，作『遂』義較長，然作『自』亦通，今不改。

〔二九〕屈守元《韓愈全集校注》注云，『表』或作『狀』。

〔三〇〕『承』，據屈守元《韓愈全集校注》云，『承』一作『奉』。『言』字原闕。按本書前後所載韓愈所上各表首句『某』字下均有一『言』字，且宋王伯大重編《別本韓文考異》卷三十九、魏仲舉編《五百家注昌黎文集》卷三十九、東雅堂《昌黎集注》卷三十九『某』字下均有一『言』字，今據補。

〔三一〕『念』，宋王伯大重編《別本韓文考異》卷三十九、魏仲舉編《五百家注昌黎文集》卷三十九、東雅堂《昌黎集注》卷三十九均作『志』。

〔三二〕屈守元《韓愈全集校注》注云，「源」或作「原」。

〔三三〕「賀」，宋王伯大重編《別本韓文考異》卷三十九、魏仲舉編《五百家注昌黎文集》卷三十九、東雅堂《昌黎集注》卷三十九均作「賀」，且注云「賀」或作「慶」。

〔三四〕「欣歡」，魏仲舉編《五百家注昌黎文集》卷三十九作「歡欣」。

〔三五〕屈守元《韓愈全集校注》注云「定」或作「變」。按：既曰「舒卷」，則變矣，作「莫變」應誤。

〔三六〕宋王伯大重編《別本韓文考異》卷三十九、東雅堂《昌黎集注》卷三十九均注云：「一「陵」，或作「澤」。」

〔三七〕「土王」，《康熙志》卷十四、《嘉慶志》卷三十、魏仲舉編《五百家注昌黎文集》卷三十九均皆作「土正」，誤。

〔三八〕「丙戌」，原作「景戌」。按，此乃避李淵父亲李昺諱，改「丙戌」爲「景戌」。宋王伯大重編《別本韓文考異》卷三十九、魏仲舉編《五百家注昌黎文集》卷三十九、東雅堂《昌黎集注》卷三十九均作「丙戌」，今據改。

〔三九〕「欣」，魏仲舉編《五百家注昌黎文集》作「歡」。

〔四〇〕屈守元《韓愈全集校注》注云「宣付」，或作「宣示」。按，當作「宣付」，類「付三省」之「付」。

〔四一〕《康熙志》卷十四、《嘉慶志》卷三十、魏仲舉編《五百家注昌黎文集》卷三十九「飛馳」下皆有「並圖奉進」四字。宋王伯大重編《別本韓文考異》卷三十九、東雅堂《昌黎集注》卷三十九與本書同，然均注云：「一「馳」下或有「並圖奉進」四字，或附於下文「奉表陳賀」之下。」

〔四二〕《康熙志》卷十四、《嘉慶志》卷三十「某官」作「官某」。

〔四三〕《康熙志》卷十四、《嘉慶志》卷三十題作「進仰山瑞禾圖宋大雅表」。

〔四四〕《康熙志》卷十四、《嘉慶志》卷三十「表」下無「進」字。

〔四五〕「禎祥」，《康熙志》卷十四、《嘉慶志》卷三十作「珍祥」，亦通。

〔四六〕「部室」，《康熙志》卷十四、《嘉慶志》卷三十作「蔀屋」。

〔四七〕「肌體」，《康熙志》卷十四、《嘉慶志》卷三十作「肌髓」。

〔四八〕「於」，《康熙志》卷十四、《嘉慶志》卷三十作「惟」。按：作「惟」似更妥。

〔四九〕「臣」，《康熙志》卷十四、《嘉慶志》卷三十作「下」。按：君臣對舉，當以本書作「臣」爲是。

〔五〇〕「保」，《康熙志》卷十四、《嘉慶志》卷三十作「報」。

〔五一〕《嘉慶志》卷三十「臣」下有「敢不」二字。

〔五二〕「表」，《康熙志》卷十四、《嘉慶志》卷三十作「進」。按「上（奉）表以聞」爲文末套語，當作「表」爲是。

〔五三〕《康熙志》卷十四、《同治志》卷九之七同，《嘉慶志》卷三十五作「績」。

〔五四〕「六子」，《康熙志》卷十四、《嘉慶志》卷三十五作「六甲」。

〔五五〕「敢弗祇從」，《康熙志》卷十四、《嘉慶志》卷三十五作「孰敢弗祇」。

〔五六〕「乃釋青枉」，《嘉慶志》卷三十五作「滌青昭枉」。

〔五七〕「先疇」，《康熙志》卷十四、《嘉慶志》卷三十五作「納賕」。按：「吏畏先疇」義殊難解，疑當作「納賕」。

〔五八〕《江西通志》卷一百十四題作「袁州到任謝表」，《唐宋元名表》卷下之二題作「知袁州到任謝表」。

〔五九〕《唐宋元名表》卷下之二篇首有「具官臣某言：臣於某月日至袁州到任者。臣以」等字。

〔六〇〕「善地」，不著撰人的《翰苑新書後集上》卷二十五作「善治」。

〔六一〕「具布」，明胡松編《唐宋元名表》卷下之二作「共布」。

〔六二〕《江西通志》卷一百十四、《翰苑新書後集上》卷二十五「本」上有「臣」字。《古今事文類聚外集》卷十「本」上有「中謝伏念臣某」等字。《唐宋元名表》卷下之二「本」上有「中謝臣」三字。

〔六三〕「彈排」，《江西通志》卷一百十四、《古今事文類聚外集》卷十、《翰苑新書後集上》卷二十五、《唐宋元名表》卷下之二均作「抨彈」。

〔六四〕「養痾」，《翰苑新書後集上》卷二十五作「養瘉」。

〔六五〕「威靈」，《江西通志》卷一百十四、《翰苑新書後集上》卷二十五作「主威」，《古今事文類聚外集》卷十、《唐宋元名表》卷下之二作「王威」。

〔六六〕「艱危」，《江西通志》卷一百十四、《唐宋元名表》卷下之二均作「艱虞」，《古今事文類聚外集》卷十、《翰苑新書後集上》卷二十五作『難危』。

〔六七〕『封』字原闕。《翰苑新書後集上》卷二十五同，《江西通志》卷一百十四、《唐宋元名表》卷下之二、《古今事文類聚外集》卷十作『申畫封』。按此句當爲四字，方可與下文『與我共願』相對。故此句奪一字，疑當作『申畫圻封』，今徑補。

〔六八〕『二日』，魏仲舉編《五百家注昌黎文集》卷四十作『三日』。

〔六九〕魏仲舉編《五百家注昌黎文集》卷四十『情』字下有『謹奉狀陳謝，謹録狀上』九字。

〔七〇〕『品類皆蘇。渥恩普沾』，宋王伯大重編《別本韓文考異》補遺、東雅堂《昌黎集注》遺文均注云『「蘇」「渥」或乙此二字。』按：若作『品類皆渥，蘇恩普沾』，則『蘇』『渥』二字確爲倒乙。當以本書爲是。

〔七一〕『某』，宋王伯大重編《別本韓文考異》補遺、東雅堂《昌黎集注》遺文均注云『「某」或作「於」』。

袁州府志卷之十一

藝文二　雜著　銘　祭文　哀辭

房公德銘〔一〕　李華①

玄宗季年，逆將持兵。天錫房公，言正其傾。群凶害直，事乃不行。虜起幽陵②〔二〕，連覆二京③。帝慈烝人④，避狄西蜀⑤。爰命監撫，理兵北服〔三〕。登賢爲輔，遜子以續〔四〕。公賚册書，亦捧瑞玉。聖人神聖，天地咸

---

① 李華（？—七六六年）：字遐叔，趙郡贊皇（今河北贊皇縣）人也。開元二十三年（七三五）進士，天寶二年（七四三）登博學宏辭科，官監察御使、右補闕。安禄山陷長安時，被迫任鳳閣舍人。『安史之亂』平定後，貶爲杭州司户參軍。明年，因風痹去官，後又托病隱居大别山南麓以終，信奉佛法。唐代宗大曆元年（七六六年）病故。與蕭穎士、顔真卿等共倡古義，開韓、柳古文運動之先河。其文與蕭穎士齊名，世稱『蕭李』。爲文主張『尊經』『載道』，『大抵以《五經》爲泉源』（獨孤及《趙郡李公中集序》），『非夫子之旨不書』。其傳世名篇有《吊古戰場文》。亦有詩名。後人輯有《李遐叔文集》四卷。宋歐陽修、宋祁《新唐書》卷二百一十六有傳。

② 幽陵：唐羈縻都督府名。太宗貞觀二十一年（六四七年）以鐵勒拔野古部置。故地在今蒙古國鄂嫩河東一帶。高宗總章後廢。

③ 天寶十四載十一月，范陽節度安禄山反，十二月，陷東京。十五載六月，陷西京。

④ 烝人：民衆，百姓。北魏酈道元《水經注·洛水》：『天久不雨，烝人失所。』

⑤ 十五載六月，玄宗狩蜀，禄山陷西京。

若。子孝臣忠，元元①踴躍〔五〕。命帥中軍〔六〕，謀殲羿浞②。人咸有言，志屈道行。公曰不可，屈則佞生。柄不在公〔七〕，象昏曈明。退師儲宫，出守函谷。入爲尚書，正色諤諤〔八〕。又刺汾澮，遂臨彭濮。何負而東？何負而西？公受挫抑，邦人凄凄。帝懷明德，俾我不迷。徵拜秋官③，僉曰休哉。薨殂閬中④，國瘁人哀⑤。喬嶽隕巔，輔星昏霾。天子涕洟⑥，追崇上臺。巖巖岱宗，瞻其峻極。赫赫房公，尊其盛德。昔撫宜春⑦，列郡是式〔九〕。建銘江濱，以慰南國。

---

① 元元：百姓，庶民。《戰國策·秦策一》：『制海内，子元元，臣諸侯，非兵不可！』高誘注：『元，善也，民之類善故稱元。』

② 羿浞：羿，傳説中夏有窮氏之國君，因夏民以代夏政，善射。浞，即寒浞，上古傳説中的人物。本爲寒國宗族，輔寒國君伯明氏，被廢棄。後羿奪帝相位以代夏，號有窮，任浞爲相。羿不修民事，浞殺羿自立，因其室而生奡。奡多力，能陸地行舟。後夏遺臣靡輔帝相子少康，滅浞，殺奡。

③ 秋官：《周禮》六官之一，掌刑獄。《周禮·秋官》唐賈公彦題解：『鄭《目録》云，象秋所立之官。寇，害也。秋者，遒也，如秋義殺害收聚斂藏於萬物也。天子立司寇使掌邦刑，刑者，所以驅耻惡，納人於善道也。』所司與後代刑部相當，故唐武則天一度改刑部爲秋官。後世常以秋官爲掌司刑法官員的通稱。唐楊炯《遂州長江縣孔子廟堂碑》：『掌山林於夏典，物得其生；聽獄訟於秋官，人忘其死。』寶應二年（七六三）四月，房琯被提拔爲特進、刑部尚書，故有此説。

④ 廣德元年八月四日，琯卒於閬州僧舍，年六十七。

⑤ 《詩》：『人之云亡，邦國殄瘁。』

⑥ 涕洟：涕淚俱下；哭泣。《易·萃》：『齎咨涕洟，無咎。』高亨注：『咨借爲資……齎資涕洟，弔他人之喪之象也。』唐陸龜蒙《田舍賦》：『今則陽亢而驕，苗渴而萎，十穗百粒，稄夫涕洟。』

⑦ 天寶五載，殺括蒼郡太守韋堅。琯坐與堅善，貶宜春太守。

相國房公德銘之陰[一〇]

柳宗元①

天子之三公②稱公，王者之後稱公，諸侯之入爲王卿士亦曰公。有土封，其臣稱之曰公。尊其道而師之，稱曰公。楚之僭，凡爲縣者皆曰公。古之人通謂年之長者曰公[一一]。故言三公若周公、召公。王者之後若宋公，爲王卿士若衛武公、虢文公、鄭桓公。其臣稱之，則列國皆然。師之尊若太公。楚之爲縣者若葉公[一二]、白公。年之長者若毛公、申公、涪公。而大臣罕能以姓配公者，雖近有之，然不能著也。唐之大臣以姓配公最著者曰房公。

房公相玄宗，有勞於蜀，人咸服其節；相肅宗，作訓於岐，人咸尊其道。惟正直慈愛，以成於德，用是進退，所居而事理辯，所去而人哀號。理袁人，袁人不勝其懷。爲文士趙郡李華銘公之德，亂，故不克立。

今刺史太原王涯③[一三]，嘉公之道猶在乎人[一四]，人不忘公之道[一五]，爲之刻石，且曰：『州之南有亭，曰需宴亭，公之爲也，人之思也。』乃增飾棟宇，即而立焉。州人大悦，咸會隕涕④，言曰：『昔公以周召之德、微子之仁，有土封以爲卿士，道爲三公，德爲國師，年爲元老。嘗爲縣，縣懷其化；至於州，州濡⑤其澤。凡公子孫，

---

① 柳宗元（七七三—八一九）：字子厚，漢族，唐河東郡（今山西運城永濟）人，祖上世代爲官，七世祖柳慶爲北魏侍中，封濟陰公。世人稱之爲『柳河東』『河東先生』。其文與韓愈齊名，並稱『韓柳』。其詩亦有名，與劉禹錫並稱『劉柳』，又與王維、孟浩然、韋應物並稱『王孟韋柳』。後人將其與韓愈、歐陽修、蘇洵、蘇軾、蘇轍、王安石和曾鞏並稱爲『唐宋八大家』。其文筆鋒犀利，諷刺辛辣。游記寫景狀物，多所寄托。其詩多有抑鬱悲憤、思鄉懷友之情，幽峭峻郁，自成一路。

② 三公：古代中央三種最高官銜的合稱，不同的時期所指有所不同。周以太師、太傅、太保爲三公。《書·周官》：『立太師、太傅、太保，茲惟三公，論道經邦，燮理陰陽。』一説以司馬、司徒、司空爲三公。見《漢書·百官公卿表序》。

③ 王涯：涯以左拾遺爲翰林學士，進起居舍人。元和初，其甥皇甫湜以賢良對策忤宰相，涯坐避嫌，罷學士，再貶虢州司馬。元和三年，徙爲袁州刺史。

④ 隕涕：流淚。《漢書·元后傳》：『行道之人爲之隕涕，況於陛下，時登高遠望，獨不慚於延陵乎！』

⑤ 濡：沾濕。

罔不戴慕。』盛德之詞，文而不刻。更刺史數十，莫克興起，乃率歸於王公。王公嘗以機密①匡天子於禁中〔一六〕，承公之道〔一七〕；刺於我邦，由公之理；又能尊公之德，起遺文以昭前烈，則其入爲卿士三公也，孰曰不宜？吾懼其去我也遽，願書於銘之陰，用永表於邦之良政〔一八〕。

祈雨告城隍文②〔一九〕

韓愈

維年月日③，袁州刺史韓愈謹告於城隍神之靈〔二〇〕：

刺史無治行，無以媚於神祇〔二一〕。天降之罰，以久不雨，苗且盡死。刺史雖得罪〔二二〕，百姓何辜？宜降疾咎於某躬身〔二三〕，無令鰥寡蒙茲濫罰。謹告。

---

① 機密：掌管機要大事的部門、職務。《新五代史·唐臣傳·安重誨》：「重誨自爲中門使，已見親信，而以佐命功臣，處機密之任，事無大小，皆以參決。」王涯曾任知制誥、宰相等要職。匡：輔佐；輔助。《詩·小雅·六月》：「王於出征，以匡王國。」馬瑞辰通釋：「匡者，助也。「以匡王國」，猶云「以佐天子」也。」

② 《舊唐書·憲宗紀》：「元和十四年（八一九）冬十月，潮州刺史韓愈爲袁州刺史。」又《穆宗紀》：「元和十五年（八二〇）九月酉（二十二日），以袁州刺史韓愈爲朝散大夫、守國子祭酒。」按韓愈以元和十五年春到袁州刺史任，則此三首並作於此年夏。唐江南西道袁州治，即今江西宜春市袁州區。

③ 本文當作於元和十五年，歲次庚子。

祈雨告仰山文　韓愈

維年月日，袁州刺史韓愈謹以少牢①之奠，祭於仰山②之神曰：

神之所依者惟人，人之所事者惟神。今既大旱，嘉穀將盡，人將無以爲命，神亦將無所降依，不敢以不告。若守有罪，宜被疾殃於其身；百姓可哀，宜蒙恩憫〔二四〕。以時賜雨，使獲承祭不怠，神亦永有飲食。謹告〔二五〕。

謝雨告仰山文〔二六〕　韓愈

維年月日，袁州刺史韓愈謹以少牢之奠，祭於仰山之神曰〔二七〕：

穀將死〔二八〕，而神膏澤之；百姓無所告，而神恤之；刺史有罪，而神釋之。敢不有薦也〔二九〕。尚饗③！

祭州土地文　劉克莊　見《職官》。

某蒙恩此來，既入州宅，且視籒文矣。徼福④於神〔三〇〕，庶克奠居⑤。

---

① 《禮記·王制》：「天子社稷皆大牢，諸侯社稷皆少牢。」鄭玄注：「士薦牲用特豚，大夫以上用羔，所謂羔豚而祭。」

② 仰山：宋張師正《倦游録》云：「袁州仰山神祠，自唐以來威靈頗著，幅員千里之内，事之甚謹，柔毛之獻，歲時相繼，故動以數百餘輩爲群。」

③ 尚饗：亦作「尚享」。舊時用作祭文的結語，表示希望被祭祀者來享用祭品的意思。《儀禮·士虞禮》：「卒辭曰：哀子某，來日某隮祔爾于爾皇祖某甫。尚饗！」鄭玄注：「尚，庶幾也。」

④ 徼福：祈福，求福。《左傳·成公十三年》：「君亦悔禍之延，而欲徼福於先君獻穆。」

⑤ 奠居：安居，定居。《明史·楊瑄傳》：「修捍海塘，築海鹽堤岸二千三百丈，民得奠居。」

祭仰山文

某少讀《韓集》，知神功惠。自唐至今，又數百歲。神於袁人，眷顧罔替①。袁人於神，飲食必祭。某剖符②入境，靈瑣③首詣。時方艱虞④，兵寡民弊〔三一〕。眇然⑤長慮，何以爲計？惟神洋洋，左右上帝。永相此方，捍災祓蘙。民各樂生，吏亦免戾。神不我吐，歆此醴幣。

祭韓文公文

嗚呼！先生立身之名節，垂世之文章，史臣比之山斗⑥不可學也。至於出牧潮袁，二州之人皆奉嘗⑦之至。今則某願師法其萬一焉。視事之初〔三二〕，敢告。

---

① 罔替：不更替，不廢除。清陳康祺《郎潛紀聞》卷二：『康熙間，福建提督施琅平定臺灣，功第一。詔封琅靖海侯，世襲罔替。』

② 剖符：猶剖竹。古代帝王分封諸侯、功臣時，以竹符爲信證，剖分爲二，君臣各執其一，後因以『剖符』『剖竹』爲分封、授官之稱。《史記·韓信盧綰列傳》：『遂與剖符爲韓王，王潁川。』

③ 靈瑣：神靈府宅。宋劉克莊《謁南嶽》：『駕言款靈瑣，樓堞晃丹赤。』

④ 艱虞：艱難憂患。唐杜甫《北征》：『維時遭艱虞，朝野少暇日。』

⑤ 眇然：高遠貌，遥遠貌。宋王安石《次青陽》：『十載九華邊，歸期尚眇然。』

⑥ 山斗：泰山、北斗的合稱。猶言泰斗。比喻爲世人所欽仰的人。宋辛棄疾《水龍吟·甲辰歲壽韓南澗尚書》：『況有文章山斗，對桐陰、滿庭清晝。』

⑦ 奉嘗：猶祭祀。《漢書·循吏傳·朱邑》：『邑病且死，屬其子曰：「我故桐鄉吏，其民愛我，必葬我桐鄉，後世子孫奉嘗我，不如桐鄉民。」』顔師古注：『嘗，謂蒸嘗之祭。』

祈雨告社稷文〔三三〕

今茲之旱，某既請於上帝，禱於百神。惟勾龍①、棄②，土、穀之祖，人民之主也，風霆致雨之神也，敢不有告乎？其下膏澤以沃焦卷③，某當帥吏民以羞祀事④。

祈雨告仰山文〔三四〕

某於茲守土，荷神之休⑤，四封之內，良苗滿野。涉旬不雨，已覺亢旱⑥〔三五〕。一稔⑦之望，在民甚切。常暘⑧之咎，在吏甚恐。瓣香⑨稽首，神其格思⑩。油然沛然⑪，以相歲事⑫〔三六〕。

---

① 勾龍：社神名。漢蔡邕《獨斷》卷上：「社神，蓋共工氏之子勾龍也，能水土，帝顓頊之世，舉以爲土正。天下賴其功，堯祠以爲社。」

② 棄：人名。即后稷。漢王充《論衡·初稟》：「棄事堯爲司馬，居稷官，故爲后稷。」

③ 焦卷：指枯萎的莊稼、草木。唐杜甫《雨》：「皇天德澤降，焦卷有生意。」

④ 祀事：祭祀之事。《左傳·昭公元年》：「祀事不從，又何以年？」

⑤ 休：蔭庇。《周書·静帝紀》：「藉祖考之休，憑宰輔之力。」

⑥ 亢旱：大旱。唐韓愈《御史臺上論天旱人饑狀》：「京畿諸縣，夏逢亢旱，秋又早霜，田種所收，十不存一。」

⑦ 稔：莊稼成熟。《國語·吴語》：「吴王夫差既殺申胥，不稔於歲，乃起師北伐。」韋昭注：「稔，熟也。」

⑧ 常暘：亦作「常陽」。指長期乾旱不雨。宋蘇軾《五嶽四瀆等處謝雨祝文》：「乃者常暘爲災，歷時愈熾。」

⑨ 瓣香：佛教語。猶言一瓣香。宋陳若水《沁园春·壽游侍郎》：「丹心在，尚瓣香歲歲，遥祝堯齡。」

⑩ 格思：格，來，到。思，語助詞。《詩·大雅·抑》：「神之格思，不可度思，矧可射思。」毛傳：「格，至也。」

⑪ 油然沛然：油然：盛興貌。沛然：充盛貌；盛大貌。《孟子·梁惠王上》：「天油然作雲，沛然下雨，則苗浡然興之矣。」趙岐注：「油然，興雲之貌。」

⑫ 歲事：多指一年的農事。《尚書大傳》卷五：「耰鉏已藏，祈樂已入，歲事已畢，餘子皆入學。」

謝雨祭社稷①文〔三七〕

旱而禱，國之典也。禱而雨，神之功也。神之愛吏民如此，吏民於報本之禮敢不敬止〔三八〕！

謝雨祭仰山文〔三九〕

某丙午躬詣靈瑣，甘雨隨應。戊申，雨猶未止。黄埃赤日〔四〇〕，一變而爲冷風清露。於乎！非神，其誰爲之？謹奉禮幣以謝！

告韓文公文

葛謙白　見《職官》。

公以勁節忠操爲唐名臣，由刑部侍郎貶潮移袁。祭神之章、告至之表載在方册②，讀者悚然〔四一〕。頃者備數貳卿，以罪去國，天子不終棄，俾守茲土。視印之始，其敢不拱拜祠下。

---

① 社稷：古代帝王、諸侯所祭的土神和穀神。社，土神；稷，穀神。《孟子·盡心下》：「民爲貴，社稷次之，君爲輕。」

② 方册：簡牘；典籍。唐張九齡《賀赦表》：「臣聞古之王政，雖在方册，將崇舊典，必俟聖君。」

防里①祭祖文

歐陽玄②

大元至正二年歲次壬午十一月己巳朔，十有三日辛巳，曾孫翰林學士、資善大夫知制誥、同修國史玄，謹以牲酒之奠，致祭于防里第十一代祖七承事府君歐陽公墓前而言曰〔四二〕：

禮去鄉國，省墓③而行，重違遠④也。先世遷瀏，動逾十紀。井邑既殊，歲月既久，疏逖⑤松檟，事勢使然。餘慶所覃⑥，靡間彼此。

玄自竊科第，登進公朝，備列法從⑦。推厥本原，敢昧所自？謁告來歸，展省墓下。追懷雨露，怵惕⑧深增。

① 防里：今分宜縣南防里村，歐陽玄故里。

② 歐陽玄：元瀏陽（今屬湖南）人，字原功，號圭齋。祖籍廬陵（今江西永豐），宋歐陽修之後。延右進士。授平江州同知，歷蕪湖、武岡縣尹，入爲國子博士、監丞。致和元年（一三二八），進翰林待制。元統元年（一三三三），任翰林直學士，與修《四朝實録》。至正間，與修遼、金、宋三史，任總裁官。三史成，升翰林學士承旨。歷官四十餘年間，凡宗廟朝廷大册、制誥，多出其手。名山大川寺觀碑文，人物墓志，所撰亦多。有《圭齋集》。

③ 省墓：祭掃墳墓。《南齊書・沈文季傳》：『休祐被殺，雖用薨禮，僚佐多不敢至。文季獨往省墓展哀。』

④ 違遠：遠離；離别。三國魏曹植《請祭先王表》：『自計違遠以來，有逾旬日。』

⑤ 『疏逖』句：疏逖，指荒遠之地。宋岳飛《奏辭男雲特轉恩命第四劄子》：『臣奮身疏逖，冒國寵榮，陛下誤恩，擢置重任。』松檟，松樹與檟樹，二樹常被栽植墓前，故亦作墓地的代稱。《北史・隋紀上・文帝紀論》：『墳土未乾，子孫繼踵爲戮；松檟纔列，天下已非隋有。』

⑥ 覃：延及。《後漢書・袁安傳論》：『其仁心足以覃後昆。』

⑦ 法從：跟隨皇帝車駕；追隨皇帝左右。《漢書・揚雄傳上》：『又是時趙昭儀方大幸，每上甘泉，常法從，在屬車間豹尾中。』顔師古注：『法從者，以言法當從耳，非失禮也。一曰從法駕也。』

⑧ 怵惕：戒懼；驚懼。《漢書・淮南厲王劉長傳》：『大王不思先帝之艱苦，日夜怵惕，修身正行。』

惟我先祖，流慶後昆①。願自今始，無曠彝禮②。尚饗。

防里歐陽氏始遷第一代祖府君墓前：

人本乎祖，百世匪遥。精神旁通，體魄如在。遠孫席庇，展省還鄉。萬木一春，萬水一清。豐本浚源，用永有譽。惟我先祖，寶克相之。[四三]

仰山祈雨文

姚汀

惟神之顯於袁遠矣，而袁之人被其澤多矣。勒之金石而有徵，配之天壤而無窮矣。胡今瘨③我以旱而顧乃莫之恤矣，齋沐④籲禱而神亦莫我德矣。禾則稿⑤矣，而民將無以爲命矣。雖蒙一勺之甘，曾未足以洗薰天⑥之虐矣。回枯起稿，惟日望於神靈矣。神弗之靈，人亦將易視而弗神之矣。尚其騰百川、雨千里而膏澤下民，則神功無量而廟食永無斁矣。敢告。

---

① 後昆：亦作『後緄』。後嗣，子孫。宋蘇軾《吊徐德占》：『死者不可悔，吾將遺後昆。』

② 彝禮：常禮，不可改變的禮法。禮，常；常規；一成不變的法度。《國語·周語中》：『天道賞善而罰淫，故凡我造國，無從非彝，無即慆淫，各守爾典，以承天休。』韋昭注：『彝，常也。』

③ 瘨：災病。唐獨孤及《祭皖山神祈雨文》：『何瘨我以旱，使滌滌至此。』

④ 齋沐：齋戒沐浴。宋張齊賢《洛陽縉紳舊聞記·田太尉候神仙夜降》：『太尉自齋沐，换新衣，具靴笏，深夜候之。』籲禱：呼天祈神。《明史·孝義傳一·沈德四》：『人子事親，居則致其敬，養則致其樂，有疾則醫藥籲禱，迫切之情，人子所得爲也。』

⑤ 稿：通『槁』。枯槁。漢劉向《說苑·建本》：『父以子爲本，子以父爲本，棄其本者，榮華稿矣。』

⑥ 薰天：形容勢熾。唐杜甫《遺興》：『北里富薰天，高樓夜吹笛。』

城隍廟祈雨文

惟我國家建邦設邑，必立神以祠之，所以冀其幽贊①之功，而補吾人之力之不逮也。且人以神而生，神亦依人而立。神有廟宇，吾人修之；神有香火，吾人守之；神有祭祀，吾人承之。則吾人之有憂患，神亦當捍衛救護於冥冥之中②矣。胡今旱魃③爲虐，赤地千里，赫赫炎炎④，百穀瘁止？尚其聽之，普以甘雨，介我稷黍⑤，穀我士女。敢告。

夏尚之太史哀辭 有序。蘇伯衡 字平仲，金華人。

我師克燕，拔其知名士赴南京。既而其類輩復官王朝，太史夏君獨以老病乞歸。且歸，會遣使分道搜訪元史，乃强君如江廣。君辭不得命，乃行。行至番禺，以疾卒。二年冬十月十二日，則卒之歲月也。

君名以忠，字尚之，世家袁州，宋孝宗成恭后父族也。曾祖自得鄉貢進士，受業番易⑥陳克齋先生。先生師徽

---

① 幽贊：謂暗中受神明佐助。語出《易·說卦》：「昔者聖人之作《易》也，幽贊於神明而生蓍。」高亨注：「言聖人作《易》，暗中受神明之贊助，故生蓍草，以爲占筮之用。」

② 冥冥之中：人所無法預測，人力無法控制等不可理解的狀況。亦即一般所稱的命運。

③ 旱魃：傳說中引起旱灾的怪物。《詩·大雅·雲漢》：「旱魃爲虐，如惔如焚。」孔穎達疏：「《神異經》曰：『南方有人，長二三尺，袒身，而目在頂上，走行如風，名曰魃，所見之國大旱，赤地千里，一名旱母。』」

④ 赫赫炎炎：形容勢焰熾盛。《漢書·敘傳下》：「勝、廣熛起，梁、籍扇烈，赫赫炎炎，遂焚咸陽。」

⑤ 稷黍：泛指五穀。《詩·唐風·鴇羽》：「王事靡盬，不能蓺稷黍。」

⑥ 番易：即鄱陽，今江西省上饒市鄱陽縣。西漢時稱「番易」，東漢時稱「鄱陽」。

國朱公，其所緝《問答》《語録》世傳焉，自君以上皆世其學。君蚤有譽於鄉，年四十餘始用①襲封衍聖公克堅薦，授孔、顔、孟三氏子孫。儒學正危公素之治田雄霸②，辟君以爲副。轉惠州教授，改涿州照磨③。丙申秋，燕都開設流寓④科，君入就試，中其科。擢翰林國史院編修官，調國子助教，遷太史院都事。方君田雄霸時，伯衡北游，得一見君道上。不聞問垂一紀⑤。比相見南京，情誼之篤，乃若久要⑥者。間嘗語伯衡曰：『吾自分老死於燕，不復上先人丘墓⑦。去家時，少子正年甫十二。薦更⑧喪亂，家毁母又死，無誰爲教，恒恐其失學、隕先緒⑨。今名在俘籍，不能即死，誠可愧。然聖恩寬大，旦夕且得歸守塋域⑩，教子讀書，以終吾餘年，可謂不幸之幸哉！

---

① 用：介詞。猶言以。表示憑藉或者原因。《史記·佞幸列傳》：『衛青、霍去病亦以外戚貴幸，然頗用材能自進。』

② 雄霸：指雄州和霸州。雄州即今河北省保定市雄縣，霸州即今河北省廊坊市霸州市。危素曾奉詔墾田於雄霸二州。

③ 照磨：元代以後設置的掌管宗卷、錢穀的屬吏。《元史·百官志一》：『照磨一員正八品，掌磨勘左右司錢穀出納繕科例，凡數計文牘簿籍之事。』

④ 流寓：流落他鄉居住。《後漢書·廉范傳》：『范父遭喪亂，客死於蜀漢，范遂流寓西州。』

⑤ 一紀：歲星（木星）繞地球一周約需十二年，故古稱十二年爲一紀。南朝梁劉勰《文心雕龍·神思》：『張衡研《京》以十年，左思練《都》以一紀。』

⑥ 久要：舊交。宋王安石《老人行》：『古來人事已如此，今日何須論久要。』

⑦ 丘墓：墳墓。《史記·范睢蔡澤列傳》：『楚王封之以荊五千户，包胥辭不受，爲丘墓之寄於荊也。』

⑧ 薦更：屢經，反復經歷。薦，通『洊』。宋蘇軾《上皇帝書》：『選人之改京官，常須十年以上，薦更險阻，計析毫厘。其間一事聱牙，常至終身淪棄。』

⑨ 先緒：祖先的功業。明劉基《紹興崇福寺記》：『三房以昭穆序兄弟子孫如族屬，俾同力一心，以無墜先緒。』

⑩ 塋域：墓地。唐柳宗元《寄許京兆孟容書》：『不敢望歸掃塋域，退托先人之廬，以盡餘齒。』

抑平生好爲詩，多至千百篇，兵後片楮①無復存。今雖耄矣，歸訪故老於山椒②水澨，追惟疇昔③江山人物，眷④焉。若夫悲思感慨[四四]，托聲詩以寄吾志，亦安能已乎？行當録以遺子，子爲我序之，則我盛年之作雖不得齒《猗那⑤》《清廟》之什，而吾衰莫⑥之詞或者得與《麥秀》⑦《黍離》並傳焉。」嗟乎！言猶在耳，而君竟死矣！此其有足使人傷悼也夫！此其有足使人傷悼也夫！乃爲楚歌以哀之。辭曰：

嗚呼！夫子之好修兮，胡遭時之棘艱？飄風⑧忽其烈烈兮，白日薄乎西山。服南冠之峨峨兮，旅膚敏⑨以南

---

① 片楮：片紙。《明史·文苑傳三·文徵明》：「四方乞詩文書畫者，接踵於道，而富貴人不易得片楮。」

② 山椒：山頂。《文選·謝莊〈月賦〉》：「洞庭始波，木葉微脱；菊散芳於山椒，雁流哀於江瀨。」李善注：「山椒，山頂也。」水澨：水濱。宋葉適《毛夫人墓表》：「山巔可休，水澨可息。」

③ 疇昔：往日，從前。《禮記·檀弓上》：「予疇昔之夜，夢坐奠於兩楹之間。」

④ 眷：顧念、依戀。晉潘岳《哀永逝文》：「想孤魂兮眷舊宇，視倏忽兮若仿佛。」

⑤ 猗那：《詩·商頌·那》是殷商的後代宋國祭祀商朝的建立者成湯的樂歌。首句是「猗與那與」，後以「猗那」借指祭祀祖先的頌歌。《宋史·禮志十一》：「方作猗那之頌，永嚴昭穆之容。」清廟：《詩·周頌》篇名。亦指古帝王祭祀祖先的樂章。《禮記·樂記》：「《清廟》之瑟，朱弦而疏越，壹倡而三嘆。」鄭玄注：「清廟謂作樂歌，《清廟》也。」

⑥ 莫：「暮」的古字。

⑦ 麥秀：《史記·宋微子世家》：「箕子朝周，過故殷虚，感宫室毁壞，生禾黍，箕子傷之，欲哭則不可，欲泣爲其近婦人，乃作《麥秀之詩》以歌咏之。其詩曰：「麥秀漸漸兮，禾黍油油。彼狡僮兮，不與我好兮！」」黍離：《詩·王風》中的篇名。《詩·王風·黍離序》：「《黍離》，閔宗周也。周大夫行役，至於宗周，過故宗廟宫室，盡爲禾黍，閔周室之顛覆，彷徨不忍去而作是詩也。」後常以《麥秀》《黍離》爲感嘆家國破亡之痛的典實。晉陸機《辯亡論》下：「《麥秀》無悲殷之思，《黍離》無湣周之感矣。」

⑧ 飄風：旋風，暴風。《詩·大雅·卷阿》：「有卷者阿，飄風自南。」

⑨ 膚敏：優美敏捷。

遷。包羞而競進①兮，既非余心之所安。斂退而自放兮②，又縶維③而莫予捐④。奉赫赫之明命兮，備使價於炎方⑤。凌大江之浩淼兮，道忽經夫故鄉。萍之川兮湯湯⑥，袁之山兮蒼蒼。山川宛其如昨兮，何世故之不常。問遺民於舊墟兮，慨星辰與冰霜。思少留而弗獲兮，遂悠悠以南行。歷大庾之嶔嵚兮，溯隴水之砯砰。萑與莽其蓊薈⑦兮，虺蜮⑧穴而臊腥。神惝怳以内傷兮，氣歊絶⑨以外嬰⑩。曾日月之幾何兮，竟魂釋而蜕形⑪。嗟夙志之莫伸兮，即長夜之冥冥。

亂曰：芝爲蓋兮桂爲輈，仍子陽兮羅浮⑫。層城慌惚兮⑬阻以修，不死之藥兮矧可求？羌胡爲兮海之陬，颸

---

①「包羞」句：包羞，庖饈。謂厨房内精美的食品。元麻革《上云内帥賈君》詩：「杞梓容山木，包羞薦沼芼。」競進，争進。《楚辭·離騷》：「衆皆競進以貪婪兮，憑不厭乎求索。」

②「斂退」句：斂退，收斂退讓；隱退。唐韓愈《秋懷詩》之五：「斂退就新懦，趨營悼前猛。」自放：自我放逸。唐韓愈《與崔群書》：「僕無以自全活者，從一官於此，轉困窮甚，思自放於伊潁之上，當亦終得之。」

③縶維：語出《詩·小雅·白駒》：「皎皎白駒，食我場苗，縶之維之，以永今朝。」謂絆馬足、系馬韁，示留客之意。後以「縶維」指挽留人才。清顧炎武《贈萬舉人壽祺》詩：「時危見縶維，忠義性無枉；翻然一辭去，割髮變容象。」

④捐：捨棄。晉陸機《文賦》：「苟傷廉而愆義，亦雖愛而必捐。」

⑤炎方：泛指南方炎熱地區。唐李白《古風》：「怯卒非戰士，炎方難遠行。」

⑥湯湯：水流盛大貌。《詩·衛風·氓》：「淇水湯湯，漸車帷裳。」

⑦蓊薈：草木繁密貌。晉陸雲《逸民賦》：「曾丘蓊薈，穹谷重深。」

⑧虺蜮：螫人的毒蛇和含沙射影的蜮。亦比喻陰險惡毒的害人者。南朝宋鮑照《蕪城賦》：「壇羅虺蜮，階鬥麏鼯。」

⑨歊絶：熾熱火紅。

⑩嬰：接觸；觸犯。《荀子·議兵》：「延則若莫邪之長刃，嬰之者斷；兑則若莫邪之利鋒，當之者潰。」

⑪蜕形：形體蜕變。指去世。

⑫羅浮：山名。在廣東省東江北岸。風景優美，爲粤中游覽勝地。晉葛洪曾在此山修道，道教稱爲「第七洞天」。

⑬層城：古代神話中昆侖山上的高城，泛指仙鄉。宋蘇軾《仙都山鹿》詩：「仙人已去鹿無家，孤栖悵望層城霞。」慌惚：即「慌惚」，亦作「慌忽」。模糊不明貌。唐韓愈《南海神廟碑》：「海之百靈祕怪，慌惚畢出。」

轟轟兮爲霾爲霿①，叢薄黯黲②兮有蛇兩頭。海之陬兮不可以久留，魂歸來兮無離郵③。晞④汝髮兮卧龍洲，洲之上兮欝松楸⑤，魂不來歸兮使我心憂。

〔校勘記〕

〔一〕余冠英、周振甫、啓功、傅璇琮主編《唐宋八大家全集》題作『唐丞相太尉房公德銘』。

〔二〕『虜』，《康熙志》卷十四、《嘉慶志》卷三十一、《同治志》卷九之二均作『寇』。

〔三〕『北服』，《康熙志》卷十四、《嘉慶志》卷三十一、《同治志》卷九之二均作『北朔』。

〔四〕『遜子』，原作『遜予』《康熙志》卷十四、《嘉慶志》卷三十一、《同治志》卷九之二作『遜子』，余冠英，周振甫，啟功，傅璇琮主編《唐宋八大家全集》作『讓子』。按：天寶十五年，安史叛軍進逼長安，玄宗入蜀。七月，房琯追上玄宗，被任命爲文部尚書、同中書門下平章事。玄宗遜位，命房琯往靈武冊封唐肅宗。故從諸本改『遜予』爲『遜子』，『遜子』即指唐玄宗讓位於其子唐肅宗。

〔五〕『元元』，余冠英、周振甫、啓功、傅璇琮主編《唐宋八大家全集》作『元臣』。按『元臣』意爲『重臣』『老臣』，此處當爲『百姓』之意，且上文『子孝臣忠』已言及『臣』，此處不當重復。故當作『元元』爲是。

---

① 霿：同『霧』。唐劉禹錫《楚望賦》：『天濡而霿，土洩而泥。』

② 叢薄：茂密的草叢，或叢生的草木。《楚辭・劉安〈招隱士〉》：『叢薄深林兮人上慄。』洪興祖補注：『深草曰薄。』黯黲：昏暗貌。明唐順之《己酉八月十八日觀潮作》詩：『秋空忽爾色黯黲，萬竅怒號山震盪。』

③ 離郵：疑即『離憂』。遭遇憂患。《史記・屈原賈生列傳》：『離騷者，猶離憂也。』《楚辭・劉向〈九嘆・離世〉》：『哀僕夫之坎毒兮，屢離憂而逢患。』王逸注：『言己不自念惜身之放逐，誠哀僕御之夫，坎然恚恨，以數逢憂患，無已時也。』

④ 晞：乾，乾燥。《詩・秦風・蒹葭》：『蒹葭萋萋，白露未晞。』毛傳：『晞，乾也。』

⑤ 松楸：松樹與楸樹。墓地多植，因以代稱墳墓。唐劉禹錫《酬樂天見寄》：『若使吾徒還早達，亦應簫鼓入松楸。』

〔六〕「帥」，原作「師」。按《康熙志》卷十四、《嘉慶志》卷三十一、《同治志》卷九之二作「帥」，按：「帥中軍」可通，「師中軍」不可通，故當作「帥」爲是。今據諸本改。

〔七〕「不」，原作「下」，《康熙志》卷十四、《嘉慶志》卷三十一、《同治志》卷九之二，余冠英、周振甫、啓功、傅璇琮主編《唐宋八大家全集》均作「不」，按：柄者，權也。唯權不在公，故公敗。故當從諸本作「不」，今據改。

〔八〕「色」，原作「已」。按《康熙志》卷十四、《嘉慶志》卷三十一、《同治志》卷九之二均作「色」，按：「正色」，謂剛正不阿，「諤諤」亦以狀凜然之貌。故當從諸本作「正色」爲是，今據改。

〔九〕「郡」，《康熙志》卷十四、《嘉慶志》卷三十一、《同治志》卷九之二均作「邦」。

〔一〇〕《康熙志》十四題作「房公德銘之陰」，《嘉慶志》卷三十一題作「相國房公德銘之陰」。余冠英、周振甫、啓功、傅璇琮主編《唐宋八大家全集》題作「唐相國房公德銘之陰」。又注云：「一本「唐」下有「故」字，無「德」字。」

〔一一〕「者」，《康熙志》卷十四、《嘉慶志》卷三十一作「老」。

〔一二〕《康熙志》卷十四、《嘉慶志》卷三十一「縣」下無「者」字。

〔一三〕「太原」，原作「大源」。按《康熙志》卷十四、《嘉慶志》卷三十一作「太原」，今據改。

〔一四〕「在」《康熙志》卷十四、《嘉慶志》卷三十一作「存」。按「在」、「存」兩通。

〔一五〕「人」，《康熙志》卷十四、《嘉慶志》卷三十一作「袁」。

〔一六〕「匡」，原作「厈」。按《康熙志》卷十四，《嘉慶志》卷三十一，余冠英、周振甫、啓功、傅璇琮主編《唐宋八大家全集》均作「匡」，今據改。

〔一七〕「承」，《康熙志》卷十四、《嘉慶志》卷三十一作「遵」。按：「承」「遵」兩通。

〔一八〕《康熙志》卷十四、《嘉慶志》卷三十一「邦」字下有一「人」字。按：「政」乃相對于「邦」而言，故不應有「人」字。

〔一九〕《祈雨告城隍文》與《祈雨告仰山文》《謝雨告仰山文》等三篇，《江西通志》卷一百四十四、宋王伯大《別本韓文考異》卷二十三、宋魏仲舉編《五百家注昌黎文集》卷二十三及東雅堂《昌黎集注》卷二十三均合題爲《袁州祭神文三首》。

〔二〇〕宋王伯大《别本韓文考異》卷二十三、東雅堂《昌黎集注》卷二十三注云：『或無「袁」字。』

〔二一〕宋王伯大《别本韓文考異》卷二十三、東雅堂《昌黎集注》卷二十三均注云：『「以」上或無「無」字。』宋魏仲舉編《五百家注昌黎文集》卷二十三『以』上正無『無』字，並於『祇』字下注云：『一作「無以媚於神祇」。』

〔二二〕宋王伯大《别本韓文考異》卷二十三、東雅堂《昌黎集注》卷二十三均注云『罪』下或有『死』字，並有按語曰：『「死」字不當用。又上句已有，不應重出，蓋因上句而誤也。』

〔二三〕『某躬身』，《康熙志》卷十四、《嘉慶志》卷三十一皆作『某身』，宋魏仲舉編《五百家注昌黎文集》卷二十三作『其身』，並注云『一作「躬」。』宋王伯大《别本韓文考異》卷二十三、東雅堂《昌黎集注》卷二十三均注云：『《國語》「靡王躬身」，公用此也。』

〔二四〕『憫』，《江西通志》卷一百四十四、宋魏仲舉編《五百家注昌黎文集》卷二十三、東雅堂《昌黎集注》卷二十三均作『閔』。

〔二五〕《康熙志》卷十四『謹告』下爲『曰田穀將死……』，當是將《謝雨文》孱入。《嘉慶志》卷三十四、《同治志》卷九之七均無『謹告』二字。

〔二六〕《嘉慶志》卷三十四題作『謝雨文』。

〔二七〕《嘉慶志》卷三十四、《同治志》卷九之七無此三句，僅作『謹告曰』三字。

〔二八〕《嘉慶志》卷三十四、《同治志》卷九之七『穀』字上有一『田』字。

〔二九〕屈守元《韓愈全集校注》注云：『有』，或作『爲』。

〔三〇〕四庫本劉克莊《後村集》卷三十六『神』字下有『祇』字。

〔三一〕『弊』，《康熙志》卷十四同，《嘉慶志》卷三十四、《同治志》卷九之七作『疲』。

〔三二〕『視』，《嘉慶志》卷三十四作『祇』。按，『視』，古亦作『眡』，疑《嘉慶志》因形近而訛。

〔三三〕四庫本劉克莊《後村集》卷三十六題作『社稷神』。

〔三四〕四庫本劉克莊《後村集》卷三十六也題作『祈雨』。

〔三五〕『旱』，四庫本劉克莊《後村集》卷三十六作『乾』。

〔三六〕「事」，四庫本劉克莊《後村集》卷三十六作「月」。按，作「事」義長，指相應的農業活動。

〔三七〕四庫本劉克莊《後村集》卷三十六、四部叢刊本《後村先生大全集》卷一百三十五均題作「社稷」。

〔三八〕「止」，四庫本劉克莊《後村集》卷三十六作「共」，四部叢刊本《後村先生大全集》卷一百三十五作「恭」。

〔三九〕四庫本劉克莊《後村集》卷三十六、四部叢刊本《後村先生大全集》卷一百三十五題作「仰山謝雨」。

〔四〇〕「日」，四庫本劉克莊《後村集》卷三十六與本書同，四部叢刊本《後村先生大全集》卷一百三十五作「土」。

〔四一〕「悚」，原作「俠」，義殊費解。按《康熙志》卷十四、《嘉慶志》卷三十四、《同治志》卷九之七均作「悚」，今據改。疑「俠」「悚」形近而訛。

〔四二〕《文章變體彙選》卷七百五十九「里」下無「第」字。

〔四三〕《文章變體彙選》卷七百五十九闕「防里……相之」等文字。

〔四四〕「夫」，《蘇平仲文集》卷十一作「失」，似亦可通。如作「失」，則斷句爲：追惟疇昔江山人物，眷焉若失。悲思感慨，（下略）。

袁州府志卷之十二

藝文三　詩

送柳使君赴袁州　劉長卿①

宜陽出守新恩至，京口因家始願②違。五柳③閉門高士去，三苗④按節遠人歸。月明江路聞猿斷，花暗山城見吏稀。惟有郡齋窗裏岫，朝朝空對謝玄暉。

---

① 劉長卿（約七二六—約七八六）：唐代詩人。字文房，漢族，宣城（今屬安徽）人，後遷居洛陽，河間（今屬河北）爲其郡望。玄宗天寶進士。肅宗至德中官監察御史，後爲長洲縣尉，因事下獄，貶南巴尉。代宗大曆中任轉運使判官，知淮西、鄂岳轉運留後，又被誣再貶睦州司馬。德宗建中年間，官終隨州刺史，世稱劉隨州。劉長卿工於詩，長於五言，自稱「五言長城」。《騷壇秘語》有謂：「劉長卿最得騷人之興，專主情景。」

② 始願：最初的願望。《三國志·吴志·周魴傳》：「魴仕東典郡，始願已獲。」

③ 五柳：即「五柳先生」，陶潛的别號，泛指志趣高尚的隱士。

④ 三苗：古國名。《書·舜典》：「竄三苗於三危。」孔傳：「三苗，國名，縉雲氏之後，爲諸侯，號饕餮。」《史記·五帝紀》：「三苗在江淮、荊州數爲亂。」張守節正義：「吴起曰：「三苗之國，左洞庭而右彭蠡。」（中略）以天子在北，故洞庭在西爲左，彭蠡在東爲右。今江州、鄂州、岳州，三苗之地也。」

送從弟貶袁州〔一〕

何事成遷客①，思歸不見鄉。游吴經萬里，吊屈向三湘。水與荆巫接，山通鄢郢長②。名嗟黄綬③繫〔二〕，身是白眉④郎。獨結南枝⑤恨，應思北雁行。憂來沽楚酒，玄鬢莫凝霜〔三〕。

莫春宜陽郡齋愁坐，忽聞杜劉七侍御詩，因以酬答〔四〕

李嘉祐⑥

子規夜夜啼櫧葉，遠道逢君半是愁〔五〕。芳草伴人還易老，落花隨水亦東流。山當睥睨⑦常多雨〔六〕，地接瀟湘

---

① 遷客：指遭貶斥放逐之人。唐劉長卿《聽笛歌留别鄭協律》：『舊游憐我長沙謫，載酒沙頭送遷客。』

② 『水與』句：荆巫，荆山與巫山。鄢郢，泛指今湖北江陵、襄陽一帶。唐許渾《酬綿州于中丞使君見寄》：『荆巫夜隔巴西月，鄢郢春連漢上花。』

③ 黄綬：古代官員繫官印的黄色絲帶。《漢書·百官公卿表上》：『比二百石以上，皆銅印黄綬。』

④ 白眉：《三國志·蜀志·馬良傳》：『馬良，字季常，襄陽宜城人也。兄弟五人，並有才名，鄉里爲之諺曰：「馬氏五常，白眉最良。」良眉中有白毛，故以稱之。』後因以喻兄弟或儕輩中的傑出者。唐陳子昂《合州津口别舍弟至東陽峽步趁不及眷然有憶作以示之》：『思積芳庭樹，心斷白眉人。』

⑤ 南枝：《古詩十九首·行行重行行》：『胡馬依北風，越鳥巢南枝。』因以指故土、故國。《周書·杜杲傳》：『王褒、庾信之徒既羈旅關中，亦當有南枝之思耳。』

⑥ 李嘉祐：其生平新舊《唐書》均無傳。本書卷六云：『字從一，趙州人。』《新唐書·藝文志四》卷六十云『别名從一。袁州、台州二州刺史』。《郡齋讀書志》認爲是趙州（今河北省趙縣）人。生卒年亦無考，其任袁州刺史大概在大曆六年或七年至大曆十年或十一年之間。

⑦ 睥睨：城墻上鋸齒形的短墻；女墻。南朝梁王筠《和衛尉新渝侯巡城口號》：『罘罳分曉色，睥睨生秋霧。』唐杜甫《南極》：『睥睨登哀柝，蝥弧照夕曛。』楊倫鏡銓引《古今注》：『女牆，城上小牆也，亦名「睥睨」，言於城上睥睨人也。』

畏及秋。惟羡君爲周柱史①，手持黄紙到滄洲。

祖席得秋字送王涯刺袁州〔七〕　韓愈

淮南悲木落②，而我亦傷秋〔八〕。况與故人别，那堪羈宦③愁。榮華今異路，風雨昔同憂〔九〕。莫以宜春遠，江山多勝游。

題袁州龍興寺〔一〇〕　易偲

百尺古松松下寺，寶幡④朱蓋畫珊珊〔一一〕。閑庭甘露幾回落，古石緑苔猶未乾〔一二〕。

---

① 柱史：「柱下史」的省稱。指御史。唐嚴維《剡中贈張卿侍御》：「早列月卿位，新參柱史班。」

② 木落：樹葉凋落。晉左思《蜀都賦》：「木落南翔，冰泮北徂。」南朝齊王融《議給虜書疏》：「春草水生，阻散馬之適；秋風木落，絶驅禽之歡。」

③ 羈宦：在他鄉做官。《晋書・文苑傳・張翰》：「人生貴得適志，何能羈宦數千里以要名爵乎？」宋范成大《丁酉重九藥市呈座客》詩：「莫向登臨怨落暉，自緣羈宦阻歸期。」

④ 寶幡：亦作「寶旛」。佛寺中懸掛的旗幡。唐綦毋潛《題鶴林寺》：「珊珊寶幡挂，焰焰明燈燒。」

昌山渡 王子山

疏柳離江驛，殘花別楚雲。未甘魚共葬，猶得雁同群。久矣離騷國，居然骪骳①文。厚顔蒼水使②，深謝閟城君③。

宜春夏晚有懷平泉林居〔一三〕 李德裕④

孟夏⑤首畏途〔一四〕，捨舟在徂暑⑥。愀然⑦何所念，念我龍門嶼〔一五〕。密竹無蹊徑，高松有四五。飛泉鳴樹間，

---

① 骪骳：謂文筆紆曲或委靡無風骨。引申謂作文曲意迎合人意，風格卑下。宋陳亮《鄭景望雜著序》：『苟足以移科舉骫骳之文，不根之論，是某等之心，而識者豈必以是而盡求公哉！』

② 蒼水使：傳説中仙人的使者。典出《吴越春秋》卷六《越王無余外傳》：『禹乃東巡，登衡嶽，（中略）因夢見赤綉衣男子，自稱玄夷蒼水使者，聞帝使文命於斯，故來候之。』唐杜甫《季夏送鄉弟韶陪黄門從叔朝謁》詩：『令弟尚爲蒼水使，名家莫出杜陵人。』

③ 閟城君：傳説中的龍母。《同治志》卷九之三載盧肇《閟城君記》云：『媪，温姓，閟城人也。閟城，爲秦南越也。邑民謂之曰「龍母」。』參見本書卷五『閟城君廟』條。

④ 李德裕（七八七—八五〇）：字文饒，唐代文學家、政治家。唐代趙郡贊皇（今河北贊皇縣）人，與其父李吉甫均爲晚唐名相。唐文宗時，受李宗閔、牛僧儒等牛黨勢力傾軋，由翰林學士出爲浙西觀察使。太和七年，入相，復遭奸臣鄭注、李訓等人排斥，左遷。太和八年，爲袁州長史（本書卷六一百一十九頁）唐武宗即位後，李德裕再度入相，執政期間外平回鶻、内定昭義，裁汰冗官，協助武宗滅佛，功績顯赫。會昌四年八月，進封太尉、趙國公。唐武宗與李德裕之間的君臣相知成爲晚唐之絶唱。唐宣宗即位後，李德裕由於位高權重，五貶爲崖州司户。

⑤ 孟夏：夏季的第一個月，農曆四月。晋陶潜《讀〈山海經〉》：『孟夏草木長，繞屋樹扶疏。』

⑥ 徂暑：《詩·小雅·四月》：『四月維夏，六月徂暑。』鄭玄箋：『徂，猶始也，四月立夏矣，而六月乃始盛暑。』後因以稱盛暑。唐盧照鄰《七夕泛舟》：『河葭肅徂暑，江樹起初凉。』

⑦ 愀然：容色改變貌。此指憂愁貌。《荀子·富國》：『故墨術誠行，則天下尚儉而彌貧……愀然憂戚，非樂而日不和。』

颯颯如度雨。箘桂①秀層嶺，芳蓀②媚幽渚〔一六〕。稚子候我歸，衡門獨延佇③。誰言聖賢哲〔一七〕，曾是不懷土。公旦④既思周，宣尼⑤亦念魯。矧予竄炎裔⑥，日夕誰晤語。眷闕悲子牟⑦，班荊感椒舉⑧。悽悽視環玦⑨〔一八〕，惻惻步庭廡⑩。豈待莊舄吟，方知倦羇旅。

---

① 箘桂：植物名。桂的一種。明李時珍《本草綱目·木一·箘桂》集解引陶弘景《名醫别録》：「箘桂生交趾、桂林山谷巖崖間。無骨，正圓如竹，立秋采之。」

② 芳蓀：香草名。南朝宋謝靈運《入彭蠡湖口》：「乘月聽哀狖，浥露馥芳蓀。」

③ 延佇：引頸企立。形容盼望之切。《魏書·宗欽傳》：「承足下高問，延佇之勞，爲日久矣。」

④ 公旦，指周公旦。南朝梁劉勰《文心雕龍·原道》：「重以公旦多材，振其徽烈，剬《詩》緝《頌》，斧藻群言。」

⑤ 宣尼：漢平帝元始元年追謚孔子爲褒成宣尼公，後因稱孔子爲宣尼。見《漢書·平帝紀》。晉左思《咏史》：「言論準宣尼，辭賦擬相如。」

⑥ 炎裔：泛指南方邊遠地區。唐孟浩然《將適天台留别臨安李主簿》：「念離當夏首，漂泊指炎裔。」

⑦ 「眷闕」句：眷闕，即戀闕。留戀宫闕。舊時用以比喻心不忘君。唐杜甫《散愁》詩之二：「戀闕丹心破，沾衣皓首啼。」子牟，即魏公子牟。戰國時人。因封於中山，也叫中山公子牟。曾説：「身在江海之上，心居乎魏闕之下。」見《吕氏春秋·審爲》。後常用作心存朝廷或憂國的典實。唐陳子昂《群公集畢氏林亭》：「子牟戀魏闕，漁父愛滄江。」

⑧ 「班荊」句：晉陶潛《飲酒》：「班荊坐松下，數斟已復醉。」後以「班荊」謂朋友相遇，共坐談心。椒舉，即春秋楚大夫伍舉，爲伍子胥祖父。因邑於椒，以邑爲姓，故又稱椒舉。《國語·楚語上》：「椒舉娶於申公子牟，子牟有罪而亡。」

⑨ 環玦：玉環和玉玦，並爲佩玉。《漢書·雋不疑傳》：「不疑冠進賢冠，帶櫑具劍，佩環玦，褒衣博帶，盛服至門上謁。」顔師古注：「環，玉環也。玦即玉佩之玦也。帶環而又著玉佩也。」環者圓，玦者缺，故「視環玦」寓有聚散離合之感。

⑩ 庭廡：堂下四周的廊屋。晉潘岳《懷舊賦》：「步庭廡以徘徊，涕泫流而沾巾。」唐袁郊《甘澤謡·紅綫》：「見中軍士卒，步於庭廡，傳呼風生。」

送曾德邁歸寧宜春　曹鄴①

湘東山水有清輝〔一九〕，袁水詞人得意歸。幾府争馳毛義檄②，一鄉看侍老萊③衣。筵開灞岸臨清淺④，路去藍關⑤入翠微。想到宜陽更無事，並將歡慶奉庭闈⑥〔二〇〕。

送友人歸宜春　張喬⑦〔二一〕

落花兼柳絮，無處不紛紛。遠道空歸去，流鶯⑧獨自聞。野橋喧碓水〔二二〕，山郭入樓雲。故里南陵曲〔二三〕，秋

---

① 曹鄴（八一六—？）：字鄴之，桂州（桂林）陽朔人，與劉駕、聶夷中、於濆、邵謁、蘇拯齊名，而以曹鄴才穎最佳。曹鄴曾擔任吏部郎中（唐）、洋州刺史（唐）、祠部郎中（唐）等職務。

② 毛義檄：亦作『毛義捧檄』。毛義，爲東漢廬江人，家貧，以孝行稱。南陽張奉慕其名，往候之。府檄以義爲安陽令。義捧檄，喜動於色。奉心賤之。後義母死，去官。舉賢良，公車徵，遂不至。張奉嘆曰：『賢者固不可測。往日之喜，乃爲親屈也。斯蓋所謂「家貧親老，不擇官而仕」者也。』見《後漢書》卷三九《劉平傳序》及《東觀漢記》。唐羅隱《投湖南王大夫啓》：『毛義前賢，尚猶奉檄；鯫生何者，焉可守株？』

③ 老萊：老萊子的省稱。晉葛洪《抱樸子·逸民》：『老萊灌園以遠之，從其所好，莫與易也。』唐孟郊《春日同韋郎中使君送鄒儒立少府扶侍赴雲陽》：『服彩老萊並，侍車江革同。』

④ 『筵開』句：長安東有灞水，有灞橋，灞橋有長亭，是古人送客餞別之處。唐羅隱《柳》：『灞岸晴來送別頻，相偎相倚不勝春。』

⑤ 藍關：即藍田關，亦即秦之嶢關，在今陝西省藍田縣東南。唐韓愈《雪後寄崔二十六丞公》詩：『藍田十月雪塞關，我興南望愁群山。』

⑥ 庭闈：內舍。多指父母居住處，因用以稱父母。唐杜甫《送韓十四江東省覲》：『我已無家尋弟妹，君今何處訪庭闈？』宋王安石《憶昨詩示諸外弟》：『刻章琢句獻天子，釣取薄禄歡庭闈。』

⑦ 張喬：生卒年不詳，今安徽貴池人，懿宗咸通中進士，當時與許棠、鄭谷、張賓等東南才子並稱『咸通十哲』。黄巢起義時，隱居九華山以終。其詩多寫山水自然，不乏清新之作。詩清雅巧思，風格似賈島。

⑧ 流鶯：即鶯。流，謂其鳴聲婉轉。宋晏殊《酒泉子》：『春色初來，遍拆紅芳千萬樹，流鶯粉蝶鬥翻飛。』

期更送君〔二四〕。

別宜春赴舉　盧肇①

秋天草木正凋疏〔二五〕，西望秦關別舊居。筵上清樽今日酒，篋中黄卷古人書。離山且作銜蘆雁②，入海終爲帶角魚③。長短九霄飛直上，不教毛羽落空虛。

及第後寄弟侄〔二六〕　易重④

六年雁序⑤恨分離〔二七〕，詔下今朝遇已知。上國風光初喜日〔二八〕，御街恩渥屬身時〔二九〕。内廷再考稱文異，聖主宣名獎意奇〔三〇〕。故里仙才若相問〔三一〕，一春攀折兩重枝。

---

① 盧肇（八一八—八八二）：字子發，宜春文標鄉（現屬分宜）人，唐會昌三年狀元，歷歙、宣、池、吉四州刺史。所到之處頗有文名，官譽亦佳。有《文標集》《逸史》等傳世。

② 銜蘆雁：《淮南子·修務訓》：「大雁順風，以愛氣力。銜蘆而翔，以備矰弋。」晋崔豹《古今注》：「雁自河北渡江南，瘦瘠，能高飛，不畏矰繳。江南沃饒，每至還河北，體肥，不能高飛，恐爲虞人所獲，常銜蘆，長數寸，以防繳焉。」

③ 帶角魚：指龍。

④ 易重：宜春人。字鼎臣。生卒年不詳。唐武宗會昌五年狀元。該科榜發時張濆爲狀元，易重名列第二，進士及第二十七人。名士、舉子皆以爲此科取士不公，議論紛起。武宗即命翰林學士白敏中復試，結果張濆等七人被黜落，易重獲第一。時人皆以爲公允。由第二爲第一，易重頗爲得意，即作此詩。易重善詩，尤工文，有佳作千餘篇，名顯一時，惜多已散失。《全唐詩》僅存此一首。

⑤ 雁序：比喻兄弟，兄弟輩。唐高適《酬秘書弟兼寄幕下諸公》詩序：「族弟秘書，雁序之白眉者，风尘一別，俱東西南北之人。」

寶積寺〔三二〕 袁皓①

梵林②遺址在松蘿，四十年來兩度過。瀘水東奔彭蠡浪〔三三〕，萍川西注洞庭波。村墟不改人居換〔三四〕，官路無窮行客多〔三五〕。曳紫腰金③成底事〔三六〕，憑闌惆悵欲如何〔三七〕？

又〔三八〕 方雲翼〔三九〕

暫脱塵闤馬足埃，僧窗高卧白雲堆。青山影裏春酲④解，黄鳥聲邊午夢回。坐懶且推書册去，吟清時喚茗甌來。要知門外無車轍，十日新生一徑苔。

---

① 袁皓：字退山，自稱碧池處士，袁州宜春縣人。生卒年不詳，唐僖宗中和初前後在世。登咸通進士，博學能文。僖宗狩蜀，（中和元年）擢倉部員外郎，曾任吉州、撫州刺史。龍紀中，爲集賢殿圖書使。有《碧池書》三十卷傳於世。

② 梵林：佛寺。明許自昌《水滸記·投膠》：『他鼾眠梵林，又誰知擒同臂鷹。我疑爲绿林。』

③ 曳紫腰金：『紆金曳紫』之活用，即佩帶金印紫綬。謂身居高位。明袁宗道《賀陽曲金令君父母榮封序》：『紆金曳紫者，多摧蘭折玉之嘆。』

④ 春酲：春日醉酒後的困倦。唐元稹《襄陽爲盧竇紀事》：『猶帶春酲懶相送，櫻桃花下隔簾看。』

賀鄧使君璠正任袁州〔四〇〕

彭蟾①

六年惠澤及黎甿②，太史論功侯陟明③〔四一〕。尺一詔書④天上降，二千石⑤禄世間榮。新添畫戟⑥門增峻，舊躡青雲路轉平〔四二〕。更待皇恩酬善政，碧油幢到郡齋迎。

送鄭谷歸宜春

曹鄴

無成⑦歸故國〔四三〕，上馬亦高歌。況是飛鳴⑧後〔四四〕，殊爲喜慶多。暑銷嵩嶽雨，凉吹洞庭波。莫使閑吟去〔四五〕，須期接盛科。

---

① 彭蟾：字東瞻。彭達之子，彭伉之孫。唐代宜春縣（今袁州區）人。好學不仕，以處士稱。重修《唐韵》，著有《鳳池本草》《廟堂高拾貴手》共一百二十卷。《宜陽集》有詩十一首，失傳。《全唐詩》録其詩一首。葬合浦寒山上。配湛氏，葬與夫同處。子一，彥榮。

② 黎氓：亦作「黎萌」。黎民。明陳子龍《曜靈》：「悍陽驕驕，憂我黎氓。」

③ 陟明：謂進用賢能。語本《書·舜典》：「黜陟幽明。」唐白居易《王衆仲可衡州刺史制》：「衡湘之間，蠻越雜處，無以俗陋，不慎乃事；無以地遠，而怠厥心！副吾陟明，俟汝奏課。」

④ 尺一詔書：亦稱「尺一牘」「尺一板」，省稱「尺一」。古時詔板長一尺一寸，故稱。宋陳與義《遥碧軒作呈使君少隱時欲赴召》詩：「我本山中人，尺一喚起趨埃塵。」

⑤ 二千石：漢制，郡守俸禄爲二千石，即月俸百二十斛。世因稱郡守爲「二千石」。《史記·孝文本紀》：「臣謹請（與）陰安侯、列侯、頃王后與瑯玡王、宗室、大臣、列侯、吏二千石議。」

⑥ 畫戟：古兵器名。因有彩飾，故稱。舊時常作爲儀飾之用。宋蘇軾《次韵韶守狄大夫見贈》：「森森畫戟擁朱輪，坐詠梁公覺有神。」

⑦ 無成：没有成功；没有成就。漢董仲舒《春秋繁露·天道無二》：「事無大小，物無難易，反天之道無成者。」

⑧ 飛鳴：比喻顯身扬名。語本《韓非子·喻老》：「（鳥）雖無飛，飛必衝天，雖無鳴，鳴必驚人。」唐韓愈《贈別元十八協律》詩之五：「嗟我擯南海，無由助飛鳴。」

棲霞閣① 王欽若②

水秀山靈萍實③城，城中幽趣每關情。安期④幾到尋棋侣，方朔⑤真藏隱宦名。春漬苔紋沿石塔[四六]，月含松韻雜吟聲。猶拘玉陛⑥空懷想，須躡⑦虹梯先問程。

---

① 棲霞閣：宋祝穆《方輿勝覽》記袁州名勝云：「棲霞閣在城内高真觀。王定國詩：『春漬苔紋沿石塔，月含松韻雜吟聲』。」同書《寺觀》：「高真觀，舊爲長興道院，在宜春臺側，有棲霞閣。」同書《宮室》又載：「棲霞閣，府城内高真觀，宋建。」北宋劉嗣隆《題宜春臺序》記其登臺見「廡廊之間，唯相國王欽若題詩一首在焉」。當即《棲霞閣》詩。

② 王欽若：字定國。宋新喻人，淳化三年進士。官司空、門下侍郎、同平章事、昭文館大學士，監修國史，封冀國公。卒於天聖三年，年六十三；謚文穆。好神仙之事，以深達道教自許。領校道書，凡增六百餘卷。主修《册府元龜》。

③ 萍實：漢劉向《説苑·辨物》：「楚昭王渡江，有物大如斗，直觸王舟中。昭王大怪之，使聘問孔子。孔子曰：『此名萍實，令剖而食之，惟霸者能獲之，此吉祥也。』」《孔子家語·致思》亦載此事，謂萍實「圓而赤」，「食之甜如蜜」。萍鄉因之得名。萍鄉漢屬宜春縣地，隋以後爲袁州屬縣。故後世詠宜春而用「萍實」故事者，頗不乏人。如明徐之孟《宜春臺懷古》：「萍實歌殘野渡橫。」宋李問《仰山賦》：「瞰萍實之墟如點烟。」本詩所云「萍實城」，當即袁州城。

④ 安期：乃安期生之略。漢劉向《列仙傳》：「安期先生者，琅玡阜鄉人，賣藥於東海邊，時人皆言千歲翁。」《史記·封禪書》：「安期生，仙者，通蓬萊中，合則見人，不合則隱。」相傳，秦始皇東游，與語三日三夜，臨别曰：「后數年，候我於蓬萊山。」始皇遣數百人入海，未至蓬萊，遇風而還。《史記》亦載漢武帝遣使入海求蓬萊仙人安期生之屬。

⑤ 方朔：漢東方朔的省稱。其爲人詼諧善辯，相傳爲歲星化身，有偷仙桃、騎步景駒、獻風聲木等傳説。事見漢郭憲《東方朔傳》。明何景明《田子行》：「漢王不好相如賦，方朔誰知是歲星。」

⑥ 玉陛：帝王的殿階。

⑦ 躡：登。躡虹梯，謂慾以虹爲梯，躡之升天。

化成巖　李若水①

翠石黏雲濕，寒巖帶蘚深〔四七〕。樹涵懷古意〔四八〕，水印讀書心。經濟神猶在②，幽棲③迹可尋〔四九〕。青氈吾舊物④〔五〇〕，税駕⑤卧山陰。

又　趙善堅

低帽白蕉衫，跨馬北巖路。爲我撤炎歊⑥，時有清風度。投策躡游屐⑦〔五一〕，捫蘿⑧窮幽趣。怪石鳴瘦笻⑨，狹徑窘危步。雲間啓深洞，玲瓏天巧露。僧居羅上下，鐘聲答晨暮。長嘯排翠靄〔五二〕（亭名），圍棋驚振鷺（亭名）。

---

① 李若水（一〇九三—一一二七）原名若冰，字清卿，廣平曲周（今河北曲周縣）水德堡村人。靖康元年爲太學博士，官至吏部侍郎，曾奉旨出使金國。靖康二年隨宋欽宗至金營，怒斥敵酋完顔宗翰，不屈被害。後南宋追贈觀文殿學士，謚忠滑，有《李忠滑公集》。

② 「經濟」句：經濟，經世濟民。《晋書·殷浩傳》：「足下沈識淹長，思綜通練，起而明之，足以經濟。」

③ 幽棲：隱居。《宋書·隱逸傳·宗炳》：「南陽宗炳、雁門周續之，並植操幽栖，無悶巾褐，可下辟召，以禮屈之。」

④ 「青氈舊物」：即「青氊故物」。《太平御览》卷七〇八引晋裴啓《語林》：「王子敬在齋中卧，偷人取物，一室之内略盡。子敬卧而不動，偷遂登榻，欲有所覓。子敬因呼曰：「石染青氊是我家舊物，可特置否？」於是群偷置物驚走。」按，《晋書·王獻之傳》也載此事。后遂以「青氈故物」泛指仕宦人家的傳世之物或舊業。亦省作「青氈」。唐杜甫《与任城许主簿游南池》：「晨朝降白露，遥憶舊青氈。」

⑤ 税駕：猶解駕，停車。謂休息或歸宿。税，通「挩」「脱」。《史記·李斯列傳》：「物極則衰，吾未知所税駕也。」司馬貞索隱：「税駕，猶解駕，言休息也。李斯言己今日富貴已極，然未知向後吉凶，正泊在何處也。」

⑥ 炎歊：亦作「炎熇」。暑熱。宋歐陽修《憎蚊》：「荒城繁草樹，旱氣飛炎熇。」

⑦ 「投策」句：投策，投杖，棄杖。晋陶潜《始作鎮軍參軍經曲阿作》：「投策命晨裝，暫與園田疏。」

⑧ 捫蘿：攀援葛藤。南朝梁范雲《送沈記室夜别》：「捫蘿正憶我，折桂方思君。」

⑨ 瘦笻：指手杖。笻竹，節高竿细，可作手杖，故称「瘦笻」。笻，也寫作「邛」。

陶寫①屏絲竹，恐爲風景污。拂蘚題蒼崖，縱横醉中句。茲游豈易得，載酒莫辭屢。

又　陸經〔五三〕

交臂②尋幽歲已殘，瘦藤枯石重躋攀。忽逢晴洞龍開室〔五四〕，冷瞰寒溪玉繞山〔五五〕。猿鳥窺人知舊識〔五六〕，藤蘿引徑入無間〔五七〕。游車自向紅塵去〔五八〕，日暮老僧催閉關。

登宜春臺　劉嗣隆③

一簇亭臺畫亦難，公餘到此暫盤桓④〔五九〕。山多不似城中景〔六〇〕，樹密偏宜雨後看。風送江聲穿郡郭，日推雲影下峰巒。當時吏部⑤曾游否，何事無文石上刊⑥。

---

① 陶寫：謂怡悦情性，消愁解悶。南朝宋劉義慶《世説新語·言語》：『謝太傅語王右軍曰：「中年傷於哀樂，與親友别，輒作數日惡。」王曰：「年在桑榆，自然至此，正賴絲竹陶寫。恒恐兒輩覺，損欣樂之趣。」』

② 交臂：指知心朋友。宋謝靈運《感時賦》：『物類以迨已，閔交臂之匪賒。』唐駱賓王《與博昌父老書》：『自解携襟袖，一十五年，交臂存亡，略無半在。』宋黄庭堅《次韵道輔旅懷見寄》：『轉蓬且半歲，交臂各衰翁。』

③ 劉嗣隆：宋天聖初以職方員外郎出任撫州知州。其《宜春臺記》自叙：『嗣隆甲子歲自臨川奉詔移領是郡』，此處甲子歲乃天聖二年，而本書卷六《職官》則稱其于天聖四年任袁州知州，天聖二年出知袁州者爲鄭詮。

④ 盤桓：逗留。唐劉希夷《擣衣篇》：『攬紅袖兮愁徙倚，盼青砧兮悵盤桓。』

⑤ 吏部：指韓愈。唐憲宗元和十四年貶潮州刺史，后量移袁州刺史。官終吏部侍郎，世稱『韓吏部』。

⑥ 『何事』句：袁州山水優美，韓愈在送王涯刺袁州的詩中也曾説『江山多勝游』，然而現在除了一首《題昭王廟》詩之外〔本志未載，見《嘉慶志》卷三十七〕。

又①〔六一〕 祖無擇②

異鄉何處散幽懷，賴得城中百尺臺③。還向天涯經歲住，那知春色爲誰來。雪消江上看梅發，風暖衡陽有雁回④。强擬登高聊賦詠⑤，再三愧乏楚人⑥才。

又 湯莘老

草徑無邊緑，江空見底清。遥峰横晚色，古木自秋聲。客舍孤雲遠，鄉心⑦一雁鳴。憑高寄吴楚，倚杖獨含情。

---

① 《李覯集·外集》於此詩前附有：『無澤啓：前日承泰伯先生寵示新詩三首，謹依嚴韵奉和，幸賜采覽。』鄢按：『新詩三首』爲《東湖》《送春》《宜春臺》。

② 祖無擇：字擇之，上蔡人。生於宋真宗景德三年，卒於神宗元豐八年，年八十歲。進士高第，歷知南康軍、海州，提點淮南、廣東刑獄，廣南轉運使，入直集賢院。知袁州，首建學官，置生徒，郡國弦誦之風由此始盛。熙寧初，知通進、銀臺使。爲王安石所惡，諷求其罪，謫忠正軍節度副使。尋復光禄卿、秘書監、集賢院學士，主管西京御史臺。後知信陽軍，卒。少從孫明復學經術，又從穆修爲文章。爲人好義，篤于師友。亦工詩。著有《龍學文集》十六卷傳於世。

③ 百尺臺：即指宜春臺。據本書卷五《宫室》載，宜春臺高五十丈。

④ 衡陽有雁回：袁州距衡陽不遠。衡陽有回雁峰，俗傳北來之雁至此即止。

⑤ 登高聊賦詠：相傳孔子説過：『君子登高必賦。』（見《韓詩外傳》七）古時認爲大夫有『九能』，其中有『升高能賦』。聊，姑且。

⑥ 楚人：指屈原、宋玉等人。袁州古屬楚，此專指楚辭的作者和仕於袁州及袁州籍的前輩詩人。此句説，因爲自己才薄而再三感到慚愧。

⑦ 鄉心：思念家鄉的心情。唐劉長卿《新年作》：『鄉心新歲切，天畔獨潸然。』

盧石〔六二〕

祖無擇

袁山之陽秀水側，草覆遺基①誰氏宅。皆云子發②其姓盧，往以文章名籍籍③〔六三〕。宅中舊物何所存，惟有嶙峋一巨石。闊纔三尺高倍尋④，久卧塵沙群瓦礫。余心好異因獨往，下馬環觀聊拂拭⑤。地表可見十二三，已足怪駭動魂魄。呼工運鍤塹其旁，挽以長絙百夫力。雜然鼓噪登大車〔六四〕，忱爾如蒙巨靈擘〔六五〕。選置東湖最佳處，四面澄波映天碧。倚空突兀無與鄰，頓覺亭臺增氣色。彎環幽竇莫敢探，恐有乖龍飛霹靂。余嘗南游到陽朔，衆峰矗矗春笋植。捫蘿踏蘚窮之遍，若此奇卓⑥曾未識。郡人奔走來如雲〔六六〕，故老驚視復唧唧。乃言此石遇真賞，屈指如今年二百〔六七〕。沉埋曠代誰爾珍，一日見價逾荊璧⑦〔六八〕。嗟予束髮大夫後，區區志尚惟忠直〔六九〕。十年再謫非不窮，猶慕堅純無改易。如何故老不我遇〔七〇〕，感物再三形嘆息。石不能言人有言，勿使他時重堙阸⑧〔七一〕。

---

① 遺基：猶遺址。北魏酈道元《水經注·沔水一》：「鍾士季征蜀，枉駕設祠塋東，即八陣圖也。遺基略在，崩褫難識。」

② 子發：盧肇字子發。

③ 籍籍：聲名盛大貌。唐杜甫《贈蜀僧閭丘師兄》：「大師銅梁秀，籍籍名家孫。」仇兆鰲注：「籍籍，聲名之盛也。」

④ 尋：古代長度單位。一般爲八尺。《詩·魯頌·閟宫》：「是斷是度，是尋是尺。」鄭玄箋：「八尺曰尋。或云七尺、六尺。」

⑤ 拂拭：撣拂；揩擦。明劉基《從軍五更轉》：「健兒争先起，拂拭寶刀看。」

⑥ 奇卓：卓越突出。《後漢書·李固傳》：「厚（楊厚）等在職，雖無奇卓，然夕惕孳孳，志在憂國。」

⑦ 荊璧：即和氏璧。亦用以泛指美玉。漢荀悦《漢紀·武帝紀六》：「立神明通天之臺，造甲乙之帳，絡以隋珠荊璧。」

⑧ 堙厄：亦作「堙阸」。阻塞；險阻。《資治通鑑·晉安帝義熙六年》：「下遭堙厄之運，正當努力自彊，以壯士民之志，而更爲兒女子泣邪！」

大仰山〔七二〕

祖無擇

維南斗牛①下〔七三〕，萬仞聳崔嵬②。日上光先照〔七四〕，江盤勢却回。一方蒙雨露，幾處竪樓臺〔七五〕。不逐秦鞭去，曾經禹載來。雲生峰慘淡③，冰解谷喧豗④〔七六〕。險外煙嵐⑤變，深中洞府開。巖花春灼爍⑥，溪鳥暖毰毸⑦。飛瀑含清籟⑧，乖龍走疾雷。平川蕭廟⑨闃〔七七〕，半腹鄧壇摧⑩〔七八〕。精蕴瑶瑰寶，奇鍾杞梓材。僧軒宜薜荔⑪，樵徑怯莓苔。旁睨龍州橘，前瞻庾嶺梅。仙經饒地脉⑫〔七九〕，賦筆逐天台。神物多靈貺⑬，農田少旱災。隱居須獨行，

---

① 斗牛：二十八宿中的斗宿和牛宿。斗牛下，即指吴越地區，因其當斗、牛二宿之分野。

② 崔嵬：本指有石的土山。後泛指高山。《詩·周南·卷耳》：「陟彼崔嵬，我馬虺隤。」毛傳：「崔嵬，土山之戴石者。」

③ 慘淡：暗淡；悲慘凄凉。漢董仲舒《春秋繁露·治水五行》：「金用事，其氣慘淡而白。」

④ 喧豗：形容轟響。唐李白《蜀道難》：「飛湍瀑流争喧豗，砯崖轉石萬壑雷。」

⑤ 煙嵐：山林間蒸騰的霧氣。唐宋之問《江亭晚望》詩：「浩渺浸雲根，煙嵐出遠村。」

⑥ 灼爍：亦作「灼爚」。鮮明貌；光彩貌。唐韋應物《冰賦》：「金石灼爍，玄泉潜沸。」

⑦ 毰毸：鳥羽張開貌；飛舞貌。宋王安石《集禧觀池上詠野鵝》：「池上野鵝無數好，晴天鏡裏雪毰毸。」

⑧ 清籟：猶清響。唐戴叔倫《聽霜鐘》：「虚警和清籟，雄鳴隔亂峰。」

⑨ 蕭廟：疑即仰山古廟。參見本書卷五《祠廟》「仰山古廟」條。闃，闗閉。唐元稹《和李校書》之一：「諸王在閤四十年，七宅六宫門户闃。」

⑩ 鄧壇：小仰山又名「鄧表峰」，上有壇，當即鄧壇。參見本書卷一「小仰山」條。摧：毁壞。唐李賀《雁門太守行》：「黑雲壓城城欲摧，甲光向日金鱗開。」

⑪ 薜荔：植物名。又稱木蓮。常緑藤本，蔓生，葉橢圓形，花極小，隱於花托内。果實富膠汁，可製凉粉，有解暑作用。唐宋之問《早發始興江口至虚氏村作》：「薜荔摇青氣，桄榔翳碧苔。」

⑫ 「仙經」句：仙經，道家經典。唐吕巖《七言》詩之三八：「仙經已讀三千卷，古法曾持十二科。」地脉：本指地的脉絡、地勢，此謂地形（風水）的好坏。明郎瑛《七修類稿·天地·天目山》：「天目山前水嚙磯，天心地脉露危機。」

⑬ 靈貺：神靈賜福。《文選·范曄〈後漢書·光武紀贊〉》：「世祖誕命，靈貺自甄。」李周翰注：「言光武大受實命，神靈賜福祚而自成也。」

吟詠亦難裁〔八〇〕。何客能依止，伊予語敢哉。一麾成繫滯①，四友阻游陪〔八一〕。未脱紅塵累，徒嗟白髮催。夢頻生枕席，賞每倒樽罍②〔八二〕。預恐瓜期代③〔八三〕，圖歸作醉媒。

南樓觀風　祖無擇

習遠浮華氣俗醇，農勤稼穡戴星耘。一方安堵山無盜，千里鳴弦士有文。入酌勵甘靈井水，慶豐多賴仰山雲。馮唐已老④慚歸晚，猶策疲駑欲報君。

樂游堂〔八四〕　祖無擇

晴煙幕幕湛湖光〔八五〕，勢勝居然占上方〔八六〕。拂水萬絲楊柳弱，倚風千蓋芰荷⑤香。縱游閑泛蘭舟穩，半醉强眠石席凉〔八七〕。公退每來多度日〔八八〕，却疑身出利名鄉。

---

① 「一麾」句：一麾，即「一麾出守」。南朝宋顔延之《五君咏·阮始平》：「屢薦不入官，一麾乃出守。」麾有揮斥、排擠义，謂阮咸受荀勖排斥，出爲始平太守。麾亦有旌麾意，故後多以「一麾出守」用作朝官出爲外任之典。宋曾鞏《和邵資政》：「拂衣久欲求三徑，竊食聊須把一麾。」繫滯，羈留。唐李商隱《上杜僕射》：「繫滯喧人望，便蕃屬聖衷。」

② 樽罍：樽與罍皆盛酒器。罍似壇。亦指飲酒。唐杜甫《贈特進汝陽王二十韵》：「樽罍臨極浦，鳧雁宿張燈。」

③ 瓜期代：《左傳·莊公八年》：「齊侯使連稱、管至父戍葵丘。瓜時而往，曰：『及瓜而代。』」謂到明年瓜熟時派人接替。後稱官吏任職期滿由他人接替爲「瓜代」。宋賀鑄《答杜仲觀登叢臺見寄》：「行將及瓜代，暫喜擺羈束。」

④ 馮唐已老：漢朝馮唐身歷三朝，到漢武帝時，舉爲賢良，但年事已高不能爲官。感慨生不逢時或表示年壽老邁。王維《重酬范郎中》：「揚子解嘲徒自遣，馮唐已老復何論。」

⑤ 芰荷：指菱葉與荷葉。《楚辭·離騷》：「製芰荷以爲衣兮，集芙蓉以爲裳。」

吏隱二首〔八九〕 祖無擇

吏隱宜春郡，年豐獄訟稀。餘糧委南畝，茂草滿圜扉①〔九〇〕。天意憐艱食，民心耻畫衣②。萬家行樂處，車馬有光輝。

吏隱宜春郡，溪山若畫圖。纖鱗時自躍，幽鳥静相呼。曉浪噴寒雨，晴嵐鎖緑蕪。漁樵本吾事，搔首重踟躕③〔九一〕。

慶豐堂十閑詠〔九二〕 祖無擇

其一

吏散鈴齋掩，閑眠到日斜。無端④春是夢〔九三〕，容易繞京華。

---

① 圜扉：古代監獄往往以圓木爲扉，故以圜扉稱獄门。亦借指爲牢獄。唐駱賓王《獄中書情通簡知己》詩：『圜扉長寂寂，疏網尚恢恢。』『茂草滿圜扉』形容人民遵紀守法，爲政者政簡刑寬，故監獄每空，茂草遍地。

② 畫衣：古時罪犯的衣服畫有五刑之像，以示警戒。《藝文類聚》卷五四引南朝梁任昉《爲梁公請刊改律令表》：『畫衣象服，以致刑厝。』

③ 踟躕：亦作『踟跦』。亦作『踟躇』。徘徊不前貌；緩行貌。《詩・邶風・静女》：『愛而不見，搔首踟躕。』

④ 無端：無奈。表示事與願違，或没有辦法。宋柳永《尾犯》詞：『秋漸老，蛩聲正苦；夜將闌，燈花旋落。最無端處，總把良宵，祇恁孤眠却。』

其二

鄭聲①良可厭，閑按七弦琴〔九四〕。欲識調弦意，理人先理心。

其三

年長身多病，閑抄已試方。未甘先犬馬，畢命報恩光。

其四

青山日相對，閑看白雲行〔九五〕。誰謂無心出，中含濟物情。

其五

晚按三杯後，閑烹北苑茶。色香俱絕品，雪泛滿甌花〔九六〕。

其六

偏州賓客少，閑作道家裝。迹静心還静，逍遥覺日長。

其七

雨霽輕埃息〔九七〕，閑吟面曲池②。游鱗時對擲，雙破碧漣漪。

其八

朝來因試筆，閑答故交書。莫怪音塵絶，吾心與世疏。

---

① 鄭聲：原指春秋戰國時鄭國的音樂。因與孔子等提倡的雅樂不同，故受儒家排斥。此後，凡與雅樂相背的音樂，甚至一般的民間音樂，均爲崇「雅」黜「俗」者斥爲「鄭聲」。《論語·衛靈公》：「放鄭聲，遠佞人。鄭聲淫，佞人殆。」劉寶楠正義：「《五經異義·魯論》説鄭國之俗，有溱、洧之水，男女聚會，謳歌相感，故云鄭聲淫。」

② 曲池：曲折迴繞的水池。《楚辭·招魂》：「坐堂伏檻，臨曲池些。」王逸注：「下臨曲水清池。」

其九

漸老無功業，閑思惜壯年。桑榆①如有待，猶可勒燕然②。

其十

晴軒足清趣，閑與鶴開籠。寄語北山侶，無驚蕙帳③空。

東湖　李覯④

萬象城東雅人詩，半湖雲靄捲殘暉。老龍惜雨慵離蟄〔九八〕，迷鷺逢人慣不飛〔九九〕。岸僻自宜安釣石，水清誰礙濯塵衣。使君公退便游此，却恐吾皇急詔歸〔一〇〇〕。

題翠微亭　李覯

竹根穿石觜⑤，松影入泉心。不致玄玄⑥處，白雲徒自深。

---

① 桑榆：比喻晚年，垂老之年。《文選·曹植〈贈白馬王彪〉詩》：「年在桑榆間，影響不能追。」李善注：「日在桑榆，以喻人之將老。」

② 燕然：泛指邊塞。詩文中叙建立邊功時，常引用之。宋范仲淹《漁家傲·秋思》：「濁酒一杯家萬里，燕然未勒歸無計。」

③ 蕙帳：帳的美稱。南朝齊孔稚珪《北山移文》：「蕙帳空兮夜鵠怨，山人去兮曉猿驚。」

④ 李覯（一〇〇九—一〇五九）：字泰伯，號盱江先生，建昌軍南城人。俊辯能文，舉茂才異等不中。親老，以教授自資，學者常十百人。皇祐初，范仲淹薦爲太學助教。嘉祐中，用國子監奏，召爲海門主簿，太學説書而卒。今存《直講李先生文集》三十七卷，有《外集》三卷附後。參見《宋史》卷四百三十二。

⑤ 觜：泛指形狀或作用像嘴的東西。宋方岳《夢尋梅》詩：「馬蹄殘雪六七里，山觜有梅三四花。」

⑥ 玄玄：深遠貌；幽遠貌。明宋濂《調息解》：「儲思於玄玄之域，游神乎太清之庭。」

登閣晚眺〔一〇一〕 蔡枏①

簷外川原迴〔一〇二〕，煙中草樹微。山城暮吹角，客子淚沾衣。歲月經身老，行藏②與願違。歸禽帶落日〔一〇三〕，渺渺背人飛。

妙峰亭〔一〇四〕 趙鈸夫

塵世有仙境，清絶不可言。寒江露沙迹，晚嶂埋雲根。暇日推吏按，呵道穿僧門。來飲巖下水，何必携芳樽③。

鄭都官祠〔一〇五〕 陳侁④

公没歲已遠，公名人競傳。榛蕪⑤四尺土，風雅三百篇。世謂泯於道〔一〇六〕，天實生我賢。築宮古原上，一奠一

---

① 蔡枏（？—一一七〇）：字堅老，自號雲壑道人（《輿地紀勝》卷三五《江南西路·建昌軍》），南城（今屬江西）人。徽宗朝嘗通判袁州［清《（乾隆）袁州府志》卷一七］。負有詩名，與曾紆、吕本中多唱和，江西宗派諸賢推重。有《雲壑隱居集》三卷、《浩歌集》一卷，已佚。

② 行藏：指出處或行止。語本《論語·述而》：『用之則行，捨之則藏。』唐岑參《武威送劉單判官赴安西行營便呈高開府》：『功業須及時，立身有行藏。』

③ 芳樽：亦作『芳尊』。精緻的酒器。亦借指美酒。唐李頎《夏宴張兵曹東堂》：『雲峰峨峨自冰雪，坐對芳樽不知熱。』

④ 陳侁（一〇六九—一一二一）：陳襄從孫，閩侯南通古靈人（今福建省閩侯縣南通鎮古城村）。字後之，一字復之。北宋元符三年進士。與陳瓘友善，瓘謫嶺外，侁以書賀之，由此得罪。有志伊洛之學，乃從游酢受業，得其治氣養心行己接物之要，故雖被讒，不改其節。終洪州録事。

⑤ 榛蕪：草木叢雜。形容荒凉的景象。唐王勃《梓州飛烏縣白鶴寺碑》：『林院榛蕪，軒堂委寂。』

淒然。

寄袁州曹伯玉①使君　王安石②

宜春城郭繞樓臺，想見登臨把一杯。濕濕嶺雲生竹箘③，冥冥江雨熟楊梅。政成定入邦人詠，詩就還隨驛使④來。錯莫⑤風沙愁病眼，不知何日爲君開。

---

① 曹伯玉：同書卷六《職官》所列北宋袁州歷任知州中，姓曹者只有曹琰，由尚書駕部員外郎，於嘉祐七年（一〇六二）任。伯玉，可能是曹琰之字。使君：漢以後對州郡長官之尊稱。

② 王安石：字介甫，晚號半山，曾封荊國公，故世稱荊公。撫州臨川人。少好讀書，過目不忘。進士高第，簽書淮南判官。知鄞縣，歷任舒州通判、常州知府、江東刑獄提點。嘉祐三年入爲度支判官，直集賢院、知制誥。神宗即位，命知江寧府，旋召爲翰林學士兼侍講。西寧二年，拜參知政事，實行變法。西寧三年，拜中書門下平章事。因保守派反對，西寧七年四月，罷相出知江寧府。西寧八年二月，復相。西寧九年十月，再次罷相，退居江寧半山園，封舒國公。元豐二年，復拜尚書左僕射、觀文殿大學士，改封荊國公。有《王臨川集》《臨川集拾遺》《王文公集》、《三經新義》（殘卷）、《字說》等。參見《宋史》卷三百二十七。

③ 箘：竹的一種。竹箘泛指竹類。《王安石集》李璧注：『宜春竹絶佳。』又，箘亦作竹笋解。

④ 驛使：古時官府於道路每隔三十里置驛站，驛站傳送文書的人稱驛使。

⑤ 錯莫：紛亂昏暗。唐杜甫《遠懷舍弟穎觀等》詩：『雲天猶錯莫，花萼尚蕭疏。』仇兆鼇注：『錯莫，謂紛錯冥莫。』

寄袁守廖獻卿　黄庭堅①

公移②猥甚叢生笋，訟牒③紛如蜜分窠。幸得曲肱成夢蝶〔一〇七〕，不堪衙吏報鳴鼉④。已荒里社田園了，可奈春風桃李何。想見宜春賢太守，無書來問病維摩⑤。

和袁州劉司法〔一〇八〕　黄庭堅

袁州司法多兼局，日暮歸來印幾窠。詩罷春風榮草木，書成快劍斫蛟鼉⑥〔一〇九〕。遥知吏隱情如此〔一一〇〕，應問卿曹⑦果是何。頗憶病餘居士否，在家無意食羅摩⑧。

---

①　黄庭堅（一〇四五—一一〇五）：字魯直，號山谷道人，晚號涪翁，洪州分寧（今江西修水縣）人，北宋著名文學家、書法家，爲盛極一時的江西詩派開山之祖，與杜甫、陳師道和陳與義素有「一祖三宗」（黄庭堅爲其中一宗）之稱。與張耒、晁補之、秦觀都游學于蘇軾門下，合稱爲「蘇門四學士」。生前與蘇軾齊名，世稱「蘇黄」。著有《山谷詞》。其書法亦能獨樹一格，爲「宋四家」之一。

②　「公移」句：公移，舊時用於不相統屬的官署間的公文的總稱。猥：繁多。《三國志·魏志·王基傳》：「天下至廣，萬機至猥。」

③　訟牒：訴狀。宋韓琦《答孫植太傅後園宴射》：「鈴索聲沉訟牒稀，優游大司養疏拙。」

④　鳴鼉：敲擊鼉鼓。唐皇甫松《醉鄉日月·飲論》：「醉得意，宜艷唱，宣其和也；醉將離，宜鳴鼉，壯其神也。」

⑤　病維摩：《維摩經·文殊師利問疾品》載：佛在毗耶離城？庵摩羅園，城中五百長者子至佛所請説法時，居士維摩詰故意稱病不往。佛遣舍利弗及文殊師利等問疾。文殊問：「居士是疾何所因起？」維摩詰答曰：「一切衆生病，是故我病；若一切衆生得不病者，則我病滅。」後用「維摩病」謂佛教徒生病。宋蘇軾《和錢四寄其弟和》：「年來總作維摩病，堪笑東西二老人。」亦作「維摩疾」。

⑥　蛟鼉：指水中凶猛的鰐類動物。唐韓愈《石鼓歌》：「年深豈免有缺畫，快劍斫斷生蛟鼉。」

⑦　卿曹：猶言君等，你們。《後漢書·光武帝紀上》：「軍中不見光武，或云已殁，諸將不知所爲。吴漢曰：「卿曹努力！王兄子在南陽，何憂無主？」」

⑧　蘿摩：一名芄蘭。多年生蔓草。莖折斷後有汁如乳。子附長毛。如白絨。主治勞傷、虚弱諸症。參見明李時珍《本草綱目·草七·蘿藦》。

送別駕孫公汲還宜陽〔一一一〕　黄庭堅

宜春別駕①鄉丈人，來假廬陵二千石。虛舟無事鷗與游，良賈深藏②客争席。諸公鞭朴③立威名，公獨安民如弟兄〔一一二〕。諸公御史如束濕④〔一一三〕，公使人人得盡情。人情居官若郵傳⑤，假守攝丞尤自便。憂念公家眉不開，誰能殷懃廢寢膳〔一一四〕。贈行欲借筆如椽，公不肯留鼓催船。歸到宜陽問春事〔一一五〕，斑斑笋竿蕨破拳。廖侯爲邦用詩禮，府中無事多宴喜〔一一六〕。看公談笑面生春，更爲鄉園宴桃李〔一一七〕。

清心院雙清軒〔一一八〕　黄庭堅

萬劫千峰繞座隅，一泓澄澈見游魚〔一一九〕。誰家欄檻煙雲裏，坐我瀟湘水墨圖〔一二〇〕。人物度橋疑海市⑥〔一二一〕，

---

① 別駕：職官名。漢制，爲州刺史的佐官，因隨刺史巡行視察時另乘車駕，故稱爲『別駕』。隋、唐曾改稱爲『長史』。後又復原名。

② 藏：古同『藏』。隱匿。《雲笈七籤》卷一一一：『戢此靈鳳羽，藏我華龍鱗。』

③ 鞭朴：亦作『鞭扑』。用作刑具的鞭子和棍棒。此用作动词，指用鞭子或棍棒抽打。《鄧析子·轉辭》：『聖人逍遥一世，罕匹萬物之形，寂然無鞭朴之罰，莫然無叱吒之聲。』

④ 束濕：捆扎濕物。用以形容官吏御使下級嚴苛。《宋史·列傳一〇四》『（任伯雨）知雍丘縣、御史如束濕，撫民如傷。』

⑤ 郵傳：傳舍；驛館。借指驛丞、驛吏等人員。此句意謂一般的人做官像做驛丞、驛吏一樣，以爲反正不會長久地在此任職，因而敷衍了事，不會盡職盡責。下句是説那些代職的就更是隨意自便了。

⑥ 海市：大氣因光折射而形成的反映地面物體的形象。舊稱蜃氣。晉伏琛《三齊略記》：『海上蜃氣，時結樓臺，名海市。』宋沈括《夢溪筆談·異事》：『登州海中，時有雲氣如宫室、臺觀、城堞、人物、車馬、冠蓋，歷歷可見，謂之海市。』

樓臺拍水信蓬壺①。潺湲②枕底催鄉夢，雙井溪頭有舊廬。

崇信寺〔一二二〕

黄庭堅〔一二三〕

鴉啼殘照下層城，僧舍初寒夜氣清。風動竹枝垂地影〔一二四〕，霜乾梧葉落階聲。不遑③將母傷今日，無以爲家④嘆此生〔一二五〕。都下若無書信到〔一二六〕，數行歸雁月邊横〔一二七〕。

入萍鄉道中〔一二八〕

黄大臨⑤〔一二九〕

路入前村信馬⑥行〔一三〇〕，野花香好不知名。官卑無補公家事，時向田家問耦耕⑦〔一三一〕。

---

① 蓬壺：即蓬萊。古代傳説中的海中仙山。晋王嘉《拾遺記·高辛》：「三壺則海中三山也。一曰方壺，則方丈也；二曰蓬壺，則蓬萊也；三曰瀛壺，則瀛洲也。形如壺器。」唐沈亞之《題海榴樹呈八叔大人》詩：「曾在蓬壺伴衆仙，文章枝葉五雲邊。」

② 潺湲：象聲詞。流水聲。唐岑參《過緱山王處士黑石穀隱居》：「獨有南澗水，潺湲如昔聞。」

③ 不遑：無暇，没有閑暇。《詩·小雅·四牡》：「王事靡盬，不遑啓處。」

④ 無以爲家：此用《戰國策·齊策四》中的「馮諼客孟嘗君」之典。馮諼客孟嘗君，先後以「出無車」「食無魚」和「無以爲家」考驗孟嘗君待士的態度。其「無以爲家」即指家有老母未能奉養，故此詩「不遑將母傷今日」之句當亦用此典。

⑤ 黄大臨：黄庭堅之兄。字元明，號寅庵，洪州分寧（今江西修水）人。生卒年不詳。紹聖間爲萍鄉令。宋代詞人，存詞三首，風格清麗。

⑥ 信馬：任馬行走而不加約制。宋張先《木蘭花》：「簾重不知金屋晚，信馬歸來腸欲斷。」

⑦ 耦耕：二人並耕。後亦泛指農事或務農。《禮記·月令》：「（季冬之月）命農計耦耕事，修耒耜，具田器。」

游洪陽洞〔一三二〕

劉清之①

朝來拔脚塵埃底，共訪人間小有天。喚醒幾年朱墨夢，胸中丘壑②故依然。

稚川仙去憶浮丘③，携客巖前問舊游。懷古臨風一杯酒，荻花楓葉不勝秋。

分宜道中

孫覿④

老牯挽犁泥瀑膝〔一三三〕，刻刻⑤青秧針水出。大麥登場小麥黃，桑柘葉空蠶滿筐〔一三四〕。猿鳥相呼聚儔侣⑥，繅絲百箔聞好語。此時物色不可孤，勸君沽酒提壺盧。

---

① 劉清之：字子澄，江西臨江人。生年不詳，約卒於宋光宗紹熙元年。受業于兄靖之。甘貧力學，博極書傳。紹興二十七年，舉進士第。歷知宜黃縣。周必大薦於孝宗，得召對，改太常主簿。除通判鄂州，改衡州。光宗即位，起知袁州。適清之疾作，猶貽書執政論國事。初，清之欲應博學宏詞科，及見朱熹，盡取所習焚之，慨然有志於義理之學。

② 丘壑：喻深远的意境。宋黄庭堅《題子瞻枯木》：『胸中元自有丘壑，故作老木蟠風霜。』

③『稚川』句：稚川，道家傳説的仙都，爲稚川真君所居。據傳，唐玄宗時，僧契虚入商山，遇棒子（肩背竹簍的商販），同游山頂，見有城邑宫闕，璣玉交映於雲霞之外。棒子指語：『此仙都稚川也。』至一殿，見一人具簪笏，憑玉几而坐。其貌甚偉，侍衛環列，呵禁極嚴，曰是稚川真君。見唐張讀《宣室志》卷一。按，稚川，晋葛洪字。葛洪好神仙之事，死後，人以爲其成仙。浮丘，即浮丘公。《文選·郭璞〈游仙詩〉之三》：『左挹浮丘袖，右拍洪崖肩。』李善注引《列仙傳》：『浮丘公接王子喬以上嵩高山。』

④ 孫覿：字仲益，别號鴻慶居士。宋晋陵人。大觀三年進士。官翰林學士，歷吏部、户部尚書，知秀州、温州、臨安諸郡，嘗因罪斥提舉鴻慶宫。后歸隱太湖濱西徐里。孝宗時洪邁修國史，命覿編類蔡京、王黼等事，頗多曲筆。爲文工四六，有《鴻慶居士集》。

⑤ 刻刻：風微起貌。宋王安石《晚興和冲卿學士》：『刻刻風生晚，娟娟月上初。』

⑥ 儔侣：伴侣；朋輩。唐白居易《效陶潜體詩》：『村深絶賓客，窗晦無儔侣。』

萍鄉即事　蔣之奇①

人家白雪中，鳥道青雲裏。耕斸競畬田②，漁樵喧會市③。秀出羅霄山〔一三五〕，倒流楊岐水。三真④不可尋，寂寥忽千祀⑤。更想用兵時，徘徊甘卓壘。

按行分宜〔一三六〕　蔣之奇

分得宜春地，東偏一畫屏。洪陽仙洞古，龍姥舊祠靈。雨過溪痕長，春回草徑青。道旁聊下馬〔一三七〕，揩蘚讀碑銘。

---

①　蔣之奇（一〇三一—一一〇四）：字穎叔，一作穎叔。北宋常州宜興（今屬江蘇）人。嘉祐二年考『春秋三傳科』中進士。官太常博士，後又考中『賢良方正科』，升爲監察御史。宋神宗時轉殿中侍御史。因劾歐陽修與兒媳婦吴春燕亂倫，貶監道州酒税。尋改監宣州税。新法行，爲福建轉運判官，遷淮東轉運副使。歷江西、河北、陝西副使。移淮南，擢江、淮、荊、浙發運副使。增二秩，加直龍圖閣，升發運使。元祐初，進天章閣待制，知潭州，又改集賢殿修撰，知廣州。加寶文閣待制。徙河北都轉運使，知瀛洲。入爲户部侍郎，出知熙州。紹聖中，召爲中書舍人，改知開封府，進龍圖閣直學士。拜翰林學士兼侍讀。元符末，因故被責守汝州。閱月，改慶州。徽宗立，復爲翰林學士，拜同知樞密院。崇寧元年，除觀文殿學士，出知杭州。以事奪職，由正義大夫降中大夫，以疾歸，提舉靈仙觀。崇寧三年卒。能詩。《宋史》卷三四三有傳。

②　『耕斸』句：耕斸，泛指耕種。唐韓愈《送侯參謀赴河中》：『惟當待責免，耕斸歸溝塍。』畬田，采用刀耕火種的方法耕種的田地。唐杜甫《戲作俳諧體遣悶》：『瓦卜傳神語，畬田費火耕。』仇兆鼇注：『《貨殖傳》：「楚越之地，地廣人稀，或火耕而水耨。」楚俗燒榛種田，謂之火耕。』

③　會市：集市。《隸釋·漢史晨饗孔廟後碑》：『於昌平亭下立會市。』《三國志·吴志·吴主傳》：『通會市，作邸閣。』

④　三真：三真經。唐陸龜蒙《送延陵張宰》：『默禱三真後，高吟十字還。』

⑤　千祀：千年。南朝宋謝瞻《張子房詩》：『惠心奮千祀，清埃播無疆。』

鈐岡早行　鄧南秀

漁照滅不滅，水光空復空。疏鍾五更月，殘夢萬松風。沆瀣①虛無外，凄清頃刻中。火輪欲飛動，灎灎紫宵東。

次韵柳樞密題向萍鄉②莞爾堂〔一三八〕　王庭珪③

器遠無近用，弦歌④只暫娱〔一三九〕。從來趙魏老，或爲滕大夫。昔時武城宰⑤，其人骨已殂⑥〔一四〇〕。牛刀發新

---

① 沆瀣：夜間的水氣、露水。舊謂仙人所飲。《楚辭·遠游》：『餐六氣而飲沆瀣兮，漱正陽而含朝霞。』王逸注：『《凌陽子明經》言：春食朝霞……冬飲沆瀣。沆瀣者，北方夜半氣也。』

② 向萍鄉：當指當時的萍鄉縣令向滈。向滈，生卒年不詳，字豐之，號樂齋，開封（今屬河南）人。自幼能詩，從王庭珪游，紹興間官萍鄉令。《（康熙）萍鄉縣志》卷八有向滈《莞爾堂和柳樞密韵》詩一首。

③ 王庭珪（一〇七九—一一七一）：字民瞻，自號瀘溪老人、瀘溪真逸，吉州安福（今屬江西）人。性伉厲，爲詩雄渾。政和八年登進士第。調茶陵丞，與上官不合，棄官隱居盧溪，因以自號。紹興中，胡銓請斬秦檜，謫新州，獨庭珪以詩送行，有『癡兒不了公家事，男子須爲天下奇』句。坐訕謗，流夜郎（一作嶺南）。政和十九年六月，勒停，送辰州編管。秦檜死，許自便。孝宗時，召對内殿，賜國子監主簿，乾道六年，復除直敷文閣。乾道八年病逝，終年九十二歲。葬安福縣山莊鄉下沙村長甫村後山腰，胡銓撰寫墓志銘碑。有《瀘溪文集》《六經講義》《論語講義》《易解》《語録》《滄海遺珠》《瀘詞》《風亭禄》等巨著，部分著作惜已失傳。胡銓評其詩文曰：『凡憂悲愉快，窘窮喜怒，思慕怨恨，無聊不平，有感於懷，必有詩文發之』。楊萬里贊曰：『少嘗曹子方，得詩法，蓋其詩自少陵出，其文自昌黎出，大要主於雄剛渾大。』

④ 弦歌：指禮樂教化。《論語·陽貨》：『子之武城，聞弦歌之聲，夫子莞爾而笑曰：「割雞焉用牛刀。」子游對曰：「昔者偃也聞諸夫子曰：『君子學道則愛人，小人學道則易使也。』」子曰：「二三子，偃之言是也，前言戲之耳。」』

⑤ 武城宰：指孔子的學生子游。子游爲武城宰，以弦歌爲教民之具。

⑥ 殂：死亡。《魏書·後廢帝紀》：『後以罪殂於門下外省，時年二十。』

硎，夫子輒驚吁〔一四一〕。向侯本學道，與世疑闊疏①。擁袖聽衙鼓〔一四二〕，庭下一事無。不爲赫赫名，詭衆以自殊。催科雖云拙，於今乃賢歟。夫子儻無言，黑白共一區〔一四三〕。家有治縣譜，不飲常晏如②〔一四四〕。棠陰③決民訟，松間讀我書。飛蝗避境土，野鶴馴階除。堂上盛賓客〔一四五〕，不減陳趙予。新詩播京邑，異世乃同途〔一四六〕。振轡若登仙。身輕衣六銖④。雲間候飛馭，君馬何時迂。

劉長者讀書堂〔一四七〕 楊萬里⑤

前輩學詩如學仙，吾謂讀書當亦然。神丹九轉骨可換，聖門一簣⑥功相先。劉公結屋高山巔，豈效羽客⑦餐霞

---

① 闊疏：疏遠。唐杜牧《晚晴賦》：「倒冠落珮兮，與世闊疏。」

② 晏如：安定；安寧；恬適。北齊顏之推《顏氏家訓・慕賢》：「内外清謐，朝野晏如。」

③ 棠樹樹蔭。唐戴叔倫《撫州對事後送外生宋垓歸饒州覲侍呈上姊夫》：「石壁轉棠陰，鄱陽寄茅室。」

④ 六銖：指六銖衣。宋葉適《和李參政》：「傳觀弓力異常鈞，衣我六銖羞問。」

⑤ 楊萬里（一一二七—一二〇六）：字廷秀，號誠齋。吉州吉水（今江西省吉水縣）人。南宋傑出詩人。紹興二十四年進士。官至秘書監。一生力主抗金，收復失地。以正直敢言，累遭貶抑，晚年閒居鄉里長達十五年之久。與尤袤、范成大、陸游合稱南宋「中興四大詩人」「南宋四大家」。有《誠齋樂府》。

⑥ 一簣：一筐。簣，盛土竹器。《論語・子罕》：「譬如爲山，未成一簣，止，吾止也。譬如平地，雖覆一簣，進，吾往也。」

⑦ 羽客：指神仙或方士。北周庾信《邛竹杖賦》：「和輪人之不重，待羽客以相貽。」倪璠注：「羽客，羽人。《山海經》有羽人之國，不死之民。」

煙。鄴侯①三萬足高尚，霧雨養豹②知幾年？文章笑拍班馬③肩〔一四八〕，書堂看來咫尺天。會當櫂桂廣寒④邊〔一四九〕，祇借謝仙雲鶴軿⑤。

楚萍歌〔一五〇〕

彭大年〔一五一〕

雲夢青丘蟠楚藪，萍實江邊大如斗。故壘摧頹百戰餘〔一五二〕，舊事流傳千載後。青崖半裂玄猿吼〔一五三〕，空坡突過黄狐走。山深日落少人行，寂寞鳴蜩⑥在高柳。湖江入夢倏三年，慰我飄零一杯酒。群盜雖降漢赤眉⑦，故侯

① 鄴侯：唐李泌貞元三年，拜中書侍郎、同中書門下平章事，累封鄴縣侯。宋王應麟《困學紀聞·考史》：「（鄴侯）李泌父承休，聚書二萬餘卷，戒子孫不許出門，有求讀者，别院供饌。鄴侯家多書，有自來矣。」後以「鄴侯」「鄴侯書」爲稱美他人藏書甚多之典。明何景明《蓉溪書屋》詩：「一經韋相業，萬卷鄴侯家。」

② 霧雨養豹：漢劉向《列女傳·陶答子妻》載，答子治陶三年，名譽不興，家富三倍。其妻諫曰，能薄而官大，是謂嬰害，無功而家昌，是謂積殃。南山有玄豹，霧雨七日而不下食者，欲以澤其毛而成文章也，故藏而遠害。後因以「霧雨」指隱居，「霧豹」「玄豹」指隱居伏處、退藏避害的人。前蜀韋莊《冬日長安感志寄獻虢州崔郎中二十韵》：「霧雨十年同隱遁，風雷何日振沈潛。」

③ 班馬：兩人的並稱。史學方面是班固與司馬遷的並稱，作賦方面是班固與司馬相如的並稱，大概儒學方面是班固與馬融的並稱。此處從文章角度而言，當指班固與司馬相如。唐清晝《講古文聯句》：「屈宋接武，班馬繼作。」

④ 廣寒：即廣寒宫。宋楊萬里《木犀初發呈張功父》：「塵世何曾識桂林，花仙夜入廣寒深。」

⑤ 「祇借」句：謝仙，指謝仲初。劉長者讀書堂在萬載謝山，傳説謝山或爲謝仲初曾在其上修真而名。雲鶴軿，雲鶴，即鶴。雲鶴軿，即鶴軿，仙車。漢蔡邕《王子喬碑》：「翔雲霄，浮太清，乘螭龍，載鶴軿。」

⑥ 鳴蜩：蟬的一種，亦稱秋蟬。體黑色，長一寸餘，翅色赭褐，脉黄色，胸腹部下被白粉，鳴器小而成卵圓形，秋間日没時常長鳴不已。亦謂蟬鳴叫。《詩·豳風·七月》：「四季秀葽，五月鳴蜩。」毛傳：「蜩，螗也。」孔穎達疏：「《方言》曰：楚謂蟬爲蜩，宋衛謂之螗，陳鄭謂之蜋蜩，秦晋謂之蟬。是蜩、蟬一物，方俗異名耳。」宋范成大《初歸石湖》：「當時手種斜橋柳，無限鳴蜩翠掃空。」

⑦ 赤眉：亦作「赤糜」。指漢末以樊崇等爲首的農民起義軍。因以赤色塗眉爲標志，故稱。《漢書·王莽傳下》：「赤眉樊崇等衆數十萬人入關，立劉盆子，稱尊號。」

慣作秦黔首①。

送周子上赴宜春　胡銓②

憶昔昌黎伯，直諫氣凜然。又聞贊皇公，直道薄雲天。堂堂兩宗工，蓋世勛無前。朅來③著此邦，仰山同不騫。公今又繼往，相望三百年。風流雖已矣，遺迹儼弗愆④。邦風雜未純，雕俗頑莫鐫⑤〔一五四〕。要須痛一洗，與氓作其賢。束吏縛猛虎，愛民烹小鮮⑥。課爲天下最，名壓坐中先。鳳尾催歸詔，看看下小旃〔一五五〕。踐槐知不晚，聞早⑦促曹鞲〔一五六〕。

---

① 黔首：古代稱平民；老百姓。《禮記·祭義》：「明命鬼神，以爲黔首則。」鄭玄注：「黔首，謂民也。」孔穎達疏：「黔首，謂萬民也。黔，謂黑也。凡人以黑巾覆頭，故謂之黔首。」

② 胡銓（一一〇二—一一八〇）：字邦衡，號澹庵。南宋政治家、文學家。愛國名臣，廬陵「五忠一節」之一。胡銓生於國家多事之秋，積極主戰，反對議和。聞知秦檜使王倫與金乞和，屈辱稱臣，作《戊午上高宗封事》，稱：「義不與檜等共戴天！」晚居廬陵青原山南麓。卒，謚「忠簡」。有《胡澹庵先生文集》三十二卷、《補遺》一卷、《澹庵詞》一卷傳世。

③ 朅來：猶言來。歸來；來到。《文選·陸機〈吊魏武帝文〉》：「詠歸塗以反旆，登崤澠而朅來。」吕延濟注：「朅來，言歸去來也。」

④ 愆：喪失，失掉。《左傳·昭公二十六年》：「王昏不若，用愆厥位。」杜預注：「愆，失也。」

⑤ 「雕俗」句：雕俗，浮僞的習俗。《管子·七法》：「一體之治者，去奇説，禁雕俗也。」尹知章注：「雕俗，謂浮僞之俗。」鐫，削除；除去。宋蘇舜欽《出京後舟中有作》詩：「他人所至樂，惟我氣類寡。迂僻不能鐫，往往自嗟罵。」

⑥ 烹小鮮：《老子》：「治大國若烹小鮮。」河上公注：「鮮，魚。烹小魚，不去腸，不去鱗，不敢撓，恐其糜也。治國煩則下亂。」後比喻治國便民之道。唐高適《過盧明府有贈》詩：「何幸逢大道，願言烹小鮮。」

⑦ 聞早：趁早；赶早。《敦煌變文集·歡喜國王緣》：「須知浮世俄爾是，聞早回心莫等閑。」

隱齋　朱熹①

大專②槃萬生，異體實同氣。云胡分彼此，直以私自蔽？君家桂林伯，德學妙一世。閉門不忘憂，簪纓③矧行義。眷言介弟賢，四益謹先畀④。千里各分符，一心同盡瘁。遠題齋户册，來表棲息地。繄述寫心胸，俯仰資愓厲⑤。陽嘉既滌蕩⑥，陰慝⑦失封閉。介然彼疴癢⑧，赫若我黥劓⑨。拊摩極哀恫⑩，征取敢忘藝⑪？戰兢一日力，

---

① 朱熹（一一三〇—一二〇〇）：字元晦，又字仲晦，號晦庵，晚稱晦翁，謚文，世稱朱文公，尊稱朱子。徽州婺源（今江西省婺源）人。從「二程」之三傳弟子李侗爲學。知南康、漳州，任浙東巡撫，爲官清正有爲，尤致力於振舉書院。後官拜煥章閣侍制兼侍講。著述甚多，有《四書章句集注》《太極圖説解》《通書解説》《周易讀本》《楚辭集注》，後人輯有《朱子大全》《朱子集語象》等。

② 大專：大鈞。指天，大自然。《史記·屈原賈生列傳》：「大專槃物兮，坱軋無垠。」

③ 簪纓：古代官吏的冠飾。比喻顯貴。南朝梁蕭統《錦帶書十二月啓·姑洗三月》：「龍門退水，望冠冕以何年？鷁路積風，想簪纓於幾載？」

④ 「四益」句：四益，指四益齋，張杓建，刻其父浚所書《四益碑》於其中。參見本書卷五《宫室》「四益齋」條。畀，賜予，給予。

⑤ 愓厲：亦作「愓勵」。警愓謹慎；警愓激勵。語出《易·乾》：「君子終日乾乾，夕愓若厲，無咎。」

⑥ 「陽嘉」句：陽嘉，春天的暖流。滌蕩，蕩洗、清除。宋張世南《游宦紀聞》卷三：「自唐及今，流潦巨浸之所漂齧，震風淩雨之所滌蕩，不知其幾，而墨色爛然如新。」

⑦ 陰慝：指陰氣。北魏賈思勰《齊民要術·雜説》：「五月芒種節後，陽氣始虧，陰慝將萌，暖氣始盛，蟲蠹並興，以灰藏旃裘毛毳之物。」

⑧ 「介然」句：介然，心有所不安、耿耿於懷。《漢書·陳湯傳》：「庸臣遇湯，卒從吏議，使百姓介然有秦民之恨。」顔師古注：「介然猶耿耿。」疴癢，疾病痛癢。宋蘇軾《決壅蔽策》：「疾痛疴癢動於百體之中，雖其甚微，不足以爲患，而手隨至。」

⑨ 黥劓：黥，墨刑。劓，割其鼻。《漢書·貢禹傳》：「故黥劓而髡鉗者，猶復攘臂爲政於世。」兩句意謂對百姓疾苦介然於懷，就好像自己遭受了酷刑一般。

⑩ 「拊摩」句：拊摩，猶言「撫摩」，安撫之意。宋蘇軾《策略五》：「昔之有天下者，日夜淬厲其百官，撫摩其人民，爲之朝聘會同燕享，以交諸侯之歡。」哀恫，悲痛。《詩·大雅·桑柔》：「哀恫中國，具贅卒荒。」鄭玄箋：「恫，痛也。」

⑪ 藝：當作「區分」解，言徵取當視百姓困苦情況有所區分。《孔子家語·正論》：「合諸侯而藝貢事，禮也。」王肅注：「藝，分別貢獻之事也。」

洋溢四封被。君看物我間，隱顯豈殊致？願反振民功，更懋根本計。

十一月二十六日宿萍鄉西三十餘里黃花渡口，客舍稍明潔，有宋亨伯題詩，亦頗不俗，因録而和之〔一五七〕

鼎足爐邊坐，陶然共一樽。道心元自勝，世味不須論。安穩三更睡，清風一氣存〔一五八〕。雖無康樂句①，聊爾慰營魂②。

二十七日過毛山鋪，壁間題詩者皆言有毛女洞在山絶頂，問之驛吏，云『狐魅所爲耳』，因作此詩

人言毛女住青冥③，散髪吹簫夜夜聲。却是郵童解端的④，向儂説是野狐精。

到袁州二首

馬蹄今日到袁州，山木蕭槮四面愁。多謝晚來風力勁，朔雲寒日共悠悠。

---

① 康樂：指南朝宋文學家謝靈運。

② 營魂：猶魂魄，常爲游子表達飄零之情時所用。晋陸機《文賦》：『攬營魂以探賾，頓精爽於自求。』

③ 青冥：形容青蒼幽遠。指山嶺。唐施肩吾《瀑布》：『豁開青冥顛，寫出萬丈泉。』

④ 端的：到底，究竟。此指始末，底細。宋柳永《征部樂》：『憑誰去花衢覓，細説此中端的。』

袁州刺史幾何人，韓李①流芳獨未泯。道喪時危今日意，九原遺恨②一時新。

十二月旦袁州道中作

今朝已是臘嘉平③，我獨胡爲在遠行。白髮倚閭應注想④〔一五九〕，青山聯騎若爲情。

同林擇之、范伯崇歸自湖南，袁州道中多奇峰秀水、怪石清泉，人賦一篇〔一六〇〕。

我行宜春野，四顧多奇山〔一六一〕。巑岏⑤不可數〔一六二〕，峭絶誰能攀。上有青葱林〔一六三〕，下有清泠⑥灣〔一六四〕。更憐灣頭石，一一神所剜。衆目共遺棄〔一六五〕，千秋保堅頑〔一六六〕。我獨抱孤賞，喟然⑦起長嘆。

---

① 韓李：此指韓愈、李德裕。

② 九原遺恨：亦作『九原遺憾』，九原，本春秋時晋國卿大夫的墓地。漢劉向《新序·雜事四》：『晋平公過九原而嘆曰：「嗟乎！此地之蘊吾良臣多矣，若使死者起也，吾將誰與歸乎？」』此句意謂：現今也處在道喪時危的境地，可是却没有了韓李這樣力挽狂瀾的人了。表達了深沉的憂患意識。

③ 臘嘉平：即嘉平。爲臘月的别稱。元方回《留丹陽三日苦寒戲爲短歌》：『自從書雲入嘉平，一月曾無三日晴。』

④ 注想：注望思念。唐文宗《上巳日賜裴度》：『注想待元老，識君恨不早。』

⑤ 巑岏：高峻的山峰。《楚辭·劉向〈九嘆〉》：『登巑岏以長企兮，望南郢而窺之。』王逸注：『巑岏，鋭山也。』

⑥ 清泠：清凉寒冷。

⑦ 喟然：感嘆、嘆息貌。元揭傒斯《雜詩》之一：『大哉山河固，喟然獨撫膺。』

賦歸雲洞

人生信多患，吾道初不窮。云何感慨士，伏死嵁巖①中。宜陽古道周，竅石何嵌空②。窮幽歷肺腑，履坦開房櫳③。頗疑有畸人④，往昔寄此宮。歲月詎云幾，井竈無遺踪。我來記清秋，歸途渺窮冬。興懷重幽討⑤，永嘯回長風。風回雲氣歸，洞口春濛濛⑥。信美非人境，出門吾欲東。

人言石乳洪陽之勝，不及往游，作此〔一六七〕

人道歸雲未足誇，洪陽石乳更谽谺⑦。連環入夢難紆軫⑧〔一六八〕，回首西風又日斜。

---

① 嵁巖：高峻的山巖。唐柳宗元《永州韋使君新堂記》：「將爲穹谷嵁巖淵池於郊邑之中，則必輦山石，溝澗壑，凌絶險阻，疲極人力，乃可以有爲也。」

② 嵌空：空闊。唐沈佺期《過蜀龍門》詩：「長竇亘五里，宛轉復嵌空。」

③ 房櫳：泛指房屋。《文選・張協〈雜詩〉之一》：「房櫳無行迹，庭草萋以绿。」李周翰注：「櫳亦房之通稱。」唐王維《桃源行》：「月明松下房櫳静，日出雲中雞犬喧。」

④ 畸人：指有獨特志行、不同流俗的人。《莊子・大宗師》：「子貢曰：『敢問畸人？』曰：『畸人者，畸於人而侔於天。』」成玄英疏：「畸者，不耦之名也。修行無有，而疏外形體，乖異人倫，不耦於俗。」亦可指神奇的人；仙人。唐司空圖《二十四詩品・高古》：「畸人乘真，手把芙蓉，泛彼浩劫，窅然空縱。」

⑤ 幽討：猶言「幽探」「幽搜」。謂探求山水幽勝之境。宋汪元量《青城山》：「平明絶頂窮幽討，更上青城望一回。」

⑥ 濛濛：紛雜貌。唐賈島《送神邈法師》：「柳絮落濛濛，西州道路中。」

⑦ 谽谺：山石险峻貌。唐独孤及《招北客文》：「其北則有劒山巉巉，天凿之門，二壁谽谺，高岸嶙峋。」

⑧ 紆軫：猶枉駕。軫，車的代稱。《晋書・隱逸傳・陶潜》：「我性不狎世，因疾守閑，幸非潔志慕聲，豈敢以王公紆軫爲榮耶！」此句意謂：雖然石乳洞景色絶佳，但自己還是無由繞道一游，甚是遺憾。

分宜晚泊江亭，望南山之勝，絶江往游。將還，而舟子不至。擇之刺船徑渡呼之，予與伯崇佇立以俟，因得二絶〔一六九〕

寒水粼粼受晚風，輕船來往思無窮〔一七〇〕。何妨也向溪南去，徙倚空林暮靄中。

一棹翩然①喚不回，兩笻江畔久徘徊。早知君有如神技，同下中流一快哉。

呈分宜邑宰石子和　戴復古②

古鎮更爲縣，封疆半是山。賦繁官吏窘，土瘠稻粱慳③。流水心何急，高山意自閑。春風細吹拂，桃李滿民間。

宜春東湖呈趙使君

東園有佳趣，五馬共登臨。介石④見古意，月臺延賞心。雖然近城郭，元不遠山林。能使一州潤，秀江秋水深。

---

① 翩然：輕疾貌。宋劉過《賀新郎·游西湖》：『一舸乘風翩然去，避魚龍，不見波聲俏。』

② 戴復古（一一六七—一二四八）：字式之，號石屏，又號石屏樵隱，台州黄巖（今浙江温嶺）人。終身布衣，浪游江湖，卒年八十餘。師事林憲、徐似道和陸游，以詩鳴江湖五十餘年。有《戴式之詩卷》《石屏小集》及補編等詩集傳世。

③ 慳：缺乏；稀少。宋陸游《懷昔》詩：『澤國氣候晚，仲冬雪猶慳。』

④ 介石：特立聳峙的巨石。祖無擇《盧石》云：『倚空突兀無與鄰，頓覺亭臺增氣色。』

袁州化成巖李衛公謫居之地

一巖端坐挹千峰，三兩亭臺勝概①中。江水驟生連夜雨，松聲吹下半天風。因思世故吾頭白，獨步林皋夕照紅。欲吐草茅②憂國志，誰能喚起贊皇公。

化成巖〔一七一〕

城郭囂塵外，江山勝概中。鏗然③一灘水，和以萬松風。夾徑森奇石，危亭④納大空〔一七二〕。蒼巖不能語〔一七三〕，曾識贊皇公。

仰山 胡致隆⑤

山下清泉迸石流，山前松竹自春秋。猿吟古寺偏深處，雲在諸峰最上頭。一老有靈飛窣堵⑥〔一七四〕，二神無語

---

① 勝概：美景；美好的境界。唐李白《夏日陪司馬武公與群賢宴姑熟亭序》：「此亭跨姑熟之水，可稱爲姑熟亭焉。嘉名勝概，自我作也。」

② 草茅：平民百姓。《新唐書·馬周傳贊》：「周之遇太宗，顧不異哉！由一介草茅言天下事。」

③ 鏗然：聲音響亮貌。宋蘇軾《東坡》：「莫嫌犖确坡頭路，自愛鏗然曳杖聲。」

④ 危亭：聳立於高處的亭子。唐白居易《春日題乾元寺上方最高峰亭》：「危亭絕頂四無鄰，見盡三千世界春。」

⑤ 胡致隆：字藏之，號瀟灘居士，清江人。父胡蒙。未予科舉，與黃庭堅交好，能詩。

⑥ 窣堵：即「窣堵波」，亦作「窣堵坡」。梵語stūpa的音譯，即佛塔。《新唐書·西域傳上·天竺》：「（中天竺）死者燔骸取灰，建窣堵，或委野中及河，餌鳥獸魚鱉，無喪紀。」

瑣寒湫〔一七五〕。諸天更在藤蘿外，欲到峰前恨未由①〔一七六〕。

宜春臺晚眺

虞集② 字伯生，臨川人。

長沙王子③舊層臺，古佛神龍寶殿開④。秋水繞渠三峽⑤漲，春雲垂雨大溈⑥來。萬家香火絪緼合〔一七七〕，四面峰巒紫翠堆。最憶老藤陰覆地，空中幾見異僧回⑦。

---

① 未由：無由，亦作「末由」。唐韓愈《皇帝即位賀諸道狀》：「凡在臣庶，不勝慶幸。惟俯同下情，末由拜賀，但增馳戀。」

② 虞集：字伯生，號道園，世稱邵庵先生。元江西崇仁人，祖籍四川仁壽。大德初，薦授大都路儒學教授。歷國子助教，集賢修撰，官翰林學士兼國子祭酒，拜奎章閣侍書學士，任《經世大典》總裁。至順間，告病歸鄉。卒於至正八年，年七十七，謚文靖。詩文素負盛名，爲「元詩四大家」之首，「儒林四傑」之一，有《道園學古録》。晚年曾數次往來於宜春、萬載等地，作有詩文多篇。

③ 長沙王子：指劉成，西漢長沙定王劉發（景帝子）之子。武帝元光六年封爲宜春侯。志載宜春臺爲其所建。

④ 「古佛」句：古佛，指靈祐、慧寂二禪師。神龍，指仰山二神龍。亦稱仰山神。相傳二龍時常造福于民而又不享用民間供物。宜春臺上有仰山行祠，祀二龍神，向爲府、縣官員禱雨之所。寶殿，指仰山行祠，位於宜春臺上。據宋周必大《宜春孚惠新祠記》，紹興初始立仰山行祠。慶元五年毁於火，隨即重建，次年完工。正殿祀仰山神龍，殿後祀靈祐、慧寂二禪師。

⑤ 三峽：本書《形勝》：「三峽：牛欄，昌山、鐘山。」按，此句寫晚眺仰山正廟。該廟位於城南三十里，爲祀仰山神龍之正廟。宋元豐中，袁州通判孫汲開渠引仰山之水分流入廟中，渠深三尺，長八百餘丈，冬夏不涸。渠水過廟後，又匯入仰山水，流入袁河。

⑥ 大溈：山名，在湖南寧鄉縣。禪宗六祖慧能首創南宗，四傳至靈祐，住大溈山，世稱溈山禪師。慧寂師承溈山靈祐，後入仰山弘佛法，創「溈仰宗」，是爲南禪五宗之一。按，此句寫晚眺仰山佛迹。詩言仰山之法「雨」來自溈山，借喻仰山佛法源於溈山。

⑦ 「空中」句：據本書《仙釋》載：「慧寂行抵仰山，遂創庵以居。後有僧乘空而來，相講論，大有所契，且示貝多葉梵書，乃騰空而去。」

己卯十月二十二日從宜春郡幕嚴伯威觀南軒新閣，登舟有賦，却寄同游者劉粹中賢良

兹郡多美泉，小大各有神。深潤浹温厚，草木何光新！披圖閱名世，顧皆仙佛人。退儉寡外鶩①，懷哉此良民。退之文既遠，泰伯學未醇。昔我朱與張，遺言存縉紳②。東湖有新閣，下臨南澗濱。周眺忽已晚，皎然仰空旻③。虹梁④亘溪流，落日車馬塵。曾丘間叢祠，鐘鼓嚴昏晨。江潭嘆摇落，名邦感宜春。爲治古有道，川原隨所因。華構相爲雄，大雅竟誰陳？移舟古峽口，西望蒼嶙峋。浩蕩無與語，逝波絶垂綸⑤。

南泉丈室

爐香滿室雨垂簷〔一七八〕，借得方床午睡甜〔一七九〕。泉上老龍還記取，山翁曾此聽華嚴。

---

① 外鶩：謂别有追求，心不專。清魏源《默觚上·學篇十一》：「惟本原盛大者，能時措出之而不窮，故君子務本，專用力於德性而不敢外鶩。」

② 縉紳：插笏於紳帶間，舊時官宦的裝束。亦借指士大夫。《漢書·郊祀志上》：「其語不經見，縉紳者弗道。」顔師古注：「李奇曰：『縉，插也，插笏於紳。』（中略）字本作搢，插笏於大帶與革帶之間。」

③ 「皎然」句：皎然，明亮潔白貌。南朝宋劉義慶《世説新語·任誕》：「王子猷居山陰，夜大雪，眠覺，開室命酌酒，四望皎然，因起彷徨，咏左思《招隱》詩。」空旻，即天空。

④ 虹梁：拱橋。宋周邦彦《繞佛閣·旅况》：「還似汴隄，虹梁横水面。」

⑤ 垂綸：垂釣。三國魏嵇康《兄秀才公穆入軍贈詩》：「流磻平皋，垂綸長川。」傳説吕尚（姜太公）未出仕時曾隱居渭濱垂釣，後常以「垂綸」指隱居或退隱。

昌山渡

歐陽玄

昌山峽口日西斜，蘭渚①維舟近酒家[一八〇]。水漱樹根龍露爪，石排江岸虎交牙。路回佛寺藏深塢[一八一]，風動漁舟掃落花[一八二]。再拜靈均獻蘋藻②，月明環珮下汀沙。

至正壬午十一月十三日祭始遷祖墓於防里村心。是日，春洲先生有古律四首紀其事，玄用韵奉答[一八三]

道左遺墟三百載，曾孫叠石作階基。儒家冬至祭初祖，客子異鄉來遠支。白髮始修桑梓敬③，青編久廢《蓼莪》詩④。無由作吏守墳墓，願訪故山耘紫芝⑤。

---

① 蘭渚：渚的美稱。唐李賀《嘲雪》：『昨日發葱嶺，今朝下蘭渚。』

② 『再拜』句：靈均，戰國楚文學家屈原字。《楚辭·離騷》：『名余曰正則兮，字余曰靈均。』蘋藻，指祭品。唐韓愈《湘中》：『蘋藻滿盤無處奠，空聞漁父扣舷歌。』

③ 桑梓：《詩·小雅·小弁》：『維桑與梓，必恭敬止。』朱熹集傳：『桑、梓二木。古者五畝之宅，樹之墻下，以遺子孫給蠶食、具器用者也……桑梓父母所植。』東漢以來一直以『桑梓』借指故鄉或鄉親父老。唐柳宗元《聞黄鸝》詩：『鄉禽何事亦來此，令我生心憶桑梓。』

④ 『青編』句：青編，即青絲簡編，泛指書籍。宋王禹偁《館中春值偶題》詩：『春風老盡詩情淡，翻卷青編獨繞廊。』蓼莪：《詩·小雅》篇名。此詩表達了子女追慕雙親撫養之德的情思。後因以『蓼莪』指對亡親的悼念。《後漢書·清河孝王劉慶傳》：『（諸王）常有《蓼莪》《凱風》之哀。』明夏完淳《寒日掃墓》：『王褒私教授，長起《蓼莪》哀。』

⑤ 紫芝：真菌的一種。也稱木芝。似靈芝。菌蓋半圓形，上面赤褐色，有光澤及雲紋；下面淡黄色，有細孔。菌柄長，有光澤。生於山地枯樹根上。可入藥，性温味甘，能益精氣，堅筋骨。古人以爲瑞草。道教以爲仙草。漢王充《論衡·驗符》：『建初三年，零陵泉陵女子傅寧宅，土中忽生芝草五本，長者尺四五寸，短者七八寸，莖葉紫色，蓋紫芝也。』

春日游化成巖〔一八四〕 傅行簡 元末新喻人。

巖石虎走萬山揖，長江龍蟠①百舟集。梅花已晚桃花明，馬上東風彩雲濕。

又 祝德脩

巖竇幽深風且柔，旋磨蒼壁紀重游。竹林恰喜七人足，京兆何妨五日留②〔一八五〕。

泛袁河 蘇葵 順德人，提學副使。

柔纜危檣款款拖，傍花隨柳上袁河。山深鳥語張儀辯，春老風光下惠③和。行過不防樵竪④識，耽閑無奈釣翁何。日斜更倚船樓望，怪殺王孫草色多⑤。

① 龍蟠：又作「龍盤」，如龍之盤卧狀。形容雄壯綿延的樣子。唐李白《金陵歌送別范宣》：「鍾山龍盤走勢來，秀色横分歷陽樹。」

② 此詩用五日京兆之典。漢京兆尹張敞，因楊惲案受牽連，賊捕掾絮舜以爲敞即將免官，不肯爲敞辦案，曰：「今五日京兆耳，安能復案事？」敞收舜下獄，告舜曰：「五日京兆竟何如？」遂將舜處死。見《漢書·張敞傳》。後因以比喻任職時間不會長，或凡事不作久長打算。京兆：即「京兆尹」官名。漢代管轄京兆地區的行政長官，職權相當於郡太守。後因以稱京都地區的行政長官。《漢書·張敞傳》：「敞爲京兆，朝廷每有大議，引古今，處便宜，公卿皆服，天子數從之。」

③ 下惠：柳下惠的省稱。柳下惠直道事人，乃遵守傳統道德的典範，被孟子譽爲「和聖」。

④ 樵竪：打柴的孩子。明袁宏道《園亭紀略》：「所謂崇岡清池，幽巒翠篠者，已爲牧兒樵竪斬草拾礫之場矣。」

⑤ 《楚辭·淮南小山〈招隱士〉》：「王孫游兮不歸，春草生兮萋萋。」此處用典以表現袁河兩岸緑意盎然，春色宜人。

謁韓文公祠用公韵〔一八六〕

邵寶① 無錫人，提學副使。

潮水袁山共此天〔一八七〕，量移聊復路三千。拜瞻正愧聞風地〔一八八〕，感應真懷禱雨年〔一八九〕。獨鶴未歸空嶺外，殘碑猶倚兩龍前。不須再作迎神曲，蘇老文章②在海邊。

過鈐岡書院〔一九〇〕

堂成未落③奈行何，却喜年來復此過。地僻儘容徐孺④榻，山深堪唱武夷歌〔一九一〕。鳥聲似領春風淺，草色應沾夜雨多。讀罷新碑放舟去，鈐岡雲盡秀江波。

---

① 邵寶（一四六〇—一五二七）：字國賢，號泉齋，別號二泉，無錫人。生於明英宗天順四年，卒于世宗嘉靖六年，年六十八歲。登成化二十年進士。任江西提學副使，修白鹿書院學舍以處學者。宸濠向索詩文，嚴拒之。正德中，遷右副都御史，總督漕運。因忤劉瑾，勒致仕。瑾誅，升户部侍郎。拜南禮部尚書，懇辭不就。嘉靖初起復前職，仍辭去。卒，謚文莊。

② 蘇老文章：指宋蘇軾所作《潮州韓文公廟碑》。

③ 落：古代宫室建成時舉行祭禮。《左傳·昭公七年》：『楚子成章華之臺，願與諸侯落之。』杜預注：『宫室始成，祭之爲落。』後因稱建築物竣工爲『落成』。宋王安石《張侍郎示東府新居詩因而和酬》之一：『自古落成須善頌，掃除東閣望公來。』

④ 徐孺：即東漢徐稚。稚字孺子，陳蕃爲太守時，以禮請署功曹，既謁而退。蕃在郡不接賓客，惟稚來特設一榻，去則懸之。稚又嘗爲太尉黃瓊所辟，未就。及瓊卒歸葬，稚乃徒步往，設雞酒祭之。事見《後漢書·徐稚傳》。詩文中常用其事。唐杜甫《陪裴使君登岳陽樓》：『禮加徐孺子，詩接謝宣城。』

重謁韓文公祠〔一九二〕

一上春臺草陸離①，還尋老屋拜昌黎〔一九三〕。江山恨少滕王賦②，風水愁多二女祠③。石廩④不知雲去地，雷塘⑤猶想雨來時。憑君莫引飛鴻望，萬里騎龍任所之。

宣風公館〔一九四〕

姚汀

庭前雨洗石苔痕，庭外川流帶雨渾。五省往來皆此路，幾家生聚自成村。空山落葉秋將晚，古木歸鴉日已昏。眼底誰醒誰是醉，何由一吊屈原魂。

---

① 陸離：參差錯綜貌。《文選·揚雄〈甘泉賦〉》：「聲駢隱以陸離兮，輕先疾雷而馺遺風。」李善注：「《廣雅》曰：陸離，參差也。」

② 滕王賦：當指韓愈所作《新修滕王閣記》。

③ 二女祠：韓愈曾作《祭湘君夫人文》，以祭「湘君、湘夫人二妃之神」。文中有「祠宇毀頓」之語。

④ 石廩：山峰名。衡山五峰之一。因形似倉廩而得名。唐韓愈《謁衡嶽廟遂宿嶽寺題門樓》：「紫蓋連延接天柱，石廩騰擲堆祝融。」

⑤ 雷塘：本書卷一載，雷塘在府城東北七里，韓愈曾在此禱雨，作《雷塘禱雨文》。

登宜春臺①

王守仁②　余姚人。

臺名何事只宜春，山色無時不可人③。不用煙花費妝點④，儘教刊落儘嶙峋⑤。

宜春臺上還春望，山水南來眼未嘗⑥。却笑韓公亦多事⑦〔一九五〕，更從南浦⑧羡滕王。

---

① 在《四部叢刊》本《王文成公全集》中，此二詩及《仰山祠》，合稱《袁州府宜春臺四絶》，編在卷十九外集一的《赴謫詩五十五首》中，題下注云「正德丁卯年赴謫貴陽龍場驛作」。丁卯爲正德二年。又據全集所附年譜，守仁於該年奉詔赴謫，十二月從錢塘起程，次年才抵貴陽。此四詩皆寫春景，當系作者於正德三年初經袁州時所作。

② 王守仁：字伯安，號陽明。明餘姚人。弘治十二年進士。任户部、兵部主事。正德元年冬，忤劉謹，謫爲貴州龍場驛丞。劉謹敗，累升爲南京鴻臚寺卿。正德十一年，進右副都御史，巡撫南贛，鎮壓閩、粤、贛三省交界處農民起義，進右副都御史。正德十四年寧王宸濠據南昌反，守仁傳檄四方，集兵樟樹鎮，平定叛亂。世宗即位，拜南京兵部尚書，論功，封新建伯。卒於嘉靖七年，年五十七，謚文成。爲宋明理學集大成者之一，有《陽明全書》傳世。

③ 可人：令人滿意。此聯説，臺名「宜春」，景色之美，豈止春天，實際上四時宜人。

④ 「不用」句：意謂宜春臺天然可人，不費人工妝點。煙花：泛指美麗的春景。費：耗費。妝點：妝飾。

⑤ 「盡教」句：盡教：盡管，聽任。刊落：删除。嶙峋：重疊高聳。這裏指宜春臺的壯觀。

⑥ 「山水」句：此句説，這麼美的山水，是我此番南來未曾見過的。作者原在朝任兵部主事，謫遣貴陽，故云「南來」。

⑦ 「却笑」句：多事，多此一舉。韓愈在袁州寫過《新修滕王閣記》，略云久聞「江南多臨觀之美，而滕王閣獨爲第一，（中略）欲往一觀」，却總未能如願。

⑧ 南浦：借指南昌。滕王：指滕王閣。王勃《滕王閣詩》：「畫棟朝飛南浦雲」。此聯笑韓愈不知賞識宜春臺，却羡慕南昌的滕王閣，可謂「多事」。

仰山祠〔一九六〕

古廟香燈已有年，增修還費大官錢。至今楚地多風雨，猶道山神駕鐵船①。

宜春臺春望

李夢陽② 關中人，提學副使。

勞勞世路裏③，今望始臨臺。人倚楚天④盡，風驅湘色來。密雲生曉暝⑤，遠水上春雷⑥。尚有干戈⑦淚，憑軒眼倦開。

---

① 鐵船：亦作「銕船」。船殼用鋼板製成的大船。

② 李夢陽：字天賜，又字獻吉，號空同，亦作崆峒子。明慶陽人，後徙河南扶溝。弘治七年進士。曾任户部郎中，因反對宦官劉瑾，下獄。瑾敗，遷江西提學副使。其於文學，主張「文必秦漢，詩必盛唐」，反對浮華的「台閣體」。與何景明相呼應，號稱「前七子」。著有《崆峒集》。嘉靖元年卒。

③「勞勞」句：《崆峒集》作「古州圖記見」。

④ 楚天：古時長江中下流一帶屬楚國，故楚天泛指南方的天空。

⑤ 曉暝：清晨昏暗的天色。

⑥「遠水」句：雷聲像從遠遠的水面上升了起來。

⑦ 干戈：干和戈是古代常用武器，因以「干戈」用作兵器的通稱。宋王安石《何處難忘酒》詩之一：「賦斂中原困，干戈四海愁。」

謁韓公祠[一九七]

刺史爲邦地，遺祠①竹木森。此來瞻廟貌，千古見人心。臺傍宜春寂，江連下浦深②。可招魂不返，風雨四山陰。

宜春臺[一九八]

孫燧③　余姚人，副都御史。

郡治東南舊有臺④，暮春登眺畫圖開[一九九]。隔林啼鳥催詩句，小院飛花入酒杯。疏密人煙聯萬井⑤，絪緼瑞氣接三台⑥。仰山千古遺靈⑦在，棟宇⑧巍巍亦壯哉！

---

① 遺祠：古祠。宋陸游《思蜀》：「廢苑探梅常共醉，遺祠訪柏亦俱行。」

② 「臺傍」兩句：兩句當作「傍宜春臺寂，連下浦江深」，意謂（韓公祠）緊靠着寂静的宜春臺，不遠就是淵深的下浦江。下浦，地名，距袁州城不遠。

③ 孫燧：字德成。明餘姚人。弘治六年進士。歷刑部主事，再遷郎中。正德中，歷河南右布政使。正德十年擢右副都御史，巡撫江西。上疏陳寧王宸濠有反意。及宸濠反，被害。世宗即位，贈禮部尚書，謚忠烈。

④ 「郡治」句：郡治指知府官署。明代府署在城内西大街，宜春臺在其東南。

⑤ 井：古制八家爲井，引申爲鄉里、家宅。

⑥ 三台：古星座名，有上台、中台、下台，屬太微垣。

⑦ 遺靈：指傳説中的仰山二神龍。宋紹興間，立其行祠於宜春臺，賜祠額曰「孚惠」。

⑧ 棟宇：此指宜春臺頂之仰山行祠。宋周必大《宜春臺孚惠新祠記》：「袁恃孚惠二王爲司命，郡以宜春臺爲聖境。壯亭榭於林木之表，山川城郭俯視無遺。」

宗濂書院和韻〔二〇〇〕

道脉傳來認未真，浪叨儒籍混儒巾①。一從夫子開圖學，孰謂中原有敝民。庭草更添新意思，池蓮不减舊精神。千年廟貌重瞻謁②，猶見春風拂藻蘋③。

韓文公祠

八代④斯文欲喪天，却從原道得真傳。但令後學瞻山斗，寧顧潮陽遠謫遷？

三先生祠

五季⑤云衰道學微，斯文正脉屬濂溪⑥。中原不有程夫子，顔氏心胸孰品題？

---

① 儒巾：古代讀書人所戴的一種頭巾。明代通稱方巾，爲生員的服飾。宋林景熙《元日得家書喜》：「爆竹聲殘事事新，獨憐臨鏡尚儒巾。」

② 瞻謁：猶朝見；謁見。《宋史·樂志十》：「瞻謁盡恭，飛英率土。」

③ 藻蘋：藻與蘋。亦以指祭品。南朝梁蕭衍《首夏泛天池》：「舟楫互容與，藻蘋相推移。」

④ 八代：指東漢、魏、晋、宋、齊、梁、陳、隋。宋蘇軾《潮州韓文公廟碑》：「文起八代之衰，道濟天下之溺。」

⑤ 五季：即後梁、後唐、後晋、後漢、後周五代。宋葉紹翁《南屏興教磨崖》：「錢塘自五季以來，無干戈之禍。」

⑥ 濂溪：湖南省道縣水名。宋理學家周敦頤世居溪上。周晚年移居江西廬山蓮花峰下，峰前有溪，因取舊居濂溪以爲水名，並自以爲號，世稱濂溪先生。宋黄庭堅有《濂溪詩》。《宋史·道學傳一·周敦頤》：「（周敦頤）以疾求知南康軍。因家廬山蓮花峰下，前有溪，合於湓江，取營道所居濂溪以名之。」

宜春臺　劉琬①　宜春人，副都御史。

城内巍巍有此臺，幾回登覽壯懷開。仰攀蟾窟②天盈尺，俯瞰袁江水一杯。四季生春榮品彙③，五行麗土逼公台④。翻思昔日談經處，贏得浮名尚在哉？

韓文公祠

刺袁名宦首書公，遺廟穹碑著懋功⑤。不獨此邦人仰止，泰山北斗古今同。

---

①　劉琬：字德資，號仰峰。明宜春南隅人。成化四年舉人。成化十四年進士。歷松陽、上海知縣，升松江知府。官至副都御史，撫治鄖陽。約於正德八年致仕家居，卒於嘉靖八年，年八十五。琬祖父原爲安福高氏子，過繼於宜春劉氏。嘉靖元年，琬子劉祉以父意疏於朝，請復姓高。故舊志或記劉琬爲『高琬』。

②　蟾窟：猶蟾宫。古代神話，言月中有蟾蜍，故稱月亮爲蟾窟。宋張先《少年游慢》詞：『畫刻三題徹，梯漢同登蟾窟。』

③　品彙：事物的品種類別，猶言萬物。宋范仲淹《太子中舍致仕上官君墓志銘》：『品彙紛其自然兮，非化工之能一。』榮品彙，使萬物欣欣向榮。

④　『五行』句：五行，謂金、木、水、火、土。麗，附着。《易·離》：『日月麗乎天，百穀草木麗乎土。』逼，迫近。公台，三公星與三台星之略稱。此句謂宜春臺上逼星辰，極言其高。

⑤　懋功：大功。《宋書·武帝紀中》：『自篇籍所載，生民以來，勛德懋功，未有若此之盛者也。』

浚渠亭

五馬①初臨慮病民，溯源疏鑿走河濱。水流石澗經千里，事載亭碑歷萬春。境内有家皆樂土，田間無處不通津。莫言運智追前守，丕緒②争誇纘禹神。

宜春臺

張鳳③ 宜春人，副都御史。

高出袁城百萬家，巍峨樓殿鎖煙霞。荊湘西望山來盡，吴越東看水去賒④。朝暮鐘聲應有節⑤，春秋祀典永無涯⑥。不因雲外青山隔，定見三山與九華⑦。

---

① 五馬：漢時太守乘坐的車用五匹馬駕轅，因以「五馬」作太守的代稱。《玉臺新咏·日出東南隅行》：「使君從南來，五馬立踟躕。」此指唐袁州刺史李將順。元和中，李將順因州頻火，遂築陂漲水，鑿石開渠，引水入城。

② 丕緒：指國家大業。《陳書·世祖紀》：「朕以寡昧，嗣膺丕緒，永言勛烈，思弘典訓。」

③ 張鳳：字應時。明宜春人。成化十三年舉人，成化十七年進士。歷江浦、長樂、内黄、新城知縣。升太平府同知，降沂州知州。弘治十五年，升雲南知府。累官廣西参政，掌思恩軍民府事，南京太僕少卿，南京都察院右僉都御史。巡撫蘇松。進右副都御史巡撫山東兼理河道。致仕，卒於家。

④ 賒：長，遥遠。

⑤「朝暮」句：古時宜春臺神祠寺觀甚多，除仰山行祠外，還有關王廟、三皇廟、普濟院、瑶金庵、高真觀、澄心觀等，晨鐘暮鼓，香火旺盛。對此，作者主張應有所節制。

⑥「春秋」句：古時宜春臺屬於儒家道統的祠廟亦多，有韓文公祠、三先生祠、宜春侯祠、名宦鄉賢祠等。官府每歲舉行春、秋二祭。對此，作者主張大力推崇。

⑦「定見」句：三山，山名，在南京市東南，長江南岸。九華，山名，在安徽青陽縣西南。

韓文公祠

公在袁州幾許時①，贖民爲隸政聲馳②。五臺三峽③多形勝，何事公無一句詩？

浚渠亭

源頭誰爲決將開，引得清流一派來。十里疏通田有利，九宮④浸灌火無災。當年政事留遺疏，今日文章闡⑤大才。百尺穹碑當路立，行人指是峴山⑥隈。

---

① 『公在』句：韓愈由潮州量移袁州刺史，於唐元和十五年二月八日到任。九月，徵爲國子監祭酒。十月，奉除書。愈任袁州刺史前後約九個月。

② 『贖民』句：《新唐書》韓愈本傳載：『袁人以男女爲隸，過期不贖，則没入之。愈至，悉計庸得贖所没，歸之父母七百餘人，因與約，禁其爲隸。』尋上奏，後朝廷通令全國不許典貼良人男女作奴婢。

③ 五臺三峽：本書卷一《形勝》：『五臺三峽，群書備數五臺：宜春、化成、湖岡、仙女、釣臺。三峽：牛欄、昌山、鐘山。』按：化成臺，亦名化成巖，位於城西北秀江之濱，唐李德裕貶官袁州時寓居於此。湖岡臺，亦名湖岡山，位於城南十五里，晋道士鄧表修煉於此。仙女臺，在化成巖西北。釣臺，位於城東十里震山之下，唐隱士彭雲垂釣於此。三峽。

④ 九宮：術數家所指的九個方位。《易》緯家有『九宮八卦』之説，即離、艮、兑、乾、坤、坎、震、巽八卦之宫，加上中央宫。前蜀杜光庭《胡賢常侍安宅醮詞》：『六甲五行之象，九宫八卦之方，各静封隅，永垂貞吉。』

⑤ 闡：顯露。唐梁肅《漢高士嚴君釣台碑》：『名闡於漢光武之世，《東觀書》實載其事。』

⑥ 峴山：山名。在湖北襄陽縣南。又名峴首山。東臨漢水，爲襄陽南面要塞。西晋羊祜鎮襄陽時，常登此山，置酒吟咏。《晋書·羊祜傳》：『祜樂山水，每風景，必造峴山，置酒言咏，終日不倦。』又浙江東陽縣南有山原名三丘山，晋義熙間殷仲文守東陽，常登此山，後人比之羊祜，因亦名峴山。此處大概也有這層意思，以將鑿石開渠的李將順比作羊祜，表示敬仰。

宜春臺

徐璉① 見職官，真定武邑人。

等閑游賞舊春臺，四顧微茫眼界開。雨霽寒生絶頂地，物華光映紫霞杯②。層峰霧障迷蒼樹，疊閣翬飛③近上台。壁立希踪④千古在，宜陽⑤雄鎮羨崔嵬。

韓文公祠次韻⑥

篤生賢哲日中天⑦，道濟斯文得正傳⑧。承命移袁真小試，舊時喬木許誰遷⑨。

---

① 徐璉：明武邑人。弘治十二年進士。正德八年由户部郎中出爲袁州知府。宸濠之變，起兵會王守仁於樟樹鎮。獲首功，遷江西右參政。當事者嫉守仁，並嫉璉，嘉靖二年劾罷之，竟廢於家。曾禮聘嚴嵩主修正德《袁州府志》。

② 「物華」句：物華，大自然的美景。杜甫《曲江陪鄭南史飲》詩：「自知白髮非春事，且盡芳樽戀物華。」紫霞，紫色雲霞。道家謂神仙乘紫霞而行。《文選・陸機〈前緩聲歌〉》：「獻酬既已周，輕舉乘紫霞。」劉良注：「衆仙會畢，乘霞而去。」故此，紫霞杯，猶言仙人杯。

③ 翬飛：本意是鳥的飛翔，此處描寫樓閣的飛檐宛如鳥兒張翅騰飛，故稱「翬飛」。上臺：星名，在文昌星之南。

④ 希踪：此處當爲奇景絶境之意。

⑤ 宜陽：晋太康元年，因避鄭太后諱，將宜春縣更名爲宜陽。隋初復舊名，此後宜陽便成爲宜春的别稱。

⑥ 此詩似次孫燧《韓文公祠》之韵。次韵，和詩時依次用原詩的韵作詩。

⑦ 「篤生」句：篤生，謂生而不凡。《詩・大雅・大明》：「長子維行，篤生武王。」鄭箋：「天降氣於大姒，厚生聖子武王。」朱注：「天又篤厚之，使生武王。」篤生，實即天生之意。日中天，太陽正在天當中，比喻極盛或極光明。

⑧ 「道濟」句：道濟，語出《易・繫辭上》：「知周乎萬物，而道濟天下。」此處道，指儒家道統；濟，救助。道濟，即以道統救助。斯文，《論語・子罕》：「天下將喪斯文也，後死者不得與斯文也！」斯文，指禮樂教化、典章制度。宋蘇軾《潮州韓文公廟碑》稱贊韓愈：「文起八代之衰，而道濟天下之溺。」

⑨ 《詩・小雅・伐木》：「出自幽谷，遷於喬木。」後人把遷居或升官稱爲「喬遷」。

周程三先生祠次韵

默契①圖書闡晦微，可憐小用駐盧溪。南陽迭秀先賢出，道統相傳自品題。

觀靈泉池

涵碧涓涓噴玉竇②，瑶池古砌飲袁城。龍潛水底玻璃净，寺枕岡崖殿閣宏。遠濟長江千里潤，旁通萬井四時清。陰雲驀地風來急，疑是寒潭作雨聲。

秀江

袁山形勝雙螺③秀，飄渺長江駐錦船。東注波濤接海島，西來源發自羅霄。城邊環帶清泉潤，渡口横穿畫舫

---

① 默契：暗相契合。宋蘇舜欽《處州照水堂記》：「二君默契，遂亡異趣，是政之所起，故自有乎先後。」

② 玉竇：石洞的美稱。南朝梁沈約《八咏詩·被褐守山東》：「玉竇膏滴瀝，石乳室空籠。」

③ 雙螺：指少女頭上的兩個螺形髮髻。宋姜夔《少年游·戲張斗甫》：「雙螺未合，雙蛾先斂，家在碧雲西。」按，袁山有有大袁山、小袁山，形勢回聳相對。唐人詩：「袁山大小雙螺並，秀水東西一帶横。」

橋。景仰遺風韓刺史，雍熙從此樂唐堯①。

秀江橋

方橋鰲戴班工巧，五空横流玉壘墩。平地頓忘江水闊，陰廊不見履霜痕。徒輿②普濟思仁澤，商賈經營望龍渾。東向盧州回異景，絪緼秀氣接紅門。

化成巖

三載分符③羈宦久，化成巖畔草芊芊④。金城雄倚巖江險，玉洞幽涵砥柱堅。翠聳碧梧棲鳳鳥，蒼茫古塔竪巒巔。登游漱石真佳趣，韓李名公有幾賢。

---

① 『雍熙』句：雍熙，謂和樂升平。《文選·張衡〈東京賦〉》：『百姓同於饒衍，上下共其雍熙。』薛綜注：『言富饒是同，上下咸悦，故能雍和而廣也。』唐堯，古帝名。帝嚳之子，姓伊祁（亦作伊耆），名放勛。初封于陶，又封于唐，號陶唐氏。《尚書·堯典》云：『曰若稽古，帝堯曰放勛，欽、明、文、思、安安，允恭克讓，光被四表，格於上下。克明俊德，以親九族。九族既睦，平章百姓。百姓昭明，協和萬邦。黎民于變時雍。』總之，唐堯是一個傳説中的聖明天子，唐堯的時代是萬邦和睦、政治清明、天下太平的盛世。『樂唐堯』即是説人民享受着唐堯時代那樣的太平生活。

② 徒輿：衆人。宋葉適《林正仲墓志銘》：『玉虹橋在市心，壞久，計費數百巨萬，徒輿縮手，正仲自與錢勸成之，至今爲利。』

③ 分符：猶剖符。謂帝王封官授爵，分與符節的一半作爲信物。唐孟浩然《送韓使君除洪州都曹》：『述職撫荊衡，分符襲寵榮。』

④ 芊芊：蒼翠，碧緑。《文選·宋玉〈高唐賦〉》：『仰視山巔，肅何芊芊。』一本作『千千』。李善注：『千千，青也。千、芊古字通。』李周翰注：『芊芊，山色也。』

石乳洞

古洞嵌空不記年，青苔荒徑少人煙。松巖叠翠鳴高鳥，石室凝酥①滴玉泉。綉榻幽涵仙客卧，華陽深邃老龍眠。寒門雲鎖渾寂静，風景分明壺裏天。

宣風公館次韵

亭階野草覆苔痕，觸目閑雲物態渾。跋涉遲留②憐瘦馬，崎嶇險阻憶荒村。遠聞蕭寺鐘聲急，近覽青山月色昏。自古行人多寂寞，漫將詩酒繫征魂。

周濂溪祠次韵

静對南山悟道真，斯文從此重儒巾。分符星渚③功垂史，督税盧溪惠溥民。舊草荒祠猶帶緑，先天太極自通神。謁臨景仰輸誠悃④，途次羞爲獻水蘋。

---

①凝酥：喻積雪。唐白居易《雪中即事答微之》：『北市風生飄散麵，東樓日出照凝酥。』按，本書卷十三《乳洞記》載：『《寰宇記》：「宜春有石室山。」今乳洞是也。』卷五又載：『《寰宇記》：「在石室山。數室相連，高十餘丈。相似素壁若雪，萬象森羅於斯所。」』『素壁若雪』，故曰凝酥。

②遲留：停留；逗留。唐韓愈《别知賦》：『倚郭郛而掩涕，空盡日以遲留。』

③星渚：指江西星子縣。周敦頤曾知南康軍，軍治正在江西星子縣。而星子縣亦稱『星渚』。陶淵明墓志云：『惟佟世居星渚，子孫衣冠鼎盛。』

④誠悃：真心誠意。明汪廷訥《獅吼記·變羊》：『但得你顯神通，我情願發誠悃。』

歲暮過昌山渡

崎嶇東下分宜路，薄宦①奔馳恨自蠢。疊翠層巒夾陡岸，横流亂石竪低峰。湍波不讓徐洪險，回浪應同蜀峽汹。古廟風簷閑注目，冰梅霜柏傲隆冬。

鈐岡

一方雄鎮幾經秋，觸目清奇屬勝游。雲鎖翠峰盤鳳閣，江横碧岸繫龍舟。林深暮景棲鴉鳥，雨霽祥光射斗牛②。物阜民安知有賴，登臨回首謾吟謳。

視學堂

浮屠③惑世久荒唐，誰辟歸儒建此堂？西傍黌宫④根本地，東鄰翰院借餘光。硯池波潤芹香遠，書架牙籤⑤意

---

① 薄宦：卑微的官職。有時用爲謙辭。晉陶潛《尚長禽慶贊》：「尚子昔薄宦，妻孥共早晚。」逯欽立注：「薄宦，作下吏。」

② 斗牛：二十八宿中的斗宿和牛宿。傳説晉初時，斗、牛之間常有紫氣照射，雷焕以爲是寶劍之精上徹於天所致。見《晉書·張華傳》。後因以斗牛指代寶劍，亦泛指劍。

③ 浮屠：佛教語。梵語Buddha的音譯。指佛教。南朝梁范縝《神滅論》：「浮屠害政，桑門蠹俗。風驚霧起，馳蕩不休。」

④ 黌宫：學宫。元洪希文《踏莎行·示觀堂》：「郡國興賢，黌宫課試，書生事業從今始。」

⑤ 牙籤：由于牙骨等製成，繫在書卷上作爲標識，以便翻檢簽牌。唐韓愈《送諸葛覺往隨州讀書》：「鄴侯家多書，插架三萬軸；一一懸牙籤，新若手未觸。」

味長。鐘秀從來沾化雨，逢秋丹桂幾枝芳。

洪陽洞

洪陽二老愛幽清，空室遺踪有數名。巉屼①久荒爐火汞〔二〇二〕，玲瓏遠應渡篙聲。雲霞陰潤苔先緑，石燕②飛翔雨後晴。幾度游人題古壁，洞門無鎖月長明。

浚渠亭

雲泉泓派遠分來，重浚湮渠自古開。餘澤民懷資地利，文光奎聚樂天台③。石穿碧水由蹊麓，嵐送香花落酒杯。撫景歌吟登眺晚，筆端風雨滿亭臺。

---

① 巉屼：峻峭突兀。

② 石燕：鳥名。似蝙蝠。産於石窟樹穴中。明李時珍《本草綱目・禽二・石燕》（集解）引蕭炳曰：「石燕似蝙蝠，口方，食石乳汁。」

③ 「文光」句：奎，即奎宿，星宿名。二十八宿之一，爲西方白虎七宿的第一宿，有星十六顆。因其形似胯而得名。古人多因其形亦似文字而認爲它主文運和文章。故此，文光非文采之謂，當指文運的光芒之義。宋王安石《送鄆州知府宋諫議》：「地靈奎宿照，野沃汶河漸。」天臺，此處當是用爲对太守、縣令等地方行政官的尊称。明鄭仲夔《耳新・經國》：「今幸遇天臺，夫冤庶伸有日。」按，連上「餘澤」句，兩句語序上有顛倒，應讀作「民懷餘澤資地利，奎聚文光樂天臺。」

前題 黄信 見職官，金臺人。

雲集清亭上，環渠翠幾般。谽谺穿緑水，崒嵂①繞青山。秋圃黄花亂，田溪白鷺閑。長吟情戀晚，溶月伴輿還。

前題 朱祺 見職官，咸寧人。

洞僻崖空水自流，古今開浚爲民憂。蹊穿石磴真天設，澤及田疇②到處收。鳥韵花香春不老，溪風山色景偏幽。游人迤邐頻登玩③，争向亭中醉玉甌④。

前題 徐麟 見職官，錢塘人。

潏泓⑤流水越嶙峋，功用由來謾問津。一郡市廛回禄息，萬家田井暖波均。建亭頌德追前哲，勒石題名啓後人。堪羡忠純賢刺史，一吟一賦爲斯民。

---

① 崒嵂：指高山。

② 田疇：泛指田地。《禮記·月令》：「（季夏之月）可以糞田疇，可以美土疆。」孫希旦集解引吳澄曰：「田疇，謂耕熟而其田有疆界者。」

③ 迤邐：亦作「迤里」「迆邐」。緩行貌。《古今小説·衆名姬春風吊柳七》：「柳七官人別了衆名姬，携着琴劍書箱，扮作游學秀士，迤邐上路。」

④ 玉甌：指精美的杯盂一類的盛器。元關漢卿《雙赴夢》第二折：「我奉玉甌，進御酒，一齊山壽。」

⑤ 潏泓：水深廣清澈貌。

前題 陳輅① 見職官，端溪人。

渠流疏引昔還今，闢地開亭意自深。麥浪稻雲窗外景，大田禾黍席間吟。文章載石袁人惠，河洛②興懷萬古心。雨露更繁花木盛，楚山南國有棠陰③。

宜春臺

臺上雲霄近，躋攀懷抱舒。江山吴楚界④，文物斗牛墟⑤。氣象⑥卑滕閣，風光接舞雩⑦。俯看閭里盛，王道久涵濡⑧。

---

① 陳輅：明高要舉人。任袁州府推官。本書卷六《職官》列其名於推官表之末，未載到任時間。其前任則載明正德九年到任。

② 河洛：河圖洛書的簡稱。三國魏曹丕《以孫登爲東中郎封侯策》：「蓋河洛寫天意，符讖述聖心。」

③ 棠陰：本指棠樹樹蔭。此處一語雙關，喻惠政或良吏的惠行。南朝梁簡文帝《罷丹陽郡往與吏民别》：「柳栽今尚在，棠陰君詎憐。」

④ 「江山」句：袁州地處吴楚之間。此言寄身吴頭楚尾之地，登高依杖，歸思難言。

⑤ 「文物」句：文物，歷代相傳的文獻古物。借謂文化悠久。清馮桂芬《重建吴江松陵書院記》：「故數文物之邦，必曰東南。」斗牛墟，唐王勃《滕王閣序》「物華天寶，龍光射牛斗之墟。」斗和牛各爲二十八宿之一，墟，區域。此句是説，袁州歷來文物昌盛，其光華直射斗牛之墟。

⑥ 氣象：氣派，氣勢。卑，用作使動，使低下。此句意爲宜春臺的景觀與氣勢蓋過滕王閣。

⑦ 舞雩：古代求雨之祭叫「雩祭」，因伴有樂舞，又叫「舞雩」。此指舞雩台。《論語·先進》：「浴乎沂，風乎舞雩，詠而歸。」接，達到。此句是説，宜春臺的風光也像（《論語》中的）舞雩臺那様，讓人樂道遂志，和樂暢懷。按，古時宜春建有仰山行祠，祀孚、惠二龍神。遇旱，邑人輒祈雨於此。

⑧ 「王道」句：王道，儒家提出的一種以仁義治天下的政治主張。與霸道相對。《書·洪範》：「無偏無黨，王道蕩蕩。」涵濡：滋潤。意爲如雨露的滋潤萬物，澤及萬家。

浚渠亭 郭叙 進士，宜春人。

清泉澄澈白雲來，繞過山亭一鑒開。惠澤久知沾萬姓，德星今喜映三台。鶯花時送簾前景，弦管頻催席上杯[二〇二]。處處甘棠①歌不盡，峴碑②宜立向春臺。

前題 陳伯獻 副使，莆陽人。

渠水年深塞欲乾，縈紆③開浚見潺潺。江雲帶雨寒添溜④，野竹迎潮暗入山。曉汲萬家瓶綆⑤鬧，春耕千頃桔槔⑥閑。使君經濟豐碑在⑦，召杜聲華伯仲間⑧。

---

① 甘棠：《史記·燕召公世家》：「周武王之滅紂，封召公于北燕……召公巡行鄉邑，有棠樹，決獄政事其下，自侯伯至庶人各得其所，無失職者。召公卒，而民人思召公之政，懷棠樹不敢伐，歌詠之，作《甘棠》之詩。」後遂以「甘棠」稱頌循吏的美政和遺愛。漢王褒《四子講德論》：「非有聖智之君，惡有甘棠之臣？」

② 峴碑：即峴山碑，亦稱峴首碑。晉羊祜任襄陽太守，有政績。後人以其常游峴山，故於峴山立碑紀念，稱「峴山碑」。事見《晉書·羊祜傳》。唐李涉《過襄陽寄上于司空頔》詩：「歇馬獨來尋故事，逢人唯説峴山碑。」

③ 縈紆：盤旋環繞。唐白居易《長恨歌》：「黃埃散漫風蕭索，雲棧縈紆登劍閣。」

④ 溜：冰溜，即冰柱，天寒時屋檐下凝結的冰棱。明李東陽《次丹山屠都憲韵》：「碧樹春陰高比蓋，玉堂冰溜大於椽。」

⑤ 瓶綆：瓶與綆兩種汲水的工具。瓶，陶制的汲水器；綆，汲水器上的繩索。

⑥ 桔槔：亦作「桔皋」。井上汲水的工具。在井旁架上設一杠杆，一端繫汲器，一端懸綁石塊等重物，用不大的力量即可將灌滿水的汲器提起。《莊子·天運》：「且子獨不見夫桔槔者乎，引之則俯，捨之則仰。」

⑦ 經濟：治國理政的才幹。《老殘游記》第三回：「聽説補殘先生學問經濟都出衆的很。」

⑧ 「召杜」句：召杜，即「召父杜母」，指西漢召信臣和東漢杜詩。他們都曾爲南陽太守，且皆有善政，使人民得以休養生息，安居樂業，故南陽人爲之語曰：「前有召父，後有杜母。」見《漢書·循吏傳·召信臣》《後漢書·杜詩傳》。後因以「召父杜母」爲頌揚地方官政績的套語。清姚鼐《聞香茝兒擢廣東按察使却寄二十韵》：「政茲褒召杜，道必閉申韓。」聲華，猶言聲譽榮耀。唐白居易《晏坐閑吟》：「昔爲京洛聲華客，今作江湖老倒翁。」

關山未報燕鴻信，風雨空驚旅夜魂①。

浚渠亭〔二〇三〕　郭叙　進士，宜春人。

清泉澄澈白雲來，繞過山亭一鑒開。惠澤久知沾萬姓，德星今喜映三台。鶯花時送簾前景，弦管頻催席上杯。處處甘棠歌不盡，峴碑宜立向春臺。

宜春臺　歐陽誠②

王子臺基古，地靈③景象清。彩霞籠桂殿④，宿雨⑤洗山城。窗落雲林影，江摇漁棹聲。風塵絶峭壁⑥，游覽幾含情。

---

① 原文如此，兩句爲殘句。
② 歐陽誠：字任遠。明分宜人。正德十六年舉人。授湖廣景陵知縣，未赴任，卒。博學，善考據，談古今事，歷歷如指掌。正德年間曾助嚴嵩編纂《袁州府志》。
③ 地靈：山川土地有靈氣。宋歐陽修《晋祠》詩：『地靈草木得餘潤，鬱鬱古柏含蒼烟。』
④ 桂殿：指月宫。元薩都剌《和馬伯庸除南台中丞以詩贈别》：『桂殿且留修月斧，銀河未許度星軺。』
⑤ 宿雨：夜雨。明吴本泰《西湖竹枝詞》：『宿雨半收晴不穩，惱人最是鵓鳩啼。』
⑥ 風塵句：風塵，紛擾的現實生活環境或塵俗之事。句爲『峭壁絶風塵』之倒裝。

浚渠亭

李渠久塞喜今開，盡屬賢侯一念來。混混澄源穿郡巷，綿綿利澤繞春臺。山亭風月西陂景，石碣文章北斗才①。召伯甘棠應有詠，聲名從此頌巍哉！

〔校勘記〕

〔一〕此詩《嘉慶志》卷三十六題作「送從弟豫貶袁州」，且係於劉禹錫。

〔二〕「嗟」，原作「羌」，義殊費解。按《嘉慶志》卷三十六作「嗟」，今據改。

〔三〕「玄鬢」，原作「左鬢」，不通。按《康熙志》卷十九作「玄鬢」，是，今據改。《嘉慶志》卷三十六作「元鬢」，當是避玄燁諱，改「玄鬢」爲「元鬢」。

〔四〕此詩《嘉慶志》卷三十六題作「暮春宜陽郡齋愁坐酬劉七待制」。

〔五〕「君」，《嘉慶志》卷三十六作「春」。按：詩人聞劉侍御詩而酬答，何來「逢君」之説？詩題言「暮春」云云，故疑此處當從《嘉慶志》作「逢春」。

〔六〕「當」，《嘉慶志》卷三十六作「臨」。「常」，《康熙志》卷十九、《同治志》卷九之七作「恒」。均兩通，不改。

〔七〕此詩《嘉慶志》卷三十六題作「王涯刺袁州祖席得秋字」。

〔八〕「而」，《（康熙）宜春縣志》卷之十七、宋魏仲舉編《五百家注昌黎文集》卷十、宋陳元靚撰《歲時廣記》卷三均作「今」。

〔九〕「昔」，原作「苦」。按《康熙志》卷十九、《（康熙）宜春縣志》卷之十七同，《嘉慶志》卷三十六作「若」，惟《同治志》

① 石碣：圓頂的石碑。唐劉禹錫《宜城歌》：「花臺側生樹，石碣陽鐫額。」

卷九之七作『昔』。『昔』與上句『今』對仗，故當以作『昔』爲是，今據改。

〔一〇〕此詩《嘉慶志》卷三十七題作『龍興寺』。

〔一一〕『朱』，《康熙志》卷十九、《嘉慶志》卷三十七均作『珠』，『晝』似作『畫』。

〔一二〕『古』，《康熙志》卷十九、《嘉慶志》卷三十七作『青』。

〔一三〕『居』，原作『君』，《全唐詩》卷四百七十五作『居』。按李德裕作有幾首憶懷『山居』『林居』的詩，此當亦作『居』，今據改。

〔一四〕『首』，《全唐詩》卷四百七十五作『守』。

〔一五〕『嶼』，《康熙志》卷十九、《（康熙）宜春縣志》卷之十七、《嘉慶志》卷三十五、《全唐詩》均作『塢』。

〔一六〕『芳蓀』，《康熙志》卷十九、《（康熙）宜春縣志》卷之十七、《嘉慶志》卷三十五均作『芬蓀』。按：『芳蓀』乃香草名，『芬』當爲『芳』之訛，應以本書作『芳蓀』爲是。

〔一七〕『賢』，《康熙志》卷十九、《嘉慶志》卷三十五作『與』。

〔一八〕『玦』，《嘉慶志》卷三十五、《同治志》卷九之七作『珙』。按：『環玦』，佩玉也。見注釋。『玦』『珙』形近而訛。當以本書作『玦』爲是。

〔一九〕『湘東』，《（康熙）宜春縣志》卷之十七作『湖東』。按袁州靠近湘東，當以本書爲是。

〔二〇〕『奉』，原作『本』，不可通。按《嘉慶志》卷三十六作『奉』，今據改。

〔二一〕『張喬』，《嘉慶志》卷三十六、《同治志》卷九之七作『紀唐夫』。

〔二二〕『野橋』，《嘉慶志》卷三十六作『墅橋』。

〔二三〕『南陵』，《嘉慶志》卷三十六、《同治志》卷九之七作『南陔』。

〔二四〕『更』，《嘉慶志》卷三十六、《同治志》卷九之七作『欲』。『秋期』，《康熙志》卷十九、《（康熙）宜春縣志》卷之十七作『相期』。

〔二五〕『正』，《嘉慶志》卷三十六作『盡』。

〔二六〕此詩《嘉慶志》卷三十六題作「及第後寄宜春弟侄」。

〔二七〕「恨」，《嘉慶志》卷三十六作「忍」。

〔二八〕「喜」，《嘉慶志》卷三十六作「曉」。

〔二九〕「屬身」，《嘉慶志》卷三十六作「暮春」。

〔三〇〕「獎意奇」，原作「特大奇」，義殊費解。按「特大」當爲「獎」字一分爲二所致，又疑奪「意」字，則「獎意奇」訛爲「特大奇」。且「獎意奇」與「稱文異」恰好相對。《嘉慶志》卷三十六正作「獎意奇」，今據改。

〔三一〕「故」，《（康熙）宜春縣志》卷之十七作「梓」。

〔三二〕此詩《嘉慶志》卷三十六題作「梵林寺」。

〔三三〕「濾」，《嘉慶志》卷三十六作「盧」。

〔三四〕「人居」，《嘉慶志》卷三十六作「居人」。按：作「居人」似與下句「行客」二字對仗更工穩，然人居亦通，今不改。

〔三五〕「行客」，《嘉慶志》卷三十六作「過客」。

〔三六〕「曳」，《嘉慶志》卷三十六作「衣」。

〔三七〕「闌」，《嘉慶志》卷三十六作「欄」。

〔三八〕此詩《嘉慶志》卷三十六題作「題寶積寺」。

〔三九〕「方雲翼」，《（康熙）萍鄉縣志》卷之八作「方翼」。

〔四〇〕此詩《（同治）宜春縣志》卷九題作「賀鄧璠使君正拜袁州」。

〔四一〕「太史」，《（同治）宜春縣志》卷九作「太府」。

〔四二〕「青雲」，《（同治）宜春縣志》卷九作「青山」。

〔四三〕「故國」，《（康熙）宜春縣志》卷之十七作「舊國」。

〔四四〕「後」，原作「侯」，不通。按《（康熙）宜春縣志》卷之十七作「後」，今據改。

〔四五〕「莫使閑吟去」，《嘉慶志》卷三十六、《同治志》卷九之七作「若使閑吟去」。當以本書爲是。

〔四六〕「石塔」，原作「石塌」，今據宋王象之《輿地紀勝》卷二十八改。

〔四七〕「巖」，《（康熙）宜春縣志》卷之十七作「崖」。

〔四八〕「涵」，《康熙志》卷十八似作「勔」，《（康熙）宜春縣志》卷之十七作「函」，《嘉慶志》卷三十六、《同治志》卷九之七作「含」。

〔四九〕「迹」，《康熙志》卷十八、《嘉慶志》卷三十六作「徑」。

〔五〇〕「青氈」，《（康熙）宜春縣志》卷之十七作「青邅」，誤。

〔五一〕「履」，《（康熙）宜春縣志》卷之十七作「屐」。

〔五二〕「嘯」，原作「笑」。按《康熙志》卷十八、《嘉慶志》卷三十五作「嘯」，義較長，今據改。

〔五三〕「陸經」，《康熙志》卷十八、《嘉慶志》卷三十六作「李觀」。

〔五四〕「晴」，《康熙志》卷十八、《嘉慶志》卷三十六作「陰」。

〔五五〕「冷」，《康熙志》卷十八、《嘉慶志》卷三十六作「下」。

〔五六〕「猿鳥窺人知舊識」，《康熙志》卷十八、《嘉慶志》卷三十六作「猿鳥窺簾如舊識」。

〔五七〕「無」，《康熙志》卷十八、《嘉慶志》卷三十六作「蹊」。

〔五八〕「車」，《康熙志》卷十八、《嘉慶志》卷三十六作「人」。

〔五九〕「暫」，《康熙志》卷十八、《同治志》卷九之七作「幾」。

〔六〇〕「多」，《康熙志》卷十八、《同治志》卷九之七作「高」。

〔六一〕《文淵閣四庫全書》集部別集類《盱江集》外集卷三題作「無擇啓前日承泰伯先生寵示新詩三首，謹依嚴韵奉和，幸賜采覽。」宋祖無擇《龍學文集》卷五、宋陳思編《兩宋名賢小集》卷八十九題作「又和題宜春臺」。

〔六二〕此詩《龍學文集》卷五題作「龍學題袁州東湖盧肇石」。

〔六三〕「往以」，《龍學文集》卷五作「往往」。

〔六四〕「雜」，《龍學文集》卷五同，《康熙志》卷十八、《嘉慶志》卷三十五作「讙」。

〔六五〕「忱」，《康熙志》卷十八、《嘉慶志》卷三十五疑作「恍」。

〔六六〕「郡人」，《（康熙）宜春縣志》卷之十七作「那人」，應是「郡」與「那」形近而訛。

〔六七〕「如」，《（康熙）宜春縣志》卷之十七作「於」。

〔六八〕「一日見價逾荊璧」，《嘉慶志》卷三十五、《同治志》卷九之七作「一日光價愈荊璧」，《龍學文集》卷五作「一日光價逾荊璧」。

〔六九〕「忠直」，《龍學文集》卷五作「孤直」。

〔七〇〕「遇」，《康熙志》卷十八、《嘉慶志》卷三十五、《龍學文集》卷五均作「愚」。按，作「愚」義長。

〔七一〕「堙厄」，《龍學文集》卷五作「湮阨」。

〔七二〕此詩《嘉慶志》卷三十六題作「仰山」，《龍學文集》卷一題作「題仰山二十韵」。

〔七三〕「斗牛」，《龍學文集卷》卷一同，《嘉慶志》卷三十六、《同治志》卷九之八作「牛斗」。

〔七四〕「照」，《康熙志》卷十八、《龍學文集》卷一均作「占」。

〔七五〕「竪」，《康熙志》卷十八、《嘉慶志》卷三十六、《龍學文集》卷一均作「對」。

〔七六〕「解」，《康熙志》卷十八、《嘉慶志》卷三十六、《龍學文集》卷一均作「泮」，兩通。

〔七七〕「平川」，原作「平山」。按，「平山」不通，《康熙志》卷十八、《嘉慶志》卷三十六、《龍學文集》卷一均作「平川」，今據改。

〔七八〕「摧」，《龍學文集》卷一同，《嘉慶志》卷三十六、《同治志》卷九之八作「推」。按：作「摧」是。

〔七九〕「地脉」，《康熙志》卷十八、《嘉慶志》卷三十六、《龍學文集》卷一均作「地肺」。按：作「地脉」是，無「地肺」一説。

〔八〇〕「裁」，《康熙志》卷十八、《嘉慶志》卷三十六、《龍學文集》卷一均作「才」。按：作「裁」是。

〔八一〕《康熙志》卷十八、《嘉慶志》卷三十六均無「何客……阻游陪」等四句。

〔八二〕「倒」，《龍學文集》卷一同，《嘉慶志》卷三十六、《同治志》卷九之八作「到」。按作「倒」是。

〔八三〕『瓜期』，《康熙志》卷十八、《嘉慶志》卷三十六、《龍學文集》卷一均作『瓜時』。

〔八四〕此詩《龍學文集》卷五題作『龍學和題東湖』。

〔八五〕『幕幕』，《龍學文集》卷五作『幕䍡』。

〔八六〕『居』，《嘉慶志》卷三十六作『俱』。『上』，《嘉慶志》卷三十六、《同治志》卷九之七、《龍學文集》卷五均作『一』。

〔八七〕『强』，《康熙志》卷十九、《嘉慶志》卷三十六、《龍學文集》卷五均作『狂』。按『狂眠』似不通，當以本書作『强眠』爲是。『石席』，《同治志》卷九之七作『石榻』。按，『石席』爲詞一般比喻意志堅定正直。如唐駱賓王《初秋於竇六郎宅宴》詩序：『物我雙致，匪石席以言蘭；心口兩齊，混污隆而酌桂。』故『石榻』義較長。

〔八八〕『多』，《龍學文集》卷五作『須』。

〔八九〕此詩《嘉慶志》卷三十六題作『吏隱宜春郡（十首存六）』，《康熙志》卷十九題作『吏隱宜春郡』，《龍學文集》卷三題作『宜春郡詩十首』，並注云『以太常博士直集賢院，皇祐五年知袁州』。

〔九〇〕『圜扉』，《龍學文集》卷三同，《（康熙）宜春縣志》卷之十七作『寰扉』。按：當作『圜扉』。

〔九一〕除此二首外，《龍學文集》卷三收録了其餘八首［《康熙志》卷十九、《（康熙）宜春縣志》卷之十七載其三、其七、其八、其十等四首，《嘉慶志》卷三十六載其四、其五、其六、其九等四首］：

其三

吏隱宜春郡，追惟二相賢。（原注：房琯，李德裕）節明天寶日，業茂會昌年。友善曾何累，朋誣亦自煎。（原注：琯坐與李適之、韋堅等善，貶宜春太守。德裕爲王播、李漢等所誣貶宜春長史。）不才非不幸，異代若差肩。

其四

吏隱宜春郡，閑思應舉時。端居苦貧賤，徒步入京師。誤寵乘軒鶴，鈞憂入廟犧。功名在何許，雙鬢已垂絲。

其五

吏隱宜春郡，鄉園去路賒。間關成客宦，荏苒度年華。出水魚吞餌，辭山鳳在笯。誰言千里隔，夜夜夢吾家。

其六

吏隱宜春郡，同僚得俊髦。純音等疏越，餘刃劇豪曹。器識青雲遠，歌詞白雪高。遂令遷客意，不復賦《離騷》。

其七

吏隱宜春郡，山城少客過。静中窺物理，閑外養天和。春暖尋花塢，宵涼玩月波。將迎者誰子，勞逸兩如何？

其八

吏隱宜春郡，放懷詩酒間（《康熙志》卷十九作「閒」）。未能慚下俚（一作「里」），幾欲效中山。杜甫藩籬窄，劉伶幕帟慳。高吟與沉醉，榮辱詎相關？

其九

吏隱宜春郡，窮通懶更占。矜名遭巧譖，晦迹喜深潛。昔慕狂爲聖，今師智養恬。優游無一事，不覺歲時淹。

其十

吏隱宜春郡，素餐誠有餘。政聲慚遂霸，文藻謝嚴徐。吏節分銅虎［《（康熙）宜春縣志》卷之十七「吏」作「使」。］，仙盧秘石渠。君恩殊未報，不敢治（一作「話」）歸歟。

〔九二〕此詩《龍學文集》卷六題作「袁州慶豐堂十閑詠」，附有原注云「皇祐五年十月二十一日」。

〔九三〕「春是」，《康熙志》卷十九、《嘉慶志》卷三十六、《龍學文集》卷六均作「是春」。

〔九四〕此句《龍學文集》卷六作「閑抱七絲琴」。

〔九五〕「行」，《康熙志》卷十九、《嘉慶志》卷三十六、《龍學文集》卷六均作「生」。

〔九六〕「雪」，《康熙志》卷十九、《嘉慶志》卷三十六作「雲」。

〔九七〕「雨霽」，原作「雨露」，今據《龍學文集》卷六改。

〔九八〕「惜」，《康熙志》卷十八、《嘉慶志》卷三十六作「借」。按龍乃施雨者，不應有借雨之事，此處言其「惜雨」正說明龍之慵懶蟄伏。故當作「惜雨」爲是。

〔九九〕「迷」，《康熙志》卷十八、《嘉慶志》卷三十六作「幽」。

〔一〇〇〕「皇」，《康熙志》卷十八、《嘉慶志》卷三十六作「王」。

〔一〇一〕《康熙志》卷十八、《嘉慶志》卷三十六題作『登郡學稽古閣晚望』。

〔一〇二〕『迴』，《康熙志》卷十八、《嘉慶志》卷三十六作『迴』。按『迴』與『迴』形近而訛，當作『迴』。

〔一〇三〕『落日』，原作『順日』。按作『順日』不可解，作『落日』緊扣題中『晚眺』二字。《康熙志》卷十八、《嘉慶志》卷三十六正作『落日』，今據改。

〔一〇四〕此詩《宋詩紀事》卷八十五題作『題化成巖』。

〔一〇五〕《康熙志》卷十九題作『題鄭都官墳祠』。

〔一〇六〕『謂』，《康熙志》卷十九作『未』。

〔一〇七〕『幸』，《嘉慶志》卷三十六作『少』。

〔一〇八〕《嘉慶志》卷三十六題作『袁州劉司法亦和予摩字詩因次韵寄之』。

〔一〇九〕『斫』，《嘉慶志》卷三十六、《同治志》卷九之七作『斬』。

〔一一〇〕『情』，《嘉慶志》卷三十六作『清』。

〔一一一〕《山谷集·外集》卷十二題作『送權郡孫承議歸宜春』。

〔一一二〕《山谷集·外集》卷十二句作『公獨愛民如父兄』。

〔一一三〕『御』，《山谷集·外集》卷十二作『馭』。兩通。

〔一一四〕『廢』，原作『費』，誤。《山谷集·外集》卷十二此句作『誰能勤民廢寢膳』，今據改。

〔一一五〕『陽』，《山谷集·外集》卷十二作『春』。

〔一一六〕『宴』，《山谷集·外集》卷十二作『燕』。

〔一一七〕『宴』，《山谷集·外集》卷十二作『蓺』。按，作『蓺』義較長，『宴』字疑因上文而訛。

〔一一八〕此詩《（康熙）萍鄉縣志》卷之八題作『清心寺』，並係於黃大臨。

〔一一九〕『一泓澄澈見游魚』，《（康熙）萍鄉縣志》卷之八作『一泓澄徹見游鼂』。按，寫游魚可見正寫江水之澄澈，故作『澄澈』『游魚』義較長。

〔一二〇〕「坐我」，《（康熙）萍鄉縣志》卷之八作「獨卧」。

〔一二一〕「度」，《（康熙）萍鄉縣志》卷之八作「渡」。

〔一二二〕此詩《（同治）萬載縣志》卷二十九題作「宿萬載廣慧寺」。

〔一二三〕此詩《嘉慶志》卷三十六係於張謂。《（同治）萬載縣志》卷二十九注云：「諸志俱作張謂《題崇信寺》詩，此從《嘉定志》。按《山谷集》，赴德平作。」

〔一二四〕「動」，《（同治）萬載縣志》卷二十九作「亂」。

〔一二五〕「嘆」，《（同治）萬載縣志》卷二十九作「笑」。按，疑本作「嘆」，「嘆」「咲」形近而訛。

〔一二六〕「若」，《嘉慶志》卷三十六、《（同治）萬載縣志》卷二十九作「苦」。按，作「苦」似義較長。

〔一二七〕「横」，《嘉慶志》卷三十六作「明」。

〔一二八〕此詩《同治志》卷九之八題作「萍鄉道中」。

〔一二九〕此詩《同治志》卷九之八係於黄昇。

〔一三〇〕「入」，《同治志》卷九之八作「人」，《（康熙）萍鄉縣志》卷之八此句作「路入萍鄉信馬行」。按，作「路人」則不合題意，「萍鄉」二字或因題目而誤，且不如作「前村」有詩意，故當以本書爲是。

〔一三一〕「田家」，《同治志》卷九之八作「田間」。按，疑「間」乃因「問」而誤，作「田家」更有畫面感，當以本書爲是。

〔一三二〕此詩《嘉慶志》卷三十七、《康熙志》卷十八題作「洪陽洞」。

〔一三三〕「瀑」，《嘉慶志》卷三十五作「没」。

〔一三四〕「空」，《嘉慶志》卷三十五作「大」。

〔一三五〕「秀」，原作「綉」，誤。按，此句及下句均爲倒裝句，正常的語序應爲：羅霄山秀出，楊岐水倒流。故此，「秀」不得寫作「綉」。《嘉慶志》卷三十五正作「秀」，今據改。

〔一三六〕《嘉慶志》卷三十六作「次分宜」。

〔一三七〕「聊」，《嘉慶志》卷三十六作「人」。

〔一三八〕「柳」，原作「折」，《嘉慶志》卷三十五作「柳」，《（康熙）萍鄉縣志》卷之八有向滈《莞爾堂和柳樞密韵》，故本書「折」當爲「柳」之誤，今據改。又《（康熙）萍鄉縣志》卷之八「韵」下有「和」字。

〔一三九〕「只」，《康熙志》卷十九、《嘉慶志》卷三十五作「君」。按，作「只」義較長。

〔一四〇〕「殂」，《康熙志》卷十九、《嘉慶志》卷三十五作「徂」。按「殂」「徂」均有「死亡」之義，故兩通。

〔一四一〕「吁」，《康熙志》卷十九、《嘉慶志》卷三十五作「呼」。

〔一四二〕「袖」，《康熙志》卷十九、《嘉慶志》卷三十五作「紳」。按，紳乃古代士人繫於腰間、一头下垂的大帶，不可擁，亦無「擁紳」之説。疑「袖」「紳」形近而訛，當從本書作「袖」爲是。

〔一四三〕「共」，《康熙志》卷十九、《嘉慶志》卷三十五作「混」。

〔一四四〕「常」，《康熙志》卷十九、《嘉慶志》卷三十五作「嘗」。按，本書作「常」是。

〔一四五〕「上」，《康熙志》卷十九、《嘉慶志》卷三十五作「下」。按，「堂下」與「盛賓客」殊爲矛盾，故當從本書作「堂上」爲是。

〔一四六〕「世」，《嘉慶志》卷三十五、《同治志》卷九之七作「時」。

〔一四七〕此詩《『康熙』萍鄉縣志》卷之八題作「謝山劉長者讀書堂」。《嘉慶志》卷三十五作「題劉長者讀書堂」。

〔一四八〕「班」，原作「斑」，誤。按「班馬」指班固、司馬相如，見注釋。《康熙志》卷十九、《嘉慶志》卷三十五正作「班」，今據改。

〔一四九〕「棹」，《康熙志》卷十九、《嘉慶志》卷三十五作「擢」。按「擢」或因與「櫂」形近而訛，當從本書作「棹」。「棹桂廣寒邊」與「將船買酒白雲邊」「忽復乘舟夢日邊」差似，若作「擢桂」則無類矣。

〔一五〇〕此詩《康熙志》卷十九、《嘉慶志》卷三十五題作「楚萍詠」。

〔一五一〕此詩《康熙志》卷十九、《嘉慶志》卷三十五係於孫覿。

〔一五二〕「頽」，《嘉慶志》卷三十五、《同治志》卷九之七作「殘」。

〔一五三〕此句《康熙志》卷十九、《嘉慶志》卷三十五作「懸崖半裂青兕吼」。按：詩詞中一般作「猿鳴」「猿啼」，以猿聲似有哀意之故，未見有「猿吼」之説也。青兕，青兕牛。古代犀牛类兽名。一角，青色，重千斤，應能吼，故作「懸崖半裂青兕吼」似較義長。然亦無他據，今不改。

〔一五四〕「頑」，《嘉慶志》卷三十五作「還」。按：既言「雕俗」，則固頑劣難化，故當以本書作「頑」爲是。

〔一五五〕「小」，《嘉慶志》卷三十五作「細」。按：本地方言，稱物之小者爲「細」，此處或受方言影響。然稱「小旃」爲「細旃」似不妥，故當以本書作「小」爲是。

〔一五六〕「聞早」，原作「開旦」。按：「聞早」「開旦」或形近而訛。「開旦」似亦可通，然未見此説。「聞早」似爲宋金時俗語，常見於戲曲之中。今據《嘉慶志》卷三十五改。

〔一五七〕此詩《嘉慶志》卷三十六題作「宿萍鄉西三十餘里黄花渡口，客舍稍明潔，有宋亨伯者題詩，亦頗不俗，因而和之」。

〔一五八〕「風」，《康熙志》卷十九、《嘉慶志》卷三十六作「明」。

〔一五九〕「閭」，《康熙志》卷十九、《嘉慶志》卷三十七作「門」。

〔一六〇〕此詩《康熙志》卷十九題作「袁州道中多奇峰秀水、怪石清泉」，《嘉慶志》卷三十五、《同治志》卷九之七「林擇之」作「祖擇之」。按：《續修四庫全書·白鹿書院志》載：「林擇之，字用中，閩人，從文公游最久。文公守南康時，擇之嘗從講學於洞。」故作「林擇之」爲是。

〔一六一〕「四」，《（康熙）宜春縣志》卷之十七作「回」。按「四顧」義較長。

〔一六二〕「巑岏」，《康熙志》卷十九、《嘉慶志》卷三十五作「攢巒」。按巑岏意謂高峻的山峰，攢巒意謂重疊的山巒，既言「不可數」，則「攢巒」義較長。然作「巑岏」亦通，今不改。

〔一六三〕「林」，《嘉慶志》卷三十五、《同治志》卷九之七作「木」。按：作「木」亦通，然作「林」義較長。

〔一六四〕「清泠」，《嘉慶志》卷三十五、《同治志》卷九之七作「清冷」，兩通。

〔一六五〕此句《（康熙）宜春縣志》卷之十七作「衆木共遺葉」。按上文明言「上有青葱林」，又何來「衆木共遺葉」之説？可知「木」「目」乃音近而訛，「棄」「葉」乃形近而訛，當以本書爲是。

〔一六六〕「保」，《（康熙）宜春縣志》卷之十七作「偶」。按作「偶」義不通，當從本書作「保」。

〔一六七〕此詩《康熙志》卷十九、《嘉慶志》卷三十七題作『過袁州，人言石乳洪羊之勝，不及一游，作此』。

〔一六八〕『入』，《嘉慶志》卷三十七作『一』。按，言『連環入夢』即多次入夢，正可見詩人對洪洋石乳的嚮往和未能一游的遺憾，故作『入』義較長。

〔一六九〕『二絶』，《康熙志》卷十九作『一絶』，《嘉慶志》卷三十七、《同治志》卷九之八『得』字下闕此二字。

〔一七〇〕『船』，《康熙志》卷十九、《嘉慶志》卷三十七作『舟』。

〔一七一〕此詩《康熙志》卷十八係於鄭强。

〔一七二〕『大空』，《嘉慶志》卷三十六、《康熙志》卷十八作『太空』。

〔一七三〕『巖』，《同治志》卷九之七作『崖』。

〔一七四〕『窣堵』，《康熙志》卷十八《康熙宜春縣志》卷之十七作『宰堵』，《同治志》卷九之七作『遠渚』，均誤。按：窣堵，即佛塔。即窣堵波，亦作『窣堵坡』。梵语stūpa的音譯。

〔一七五〕『瑣』，《康熙志》卷十八作『鎖』。按『瑣』『鎖』兩通，均有『鎖閉』之意。

〔一七六〕『末由』，《康熙志》卷十八、《（康熙）宜春縣志》卷之十七、《同治志》卷九之七作『未由』。按『未由』『末由』兩通，均爲『無由』之意。

〔一七七〕『香火』，《康熙志》卷十八、《嘉慶志》卷三十六作『煙火』。

〔一七八〕『室』，《康熙志》卷十九作『座』。

〔一七九〕『午睡』，《同治志》卷九之八作『午夢』。

〔一八〇〕『蘭渚維舟』，《嘉慶志》卷三十六作『一待垂楊』，《同治志》卷九之七『一帶垂楊』。

〔一八一〕此句《嘉慶志》卷三十六、《同治志》卷九之七作『爲尋佛寺穿深竹』。

〔一八二〕此句《嘉慶志》卷三十六作『且趁漁舟掃落花』，《同治志》卷九之七作『且趁漁舟過落花』。

〔一八三〕《圭齋文集》卷二載四首，此爲其一，另外三首爲：

其二：與公俱乏濟時具，舊日相思不得過。南國寄書川路永，西栖剪燭雨聲多。池邊黄鵠有人賦，門外驪駒先客歌。但得茆齋相伴處，臨風遥想玉爲珂。

其三：陶令歸來誰作室，孟郊老去乏應門。政緣疏懶動遐思，無奈過從求贈言。平江曲澗助盩厔，複嶺層巒如浩亹。歲晚胡爲滯空谷，萋萋芳草怨王孫。

其四：十年玉署絲綸手，新把魚竿傍釣磯。平生亦愛蒔蘭蕙，歸日惟知求蕨薇。干禄郎君離彩侍，投閑老子賦緇衣。山中薦士書長寫，弱翰猶能爲客揮。

〔一八四〕此詩《嘉慶志》卷三十七、《康熙志》卷十八題作「化成巖」。

〔一八五〕「何妨」，《同治志》卷九之八作「何如」。按，「何妨」意謂「何不」「可以」，符合詩意，「何如」則否，故當作「何妨」爲是。

〔一八六〕此詩《康熙志》卷十九題作「又用公韵」。

〔一八七〕「潮水」，《康熙志》卷十九、《（康熙）宜春縣志》卷之十七作「湖水」，誤。按，韓公先貶潮州，後量移袁州，故此處合潮水袁山而言。

〔一八八〕「聞風」，《康熙志》卷十九作「文風」，誤。按韓公刺袁，除弊政，興教化，袁固可稱聞風過化之地，且聞風與下句「禱雨」正對，「文風」則否。

〔一八九〕「懷」，《康熙志》卷十九作「還」，誤。按此句意謂懷念韓公仰山禱雨的靈驗感應，「懷」正與上句「愧」相對，作「還」則句意不通。

〔一九〇〕此詩《康熙志》卷十九、《嘉慶志》卷三十六題作「鈐岡書院」。

〔一九一〕「夷」，《嘉慶志》卷三十六作「彝」，誤。

〔一九二〕此詩《嘉慶志》卷三十六題作「袁州謁韓文公祠」。

〔一九三〕此句《嘉慶志》卷三十六作「忽瞻遺像起遐思」。

〔一九四〕此詩《（同治）萍鄉縣志》卷六題作「宣風公館和韵」。

〔一九五〕「亦」，《康熙志》卷十八、《同治志》卷九之八作「才」。按作「亦」是。

〔一九六〕此題《（康熙）宜春縣志》卷之十七存兩首，此詩其二，其一爲：特修江藻拜祠前，正是春風欲暮天。童冠僅多歸咏興，城南兼説有温泉。

〔一九七〕《嘉慶志》卷三十六題作『謁韓文公祠』，且載兩首，此爲其一，其二爲：袁州山在城，韓廟倚山青。冕服前朝貌，文章百代名。石苔猶馬路，春竹自鶯聲。立望潮陽近，翻翻海氣徵。

〔一九八〕《康熙志》卷十八、《嘉慶志》卷三十六題作『宜春臺春望』。

〔一九九〕『暮春』，《康熙志》卷十八、《嘉慶志》卷三十六作『暮雲』。按：若作『暮雲』則似與下文『晝圖開』云云矛盾，而全詩所寫亦皆暮春之景，故本書作『暮春』是。

〔二〇〇〕此詩《康熙志》卷十九、《嘉慶志》卷三十六題作『宗濂書院和陽明韵』，《（康熙）萍鄉縣志》卷之八題作『和陽明韵』，《（同治）萍鄉縣志》卷六題作『蘆溪謁濂溪祠和王伯安韵』。

〔二〇一〕『巉屼』，《嘉慶志》卷三十六作『寂寞』。按：兩句均爲對洪陽洞的具體描寫，故本書作『巉屼』是。

〔二〇二〕『催』，《嘉慶志》卷三十六、《同治志》卷九之八疑作『摧』，誤。

〔二〇三〕此詩重出。

袁州府志卷之十三

藝文四　記

宋

重修先聖廟並建講堂記　楊侃　見《名宦》。

今皇帝嗣位之初，嘗幸太學，召博士諸儒設講榻，當御座之前執經釋義，賜帛有差。自是太學之制一變，復古籩豆干戚之容①，粲然②大備。大學士王公欽若上言：『王者化民，由中及外；古之立學，自國而達鄉。今釋

---

① 『復古』句：籩豆，籩和豆。古代祭祀及宴會時常用的兩種禮器。竹製爲籩，木製爲豆。此處借指祭儀。宋蘇轍《謝講徹〈論語〉賜燕狀二首》之一：『深念勤勞，式均燕喜，籩豆有楚，鐘鼓畢陳。』干戚，亦作『干鏚』。盾與斧。古代的兩種兵器。亦爲武舞所執的舞具。《禮記·樂記》：『比音而樂之，及干戚羽旄，謂之樂。』孔穎達疏：『干，盾也；戚，斧也。武舞所執之具。』唐褚亮《祭方丘樂章·舒和》：『玉幣牲牷分薦享，羽旄干鏚遞成容。』

② 粲然：明白貌；明亮貌。《荀子·非相》：『欲觀聖王之迹，則於其粲然者矣，後王是也。』楊倞注：『粲然，明白之貌。』《後漢書·朱浮傳》：『而今牧人之吏，多未稱職，小違理實，輒見斥罷，豈不粲然黑白分明哉！』

菜之禮獨盛於上庠①，函丈②之教未洽於四海，興文之代而闕禮若斯。」上以其言下之有司③。去年，詔天下諸郡咸修先聖之廟，又詔廟中起講堂，聚學徒，擇儒雅可爲人師者以教焉。侃叨莅方州④，親承詔命，出公錢，市良材，計日程工，庀徒⑤興事。巋然廟堂，增舊基也；燦然聖像，加繪飾也。築室於東，祀官致齋者居焉；立學於西，生徒受業者集焉。抑師道久廢，方倚席而不講；儒風一勸，盡橫經而請益。絳紗⑥前垂，束脩⑦次列。方領矩步⑧之容，春誦夏弦之聲，濟濟焉，洋洋焉，與古同風矣。昔文翁守蜀，始立學宮而教其民，於是巴蜀大化，有齊魯之風。今江表素重文，宜春古多奇士，矧天子爲之勸學，長吏爲之擇師，豈風俗難教，不若文翁以一郡守自化其

---

① 「今釋菜」句：釋菜，古代入學時祭祀先聖先師的一種典禮。《禮記·月令》：「（仲春之月）上丁，命樂正習舞，釋菜。」鄭玄注：「將舞，必釋菜於先師以禮之。」《新唐書·儒學傳上·孔穎達》：「帝幸太學，觀釋菜，命穎達講經。」上庠，古代的大學。《禮記·王制》：「有虞氏養國老於上庠，養庶老於下庠。」鄭玄注：「上庠，右學，大學也。」

② 函丈：亦作「函杖」。《禮記·曲禮上》：「若非飲食之客，則布席，席間函丈。」鄭玄注：「謂講問之客也。函，猶容也，講問宜相對容丈，足以指畫也。」原謂講學者與聽講者坐席之間相距一丈。後用以指講學的坐席，再引申爲對前輩學者或老師的敬稱。宋陸游《江西到任謝史丞相啓》：「早親函丈，偶竊緒餘，曾未免於鄉人，乃見待以國士。」

③ 有司：官吏。古代設官分職，各有專司，故稱。《書·大禹謨》：「好生之德，洽于民心，茲用不犯于有司。」

④ 「侃叨」句：叨，猶忝。表示承受之意。常用作謙辭。唐陳子昂《爲副大總管蘇將軍謝罪表》：「臣妄以庸才，謬叨重任。」莅，治理。方州，指州郡，大州。唐王維《責躬薦弟表》：「顧臣謬官華省，而弟遠守方州。」

⑤ 庀徒：聚集工匠、役夫。唐陳子昂《宜冥君古墳記銘序》：「庀徒方興，畚鍤攸作。」宋曾鞏《廣德軍重修鼓角樓記》：「揆時庀徒，以畚以築，以繩以削。」

⑥ 絳紗：猶絳帳。對師門、講席之敬稱。唐劉禹錫《送趙中丞自司金外郎轉官參山南令狐僕射幕府》：「相府開油幕，門生逐絳紗。」

⑦ 束修：亦作「束脩」，十條乾肉。舊時常用作饋贈的一般性禮物。此指古代生徒入學敬師的禮物。《論語·述而》：「子曰：『自行束脩以上，吾未嘗無誨焉。』」邢昺疏：「束脩，禮之薄者。」五代王定保《唐摭言·兩監》：「龍朔二年九月，敕學生在學，各以長幼爲序。初入學，皆行束修之禮。」

⑧ 方領矩步：儒者的衣着和步伐。方領，方形衣領，此指儒者之服。矩步，端方合度的行步姿態。形容舉止合乎規矩，一絲不苟。《後漢書·郭鎮傳》：「汝南有陳伯敬者，行必矩步，坐必端膝。」《後漢書·馬援傳》：「勃衣方領，能矩步。」

民哉！諸生其勉之！時景德四年協洽歲林鍾月吉日記①。

新建郡小廳記〔一〕

楊侃

郡之有小廳，所以便於臨事②也。長吏大其廳〔二〕，峻其階，深居以自重，使下民之堂上千里〔三〕。雖訴冤而來，必抱恨而出矣。其或公門大開，民見無阻；庭宇之制，不壯等威；階無尺高，坐與軒近。上下之言接，左右之壅開；臨問其是非，就辨其情僞③，則何細而不察，何隱而不知乎？

袁之於江南，中郡也。地接湖湘，俗雜吴楚。壤沃而利厚，人繁而訟多。自皇宋削吏權而責治術，天下之郡，吉稱難治而袁實次之。何者？編户④之内，學訟成風；鄉校之中，校律爲業。故其巧僞彌甚，錐刀⑤必争。引條指例而自陳，訐私發隱以相報。至有訟一起而百夫繫獄，辭兩疑而連歲不决，皆謂弊在民知法也。

---

① 「時景」句：協洽，未年的别稱。《爾雅·釋天》：「太歲在寅曰攝提格……在未曰協洽。」按，楊侃到任的第二年爲景德四年，乃丁未年，故稱協洽歲。林鐘，古樂十二律之一。十二律有六律六吕，林鐘爲六吕之一。古人以十二律與十二月相配，每月以一律應之，林鐘應農曆六月。《吕氏春秋·音律》：「林鍾之月，草木盛滿，陰將始刑。」高誘注：「林鍾，六月。」漢班固《白虎通·五行》：「六月謂之林鍾何？林者，衆也。萬物成熟，種類衆多。」故本文爲景德四年六月作。

② 臨事：特指治理政事。《管子·立政》：「臨事不信於民者，則不可使任大官。」三國吴韋昭《博弈論》：「其在朝也，竭命以納忠，臨事且猶旰食，而何暇博弈之足耽？」

③ 情僞：真假；真誠與虚僞。《易·繫辭上》：「聖人立象以盡意，設卦以盡情僞。」

④ 編户：編入户籍的普通人家。《北齊書·文宣帝紀》：「周曰成康，漢稱文景，編户之多，古今爲最。」

⑤ 錐刀：喻微薄，微細。《淮南子·本經訓》「昔者蒼頡作書而天雨粟鬼夜哭。」漢高誘注：「詐僞萌生則去本趨末，棄耕作之業而務錐刀之利。」

抑法者，民之所銜勒①。嘗聞上執之可以御下，下持之可以犯上也。是故子産鑄之於鼎，鄭國不聞不治；商君令之於市，秦人不聞不畏。且民者，冥也，以其冥然無知，所以難治也。今袁之民既皆知法，是治也〔四〕，非難治也。其在上者紊其政〔五〕，故民得以紛紜於下也。嗚呼！吏不廉〔六〕，法不平，非袁民口不可塞也〔七〕。既廉且平，袁民其如予何？

侃臨郡邑十有八年矣。去年秋自筠移治是郡，察弊問俗不俟下車，然於布政亦未嘗一日敢變十八年之行也〔八〕。既而獄訟清，郡事簡，比前所治不見其異，則知有不治吏，無難治民。『溥天之下，莫非王土』，安有袁、吉易治郡乎〔九〕？

郡庭之西有複廳焉，巨梁中折〔一〇〕，别柱四扶；漏若疏綱，簷溜斷飛；燕來不巢，人過恐壓。郡更數守，空而弗居。今歲田農之家百穀大稔，營壘②之士復多休息。乃命凡民有州縣之役於版圖者均其財以助興葺③〔一一〕，命工庀役咸出卒伍〔一二〕，無勞民也。營繕既畢，規模④咸新〔一三〕。不志以文，來者何睹？時歲在敦牂⑤、月次應鐘⑥日記。

---

① 銜勒：法紀。《大戴禮記·盛德》：『德法者，御民之銜勒也。』因藉以指道德法紀。宋蘇軾《謝賜對衣金帶馬狀》：『操名器以勵士，上有誠心；正銜勒以馭人，下無遺力。』

② 營壘：構築營壘。《梁書·裴之横傳》：『之横營壘未周，而齊軍大至，兵盡矢窮，遂於陣没。』

③ 興葺：興建修理。宋范仲淹《奏陝西河北攻守等策》：『凡謀興葺，則罪其引惹。』

④ 規模：亦作『規摹』『規橅』。此處意爲制度；程式。漢張衡《東京賦》：『是以西匠營宫，目翫阿房，規摹逾溢，不度不臧。』唐韦瓘《留題桂州碧潯亭》詩：『輪奂未成繩墨在，規模已壯閎閎高。』

⑤ 敦牂：古稱太歲在午之年爲『敦牂』，意爲是年萬物盛壯。《爾雅·釋天》：『（太歲）在午曰敦牂。』郝懿行義疏：『《占經》引李巡云：「言萬物皆茂壯，猗那其枝，故曰敦牂。」』按，楊侃於景德三年任，景德三年爲丙午年，故曰敦牂。

⑥ 應鐘：古樂律名，十二律之一。古人以十二律與十二月相配，每月以一律應之。應鐘與十月相應。《禮記·月令》：『（孟冬之月）其音羽，律中應鍾。』《漢書·律曆志上》：『應鐘，言陰氣應亡射，該臧萬物而雜陽閡種也。位於亥，在十月。』

疏泉亭記　袁延慶[一四]　見《名宦》。

疏泉之建[一五]，由官渠復治而作焉。官渠之作[一六]，唐元和中刺史李將順鎮是州[一七]，民常苦火災[一八]，公指源引水，灌城而入，周繞民居，不獨爲火備，亦以資溉滌[一九]。民獲其利[二〇]，服其惠[二一]。公罷去，繼處者不能嗣循①其績[二二]，渠於是爲平地[二三]。後二百年，蘭臺王公懿典是郡[二四]，復以州頻火[二五]，公謂『不若治舊渠以爲備[二六]』。然公適去[二七]，渠塞[二八]，蓋其疏泄不勤而工築非久[二九]。

又二十年，延慶自同得罪，倅是郡。至則州亦火[三〇]，蕩然如野處。噫！民何知？而居上者不與之爲備也[三一]。豈其嚚訟犴獄②，按決不遑而不力及於是也[三二]？由是訪耆老③，詢故迹，深決而浚引，溢城西池。透幽穿深[三三]，循環宛轉。衢巷闠肆④[三四]，無所不周。潺潺泠泠，聞之使人有山林興。接郡之左，因瀦爲池。池中築洲，洲植以竹[三五]，其下種蓮，乃爲是亭以對其景。爲亭之意[三六]，蓋欲爾登則思李之經始[三七]、王之嗣興，而延慶復大其迹，將以防民患、建民利，無使如李公之後二百年間無若李公之用心者焉。因命之爲『疏泉亭』[三八]。仍賦詩一章[三九]，刻於石壁[四〇]。天禧三年九月三日記[四一]。

---

① 嗣循：繼承；依循。
② 犴獄：亦作『岸獄』。古代鄉亭的牢獄，引申爲獄訟之事。
③ 耆老：老年人。《禮記・王制》：『養耆老以致孝，恤孤獨以逮不足。』唐王翰《飲馬長城窟行》：『問之耆老何代人？云是秦王築城卒。』
④ 闠肆：街市。《北齊書・高長弼傳》：『時有天恩道人，至凶暴，横行闠肆。』

宜春臺記〔四一〕

劉嗣隆　知州事。

江南古郡，袁爲佳麗之地。若宜春臺者，又郡之所謂勝游也。闤闠①之旁，崛起數百尺。陰苔森竹〔四三〕，掩映棟宇。遠而望，峻不可陟。按轡②徐行，坦如平地。周覽川原，下瞰人煙〔四四〕，四時佳景，羅列目前，爲一州之壯觀，萬家之游息矣〔四五〕！夫名山異境在處有之〔四六〕，而皆出於郊野之外、巖谷之邃，若根盤里巷之間，影落軒窗之表〔四七〕，則未之有也〔四八〕。

嗣隆甲子歲自臨川奉詔移領是郡〔四九〕，下車事簡，首登斯臺。愛其臺之高而名之美也，徘徊終日，欣然忘歸。廊廡之間〔五〇〕，惟相國王欽若寄題詩一首在焉。重念由韓吏部而下爲郡者，鴻儒巨賢，清塵相望。又郡之人盧肇、袁皓輩皆魁傑士也，無隻文片字書其上。豈好奇逐勝之心有所未至耶？而不爲好事者所係遺墜③耶〔五一〕？不知其果如何。徒使曉煙暮雲有鬱鬱之狀，嘉木修篁如聞太息之聲。且世之言南昌滕王閣者衆矣，觀雉堞之上閴其無靈異之迹④，豈足與夫斯臺而爭勝哉〔五二〕？而王勃爲之序，播在人口；丹青者畫其圖，傳之天下。何幸有不幸如此

---

① 闤闠：街市；街道。《文選·左思〈魏都賦〉》：『班列肆以兼羅，設闤闠以襟帶。』吕向注：『闤闠，市中巷繞市，如衣之襟帶然。』《宋書·後廢帝紀》：『趨步闤闠，酣歌壚肆。』

② 按轡：謂扣緊馬繮使馬緩行或停止。《史記·絳侯周勃世家》：『壁門士吏謂從屬車騎曰：「將軍約，軍中不得驅馳。」於是天子乃按轡徐行。』南朝梁劉勰《文心雕龍·序志》：『按轡文雅之場，環絡藻繪之府，亦幾乎備矣。』

③ 遺墜：掉落；遺失。唐鄭棨《開天傳信記》：『頲擁篲趨庭，遺墜文書，客取視之，乃詠昆侖奴詩也。』宋范仲淹《與韓魏公書》：『某再拜，中間伏承有真定之命，以甘陵未平，不敢郵中奉書，恐有遺墜。』

④ 『觀雉』句：閴，『闃』的訛字。闃，空。宋王禹偁《酬安秘丞歌詩集》：『今來相去千百年，寥落乾坤闃無睹。』雉堞，城上短墻。《文選·鮑照〈蕪城賦〉》：『板築雉堞之殷，井幹烽櫓之勤。』李善注：『鄭玄《周禮》注曰：「雉，長三丈，高一丈。」杜預《左氏傳》注曰：「堞，女墻也。」』宋蘇軾《雩泉記》：『雉堞樓觀，仿佛可數。』

者！嗣隆因成七言四韵一首題其上，雖不足以繼風雅之末，亦有類乎發潛①者〔五三〕。其屬而和之者凡八人，雪勝概之遺憤②，補前賢之闕筆，亦詩人之賦也〔五四〕。

州學房錢記

徐正夫　州學教授。

正夫自少聞袁學爲江西冠，意其士風盛，餼廩③足，教者易爲力也。僥幸一官，不自意得命以來。始至，帑朽甑塵④，百爾⑤不備。詰其故，譙曰：『學非舊比也。曩歲⑥入四千餘石，今奪於豪右⑦，且大半猶恃房僦⑧以補其不足，州家又以水旱癘疫屢蠲焉。出多入寡，可若何？』正夫環視亡策，假貸以贍。

兩越月而鉅野李公訦莅守是邦。下車之明日，以正夫有職於學宫，屈己問事。正夫具以所聞告，公愀然曰：

---

① 發潛：此處意謂使（宜春臺）能顯楊名聲，而不至于繼續潛藏無名。

② 遺憤：猶遺恨。《宋書·武帝紀中》：『祖宗遺憤，雪於一旦。』明何景明《六子詩·李户部夢陽》：『古來有遺憤，非君獨哀嘆。』

③ 餼廩：古代官府發給的作爲月薪的糧食。亦泛指薪俸。《管子·問》：『問死事之寡，其餼廩何如？』尹知章注：『餼廩，言給其餼廩。餼，生食。廩，米粟之屬。』《資治通鑒·梁武帝天監四年》：『館有數百生，給其餼廩。』

④ 帑朽甑塵：指州學破敗不堪。帑，指藏金帛的府庫。府庫朽敗，謂缺錢也。甑塵，『甑塵釜魚』之節縮。《後漢書·獨行傳·范冉》：『所止單陋，有時絶粒，窮居自若，言貌無改。閭里歌之曰：「甑中生塵范史雲，釜中生魚范萊蕪。」』范冉，字史雲，桓帝以爲萊蕪長。後以『甑塵釜魚』形容家貧斷炊已久。唐盧綸《送渾煉歸覲却赴闕庭》：『甑塵方欲合，籠翮或將舒。』

⑤ 百爾：一切；所有。宋李覯《袁州學記》：『百爾器備，並手偕作。』

⑥ 曩歲：往年。宋張師正《括異志》卷二：『太常少卿陳公希亮，曩歲刺宿州廳事，後門常扃鑰。』

⑦ 豪右：封建社會的富豪家族、世家大户。《後漢書·明帝紀》：『濱渠下田，賦與貧人，無令豪右得固其利。』李賢注：『豪右，大家也。』《明史·毛吉傳》：『痛抑豪右，民大悦。』

⑧ 房僦：猶房租。

『是獨非政所宜先耶？』於是遇蠲則公錢償，且以爲例。歲全其入，庖饌①僅充。爰集多士，文風大闡。雖然，房僦之蠲由水旱癘疫。公莅事幾年，雨暘孔時，民亡他患。官不數蠲，則亦無幾償焉。夫欲償焉，而亡償焉，則公之政術在於便民，無水旱癘疫耳！豈區區好行小惠者之爲！

正夫既與諸生拜公賜，因識顛末以俟後之問政者。慶曆六年正月旦日記。

新建州學記〔五五〕　李泰伯

皇帝二十有三年，制詔州縣立學。惟時守令，有哲有愚。有屈力殫慮〔五六〕、祇順②德意，有假官僭師〔五七〕、苟具文書。或連數城亡誦弦聲，倡而不和，教尼不行。三十有二年，范陽祖君無擇知袁州。始至，進諸生，知學宮闕狀，大懼人材放失③，儒效闊疏④，亡以稱上意旨〔五八〕。通判潁州陳君侁聞而是之，議以克合。相舊夫子廟，狹隘不足改爲，乃營治之東。厥土燥剛⑤，厥位面陽，厥材孔良，殿堂、門廡、黝堊、丹漆舉以法，故生師有舍，庖廩有次。百爾器備，並手偕作；工善吏勤，晨夜展力。越明年，成。舍菜⑥且有日，盱江李覯諗⑦於衆曰：惟四

① 庖饌：烹調。宋周密《齊東野語·洪端明入冥》：「（僧行昭）曰：『殺生乃屠者黃四，某不過與之庖饌耳。』」此指菜肴。
② 祇順：敬順。《三國志·蜀志·劉理傳》：「朕統承漢序，祇順天命。」
③ 放失：失，通「佚」，散失。《史記·太史公自序》：「網羅天下放失舊聞。」
④ 闊疏：衰減，缺乏。
⑤ 燥剛：乾燥剛勁。《爾雅·釋地》：「漢南曰荊州。」邢昺疏引漢李巡曰：「漢南，其氣燥剛，禀性彊梁，故曰荊。」
⑥ 舍菜：釋菜。古代學子入學以蘋蘩之屬祭祀先聖先師叫舍菜，也叫「舍釆」。舍，通「釋」。
⑦ 諗：規諫；勸告。宋曾鞏《秘書丞知成都府雙流縣事周君墓志銘》：「維銘昭之，以念來裔。」

代之學，考諸經可見已①。秦以山西鏖六國，欲帝萬世，劉氏一呼而關門不守，武夫健將賣降恐後，何耶？《詩》《書》之道廢，人惟見利而不聞義焉耳。孝武乘豐富②，世祖出戎行，皆孳孳學術③。俗化之厚，延于靈獻④。草茅危言者折首而不悔，功烈震主者聞命而釋兵。群雄相視，不敢去臣位尚數十年。教道之結人心如此。今代遭聖神，爾袁得賢君，俾爾由庠序踐古人迹。天下治則覃禮樂以陶吾民[五九]，一有不幸猶當仗大節，爲臣死忠，爲子死孝，使人有所賴且有所法。是惟朝家教學之意。若其弄筆墨以僥利達而已，豈徒二三子之羞，抑亦爲國者之憂[六〇]。

慶豐堂記[六一]

祖無擇　見《名宦》。

予去年春正月，自廣南東路徙荊湖北路，皆爲提點刑獄。秋七月，按部道次鼎州⑤，奉詔改廣南東路轉運使。

---

① 已：語氣詞。表肯定而帶感嘆語氣，相當於「啊」。《戰國策·秦策三》：「此亦淖齒李兑之類已。」

② 豐富：充裕富厚。漢賈誼《新書·大政下》：「政治，然後民勸之；民勸之，然後國豐富也。」

③ 「皆孳」句：孳孳，通「孜孜」。勤勉，努力不懈。《禮記·表記》：「俛焉日有孳孳，斃而後已。」學術，猶教化。《後漢書·蓋勛傳》：「凉州寡於學術，故屢致反暴。今欲多寫《孝經》，令家家習之，庶或使人知義。」

④ 靈獻：東漢靈帝與獻帝的並稱。兩帝當政時期，政治黑暗，國勢衰微。《文選·潘岳〈爲賈謐作贈陸機〉詩》：「靈獻微弱，在涅則渝。」吕向注：「靈帝、獻帝也。」

⑤ 「按部」句：按部，巡視部屬。《新唐書·令狐峘傳》：「齊映爲江西觀察使，按部及州。」道次，途中。此當爲路經、路過之意。鼎州，大中祥符五年改朗州爲鼎州，大致在今湖南常德所在地區。

時廣源州蠻入寇〔六二〕，陷嶺外數州①，朝廷趣②行〔六三〕，乘遽③日馳二百里，浹辰④而達所治。遠方久無事，戎備既寡，糧餉不給，賊氣方鋭，我師屢敗。予不量力，亦提羸兵追躡其後，逐出境外。

未幾，以罪移典此州。其始至也，見城郭井邑在迤邐衆山之間，如圖畫屏障，使人清趣自生〔六四〕，俗慮都去。郡僻務簡，居多暇日。小寢西有地一畝餘，荒穢無人迹。命僕除之〔六五〕，爲堂以休焉。公退則擁書隱几⑤而坐，考聖賢之事業以自廣。間或速⑥賓友以琴樽相歡，因爲坐客曰〔六六〕：『昔也，委妻子而去，履山川之險，見危致命，可謂勞矣。今也，曹無事，秩有禄，飽食終日，不亦泰乎？人雖以爲貶，予亦不以爲貶也，顧無以報陛下之德爲憂耳。』是秋禾熟〔六七〕，百姓足食，上下莫不悦懌⑦，乃名其堂曰『慶豐堂』〔六八〕，且持其説私自賀焉。皇祐五年十二月二十一日記〔六九〕。

建韓文公祠記〔七〇〕

祖無擇

元和十五年，昌黎韓文公嘗爲袁州刺史。後二百三十四年〔七一〕，無擇實莅此州，築宫而祠之。

---

① 《宋史》卷四百九十五載：『（上略）故智高所嚮得志，相繼破横、貴、龔、潯、藤、梧、封、康、端九州』，加之先前所破之邕州共計十州。

② 趣：通『促』，督促，催促。《禮記·月令》：『（季秋之月）乃趣獄刑，毋留有罪。』

③ 遽：傳車，驛馬。《左傳·僖公三十三年》：『及，鄭商人弦高將市於周，遇之……且使遽告於鄭。』杜預注：『遽，傳車。』

④ 浹辰：古代以干支紀日，稱自子至亥一周十二日爲『浹辰』。《左傳·成公九年》：『浹辰之間，而楚克其三都。』杜預注：『浹辰，十二日也。』三國魏曹植《武帝誄》：『欃槍北掃，舉不浹辰。紹遂奔北，河朔是賓。』

⑤ 隱几：靠着几案，伏在几案上。《孟子·公孫丑下》：『有欲爲王留行者，坐而言，不應，隱几而卧。』《莊子·齊物論》：『南郭子綦隱几而坐，仰天而噓。』成玄英疏：『隱，憑也。子綦憑几坐忘，凝神遐想。』宋陸游《秋日焚香讀書戲作》：『世事無端自糾紛，放翁隱几對爐熏。』

⑥ 速：邀請。清顧禄《清嘉録·冬至大如年》：『是夜，人家更速燕飲，謂之節酒。』

⑦ 悦懌：歡樂，愉快。唐杜甫《鄭典設自施州歸》：『聽子話此邦，令我心悦懌。』

公諱愈，字退之。幼孤，見鞠①於兄嫂氏〔七二〕。嫂卒，服期喪②以報德〔七三〕。進士及第，應董晋、張建封辟爲汴徐貳府從事〔七四〕，入爲國子博士、監察御史。關中大旱，民死盈路。公請寬征復租，幸臣切齒③，貶連州陽山縣令。有善政〔七五〕。既去，人懷其惠，生子悉以『韓』名。由江陵府法曹參軍再爲博士，避謗，分司東都，遷尚書都官員外郎〔七六〕，判祠部。僧之無良者，一切寘於理，用是復力穡者衆。改河南縣令。將發，魏、鄆、幽、鎮留邸④亡卒，尹恐，禁止。歷職方員外郎及比部考功郎中、史館修撰、知制誥。初，議討吴元濟，朝廷文武大臣無敢言者。公以爲『宰相被殺、中丞傷僅免，若是兵可息乎？』及裴度出征，公以太子右庶子爲行軍司馬，先馳至汴，説韓都統洪〔七七〕，韓輿疾⑤以從。蔡州平，公謂度曰：『王承宗可取。』乃受書柏耆以往，承宗即獻德、棣二州。轉刑部侍郎。佛骨至自鳳翔，百姓火肌膚爲傾京師〔七八〕。公上疏極諫其不可，因得罪，貶潮州刺史。近境有鰐魚食人，公以文逐之，魚輒遠去〔七九〕，人用無患〔八〇〕。移刺袁州。袁之民男女爲人隷者，逾約而没不得出，公皆計傭予直而出之。尋奏而著於令〔八一〕。拜國子祭酒，接學官、儒生必以禮。除兵部侍郎。鎮州亂〔八二〕，詔公宣撫。既行，穆宗遽止之。公已及矣〔八三〕，衆皆危之〔八四〕。公辭氣慷慨如蹈無人之地〔八五〕，與士卒論存亡逆順之理，莫不聽命，解深州圍，歸牛元翼。以吏部侍郎典選，聽令史出入，令史之勢遂輕。任京兆尹，六軍將士咸畏憚，帖不敢犯〔八六〕，曰：『是欲燒佛骨者。』其爲人信服也如此。憲宗既貶公於潮，且將復用之，爲皇甫鎛所忌。乃以公爲

① 鞠：撫養；愛。《新唐書·章全益傳》：『少孤，爲兄全啓所鞠。』

② 期喪：猶期服。爲期一年的喪服。宋王楙《燕翼詒謀録》卷四：『舊制，期喪百日内妨試，尊卑長幼同。』

③ 切齒：咬牙；齒相磨切。極端痛恨貌。《史記·衛將軍驃騎列傳論》：『自魏其、武安之厚賓客，天子常切齒。』宋司馬光《和王勝之雪霽借馬入局偶書》：『昔遭絳灌深切齒，奔走十年爲下吏。』

④ 留邸：指唐時節度留後的官署。唐杜牧《景思齊等授官知宣武軍進奏官制》：『諸侯之任，各有職貢，小者得循事例，大者決於朝廷，聞白啓導，屬在留邸，爾等咸以謹密，能膺任使。』

⑤ 輿疾：輿病。抱病登車。宋周密《癸辛雜識後集·馬相去國》：『公即日輿疾以歸。』

疏狂〔八七〕，止可量移一郡，故有袁州之命。公自鎮州還，穆宗即欲相之。會京兆尹以不治聞，乃擢公兼御史大夫。有敕無臺參，中丞李紳由是不協。復爲吏部郎中，卒，贈禮部尚書。

嗚呼！公之器業①，可謂宏深魁偉，施於行事，細大夷險無所不宜。其文章博辨卓詭②，與商《盤》周《誥》相上下。惜孔子没，無聖人者爲之章顯以信後世，而見絀於史臣之筆，其亦不幸也與！無擇何人哉！道不加修，學不加益，夙夜茂勉，庶幾前烈。謹詳書其實以著於記云〔八八〕。皇祐五年冬十一月一日也〔八九〕。

東湖記 祖無擇

袁城之東有湖焉，上有四亭，興自近歲。厥後爲州者耄昏③不事〔九〇〕，湖亭用不治以荒〔九一〕。予治州日〔九二〕，吏曹④事簡，登城而觀：水盈甚污，屋存將傾〔九三〕。乃議葺之。且官無羡財⑤，苟賦於民，則予不爲也。閱封内浮圖氏多藏者，籍其什之一〔九四〕，募工掄材⑥，一新之〔九五〕。别爲亭、臺、閣五，植以珍木嘉果，間以奇卉幽草，紅蕖緑荷雜襄波上〔九六〕。於是游者日往焉。予樂州人之觀游是好，遂署其中堂曰『樂游』，其東堂曰『廉』。循厓之

---

① 器業：才能學識。晋葛洪《抱樸子·知止》：『夫器業不異而有抑有揚者，無知己也。』《續資治通鑒·宋真宗景德二年》：『委中書門下先加考試，如器業可觀，具名聞奏。』

② 『其文』句：博辯，漢徐幹《中論·虚道》：『才敏過人未足貴也，博辯過人未足貴也。』卓詭，高超奇異。《漢書·劉輔傳》：『此其言必有卓詭切至，當聖心者，故得拔至於此。』顔師古注：『卓，高遠也。詭，異於衆也。』

③ 耄昏：年老昏憒。唐白居易《江州司馬廳記》：『凡仕久資高，耄昏軟弱不任事，而時不忍棄者實莅之。』

④ 吏曹：泛指官吏。宋葉適《法度總論三·吏胥》：『吏曹清則庶務舉。』

⑤ 羡財：多餘的錢財。唐元稹《授王播中書侍郎兼鹽鐵使制》：『國有羡財，而民不加賦。』《舊唐書·韋貫之傳》：『身殁之後，家無羡財。』

⑥ 掄材：選擇材木。《周禮·地官·山虞》：『凡邦工入山林而掄材，不禁。』

南，其亭曰『休』。因城之高，其臺曰『月』。抗水而榭，曰『采香閣』〔九七〕。爲庖厨二以供賓客〔九八〕。舊亭四皆無名〔九九〕，亦名之。在樂游之西者曰『讓堂』〔一〇〇〕，堂北有射棚〔一〇一〕。南有石，高丈餘，奇秀可愛，實自盧肇故宅徙焉。背城而面東者曰『采珠閣』〔一〇二〕，閣後有石，亦惟舊。廉與讓、采香采珠，皆東西相值。據城之隅者曰『銷暑亭』，與月臺相屬而差小者曰『風亭』。其浮有航，其絶有梁，其登有石磴道，其周有繚墻。南北其門，後溪前市。山烟水風，淵魚林鳥，明滅虚徐，浮沉下上〔一〇三〕。眺聽之際可以釋幽鬱，可以道和粹①。予以公事不得自放於其間，月或一至，再至蓋希矣，予猶以爲數也。

越二年，新太守在道，予行有日矣，因置酒爲會。同僚舉觴屬予曰：『湖亭雖舊而增廣之，以至大備者，非君而誰？不可以不聞於後，盍文而刻諸金石乎？』予曰：『池館之作，耳目之娱，非政之急，何足道哉！然此州自江以西最爲窮處，故朝廷往往以有罪者居之，予即其人也。或終年不逢王人出於其途，非數君子相與樂此，予何以久處乎？後之踵予武者〔一〇四〕，其以才選而來莅厥職〔一〇五〕，是宜政成民和，能無燕喜之事歟〔一〇六〕？若以罪譴而來，又宜有登覽之美，庶幾忘遷謫之累焉。由是而言，則兹境也當不廢矣，奚取於予文〔一〇七〕？如欲識其歲時〔一〇八〕，請以斯言刻之。』至和二年冬十一月一日記。

重建大成殿記

鄭王賔　郡學教授。

先儒謂孔子與社稷，自天子至郡邑通得祀。社稷之位，不屋而壇，未若孔子巍然當座，以門人配，誠其道推尊於後世也。王賔惟孔子之道雖後世所尊，由漢及隋，爵不過公侯，唐册王號而禮未備。

① 和粹：平和純樸，純粹。三國魏嵇康《答難養生論》：『棄世不群，志氣和粹。』

天佑斯文，其道行，其禮備，信在今日。崇寧二年，上即位之四年也，詔辟雍①移經史閣。少後，即其基爲文宣王殿。自茲天下皆立學，學有殿、像，使薦獻②焉。既而討論制度，易桓圭③，執鎮圭④，增冕旒⑤爲十二，門戟⑥爲二十四，正王禮也。春秋釋奠⑦，舉新儀，薦大成，嚴祀事也。則所以推尊孔子，豈不去古遠哉！

宜春在江西，地僻而小，儒風凜凜，不居其下。舊有學，在今學之西北，易置於茲逾六十年。政和壬辰，王賓被命來自朔方。越明年，新戟門。又二年，新殿。殿舊，方患太卑，乃築而登之。坐室不虛，時祭行禮，患無以展膝，則闢而廣焉。監工有叙，役不告勞，得卜經營以至於成，期月而已。嘗觀孟氏稱孔子集大成，蓋孔子没，得其傳者孟氏，故知之深。知之深，則集大成云者，猶合耳目鼻口以成身，合寒暑以成歲。六通四闢，其運無乎

---

① 辟雍：亦作「辟廱」。辟，通「璧」。本爲西周天子所設大學，校址圓形，圍以水池，前門外有便橋。東漢以後，歷代皆有辟雍，除北宋末年爲太學之預備學校（亦稱「外學」）外，均爲行鄉飲、大射或祭祀之禮之處。漢班固《白虎通·辟雍》：「天子立辟雍何？所以行禮樂宣德化也。辟者，璧也，象璧圓，又以法天，於雍水側，象教化流行也。」

② 薦獻：向鬼神進獻。《詩·周頌·潛序》：「季冬薦魚，春獻鮪也。」漢鄭玄箋：「冬，魚之性定；春，鮪新來。薦獻之者，謂於宗廟也。」宋蘇洵《祭任氏姊文》：「春秋薦獻，終姊之老。」

③ 桓圭：古代帝王與公、侯、伯、子、男五等諸侯於朝聘時各執玉圭以爲信符，圭有六種，表不同的爵秩等級，「桓圭」爲公爵所執。《周禮·春官·大宗伯》：「公執桓圭。」鄭玄注：「桓圭，蓋亦以桓爲瑑飾，圭長九寸。」

④ 鎮圭：古代舉行朝儀時天子所執的玉製禮器。長一尺有二。以四鎮之山爲雕飾，取安定四方之義，故稱。《周禮·春官·大宗伯》：「以玉作六瑞，以等邦國。王執鎮圭。」

⑤ 冕旒：古代大夫以上的禮冠。頂有延，前有旒，故曰「冕旒」。天子之冕十二旒，諸侯九，上大夫七，下大夫五。見《周禮·夏官·弁師》。晋崔豹《古今注·問答釋義》：「牛亨問曰：「冕旒以繁露，何也？」答曰：「綴珠垂下，重如繁露也。」」

⑥ 門戟：唐宋時廟社、宫殿、府州、貴官私第等門前陳列的戟。數目各有定制，用來表示威儀。唐白居易《寄微之》：「外物竟關身底事，謾排門戟繫腰章。」

⑦ 釋奠：古代在學校設置酒食以奠祭先聖先師的一種典禮。《禮記·王制》：「出征執有罪，反釋奠於學，以訊馘告。」《禮記·文王世子》：「凡學，春官釋奠於其先師，秋冬亦如之。凡始立學者，必釋奠於先聖先師。」鄭玄注：「釋奠者，設薦饌酌奠而已。」

不在，所謂古人之大體也，豈百家衆技不該不遍而蔽於一曲者乎？學不知此，不足以爲己；誨人不知此，不足以兼善。辟雍揭其名久矣，郡邑之學，間存舊宇。殿成，於是易之，上以廣《菁莪①》樂育之意，下以期諸學者，則於爲孔子徒也庶幾焉。

乳洞記〔一〇九〕

袁爲州在《禹貢》揚州之西南〔一一〇〕，治宜春。按《寰宇記》，宜春有石室山，今乳洞是也。大中元年，刺史蘇公球於嘉平節率其僚游而觀獵焉，命從事魯受爲文識之，題曰『乳洞』。文久失傳，莫稽其迹。後有蕭亢宗者〔一一一〕，縣掾也，書於壁間，亦能言大中事。惜當時之文不授，無以紀勝概，亢宗雖能言，何益也〔一一二〕？余被命，典教於袁，有休〔一一三〕，嘗從容玆所。嘉其隱然天成〔一一四〕，殆鬼謀神力〔一一五〕，與人世絶遠，自立區域也。將使聞四方，傳不朽，因叙其略。

洞在縣東三十五里。洞之前有石亭，衡二十五步，廣三步有奇，崇五十尺。坦而明，無翳礙〔一一六〕。亭之中有門，自門而入，密不容光，若廣宫大厦闃然②而夜半也。執炬循行，歷歷可數。曲而深，度百尋。其廣自三步，其崇自五十尺而殺③之。環蓋雖石，入門而履之〔一一七〕，初則平土也，可驟可馳；已而降登旋折，所觸惟石。素乳盤結，下垂旁出，異狀争進。人物可命若觀音、若羅漢、若鍾者、若田者、若井者。觀音之狀，上覆下承。羅漢之狀，森列不一。鍾無形而有聲，附壁莫辨〔一一八〕，叩之乃應。田宿水〔一一九〕，有丘塍，卑高廣狹爲之制。井分三級，

① 菁莪：《詩·小雅·菁菁者莪序》：『「菁菁者莪」，樂育材也，君子能長育人材，則天下喜樂之矣。』後因以『菁莪』指育材。
② 闃然：寂静貌。唐裴鉶《傳奇·昆侖奴》：『侍衛皆寢，鄰近闃然。』宋范成大《丙午新正書懷》：『窮巷閑門本闃然，强將爆竹聒階前。』
③ 殺：終止；收束。宋歐陽修《水谷夜行寄子美聖俞》詩：『譬如千里馬，已發不可殺。』

水清而甘，滿不溢，酌不減。田之上有小洞，方廣二十餘尺，峻不可入，號『石倉』。井之旁深入可十尋，裂兩歧，終合而一，號『南市』『北市』〔一二〇〕。洞之略如此。

洞之中，冬温而夏凉，昔有李生者隱焉。里落①每憂旱〔一二一〕，則往問雨之日，告無差期，人咸異之。其化也，又析木堊漫，立像而神事焉〔一二二〕。像今存於亭〔一二三〕，猶爲里落所事〔一二四〕，或無雨，禱之必從〔一二五〕。生既失其名字，且不知其世，聲聞相傳在人耳目。余意天造石室〔一二六〕，當有物護持。代不乏處者，豈一李生止哉？恐未易窺耳〔一二七〕。抑嘗聞陸羽《茶經》，其評水，謂山水上，乳泉石池又上〔一二八〕，信也。然羽雖喜泉源，使其品第，必知洞之水不劣於惠山虎丘也。及讀韓吏部『江山多勝游』之句，其謂宜春則是矣，然吏部雖賞宜春江山之勝，亦未必知乳洞又其勝者也。政和癸巳弋陽鄭王賓記〔一二九〕。

靈泉記

曾孝序② 知州事。

予領郡之初，客告余曰：『郡城之西負郭有靈泉，色清而味甘，冬温夏冷。廟在其傍，像設甚盛。故時州人旱禱疾飲，罔不感應。水尤宜醞，故公帑以泉名酒，爲上罇。紹聖中，霖潦積水，潴爲污池。或請於有司，月輸

---

① 里落：村落；里巷。《後漢書·淳於恭傳》：『家有山田果樹，人或侵盗，輒助爲收采。又見偷刈禾者，恭念其愧，因伏草中，盗去乃起，里落化之。』

② 曾孝序：字逢原，泉州晋江人。以蔭補將作監主簿，監泰州海安鹽倉，因家泰州。累官至環慶路經略、安撫使。過闕，與蔡京論講議司事，京因銜之。時京方行結羅、表羅之法，盡括民財充數，孝序上疏，京益怒，遣御史宋聖寵劾其私事，追逮其家人，鍛煉無所得，但言約日出師，幾誤軍期，削籍竄嶺表。遇赦，量移永州。京罷相，授顯謨閣待制、知潭州。復以論徭事與吴居厚不合，落職知袁州，尋復職，再知潭州。

僦直①，蓄魚以謀利焉。自是腥鱗腐鬣毚㵤②延沫於其間，販夫漁叟喧呼網罟③於其上，而深流渾濁，淪胥④以敗者二十餘年矣，而莫之治也。』

予往視之，泉凡數十脉。直廟之前者，父老曰『此爲靈泉』，而其餘皆附出左右。方廣數十丈，瓦礫糞壤湮爲污萊⑤。乃謂祥符觀道士湯珎、監軍趙士軓董其役。畚臿⑥競作，版築勸工，抉泥揚沙，清流無壅。外築爲堤以防衝決之患，中甃爲井以備墊壓之虞。又構亭於其上，使汲人無暴露⑦之嘆。其附出小泉散漫爲池，溢則泄於北溝以資蔬圃之利。經始孟春之戊戌，落成季夏之丙寅，凡積日一百四十有九而畢工。於是吏民歡然。

舊傳泉日再沸，隨海潮之候，自疊石井之，亦嘗若此，而不能如昔。守者告予，未嘗親覿也。果若所聞，則泉之爲靈也，信矣！蓋袁爲州，在江嶺之間，雖遐僻荒陋而地富於山水。遠則仰山木平，近則洪陽乳洞，出則有震山化成之巖，而城中有宜春之臺，皆昔賢游息處，詩頌傳志悉可稽考。而《圖經》所載『宜春縣西四里有泉甘美，宜作酒，隨歲舉入貢，見於吴録晋記』，而泉已失其所在，不復可尋。又『州南三十里有温湯，其中出魚，能

---

①　僦直：謂雇金，賃金。《後漢書·虞詡傳》：『詡乃自將吏士，案行川谷，自沮至下辯數十里中，皆燒石翦木，開漕船道，以人僦直雇借傭者，於是水運通利，歲省四千餘萬。』宋洪邁《夷堅甲志·沈持要登科》：『我安吉人，販米至此，官方需船，不敢歸。若得一官人，當不取其僦直。』

②　毚㵤：出没貌。葛洪《抱樸子·知止》：『文鱗毚㵤，朱羽頡頏。』延沫，疑當作『涎沫』。涎沫，口水。唐杜甫《黄魚》詩：『泥沙卷涎沫，回首怪龍鱗。』

③　網罟：捕魚及捕鳥獸的工具。《管子·勢》：『獸厭走而有伏網罟。』唐杜甫《五盤》詩：『地僻無網罟，水清反多魚。』

④　淪胥：泛指淪陷、淪喪。《晋書·凉武昭王李玄盛傳》：『淳風杪莽以永喪，縉紳淪胥而覆溺。』唐張鷟《游仙窟》：『下官堂構不紹，家業淪胥。』

⑤　污萊：指荒地。《宋書·五行志三》：『宫室焚毁，化爲污萊。』

⑥　畚臿：亦作『畚鍤』『畚插』。畚，盛土器；鍤，起土器。泛指挖運泥土的用具。亦借指土建之事。《晋書·束晳傳》：『以其雲雨生於畚臿，多稌生於决泄。』《晋書·石季龍載記論》：『窮驕極侈，勞役繁興，畚鍤相尋，干戈不息。』

⑦　暴露：露在外面，無所遮蔽。宋曾鞏《瀛州興造記》：『是日大雨，公私暴露，倉儲庫積，無所覆冒。』

熟鷄卵，去風疾。至今如故』，而獨不書城中之靈泉。訪諸耆舊①，求於碑碣，莫有知者。蓋山水既多，不可勝紀，則不能無遺逸，理當然也。然則以泉醖酒，出於近世歟？今雖有靈泉之名，而非其水矣。

嗚呼！物之可貴者莫大於有用，而材之有用者或困於無施。然物之盛衰，材之用舍，莫不有數存焉。觀此泉之廢興，概可見矣。方其發源而致用也，渴者獲飲，病者乞靈。升而爲雨露，則以之成稼穡而救旱乾；釀而爲酒醴，則以之助祭饗②而接神人。其清香甘冽，與名山靈谷之水並驅争先，而緒餘所及，猶足以助高士之烹湘，資逸人之灌溉。及夫壅閼廢壞，陷爲潢汙③，又從而蓄魚蝦、聚蛙蜩以争尋常之利，曾不得蘊蘋藻，登錡釜④，與行潦之流雜進於泮宮社稷之間，誠可嘆也。故予爲之葺治以復其舊，而又記以刻諸石以示後人，使知泉之本末如此，士之尚志者庶有感於斯焉。政和四年歲次甲午十月甲辰記。

疏泉記

官渠之作尚矣。自唐李俣肇基，我宋王守因之以弭火災、以資灌溉，遂爲州人之利。爾後監郡袁公克遵其制，

---

① 耆舊：年高望重者。《漢書·蕭育傳》：『上以育耆舊名臣，乃以三公使車，載育入殿中受策。』唐杜甫《憶昔》：『傷心不忍問耆舊，復恐初從亂離説。』

② 祭饗：同『祭享』。《晋書·慕容儁載記》：『祭饗朝慶，宜正服衮衣九文，冠冕九旒。』

③ 潢污：聚積不流之水。南朝宋鮑照《拜侍郎上疏》：『潢污流藻，充金鼎之實。』

④ 錡釜：古炊器。《詩·召南·采蘋》：『於以盛之，維筐及筥。於以湘之，維錡及釜。』朱熹集傳：『錡，釜屬。有足曰錡，無足曰釜。』

乃於廨舍之北臨流爲亭①，命曰『疏泉』，作記賦詩以紀其事，寓意甚美。歲寢久②，疏導不時，渠漸湮塞，亭日圮壞，曰詩曰記亦無有存者。繼而葺之，未見其人。

宣和甲辰冬，貳車③孫公權領郡事，百廢具舉，四民樂業。首念兹渠之廢，實爲民患。親帥僚采，相視水源，增築堤防，循沿故迹。曾未旬日，上下通流。環繞民居，既清且深。非獨爲火備，而民之日用咸取給焉。公於暇日登泉亭之故基，觀流水之清泠，喜溢顔間，謂左右曰：『渠既興矣，亭其可廢乎？』一作而新之。因究遺迹，得當時之詩記，不忍廢棄，遂命刊之於石。

嗚呼！公之賦政是邦，可謂不苟也已。既興渠利以爲一方之美惠，復新石刻以顯三賢之美迹。繼此而爲政者誠能原公用心以嗣以續〔一三〇〕，則美政之傳實無有窮已。

軍資庫記

程如式　宜春主簿。

天下府郡均有庫，若金帛之屬，悉輸是而後出焉。由祖宗來，以軍資名之，蓋賦斂所入用資軍儲。承平日久，兵革不試，吏趨目前，因仍苟簡，而府庫類多不葺，勢則然也。

---

① 廨舍：廨署。《晉書·文苑傳中·羅含》：『以廨舍諠擾，於城西池小洲上，立茅屋，伐木爲材，織葦爲席而居。』《南齊書·州郡志上》：『官長無廨舍，寄止民村。』

② 寢久：寢，通『寖』。逐漸。寢久，漸久。宋曾鞏《館閣送錢純老知婺州詩序》：『約日皆會，飲酒賦詩，以叙去處之情而致綢繆之意，歷世寢久，以爲故常。』

③ 貳車：副車，喻指副職。宋蘇軾《與姜唐佐秀才書》之六：『此懷甚惘惘，因見貳車，略道下懇。』

袁於江西雖支郡，歲所出納無慮數十萬計。而庫之廳事敗椽朽棟，氣象①弗嚴。每風雨暴至，則有覆壓之虞。余嘗攝版曹事，得餘財而一新之。明朗軒豁②，不侈不陋。揆之以理，可支百年。凡今之吏，三考罷去，視所辟猶傳舍③。矧予又攝其事者，寧欲爲百年計哉？誠使居官效職，人宿④其業，無苟且自營之私，有長慮經遠之謀，則天下之事雖大且重，將無不舉者，豈直是廳而已乎！宣和乙巳七月望日記。

重修郡城記

阮閱⑤　見《名宦》。

袁州郡城，議者謂西漢大將軍灌嬰築，信史⑥没其實，爲可疑。按高祖五年，嬰破項籍，渡江定豫章郡，時宜

---

① 氣象：指事物的情狀和態勢。唐鮑溶《古鑒》詩：『古鑑含靈氣象和，蛟龍盤鼻護金波。』宋陸游《老學庵筆記》卷五：『石犀一足不備，以他石續之，氣象甚古。』

② 軒豁：高大開闊。唐韓愈《南海神廟碑》：『乾端坤倪，軒豁呈露。』

③ 傳舍：古時供行人休息住宿的處所。《戰國策·魏策四》：『令鼻之入秦之傳，捨不足以捨之。』《三國志·魏志·陳群傳》：『昔劉備自成都至白水，多作傳舍，興費人役。』

④ 宿：安心；安於。《左傳·昭公二十九年》：『官宿其業，其物乃至。』杜預注：『宿，猶安也。』孔穎達疏：『夜宿所以安身，故云宿猶安也。謂安心思其職業。』一説宿，久。言官久於其業。見竹添光鴻《左傳會箋》。

⑤ 阮閱：生卒年不詳。字閎休，一字美成，自號散翁，又號松菊道人。元豐八年登進士第，爲錢塘幕官，後以户部郎官出知巢縣。宣和中知郴州。建炎元年，以中奉大夫知袁州。初至，訟牒頗繁，乃大書『依本分』三字，印榜四城墻壁。郡民化之，榜郡圃之堂爲『無訟堂』。致仕後定居於袁。阮閱善詩能文，嘗以七絶作《郴江百詠》，聞名於世，有『阮絶句』之稱。一生著述頗豐，見於各類文獻的有《松菊集》五卷、《郴江百咏》《詩總》（《詩話總龜》前集四十八卷、後集五卷）、《巢令君阮户部詞》一卷（見《百宋樓藏書志》）。另，《全宋詞》存六首、正德本《袁州志》有《重修郡城記》《無訟堂詩序》及《宣鳳道上題春波亭》七絶二首等。經搜輯，阮閱現存詩文共一百四十二首（篇）。

⑥ 信史：紀事真實可信、無所諱飾的史籍。《公羊傳·昭公十二年》：『《春秋》之信史也，其序則齊桓、晋文；其會，則主會者爲之也。』宋陸游《史院書事》：『信史新修稿滿床，牙籤黄帊帶藝香。』

春爲豫章屬邑。六年，令天下郡邑築城〔一三一〕，意城自此始。必智慮宏遠、知地利者所成，不必嬰也。

後升縣爲郡，改郡爲州〔一三二〕，而城不遷。巨盜黃巢、蕭銑寇江南，獨不能入袁。馬希範據長沙，儂智高破邕、管，皆不敢東窺，其城之利與！然歷年既久，墉堞頹圮①，壕塹堙塞，漸不足恃。蓋郡政例安承平而弛武備〔一三三〕，雖時繕修，不過增卑培薄而已。靖康初，方詔修郡城。建炎改元，升郡爲次要，凡城池皆令堅險。

明年春，瀕江盜起，州無城者多不守，袁人方懼之。徽溪汪公希旦來，鎮以靜重。千里既肅，乃謹奉詔，帥治中閭丘公霖暨僚屬登舊墉〔一三四〕，視廢闉，慨然相謂曰：『險之不設，何以爲郡？然不暫勞，無久逸；不一費，無百利。』於是計工度用，請於朝，給度牒②，又許勸有力者借助。乘農之隙，涓日之良，大興版築，諸縣翕從。伐木於山，陶磚於野。募閑民，括冗兵，雖致期勿亟，而工役自勸、鼛鼓③弗勝矣。重阿崇闉〔一三五〕，屹若雲矗；控山阻江，雄冠東南。何其韙④歟〔一三六〕！城基周三千三百一十五步，高一丈五尺。周不可益，而增高五尺爲二丈。女墻三千五百步〔一三七〕，高五尺，盡易以磚。敵樓戰棚五十總六百五十間〔一三八〕，皆舊無而今創也〔一三九〕。守禦之具如弓、矢、甲、盾、旗、幕、鉦、鼓數皆累萬，而藏之有庫；守卒民伍晝役夜警，居之有屋。百爾所

---

① 『墉堞』句：墉堞，女墻，城墻上的矮墻。亦泛指城墻。《陳書·周迪傳》：『迪方收餘燼，還固墉堞。』頹圮，坍塌。宋郭彖《睽車志》卷一：『暮抵一古廢蘭若，相與投宿，墻屋頹圮，寂無人聲。』《明史·畢懋康傳》：『二閘創自永樂初，日久頹圮，急宜修复。』

② 度牒：僧道出家，由官府發給憑證，稱爲『度牒』。唐宋時，官府可出售度牒，以充軍政費用。宋高承《事物紀原·道釋科教·度牒》：『《僧史略》曰：「度牒自南北朝有之。」見《高僧傳》「名籍限局，必有憑由。」憑由，即今祠部牒也。《唐會要》曰：「天寶六年五月制：僧尼令祠部給牒。」則僧尼之給牒自唐明皇始也。』宋趙彥衛《雲麓漫鈔》卷四：『紹興中，軍旅之興，急於用度，度牒之出無節。上户和糴所得，減價至二三十千。時有「無路不逢僧」之語。』

③ 鼛鼓：大鼓。古代用於役事。《宋書·樂志一》：『長丈二尺者曰鼛鼓，凡守備及役事則鼓之。』唐柳宗元《零陵三亭記》：『門不施胥吏之席，耳不聞鼛鼓之召。』

④ 韙：美好，安善。《文選·張衡〈東京賦〉》：『京室密清罔有不韙。』薛綜注：『韙，善也，謂無復疫癘，皆得安善也。』

須，無或不備。三月克成，事不愆素①，費約而功倍，自非才力絶人，疇克有濟。

袁爲州，屏蔽江淮，襟帶湖湘；地沃少飢，民淳惡盗，南土之樂邦也。山平廣而無高險，水遠秀而無深險，俗尚文而無武險。惟知力田畝以食，營廬舍以處，服教化，修禮義而居。常安鄰封近壤，間有寇攘矯虔②，則亦不能無蜂蠆③之虞。今郛郭④既壯，奸宄⑤潛殄，雖異時弄兵潢池⑥之徒，亦當聞風而辟易矣[一四〇]。西北士大夫千里流寓者，殆踵接而輻輳⑦，誠以金湯之險有足恃焉耳。其功惠豈小補哉！

閲嘗見州縣營一臺榭亭館，志在延賓客⑧[一四一]、備登覽而已，尚記其本末，建碣題名，大書深刻[一四二]，夸耀無窮。斯城之作，上以奉明詔，下以保生靈，既光於前，復垂於後[一四三]，而無以記之，其可乎？於是書之。時建炎三年三月日記[一四四]。

---

① 愆素：謂越過原來計劃。語本《左傳·宣公十一年》：「事三旬而成，不愆於素。」杜預注：「不過素所慮之期也。」楊伯峻注：「素謂原來計劃。」《廣雅·釋詁》：「素，本也。」宋王安石《賜元豐敕令格式表》：「慮無愆素，舉必要終。」

② 矯虔：詐稱上命强奪他人財物。《書·吕刑》：「罔不寇賊，鴟義姦宄，奪攘矯虔。」孔穎達疏：「矯稱上命以取人財，若己固自有之。」

③ 蜂蠆：蜂和蠆。都是有毒刺的螫蟲。《國語·晋語九》：「蚋蟻蜂蠆，皆能害人，况君相乎！」宋王讜《唐語林·補遺四》：「侍御史謂之掐毒，言如蜂蠆去其芒刺也。」

④ 郛郭：比喻屏障。漢揚雄《法言·吾子》：「震風陵雨，然後知夏屋之爲帡幪也；虐政虐世，然後知聖人之爲郛郭也。」李軌注：「郛郭限内外，禦奸宄；聖人崇仁義，正愆違。」

⑤ 奸宄：違法作亂的事情。《書·舜典》：「蠻夷猾夏，寇賊奸宄。」孔傳：「在外曰奸，在内曰宄。」孔穎達疏：「又有强寇劫賊、外奸内宄者爲害甚大。」唐陳子昂《上軍國機要事》：「遂令綱紀日廢，奸宄滋多。」

⑥ 弄兵潢池：潢池弄兵，亦作「潢池盗弄」。《漢書·循吏傳·龔遂》：「海瀕遐遠，不沾聖化，其民困於飢寒而吏不恤，故使陛下赤子盗弄陛下之兵於潢池中耳。」後因以「潢池弄兵」謂叛亂、造反。

⑦ 踵接而輻輳：踵接，踵趾相接。謂人接連不斷。宋陳造《官務》詩：「追逮有踵接，符牒動山積。」輻輳：亦作「輻凑」。集中，聚集。漢班固《東都賦》：「平夷洞達，萬方輻凑。」唐韓愈《南山詩》：「或散若瓦解，或赴若輻凑。」宋陳亮《祭妹文》：「三載之間，禍患輻輳。」

⑧ 延：延請，邀請。晋陶淵明《桃花源記》：「餘人各復延至其家，皆出酒食。」

無訟堂詩序〔一四五〕　阮閲〔一四六〕

謂袁人好訟，聞之舊矣〔一四七〕。比來假守①，見其士力學而知廉耻，民樂善而好儉嗇②，已察其言之誣也。於是待以平恕，宥以寬簡；不擾以煩，不欺以僞〔一四八〕；愚則教之，不從則刑之，折以片言則屈而伏其平〔一四九〕。逾兩晦朔而辭牒不盈百〔一五〇〕，謂之好訟，可乎？因以郡圃之堂名曰『無訟』，聊以雪袁人之謗，庶幾後來者以平恕寬簡爲治而可以無事。敢賦鄙詩，獻於運使學士，願廣於鄉人也。詩云〔一五一〕：『欲爲袁人弭謗聲〔一五二〕，因將無訟榜堂名。他時茇舍③棠休翦，近日圜扉草已生〔一五三〕。自是索瘢④求大察，却疑束矢⑤聽難明。要知本樂農桑處，請看東郊壠上耕。』

---

①　假守：古時稱權宜派遣而非正式任命的地方官。《史記·南越列傳》：『因稍以法誅秦所置長吏，以其黨爲假守。』《漢書·項籍傳》：『會稽假守通素賢梁，乃召與計事。』張晏注：『假守，兼守也。』

②　儉嗇：節儉。《史記·貨殖列傳》：『（鄒魯）地小人衆，儉嗇，畏罪遠邪。』元劉祁《歸潛志》卷九：『崔翰林伯善性儉嗇，家居止蔬食爲常。』

③　茇舍：指草屋。宋范成大《吴船録》卷下：『鄂營昔皆茇舍，今始易以瓦屋。』

④　索瘢：尋求瑕疵。《新唐書·魏徵傳》：『今之刑賞，或由喜怒，或出好惡……好則鑽皮出羽，惡則洗垢索瘢。』明楊慎《丹鉛總録·人品·王導》：『後世猥儒，曲好議論，雖諸葛孔明、宋岳武穆猶加索瘢，而無片語疵導，誰謂公論百年而定哉！』

⑤　束矢：『束矢鈞金』之簡縮。古代民間訴訟按規定繳納的財物。後借指處理訟事。語本《周禮·秋官·大司寇》：『以兩造禁民訟，入束矢於朝，然後聽之。以兩劑禁民獄，入鈞金三日乃致於朝，然後聽之。』鄭玄注：『必入矢者，取其直也……古者一弓百矢，束矢，其百個與？』又：『必入金者，取其堅也。三十斤曰鈞。』按，束矢，即一束箭，其數量曆來説法不一。《詩·魯頌·泮水》：『角弓其觩，束矢其搜。』朱熹集傳：『五十矢爲束，或曰百矢也。』《國語·齊語》：『索訟者三禁，而不可上下，坐成以束矢。』韋昭注：『十二矢爲束。』

新修學記[一五四]

張九成①

紹興乙未，建安陳侯烯來守宜春，下車謁先師於學宮[一五五]。已乃瞻顧廟貌，徘徊廊廡[一五六]，喟然嘆曰：『夫子之道，傳帝王、相天地、叙彝倫②、膺③戎狄，自天子以下皆師事之。顧丹青漫漶④，楹桷傾弛，甚不稱朝廷所以尊祀之意[一五七]。風俗之本、教化之端當如是乎？吾甚弗取[一五八]。』乃命教授劉瑜撤其故而一新之[一五九]。越明年，仲春經始，季秋落成。畫繪炳朗⑤[一六〇]，輪奂⑥高潔[一六一]。儒風之盛，甲於江右[一六二]。

予適過郡[一六三]，諸生交揖而進曰[一六四]：『吾鄉人物載在信史，在漢則有陳重，唐則盧肇[一六五]、黄頗諸公相繼而出。又韓公振斯文於前，今陳公大其事於後。願紀厥實，以永不朽[一六六]。』余曰：『憂患流離[一六七]，學殖⑦荒落，不足副子請。』既而教授以書來，宜春尉林仰又以書來，余再辭而弗獲也，乃爲之説曰：

---

① 張九成：字子韶，其先開封人，徙居錢塘（今海寧鹽官）。生於宋哲宗元祐七年，卒於高宗紹興二十九年，享年六十八歲。

② 彝倫：常理；常道。《書·洪範》：『王乃言曰：「嗚呼，箕子！惟天陰騭下民，相協厥居，我不知其彝倫攸叙。」』蔡沈集傳：『彝，常也；倫，理也。』晋葛洪《抱樸子·名實》：『放斧斤而欲雙巧於班墨，忽良才而欲彝倫之攸叙，不亦難乎！』宋朱熹《〈大學章句〉序》：『夫以學校之設，其廣如此，教之之術，其次第節目之詳又如此，而其所以爲教，則又皆本之人君躬行心得之餘，不待求之民生日用彝倫之外，是以當世之人，無不學。』

③ 膺：伐擊。《詩·魯頌·閟宫》：『戎狄是膺，荊舒是懲。』馬瑞辰通釋：『膺，擊也。』

④ 漫漶：模糊不可辨别。唐韓愈《新修滕王閣記》：『於是棟楹梁桷板檻之腐黑撓折者，蓋瓦級甎之破缺者，赤白之漫漶不鮮者，治之則已，無侈前人，無廢後觀。』湯，古同『漫』。

⑤ 炳朗：光輝照耀。

⑥ 輪奂：形容屋宇高大衆多。語出《禮記·檀弓下》：『晋獻文子成室，晋大夫發焉。張老曰：「美哉輪焉！美哉奂焉！」』鄭玄注：『輪，輪囷；奂，言衆多。』宋范成大《吴船録》卷上：『真君殿前有大樓，曰玉華，翬飛輪奂，極土木之勝。』

⑦ 學殖：《左傳·昭公十八年》：『夫學，殖也；不殖將落。』杜預注：『殖，生長也；言學之進德，如農之殖苗，日新日益。』原指學問的積累、增進，後泛指學業、學問。

『學乎學乎，利禄云乎哉！《大學》平天下之道自格物而入，夫子不踰矩之妙自志學而入。蓋一心之所營，即經綸①天下之業也；一身之所理，即綏定②國家之事也[一六八]。耳目乃禮樂之源，其可弗正？夢寐乃居處之驗，其可弗思？陳侯之爲是舉也，豈徒然哉？蓋將使此邦之士不遷怒、不貳過如顔子，無伐善③、無施勞④如顔子，自忠恕而得入夫子之道如曾子，自灑掃⑤而得入君子之道如子夏，自徐行而得堯舜之道如孟子[一六九]。抑將使此邦之士從顔子、曾子、子夏、孟子數公而知格物⑥之效、志學之宗、平天下不踰矩之妙[一七〇]。學乎學乎！果利禄云乎哉！諸生其勉之[一七一]。』

化成巖記[一七二]

宜春太守龍舒陳元明下車[一七三]，屬萍鄉賊退之後。暇日行郊原，視城壘，相形勢，慨然念韓退之《謝章

---

① 經綸：整理絲縷、理出絲緒和編絲成繩，統稱經綸。引申爲籌劃治理國家大事。《易·屯》：『雲雷屯，君子以經綸。』孔穎達疏：『經謂經緯，綸謂綱綸，言君子法此屯象有爲之時，以經綸天下，約束於物。』《禮記·中庸》：『唯天下至誠，爲能經綸天下之大經，立天下之大本，知天地之化育。』唐劉知幾《史通·暗惑》：『魏武經綸霸業，南面受朝。』

② 綏定：安撫平定。《書·畢命》：『惟周公左右先王，綏定厥家。』明李贄《乾樓晚眺》：『中丞綏定後，携我共登臨。』

③ 伐善：誇耀自己的長處。《論語·公冶長》：『願無伐善，無施勞。』朱熹集注：『伐，誇也。善，謂有能。』《漢書·丙吉傳》：『吉爲人深厚，不伐善。』

④ 施勞：誇耀自己的功勞。一説不以勞苦之事加於他人。三國魏何晏集解引孔安國曰：『不以勞事置施於人。』清俞越謂伐古訓敗，施與『弛』通，訓毁。謂人有善，宜奬成而勿敗之；人有功，宜保全而勿毁之。見《俞樓雜纂》卷十四。

⑤ 灑掃：先灑水在地上浥濕灰塵，前後清掃。《韓詩外傳》卷六：『夙興夜寐，灑掃庭内。』《史記·魏其武安侯列傳》：『魏其與其夫人益市牛酒，夜灑埽，早帳具至旦。』宋蘇軾《雨中過舒教授》：『客來淡無有，灑掃凉冠屨。』

⑥ 格物：推究事物之理。《禮記·大學》：『致知在格物，物格而後知至。』宋蘇軾《謝兼侍讀表》：『恭惟皇帝陛下聖神格物，文武憲邦。』明王鏊《震澤長語·經傳》：『蓋知物之本末始終，而造能得之地，是格物之義也。』

曰：『「人安吏循，閭里無事」，此非唐刺史語乎[一七四]？銷盜賊、還流移、撫凋瘵，吾職也。時方艱難，要以從容鎮之。』稽考圖經，訪求父老，見歷代人物之盛，如漢陳重之謙虛、唐盧肇之邁往、鄭谷之華藻，其間接武公卿、肥遁①林壑者，殆不可勝數，則又嘆曰：『山水所鍾，固應爾耶？仰山峭峻萬仞[一七五]，距郡南數十里，比以渴雨，請於神輒應，未及詣山拜賜也。』郡之西北有巖曰『化成』，距江纔二里許。歷覽山川，回視城郭，號勝地[一七六]。部使者趙粹中曰：『巖與仰山對，盍試登之一望[一七七]，少慰仰山之神。』

翌日，相與俱來，顧余曰：『舊傳唐贊皇公堂於此[一七八]』。因摩挲石刻，驗之不誣。東西二軒[一七九]，巖之上與其旁兩小亭，皆未名[一八〇]。余因以贊皇公《宜春十五賦》詩讀之[一八一]，掇其語曰『倚幽巖而將夕』，故以『倚巖』名西軒；『積杉松之翠靄[一八二]』，故以『翠靄』名東軒；『臨眺峰岑，振鷺翔集[一八三]』，故以『振鷺』名巖傍之亭。不但臨流可觀，亦想像公之羽儀如此。巖上一亭，特名曰『仰止』，蓋以見吾曹仰止前人之意，而又拱揖仰山相爲酬酢②，雖欲辭此名而不受，不可得也。

贊皇公相太和間，方文宗意向訓注③，奮身力排之[一八四]。及罷，連貶爲是邦長史而不悔。放浪④林泉，著之言

---

① 肥遁：同『肥遯』。晉葛洪《抱樸子·暢玄》：『知足者則能肥遁勿用，頤光山林。』《舊唐書·隱逸傳序》：『退無肥遁之貞，進乏濟時之具。』

② 酬酢：主客相互敬酒，主敬客稱酬，客還敬稱酢。《淮南子·主術訓》：『觴酌俎豆酬酢之禮，所以效善也。』唐孫揆《靈應傳》：『餘不暇他辭，唯稱不敢，酬酢之際，已見聘幣羅於階下。』

③ 『方文』句：意向，謂心之所向，偏向。此處指寵信。訓注，指李訓、鄭注。

④ 放浪：浪游；浪迹。宋陸游《齋中雜興》：『孤舟小於葉，放浪煙水間。』元辛文房《唐才子傳·趙牧》：『有俊才，負奇節，遂捨場屋，放浪人間。』

語。其賦鶺鴒，有君子小人之辯，而嘉二芳之晚榮①〔一八五〕，足以見其崇静退之風。逮相武宗，削平澤潞②，讋服③三鎮，凜然與裴度齊名，大中以後無能繼之者。嗚呼！昔人謂丘壑廊廟不相爲用，贊皇公兼有之，然則後之所以仰公者〔一八六〕，豈獨惓惓於巖石之間爲哉！余衰且病，尚及見公等嗣公之迹，爲此邦重云〔一八七〕。紹興四年甲寅七月二十五日記。

司户參軍廳記

陳確　司户參軍。

凡一郡之户口書於版者，必張官④以莅之，以歲時稽其衆寡。在漢魏爲户曹掾，在隋爲司户書佐，在唐爲户曹參軍事。其名不同，其職一也。凡道路、逆旅、雜徭、逋負⑤、良賤、芻藁、緡田之事皆掌其禁令，聽其詞訟，孝弟者爲之旌别而書之。唐代以其職繁任重，因爲七品要官。裴琰之一日省决積案數百，名動一州，號『霹靂手』。李元紘

---

① 晚榮：指草木晚開花。唐陳叔達《詠菊》：『但令逢采摘，寧辭獨晚榮。』

② 澤潞：指澤潞之叛。澤州，治晋城，今屬山西；潞州，治上黨，今山西長治。昭義節度使治所即在上黨。甘露之變，宰相王涯等人被殺。其後，閹宦氣焰益熾。昭義節度使（澤潞節度使）劉從諫與王涯素善，且惡宦官當權，故數上奏章，爲其鳴冤，『譏切中人（宦官）』。因從諫手握重兵，且有威名，宦官仇士良等頗爲忌憚。會昌三年四月，從諫病卒，其侄劉稹秘不發喪，自領軍務，奏請朝廷任命其爲留後。武宗召集群臣商議，群臣多贊成此議，獨李德裕以爲昭義近京師，不能聽其割據一方。武宗從其議。劉稹見朝廷不准，遂叛。後劉稹爲郭誼、王協所殺，亂遂平。

③ 讋服：謂使之畏懼服從。梁啓超《中國專制政治進化史論》第二章：『黄帝以巍巍威德，讋服宇内，爲諸酋長之長。』

④ 張官：設置官員。漢班固《白虎通·封公侯》：『列土爲疆，非爲諸侯；張官設府，非爲卿大夫，皆爲民也。』《後漢書·桓譚傳》：『夫張官置吏，以理萬人，縣賞設罰，以别善惡。』

⑤ 逋負：拖欠賦税、債務。《史記·汲鄭列傳》：『莊任人賓客爲大農僦人，多逋負。』

不阿貴近，『南山可移，判不可揺』之語，流芳史諜①。户曹於前代其重如此。

皇朝政和初，分曹建掾踵漢魏之制，復以今銜則繇宣和始，然所職泉穀②出入，與夫斷理獄訟，上有録參，不過占位紙尾而已。非州若監司剸諉③，勿敢預，非惟不能關決④政事，敦勵⑤風俗，如前所謂司户者，方且俶装治任⑥，奔走部内，一檄踵門，襆被⑦以出，視牛馬卒，施施⑧若儕輩，祈寒⑨暑雨弗遑避也。諸郡皆然。

袁之爲州，在江之南，猶號無事，而郡將必朝廷推擇當世明卿賢大夫爲之。今右朝奉大夫儀真李公因其土俗，

---

① 史諜：亦作『史牒』。猶史册。《晋書・隱逸傳・辛謐》：『伯夷去國，子推逃賞，皆顯史牒，傳之無窮。』《陳書・高祖紀上》：『既景焕於圖書，方葳蕤於史諜。』

② 泉穀：猶言錢穀。泉，指泉幣，即錢幣。

③ 剸諉：剸，專一；諉，委托。意謂由司户參軍專門負責。

④ 關決：指決斷。清平步青《霞外捃屑・格言・讀書五失》：『經術隱奥，茫乎其無所適從，泛然而無所關决。』

⑤ 敦勵：亦作『敦厲』。勸勉，勉勵。北齊顔之推《顔氏家訓・勉學》：『夫明《六經》之指，涉百家之書，縱不能增益德行，敦厲風俗，猶爲一藝，得以自資。』《舊唐書・孝友傳・宋興貴》：『弘長名教，敦勵風俗，宜加褒顯，以勸將來。』

⑥ 『方且』句：俶裝，整理行裝。《後漢書・張衡傳》：『占既吉而無悔兮，簡元辰而俶裝。』李賢注：『俶，整也。』治任，亦整理行裝之意。《孟子・滕文公上》：『昔者孔子没，三年之外，門人治任將歸。』趙岐注：『任，擔也。』宋葉紹翁《四朝聞見録・太學諸生置綾紙》：『諸生計既屈，遂治任盡出太學。』

⑦ 襆被：用包袱裹束衣被，意爲整理行裝。《晋書・魏舒傳》：『入爲尚書郎。時欲沙汰郎官，非其才者罷之。舒曰：「吾即其人也。」襆被而出。』唐宋之問《桂陽三日述懷》：『載筆儒林多歲月，襆被文昌事吴越。』

⑧ 施施：徐行貌。《詩・王風・丘中有麻》：『彼留子嗟，將其來施施。』毛傳：『施施，難進之意。』鄭玄箋：『施施，舒行伺閑，獨來見己之貌。』唐柳宗元《始得西山宴游記》：『施施而行，漫漫而游。』

⑨ 祁寒：嚴寒。《書・君牙》：『冬祁寒，小民亦惟曰怨咨。』蔡沈集傳：『祁，大也。』《金史・宣宗紀中》：『京師丐食死於祁寒。』

鎮以寬静，節用愛人，勤力於治，雖休浣①不廢。吏不能欺，盜不苟竊；户無逋租②，獄無冤民。官曹省文書③，日益以無事。確愚不肖，叨居是職，遂獲恬然空餐自容，顧非幸耶？

廳事在州西偏，舊爲民居，湫隘庫陋④，前人因寓於佛祠。自公之至，視人所謂利者必興，所謂害者必去，高臺清池爲游觀之美者未嘗一寓目⑤焉。至所當務則皇皇如不終日，曰城，曰門，曰渠，曰學，曰橋道廩庫，窒者通之，污者平之，僵者植之，弊者新之，無一不備。確因得以是請而建於州南之隙地。念前人名氏未有記之者，儻乃弗紀録，則歲久文逸，漫不可考。於是追而求之，得自紹興二年左從事郎饒延直而下若干人書焉。三十二年四月朔記。

〔校勘記〕

〔一〕『建』，《康熙志》卷十四、《嘉慶志》卷三十二作『修』。

〔二〕『廳』，《康熙志》卷十四、《嘉慶志》卷三十二作『庭』。

〔三〕《康熙志》卷十四、《嘉慶志》卷三十二『民』字下有一『望』字。

---

① 休浣：亦作『休澣』。指官吏按例休假。南朝宋鮑照《玩月城西門廨中》：『休澣自公日，宴慰及私辰。』

② 逋租：猶欠租。《東觀漢記·光武紀》：『嘗爲季父故春陵侯訟逋租於大司馬嚴尤。』唐柳宗元《零陵三亭記》：『逋租匿役，期月辨理。』

③ 官曹：官吏辦事機關，官吏辦事處所。《東觀漢記·光武紀》：『述（公孫述）伏誅之後，而事少閑，官曹文書減舊過半。』唐白居易《司馬廳獨宿》：『官曹冷似冰，誰肯來同宿？』

④ 『湫隘』句：湫隘，低下狹小。《左傳·昭公三年》：『初，景公欲更晏子之宅，曰：「子之宅近市，湫隘囂塵，不可以居，請更諸爽塏者。」』杜預注：『湫，下；隘，小。』宋司馬光《酬永樂劉秘校庚〈四洞詩〉》：『貧居苦湫隘，無術逃炎曦。』庫陋，矮小簡陋。《新唐書·盧懷慎傳》：『望懷慎家，環堵庫陋。』《明史·吴貞毓傳》：『宮室庫陋，服御粗惡。』

⑤ 寓目：猶過目，觀看。宋洪邁《夷堅丁志·仙舟上天》：『仰空寓目，見一舟凌虚直上。』

〔四〕『治也』二字原闕，今據《康熙志》卷十四、《嘉慶志》卷三十二補。

〔五〕此句《康熙志》卷十四、《嘉慶志》卷三十二作『其由在上者自紊其法』。

〔六〕『吏』，《康熙志》卷十四、《嘉慶志》卷三十二作『政』。

〔七〕此句《康熙志》卷十四、《嘉慶志》卷三十二作『雖非良民口不可塞也』。

〔八〕此句《康熙志》卷十四、《嘉慶志》卷三十二作『亦未嘗敢變十八年之所行也』。

〔九〕此句《康熙志》卷十四、《嘉慶志》卷三十二作『安有袁乎？吉乎？易治郡乎？』

〔一〇〕『折』，原作『拆』，今據《康熙志》卷十四、《嘉慶志》卷三十二改。

〔一一〕『於』字原闕，據《康熙志》卷十四、《嘉慶志》卷三十二補。

〔一二〕『庀役』，《康熙志》卷十四、《嘉慶志》卷三十二作『庀徒』。按：『庀役』『庀徒』兩通，均有雇傭工匠的意思。

〔一三〕『規模』，《康熙志》卷十四、《嘉慶志》卷三十二作『規撫』。按：『規撫』是動詞，『依照』之意，不可通。『模』亦作『橅』，疑『橅』『撫』形近而訛，故當從本書作『規模』爲是。

〔一四〕『袁延慶』，《嘉慶志》卷三十二、《（康熙）志》卷十五作『袁延度』，本篇下同。

〔一五〕此句《康熙志》卷十五、《嘉慶志》卷三十二作『亭之建』。按：『疏泉』即指疏泉亭，或奪一『亭』字。

〔一六〕《康熙志》卷十五、《嘉慶志》卷三十二無此句。按：無此句更通暢。

〔一七〕此句《康熙志》卷十五、《嘉慶志》卷三十二作『考唐元和中刺史李將順』。

〔一八〕此句《康熙志》卷十五、《嘉慶志》卷三十二作『以民常苦火』，《同治志》卷九之二作『以民嘗苦火』。按應是火災經常發生，故『嘗』當爲『常』之誤。

〔一九〕此句《康熙志》卷十五、《嘉慶志》卷三十二作『亦以灌溉濯滌』。

〔二〇〕此句《康熙志》卷十五、《嘉慶志》卷三十二作『民獲利焉』。

〔二一〕《康熙志》卷十五、《嘉慶志》卷三十二無此句。

〔二二〕此句《康熙志》卷十五、《嘉慶志》卷三十二作『繼者不能循其績』。

〔二三〕此句《康熙志》卷十五、《嘉慶志》卷三十二作「渠於是堙」。

〔二四〕《康熙志》卷十五、《嘉慶志》卷三十二「王」字上無「蘭臺」二字。

〔二五〕此句《康熙志》卷十五、《嘉慶志》卷三十二作「復以州人頻爲火困」。

〔二六〕此句《康熙志》卷十五、《嘉慶志》卷三十二作「王公察治舊渠以爲備」。

〔二七〕此句《康熙志》卷十五、《嘉慶志》卷三十二作「然經制靡固，王公適去」。

〔二八〕此句《康熙志》卷十五、《嘉慶志》卷三十二「渠隨塞」。

〔二九〕《康熙志》卷十五、《嘉慶志》卷三十二無此句。

〔三〇〕此句《康熙志》卷十五、《嘉慶志》卷三十二作「至郡，時居民新爲火焚」。

〔三一〕此句原作「意民何而居上者不與之爲備也」，《康熙志》卷十五、《嘉慶志》卷三十二、《同治志》卷九之二作「噫！民何知？而居上者不與之爲備也」文意完整而通順，今據改。

〔三二〕《康熙志》卷十五、《嘉慶志》卷三十二無此句。

〔三三〕《康熙志》卷十五、《嘉慶志》卷三十二無此句

〔三四〕《康熙志》卷十五、《嘉慶志》卷三十二無此句。

〔三五〕「植」，原作「林」，今據《康熙志》卷十五、《嘉慶志》卷三十二改。

〔三六〕《康熙志》卷十五、《嘉慶志》卷三十二「蓮」下兩句作「復爲是亭意」，「意」字蓋屬下句。

〔三七〕「爾」，《康熙志》卷十五、《嘉慶志》卷三十二作「其」。

〔三八〕此句《康熙志》卷十五、《嘉慶志》卷三十二作「乃命之爲「疏泉」」。

〔三九〕《康熙志》卷十五、《嘉慶志》卷三十二「賦」字上無「仍」字。

〔四〇〕《康熙志》卷十五、《嘉慶志》卷三十二「於」字下無「石」字。

〔四一〕「三日」，《康熙志》卷十五、《嘉慶志》卷三十二作「五日」。

〔四二〕此文《康熙志》卷十四、《嘉慶志》卷三十一題作「題宜春臺詩序」。

〔四三〕此句《康熙志》卷十四、《嘉慶志》卷三十一作「陰森竹樹」。

〔四四〕「瞰」，《康熙志》卷十四、《嘉慶志》卷三十一作「望」。

〔四五〕「萬家」，原作「萬象」。按，此句意謂春臺乃百姓游息之所，固當作「萬家」爲是，《康熙志》卷十四、《嘉慶志》卷三十一作「萬家」，今據改。

〔四六〕「境」，《康熙志》卷十四、《嘉慶志》卷三十一作「景」。

〔四七〕「表」，《康熙志》卷十四、《嘉慶志》卷三十一作「裏」。按作「裏」雖義亦可通，然表示「在某某事物裏面」一般稱「某某之内」而非「某某之裏」，疑本作「表」，因「表」「裏」形近而訛，故當從本書作「表」爲是。

〔四八〕《康熙志》卷十四、《嘉慶志》卷三十一「有」作「見」。

〔四九〕「嗣隆」，《康熙志》卷十四、《嘉慶志》卷三十一作「某」。本篇下同。

〔五〇〕「廊廡」，《康熙志》卷十四、《嘉慶志》卷三十一作「廡廊」。

〔五一〕「所係遺墜」，《康熙志》卷十四、《嘉慶志》卷三十一均作「所保有所遺墜」，「保」当爲「係」之訛字。《全宋文》卷三二〇作「所係有所遺墜」，則句意最爲明白，然不知所據何本。

〔五二〕此句原作「豈與夫斯臺而争勝哉」，文意不通。按：《康熙志》卷十四、《嘉慶志》卷三十一作「豈足與夫斯臺争勝哉」，今據改。

〔五三〕「有」，《康熙志》卷十四、《嘉慶志》卷三十一作「自」。兩通。

〔五四〕「賦」，《康熙志》卷十四、《嘉慶志》卷三十一作「職」。按：此處主要就詩人而言，故以作「職」義較長。然作「賦」亦通，今不改。

〔五五〕此文《康熙志》卷十五、《嘉慶志》卷三十二作「州學記」。

〔五六〕「殫」，《康熙志》卷十五、《嘉慶志》卷三十二作「單」。按「單」亦通「殫」，故兩通。

〔五七〕「僭」，《康熙志》卷十五、《嘉慶志》卷三十二作「借」。兩通，然以作「僭」爲長。

〔五八〕《康熙志》卷十五、《嘉慶志》卷三十二「旨」字上無「意」字。

〔五九〕「覃」，《康熙志》卷十五、《嘉慶志》卷三十二作「譚」。按：「覃」當通「譚」，「譚」則同「談」，稱説之意。《全宋文》作「撢」，「撢」，探求之義，亦通。

〔六〇〕《康熙志》卷十五、《嘉慶志》卷三十二於篇末有「至和甲午夏五月甲子記」之句。

〔六一〕此文《同治志》卷九之三題作「州署慶豐堂記」。

〔六二〕「廣源州蠻」，原作「廣州蠻」，誤。據《宋史》卷四百九十五載：「廣源州蠻儂氏，州在邕州西南鬱江之源，地峭絶深阻，産黄金、丹砂，頗有邑居聚落。俗椎髻左衽，善戰鬥，輕死好亂。」皇祐四年四月，廣源州蠻破邕州，之後連破九州，進逼廣州。疑本書因此誤「廣源州」爲「廣州」。《康熙志》卷十五、《嘉慶志》卷三十二、《同治志》卷九之三、《龍學文集》卷十六均作「廣源州蠻」，今據改。

〔六三〕「趣」，《康熙志》卷十五、《嘉慶志》卷三十二、《同治志》卷九之三均作「趨」。按「趨」「趣」均有「敦促」「催促」之義，故兩通。

〔六四〕《康熙志》卷十五、《嘉慶志》卷三十二、《同治志》卷九之三「人」下均無字「清趣自生」四字。

〔六五〕此句《康熙志》卷十五、《嘉慶志》卷三十二、《同治志》卷九之三均作「命糞除之」。

〔六六〕「爲」，《康熙志》卷十五、《嘉慶志》卷三十二、《同治志》卷九之三均作「謂」。

〔六七〕「是秋禾熟」，《康熙志》卷十五、《同治志》卷九之三作「是秋禾大熟」，《嘉慶志》卷三十二作「是秋大熟」。

〔六八〕《康熙志》卷十五、《嘉慶志》卷三十二、《同治志》卷九之三「豐」字下均無「堂」字。

〔六九〕「十二月二十一日」，《康熙志》卷十五、《嘉慶志》卷三十二、《同治志》卷九之三均作「十月二十日」。

〔七〇〕「祠」，原作「詞」，誤。此文《康熙志》卷十五、《嘉慶志》卷三十二、《同治志》卷九之三均題作「韓文公廟記」。

〔七一〕「二百三十四」，《龍學文集》卷七同，《康熙志》卷十五、《嘉慶志》卷三十二、《同治志》卷九之三均作「一百二十四」。

按：元和十五年爲八二〇年，祖無擇刺袁在宋皇祐五年，乃一〇五三年，前後相隔二百三十四年，故《嘉慶志》等誤，當以本書爲是。

〔七二〕《康熙志》卷十五、《嘉慶志》卷三十二、《同治志》卷九之三『鞠』字上均無『見』字，《龍學文集》卷七與本書同，是。

〔七三〕『以』字原闕，據《龍學文集》卷七補，《康熙志》卷十五、《嘉慶志》卷三十二、《同治志》卷九之三『喪』字下無『報德』二字。

〔七四〕『爲』字原闕，據《康熙志》卷十五、《嘉慶志》卷三十二、《同治志》卷九之三、《龍學文集》卷七補。『貳』，《康熙志》卷十五、《嘉慶志》卷三十二、《同治志》卷九之三、《龍學文集》卷七均作『二』。

〔七五〕《康熙志》卷十五、《嘉慶志》卷三十二、《同治志》卷九之三、《龍學文集》卷七『有』字上均有『在陽山』三字。

〔七六〕『遷尚書都』四字原闕，句意不通，今據《康熙志》卷十五、《嘉慶志》卷三十二、《同治志》卷九之三、《龍學文集》卷七校補。

〔七七〕『洪』，《嘉慶志》卷三十二、《同治志》卷九之三均作『宏』。

〔七八〕『火肌膚』，義殊費解。《康熙志》卷十五、《嘉慶志》卷三十二均作『火肌膚』；《同治志》卷九之三作『火飢膚』；《龍學文集》卷七作『剥肌膚』，並注云：『「剥肌」二字據庫本增（按庫本即四庫全書本《龍學文集》）。』疑『肌』『飢』均爲『肌』之訛字，而『火肌膚』『剥肌膚』云云，當爲百姓迎佛骨所做出的瘋狂行爲。又《龍學文集》卷七『膚』下有一『奉』字，並於『傾』下注云：『庫本作「供至」二字。』句意較爲明白，然缺乏足夠書證，姑存疑待考。

〔七九〕『魚』，《龍學文集》卷七同，《康熙志》卷十五、《嘉慶志》卷三十二、《同治志》卷九之三均作『鰐』。

〔八〇〕《康熙志》卷十五、《嘉慶志》卷三十二、《同治志》卷九之三『去』字下無『人用無患』四字。

〔八一〕『而』，《龍學文集》卷七同，《康熙志》卷十五、《嘉慶志》卷三十二、《同治志》卷九之三均作『聞』。

〔八二〕《康熙志》卷十五、《嘉慶志》卷三十二、《同治志》卷九之三、《龍學文集》卷七『亂』下爲『殺其帥。署王廷湊爲節度』。

〔八三〕「及」，《康熙志》卷十五、《嘉慶志》卷三十二、《同治志》卷九之三、《龍學文集》卷七均作「入」。

〔八四〕「之」，《康熙志》卷十五、《嘉慶志》卷三十二、《同治志》卷九之三、《龍學文集》卷七均作「公」。

〔八五〕《康熙志》卷十五、《嘉慶志》卷三十二、《同治志》卷九之三「慨」字下無「如蹈無人之地」之語。

〔八六〕《康熙志》卷十五、《嘉慶志》卷三十二、《同治志》卷九之三「不」字上無「帖」字，《龍學文集》卷七「不」上有「帖帖」二字，且於下一「帖」字下注云：「庫本作伏」。按：「帖帖」，帖伏、服帖之意。故當據《龍學文集》補一「帖」字。

〔八七〕「疏狂」，《龍學文集》卷七同，《康熙志》卷十五、《嘉慶志》卷三十二、《同治志》卷九之三均作「狂疏」。

〔八八〕「詳」，《龍學文集》卷七同，《康熙志》卷十五、《嘉慶志》卷三十二、《同治志》卷九之三作均作「拜」。

〔八九〕《康熙志》卷十五、《嘉慶志》卷三十二、《同治志》卷九之三「皇」上均有「時」字。「五年」，《龍學文集》卷七作「三年」，並注云：「丁本作『五年』。」

〔九〇〕「事」，《康熙志》卷十五、《嘉慶志》卷三十二、《同治志》卷九之三、《龍學文集》卷七均作「事事」。

〔九一〕「用」字原闕，《康熙志》卷十五、《嘉慶志》卷三十二、《同治志》卷九之三、《龍學文集》卷七等各本「亭」字下均有一「用」字，語意較完整，今據補。

〔九二〕「予治州日」，《康熙志》卷十五、《嘉慶志》卷三十二、《同治志》卷九之三、《龍學文集》卷七均作「初，予至州，目其處不及往者三月。繼而」。疑本書「治」「日」二字乃分别爲「至」「目」之訛字，然句意亦通，今不改。

〔九三〕此二句《康熙志》卷十五、《嘉慶志》卷三十二、《同治志》卷九之三、《龍學文集》卷七均作「水雖盈而甚污，屋雖存而將傾」。

〔九四〕《康熙志》卷十五、《嘉慶志》卷三十二、《同治志》卷九之三、《龍學文集》卷七「其」字下均有一「餘」字。

〔九五〕《嘉慶志》卷三十二「二」下均有一「皆」字。

〔九六〕「蕖」，原作「渠」，今據《康熙志》卷十五、《嘉慶志》卷三十二、《同治志》卷九之三、《龍學文集》卷七改。

〔九七〕『采香閣』，原作『來香閣』，今據《康熙志》卷十五、《嘉慶志》卷三十二、《同治志》卷九之三、《龍學文集》卷七改。下文『采珠閣』同。

〔九八〕『以』，原作『次』，《康熙志》卷十五、《嘉慶志》卷三十二、《同治志》卷九之三均同。按作『次』句意不通，《龍學文集》卷七作『以』，今據改。

〔九九〕《康熙志》卷十五、《嘉慶志》卷三十二、《同治志》卷九之三『亭』字下均無『四』字。

〔一〇〇〕《康熙志》卷十五、《嘉慶志》卷三十二、《同治志》卷九之三『者』字下均無『曰』字。『讓堂』，《龍學文集》卷七作『遜堂』。

〔一〇一〕『射棚』，原作『榭棚』，《康熙志》卷十五、《嘉慶志》卷三十二均作『射棚』，《同治志》卷九之三作『石棚』。按：『射棚』，箭靶也，郡邑練習射箭之設置，故當作『射棚』爲是，今據《康熙志》《（嘉慶）志》改。方言『石』『射』音近，疑『石棚』乃『射棚』之訛，故亦間接證明此處當作『射棚』。

〔一〇二〕『面東』，《康熙志》卷十五、《嘉慶志》卷三十二、《同治志》卷九之三、《龍學文集》卷七均作『東嚮』。按：『面東』『東嚮』兩通，今不改。

〔一〇三〕『浮沉』，《龍學文集》卷七同，《康熙志》卷十五、《嘉慶志》卷三十二、《同治志》卷九之三均作『浮流』。按：既言『下上』，當從本書及《龍學文集》作『浮沉』爲是。

〔一〇四〕『予』，《嘉慶志》卷三十二、《同治志》卷九之三作『於』，誤。《康熙志》卷十五、《龍學文集》卷七均同本書作『予』，是。

〔一〇五〕《康熙志》卷十五、《嘉慶志》卷三十二、《同治志》卷九之三、《龍學文集》卷七字『來』下均無『莅』字，亦通。按：有『莅』字則句意較完整，疑諸本皆因下文『若以罪讁而來』而脱一『莅』字。

〔一〇六〕『喜』，《康熙志》卷十五、《嘉慶志》卷三十二、《同治志》卷九之三、《龍學文集》卷七均作『嬉』。

〔一〇七〕『於』字原闕，《康熙志》卷十五、《嘉慶志》卷三十二、《同治志》卷九之三、《龍學文集》卷七『取』字下均有一

「於」字，今據補。

〔一〇八〕「識」，《龍學文集》卷七同，《康熙志》卷十五、《嘉慶志》卷三十二、《同治志》卷九之三均作「譴」。

〔一〇九〕此文《康熙志》卷十四題作「石乳洞記」。

〔一一〇〕「禹貢」，原作「禹別」。按：《康熙志》卷十四、《嘉慶志》卷三十二、《同治志》卷九之三、《（康熙）宜春縣志》卷之十五均作「禹貢」，今據改。

〔一一一〕「蕭亢宗」，原作「蕭元宗」，誤。按：《宋詩紀事》卷十八云「亢宗，廣陵人」，並録其《奉和郡守祖無擇咏盧石》詩一首。《康熙志》卷十四、《嘉慶志》卷三十二、《同治志》卷九之三均作「蕭亢宗」，今據改。

〔一一二〕《康熙志》卷十四、《嘉慶志》卷三十二、《同治志》卷九之三「概」下無「亢宗雖能言，何益也」等字。

〔一一三〕《康熙志》卷十四、《嘉慶志》卷三十二、《同治志》卷九之三「袁」字下均無「有休」二字。

〔一一四〕「嘉」，原作「佳」，《康熙志》卷十四、《嘉慶志》卷三十二、《同治志》卷九之三均作「嘉」，今據改。

〔一一五〕《康熙志》卷十四、《嘉慶志》卷三十二、《同治志》卷九之三均無「殆鬼謀神力」五字。

〔一一六〕《康熙志》卷十四、《嘉慶志》卷三十二、《同治志》卷九之三均無「無翳礙」三字。

〔一一七〕「蓋雖石，入門而履之」，《康熙志》卷十四、《嘉慶志》卷三十二、《同治志》卷九之三均作「蓋維石門入而履之」。

〔一一八〕「辨」，《康熙志》卷十四、《嘉慶志》卷三十二、《同治志》卷九之三均作「辯」，《（康熙）宜春縣志》卷之十五作「辦」。按：「辯」可通「辨」，作「辦」則誤矣。

〔一一九〕「水」，《康熙志》卷十四、《嘉慶志》卷三十二、《同治志》卷九之三均作「井」。

〔一二〇〕此句《康熙志》卷十四、《嘉慶志》卷三十二、《同治志》卷九之三均作「號南北市」。

〔一二一〕「憂」，《康熙志》卷十四、《嘉慶志》卷三十二、《同治志》卷九之三均作「夏」。

〔一二二〕「析」「漫」二字，《康熙志》卷十四、《嘉慶志》卷三十二、《同治志》卷九之三均分別作「枅」與「墁」。按「漫」通「墁」；「枅」，名詞，柱上方木或掛大秤的横木，不合句意，故當從本書作「析」爲是。

［一二三］「像」，原作「象」，《康熙志》卷十四、《嘉慶志》卷三十二、《同治志》卷九之三均作「像」，今據改。

［一二四］《康熙志》卷十四、《嘉慶志》卷三十二、《同治志》卷九之三「亭」字下均無「猶爲里落所事」六字。

［一二五］「從」，《康熙志》卷十四、《嘉慶志》卷三十二、《同治志》卷九之三均作「應」。

［一二六］「石室」，《康熙志》卷十四、《嘉慶志》卷三十二、《同治志》卷九之三均作「鬼置」。

［一二七］《康熙志》卷十四、《嘉慶志》卷三十二、《同治志》卷九之三「哉」字下均無「恐未易窺耳」五字。

［一二八］「池」，《康熙志》卷十四、《嘉慶志》卷三十二、《同治志》卷九之三均作「也」。按陸羽《茶經》載：「其水，用山水上，江水中，井水下。（中略）其山水揀乳泉、石池漫流者上（下略）。」故當從本書作「池」爲是。

［一二九］此句《康熙志》卷十四、《嘉慶志》卷三十二、《同治志》卷九之三均作「政和癸巳中和日記」。

［一三〇］「繼」，原作「既」，誤，徑改。

［一三一］《康熙志》卷十五、《嘉慶志》卷三十二、《同治志》卷九之三「邑」下均無「築」字。

［一三二］「郡」字原闕，《康熙志》卷十五、《嘉慶志》卷三十二、《同治志》卷九之三「改」字下均有一「郡」字，今據補。

［一三三］此句《康熙志》卷十五、《嘉慶志》卷三十二、《同治志》卷九之三均作「蓋承平武備弛」。

［一三四］「閭丘公霖」，原作「吕公丘霖」。按本書卷三作「閭丘公霖」，《康熙志》卷十五、《同治志》卷九之三亦作「閭丘公霖」，今據改。《嘉慶志》卷三十二作「閭公丘霖」，蓋不明「閭丘」爲複姓，故誤。

［一三五］「重」，原作「巖」，句意不通。《康熙志》卷十五、《嘉慶志》卷三十二、《同治志》卷九之三均作「重」，今據改。

［一三六］「韙」，《康熙志》卷十五、《嘉慶志》卷三十二、《同治志》卷九之三均作「偉」。

［一三七］「三千五百」，原作「二千五百」。按本書卷三、《康熙志》卷十五、《嘉慶志》卷三十二、《同治志》卷二及卷九之三均作「三千五百」，今據改。「步」字原闕，今據《康熙志》卷十五、《嘉慶志》卷三十二、《同治志》卷九之三補。

［一三八］「棚」，原作「柵」，誤。按：《康熙志》卷十五、《嘉慶志》卷三十二、《同治志》卷九之三均作「棚」，今據改。

［一三九］《康熙志》卷十五、《嘉慶志》卷三十二、《同治志》卷九之三「創」字下均有一「修」字。

〔一四〇〕「亦當聞風而辟易矣」，原作「亦當聞風辟易而避去矣」。按：原文語義重複，似有衍文。《康熙志》卷十五、《嘉慶志》卷三十二、《同治志》卷九之三均作「亦當辟易矣」，今據改。

〔一四一〕「延」，《康熙志》卷十五、《嘉慶志》卷三十二、《同治志》卷九之三均作「速」。按：「延」「速」均有「邀請」之意，故兩通。

〔一四二〕《康熙志》卷十五、《嘉慶志》卷三十二、《同治志》卷九之三「末」字下均無「建碣題名，大書深刻」八字。

〔一四三〕《康熙志》卷十五、《嘉慶志》卷三十二、《同治志》卷九之三「靈」字下均無「既光於前，復垂於後」八字。

〔一四四〕《康熙志》卷十五、《嘉慶志》卷三十二、《同治志》卷九之三「月」字下均有一「吉」字。

〔一四五〕此文《康熙志》卷十九、《嘉慶志》卷三十六、《同治志》卷九之八均作「無訟堂詩」，並注云：「有序」。

〔一四六〕此序《康熙志》卷十九、《嘉慶志》卷三十六、《同治志》卷九之八均係於沈昭遠，並注云：「《通志》作阮閱」。

〔一四七〕「謂袁人好訟，聞之舊矣」，《康熙志》卷十九、《嘉慶志》卷三十六、《同治志》卷九之八均作「袁人稱好訟」。

〔一四八〕《康熙志》卷十九、《嘉慶志》卷三十六、《同治志》卷九之八「簡」字下均無「不擾以煩，不欺以僞」八字。

〔一四九〕《康熙志》卷十九、《嘉慶志》卷三十六、《同治志》卷九之八「之」字下均無「折以片言則屈而伏其平」十字。

〔一五〇〕此句《康熙志》卷十九、《嘉慶志》卷三十六、《同治志》卷九之八均作「逾兩月而牒不盈百」。

〔一五一〕《康熙志》卷十九、《嘉慶志》卷三十六、《同治志》卷九之八均闕「敢賦鄙詩（中略）詩云」十八字。

〔一五二〕「弭」，《康熙志》卷十九、《嘉慶志》卷三十六、《同治志》卷九之八均作「雪」。按：「弭謗」之典出自《國語·周語上》：「厲王虐，國人謗王，（中略）王喜，告召公曰：『吾能弭謗矣，乃不敢言。』」「弭謗」雖有出處，然其意爲「禁止非議」則似與詩意不合，作「雪」似更爲妥當。

〔一五三〕「圜扉」，原作「環扉」。按：《康熙志》卷十九、《嘉慶志》卷三十六、《同治志》卷九之八均作「圜扉」，今據改。

〔一五四〕此文《康熙志》卷之十五、《嘉慶志》卷三十二、《同治志》卷九之三均題作「新修州學記」。

〔一五五〕《康熙志》卷之十五、《嘉慶志》卷三十二、《同治志》卷九之三「謁」字下均有「先聖」二字。

〔一五六〕「徘徊」，《康熙志》卷之十五、《嘉慶志》卷三十二、《同治志》卷九之三均作「徊翔」。

〔一五七〕「尊祀」，《康熙志》卷之十五、《嘉慶志》卷三十二、《同治志》卷九之三均作「尊崇」。

〔一五八〕《康熙志》卷之十五、《嘉慶志》卷三十二、《同治志》卷九之三「乎」字下均無「吾甚弗取」四字。

〔一五九〕「撤其故而一新之」，《康熙志》卷之十五、《嘉慶志》卷三十二、《同治志》卷九之三均作「撤而新之」。

〔一六〇〕「炳朗」，《康熙志》卷之十五、《嘉慶志》卷三十二、《同治志》卷九之三均作「炳明」。

〔一六一〕「輪奐」，原作「侖奐」。按：「輪奐」不可寫作「侖奐」。《康熙志》卷之十五、《嘉慶志》卷三十二、《同治志》卷九之三均作「輪奐」。

〔一六二〕「江右」，《康熙志》卷之十五、《嘉慶志》卷三十二、《同治志》卷九之三均作「江西」。

〔一六三〕「予適過郡」，《康熙志》卷之十五、《嘉慶志》卷三十二、《同治志》卷九之三均作「予出守邵陽（《康熙志》「邵陽」作「郡陽」，誤），道過其門」。

〔一六四〕《康熙志》卷之十五、《嘉慶志》卷三十二、《同治志》卷九之三「生」字下均有一「乃」字。

〔一六五〕「唐則盧肇」，《康熙志》卷之十五、《嘉慶志》卷三十二、《同治志》卷九之三均作「在唐則有盧肇」。

〔一六六〕「以永不朽」，《康熙志》卷之十五、《嘉慶志》卷三十二、《同治志》卷九之三均作「以爲不朽之傳」。

〔一六七〕「流離」二字原闕，文意不完整，《康熙志》卷之十五、《嘉慶志》卷三十二、《同治志》卷九之三「憂患」下均有「流離」二字，今據補。

〔一六八〕「理」，《康熙志》卷之十五、《嘉慶志》卷三十二、《同治志》卷九之三均作「履」。按「理」似與上句「營」對，故當從本書作「理」爲是。

〔一六九〕《康熙志》卷之十五、《嘉慶志》卷三十二、《同治志》卷九之三於此三句「得」字下均無「入」字。

〔一七〇〕「妙」，《康熙志》卷之十五、《嘉慶志》卷三十二、《同治志》卷九之三均作「道」。

〔一七一〕《康熙志》卷之十五、《嘉慶志》卷三十二、《同治志》卷九之三均於「之」字下有「十一年正月日記」七字。

〔一七二〕此文《康熙志》卷之十五、《嘉慶志》卷三十二、《同治志》卷九之三係於阮閱。

〔一七三〕《康熙志》卷之十五、《嘉慶志》卷三十二、《同治志》卷九之三「車」字下均有「之初」二字。

〔一七四〕「唐」，《康熙志》卷之十五、《嘉慶志》卷三十二、《同治志》卷九之三均作「古」。

〔一七五〕「峭峻」，《康熙志》卷之十五、《嘉慶志》卷三十二、《同治志》卷九之三均作「峭聳」。

〔一七六〕《康熙志》卷之十五、《嘉慶志》卷三十二、《同治志》卷九之三「號」下均有一「爲」字。

〔一七七〕《康熙志》卷之十五、《嘉慶志》卷三十二、《同治志》卷九之三「之」下均無「一望，少慰仰山之神」八字。

〔一七八〕「堂於此」，《康熙志》卷之十五、《嘉慶志》卷三十二、《同治志》卷九之三均作「嘗居於此」。

〔一七九〕「二」，《康熙志》卷之十五同，《嘉慶志》卷三十二、《同治志》卷九之三均作「上」，疑誤。

〔一八〇〕《康熙志》卷之十五、《嘉慶志》卷三十二、《同治志》卷九之三「名」下均有「而記之」三字。

〔一八一〕《康熙志》卷之十五、《嘉慶志》卷三十二、《同治志》卷九之三「詩」字上均有一「二」字。按：既曰「十五賦」，似不得再稱「二詩」，抑或爲其中二首歟？疑誤。

〔一八二〕「杉松」，《康熙志》卷之十五、《嘉慶志》卷三十二、《同治志》卷九之三均作「松杉」。按：李德裕《早秋龍興寺江亭閑眺憶龍門山居寄崔張舊從事》詩有「杉松鬱晴巘」之句，疑此亦當作「杉松」爲是。

〔一八三〕《康熙志》卷之十五、《嘉慶志》卷三十二、《同治志》卷九之三均「集」字下有「見於公所賦」五字。

〔一八四〕《康熙志》卷之十五、《嘉慶志》卷三十二、《同治志》卷九之三「身」字下均無「力」字。

〔一八五〕《康熙志》卷之十五、《嘉慶志》卷三十二、《同治志》卷九之三「芳」字下均有一「叢」字。

〔一八六〕《康熙志》卷之十五、《嘉慶志》卷三十二、《同治志》卷九之三均「仰」字下有一「止」字。

〔一八七〕《康熙志》卷之十五、《嘉慶志》卷三十二、《同治志》卷九之三「等」字下均無「嗣公之迹，爲此邦重」八字。

袁州府志卷之十四

藝文四　記

隱齋記　張栻① 南軒先生。

予弟杓爲袁州，再閱月②，以書來，曰：『杓幸得備位郡守，懼無以宣上之澤於斯民，乃闢便齋③於廳事之傍，日與同僚講民之疾苦。相與究復之暇，則誦詩讀書於其間〔一〕，以自培溉，敢請名〔二〕。』予嘉其意，爲大書『隱齋』字以寄，蓋取孟子『惻隱之心④』之義。

夫所謂惻隱之心者，惻然有隱云爾。嗟乎！是心乃子民之本。一日夕之間，事物之接乎吾前，與夫講論之所

---

① 張栻，南宋中興名相張浚之子。著名理學家和教育家，湖湘學派集大成者。與朱熹、吕祖謙齊名，時稱『東南三賢』。官至右文殿修撰。著有《南軒集》。《宋史》卷四百二十九有傳。

② 閱月：經一月。明李贄《又與從吾書》：『無念來歸，得尊教，今三閱月矣，絶無音使，豈科場事忙不暇作字乎？』

③ 便齋：日常閑居之室。《新唐書·崔鄲傳》：『居光德里，構便齋，宣宗聞而歎曰：「鄲一門孝友，可爲士族法。」因題曰「德星堂」。』

④ 惻隱之心：即同情之心、憐憫之心。惻隱：對别人的不幸表示同情。形容對人寄予同情。出自《孟子·告子上》：『惻隱之心，人皆有之。』

及，思慮之所萌，所謂惻然以隱者，如源泉之達，續而不窮，新而有常，流行而不可以已，則其履度①也，豈有越思②？而其施於四境之內者，雖不中，不遠矣！子其體是心而存之、而充之，勿使有害之者而已。《語》曰『君子學道則愛人』，所貴乎學者，以能愛人也。爲政者，苟惟不能知有是心之存〔三〕，則本既不立矣，雖有過絶人之才智，亦何以觀之哉！抑又有説焉〔四〕。人之情，於其始也惴惴然懼其不克也〔五〕，汲汲然憂其不及也，察民之從違③而未敢安也。則是心之不存焉者，寡矣。及其久也，於意之得而滿〔六〕，於譽之聞而矜，於令之行而忽，則所謂隱然者，將汩④於因循而怠於矯肆〔七〕，政之所繇隳⑤也。嗟乎！可不懼哉！而可不察哉！又其可使箴儆⑥之言不聞於吾耳哉！並書之，使刻置于壁。淳熙四年三月戊午記。

新建學記〔八〕

張栻

淳熙五年秋八月，栻來宜春。至之明日，州教授李中與州之士合辭來言：『宜春之學，自皇祐中太守祖無擇實始爲之，今百有二十五年矣。中更兵革，廢而復興，惟是庳陋弗克稱，至於今。守乃慨然按尋舊規，首闢講肄

---

① 履度：遵循法度。《三國志·蜀志·郤正傳》：『君臣履度，各守厥真。』

② 越思：指越軌的思想行爲。《左傳·襄公二十五年》：『行無越思，如農之有畔，其過鮮矣。』明張居正《人主保身以保民論》：『欲有節則神定，神定則無越思。』

③ 從違：依從或違背。唐韓愈《送區弘南歸》詩：『爰有區子熒熒暉，觀以彝訓或從違。』

④ 汩：淹没，湮滅。

⑤ 隳：毁壞；廢棄。宋葉適《華文閣待制知廬州錢公墓志銘》：『清河溢，隳城千丈。』

⑥ 箴儆：猶規戒。《國語·楚語上》：『昔衛武公年數九十有五矣，猶箴儆於國。』韋昭注：『箴，刺也；儆，戒也。』

之堂，立稽古閣於堂上，生師之舍皆撤而一新之。將告成，而君侯適來，敢請記以昭多士。』栻謝不敏①，則請益堅，乃進而告之曰：

先王所以建學造士之意，亦嘗考之乎？惟民之生，其典有五，君臣、父子、兄弟、夫婦、朋友是也；而其德有四，仁、義、禮、智是也。人能充其德之所固有，以率其典之所當然〔九〕，則必無力不足之患。惟人之有不能是也〔一〇〕，故聖人使之學焉。自唐虞以來，固莫不以是教矣。至於三代之世〔一一〕，立教人之所，設官以董莅之，而其法益加詳焉。然其爲教，則一道耳。故曰：『學則三代共之，皆所以明人倫也。』②

嗟夫！人倫之在天下，不可一日廢，廢則國隨之。然則有國者之於學，其可一日而忽哉！宋朝列聖相承〔一二〕，留意教養，所以望於多士甚厚。三代而後，言學校之盛，未有若此時也。然則教於斯，學於斯，其可不深考先王所以建學造士之本意而勉之乎〔一三〕？夫四德之在人，各具於其性，人病不能求之耳。求之方，載於孔孟之書。備有科級，惟致其知而後可以有明，惟力其行而後可以有至。孝弟之行始乎閨門而形於鄉黨，忠愛之實見於事君而推以澤民〔一四〕。是則無負於國家之教養，而三代之士風亦不越是而已。嗟乎！可不勉哉！

於是，書以爲記〔一五〕。

三先生祠堂記〔一六〕

朱熹　晦庵先生。

宜春太守廣漢張侯既新其郡之學〔一七〕，因立濂溪、河南三先生祠於講堂之東序，而以書來，屬熹記之。

---

① 謝不敏：因自己没有才智而辭謝。常用作謙辭，表示婉言推辭。語出《左傳·襄公三十一年》：『（趙文子）使士文伯謝不敏焉。』唐韓愈《寄盧仝》：『買羊沽酒謝不敏，偶逢明月曜桃李。』

② 語出《孟子·滕文公上》。

蓋自鄒孟氏没而聖人之道不傳，世俗所謂儒者之學，内則局於章句文辭之習[一八]，外則雜於老子釋氏之言，而其所以修己治人者，遂一出於私智人爲之鑿，淺陋乖離①，莫適正統[一九]，使其君之德不得比於三代之隆、民之俗不得躋於三代之盛，若此者[二〇]，蓋已千有餘年於今矣。濂溪周先生奮乎百世之下[二一]，始深探聖賢之奥[二二]，疏覩造化之原，而獨心得之。立象②著書，闡發幽秘，而天人性命之微[二三]，修己治人之要，莫不畢舉。河南兩程先生既親炙③之而得其傳[二四]，於是其學遂行於世。士之講於其説者，始得以脱於俗學之陋、異端之惑，而其所以修己治人之意，亦往往有能卓然不惑於世俗利害之私，而慨然有志於堯舜其君民者焉。蓋三先生者，其有功於當世，於是爲不小矣。然論者既未嘗考於其學，又拘於今昔顯晦之不同，是以莫知其本末源流之若此，而乃或輕議之[二五]。其有略聞之者，則又舍近求遠，處下窺高，而不知即事窮理，以求其切於修己治人之實也[二六]。嗚呼！張侯所以作爲此祠，而屬其筆於熹者，其意豈有不在於斯歟[二七]？

抑嘗聞之，紹興之初，故侍讀南陽胡文定公嘗欲有請於朝，加程氏以爵列，使得從祀於先聖先師之廟。其後熹之亡友建安魏君掞之爲太學官，又以其事白宰相，且請廢王荊公安石父子勿祀。當時皆不果行，識者恨之。至於近歲，天子乃特下詔，罷臨川伯雱者，略如掞之言[二八]。然則公卿議臣有能條奏前二議者，悉施行之。且復推而上之，以及於濂溪，其無患不從矣。

---

①乖離：背離。《荀子·天論》：『父子相疑，上下乖離，寇難並至。』《後漢書·馮異傳》：『今長安壞亂，赤眉臨郊，王侯搆難，大臣乖離，綱紀已絶。』

②立象：取法萬物形象。《易·繫辭上》：『聖人立象以盡意，設卦以盡情僞。』南朝梁何承天《重答顔光禄書》：『夫陰陽陶氣，剛柔賦性，圓首方足，容貌匪殊，惻隱耻惡，悠悠皆是……遂令惠人潔士，比性於毛群；庶幾之賢，同氣於介族。立象之意，豈其然哉？』

③炙：受到熏陶或教誨。《孟子·盡心下》：『百世之下，聞者莫不興起也，非聖人而能若是乎？而况於親炙之者乎？』朱熹集注：『親近而熏炙之也。』唐韓愈《送鄭十校理序》：『愈事相公（中略）三爲屬吏，經時五年，觀道德於前後，聽教誨於左右，可謂親薰而炙之矣。』

張侯名杓[二九]，丞相魏忠獻公之子，文學吏治皆有家法。觀於此祠，又可見其志之所存[三〇]。異時從容獻納①[三一]，白發②其端，使三先生之祠遍天下[三二]，而聖朝尊儒重道之意垂於無窮，則其美績之可書，又不止於此祠而已也。故熹既爲之論著其事，而又附此説以俟。淳熙五年冬十月辛卯朔記。

支移倉記

歐陽朴　新喻人。

袁州上供之輸故寓於臨江，自淳熙元年始徙歸分宜。七年，始建倉於縣江之南，輸不勤遠，公私咸宜。然規模未備，歲輸厫告盈，往往俟漕運發，厥載乃復受。官患滯民，民苦伺官，因循苟且，以幸竟事。十四年，郡委縣主簿劉君孟容視輸，慨然以便民爲志。乃平概量，乃削牟蠹。民無苛費，公不乏事。因思有以廣其倉之未備者，則請計臺③，得錢共十萬，米五锺。乃規其倉之兩隅，創爲新厫，其度如舊厫。復增舊厫之扉鑰甓瓦，其餙④如新厫。舊厫亦揭『足』『國』『裕』『民』『爲』『賢』六字以爲號，新厫二曰『公』『平』。簿謂：『公則國可足，平則民可裕，必公必平所以爲賢也。』民甚便之。

夫士之仕者，未嘗不欲行志以及人，然左掣右繩，志堅而事違，理順而勢格，凡廣惠獨見或有不得行者。今

---

① 獻納：指獻忠言供采納。漢班固《〈兩都賦〉序》：『故言語侍從之臣，若司馬相如……之屬，朝夕論思，日月獻納。』

② 白發：告發、揭露，此處當作揭示、説明來理解。

③ 計臺：指計省，即三司。宋代管理國家財經事務最高行政機關三司的別稱。《宋史·職官志二》：『三司之職，國初沿五代之制，置使以總國計，應四方貢賦之入，朝廷不預，一歸三司。通管鹽鐵、度支、户部，號曰計省。位亞執政，目爲計相。其恩數廩禄，與參、樞同。』

④ 餙：通『飾』，裝飾、修飾之意。

簿以小吏之卑欲有所爲，而上官應之如高屋建瓴①水。在己不敢以專請輒舉爲嫌，在彼不以尸功出位爲議。是雖簿有以素信於人，然非部使者與守侯之賢，聽而從之，則簿之志亦不能有所行矣。

予家喻川，與分宜接界，見士民往來談十五年夏大水，簿嘗擅發計臺所儲是倉之粟以賑民，民甚德之。使者曾不以爲專也，予固已深嘉屢嘆矣。茲又聞增修是倉，無非有以便民者。予因諗所聞，樂爲記之。前所云使者、守長則漕劉侯潁、太守黄侯環、通守趙侯伯厚、邑長周侯宗文，而協贊增修之役者監張君子云。

尊德堂記

周必正②

予兄子上守袁之次年，政令既孚，日以無事徜徉於後圃，得廢地焉。高者爲糞壤③，下者爲污瀦④。荊榛荒蕪，過者不顧，而公堂醞釀實居其中，乃徙置他所。鋤理平治，作堂於其上七間。以其四楹爲左右室，前立步簷，後

---

① 高屋建瓴：在高屋脊上倒瓶中的水。形容居高臨下的形勢。建，傾倒。語本《史記・高祖本紀》：「（秦中）地勢便利，其以下兵於諸侯，譬猶居高屋之上建瓴水也。」裴駰集解引如淳曰：「瓴，盛水瓶也。居高屋之上而幡瓴水，言其向下之勢易也。建音蹇。」宋曾極《金陵百咏・天門山》：「高屋建瓴無計取，二梁剛把當殽函。」

② 周必正（一一二五—一二〇五）：字子中，周必大之從兄。廕補迪功郎。孝宗時官軍器監丞、知舒州。善屬文，尤長於詩。書有古法，四方豐碑巨扁，多出其筆，筆法絶高。卒年八十一。有《渭南集・平園集》。下文「予兄子上」當指周必達，與周必正同爲周詵長子周利見所生，做過袁州太守，而周必大乃周詵次子周利建所生，與必達、必正爲堂兄弟。

③ 糞壤：穢土。《楚辭・離騷》：「蘇糞壤以充幃兮，謂申椒其不芳。」三國魏曹丕《與吴質書》：「追思昔游，猶在心目，而此諸子化爲糞壤，可復道哉！」

④ 污瀦：積水的窪地。唐薛能《秋雨》：「有形皆霢霂，無地不污瀦。」宋洪邁《夷堅支志甲・錢塘老僧》：「吾鄉群蛙之受釣，發端自汝。今污瀦所産，萬計皆空，暴殄天物如此，將招業報。」

設更衣之所。窗牖虛明，階墄①峻整；潭潭殖殖②，氣象甚偉。又置二屋於堂下之東西隅以供烹滌。繚以周墻，列長廊於其南，植怪石花竹於四旁。

凡圃中之亭榭有九而堂爲冠。既成，合賓客以樂之，且名之曰『尊德』。或問其説，則曰：『宜春自昔以來，仕於此者不知其幾人，其賢之傑然者有三人焉。正直慈愛、宏材碩德吾尊房公，詆排異端、扶植聖道吾尊韓公，文謀武略、外定內理吾尊李公。其他相繼而稱賢者，吾將次第尊之。昔王涯守此邦，嘗立石以紀房公之行事，柳宗元以其能尊德而稱之。吾於古人皆願朝夕景仰③，以庶幾萬一焉。且吾聞「誠明之學能盡其性，則能盡物之性④」，故《記》曰「尊德性而道問學⑤」。吾又將安居致知、履中庸之階室而自勉，不亦可乎？』

是歲，予適自戎監丞避嫌請外，繇清江來省伯氏，而堂甫畢工，因以命必正曰『其爲記之。』

竊嘗觀今之爲政者，固有能廉平不苛，以愛利爲行者矣，令行禁止、發奸擿伏如神明者亦有焉，至於尊德樂道、切切而不置者則寡矣。兄之爲政，嚴而不殘，寬而不弛。不枉道以邀譽⑥，不立奇而徼福⑦。清心省事，貢賦

---

① 階墄：臺階。陳去病《自兗州過曲阜謁聖廟孔林》詩之三：『徘徊歷階墄，登堂拜聖容。』

② 潭潭殖殖：深廣平正貌。潭潭，深廣貌。明無名氏《鳴鳳記·陸姑救易》：『鸞箋寵召自天來，黃扉紫閣，潭潭如海。』殖殖，平正貌。《詩·小雅·斯干》：『殖殖其庭。』毛傳：『言平正也。』

③ 景仰：仰慕，佩服尊敬。語出《詩·小雅·車舝》：『高山仰止，景行行止。』《後漢書·劉愷傳》：『今愷景仰前修，有伯夷之節。』宋范仲淹《閱古堂詩》：『復令千載下，景仰如高岑。』

④ 語本《禮記·中庸》而有異，原文爲：『唯天下至誠，爲能盡其性；能盡其性，則能盡人之性；能盡人之性，則能盡物之性；能盡物之性，則可以贊天地之化育；可以贊天地之化育，則可以與天地參矣。』

⑤ 語出《禮記·中庸》：『子曰：「君子尊德性而道問學，致廣大而盡精微，極高明而道中庸。」』

⑥ 邀譽：求取聲譽。宋劉敞《賞罰論》：『故君子正行，非以干祿也；經德，非以希世也；愛民，非以邀譽也。』

⑦ 徼福：祈福，求福。《左傳·成公十三年》：『君亦悔禍之延，而欲徼福於先君獻穆。』唐白居易《戒藥》：『朝吞太陽精，夕吸秋石髓；徼福反成灾，藥誤者多矣。』

以時，上下晏然①，方且責己之未備，潛心於前烈②。而今歲袁於江西獨爲有年，經始仍舊，衆役畢備，乃克治庭宇以自樂，優游於誠明之途，蓋不可不記也。雖然，往者蘇文忠爲膠西守，名其堂曰『蓋公』，時從僚吏游息其間而不敢居，以待如公者焉。兄尊德之意如是，則袁之爲郡，東至吴越，西放於湖湘以連巴蜀，南極交廣，凡里閭之間與夫隱德君子，蓋將峨冠振纓③，樂告以善，又豈特如所言而已耶！

兄應曰：『然。』退而爲之記。

勞拙堂記〔三三〕

萍鄉　王謙　知萍鄉縣事。

縣治創於兵火餘，大抵皆簡陋，無別館曲室以遨，獨圃有二亭與是耳。予既至，則病其名之不雅馴，雖雅而義非所安也，乃以『陽春』易『登賦』，『先月』易『凌波』，名堂曰『勞拙』，以更『莞爾』④焉。客有見者，曰：『作僞心勞日拙⑤，兹固周王所以戒鄉士也，而子反冒其所戒，何哉？』予應之曰：『有是言也。不曰撫字，心勞催科，政拙乎？貴賤不嫌同號，美惡不嫌同辭，亦《春秋》之法，而又何傷？亦奚惡夫僞？獨不見今之課最者乎？灌溉猶昔也，則曰「水利興」；殍瘠如故也，則曰「賑濟得」。縱罪匿囚而以圄空聞，裒東益西而以羨餘獻，往往緣是得大官好爵者矣。謂勞則信，然拙，蓋未之見也。』客笑曰：『子之言吾不能盡知，抑有激也。』

① 晏然：安寧；安定。《莊子·山木》：『聖人晏然體逝而終矣！』唐王昌齡《風凉原上作》：『海内方晏然，廟堂有奇策。』

② 前烈：猶前賢。南朝梁任昉《齊竟陵文宣王行狀》：『易名之典，請遵前烈。』

③ 『里閭』兩句：里閭，里巷；鄉里。《古詩十九首·去者日以疏》：『思還故里閭，欲歸道無因。』峨冠，高冠。宋陸游《登灌口廟東大樓觀岷江雪山》：『我生不識柏梁建章之宫殿，安得峨冠侍游宴。』振纓，猶彈冠。謂出仕。《晋書·周馥傳》：『馥振纓中朝，素有俊彦之稱。』

④ 莞爾：指莞爾堂，似爲向滈所建。堂名取自《論語·陽貨》：『子之武城，聞弦歌之聲，夫子莞爾而笑曰：「割鷄焉用牛刀。」』

⑤ 心勞日拙：謂費盡心機，反而越來越糟。多用作貶义詞。語出《書·周官》：『作德，心逸日休；作僞，心勞日拙。』

乃歌而去，曰：『民吾同胞兮，撫之不得不勞兮。拙雖獲罪，庸可逃兮。僞不能以終朝兮，作之亦徒勞兮。拙雖未敗，久乃昭兮。』因鑱其語壁間以諗後人，請擇於斯二者。淳熙四年八月既望記。

貢院記

錢文子

袁爲州，地甚狹，而自唐以來號名郡。進士之盛，接踵魁天下。宋興，休養涵育①，被以文教，於今二百三十有七年。秀民美士蹶起迭出者，至無所容。

舊貢院在郡之東。紹興中，士亦多，始合迎恩驛以試。其後又益多，則東通報恩寺，創廬舍以處之。今又滋益多矣。

古者貢士，試之以射，求其容體比於禮，節奏比於樂，然後得與於祭而升之列位，於是乎賦《嘉魚》《鹿鳴》以樂得之。上尊士，而士亦自尊也。今士應舉，裹飯②負笈，駢肩③而入，據按執筆，以待試問，亦既非古矣，而

① 涵育：涵養化育。《宋書·顧覬之傳》：『夫聖人懷虚以涵育，凝明以洞照。』唐王維《送秘書晁監還日本國》詩序：『乾元廣運，涵育無垠。』

② 裹飯：指携帶飯糧以備服役或遠行。宋王安石《游土山示蔡天啓秘校》：『斂書付衣囊，裹飯隨藥笈。』負笈，背着書箱。唐白居易《相和歌辭·短歌行二》：『負笈塵中游，抱書雪前宿。』

③ 駢肩：並肩，肩挨着肩。唐劉軻《再上崔相公書》：『然後開平津之閤，待白屋之士，且問曰：計安在？知致理致君之策，駢肩出於門下矣。』

反無所容。至攘臂①相先，偪側②鬥競，姑以文墨幸於一得。是豈惟士之不能自尊？蓋上之人亦有過焉。

郡太守三衢江侯自任視事之二年，慨然念之，乃相東湖之傍，右江左山，其地爲宜。謀之通守長沙張君鼎，遂徙閱武場馬驛轉而東，以其地創新貢院。爲堂爲門爲廊廡，合二百三十有二楹。起六月庚申，訖九月甲申而畢。官吏寓處，内外有嚴；庖湢③井溷，罔不畢備。蓋江侯約己節用以奉兹役，且屬之軍事推官④建安虞庠、宜春尉三衢徐儔。而二君莅事恪勤，功用克集。凡爲錢三百七十萬有奇，不請於朝，不賦於民，不取辦於諸縣，而棟宇屹立，焕然湖山之間。侯於士可謂無負矣！爲郡士宜何以報稱？

予曩在大學，同舍生劉堪爲言宜春山川之美，人物之秀，每願家焉而未能。貢院成，江侯以書來屬予記，樂書之。他日，從劉君游其鄉，將見宜春之士濟濟相遜⑤如古射宫，拾取科目如唐會昌，相與共詫得人之盛，而詠江侯之遺德，其必知所自來矣。慶元二年十月二十有六日。

重建大成殿記

劉穎

① 攘臂：捋起衣袖，伸出胳膊。常形容激奮貌。《老子》：『上禮爲之而莫之應，則攘臂而扔之。』宋葉適《郭氏種德庵記》：『一夫攘臂，萬人裂其肘矣。』

② 偪側：亦作『偪仄』。迫近；相迫。明唐順之《游盤山賦》：『豈淹留之無心，畏簡書之偪仄。』亦有密集、擁擠之意。唐杜甫《偪仄行》：『偪仄何偪仄，我居巷南君巷北。』一本作『偪側』。仇兆鼇注：『偪側，謂所居密邇。』鬥競，争鬥。宋江休復《江鄰幾雜志》：『京師四門外，立尉專決鬥競事。』

③ 庖湢：厨房和浴室。宋曾鞏《繁昌縣興造記》：『寢廬庖湢，各以序爲。』

④ 推官：官名。唐代在節度、觀察等使下置推官，掌勘問刑獄。宋代在開封府置左右廳推官，各州與臨安府置節度、觀察推官，皆掌司法事務。元明於各府亦置推官，清初猶沿置。後廢。

⑤ 相遜：互相謙讓。宋孫奕《履齋示兒編·經説·九官相遜不相遜》：『舜命九官，濟濟相遜，和之至也。』

慶元三年秋七月壬子，宜春郡學重建大成殿成，教授信安夏蹈古以書抵予，言曰：『學故有殿，創於至和之甲午，修於政和之甲午。閲歲益久，棟宇頽橈，且規制狹隘，春秋釋奠執事獻官周旋不能。爰議撤而廣之。郡太守江侯自任可其請，今太守高侯諏之董其事，捐錢共百萬，蹈古又收合養士嬴貲得百萬。度材賦工，期年乃就。堂延宏敞[三四]，像設顯嚴，觀禮藏祀於是宜稱。惟兩侯知以教化爲先，師於學而無廟，蓋作於後世耳。至末世或廟而不學。逮我宋之興，始詔郡邑皆得立學，而學校遂遍天下，尊事吾夫子之禮亦加隆焉。可謂盛矣！

昔韓文公謂自天子至郡邑，通得祀者，唯社稷壇而不屋。獨孔子巍然用王者禮，所謂生民以來，未有如夫子者①，杜牧之遂謂『稱夫子之尊莫如韓吏部』②。仰惟吾夫子以窮老不遇之身傳道授業，立言垂訓③，爲千萬世仁義禮樂宗主。士之欲修其身者明此則爲君子，昧此則爲小人。有天下國家者由之則治，不由則亂。其功蓋與天地相爲終始，豈俟區區廟貌而尊哉！壇屋異尚，先王制禮意各有在，初非以是爲加損也。雖然，人之常情，苟有動乎其目，斯有作乎其心，則廟貌之崇亦足以使人皆知師嚴敬學之意。矧今善治一新[三五]，盡洗百年之陋，將見是邦士子觀感而化，夙夜競勤乎詩書之業，修飾乎行義，奮發乎文章，燁然有見于時，則三君子之用心成效蓋亦遠矣。其可以無述乎？

頃余分教湖湘，改秩過郡，甫在壯年。太守葉侯程，石林先生之子也，方勸駕④諸生之間。余至，留預賓宴，自與多士接。後將漕江右，實領學事。其時秀彦有仕於屬邑者首加薦，遂登天朝爲儒官。儕輩躂之夏君與吾同鄉

---

① 見韓愈《處州孔子廟碑》。

② 語出杜牧《書處州韓吏部孔子廟碑陰》。

③ 垂訓：垂示教訓。《文選·夏侯湛〈東方朔畫贊〉》：『傲世不可以垂訓也，故正諫以明節。』劉良注：『傲慢理不可以垂教後人。』

④ 勸駕：《漢書·高帝紀下》：『賢士大夫有肯從我游者，吾能尊顯之。布告天下，使明知朕意……御使中執法下郡守，其有意稱明德者，必身勸，爲之駕。』顔師古注引文穎曰：『有賢者，郡守身自往勸勉，令至京師，駕車遣之。』後以『勸駕』稱勸人任職或做某事。宋蘇軾《葉嘉傳》：『葉先生方閉門製作，研味經史，志圖挺立，必不屑進，未可促之。親至山中，爲之勸駕，始行。』

里，且致多士，欣願之。素以衰病荒拙辭，不可，勉爲之書。

景韓堂記

黄掄

士有奮乎百世之上，而百世之下仰其大名勁節若北斗華嶽、起敬起慕惟恐或後者，豈非以其人富聖賢之學，興一代之文，正色立朝，名節迥絶①，更世百千，凜乎英烈如存耶？況其居官，仁風善政，所至可紀，一言一字，高出百代士林之表。然則像而祠之，飲食而祝之，甘棠之勿剪，峴碑之墮淚，亦固然之理也。

唐三百年，名公偉人項背相望②，昌黎文公實爲巨擘③。元和間，嘗刺袁州，閱年數百，袁州至今懷神明之敬、父母之思。郡圃舊有堂，紹興中更名『景韓』。歲久，日就傾圮。慶元三年，太守高侯諏之來守是郡，訪古尚賢，閔其棟宇傾欹④，窗户腐壞，階墄缺陷，悉易新之。取公所書《進學解》刊于壁堂之左。闢一室曰『晞傳』。其右通圃，揭榜曰『日來』，以寓其尊仰之意。

掄僑寄是邦，共登斯堂，辱諉以記，固辭不獲，因喟然嘆曰：『昌黎公之隆名大節，如日月經天，照映區宇。四夷八蠻咸知尊敬，況中國乎？況袁之人慕韓，蓋亦以韓而望侯；侯之修是堂，蓋亦企韓而自任。然此堂之復

---

① 迥絶：超群卓絶。《敦煌變文集·降魔變文》：『芳姿姝麗，蓋國無雙；風范清規，古今迥絶。』明張時徹《誠意伯劉公神道碑銘》：『公諱基，字伯温，神知迥絶，讀書能七行俱下。』

② 項背相望：謂前後相顧。《後漢書·左雄傳》：『監司項背相望，與同疾疢，見非不舉，聞惡不察。』李賢注：『項背相望謂前後相顧也。』

③ 巨擘：大拇指。比喻傑出的人物。《孟子·滕文公下》：『於齊國之士，吾必以仲子爲巨擘焉。』趙岐注：『擘，大指也。』金元好問《學東坡移居詩》：『田横巨擘耳，猶爲談者資。』

④ 傾欹：傾斜，歪斜。《舊唐書·杜審權傳》：『大厦傾欹而未已，沉痾綿息以無餘。』

舊觀，亦可謂盛舉也。嘗觀古人登箕山①者，想伯夷之風；見河洛者，思大禹之績。一登臨之頃，猶於古人惓惓如是。今山川城郭，風采如在，佩公之故印，撫公之故疆，安得恝然②忘情哉！是宜申仰高之詠，興跂及③之志，求公之所以治民、所以事君、所以成己者。今侯之景韓如是，後之人亦將仿侯之所爲，則致意於斯堂者，不獨淑④其身，又將淑諸人也。大哉，堂乎！請以斯言鑱諸石。』慶元五年二月日記。

州濟米倉記　李直節

本洲土瘠，豐歲僅自支。江淺，他粟猝難致。間告旱澇，侯命發廩，饑者不可待。前太守高侯諏之嘗議糴旁郡爲備，今太守李侯訦實竟其事。積之分宜、萍鄉、萬載外邑爲二千斛，州爲一萬斛。築新倉以儲之，名曰『州濟』。或儉歲⑤，州得自專，發平其直以濟吾民，期穀賤補其數。若能增益之而又繼以常平之廩，吾州其永濟矣。乃命郡從事李直節書扁，並叙大略，揭於楹間，敬告來者。慶元六年，歲在庚申，正月十三日立。

---

① 箕山：山名。位於河南省登封縣東南，相傳堯時巢父許由隱居在此，後來伯益亦避禹子啓於此山之北。

② 恝然：漠不關心貌，冷淡貌。宋辛棄疾《醉翁操》詞序：『又念先之與余游八年，日從事詩酒間，意相得歡甚，於其別也，何獨能恝然。』

③ 跂及：猶企及。宋洪邁《容齋三筆·縛雞行》：『至結句之妙，非他人所能跂及也。』

④ 淑：改善，修善。元劉祁《歸潛志》卷十三：『以爲君子惟欲淑諸人，有奇書，當與朋友共之。』

⑤ 儉歲：荒年；歉收的年歲。北魏酈道元《水經注·潕水》：『陂在比陽縣西五十里，蓋地百頃，其所周溉田萬頃，隨年變種，境無儉歲。』唐劉禹錫《蘇州謝賑賜表》：『特有賑恤，救其灾荒。蒼生荷再造之恩，儉歲同有年之慶。』

西社倉記〔三六〕

萍鄉　朱熹

萍鄉胡君安之來學於余。一日，致其鄉人士君子之意〔三七〕，欲余爲之記其社倉之役。及扣其詳〔三八〕，則出是書一卷，曰：『此邑士鍾詠之所爲也〔三九〕。是倉之成，鍾君及彭君公修實有力焉。故所登載詳密如此〔四〇〕。』余固嘉其敏於事而又能述以文也。因念紹熙甲寅之歲赴鎮長沙，道出兹邑，邑之士導余以觀於其學而請記之〔四一〕。及行堂序間，則既有亡友劉君清之之刻在焉。余拱而讀，顧而嘆曰：『美哉乎！子澄之言也！諸君日誦而時省之，則亦無以余言爲矣。』即謝去，不敢爲，而諸生至今猶有望於余也。矧曰是倉之成既出鍾君之手〔四二〕，而此文又出其筆，則亦何以異於學之有記而復何待於余言哉〔四三〕？又况天下之事〔四四〕，是非得失固有定在，而其盛衰興廢，亦有繫於時勢而不可常者。故若余之衰謝淪落〔四五〕，徒足爲是倉之累，而不足以增其重，諸君亦何所賴，而請之若是其勤也〔四六〕？爲諸君計，莫若具刻鍾君之記以示後人，使讀之者有以知其成之之不易如此而不忍壞焉〔四七〕。斯亦足矣。

胡君告歸，因題其卷尾以授之〔四八〕，且以並謝庠序諸君〔四九〕，幸毋忘子澄之教也〔五〇〕。慶元庚申二月乙酉春分晦翁病叟朱熹書①〔五一〕。

① 慶元庚申二月乙酉爲一二〇〇年三月十五日（二月二十九），而朱熹在四月二十三日（三月初九，此年閏二月）去世。朱熹在此年入春以後，足疾大發，病情惡化。左眼已瞎，右眼也幾乎完全失明，故上文稱自己『衰謝淪落』。

曝書①記

達焕　州學教授。

曝書有集，自秘監外，列郡無聞焉。兹缺典也。龍泉羅君克開守宜春，修墜起廢，於學校尤加意，士類翕然知歸。乃於莅政期年，歲在丙寅季夏朔，殿謁罷，進諸生語之曰：『學校以養士也，則讀古人書以自養也。我國家養士之仁至矣。中興以來，意愈加厚。高宗皇帝輟萬機暇，筆六經以詔多士，迄今在學官珍藏，宸翰②與日月並明。袁雖僻在江右，名鄉大夫，由鄉校奮者不勝數，書之功也。然是學書籍備矣，傳歷久，得無蠹敝③乎？披閱多，得無散失乎？苟爾，教養容有缺？』遂命郡文學達焕哀舊增新④，以緝以紀，列於稽古閣，左經右史。越六日，率賓僚，偕諸生，整冠肅容，端拜觀焉。簡編秩秩，雲漢昭回，見者咸起敬慕。少間，序列長幼，舉酒數行。罷，名曰『曝書』。兹集也，官於兹學，自正録下爲生員有幾，曁卿大夫舊執經者咸在，前此未有也。夫教化以學爲本，學以書爲本。郡太守執教化，豈不聞知？或奮以事，或拘以例，鮮不視爲迂緩。今不急於簿書期會⑤而急於教化，舉他郡所未暇與昔人所未爲者首行之，上以副聖天子作成人材美意，下以起諸生激昂自奮良心。爲益不少，可無紀載以詔來者？於是諸生請鑱於石。達焕職於學官，敢叙其本末云。時開禧二年六月記。

---

① 曝書：曬書。舊時有七夕曬書之俗。《太平御覽》卷三一引晉王隱《晉書》：『時七月七日，高祖方曝書。』宋曾季貍《艇齋詩話》：『王平甫在三館曝書，見韓幹所畫馬，作《畫馬行》。』

② 宸翰：帝王的墨迹。唐沈佺期《立春日内出彩花應制》：『花迎宸翰發，葉待御筵披。』清陳康祺《郎潜紀聞》卷八：『避暑山莊前後七十二景，匾對皆先朝宸翰，高宗禦筆尤多。』

③ 蠹弊：侵蝕破壞。《新五代史·雜傳·劉昫》：『昫性察，而嫉三司蠹敝尤甚，乃句計文簿，核其虚實，殘租積負，悉蠲除之。』

④ 哀舊增新：減少舊的，增加新的（圖書）。

⑤ 期會：謂在規定的期限内實施政令。多指有關朝廷或官府的財物出入。《新唐書·狄仁杰傳》：『人君惟生殺柄不以假人，至簿書期會，宜責有司。』宋陸游《林亭書事》詩：『期會文書日日忙，偷閑聊得卧方牀。』

勤順堂記

林垌

勤順堂者，郡守羅公所築也。名之者何？以政成也。昔韓昌黎序鄆之溪堂，識其從事之語曰『上勤下順』，堂名是之取爾。僕暇日侍公以登，公曰：『盍爲我記之。』辭不獲命，退而書其大略。

二千石秩優執重，朝家更治考功，公卿此其選也。居是職者，或振領不屑細務，凝香森戟、坐嘯黄堂、怠於政者有之，沉湎游逸、蕩心娱耳、妨於政者有之，背公營私、務自豐殖①以蠹乎民者有之，力役之不時、供億之亡藝以罷乎民者有之②。若是者，漫不省勤順爲何事，其有軫民之憂、思己之責？力不副心，悠悠玩愒③，已而湮滯填委④，蠱敝⑤相承。耳目有所不及，而奸胥⑥攘臂矣。其有瘝痌同體，惻怛⑦興懷，鼓之以仁風，濡之以惠澤，平康正直，綽有餘裕？逮夫接羽交馳⑧，錢谷甲兵之問日至，乏興是惴，逭責⑨未能，借曰『不爲苛取』，亦將巧計

---

① 豐殖：謂積聚財富。宋袁燮《叔父承議郎通判常德府行狀》：『公曰：「昔人謂仕宦貧，好消息也。吾敢豐殖以自取戾？」迄無所增。』

② 『供億』句：供億，按需要而供給。唐劉禹錫《謝貸錢物表》：『經費所資，數盈鉅萬；餽餉時久，供億力殫。』亡藝，没有限度。《新唐書·張玄素傳》：『今上以殿下父子親，故所資用不爲限節，然詔未六旬，而用逾七萬，驕奢亡藝，孰有過此？』

③ 玩愒：『玩歲愒日』的略語。又作『玩時愒日』。謂貪圖安逸，曠廢時日。宋李綱《靖康傳信録下》：『（陛下）宜一新政事，以慰天下之望，而朝廷玩愒，日復一日，未聞有所變革。』

④ 填委：紛集；堆積。漢劉楨《雜詩》：『職事相填委，文墨紛消散。』

⑤ 蠱敝：積弊。《宋史》卷四三四《儒林傳四·楊泰之傳》：『以救蠱敝，以新治功。』

⑥ 奸胥：舊指官府中巧於舞弊的小吏、衙役。宋陳亮《吏部侍郎章公德文行狀》：『立案税籍，得豪民奸胥要領。』鄭觀應《盛世危言·税則》：『雖有奸胥，安能舞弊？』

⑦ 惻怛：哀傷。《禮記·問喪》：『惻怛之心，痛疾之意，悲哀志懣氣盛，故袒而踴之。』

⑧ 交馳：『羽檄交馳』之節縮。羽檄：插上鳥羽的緊急文書。比喻軍情緊急。宋張孝祥《衡州新學記》：『於羽檄交馳之際，不敢忘學，學成而兵有功，治有績，則余安得不爲立言，以勸夫爲政而不知學者耶。』

⑨ 逭責：逃避責任。

趣辨矣。若是者，其視勤順抑有徑庭？故材不足以治劇①，投以盤錯而必撓；明不足以燭理②，眩以是非而必亂；義不足以制欲，動以利害而必變。

公之始至也，帑庾③單乏，紀綱頹弛。吏狃④於慢而民未熟於化，以寬則玩而弛，以威則懟而嚚。公曰：『是未可以空言動也。』慮之益精，執之益堅，行之益篤。謂理可以屈人之心，則不必窒其口也。始而讙，既而疑，終而服。期年大治。刓⑤者新，仆者起。訟惟不蔓也而自清，財惟無蠹也而自足。官不必勸而承風，吏不必懲而畏法。爲士若民，不待教告而趨令。順治若此，而公之勤則有加焉。其去如至之始，而居今必計其後。方且儲其贏以備他日之須，不啓其倖以貽悠久之蠹。報政有日，人安其化。依依願留，發於心，聲於言。民情難保也，亦易固也。勤順之報，亦大矣。凡爲政弛張之宜必久而後成，人心是非之公必久而後定。不要其成，不待其定，不足以究賢者之用心。有國有天下者皆然，獨一郡乎哉！

公之名堂，其旨遠矣。堂據郡治之乾隅，菑⑥其蕪，崇其墊，苴⑦其隙。儲材於贏，計役於卒，量工於僦。事逾月而成，成而民不知役，帑不知費。冠以平西之樓，輔以更衣之舍，屹然郡圃之甲觀⑧也。然公非以是廣游觀之

① 治劇：謂處理繁重難辦的事務。《漢書·酷吏傳·尹賞》：『左馮翊薛宣奏賞能治劇，徙爲頻陽令。』

② 燭理：考察事理。《舊唐書·代宗紀》：『朕涉道未弘，燭理多昧。』《朱子語類》卷五二：『若非燭理洞徹，胸次坦然，即酬酢應對，蹉失多矣。』

③ 『帑庾』句：帑庾，儲藏錢財、糧食的倉庫。《舊唐書·裴玢傳》：『玢敝衣糲食，不交權幸，帑庾咸實，郡邑以寧。』單乏，亦作『單匱』。匱乏。《新唐書·李晟傳》：『時敖庾單耍，乃使張彧假京兆少尹，多署吏，調畿内賦，不淹旬，芻米告具。』

④ 狃：習慣。《漢書·刑法志》：『豪桀擅私，爲之囊橐，奸有所隱，則狃而寖廣。』顔师古注：『狃，串習也。』

⑤ 刓：磨損，破損。唐元稹《箭鏃》：『帥言發硎罪，不使刃稍刓。』

⑥ 菑：芟除、除去。《新唐書·李吉甫傳》：『吉甫命菑除其署以視事，吏由是安。』

⑦ 苴：補；填塞。漢劉向《新序·刺奢》：『今民衣弊不補，履决不苴。』唐韓愈《進學解》：『補苴罅漏，張皇幽眇。』

⑧ 甲觀：此處意謂最美的景觀，亦可解爲『第一觀』。

美，於命名見之。後之人睹是名者當求公之志，而登是堂者當知公之政矣。公名克開，廬陵人，以開禧乙丑七月來守宜春。堂之成，丙寅九月也。

待補莊記〔五二〕

張嗣古〔五三〕

士夫比①應書〔五四〕，志於得而已。所取有寬窄，故所得有難易。士子銖較身之通塞，則舍窄就寬，心所同然。比歲儒風益盛，場屋②舉子益蕃。閩浙一郡，人或二三萬，大抵數百才得一士，窄且難若此。獨太學首善之地，著令四人一分解一名，其寬且易又若彼〔五五〕。袁號士鄉，名流墨客先後相躡。前舉終場逾二千五百，籍令③額十有三人，率再百乃取一〔五六〕，今九人而已，其狹已甚。

自待補之制行，士居遐方小州，亹亹④有執經槐市之望，以趨寬且易之途。歷計袁之先達，繇上庠取科第者不少〔五七〕。近年中，待補赴國學者甚嗇。抑何甘心於窄且難，而又絶意於寬且易？諏之，有二説：曰其行無資也，曰其往無朋也。予紬繹⑤其説，二者不相待而實相關，其言非以自文，實則自揆也。有資斯有朋矣。

① 大比：隋唐以後泛指科舉考試，明清時亦指鄉試。唐白行簡《李娃傳》：「其年遇大比，詔應直言極諫科，策名第一。」《明史·選舉志二》：「三年大比，以諸生試之直省，曰『鄉試』。中式者爲舉人。」

② 場屋：科舉考試的地方，又稱科場。宋王禹偁《謫居感事》：「空拳入場屋，拭目看京師。」宋歐陽修《送徐生之澠池》詩：「名高場屋已得雋，世有龍門今復登。」

③ 籍令：假若，假使。章太炎《秦政紀》：「籍令秦始皇長世，（中略）雖四三皇，六五帝，曾不足比靈斯也。」

④ 「亹亹」句：亹亹，勤勉不倦貌。《詩·大雅·崧高》：「亹亹申伯，王纘之事。」《漢書·張敞傳》：「今陛下游意於太平，勞精於政事，亹亹不舍晝夜。」槐市，漢代長安讀書人聚會、貿易之市。因其地多槐而得名。後借指學宮，學舍。據《三輔黄圖》載：「倉之北，爲槐市，列槐樹數百行爲隧，無牆屋，諸生朔望會此市，各持其郡所出貨物及經傳書記、笙磬樂器相與買賣。」宋蘇軾《次韻徐積》：「但見中年隱槐市，豈知平日賦蘭臺。」

⑤ 紬繹：理出頭緒。《漢書》卷八十五《谷永傳》：「燕見紬繹，以求咎愆。」

乃斥公帑之贏鬻田置莊，命曰『待補』。收其租，三歲一給，分餉赴補之士，凡用錢六千緡有奇。田以把計五千四百有奇，歲收租市斛六百有奇，視學田免輸稅，給憑附契匣。得開元寺金仙廢屋數間並其餘地〔五八〕。中庭左右分創四倉，庭後黿頭供燕憩之須，餘地以備曝眼觀眺〔五九〕。推擇一鄉之善貢士趙監稅猷、進士李蒙亨、趙重，諉以司存。凡收租發糶以時〔六〇〕，一聽其經畫，官不預知。市估有低昂，積貯有登耗①，悉據其實〔六一〕。糶畢，具某年斂散米若干、直各幾何報州學。或租户逋負過期，申州學錢糧官遣人督治。

深惟此邦限以貢額之窄，士氣沮折。其待補前名較以旴江、清江〔六二〕取放，蓋在解送之域，而諱勞憚費有如前之二說，聞者深喟。是莊初成，人情積習頹弛，必藉鄉大夫勸率經理以趣其行。惟兹事龍圖右史張公暨套局李判院實啓初議，幸不隕墜。後日縱曳其初〔六三〕，僉言所屬，一試之後如就熟路，孰不競勸？

凡赴補，人給三十券，不許並支。起程十千，或慮人意難憑，則發軔五千，至臨汝五千〔六四〕，亦在審度〔六五〕。到三衢十千，行都試罷十千。人多券不足，以券盡止。人寡券有餘，儲之以俟次補。衢暨行都當有寓券之所，人給二帖取之。寓券非鄉大夫或郡守貳移書齋往不可〔六六〕。自本推之，待補亦勸駕之小者，得辭其責哉！乃若考核分餉，州選委一寮吏治之足矣。

莊既訖工，右史張公大書其扁，揭諸門端，觀者愯②敬。凡田之土名、畝步、租額、佃户列具下方，敬鑱諸石，用貽永久。開禧三年二月初澣記〔六七〕。

---

① 登耗：猶增減。《明史·食貨志一》：『太祖籍天下户口，置户帖、户籍（中略）有司歲計其登耗以聞。』《文獻通考·田賦考序》：『而王畿之内，復有公卿大夫采地禄邑（中略）其土壤之肥磽，生齒之登耗，視之如其家。』

② 愯：懼也。

修城記〔六八〕

張嗣古

開禧改元夏五月，廬陵羅公克開被天子明命，來守宜春郡。頒春①之初〔六九〕，訪風俗，詢利病，髮櫛刃解，井井有條理〔七〇〕。未幾，登城周視，則墉堞頹圮，榛莽②叢生，大不足以爲民衛〔七一〕，因喟然嘆曰：『保障，太守職也，而玩愒苟簡至是乎〔七二〕？』乃命巡檢使汪世顯稽功料役〔七三〕，增卑培薄，伐材陶甓於山於郊，百堵③咸作，因舊而增新之。其木石瓦甓之材以枚計之〔七四〕，凡五萬五千有奇；役人之力以工會之，幾三萬〔七五〕。而樓壘矗屹〔七六〕，雉堞崇峙，大體蓋略備矣。

按，宜春郡肇於秦漢，定於隋唐而升於我宋。江、湖、荊、漢、蜀、廣之道四出於此。方海宇熙乂④，擊柝聲沈，咸謂江右樂土〔七七〕，歲或不登。鄰封環接〔七八〕，一有赤子弄兵潢池〔七九〕，則武備弗完，所恃惟城池而已。世傳漢灌嬰定豫章郡，城宜春而史不書，殆無所考信。然圖志謂黃巢、蕭銑寇江南，不能入；馬希範據長沙，不敢東窺，則城之堅且固，亦舊矣。靖康建炎間〔八〇〕，修築之詔屢下，翼翼嚴嚴，罔有刓闕⑤〔八一〕。數十年來，縮甲不用，太守以健於理財聽訟爲急〔八二〕，以興治補弊爲緩〔八三〕。缺防弛備〔八四〕，踵陋蹈傾〔八五〕。墉摧陴廢，類⑥不復經

---

① 頒春：即『班春』，頒布春令，指古代地方官員督導農耕之政令。《後漢書·崔篆傳》：『篆爲新建大尹……稱疾不視事，三年不行縣。門下掾倪敞諫，篆乃强起頒春。』李賢注：『（班春）班布春令。』宋王安石《次韵春日感事》：『病得一官隨太守，班春無助愧周任。』

② 榛莽：雜亂叢生的草木。唐李白《古風》之十四：『白骨横千霜，嵯峨蔽榛莽。』

③ 百堵：衆多的墻，亦指建築群。《詩·小雅·鴻雁》：『之子於垣，百堵皆作。』毛傳：『一丈爲板，五板爲堵。』高亨注：『百，言其多。堵，一面墻。』

④ 熙乂：興治。漢崔駰《官箴·大理箴》：『熙乂帝載，旁施作明。』

⑤ 刓闕：猶敗壞。宋岳珂《桯史·燕山先見》：『若沿邊諸郡，士不練習，武備刓闕，則置而不講。』

⑥ 類：率，皆，大抵。

意〔八六〕。袁民得奠枕者，直①幸耳〔八七〕。世所急而公緩之〔八八〕，此城之所以亟修，而公之所以爲有遠慮也〔八九〕。賈誼有言：『不植則僵，不修則壞』。天下之弊，其積非一日，則其起亦非一人。吏以習安苟且爲常〔九〇〕，固不可望其有所修植。然植者立，修者全，而繼之者弛焉，則僵與壞不旋踵②矣。公治袁二年，惠洽威暢。璽書③之徵，當已自九天下。杜壞於微，扶僵於漸，獨非來者責與？雖然，民保於城，城保於德〔九一〕。使良二千石有善政以結民心，有德化以固民志，則與民守之，效死而民弗去，城雖百年勿壞，可也。開禧丁卯三月記。

叢桂堂記　林垌

予始讀李泰伯《袁州學記》，概想袁學之盛而未及見。朅來之官，首謁宣聖廟。循兩廡而進，見諸生之舍荒涼頹敝，楹牖不全，几席不設，衿佩④蕭然，與昔所聞異。詢其故，曰：『袁學自唐有廟，本朝景德間始有講堂。皇祐末，太守祖公無擇知學宮缺狀，乃營教養之地，而今學實建。爾來百有餘載矣。其後闢舊堂爲明倫、進德，而孔殿復新。宦於兹者視廟之足以獻享⑤，堂皇之足以論集，姑亦已矣。故執經之士驟來倏散，其游息乎此者亦少

---

① 直：特，但，只不過。《孟子·梁惠王下》：『寡人非能好先王之樂也，直好世俗之樂耳。』

② 旋踵：掉轉脚跟。形容時間短促。《韓詩外傳》卷十：『夫天怨不全日，人怨不旋踵。』南朝梁沈約《七賢論》：『受禍之速，過於旋踵。』元楊梓《豫讓吞炭》第一折：『休爲一朝之忿，不思量旋踵喪其身。』

③ 璽書：古代以泥封加印的文書。《國語·魯語下》：『襄公在楚，季武子取卞，使季冶逆，追而予之璽書。』韋昭注：『璽書，印封書也。』秦以後專指皇帝的詔書。

④ 衿佩：《詩·鄭風·子衿》：『青青子衿，悠悠我心……青青子佩，悠悠我思。』毛傳：『佩，佩玉也。士佩瓀玟而青組綬。』後因以衿佩指青年學子。按，此處解爲青年學子似爲不通，當指學舍内的帷幕佩飾之類的設施條件。蕭然，簡陋。

⑤ 獻享：奉獻供品祭祀。《續資治通鑒·宋仁宗景祐二年》：『既改制金石，則絲、竹、匏、土、革、木亦當更治，以備獻享。』

也。序室之未備，其已舊矣。』予四顧興歎，恨未有振斯文者。

友人東嘉虞君以舍選①爲郡文學，莅官未幾，頹綱寢革，教法備舉。而又量用度，謹出入，待②羡贏，增皫屋，比年積愈豐。一日，訪予曰：『吾備員教官三年矣，行且滿秩③。惟是學舍未葺，不欲以累後人。』予聞而喜曰：『子之志則善，然子行有日矣，恐不及事。』則應之曰：『吾規畫已定，土木之費不求而粗足，奚事之不集？』予因縱臾④之，虞君乃告役期於郡。略趾程工，擇其徒之可共事者合謀展力。諸匠受成，計日而事。廊廡奕奕，藻色煌煌。職事有位，生徒有舍，庖湢有所。築堂於西，垂以半水，拱以桂林。既成，榜其扁曰『叢桂』。

諸生請曰：『宜春文物甲江右。盧易⑤繼魁多士，士益鄉學，大比之歲，登桂籍嘗不下數人。今諸生穎然⑥有攀高之志，願即堂名而繹之。』予辭不獲，因爲之言：

學貴乎有用，而不汲汲於求用。韓文公子符⑦讀書城南，作詩勸戒，愛子之意悉矣。然教之以勤學則可，而以富貴利達動其心則不可。夫子厄陳蔡，其道雖窮，而與其徒問答相樂，弦歌自如。漢祖兵行天下，所遇風靡，魯

---

① 舍選：南宋時期科舉考試外的另一種士人的進身門徑。它延續了北宋太學取士的制度，遵循相當嚴格的程式，過程可謂極其艱難。太學生分外舍、内舍、上舍三個等級，太學生須通過私試、公試、上舍試等一系列考試，並結合平日在學的行藝考察之成績，方能次第升等。上舍分爲上、中、下三等，各有相應的待遇。其中又以内舍優校人，再中上舍試優等，最受世人欽羡，稱爲『兩優狀元』，可以直接釋褐授官。

② 待：疑當作『偫』。偫，積儲；儲備。偫羡贏，謂把羡餘的錢糧儲存起來。

③ 滿秩：秩滿。官吏任期結束。宋葉適《著作正字二劉公墓志銘》：『比滿秩，灾疫猶未已，皆泣曰：「司户去，吾何所得衣食！」』

④ 『縱臾』，此處有獎勸、鼓勵之意。

⑤ 盧易：指袁州狀元盧肇、易重。

⑥ 穎然：卓越貌。三國魏嵇康《聲無哀樂論》：『聲音自當有哀樂，但闇者不能識之。至鍾子之徒，雖遭無常之聲，則穎然獨見矣。』宋王安石《上田正言書》二：『執事姿略穎然出常士之表，應進士中甲科，舉方正爲第一。』宋秦觀《崔浩論》：『以明濟明，以智資智，穎然獨出，不肯與衆爲耦者，有才之士也。』明方孝孺《送河南僉事湯侯序》：『明肅公廉之聲，往往皆如夙成，穎然絶出於時。』

⑦ 符：即韓符，韓文公的另一個兒子。宋洪興祖《韓愈年譜》及新舊《唐書》均認爲韓文公僅有一子，名爲韓昶，誤。韓文公《符讀書城南》詩中有『飛黄騰踏去，不能顧蟾蜍』句，是勉勵韓符認真讀書以飛黄騰達，不要向身邊不長進的小孩學樣。

獨守節不屈。引兵環之，死生一鼓之下耳，而諸儒講誦不輟。聖賢遺化如此。夫困窮生死舉不足以入其心，而後所志定而所守堅，所養深而所造遠。若夫怵於榮辱得失之中，利可動則害可沮，作輟因之，非古之學也。今賢侯方崇教養，諸生親承明師。馳騖①禮義之途，湛泳②道德之淵，偃息③詩書之府，當求夫古人所以致力之地。審義利，辨是非，擇而執之。不爲異物所遷，而自立於高明廣大之域，異時出而用之。治國平天下，分内事耳，彼盧易輩豈足爲今日道！

皆曰：『願承教。』書之以爲記。嘉定戊辰季冬朔記。

建韓文公祠記[九二]

黄幹

自堯舜至於孟子，二千年間，聖賢迭興，以道相授，其彰彰④較著者[九三]，前後相望也。皋陶、伊尹、萊朱、太公望、散宜生之倫亦皆得以與知道者之列，顔、曾、子思則不待言而源流可考也。自孟子千年而後有韓公[九四]，獨以斯道之傳爲己任，以古準今，一何⑤衰盛顯晦之殊耶[九五]？

古者道德一，風俗同，歷世雖久，所守者一説而見素明也。周衰，異端之禍起，學者各以其所見爲守，而道

---

① 馳騖：奔走，奔競。《史記·李斯列傳》：『今秦王欲吞天下，稱帝而治，此布衣馳騖之時而游説者之秋也。』

② 湛泳：猶言沉浸。

③ 偃息：睡卧止息。此處偃息與上文馳騖、湛泳均是形容學子沉浸醉心於禮儀道德之辭。

④ 彰彰：昭著，明顯。漢范曄《吴越春秋·越王無餘外傳》：『吾獲覆釜之書，得以除天下之灾，令民歸於里閭，其德彰彰若斯，豈可忘乎？』

⑤ 一何：亦作『壹何』。何其，多麽，爲何。《戰國策·燕策一》：『齊王按戈而却曰：「此一何慶弔相隨之速也！」』《漢書·東方朔》：『拔劍割肉，壹何壯也。』

始晦。故古之爲道也易，後之爲道也難。若韓公者，尋墜緒於支離踳駁①之餘〔九六〕，而卓然有見焉，則自比聖賢以冀斯道之傳〔九七〕，宜矣！公以道自任〔九八〕，後世稱公者亦以道歸之。約六經之旨以起八代之衰，排二家之非以濟天下之溺。諫宫市②〔九九〕，貶；諫佛骨，又貶。流離困躓，瀕死而不悔。公如鎮州，迓公者皆甲，人爲公危之。公以禮開諭〔一〇〇〕，皆俯首聽命③。非有道，能若是乎？

然先儒誦公之言，獨曰：『軻之死不得其傳。』非公有所見，則所傳者何事？且公所見者何也？天之所命之謂性，公則曰『所以爲性者五，曰仁、義、禮、智、信』；率性而行之謂道，公則曰『由仁義而之焉之謂道〔一〇一〕』；修身以導民之謂教〔一〇二〕，公則曰『其法禮樂刑政，其位君臣父子。』由是而充之，則日用常行莫非天理，而私意人欲、邪説詭論無所容乎其間矣。其辭確，其旨明，此豈臆度料想所能及哉！體於身，驗於心，斷斷乎不可易也。以公之所見觀之，則聖賢所傳，其不以是歟？荀、楊氏去孟子未遠也，醇疵④之不同，其見者異也。公稱孟之醇而斥荀〔一〇三〕、楊之疵，則公之見，蓋有得於孟子而又少以自況也〔一〇四〕。公之書，一則曰仁義〔一〇五〕，二則仁義見之，明也。如此，居仁由義，聖賢事業具在是〔一〇六〕，而況言論氣節之一二乎？故論公之迹，不足以知公之深；觀公之所見，則公之以道自任者可知矣〔一〇七〕。

公嘗爲袁守，袁故有公廟。後遷焉，尋復其舊。歲久頹圮，太守著作郎鄭侯自誠始新之，宗正少卿滕侯强恕

---

① 踳駁：雜亂。唐張九齡《敕歲初處分》：『朕自有天下（中略）而政猶踳駁，俗尚澆漓，當是爲理之心未返於本耳。』

② 宫市：唐德宗貞元末年，宫中派宦官到民間市場强行買物，口稱『宫市』，實爲掠奪。唐韓愈《順宗實録二》：『貞元末，以宦者爲使，抑買人物，稍不如本估。末年不復行文書，置白望數百人於兩市並要鬧坊，閲人所賣物，但稱「宫市」，即斂手付與，真僞不復可辨，無敢問所從來，其論價之高下者，率用百錢物買人直數千錢物，仍索進奉門户並脚價錢。將物詣市，至有空手而歸者。名爲「宫市」，而實奪之。』

③ 俯首聽命：低着頭聽人吩咐。形容恭敬馴服的樣子。《舊五代史·杜重威傳》：『一日，伏甲於内，召諸將會，告以降敵之意。諸將愕然，以上將既變，乃俛首聽命，遂連署降表。』俛，同『俯』。

④ 醇疵：醇美與疵病，正確與錯誤。宋韓淲《澗泉日記》卷下：『本朝之文，至此極盛矣。若論其學術，醇疵淺深，則付之學者評之。』

續成之，而屬幹記其事。世之稱公者，既不足以知公之深，甚者則指公爲文人，又以文爲道，使聖賢之道不明。而公之旁搜遠紹①、辛苦而僅有之者〔一〇八〕，生不得究其施，没無以白於後。非先儒發其藴，公之志何自而伸邪？推先儒之言以明公之志，其敢以陋爲辭？幹不敢以文尊公，則公亦不鄙其文之陋也〔一〇九〕。嘉定戊寅十月朔記〔一一〇〕。

新修學記

宜春　林垌

宜春爲袁劇邑②，倚郭而役斂煩，事叢而理化雜。長吏催科以時，獄訟無壅，則曰：『吾責以塞。』學校之不修，教養之未備，往往舉而歸之郡守，無復過而問焉。故有郡無學、有學無教、有教無養，不知其幾十年矣。予爲郡從事時，嘗按《宜春志》，采耆舊言。縣治西二十步有夫子廟，鞠爲荊榛瓦礫，生徒課肄，附於州學。淳熙中，尚書張公杓假守是邦，以縣學久缺，而孔廟又不相屬，始與邑宰柯春卿、鄉之賢士大夫合義而遷之。度址秀江之北，背山阻水，唐狀元盧肇之故居也。廟貌堂廡始合爲一。逾二十年，司馬遡以先德之裔出宰，復築四齋於其傍。由是生徒有舍，而職事未有位，庖湢未有所，廩給器用未有具，雖欲敷教而卒未能。興事之難如此！又十年，今四明姜君光實來，下車謁學，顧瞻嗟嘆久之，語生徒曰：『設庠序以興教化，其可廢乎！』退而

---

① 旁搜遠紹：廣泛搜集，遠承古人。唐韓愈《進學解》：『尋墜緒之茫茫，獨旁搜而遠紹。』

② 劇邑：政務繁劇的郡縣。《晉書·王猛傳》：『陛下不以臣不才，任臣以劇邑，謹爲明君翦除凶猾。』前蜀杜光庭《程德柔醮水府修堰詞》：『當縣地控上游，素名劇邑，賦輿重大，耕稼兹繁。』

撙節①出入之數，剔其蠹，偫其贏。乃立講座，創兩職事位。庖湢廊宇爲之一新，繚以周墻，藻以丹雘②。房室既備，復取在宫没入之田以充學糧；輟隙地，創僦屋③，斂金以增諸生之俸。春秋混補、季考月書、升出進退，皆令君主之。其行藝④之足以帥衆，則舉而位之職事。向之隸名冗食一切罷去，諸生相率以與選爲榮。冠帶之容，弦誦之聲，濟濟洋洋。涵泳教養之内，文風爲之一變。

諸生摭其事，屬予爲之記。予以訥辭，不獲，因與道其所聞。

古之教者，家有塾，黨有庠，術有序，國有學。自上而下，無往而非學。士生斯時，亦無往而非教。朝夕之所從事，非致力於畎畮則游處於庠序。異物不得而遷，故其嚮善也篤，是以天下無自棄之人。三代衰，學校廢，有志於道者不過相與私淑⑤諸其徒，而在上之教養俱無聞焉。異時，武城弦歌，夫子爲之動色。偃之言曰：『君子學道則愛人，小人學道則易使也。』夫世教未淪，小人猶知學道，况君子乎？後世之知學者鮮，况小人乎？

宜春山水明秀，古號多士，而細民險健終訟亦或有之。恢禮教之範，張廉耻之維，涵養君子正大夫之氣，扶掖中人鄉⑥善之趣，潛消小人奸巧之習，舍學校其將焉之恃？百里之長，乃曰『非吾之責』，豈爲民父母之心乎？

---

① 撙節：節省，節約。《新唐書·柳公綽傳》：『遭歲惡，撙節用度，輟宴飲，衣食與士卒鈞。』

② 丹雘：可供塗飾的紅色顔料。《書·梓材》：『若作梓材，既勤樸斫，惟其塗丹雘。』孔穎達疏：『雘是彩色之名，有青色者，有朱色者。』明楊慎《藝林伐山·印色》：『今之紫粉，古謂之芝泥；今之錦砂，古謂之丹雘，皆濡印染籀之具也。』

③ 僦屋：租賃房屋。唐韓愈《上考功崔虞部書》：『今所病者在於窮約，無僦屋賃僕之資，無緼袍糲食之給，驅馬出門不知所之。』《明史·陳道亨傳》：『遭母喪，家燬於火，僦屋以居。』

④ 行藝：德行技藝。唐白居易《劉泰倫可起復謁者監製》：『况泰倫有行藝可以飾身，才幹可以掌務，監臨内署，朝請中闈，謹密端和，甚宜厥職。』

⑤ 私淑：私自敬仰而未得到直接的傳授。《孟子·離婁下》：『予未得爲孔子徒也，予私淑諸人也。』趙岐注：『淑，善也。我私善之於賢人耳，蓋恨其不得學於大聖也。』

⑥ 鄉：通『嚮』。

今令君當軍旅擾攘之餘、賦斂煩費之後，從容應辦，教行訟理。公退之頃，執卷與士友評詞章，磨理義，欣然若有所得。其爲政先務，蓋可知矣。雖然，此令君事也。若夫人之學，其本安在？言語文章，末也。要相與講明致力之地而後已。夫仁義禮智四者，我所固有也。若君臣、父子、兄弟、夫婦、朋友五者，我所敬事而交接也。反諸中，一毫未盡焉，非學也；行之外，一毫有慊焉，非學也；利害而轉移焉，非學也。苟以平居所以致力於彼者，而用心於此焉，雖未至於古人，亦足自立於世。予既以興學爲令君喜，願以此説爲諸生勉。嘉定庚申七月既望記。

州儲倉記　滕强恕

予爲當塗，歲大旱，人食不能月二斛①〔一一一〕，闔郡震怖。始乞米於常平使者，不足〔一一二〕，則乞諸朝〔一一三〕，請截上供綱佐民食。又不足，則乞諸轉運使，請發寄輸之儲以助濟糶〔一一四〕。於是得米斛十萬以食餓者，民熙熙如樂歲焉。事少閒，因思艱食時，非賴天子仁聖，朝奏暮報，其答如響，部使者又皆賢，且協心厚下，一日不得食，涸轍②之民皆將索之枯魚之肆矣。

予懲往事，守袁兩載，歲率上熟，慮穀賤傷農，於是始議廣糴以平市賈③。且豐凶代有，天之行也。州苟自有備，遇歉發以予民，如探篋笥中物，隨取即獲〔一一五〕，固不待有請於朝、於部使者而后得之，其利不既速矣

---

① 斛：同「釜」。古代量器名。按《周禮·考工記》，一斛爲六斗四升。

② 「涸轍」句：涸轍，比喻窮困的境地。唐王勃《秋日登洪府滕王閣餞別序》：「酌貪泉而覺爽，處涸轍以猶懽。」枯魚之肆，乾魚店。《莊子·外物》：「鮒魚忿然作色曰：「……吾得斗升之水然活耳，君乃言此，曾不如早索我於枯魚之肆！」」後因以爲典，喻困境、絕境。《晉書·閔王承傳》：「足下若能卷甲電赴，猶或有濟；若其狐疑，求我枯魚之肆矣。」

③ 賈：古「價」字。

乎〔一一六〕！此州儲倉所由立也。

州故有儲，慶元六年太守李侯訦爲之，儲粟凡一萬二千斛。惟有文書稽其出入〔一一七〕，廩庾弗修〔一一八〕，防禁不立，抵今二十年，見存財①什之五〔一一九〕。乃即郡帑省浮蠹②不急之費〔一二〇〕，斥其羸資③以充糴本〔一二一〕，又稍附益，通得米二萬斛。夫自李侯至今，閱歲無幾何，而廢壞折耗若斯之亟者④〔一二二〕？法不立也。法苟不立，雖有賢者，將不能繼。始闢州倉之北偏建厫四，别爲儲峙。又限門闑，嚴扃鑰，謹啓閉，别官吏，罔或侵越。戒守者以新陳相易，羸縮相補，循環如一日。無廢厥初，其殆可久。顧法雖立，守之則在乎人。予之志抑豈無所待乎？

袁雖小，比歲士大夫更治民者多樂居之，而九重亦每不輕予人，故常遴選賢侯以惠爾民〔一二三〕。其選精，則繼者必多賢也。繼者多賢，則同予心者不待二十年之久而後一遇，且將益廣其儲，益修其法，以成予志之未備者，豈但曰『俾勿壞』而已。

予爲袁，修李侯之廢二事：曰平政橋，曰州儲倉。别有記，兹不載〔一二四〕，載其置倉始末及所以期待後人者，刊之石〔一二五〕。

---

① 財：通『才（纔）』，僅僅。

② 浮蠹：糜費，空耗。明危素《日損齋筆記·大元故翰林侍講學士謚文獻黄公神道碑》：『公莅是役，撙節浮蠹，還其餘錢，争歡呼而去。』明張居正《答薊鎮總兵戚南塘計邊事書》：『凡浮蠹冗食之人，悉宜除汰。』

③ 羸資：即『羸錢』，多餘的錢財。《漢書·蕭何傳》：『乃益封何二千户，「以嘗繇咸陽時何送我獨羸錢二也」。』顔師古注：『羸，餘也。』

④ 亟：通『極』，迅疾，快速。《詩·豳風·七月》：『亟其乘屋，其始播百穀。』《後漢書·孔融傳》：『大逆不道，宜極重誅。』

貢院記

皇帝御極之初元，歲在乙酉。郡建貢院成，守秘閣趙侯籛夫既賓興①，屬余記之。始，余取唐儒誨諸生語，合以濂溪先生著書之目，名其堂曰「公明」，謂是足以酬鄉邦之請矣。侯復謂余寓此而與聞其事，固以屬。不獲辭，乃述其概。

先是，每舉列棘②於郡東門外，濱東湖，跨老氏宮。歲久，士應科益衆，厭地狹，好事者或時時竊指議面勢。嘉定壬午，士乃奮曰：「盍繇外而升中。」相地於城東隅左方，舊爲諸侯之舍，一而民廬附焉〔一二六〕。以其地請於郡、於部使者。時金華滕侯强恕繇袁守遷漕節，實主之。王侯棟經始之，通守吴郡衛樸出官帑佐之。乃薙荒撤舊，廣四尋，輪六尋有二尺。鄧峰筆矗於前，江之圓洲潴秀水於後。詢同卜協。明年癸未，爰始裁功。未幾，通守移輔，佝守易麾，温陵漕亦奉祠歸郡。有位者亟於成，重門堂廡内外粗備，然財弗給費，力弗周用，僅草創而已。今侯繼之，諮士友，審官僚，量出納，乃闢，乃圖，乃苴，乃創。增門途以導之入廠廊，除窗户以俾之通明，拓餘地爲之間架以大其所容。土木瓦甓咸集，厥成封彌謄録，吏直庖湢各就厥次。總爲屋凡七百楹，縻金錢凡二百二十萬。於是，前三侯所以貽吾郡者，至是而始備。

余合四君子之心觀之，其知所當務者歟？先儒有言：「善人多則朝廷正而天下治。」國朝仍唐舊，取人本於科目，知所以治天下國家者，宜莫人才先焉。世之爲邦者，汲汲薄書期會，間以奏治功。至於求士，反弗屬。禮

① 賔興：亦作「賓興」。周代舉賢之法。謂鄉大夫自鄉小學薦舉賢能而賓禮之，以升入國學。《周禮·地官·大司徒》：「以鄉三物教萬民而賓興之。」鄭玄注：「興，猶舉也。民三事教成，鄉大夫舉其賢者能者，以飲酒之禮賓客之。既則獻其書於王矣。」

② 列棘：相傳周代朝廷内樹棘，以定卿大夫、公侯等之位置，後因稱位列公卿者爲「登列棘」或「列棘」。棘，棘樹。南朝陳徐陵《與顧記室書》：「紀文卿、公向璡皆爲列棘，豈冗雜曹郎乎？」《南史·恩倖傳·陸驗》：「驗竟以侵削爲能，數年遂登列棘。」

貌寢衰①，教養日陋，德行道藝闕弗講。三歲試士，堊鏝以聚棘，姑取具文。四君子能拔流俗而急其所緩，謂之知務也實宜。

夫大江而南，襟帶吳楚，其山川蜿蟺②扶輿，沕潏③磅礴。士生其間，氣禀之柔者爲文章，剛者爲節概④，中和者爲德性。袁爲勝地，貢九人而止，考千百而僅拔一二，則業精而行成，當有滿締創者之望。余於是役，嘉四君子之知務也，嘉趙侯之不掩前功也。命兵官趙善態以涖役，推幕趙汝球以總事，爲能審官也；因貢士何一之、李發、學諭施德固以往來左右，爲能諮士也。郡之秀民才子弟可以考德而問業也，遂志之以詔後人，俾勿替。是歲十一月望記。

書縣廳壁〔一二七〕

萍鄉　黃庭堅

庭堅杭荊江〔一二八〕，略洞庭，涉修水，經七十二渡〔一二九〕，出萬載、宜春，來省伯氏元明於萍鄉。初〔一三〇〕，元明自陳留出尉氏〔一三一〕，抵許昌〔一三二〕，凌漢沔〔一三三〕，略江陵〔一三四〕，上夔峽，過一百八盤，涉四十八渡送予，安置於摩圍山之下〔一三五〕。淹留數月不忍別〔一三六〕，士大夫共慰勉之乃肯行〔一三七〕，掩淚握手，爲萬里無見之別〔一三八〕。

---

① 寢衰：逐漸衰減。寢，通「寖」。宋范鎮《東齋記事》卷三：「初，舉人居鄉，必以文卷投贄先進，自糊名後，其禮寢衰。」

② 蜿蟺：屈曲盤旋貌。《文選·嵇康〈琴賦〉》：「澔汩澎湃，蜿蟺相糾。」李善注：「蜿蟺，展轉也。」唐韓愈《送廖道士序》：「蜿蟺扶輿，磅礴而鬱積。」

③ 沕潏：泉流貌。《文選·司馬相如〈封禪文〉》：「大漢之德，逢涌原泉，沕潏曼羨。」李善注：「服虔曰：「潏，泉貌。」徐廣曰：「沕，没也。亡必切。」」呂向注：「沕潏，泉流貌。」

④ 節概：志節氣概。《漢書·楊惲傳》：「夫西河魏土，文侯所興，有段干木、田子方之遺風，漂然皆有節概，知去就之分。」顏師古注：「概，度量也。」《文選·左思〈吴都賦〉》：「士有陷堅之鋭，俗有節概之風。」李周翰注：「俗有志節梗慨之人。」

鑾中九年，白首來歸〔一三九〕，而相見於此。訪舊撫新，憂喜交並〔一四〇〕，其情有不勝言者矣。

余之入宜春之境〔一四一〕，聞士大夫之論，以謂兄元明盡心竭力〔一四二〕，視民有父母之心。然其民嚚訟①，異於他邦，病在仁慈，不用威猛耳〔一四三〕。至則以問元明，嘆曰〔一四四〕：『天子使宰百里，固欲安樂之，豈使操三尺法而與弟子仇敵哉〔一四五〕？昔漢宣帝患北海多盜賊〔一四六〕，起龔遂爲太守。及入見〔一四七〕，見其老而悔之。遂進而問曰：「北海之盜，陛下將勝之耶？將安之耶？」然後宣帝喜見於色，曰：「張官置吏，固欲安之也。」余嘗許遂以爲天下長者也。且猛則玉石俱焚〔一四八〕，寬則公私皆廢。予不猛不寬〔一四九〕，唯其是而已，故榜吾所居軒曰「唯是」以警〔一五〇〕。』庭堅曰：『夫猛而不害善良，寬而不長奸凶〔一五一〕，雖兩漢循良②不過於此〔一五二〕。矧萍鄉之間鴟鴞且爲鳳凰〔一五三〕，稂莠化爲嘉穀矣〔一五四〕。』因書之屏間，以慰別後懷思云。庭堅之來，實崇寧元年夏四月乙酉，去則以是月之己亥〔一五五〕。

縣廳壁記　分宜　趙師懿 知縣事。

壁記自唐人始也。國家設官分職，邑令最爲親民。令之從政，民之懷德，時有景慕，則爲壁記〔一五六〕，便於省閱，豈容廢而不作？

分宜，古之鎮市。雍熙元年，以宜春東郊爲邑，謂之分宜。其地狹，其賦重，其財用不足以供上需，在江右之邑爲甚弊。前令尹相繼而賢，知邑之難、民之困，雖不失常賦之供，未有不先以愛民爲急〔一五七〕。如去積逋十七

---

① 嚚訟：奸詐而好爭訟。《書·堯典》：『吁！嚚訟，可乎？』孔傳：『言不忠信爲嚚。又好爭訟可乎？』宋陸游《夔州勸農文》：『繼自今，不縱掊克，不長嚚訟，不傷爾力，不奪爾時。』

② 循良：指奉公守法的官吏。唐柳宗元《柳州謝上表》：『常以萬邦共理，必藉於循良。』

萬緡，如減白撰月椿之數，如蠲北鄉下户沿催之類，護養本根，而徐其財用〔一五八〕。相處則安，既去則思。

師懿學不足以世用〔一五九〕，材則愧於諸公。試邑三年，水旱相仍。與民同憂，不敢告勞。秩將滿載〔一六〇〕，念邑之前政賢大夫由是邦以往，或登八座①〔一六一〕、居二府〔一六二〕，或夕拜青瑣②〔一六三〕，而經帷勸講，柄用未已。而歲月之寖久③〔一六四〕，爵氏之相承，壁無其記，將焉是考，師懿愓然④於懷，訪問諸老。自紹興改元以至於今，歷任凡二十有七〔一六五〕，其或講契好於視篆之相交，尊德義於爲政之可法。先達君子，以品題優劣爲心而不自蘄〔一六六〕；後之君子，以職業操守爲心而不自矜〔一六七〕。將以廣弦歌愛民之政，則邑之題名，端有補於風教〔一六八〕。師懿謹磨石以叙其先後，幸同志者嗣而紀之，庶幾⑤此意傳不朽云。歲在丙寅開禧二年正月望日記〔一六九〕。

縣廳壁後記

分宜

分宜創邑，壁記言之詳矣。其鄉有十，江之南者四，北者六。南腴而北瘠，瘠者税愈重。此財用日不足而生民益艱，水旱歲不常而民力益困。縣計税錢五千一百一十六貫有奇，如土税十之二，尚有逃閣在其數〔一七〇〕；月

---

① 八座：亦作「八坐」。封建時代中央政府的八種高級官員。歷朝制度不一，所指不同。東漢以六曹尚書並令、僕射爲「八座」；三國魏、南朝宋、齊以五曹尚書、二僕射、一令爲「八座」；隋唐以六尚書、左右僕射及令爲「八座」。後世文學作品多以指稱尚書之類高官。元無名氏《漁樵記》第二折：「但有日官居八坐，位列三台。」《醒世恒言·張廷秀逃生救父》：「廷秀弟兄俱官至八座之位。」

② 青瑣：亦作「青鎖」，原指裝飾皇宫門窗的青色連環花紋，此借指宫廷。唐陳子昂《爲陳舍人讓官表》：「臣聞紫機務重，青鎖任隆。」

③ 寖久：積久。《管子·君臣上》：「行公道而托其私焉，寖久而不知，奸心得無積乎？」

④ 愓然：憂慮貌。唐元稹《兩省供奉官諫駕幸温湯狀》：「六軍守衛于空宫，百吏宴安於私室，忝爲臣子，誰不愓然。」宋陸游《歲暮感懷》：「長老日零落，念之心愓然。」明無名氏《四賢記·義勸》：「你雖然宜室宜家，尚未弄璋弄瓦，妾將邁矣，君可愓然。」

⑤ 庶幾：希望；但願。《詩·小雅·車舝》：「雖無旨酒，式飲庶幾；雖無嘉殽，式食庶幾。」袁梅注：「庶幾，幸。此表希望之詞。」《左傳·襄公二十六年》：「懼而奔鄭，引領南望曰：『庶幾赦余！』」《孟子·公孫丑下》：「王庶幾改之，予日望之！」

椿舊額一千五百餘緡，無方可辦，惟於三税挨那。紹興間，虧欠至多，榜掛闕亭，人皆望而畏之。自馮公汝舟去〔一七一〕，替經六政皆權官①咼公輔繼之〔一七二〕。歷七載，無受代者。至乾道九年，罷去麯引，雖準上司行下〔一七三〕，減月椿四百九十八貫三百二十六文，積而至於淳熙七年，諸色窠名②已共欠一十七萬緡。

今知縣許公及之來任本縣。未至之前，以利害白廟堂，得旨盡行蠲放③，稍蘇而額猶在〔一七四〕。積歲頗久，虧數復存〔一七五〕。尚書謝公諤宰邑，每以白撰爲苦。淳熙十二年任監察御史，特以華亭、分宜兩縣財用欠缺利害敷奏於上〔一七六〕，得旨，令轉運司相度聞奏。是時，都運王公回按臨，以出入之數打筭④〔一七七〕，若逐年二税催足之後〔一七八〕，亦尚缺一萬四千餘緡。牒州扣撥苗米一千五百石，科折苗錢一千五百八十文〔一七九〕，沿催地利錢一千三百六十貫八百九文〔一八〇〕，付本縣貼助支遣。紹熙元年，臺諫侍從集議諸州軍裁減月椿〔一八一〕，而本縣又豁去四百九十七貫五百六十四文，每月猶實解錢五百五十三貫三百四十五文〔一八二〕。今給事鄧公友龍時任本縣〔一八三〕，深以北鄉之民貧薄可念〔一八四〕，且謂『財用既減於官〔一八五〕，亦必減於民』，遂申明上司，將北鄉五等下户〔一八六〕，合給沿催，有一百五十文以下係縣用合得者，合與免納〔一八七〕，計蠲去九十二貫六百九十六文〔一八八〕。自此民力少寬〔一八九〕。

然而本縣素無科罰，上下支解，色色取辦於二税之内。凡官兵俸給、來往批支、上下調度，歲有增而無減。若民生之艱，則日甚一日，况又水旱之相仍。所以前後賢哲，相承不知其幾，而二税皆不能以催足。獨辦上供窠

---

① 權官：指代理之官。

② 窠名：款目；條項。宋朱熹《戊申封事》：『臣聞虞允文之爲相也，盡取版曹歲入窠名之必可指擬者，號爲歲終羨餘之數，而輸之内帑。』宋文天祥《己未上皇帝書》：『國家經常，皆用供億；州縣財賦，各有窠名。』

③ 蠲放：免罪釋放。《梁書·武帝紀中》：『大運肇升，嘉慶惟始，劫賊餘口没在臺府者，悉可蠲放。』免除。宋范仲淹《奏乞兩府兼判》：『每至歲終，盡其減省冗費之數，增息財利之數，蠲放困窮之數，具目進呈。』

④ 筭：同『算』。

名之外，州用各色不免至多挂欠者〔一九〇〕。職此之由，師懿朝夕自念，庸質既無其策可以生民之財〔一九一〕，又無其實可以寬民之力。深念前賢體國愛民〔一九二〕，每以蠲減財用之説屢聞于朝〔一九三〕，恐來者未知〔一九四〕，輒詳本末，刻之於石。後之君子能以知院許公、尚書謝公、給事鄧公、都運王公數君子之心爲心，則此邑人民亦受大惠〔一九五〕，當與天地生育之意並矣。

縣學記

分宜　趙師恕　知州事。

分宜爲袁屬邑，居郡之東偏。師恕自湖右易地守袁。入境之初，詣縣學謁先聖，僻在荒郊五里之墟。及門下馬，肅容以入。前視廊廡草深數尺，垣墉傾圮①，榱桷半摧②，如古祠荒郊，闃無人聲。伊威③蕭蛸，得擅其業。聖像賢顔，雨淋風剥。門人從祀，缺落丹青。其瞻仰之地且如此，則俎豆弦歌可知矣。師恕一奠再拜，斂襟而退，默默不敢嘆息。俯躬自念：有爲牧伯郡守，終年不接武於夫子廟之階域者，況於爲邑者哉！蓋風俗之興廢使之然。

既出廟，邑之諸生執圖經以進，指而請曰：『舊學在縣東三十五步，爲老子之徒因邑宰不治，奪而居之。天厭異端之害道也，今煨燼④爲瓦礫之區。乞復其舊。』師恕至郡之三日，乃捐五百金，徵良匠經營舊址，逾月而落

① 垣墉：墻。《書·梓材》：『若作室家，既勤垣墉，惟其塗塈茨。』唐元稹《度門寺》：『諸巖分院宇，雙嶺抱垣墉。』
② 榱桷：屋椽。《孔子家語·五儀解》：『君子入廟，如右，登自阼階，仰視榱桷，俯察几筵。』宋王安石《寄題郢州白雪樓》：『朱樓碧瓦何年有，榱桷連空欲驚矯。』
③ 伊威：蟲名。《詩·豳風·東山》：『伊威在室，蠨蛸在户。』陸璣疏：『伊威，一名委黍，一名鼠婦，在壁根下甕底土中生，似白魚者也。』唐韓愈孟郊《城南聯句》：『暮堂蝙蝠沸，破灶伊威盈。』
④ 煨燼：燒爲灰燼。宋洪邁《類堅志·郁老侵地》：『予既伏前愆，約使宅人反之，然二居皆已煨燼。』

成。舁①夫子像歸於新宮[一九六]，堂廡室舍，罔不畢备。士者雲集，俎豆②一新。

諸生復屬師恕爲之記。因爲之言曰：

天下之達道五，曰君臣、父子、夫婦、昆弟、朋友之交。其君臣、父子、夫婦、昆弟，乃人倫之至親至重而不可一日廢缺者。至於朋友，分若輕矣，情若疏矣，是又烏可以四者並立而爲五哉！蓋君臣之義、父子之親、夫婦之别、長幼之序，周旋應接之間，或有不能交盡其道者。若非藉朋友相與講明此理以維持之，則乖争③淩犯有不可一日居者，而異於禽獸不遠矣。惟能相責以善，相輔以仁，去其斁彝倫者，求其叙彝倫者，然後四者順其理而保其利，乃知朋友之分若輕而所係爲至重，情若疏而所關爲至親。蓋四者之綱紀在是，而於人倫爲最大者，則庠序之設、朋友之會，豈徒然哉！今之學舍，以其殿堂之巍巍然，衣冠之整整然，群居終日，言不及義，徒務記覽、爲詞章，以釣利禄寵榮而已，恐非古人所以教人之法，國家所以化民成俗之意。學者其勉之哉！

端平元年二月記。

---

① 舁：抬。全祖望《阳曲傅先生事略》：『先生稱疾，有司乃令役夫舁其床以行。』

② 俎豆：俎和豆。古代祭祀、宴饗時盛食物用的兩種禮器。亦泛指各種禮器。漢班固《東都賦》：『獻酬交錯，俎豆莘莘。下舞上歌，蹈德咏仁。』

③ 乖争：紛争。《晋書·劉毅傳》：『歸正於所不服，决事於所不職，以長讒構之源，以生乖争之兆。』金王若虚《送彭子昇之任冀州序》：『有虞之時，衆賢和於其朝，而無乖争之患。』元鄭太和《鄭氏規範》：『各房用度雜物，公堂總買而均給之，不可私托鄰族，越分競買鮮華之物，以起乖争。』凌犯：侵犯，欺壓。

元

袁州路繕修記

歐陽玄

宜春爲郡，介江湖間。山水清奥，風氣厚密。其神能靈，其民能淳。爲厥長吏，因俗易使〔一九七〕。導以身教，利建事功。

至順二年冬十二月，通議大夫錦侯不花擢由容臺①，來刺名郡。私未黔突②，畢飭在公。乃睇府治，東拄西揞③，視厥門廡〔一九八〕，上漏旁穿。部使之館、賓幕之次，以及燕休④之堂、登眺之樓、游息之圃〔一九九〕、觴詠之亭、府史胥徒、庖閫厩廝〔二〇〇〕，舊有位置，今穢不治。或傾欲隳，或危欲壓。

維時錦侯，乃諏寮采，乃咨賓屬。宿戒父老，斯徵富民，進而爵之，侯乃言曰：『治官猶家。家之隆替，觀所恒居。垣墉虧疏，廡陛夷削。凡百廢墜，推是知之。視彼富潤，有覺斯楹。勢固不侔，亦所自致。矧今牧守，

① 容臺：禮署、禮部的别稱。《史記·殷本紀》『表商容之閭』司馬貞索隱引漢鄭玄云：『商家典樂之官，知禮容，所以禮署稱容臺。』

② 黔突：因炊爨而熏黑了的煙囱。《文子·自然》：『孔子無黔突，墨子無煖席。』明劉基《拙逸解》：『是故仲尼多能，坐不煖席；墨却雲梯，走不黔突。』私未黔突，就是説自家的煙囱都没有熏黑，意謂一心爲公，無暇私顧。

③ 東拄西揞：猶言左右支撑。拄、揞，均爲支撑之意。

④ 燕休：閒居；休息。《後漢書·百官志三》：『孝武帝初置水衡都尉，秩比二千石，别主上林苑有離宫燕休之處。』宋蘇舜欽《處州照水堂記》：『政之始，衆務畢舉，乃歷訪雄勝之地，以図燕休。』

視古侯伯；維今富民，其道視子，其分視臣。爾退而處，服御華好。側俔長上，居懷阽危①。從我違恤，寧汝獨安？吾嘗觀風，考察部屬，有司興繕，弊有二焉：民賦力產，吏容奸欺；官督期程，工售濫惡。苟完未幾，馴致朽撓。粤有文吏，拘牽故常。事在得已〔二〇一〕，輒持兩端。偷容②目前，遺患厥後。迄夫淪胥，滋以病衆。斯二弊者，吾實耻之。今及汝約：恒産高下，推次惟汝；工稍多寡，陳力惟汝。官不督迫，吏無徵呼。汝某治甲，汝某治乙，我惟示成。有不樂者，疇抑汝配。』於是父老曰便，富民曰宜。言訖飲酒，罷而與期。

及期子來，並手角能。植者用壯，承者用隆。冪者無窳，㙻者無墟〔二〇二〕。䃙③者砥平〔二〇三〕，磨而甓之。丹者、黝者、藻者、繪者，無或漫漶④〔二〇四〕。後先工訖〔二〇五〕，完美如一。突⑤窔從衡，楹數百計，悉前所陳，煥若新作。

侯乃練日⑥〔二〇六〕，共具牢醴⑦，合藥⑧落之。又進父老，及諸富民，爵如初儀，爲之言曰：『維此宜春，郡治

---

①　阽危：危險。宋王禹偁《黄州重修文宣王廟壁記》：『黄州文宣王廟舊殿三間阽危不可入，以十數柱扶持之，猶懼其顛覆，以至遷像設於門廡之下。』

②　婾容：苟且容身於世。章炳麟《肅政史箴》：『在宋唐介，彈其辟公，正色立朝，而包拯婾容。』

③　䃙：古代指從堂下至門磚鋪的道路。《周禮·考工記·匠人》：『堂塗十有二分。』漢鄭玄注：『謂階前，若今令甓䃙也。』賈公彦疏：『漢時名堂塗爲令甓䃙。令辟，則今之塼也；䃙則塼道者也。』砥平，平直；平坦。晉左思《魏都賦》：『長庭砥平，鐘簴夾陳。』

④　漫漶：模糊不可辨别。漫，同漫。

⑤　突：同『窔』，復室。從衡，亦作『從横』，交錯紛亂貌。

⑥　練日：選擇日期。練，通『揀』。南朝宋謝莊《太子元服上太后表》：『練日簡辰，顯被元服。』唐張説《大唐封祀壇頌》：『天姥練日，雨師灑道。』

⑦　牢醴：古代祭祀用的牲品和美酒。唐白行簡《李娃傳》：『（生）乃質衣於肆，以備牢醴，與娃同謁祠宇而禱祝焉。』

⑧　藥：疑當作音樂之『樂』。落：古代宫室建成時舉行祭禮。《左傳·昭公七年》：『楚子成章華之臺，願與諸侯落之。』杜预注：『宫室始成，祭之爲落。』唐韓愈《汴州東西水門記》：『辛巳朔，水門成……肅四方之賓客以落之。』引申爲落成。

奕奕。山川發靈，神降純嘏①。暘②雨時若，有年穰穰③〔二〇七〕。民富以教，士秀而文。吾幸處此，與爾同休，去即傳舍。凡厥洵美，汝世享之，守何與兹？』父老富民，咸下其手。合辭報公，且矢④於福：『願錫沓祉⑤〔二〇八〕，與治俱新。天子萬壽，百度⑥斯甄。公敏且潔，宜爲藎臣⑦。居匪奉己，示我等倫⑧。我民於變，不戒以信。受命於上〔二〇九〕，服勞其親。筮占在兹，施⑨我子孫。無遺公憂，以愧我民。』

參軍楊撝〔二一〇〕，奉圖走書，來求予文〔二一一〕。予核其事，辭以繹之。且告來者，嗣而續之。有廢不理，衆手撖⑩之。撝從予游〔二一二〕，爲我石之。是役初作，郡牧之長，伯顔帖穆，相與佽⑪之〔二一三〕。用迄於成，是皆宜書。尉韋元輔，實董其事；吏宋必達，又宣力焉。

---

① 純嘏：大福。《詩·小雅·賓之初筵》：『錫爾純嘏，子孫其湛。』朱熹集傳：『嘏，福；湛，樂也。』

② 暘：晴天。時若：四時和順。唐白居易《爲宰相賀雨表》：『臣聞聖明在上，刑政叶中，則天地氣和，風雨時若。』

③ 穰穰：豐熟貌。《詩·商頌·烈祖》：『自天降康，豐年穰穰。』

④ 矢：发誓。《詩·鄘風·柏舟》：『之死矢靡它。』毛傳：『矢，誓。』

⑤ 沓祉：即蕃祉，亦作番祉。多福。《宋史·乐志八》：『以祓以除，錫我蕃祉。』

⑥ 百度：百事，各種制度。晋陆機《辨亡論》：『天人之分既定，百度之缺粗修。』甄：造就；化育。

⑦ 藎臣：《詩·大雅·文王》：『王之藎臣，無念爾祖。』朱熹集傳：『藎，進也，言其忠愛之篤，進進無已也。』本谓王所進用之臣，后引申指忠誠之臣。唐白居易《韓愈等二十九人亡母追贈国郡太夫人制》：『生此哲人，爲我藎臣，率由兹訓，教有所自，恩不可忘。』

⑧ 等倫：同輩，同類。唐黄滔《祭南海南平王》：『畢雲龍之契會，與龜鶴而等倫。』

⑨ 施：延續；延伸。《後漢書·竇融傳》：『昔魏其一言，繼統以正，長君、少君尊奉師傅，修成淑德，施及子孫。』

⑩ 撖：抓住，握持，此處意爲解决處理。

⑪ 佽：助。《詩·唐風·杕杜》：『人無兄弟，胡不佽焉。』毛傳：『佽，助也。』

侯至之明年壬申九月僝工①，又明年癸酉七月竣事。記以是年之八月，土木金石〔二一四〕、埏殖②壟斷，工費若干，既集衆力，不會於公，無從稽云。

縣官題名記〔二一五〕

分宜　歐陽玄

分宜縣，袁上邑。置達魯花赤、縣尹、丞、主簿、尉各一員，尹以上省選，丞以下部選。起至元十三年丙子，迄今至正二年壬午，六十又七載，仕於斯者接踵，而邑未有題名。浚儀趙君思順以世家文獻來宰斯邑，二年，官政修舉，乃考索故府，得累政名氏〔二一六〕、到罷歲月，悉登載諸石。玄適訪族邑鈐南防里〔二一七〕，屬題其端，以告來者。

玄嘗謂〔二一八〕，題名之設〔二一九〕，官署皆有之，本非以爲勸善也，而其道寓焉。士歷官服采，人品不齊，上焉者不恒有，下焉者無庸言，中人苟且之政，十居八九。其志皆爲三歲終更，身去是即已；殊不知身去而名留，臧否③何可泯也！使能以是而存諸心，則知官之爲恫瘝④也久矣〔二二〇〕。雖然，謂其身去而不之恤者，無才而闇於事者也〔二二一〕；求爲有名，至於生事以厲民者〔二二二〕，有才而過乎中者也。玄既爲題名有勸善之道〔二二三〕，則不敢不

---

① 僝工：多指籌集工料，以從事或完成建築工程。宋王禹偁《單州成武縣行宫上樑文》：『咸能戮力，遂致僝功，擇嘉辰而先駕紅梁，迎聖日而得開象闕。』

② 埏殖：當作『埏埴』，陶器。清趙翼《報恩寺塔二十四韵》：『輪蹄精衛運，埏埴女媧摶。』壟斷：高地。語本《孟子·公孫丑下》：『人亦孰不欲富貴？而獨於富貴之中，有私龍斷焉。』朱熹集注：『龍音壟。壟斷，岡壟之斷而高也。』

③ 臧否：善惡；得失。《詩·大雅·抑》：『於呼小子，未知臧否。』

④ 恫瘝：病痛，疾苦。《書·康誥》：『嗚呼，小子封，恫瘝乃身，敬哉。』孔傳：『恫，痛；瘝，病。治民務除惡政，當如痛病在汝身欲去之，敬行我言！』清鈕琇《觚賸·惠士陳言》：『撫綏加諸百粵，恫瘝應未懸殊。』

著近名之弊以爲戒。

趙君爲我刻之，後之覽者有以自省，則吾鈐岡之人，繼自今受廉勤之賜，而被愷悌之福於無窮也。

縣學復田記〔二二四〕

歐陽玄

昔前宋咸淳癸酉，分宜民曰宋應槐，訟其鄉有田，稱梁子思所置，立户爲萬壽庵長明莊者，崇法院僧正冲之所作僞也。宋《田令》：寺已有常住田，不得買民業。冲違法私買，妄稱梁氏所置，故應槐發之。漕使鍾某閲實，據法罪冲等，而没其田以畀分宜縣學養士。士刻石爲記，其文載縣志甚明。越三年，宋亡，分宜内附，其田租歲入學廪，前後凡二十有八載。大德己亥庚子，縣學直學劉應丑死〔二二五〕，其子自昭受崇法寺僧錢，盜以本學砧基簿賣之。由是，僧恃力奪田。學雖有文移在官，求與僧論直，而儒多寒酸，學官滿三歲率去，力莫能競。僧挾其有餘之資，又歲收所奪田租，以助其力，故訟連年不決。

延祐間，江西僉憲薩德彌實按問至邑，考覈始末，以田歸學。僧又争之。既而奉使宣撫及江西行省理直如前，田復歸學。僧德旻者，往訴宣政院，院達之都省，省循例移行省體勘其是否。行省檄下袁州路，路以其事付録事判官怯烈决之。怯烈惟僧言是聽，僧又誘刑餘之人冒儒名者曰宋應祥，赴官誣伏，怯烈輒以學田歸僧。公論咸不直之。學乃有詞，展轉歲久，本路專委縣尹趙侯思順研究。尹詣田所，集耆老佃人，詢知固學田也。會應槐子從吾〔二二六〕，出前主學徐棋印信徵租之文，以爲左驗。先是，自昭盜賣學籍於僧，學無其副，田之條段四至無所考〔二二七〕。至是得從吾之文，疆界瞭然①。尹乃周諏密訪，備實上於路，議以田歸學。路質於憲，僉憲伯顔適按部，

① 瞭然：明白，清楚。《新唐書·韋嗣立傳》：『臣願陛下廓天地之施，雷雨之仁，取垂拱以來罪無重輕所不赦者，普皆原洗，死者還官，生者霑恩，則天下瞭然，知向所陷罪，非陛下意也。』明王守仁《傳習録》卷上：『若吾子之高明，自當一語之下便瞭然矣。』

力主其議。憲掾某相之〔二二八〕，路推官鄭時中又屢言之。尋得行省儒學提舉范君匯，悉以其實告藩垣大臣，咸直趙言，遂以田歸學如初。寺主大有坐是爭，亦敝罷，歸咎始謀，赴官入準伏狀，願遵分宜縣所斷，以田復分宜縣學爲業。第數内有水田四十畝，及山園地，大有舊所佃者，乞減輕租額，仍付耕種，歲輸學租。尹再三審之，以其親書入案，而徐議其所陳乞。於是四十餘年之訟，一日而絕。諸儒礱石，請文以記。予乃太息而言曰：

天地間物，人各得主其所有者，以時王之法爲可恃也。在法可，則物己物也；在法不可，則非己物也。僧違法而田歸官，則田非僧物矣。官以田與學，學受田於官，非受田於僧也。

神聖受命易世，凡前代之所予欲〔二二九〕，亦惟其是之從耳。世祖皇帝在位，崇儒之詔累下，其以膳學錢糧爲養士之資者既久，則分宜之學田，實在其中矣。成廟即阼①，又明有『諸人毋得侵占學田』之旨。由是考之，分宜縣學之主是田也，在宋之日甚淺，在皇元之日甚深。由丙子内附至於庚子，二十五年間，田固學有也。僧於斯時，未嘗起而爭之也。直至劉自昭盜賣砧基之後，始生詭謀，則其枉直②，較然易知也已。

國家近年《田令》，民間田宅，僧道不得爲鄰。不爲鄰者，不使買民産也。後至元以來，又著僧道買田之禁。使正沖私買，在今日之法，亦豈得爲寺業乎？

嗟乎〔二三〇〕！士，四民之一；僧，亦自民出者也。王官奉命以司王民之直，於斯二者，豈容心於其間哉！事枉則必復〔二三一〕，事直則易斷。趙侯之明，能信其直，故無疑也。田在儒林鄉，土名良步等處，計一頃二十三畝三分六厘，歲入租七十三碩二斗一升〔二三二〕。又有一山園地，計五頃四十三畝一角，亦在其處云。

是役也，儒之宣力者曰某，特附著於斯〔二三三〕。

---

① 即阼：即位，登基。《史記·孝文本紀》：『辛亥，皇帝即阼，謁高廟。』

② 枉直：曲與直。比喻是非、好壞。《後漢書·西域傳·大秦》：『常使一人持囊隨王車，人有言事者，即以書投囊中，王至宫發省，理其枉直。』

新建尊經閣記〔二三四〕

虞集 字伯生，臨川人。

宜春之爲郡，在江右上游，山川完固，神氣休明。民生其間，務本而力穡，志定而用約。商賈利欲之誘少，都會繁夥之習微。尊吏畏法，奉命受役，斂焉自保，政用不煩。

昔韓文公以文學爲治，其民不忘，至今尸而祝之。迨夫故宋，盱江李氏之作學記〔二三五〕，有以極世變之故而風厲之〔二三六〕。及張宣公記新學，朱文公記三賢祠，大有以教其人〔二三七〕，其君子有以成其德，其庶民有以從其化〔二三八〕，休休乎其無斁也。然而世之相去漸已遠矣。我國朝以來〔二三九〕，慎擇牧守，豈弟之譽相聞。

前太守真定張侯宗顔在郡時，嚴君仲毅來長其幕，作而言曰：『國家恩澤至厚也，府君甚賢也〔二四〇〕，吾民甚易治也，然而鬼神禍福之説勝，而閭里之趨向易譌，豈非學校之不修，而教之無其素也乎？仲毅職在文史，何足以知斯文之事哉？然志之所能，力之所及，作新吾民之觀瞻，以定其心志，則不敢不勉焉。如其禮樂，則有俟乎君子矣〔二四一〕。』乃躬督學賦之入，無敢逋遺〔二四二〕。時其師弟子執事者廪稍之給，而節其浮冗，期年而得錢若干，將大作學宮之事。

今太守廣信張侯熙祖，以成廟宿衛之舊，連守名郡，以寬厚治辨①聞。其來兹也，守居簡靖②，民以寧壹〔二四三〕。監郡、通守、别駕、幕府各思其職，咸無間言。事有宜爲，順而不撓〔二四四〕。學校，侯職也，而所屬諸仲毅者，益得盡其心焉。乃購巨材於故家，取良甓於遺庾，作尊經之閣於講堂之北若干步。崇基八尺，深四十尺，廣五十尺，楹之崇如深之數，形勢規模之大，丹雘塗塈③稱焉〔二四五〕。東南學校建立之盛，莫或加矣。爲兩廡以屬

---

① 治辨：亦作『治辯』『治辨』。此谓處理事務合宜之意。《韓非子·孤憤》：『人臣之欲得官者，其修士且以精洁固身，其智士且以治辯進業。』

② 簡靖：簡约清静。唐柳宗元《封建论》：『聞黄霸之明審，睹汲黯之簡靖。』

③ 塗塈：塗抹粉刷。

諸講堂之左右，作欞星門於廟門之南，餘屋之適用者以次而就。自一木一石，一工一役，傭估之直，親給以時，不及吏手，如治家事。畫諾①之暇，日必至焉，略無風雨之間。以其莅事之嚴明，施諸斯文之崇重〔二四六〕，是以用約而利周，敏成而固久，足以流美方來也。舊有夫子燕居像，奉而置諸閣，移李氏學記石刻置堂中。

經始於仍改至元之五年〔二四七〕、歲在己卯四月，至八月而落成。予以過客得從而觀覽焉〔二四八〕。郡長吏以下授簡〔二四九〕，俾爲之記，集乃爲之言曰：

美哉乎！尊經之爲名閣也。人之於天也，天下之於君也，一家之於親也，蓋有恒尊矣。上古民淳，朝作夕息，於其所尊無所違失〔二五〇〕。由之而不知者，蓋有焉。聖神之出，因天之所示而示之，猶未著於言也〔二五一〕。風氣既開，人文宣朗〔二五二〕，帝王迭作，已不能無不親不遜之憂。盛哉！巍巍乎成功盛德之大，洋洋乎文章禮樂之興。斯民也，自得於天理流行之中，有循於日用彝倫之則，於其所恒尊，何有少慢於恭敬奉持者哉〔二五三〕？孔子出於群聖之後，當時變之極，王者之迹熄，斯民之禍起。生乎其世者，不知天之所與者至貴至重而不可逾也，不知君君臣臣、父父子子之分不可紊也，是以有憂焉，而述作興矣。則又因其行事之失而正之以復禮之常，使萬世之下因其典籍之所存得以行乎治化，是以儒先君子以其功過於堯舜而有罔極②之恩焉〔二五四〕。然則天下萬世之於聖人也，書之於經也，所由以知尊其所恒尊者也。可不尊乎？奈何後世之學者誦習文義以爲工，不真知其可尊之故；異端高妙以爲勝〔二五五〕，而謬於其所尊之實，其憂可勝道哉！是學也，有諸君子之記言在，來游來觀於斯閣者，必有能尊其所當尊者矣，豈徒爲瑰奇詭異之觀而已乎？

---

① 畫諾：舊時主管官員在文書上簽字，表示同意照辦。此處有處理公務、應付差事之意。宋王應麟《困學紀聞·考史四》：『（上略）梁江州刺史陳伯之目不識書，得文牒辭訟，惟作大諾，則郡守刺史亦畫諾矣。』

② 罔極：無窮盡。《漢書·董仲舒傳》：『朕獲承至尊休德，傳之亡窮，而施之罔極。』顔師古注：『罔亦無也。極，盡也。』

南軒書院新建藏書閣記〔二五六〕 虞集

袁州路南軒書院者，祠廣漢張子宣公而列於學官者也。故宋淳熙時，宣公之弟杓定叟守宜春〔二五七〕，宣公至焉，郡人士思宣公而不忘也〔二五八〕。端平丙申，郡守廬山彭方度地於東湖之上，始創書院。又七年而後成，彭守時爲尚書兵部侍郎，記之。内附國朝以來，莫之改也。

近歲，水嚙其北址，藏書之閣圮焉，其勢未已，講堂且危。仍改至元之三年，山長廬陵趙某始至，凜然憂之，告諸大府請加完繕。大府聽其言，思有所屬焉。幕府之長嚴君仲毅進曰：『仲毅之在此，不可使學校有遺缺也〔二五九〕。』明年，前太守真定張侯宗顔去爲漕，今太守廣信張侯熙祖始來。同寅協和，民以無事，仲毅得以致其力焉。然書院之田不足以供祭祀廩稍①之用，是以營繕②有所未遑也，乃出月俸爲之先，而上下應之。即書閣之舊址，斲松爲杙，沉布水底，加層石焉。延十有五丈，廣百步，崇二丈，畚石加土，平接講堂之址，凡若干尺，堂始無虞。是時，郡學新作尊經閣，舊閣之材尚有堅完者，以今侯之意，與書院奠諸新堤之上，復藏書之舊觀。

閣凡三層，皆出飛簷，以遠風雨。奉宣公之像於閣下以爲祠，又作東西廡以屬諸講堂，作詠歸亭，與立雪亭對。大門之東，與老氏之宫接，正其界，爲亭以表之。至元五年某月某日告成。又作水櫃③於上流，以防衝突之及。

---

① 廩稍：亦作『廩稍』。舊指公家按時供給的糧食。語本《儀禮·聘禮》『惟稍受之。』漢鄭玄注：『稍，廩食也。』賈公彦疏：『以其稍稍給之，故謂米廩爲稍。』元揭傒斯《靖州廣德書院記》：『厚歲幣以聘師，高廩稍以養生徒。』

② 營繕：修繕，修建。《晉書·祖逖傳》：『營繕武牢城，城北臨黄河。』宋蘇軾《趙清獻公神道碑》：『收其田租，爲歲時獻享營繕之費。』

③ 水櫃：軍事上的一種防禦設施。《明史·劉定之傳》：『陸則縱横掘塹，名曰地網；水則瀦泉令深，名曰水櫃。』清吴偉業《哭志衍》詩：『水櫃扼涪江，石門防劍閣。』

是役之始終，嚴君日至，而趙某、譯史鄧某、府吏胡某、直學趙某皆勤敏覈實①，克相其功。屬予記其事如此。

嗟夫！使幕府之佐其長，身任其勞而不辭，則府安有缺事哉！然予不敢徒書其土木之功也。蓋聞之，聖人既遠，周子興焉，作爲圖書，以發不傳之秘。兩程子繼之，而其道大行。龜山楊氏之歸閩，叔子固嘆其道之南矣。其傳諸豫章、延平者得朱子，而張子得於五峰胡氏者，生同時而學同源也。斯世斯文之所係者重矣！

張子以丞相魏公之元子，天資粹美，異於常人。自其弱冠，已知求學聖人之道。及得所傳，遠有端緒，察乎幾微萌動之端，以博極乎求仁之道，玩心②神明，不舍晝夜。極講明問辨之功，從容以和而不激；極舒遲溫厚之意，端嚴以正而不阿。朝進暮繹，同歸一致；任重道遠，死而後已。及夫蟬蛻③人欲之私，春融④天理之妙，其所至盛矣哉！以之事上莅民，以之立言垂教，百世之下，學者可考焉。昔在魏公，相思陵於艱難之中，屢出於險奸之手，大忠大義，時人比之諸葛武侯。宣公以爲武侯王佐之才而自比於管、樂，必不然也。取舊傳而更定之，蓋以明其父之心焉。定叟之爲弟也，才略幾有父風。治袁之日，宣公閑暇而過之，所以端其爲政之本原以見諸行事。其民被其德而不知者多矣。當彭守時，其殘墨餘論之猶存，而今不復可見，豈不重可嘆哉？遺像儼然，衣冠容色之在於斯也，學者想見其沖和純粹之氣，洋溢充滿，反求諸已，知其所不及，以自致其變化焉，則固君子之所望也。

---

① 核實：原爲審核查實之意，此處當指人具有認真細緻、一絲不苟的品質。

② 玩心：猶言專心致志。《漢書・嚴助傳》：『玩心神明，秉執聖道。』宋洪邁《容齋三筆・賢士隱居者》：『苟一日之用足，則玩心墳典，不事交游。』

③ 蟬蛻：喻像蟬蛻殼一樣除去私欲，以破舊立新，獲更高成就。

④ 春融：春氣融和。亦指春暖解凍。此處比喻對天理奧妙的領會理解，融匯貫通。

袁州路分宜縣學明倫堂記

虞集

國朝仍改至元之二年，歲在丙子，六月，前進士豫章徐邦憲爲分宜丞，律己以奉職，厲志以成事。其久也，有言而上之人聽之，有行而下之人從之。丞亦自信其可用，乃取其邑之繫於觀瞻者，謀於僚友而作新之。其令姓某，以他役自任，而夫子廟學之事，悉以屬諸丞。

按縣學，本清源書院與安仁驛之故地。故宋咸淳庚午〔二六〇〕，令章采遷驛他處，並書院之地爲縣學。學有廟，廟後爲會食堂。而所謂講堂者，在東廡之東，用陰陽家言，面乙之位。內附國朝，令膠東劉德以爲郡縣講堂必在廟後，撤會食堂以作明倫堂，而東面之堂不廢。然取具一時，地卑材劣，不足以久。學瀕水，水漲而堂壞，久而不可支，遂除去之，以其地爲菜圃。丞之始來，周視慨嘆而言曰：『此吾之責也，將誰諉乎？』乃告邑人士以修學之意，良民大家莫不驩附①，而旌儒鄉之士陳辰翁獨曰：『丞至年餘，一無取於民，而爲是義舉，何俟於衆力？請專爲之。』丞喜而從其請〔二六一〕。陳氏出其私財，使其孫德星親任其役，而縣教諭吉水李辰良董之。丞以公事之暇朝夕程督②，毋苟毋緩〔二六二〕。壘石於岸以障水，取剛土雜石子築堂基，高三尺，拓舊基凡十尺。其邑產紫杉，良材也，修直中度者用之，撓弱斥不取。於是，爲堂廣七丈有六尺，深半之，棟之高二十有七尺。工績堅緻，弘敞③偉然〔二六三〕。其爲堂，凡三十有六柱。起工於三年之十月，堂成於明年正月。計其財用、工食之費，爲鈔萬有千餘緡。丞乃使其弟邦傑與邑諸生趙艮來，求文以爲記。

---

① 驩附：歡欣並附和（表示贊同）。驩，通『歡』。

② 程督：對於法定賦稅、工程勞役、學課等的監督。

③ 弘敞：一作『宏敞』，亦作『弘惝』。高大寬敞。漢張衡《西京賦》：『漸臺立於中央，赫昈昈以弘敞。』唐韋應物《藍嶺精舍》詩：『綠林含蕭條，飛閣起弘敞。』

分宜，本分宜春以爲縣，袁之壯邑也。昔者，袁守祖侯無擇之始建學，盱江李泰伯記之〔二六四〕，厲其民以忠孝，足以感發於人心，儒者多誦之。後百二十五年，張侯杓作新學，其兄宣公爲之記，詔學者以唐虞三代建學造士之本意。而朱子記其學周程之祠，則又以原乎道統之傳而示之以修己治人之大法，而兩先生之言非止爲袁學而言也。天下後世之學者莫不誦之，而知所以爲學者矣。況乎分宜之邑〔二六五〕，去郡無百里，章甫逢掖之士來游來觀而得其説焉〔二六六〕，何啻耳提面命之近？歸而修之於身，講之於友，施之於子弟，推之於閭里，豈不富哉！其爲言矣乎，若集之不敏，何敢贊一辭於其間也。雖然，丞之思有以教其人，邑人士思有以進其學，皆古之道也，何敢不伸二先生之緒餘以爲告乎？

夫國家定爲夫子之廟，肖聖人之容，南面而中居，從祀配享，儼然有序；牲殺器皿，歲有常祀，郡縣有司承詔令行事則在廟乎矣〔二六七〕，至於師弟子誦詩、讀書、問學、辨德，則在於斯堂也。此之謂學也乎！是以凡天下之學，皆名其堂曰『明倫』，豈惟三代共之？蓋千萬世而不可易者也。維天①之命，於穆不已。五殊二實，來往摩盪②〔二六八〕。人得之以爲人，物得之以爲物，而生生之無窮，烏可已也？惟人也，得夫仁義禮智以爲性焉。人之爲道，則有君臣、父子、夫婦、兄弟、朋友之倫矣。孝弟本於人也，君臣、夫婦、朋友合以義也。惟其有是禮也，故能行斯五者，有以盡其分；惟其有是智也，故能知斯五者，而有以窮其理。惟聖人爲能極其至。故曰：『聖人，人倫之至也。』賢者率循其道，以求至其至者也。推之以教夫凡民，使皆有以望其所至而自達焉。夫凡民之去聖人遠矣，而皆可以爲聖人者，蓋其有得於己者無不均，故其行於倫者皆可以極其至也。是故氣欲之交雜，或至

---

① 『維天』二句：語出《詩・周頌・維天之命》：『維天之命，於穆不已。』於穆，對美好的贊嘆。《魏書・宗欽傳》：『於穆吾子，含貞藉茂，如彼松竹，陵霜擢秀。』

② 摩盪：亦作『摩蕩』。謂相切摩而變化。語本《易・繫辭上》：『是故剛柔相摩，八卦相盪。』孔穎達疏：『陽剛而陰柔，故剛柔共相切摩更遞變化也。』宋葉適《寶謨閣待制中書舍人陳公墓誌銘》：『初講城南茶院時，諸老先生傳科舉舊學，摩蕩鼓舞，受教者無異辭。』

近於禽獸，而天理之流動充滿，未嘗少有間斷欠缺。世道淪降，三綱紊而九法斁者，蓋有之矣。而窮天地，亘古今，五者之倫，何嘗一息之可廢哉！所以宣公之《記》，絜①乎五典四德，而使之有以知天理之所固有，以行其典之所當然也[二六九]。其曰『孔孟之書，備有科級，惟致其知而後可以有明，惟力其行而後可以有至』，此示之以學之之方也。朱子之《記》曰『世儒之學，内則局於章句文辭之習，外則雜於老子釋氏之言。私知人爲之鑿，淺陋乖離，莫適主統』，所以决其歧路之差也。其曰『間有聞於儒先之説，則有舍近求遠、處下窺高而不知即事窮理、以求其切於修己治人之實』者，所以端其進修之序也[二七〇]。學者即朱子之説而學焉，則宣公所謂『孝弟之行，始於閨門而刑於鄉黨；忠愛之實，見於事君而推以澤民』者，吾將於分宜之邑而見其人焉，則無負於邑大夫修學之意矣。故書以告來者。

袁州路分宜縣新建三皇廟記

虞集

國家置太常禮儀院以奉天地祖宗之祭，外則山川鬼神之祀典咸秩焉。其長貳②、參佐十數人通領之。典故論議屬諸博士[二七一]，而郊社宗廟、執禮治樂、器服牲幣各有攸司[二七二]，而審時日、庀物數、治文書以達上下中外、分隸職事者，則存乎府史矣。是故干羽舞蹈之容、律呂始終之奏、玉帛品物之節、醪醴牲殺之儀、籩豆鼎俎之實、升降進退之宜、鬼神享格之義，凡從事於斯者，莫不通習而具知焉。故其出爲外，有司以其見聞施諸行事，則有非他官所能及者。若分宜縣令周君益臣，自户部史擢爲太常掾者，數年歲滿，宰晋寧之安邑，又宰袁之分宜，所

---

① 絜：衡量。

② 長貳：指官的正副職。宋周必大《二老堂詩話·戲舉詩對》：『長貳每會食，多戲舉詩對。』《明史·顔伯瑋傳》：『燕兵至，州長貳盡棄城走。』

以能惓惓①不忘於三皇之廟祀也。

郡縣之祀境内山川鬼神之在祀典者，有詔令則修祀焉，有故則禱焉。其定制，通祀惟社稷與夫子。我國家始建三皇之廟，以祀伏羲、神農、黄帝。自國都至於郡縣，通祀爲三矣。祭於春秋之季月，有司守令行事，醫、諸生執禮，致拜告享仿於儒學，而器服牲幣亦視以爲法，我聖朝之制也。

昔者，分宜始奉令立三皇廟，因縣簿之舊廳以爲廟，在縣治之左，今令居之右。歲久屋壞，遷神於門。既弗妥，又寓神於他神之廢祠。朔望謁拜與歲時祭祀大不恭肅，守官於此者視爲故常，謾不加省。周令以嘗從事於太常也，獨知懼焉。而邑無他賦可以庀役，而心無一息之安也。爲政年餘，歲豐民安，粗有餘力，乃撤故祠新之。度故祠之基，東西得一十六丈，自通衢達於市〔二七三〕，深十有二丈。作開天之殿以奉三聖人，刻貞木以象之，容服之飾如京廟所定。殿有開天之門，外有欞星②之門，殿前有三獻官之次，門左爲惠民藥局，右則守廟者處焉，而都宫環屬於外門。作於仍改至元之五年三月，告成於八月六日。

嗟夫！爲國之以禮者，尚矣。習於其文者尚能有所感發如此，况乎深知其本而得其意者乎？噫！聖人之爲斯民慮者周矣！醫之爲義，其一焉。人之生也，有形體血氣之養，七情傷乎内，六氣沴乎外，與夫變異傷殘之不虞。隨而救之者，其職也，是以我國家重之。若夫推本於三皇者，蓋欲斯民涵泳於至和之中，休休焉以安，雍雍焉以居，以樂於無爲而永於天年也。而至於『不識不知，順帝之則③』，豈非聖祖神宗設廟祀之初意乎？長民之君子，尚因是而思焉。至元五年歲己卯九月具官虞集記。

---

① 惓惓：忠心耿耿貌。《漢書・劉向傳》：『欲終不言，念忠臣雖在甽畝，猶不忘君，惓惓之義也。』顔師古注：『惓惓，忠謹之意。惓讀與拳同。』宋陳亮《〈三國紀年〉序》：『先主諸臣惓惓漢事之心，庸可没乎！』

② 欞星：指欞星門。元陶安《孔廟賦》：『啓欞星於黄道，栖列宿於朱闈。』

③ 語出《詩經・皇矣》。

袁州路萬載縣重脩宣聖廟學記〔二七四〕 虞集

萬載縣尹懷孟馮士毅、縣學教諭匡廬曹邦來告於集曰：『學校之繫於教化大矣。風紀之司以爲職任，部使者巡行郡縣，下車即理廟學，以爲先務。而士毅等備員於此，謹廟祀、繕學舍以待教令〔二七五〕，不敢緩也。兹邑之學始作故宋至和中，屢遷不常，季年始定於水西。内附國朝，因舊無改。越五十餘年〔二七六〕，至治辛酉之歲，僉憲薩德彌失至縣。以其規模敝陋弗稱，而學計不足以給用，用父老言，命縣尹河南張輔延見邑人江州榷茶太使黄璧，咨以修學之事。璧承命以爲己任。禮殿小，不足以容祭器樂懸之設、進退拜立之位。爲四楹之屋於殿南，深丈有八尺，廣與殿等。以兩廡之迫於左右也，移而廣之，丈有五尺。徙其門而南之，凡三丈有三尺。又移欞星門於門之南三丈有五尺，皆更作焉。講堂、齋舍、官廳、厨屋加葺焉。事具①郡人前進士夏鎮《記》。又十年，爲至順辛未，僉憲聶公延世至。以先聖先師及從祀之像設弗嚴，知薩公之用人也審，又以咨之。黄君受命如初，不三月而像設之冕舄裳衣，五采絺綉②如章。又八年，爲仍改至元之四年，今副完顔公至〔二七七〕，道「殿棟撓前後簷之交，承溜地壞」，仍薩公、聶公之意咨請，黄君受命亦如之。明年，陶甓材木具，作虚屋架其上以通水，飾以文瓦，建以鴟尾③，而殿益高以固完矣。凡三役三使者，一以屬黄君，不資於衆人，不煩於官府。材木之直，工役之傭，一

---

① 具：記載，收録。《後漢書·張晧傳》：『事已具《來歷傳》。』

② 絺綉：古代貴族禮服上的刺綉。引申爲辭采，文采。宋陳深《曹叔時見過索餞篇》：『詞華爛絺綉，問學滋新畬。』明謝榛《四溟詩話》卷四：『子美詩……譬如上官公服，而有黼黻絺綉，其文彩照人，乃朝端之偉觀也。』

③ 鴟尾：古代宫殿屋脊正脊兩端的裝飾性構件。外形略如鴟尾，因稱。北齊顔之推《顔氏家訓·書證》：『或問曰：「《東宫舊事》何以呼鴟尾爲祠尾？」答曰：「張敞者，吴人，不甚稽古，隨宜記注，逐鄉俗訛謬，造作書字耳。吴人呼祠祀爲鴟祀，故以祠代鴟字。」』《陳書·高祖紀下》：『戊辰，重雲殿東鴟尾有紫煙屬天。』

出於私帑，故無所會①。是以臬司、公府標以善士之目焉，敢請記之。』

蓋聞之『舉直錯諸枉，則民服；舉枉錯諸直，則民不服』②，施諸天下郡國，其道一也。又曰『魯無君子者，斯焉取斯』③，昔人以爲稱人之善，必本於父兄也。司民風者將有爲焉，豈乏材用之供哉？而審人以托之〔二七八〕，不以頻煩一士爲嫌者，誠有教行乎其間也。取諸父子昆弟之無間言者，所以興孝弟也；取諸謹願無干於官府者，所以別善良也；取諸樂易而無所厭者〔二七九〕，所以敦鄙薄也〔二八〇〕；取諸敏事而不乏者，所以懲驕吝④也。鄉黨州閭之衆庶見而感焉，則驕吝鄙薄之風消，善良之類盛，孝弟之道興，而使者之教行矣，尚何憂學校之不修乎？乃若嚴經傳之誦説以爲學，則尚廉耻敦厚以閑士習，出其俊秀而表之，勖其所未至，簡其所未率，則有司之教猶有可爲者焉。縣令、學官勉之。仍改至元之五年秋八月，具官⑤虞集記〔二八一〕。

重修張巖書院記〔二八二〕　虞集

宜春萬載縣獲富里，有故臨江儒學教授張君千崖世居之〔二八三〕，嘗得山水泉石之勝於其南，作亭榭園池，廣袤

---

① 會：當作『付給』『支付』解。《警世通言·金令史美婢酬秀童》：『二人又喫了一回，起身會鈔而別。』

② 語出《論語·爲政》。

③ 語出《論語·公冶長》。

④ 驕吝：驕傲而吝嗇。語出《論語·泰伯》：『如有周公之才之美，使驕且吝，其餘不足觀也已。』唐張説《贈別楊炯箴》：『才勿驕吝，政勿煩苛。』

⑤ 具官：猶『具位』，唐宋以後，官吏在奏疏、函牘或其他應酬文字上，常把應寫明的官職爵位寫作『具位』或『具官』，表示謙敬。宋蘇軾《祭大覺禪師文》：『維年月日，具位蘇軾，謹以香茶蔬果，致奠故大覺禪師器之之靈。』宋司馬光《乞去新法之病民傷國者疏》：『月日，具官臣司馬光，謹昧死再拜上疏太皇太后陛下皇帝陛下。』

數里。青山趙君文記之，言其奇偉華麗〔二八四〕，儗於京洛。吴越〔二八五〕傳聞者如見繪畫。所謂張巖書院者，在山之麓，有禮殿以祠先聖（殿有門廡），有祠以奉周、程、張、邵、司馬六君子，有樓以藏聖賢之書，有堂以尊師而講學，有四齋以居其學者，有庖廩器具以給凡用。此又趙君嘆其誦詩讀書之美，而擬諸廬阜、衡嶽之所有者也〔二八六〕。

千崖君歿〔二八七〕，子孫出仕京師〔二八八〕，弗遑於兹者且四十年〔二八九〕。萍鄉榮君南祥娶張氏，則千崖君之子之女子也。有子岳孫，既長而有立，稟于其親而請諸舅氏疇，願因書院之舊而加葺之，以延師取友，率其族人、鄉黨子弟而就學於斯也。舅氏曰：『是吾意也。』岳孫乃以元統乙亥之春鳩工庀徒，致其繕治，易朽以堅，飾黯以華，割腴田以具食。其舅氏又資之以樵蘇之山、藝蔬之圃。不數月而成且備矣。

十有二月，岳孫與巖學①之士傅君任來求文以記之〔二九〇〕。

夫南山張氏之亭館甚多，而岳孫獨先事於書院，觀其志之所存，可謂知本者矣。宜春在江右之上游〔二九一〕，其風土淳厚，其人易與爲善。西瞻衡嶽，則嶽麓書院在焉；東望廬阜，則白鹿洞在焉。此昔賢之所經營，皆依乎名山大川者也。今巖學得山水之秀，故可托以久長者乎！今天下好事者築室買田以資講習，然一列於學官則行有司之事〔二九二〕，而弦誦籩豆殆爲文具者多矣。獨巖學違於城闕之喧囂〔二九三〕，邈乎公府之拘制。饋餉②時至，無乏絶之慮；人迹在邇，無岑寂之苦。息焉，游焉，無所事乎其外。及其閑暇，可以登高眺遠而發揮其詠歌〔二九四〕。環千里而觀之，爲學之善地，未有過之者矣〔二九五〕。

雖然，樂順適則志易墮，乏磨礪則德每孤。前輩寥落，師友道廢。遺言之微〔二九六〕，孰究孰擴？趨時尚者，

---

① 巖學：指於山林書院中讀書治學。一作『嚴學』，疑誤。

② 饋餉：指糧餉。《陳書·徐儉傳》：『臧氏亦深念舊恩，數私致饋餉，故不乏絶。』

竊緒餘以釣利禄；務高虛者〔二九七〕，假近似以立名聲。疏鹵①自欺之風，有不可勝言者。宜春文物之邦〔二九八〕，深山茂林豈無古學②之士〔二九九〕、經明行修足爲師表者？張巖之人，其力致之也乎！苟賢者之未易致也，則嶽麓、白鹿洞、晦菴朱子、南軒張子之成規緒論在焉。宜取而表之，相與尊信而從事焉，可也。尊信則不揺於異議，從事則馴至於成功。他日衣冠之盛〔三〇〇〕，彬彬然自巖學而出，則張氏、桀氏之名顯著於天下，豈直山水光華而已哉！仍改至元之元年十二月，具官虞集記〔三〇一〕。

大明

重建衛碑記〔三〇二〕　譚九齡

皇明誕膺③天命，撫有海宇。神武之功，超邁千古。四方既平，爰定兵制以馭内外。京師，天下之首也，既設重兵以固基本；郡縣，手足也，凡形勝衛要之地亦置兵控制，使大小相維，中外相應。臨事調用，則綱張目舉，有條不紊，所以措天下於泰山之安而定千萬世之鴻業也。

袁居江西上游，連接湖廣，自昔爲藩郡。歲丙午，始命歐文顯爲僉事，開衛置司，俾十有二千户所隸焉。明

① 疏鹵：粗疏輕率。宋葉適《紹興府新置二莊記》：「越爲郊畿而民不勝困，卿相迭守而治反疏鹵。」元劉壎《隱居通議·文章四》：「太史平生爲文極詳謹，不應此獨疏鹵，得非傳寫者之訛邪？」

② 古學：科舉功令文字如策論、律賦、經義、八股文、試帖詩以外的經史學問，稱古學。宋李幼武《宋名臣言行録外集》卷六：「（吕希哲）從王安石學。安石以爲：凡士未官而事科舉者，爲貧也；有官矣，而復事科舉，是僥倖富貴利達，學者不由也。公聞之，遽棄科舉，一意古學。」

③ 誕膺：承受（天命或帝位）。《書·武成》：「我文考文王，克成厥勛，誕膺天命，以撫方夏。」孔傳：「大當天命。」

年，千户韋富以功升僉事，繼升副使。時征討方殷，公署未立。洪武改元，韋侯始建公宇治事，而一時權宜，未盡如制。三年，朝廷以天下大定，論賞功臣，韋後擢升同知〔三〇三〕，而淮西王侯仍、濟寧馬侯英來會衛事〔三〇四〕。二侯久歷兵務，至則議新政令，而舊所隸兵悉分代閩建，惟千户王用所轄千人存焉。會朝廷籍兵士之餘丁義属者爲兵，三侯閲其壯勇者二千人以聞。明年命下，增設千户百户等以率之，並舊兵分爲左右中三千户所。自是兵勢益勝，乃新政令。增城浚壕，築飛樓，營串房，立屯田，造輕舸，凡戰守之具靡不畢舉。暇則引士卒躬訓練，旌旗衣甲焕然改觀。方議公署，而湖南柳桂峒民弗靖，有旨命王侯領南昌、撫州、永衛及袁之兵討平之。師方旋，而南康復有以妖言構亂者，馬侯承命往征之。侯善用人，獲其渠魁①，餘黨就解。五年，宜春侯黄公奉命征辰、沅五溪蠻。王侯復行侯前，詢知溪峒之俗，設策掩擊之，以故東西千里煙塵廓清。

矧年穀屢稔，士飽馬騰，三侯乃謀曰：『國家以閫任分委將帥，以宣威德而鎮方面也。今公宇湫隘，弗稱觀瞻，宜改爲之。』適幕僚知事戚順代去，而北平王郁至，協相共謀〔三〇五〕。乃命鳩工②選材，分職任事，因以舊規而增廣之。中爲治事之堂，扁以『帥正』〔三〇六〕。堂之傍爲贊政之幕，後爲重堂以備籌策，扁曰『鎮静』〔三〇七〕。最後爲旗纛廟，以奉軍牙之神。廟之側，神厨、神庫、宰牲池在焉。治事之前，翼兩廡以分六曹。前設儀門，外爲曹門。門之内，左爲鎮廉廳〔三〇八〕，右爲屋四楹以備僚属之居。自堂及門，合用之室無不備〔三〇九〕，梁棟户牖無不飭〔三一〇〕。丹雘輝煌，精緻完美〔三一一〕。光彩耀目，來者肅容。經始於七年四月，落成於十有一月。工用之費皆三侯捐俸以給之，分職田入以膳之。暇則親臨，授以成規，故工善吏勤，不誡而勸。

既成，韋侯改遼之金川，創建始末久未有述。今年秋，二侯相謂曰：『公宇之成，豈直觀美〔三一二〕？所以宣

---

① 渠魁：大頭目；首領。《書·胤征》：『殲厥渠魁，脅從罔治。』孔傳：『渠，大。魁，帥也。』孔穎達疏：『「殲厥渠魁」，謂滅其元首，故以渠爲大，魁爲帥，史傳因此謂賊之首領爲渠帥，本原出於此。』

② 鳩工：聚集工匠。唐黄滔《泉州開元寺佛殿碑記》：『乃割俸三千緡，鳩工度木。』

布威德也。作而不紀，何以示將來乎？』遂謀伐石，以記請予。

惟自昔聖人經理天下，未有不資於兵。除暴定亂，輯衆①安邦，又非威武而不能。然兵之用非難，治之爲難；治之非難，而得人爲難。必得其人，然後能治而用之〔三一三〕。是以我朝視兵爲尤重，任法任人，斷自宸衷②。動而必當，克成大業。今袁得賢侯，明國大體，一德一心以承上意。剛毅智勇，各盡所長。其能外清邊防，内修政令，大新公署而不遺餘力也。非惟以表三侯盡職之美而已，於國家立法、得人之盛皆可見焉，故不辭而備述之〔三一四〕。後之居此者觀其功績之盛，思其創始之勤。尚有以續美於方來，而袁民得依金湯之固以享太平之樂者，尚毋忘三侯之盛心也哉。是役也，鎮撫周侯濟、提督其盛暨千户瞿成、王用、汪成、王福、方海、任俊咸有勞焉，並書〔三一五〕。

三賢堂記

李順孫

洪武十有五年春，余以文學徵至京師，陳公谷表亦被召而入。凡兩閲月，未嘗相與語。忽一日早朝，露立左順門外，適與陳公並，遂各通姓名、鄉貫，始知彼此爲閩浙人也。既而唱名於文華殿，余領袁州牧，而公亦署袁州府推官。由是情好日篤，蓋天巧其逢若是。

舊時推官廳事弊毁，公奂而新之。欲顔其堂而未稱，因属於予。予示以『明允』二字，公喜而大書之。越三年，秋，東偏垣墻頽圮，得一短碣焉。招予以觀，相與摩挲而讀，乃知舊有三賢祠，蓋祀臯陶、張釋之、于定國

① 輯衆：使百姓安定。

② 宸衷：帝王的心意。南朝梁沈約《瑞石像銘》：『泛彼遼碣，瑞我國東，有符皇德，乃眷宸衷，就言鷲室，栖誠梵宫。』《舊唐書·楊發傳》：『禮之疑者，決在宸衷。』

者，而其堂亦曾以『明允』目之。相顧驚喜，屈指幾三十有四年矣。吁！何符合之異耶？然以永嘉抵清源，不啻①千有餘里。雖稔聞公之盛名，而未獲一睹，今以邂逅相遇，又獲同寅②。而公又能執法守其官，俾獄無濫刑，則公陰德所鍾，又豈易量哉？彼所謂三賢者，蓋古立法制刑者也。姓字久淪没於土，今顯迹於公，是知三賢之所屬望於公者，豈無所自哉？將見異日登庸③秋官，使天下之民均懷其德，昭諸簡册，則予之所景慕者，又豈在三賢之下與？是爲記。

新修學記〔三一六〕

胡儼 南昌人，祭酒。

袁州何侯澄過予言曰：『袁之儒學，自唐天寶五載刺史房琯始建於州之南。乾元元年，刺史鄭審移於城西。宋皇祐中，祖無擇來知州事，睹廟學狹隘，乃改營於治之東北隅，即今處也。國朝洪武辛亥，郡守劉伯起建尊經閣五間〔三一七〕，復置四齋〔三一八〕。洪熙改元，教授徐倫以廟學歲久，棟宇敝壞，乃告於郡守周鐸〔三一九〕、衛使石偉，各捐俸作新之〔三二〇〕。時四邑官屬咸以其資來助。越五年而災，僅存者尊經閣、厨庫、廩食之舍而已。未幾，澄忝

① 不啻：不僅；何止。《書·多士》：『爾不克敬，爾不啻不有爾土，予亦致天之罰於爾躬。』孔傳：『不但不得還本土而已，我亦致天罰於汝身。』《後漢書·馮衍傳上》：『四垂之人，肝腦塗地，死亡之數，不啻太半。』宋樓槃《霜天曉角·梅》：『月淡風輕，黄昏未是清。吟到十分清處，也不啻、二三更。』

② 同寅：猶同僚。宋張鎡《送趙季言知撫州》：『同寅心契每難忘，林野投閑話最長。』明王錂《春蕪記·忤奸》：『可奈同寅太不仁，須教明日奏楓宸。』

③ 登庸：選拔任用。《書·堯典》：『帝曰：疇咨若時登庸。』孔傳：『疇，誰。庸，用也。誰能咸熙庶績，順是事者，將登用之。』秋官，《周禮》六官之一，掌刑獄。《周禮·秋官》唐賈公彦題解：『鄭《目録》云，象秋所立之官。寇，害也。秋者，遒也，如秋義殺害收聚斂藏於萬物也。天子立司寇使掌邦刑，刑者，所以驅耻惡，納人於善道也。』所司與後代刑部相當，故唐武則天曾一度改刑部爲秋官。後世常以秋官爲掌司刑法官員的通稱。

郡寄。釋菜之日，有歉於中，乃延教授柳正茂、訓導何才、葉瑩、唐子昌相與謀議重爲興作〔三二一〕。於是積以歲俸，勸導士民，鳩工聚財，陶甓輦石。作正殿五間，殿有像。東西廡各七間，廡有主。大成門五間，門有戟。又作明倫堂五間，翼以四齋。始於宣德癸丑夏六月，成於丁巳冬十月。董其事者，陰陽正術傅得志；相其役者，耆民楊存道等。幸爾苟完①〔三二二〕，願公記之。』

嗚呼！郡守者，民之師率。其所以爲師率者，必有其道焉，亦曰『治教』而已。治之具存乎人，教之法本諸學〔三二三〕。我國家法先王，稽古制，自朝廷以至郡邑皆建學立師〔三二四〕，豈徒然也哉！爲生徒者，須體朝廷之至意與何侯之盛心，隆師親友，亦曰『務學』而已。學之道，進德居業也。進德者日新，居業者無倦。日新者必遜志而時敏，無倦者必矯輕以警隋②〔三二五〕。此聖賢之教，亦豈出於日用彝倫之外？况袁之爲郡，土俗願樸，士秀而文，素稱樂土，仕宦者安之。自設科以來，未嘗乏人〔三二六〕。將見道德明秀之士出以鳴世，其所造就，豈止於昔之盧肇榮一時、夸一鄉也耶？余雖衰老，尚當拭目。何侯字彦澤，毗陵人，以朝著出守是邦。和易近民，豈弟之化聞於遠邇云。

重建韓文公祠記　錢習禮 吉水人，學士。

唐韓文公廟在袁州宜春臺之右。舊有廟在學宮西偏，宋皇祐末郡守祖無擇創建之，嘉定中鄭自誠增修之，元季毁於兵。今景泰間，都察院僉都御史姑蘇韓公雍以行部至學，顧瞻舊基，慨然興嘆，謂『非所以表賢勵俗之

---

① 苟完：大致完備。《論語·子路》：『子謂衛公子荊：善居室。始有，曰「苟合矣」。少有，曰「苟完矣」。富有，曰「苟美矣」。』宋蘇軾《超然臺記》：『於是治其園圃，絜其庭宇，伐安丘、高密之木，以修補破敗，爲苟完之計。』

② 隋：懈怠。《晏子春秋·問下二十》：『盡力守職不怠，奉官從上不敢隋。』吴則虞《集釋》引孫星衍曰：『「隋」同「惰」。』

意」。相與相地，得三皇遺址於臺之右。即命知府事嘉興姚文暨平陽王矩、同知郭銘、通判徐致遠、推官傅思潤僉以興復之。諏日①之良，伐石須材，會徒孱工，經營而繕修之。敦匠程役，一以屬之宜春令義烏楊弘。郡縣長貳勸相程督，不餘遺力。逾時而廟成，制極弘敞。肖公之像於中而祀焉，復以公命來請記於予。

按，公在元和間任刑部侍郎。憲宗迎佛骨入禁中，上表極諫。帝怒，貶潮州刺史。尋感悔，欲復召用之。爲皇甫鎛所謗，僅移內，改袁州。始，潮人未知學，公至，擇師訓之，人皆篤於文行，與中州士齒。鰐魚爲患，爲文，投羊豕以祭之。一夕大風雨，爲徙六十里，民得無患。袁人以男女爲隸，過期没入。公悉計其傭，贖以歸父母者甚衆。歲旱致禱，感雨隨至，民被惠。故潮與袁皆立廟以祀之。

然公所立自足以雄峙百代之下而不朽，初無係於祠之作否。但利澤之及民者深，故民欲報祀者没世而不忘。且潮爲郡僻在海陬，去公之没垂七百年尚烝嘗②不絶，豈以古袁爲江右文物之區，廟廢而不復理哉？宜公惓惓以責諸長民者，致今日有成也。固所以尊禮於先賢而風厲後進，其意豈有窮哉？

自是而後，郡之耆俊歲時相與蠲其祀事，升降饋奠③，仰公道德之容而具泰山北斗之瞻，竦然自勵，求以企及之。觀感之久，豈無如公爲人者出於其間？是蓋公與長民者之意，而亦予之願也。相與勉之！若公爲臣大節、經世之文、衛道之功，所謂自立於不朽者，書之史官、見諸儒先之所稱揚、傳誦於士大夫之口者，無容贅，兹特書其所以得祀於民者爲廟記云。

---

① 諏日：商量選擇吉日。《儀禮·特牲饋食禮》：「特牲饋食之禮，不諏日。」鄭玄注：「諏，謀也。」

② 烝嘗：本指秋冬二祭。後亦泛稱祭祀。《詩·小雅·楚茨》：「絜爾牛羊，以往烝嘗。」鄭玄箋：「冬祭曰烝，秋祭曰嘗。」漢蔡邕《文範先生陳仲弓銘》：「立廟舊邑，四時烝嘗，歡哀承祀，其如祖禰。」

③ 饋奠：指喪中祭奠之事。《禮記·曾子問》：「曾子問曰：『大功之喪，可以與於饋奠之事乎？』」孫希旦集解：「饋奠，謂執喪奠之事也。」《南史·后妃傳下·陳武宣章皇后》：「遺令喪事並從儉約，諸饋奠不用牲牢。」

重建三先生祠記

錢習禮

道之大原本於天。用之在天下，傳之在聖賢。自堯舜至於孔子，至於孟子，皆五百年或百有餘年而聖賢出。故斯道之傳，繩繩①不絶。自秦而降，漢晋隋唐以及五季，千數百年之久，聖賢不作、斯道不繼者，殆如常矣〔三二七〕。

至於宋興，五星聚奎，天啓文明，大賢輩出。時則有若濂溪周先生、河南程氏二先生，皆以傳道爲己任。圖之於書，探造化之原，明事物之理。發往聖之所未發，覺斯民之所未覺。扶天常，正人紀。使斯道大明，昭如日星。其功與天壤相爲悠久可也。天下學士翕然②宗之，故所在學校多闢祠室以祀焉。

袁之祠，舊在學宫西偏，迫隘庳陋，不足以示嚴奉之意。比歲，都察院僉都御史韓公雍按部至學〔三二八〕，謁拜祠下，徘徊興嘆，亟命郡縣長貳與③韓文公廟徙至宜春臺右〔三二九〕。一時並作，制與廟稱。左右列之肖像，其中濂溪先生南向坐，明道、伊川先生東西向以侑焉。郡之父老士民其來觀者〔三三〇〕，莫不嘖嘖稱慶〔三三一〕。

然祠之設，豈直爲觀美哉？尊賢尚德而風勵之意存焉。凡袁之士，俛力於聖賢之學者，歲時毖祀④，進拜跪

---

① 繩繩：衆多貌；綿綿不絶貌。《詩·周南·螽斯》：「螽斯羽，薨薨兮。宜爾子孫，繩繩兮。」朱熹集傳：「繩繩，不絶貌。」唐李邕《大唐贈歙州刺史葉公神道碑》：「繩繩焉，熙熙焉，孔德之容，罔可測已。」

② 翕然：一致貌。《漢書·鄭當時傳》：「聞人之善言，進之上，唯恐後。山東諸公以此翕然稱鄭莊。」宋蘇軾《范景仁墓志銘》：「及論熙寧新法，與王安石、吕惠卿辯論，至廢黜不用，然後天下翕然師尊之。」

③ 與：介詞。把；將。宋莫崙《水龍吟》詞：「也擬與愁排遣，奈江山遮攔不斷。」

④ 毖祀：謹慎祭祀。《書·洛誥》：「予沖子夙夜毖祀。」孔傳：「言政化由公而立，我童子徒早起夜寐，慎其祭祀而已。」南朝梁劉勰《文心雕龍·祝盟》：「毖祀欽明，祝史惟談。」

莫。近先生之貌像而瞻仰之，悠然興高山景行之思，惕厲於中。退而玩其圖，誦其書，味①其言[三三二]，存諸心。蘊之而爲德行，見之而爲事業。斯無愧矣！若徒淪溺②於俗學之陋，持之以取科第、謀利禄、釣聲譽，不足以淑人心，扶世教。是則三先生之罪人，而非公與郡縣之所期望也，可不勉哉！遂書爲記，俾刻石而置諸祠間，以爲爾諸生觀省之助云。其於兹役與有勞力，具載於《韓文公祠記》而兹不復著[三三三]。

敦教堂記

張益　姑蘇人。

善爲政者必知首務。教化所繫，莫先學校。蓋教化明則民易治，學校興則英材輩出。古之守令以循良稱者，率是道焉。

宜春，袁附郭邑也。儒學之建，其來久矣。規制不甚寬廣，明倫堂後即漥③然爲池，諸生退講無所。正統壬戌，嘉禾姚公來莅守事。當朔望時，率僚佐及縣之官屬至學，列諸生聽講説畢，則周覽，喟然嘆曰：『學校育材之所，卑陋若此，曷足以稱國家崇重作興之意？』欲堙其地，構堂於上，乃與同知雲間顧公敬、通判建安徐公盛、推官宜興陳公全共圖之。

越明年，公政有成，歲復豐稔④，衆曰：『斯其時矣。』公乃命縣丞孫公誠先實所漥以土。知縣鍾公英以考績

① 味：體味；體會。唐杜甫《秋日夔府咏懷百韵》：『高視收人表，虚心味道玄。』宋蘇軾《葉嘉傳》：『始吾見嘉，未甚好也，久味其言，令人愛之。』

② 淪溺：謂陷入不良的境地或痛苦的境界而難以自拔。晋葛洪《抱樸子·崇教》：『能獨見崇替之理，自拔淪溺之中，捨敗德之嶮塗，履長世之大道者，良甚鮮矣。』

③ 窪：低陷；凹下。唐韓愈《燕喜亭記》：『窪者爲池，而缺者爲洞，若有鬼神異物陰來相之。』

④ 豐稔：猶豐熟。《後漢書·法雄傳》：『在郡數歲，歲常豐稔。』李賢注：『稔，熟也。』唐吴兢《貞觀政要·君道》：『年穀豐稔，百姓安樂。』

自京還，而曰『茲吾責也』，並力爲之。度材庀工，錢用官之所羡餘者。官出顧直①，人樂趣事，而教諭毗陵姚君翔、訓導將樂蕭君瓚極加贊助。由是爲堂五間。經始於正統甲子春三月，落成於是年冬十有二月。衆以名請，公曰：『明人倫，敦教化，是爲學校之本。今學前有堂曰「明倫」，茲扁以「敦教」。』公來京師，屬言以識構築歲月。

予觀今之爲郡邑者，率多以徵斂爲能、辦集爲良，其知以學校育材爲首務者蓋鮮。公克與其僚屬相德協力，首爲是舉，則固宜有善政而不泯焉。爲學之士子尚惟曰：『聖天子篤愛吾民，而使仁如公者以爲之守。惟我公克仰承上意以作興學校，吾儕獲惠多矣，又曷可玩愒朝夕而不務成材德、自進於士君子之域以自效厥用於時哉！』知乎此，則有以副公之意矣。願相與勉之。

公名文，字敏學，發身進士，歷官郎署，自慶遠府知府而調於袁，蓋今之循良云。

府學進士題名記　李紹　安福人，侍郎。

袁爲郡在江西上游西南絶境。其地山高而水深，其民性純而知學，其士以經術文藝致身科第而登顯仕者，亦不絶於當時。前此乃未有以著其姓名而傳於後世者。永樂乙未以後，科累乏人，迄今又五十年矣。

太守劉侯來爲是郡，以作興爲任。三年，士習一變而登進士者始復有人。乃考自國初以至於今日，得若干人，且將礱石刻置學宫以俟來者之嗣書。而以書抵予，屬爲記，且曰：『袁之登進士第者，始雖有人，中世遂乏絶。至於今，歲久僅得一人焉。非表揚而彰顯之，則後孰知之而因以激厲奮發哉？』

---

① 顧直：雇傭勞動力的工資。宋蘇軾《上神宗皇帝書》：『又欲官賣所在坊場，以充衙前顧直，雖有長役，更無酬勞。』《金史·胡礪傳》：『州管五縣，例置弓手百餘，少者猶六七十人，歲徵民錢五千餘萬爲顧直。』

予惟國朝取士雖非一途，而進士科爲當時之極選①。三年大比，由鄉試而後會試，考選反覆，至于再三。及乎殿試，天子親策試之而第其高下，賜之品秩②，然後謂之進士。其取之嚴如此。瓊林有宴，廷試有録題名，大學之有記有碑。既榮其身於一時，復永其名於天下後世不朽。其待之厚如此，蓋將以網羅天下之賢才爲邦家太平之具也。士之得爲進士，何其榮哉！然每科之選，率常百人，多不過二百三百而已。天下郡邑如是之多，其不與者蓋（下闕一頁）

重修萬載縣治記〔三三四〕

羅倫　永豐修撰。

國家之待士也，因其才而養之，養吾民也〔三三五〕。士之仕也，以其才易吾民之養，非厲民以自養也。是故飲食、車服、宫室，使令易菲惡③以甘美〔三三六〕、敝陋以壯麗、野樸④以輕使〔三三七〕，非過也〔三三八〕，宜也。夫公宫之制，内以位叙，外繚周垣。入則同署，出則同門。蓋欲使之廉貪相察〔三三九〕，勤怠相繩，以立政體，傳之無窮，非徒以自養也〔三四〇〕。夫何仕者不假官營私，則安於敝陋，此何道哉！

① 極選：選出的最優者；最佳的選擇。三國魏曹丕《與孫權書》：『此二馬，朕之常所自乘，甚調良善走，數萬匹之極選者，乘之真可樂也。』宋歐陽修《除文彦博易鎮判大名府制》：『朕惟將相之崇資，是爲文武之極選。』《宋史·職官志二》：『紹興五年……用趙鼎言，以左史范冲充翊善，右史朱震充贊讀，時稱極選。』

② 品秩：官品與俸秩。《後漢書·皇后紀贊》：『其（公主）職僚品秩，事在《百官志》。』唐張喬《送龐百篇之任青陽縣尉》：『品秩台庭與，篇章聖主聞。』宋蘇轍《謝復官表》：『伏念臣憂患餘生，老病兼至；廢黜雖久，尚霑品秩之餘。』此泛指等第、次序。《書·舜典》：『百姓不親，五品不遜。』唐孔穎達疏：『品，謂品秩。一家之内尊卑之差，即父母兄弟子是也。』

③ 菲惡：粗劣（的飲食）。

④ 『野樸』句：野樸，當即樸野。樸質無華。《管子·小匡》：『是故農之子常爲農，樸野而不慝。』尹知章注：『農人之子樸質而野，不爲奸慝。』輕使，輕便易使（的車服）。

萬載爲邑〔三四一〕，麗帶①袁筠〔三四二〕，俗號易治。廨宇②腐壞，漫不可支。海陽陳崇文吏乎斯土也，於是八年矣。知其民之可使也〔三四三〕，乃圖新之。南嚮爲公堂，北爲退思之所，前爲重門，旁爲吏宇。龍亭有庫，居貨有藏，戒石有亭，徒役胥吏居息有舍。凡爲屋百餘間〔三四四〕。民見其成而不知其勞，迨非才其然乎〔三四五〕？移之於理何有？

今夫四方司牧，寵賂章行，上之所爲，民亦歸之。剝膚椎髓，公私罄然③，掃地赤立④〔三四六〕，民不堪命。不革其舊而新之，殆甚於斯宇乎！夫司牧而奪其有，是盜之也。吏之盜吾民也久矣，安其養而盜之。國之養士，士之養於人〔三四七〕，其端固然哉！《易》之道，以陽爲君子，陰爲小人。君子者，養人而養於人；小人者，養於人以自養。君子內而小人外則成泰〔三四八〕，小人內而君子外則成否。否者，陰柔之極致也。《象》曰：『否終則傾，何可長也？』傾則爲泰〔三四九〕，易壞爲新，天之道也。風俗之成，政化之行，夫豈遠於人哉〔三五〇〕！《書》曰『邇可遠，在茲』⑤，君尚圖之。是役之興，縣丞陳衡、主簿王琇弼相⑥有績〔三五一〕。以生員彭用中、陳鏴來告紀成，乃文其成以詔來世〔三五二〕。

---

① 麗帶：連接，鄰近。

② 廨宇：官舍。《南史·蔡凝傳》：『及將之郡，更令左右修中書廨宇。』唐孟浩然《同獨孤使君東齋作》：『廨宇宜新霽，田家賀有秋。』宋蘇軾《杭州上執政書》：『本州廨宇弊壞已甚，不可不修。』

③ 罄然：形容財物盡失，空空蕩蕩。《舊唐書·辛替否傳》：『於是人怨神怒，親忿衆離，水旱不調，疾疫屢起。遠近殊論，公私罄然。』

④ 掃地赤立：完全空無所有。形容窮困之極。唐韓愈《鄆州溪堂詩》序：『公私掃地赤立，新舊不相保持。』

⑤ 注：語出《書·皋陶謨》。

⑥ 弼相：幫助，輔佐。

重修廟學記〔三五三〕

張元禎 南昌人，學士。

萬載縣廟學曠治已久〔三五四〕。廟制自禮殿門廡下迄庖庫牲殺之處，學制自明倫堂齋舍外洎廨廩會食之所，有廢焉，難於力而莫舉；有敝焉，易爲功而莫葺。禮樂教化之地弗急於簿書、期會，固有司者之常歟？

成化戊子，海陽陳君崇文以偉材宏局起家賢令，來是邑。爰自下車，謁廟視學，即惕然靡寧，慨然興嗟曰：『令，一邑師帥。務孰先此？』於是經營注措①，以日以年。持其無敢慢之心，堅其必欲就之志。甫一月，廟櫺星門成；既一載，學書舍成；又數載，廟禮殿、廡、東西戟門〔三五五〕，學明倫堂成〔三五六〕；又數載，廟庖室〔三五七〕、牲房，學齋、東西門、内外饌堂、粟廩、廨宇成。其費也，弗糜之官；其役也，弗徵之民。或廢焉〔三五八〕，起之而加宏壯；或敝焉，葺之而加侈麗。又從而固厥周垣，端厥階陛，廣厥途術。由是法制宜有，焕然大備。廟廷肅肅，儼乎聖哲之臨；堂室言言，宜於講誦之樂。儒風聿振，士氣勃張。陳君爲令，可謂急當務者矣〔三五九〕。學司訓葉福、桂珸咸嘉君巨績，欲詔之無窮，乃諗于二尹陳衡、判簿王琇，遣生員宋瑶、鄒泰來南昌屬爲之記。

夫廟學，國家制自有定。廢以壞舉之，有司職固然也，而顧有忽焉。弗之急，急之顧必待其人，是何異於學者。理本固有。成厥毁，作厥隳，非上之人有以致厥功弗可歟！兹邑廟學固曠治焉久，今陳君乃毅然大爲一新之，諸士子來游來歌，擊兹盛美，其亦反而有所興哉！廟制焉久廢而備，吾容有久廢而弗備者〔三六〇〕？學制焉久頹而葺，吾容有久頹而弗葺者？因耳目之新日致所以自新，而求無負於賢師帥。異時出而登庸，將有以推而大振天下之頹，起天下之廢以補造化，以參天地，則陳君之功，寧徒令兹右於廟學而已？記也，並學以爲諸士子告，當亦陳君之意哉！〔三六一〕

① 注措：亦作『注錯』。措置，安排處置。宋曾鞏《移滄州過闕上殿劄子》：『仁宗皇帝，寬仁慈恕，虚心納諫，慎注措，謹規矩。』

重創雙虹橋記〔三六二〕

張元禎

一橋梁之修，於有司詎其重以大者〔三六三〕？然古人占茲於政，今人盛茲於舉。古人不曰〔三六四〕『小且理，矧諸大〔三六五〕；輕且舉，矧諸重』？今人不曰『庸有司急者勢，否則利。利急，第樸滿於己，遑民焉？勢急，第簿書期會之劬，遑民焉？』厘茲其故事則末，而有司臧否焉①，攸係亦弗小也。

萬載縣儒學左有橋曰『雙虹』〔三六六〕，創於元季，國朝洪武、永樂間圮而重修之。至今成化乙未夏，霖猝溢，復衝廢，公私涉者甚病焉〔三六七〕。縣尹海陽陳君璨惕然興嗟曰〔三六八〕：『惡②〔三六九〕！茲非吾責哉！』乃伐石斲材，擇人程督，仍故址梁而甓之樓七。其間瓴三滴，叢之飛桷，繫之風鈴。修尺百，廣尺十二，崇尺二十。復橋北立關王廟以鎮之〔三七〇〕。厥規壯，厥繪麗。巍焉！煥焉〔三七一〕！龍江、南浦間病涉者免矣〔三七二〕。工肇於歲乙未八月〔三七三〕，訖於歲丙申五月〔三七四〕。落成際〔三七五〕，陳二尹衡、王判簿秀、喻掌教淳、葉司訓福僉曰：『茲功巨矣〔三七六〕！弗官縻，弗民騷。宛鬼神焉，幻而匝十月欻焉於成〔三七七〕。侯誠良厥畫者，微有以章之，久疇能知厥功之自？』則相與植石橋左而亭之，走生員辛容、李升丐吾記。

吾謂茲今人盛厥舉，而古人占厥政者，陳君善績在民，固殆弗勝書〔三七八〕，然茲亦證可小之俾就泯〔三七九〕。况

---

① 臧否：品評；褒貶。漢張衡《西京賦》：『若其五縣游麗辯論之士，街談巷議，彈射臧否，剖析毫釐，擘肌分理。』三國蜀諸葛亮《前出師表》：『宮中府中俱爲一體，陟罰臧否，不宜異同。』唐吴兢《貞觀政要·慎終》：『陛下不審察其根源，而輕爲之臧否，是將使守道者日疏，干求者日進。』

② 惡：《孟子·公孫丑上》：『然則夫子既聖矣乎？曰：惡！是何言也？』趙岐注：『惡者，不安事之嘆辭也。』《荀子·法行》：『孔子曰：惡！賜！是何言也！夫君子豈多而賤之、少而貴之哉！』

茲橋，袁民之創〔三八〇〕，則前此有司愧於民已多，陳君茲功又詎賢於今有司而已〔三八一〕？於戲①！先王之政舉自不忍心焉，達橋以利涉〔三八二〕，亦不忍心一端也。有司，朝廷責之宜有大乎此者〔三八三〕，此猶不舉，餘從可知。使天下事上以下不忍心，人人乎陳君，茲一橋之能達，寧王道焉弗備〔三八四〕？寧世道焉弗隆？噫！然而難矣！

重修清源橋記　張元禎

茲維分宜之地，茲津曰『清源』。茲橋成，宜春進士劉琬狀顛末，邑校官教諭覃昂、訓導曹健、侯桀遣弟子高份、郭仁走南昌屬予以記。

劉狀：茲邑，袁屬，故名鈐岡，一名安仁。宋取義於『析之宜春』，故更。統鄉十，都三十五，里一百八。東南帶河，河西源於楚萍，東注於臨江，經洪都以匯於彭蠡，其廣幾四尋。茲津所達，南抵吉之安福，北通瑞之高安。行旅日絡繹是邑②，甿賦□役供輸居其陽者胥茲焉由〔三八五〕。先是，往來涉者亦嘗病焉。正統間，知縣姑蘇周瑛勸助於邑義民，聯置浮橋以通濟之，而兩涯復峙以真武、觀音二閣。既而洚水橋壞，二閣隨圮。雖設舟以濟，而大風濤，或衆喧趣，輒多溺死者。今年春，憲僉仁和沈公鋭以行縣至是，耆民袁洪等首陳茲患。公即爲之愀然不寧，亟命循故事，比舟以梁之。第以二閣謟瀆③，命易二亭，而其責則顓以屬諸府經歷金壇鄧君璘。君蓋廉勤而才素著稱於

---

① 於戲：《史記·三王世家》：「皇帝使御史大夫湯廟立子閎爲齊王。曰：『於戲，小子閎，受茲青社！』」司馬貞索隱：「於戲，音嗚呼。戲，或音義。」

② 絡繹：亦作『絡驛』。連續不斷；往來不絕。《文選·馬融〈長笛賦〉》：『繁縟絡繹，范蔡之説也。』李善注：『辭旨繁縟，又相連續也。』張銑注：『笛聲繁多，相連不絕，如范雎、蔡澤之説辭也。』《後漢書·烏桓傳》：『是時四夷朝賀，絡驛而至。』《明史·聊讓傳》：『邇歲土木繁興，異端盛起，番僧絡驛，污吏縱橫。』

③ 謟瀆：當爲『破敗』『朽壞』之意。

上下焉者。於是邑民歆義，咸樂佐其舉，不浹辰得錢凡十數緡，而耆民張國珉、翟顯武實稽其工費。經始於是夏五月，至秋七月功遂成。舟計二十又四，通履以板，板外翼以木欄，外維以鐵纜，而兩涯亭間各三。其規模制度宏壯堅緻，舉視昔有加。由是公私往來者唯所之，若履坦途焉。時雖經府尸其事，而獎諭開先實維通守三山高君圭，協謀相成實維邑太尹山陰白君瑾。既而郡守姑蘇顧君禎奉命始至，目其盛而落其成，而請言以紀其實云。

予維茲役可謂惠民之一端，而其成也曾不逾時，亦云速矣。夫天下民命罔不懸諸司牧者，顧多漫不之恤。如茲橋廢之害乃爾，舉之利則爾，微吾憲僉動仁愛之念，亟有司之屬，則茲邑之生將魚者無既矣。樂因循，安苟且，前之爲政者何心哉？抑世患大，功難成，大衆難動？第所以動而倡之者，非道耳。如茲役既不難於成，且成之也速。雖經府暨太守、通守、大尹督勤，功不可誣，然向使其舉而不切於衆，能然歟？唯夫利罔曰一家，害罔曰一夫；仁形一心而萬心應，義著一夫而萬夫奮，茲其功成之所以勃焉忽焉無難也。於乎！舉天下事，成天下務。咸若時，安得百吾憲僉如就茲橋也哉！記也，因竊附吾感。時成化十七年辛丑十月上旬也。

重建秀江橋記

陳定　訓導。

郡之有興作，或者以爲非政，是大不然。夫恩勝義則政不通，愛克威則功罔濟。君子必有不恩之恩，不愛之愛。其體正大而公平，其法精密而詳盡。俾利澤及人，灌溉浹洽①而不知爲之者，所謂怨生一時，德被於千載也〔三八六〕。

袁郡城北門外有秀江，江有橋，橋以江名，去府廨可二里所〔三八七〕。前人之述備矣。若乃西東帶江，浩浩蕩

① 浹洽：普遍沾潤。《漢書·禮樂志》：「於是教化浹洽，民用和睦；灾害不生，禍亂不作。」顔師古注：「浹，徹也；洽，霑也。」唐李德裕《唐故劉公神道碑銘》：「恩禮浹洽，要荒宴如。」

蕩，循支港前匯。繚焉縈紆①，泓焉澄渟②。波光湛空，千頃一碧。南爲諸山，山腋馹道③東下，起者如鶩，伏者如踞，靡迤而北出者如附如趨④。橋之勝於是爲最〔三八八〕。

天順甲申夏四月，洪水懷襄，頹波潰決，墩磧蕩析，川逝靡遺。永平劉公懋奉上命知袁州府〔三八九〕，始至，覽橋圮壞狀，甚虞往來病涉、航渡顛隮⑤〔三九〇〕，喟然興嘆，謂：『昔王周爲刺史，見橋壞覆民租車，因引過，償粟治其橋。今吾莅兹郡，而橋梁不修，責將安歸？』貳守莫公昂、通守夏公繼先、節推常公琳皆聞而是之，謀以克協，遵故址重建，而揮使石旻、邵琦等尤慨然解犀〔三九一〕。於時宜春知縣靳敏領其事，悉力綜理，百爾工作經緯於心。秀江驛丞楊仕進程督監護，率先凡役〔三九二〕。椓况累墩〔三九三〕，厥石貞硜⑥；甃碣立屋，厥材孔臧。俛垂天紳〔三九四〕，俯跨地帶。由是民免病涉，岸無卬須〔三九五〕；軏轊蹝蹭，往來交迴。利濟之澤，霈乎無窮。越明年，成墩釃水五道，覆屋凡二十七楹。瓴甓丹雘，俱極縝壯。其視舊制〔三九六〕，廣袤如之，而堅緻有加。既而郡侯以事非細，故命定記其後。定屢謝以不斐，不獲，乃記之曰：

惟橋梁之修，王政之一事也。子産以賢大夫聽鄭國政，一見涉溱，輒以輿濟。煦濡⑦姑息，志不能忍〔三九七〕。何耶？先王之道湮，惟知植恩而不以義制焉耳〔三九八〕，故孟子譏其惠而不知爲政。崔公建橋，渭水百姓咸懷之，

---

① 縈紆：盤旋環繞。唐白居易《長恨歌》：『黄埃散漫風蕭索，雲棧縈紆登劍閣。』
② 澄渟：謂水清而静。唐王季友《鑒止水賦》：『鑒於水者，不在於廣大而在於澄渟。』
③ 馹道：猶言驛道。馹，古代驛站專用的車，後亦指驛馬。亦指驛站。
④ 靡迤：綿長貌；連續不絶貌。漢張衡《西京賦》：『高陵平原，據渭踞涇，澶漫靡迤，作鎮于近。』南朝梁劉孝標《東陽金華山棲志》：『靡迤坡陀，下屬深渚。』宋蘇轍《洛陽李氏園池詩記》：『岡巒靡迤，四顧可挹。』
⑤ 顛隮：金元好問《續夷堅志·楊洞微》：『洞微與弟子吕澤輩，沿壁作棧道，以通往來。人以棧木易朽，慮有顛隮之患。』
⑥ 貞硜：堅固貌；堅確貌。
⑦ 煦濡：温和；惠愛。明張居正《吴鏡川暨淑人合葬墓志銘》：『與鄉人處，恂恂煦濡，不爲崖異。』

又因以名之，尚千百年至今以爲美談〔三九九〕。公道之在人心，與其大德而不與其小惠，固如是哉！

今世逢主聖臣良，王道復行。爾袁得賢守，義以濟恩，威以克愛〔四〇〇〕。政通公普，下皆率俾。以佚使民，勞而不怨。細大具舉，行可辟人〔四〇一〕，抑所謂蕩蕩平平而不知崎嶇委折也與〔四〇二〕？昔杜預橋成，晉武臨會，舉栝①勸曰：『非卿此橋不立』。蓋政平施普，君用賞之。則夫修橋梁者，詎非王政之事與？郡侯之志，其果不在兹與〔四〇三〕？使繼是者咸有侯之志，則當行大政、制大義，延其去思而不恤其存讟②〔四〇四〕。是豈惟郡邑民之祜③〔四〇五〕，抑亦爲守令者之度。定際其盛而欲引其道於永久，乃撰其事以復厥命。侯曰：『吾志也遂，鑱之玫〔四〇六〕』。

重建宜春縣學記

胡榮　新喻人，參政。

袁州郡城北門外有山，同州名。其麓地勢亢爽④夷曠，前挹秀江，乃唐狀元盧肇故居也。宋淳熙間，宜春令柯春卿徙邑學於兹，因形勢也。元季兵燹。國朝洪武七年，郡守劉伯起建文廟殿廡、欞星、戟門、儒學、明倫堂、『進德』、『育才』二齋，于今餘百年而梁棟日就朽腐矣。

成化庚子冬十二月，殿忽頹毁，時教諭周榮具實達諸署邑事經府鄧君璘。君以興復自任，即達於侍御熊公、提學憲副鍾公。二公相與謀曰：『廟學既毁，當復完美。然非良有司弗克，宜遂委璘焉。』於是移檄交責之。君承

---

① 栝：同『杯』。

② 『延其』句：去思，謂地方士民對離職官吏的懷念。語出《漢書·何武傳》：『欲除吏，先爲科例以防請託，其所居亦無赫赫名，去後常見思。』南朝梁沈約《齊故安陸昭王碑文》：『去思一借之情，愈久彌結。』讟：《説文解字》：痛怨也。《漢書·五行志》：怨讟动於民。

③ 祜：福，大福。漢賈誼《新書·禮》：『《詩》曰：「君子樂胥，受天之祜。」胥者，相也。祜，大福也。』

④ 亢爽：謂地勢高曠。宋曾鞏《筠州學記》：『相州之東南，得亢爽之地，築宮於其上。』

命，夙夜勤敏，度基攻位，聚材鳩工。越三月而廟制鼎新，堂室經始。又三月，郡守顧侯禎、縣尹鄺君文來莅任，首詢茲舉，胥協勸相。未幾，僉憲沈公按節至郡，顧謂生徒『號舍亦不可少』，仍作樓七間爲諸生藏修之所。自辛丑春三月至冬十有二月而落成。廟貌嚴飭，規制崇廣，丹堊①輝煥。守宰奠獻於斯，則神靈享；師生游息於斯，則德學新；民庶瞻仰於斯，則風化行。

先是，邑多聞人，若陳重、黄頠、盧肇、鄭谷輩行誼文章卓然名世，厥後顯擢甲科者寥寥無聞。是春，庠生張鳳登進士第，其文運復興之兆乎？顧侯欲刻石紀諸經理作興之迹以垂永久，推原修道立教之意以告來學，命訓導張注狀始末，遣生員彭鳳、劉文序謁余請焉。

榮仰惟皇明列聖君天下百十有五年，所求賢輔治，導民善俗。考課牧守，必以興學爲先，而學必有廟以祀先聖先賢。蓋以聖賢之道載諸經傳，述天命，叙人紀，明王法，開萬世太平之業。師由是爲教，則可以淑人心，成賢才；士由是爲學，則可以知性天，全道德。藏諸身而身修，推諸人而人化，無往而不宜。是故興學之務，凡百有位皆汲汲焉。不敢怠緩者，誠天理之當然。根乎本心，發諸政事，有不容已焉耳，豈矯情干譽而然歟？

是役也，運心勞力、終始弗懈者鄧君，作興倡導則憲臣熊、鍾、沈三公，而統理贊畫則顧侯、鄺君實司焉。至若善教善學，覺昏植弱以明善復性，窮經致用以樹勛霈澤，使斯民獲福，山川增耀，則有望於學之師、邑之俊秀云。

① 丹堊：塗紅刷白，泛指油漆粉刷。堊，一種白色土。晉崔豹《古今注·都邑》：『其上皆丹堊，其下皆畫雲氣、仙靈、奇禽怪獸。』宋蘇轍《杭州龍井院訥齋記》：『臺觀飛湧，丹堊炳焕。』

分宜縣重修儒學記

汪諧　翰林學士。

分宜爲袁巨邑，山水秀朗。仙臺外倚於仰山，秀江東馳乎彭蠡。士生其間，率崇節概而敦詩書，有由然矣。其儒學在縣治東，地勢亢爽，規模整肅。路當衣冠之衢，前有清源溪水之盛，山川清淑之氣於是萃焉。顧其宮室門廡建自國初，歲久傾圮。縣令每致修葺而理者屢矣[四〇七]，然未有能悉力以易之者也。

成化癸卯，今南臺監察御史錢塘莫君立之以名進士來主縣事。謁廟之頃，慨然有意[四〇八]。退，語僚佐曰：『文翁在蜀而學校興，僖公君魯而頖宮①作。及今不理，誰執其咎？』於是，召工師，集群匠，度地宜，具畚築。伐堅實之木以爲棟梁，陶膏沃之土以爲瓴甓。於其頹者興，敝者易，隘者闢，漫患者章。施凡三閱歲而告成。蓋自廟及廡、堂、齋、門、庫、棲息之廬、庖湢之所[四〇九]、祠祭之器，罔不煥然一新也夫。

然後人之入其門者，見其崇宮峻宇鬱鬱②峨峨；升其堂者，見其黼黻③冕珽洋洋如在；至其室者，見其籩豆有列，禮樂肅只，莫不忘其勞敝而相與歡樂之。是豈非聖化入人之深，而莫君能順道之，詎克爾耶？雖然，莫爲於前，後將何述？莫爲於後，前將何傳[四一〇]？

既而江陰曹君原孝來代厥任，凡於前工已訖而告敝者又從而修葺之[四一一]，後工當興而未舉者又繼而作新之[四一二]。僉謂分宜學舍遠過往昔，二君之功也。

---

① 頖宮：西周諸侯所設的學宮，亦泛指學宮。唐李德裕《唐開府儀同三司上柱國扶風馬公神道碑銘》：『公於是廣靈囿以樹農功，采頖宮以列珍饌。』

② 鬱鬱：美好貌。明唐寅《咏懷》：『鬱鬱梁棟姿，落落璠璵器。』峨峨：高貌。《文選·〈楚辭·招魂〉》：『增冰峨峨，飛雪千里些。』吕向注：『峨峨，高貌。』唐韋應物《擬古詩》：『峨峨高山巔，浼浼青川流。』

③ 黼黻：泛指禮服上所繡的華美花紋。《晏子春秋·諫下十五》：『公衣黼黻之衣，素繡之裳，一衣而王采具焉。』此指繡有華美花紋的禮服。《淮南子·説林訓》：『黼黻之美，在於杼軸。』高誘注：『白與黑爲黼，青與赤爲黻，皆文衣也。』

嗚呼！學校，教化之本。三代之所以必興者，其養士皆有法也。周衰法壞，而東漢、趙宋猶僅得之。漢養士以節義廉耻，宋以道德中和。故漢之君子剛毅敦朴①，悉能自樹於波頹風靡之中。其平居出處皦皦明白，至雖罹禁錮猶奮厲而不可奪。宋之君子，醇正詳雅，履規矩而蹈準繩。平居則守道義，談禮樂，至遭竄逐亦從容就之而不變。是豈上無所養、下無所得而能然耶？我國家建學立師，作意培養，有三代漢宋之遺意而祗若彝典②。悉力以作興之者，又有如莫君先之，曹君繼之。士尚可操觚③弄翰、專力於文字以爲學耶？吾知自今而後〔四一三〕，藏修游息④於其中，講先王之遺文，踐古人之成迹。處則有以表率乎鄉閭以敦風化，出則當侃侃自立、效忠盡職以勵名節。則是宫之所以作、所以修斯爲無負〔四一四〕，不徒使學者藉聖賢門户以爲干禄取寵之階而已也。故因其學李訓導洪謨之請而爲之記。

袁州府重修儒學記〔四一五〕

吴節 安福人，祭酒。

古袁，大郡也。山水秀麗，爲江西奥區。儒風之盛，聞於古昔。然科第人物有隆有替、有疏有密者，以學校

---

① 敦朴：敦厚樸素。《後漢書·樊準傳》：「太后深納其言，是後屢舉方正、敦樸、仁賢之士。」明唐順之《與程松溪司成》：「有能爲道德仁義之説者，又往往口耳而不中於實用，是以淪胥愈下，至於廉耻敦樸之道喪，而猥利機械之俗成。」

② 彝典：常典。南朝梁江淹《蕭相國拜齊王表》：「業不題於宗器，聲靡記於彝典。」北周庾信《爲閻大將軍乞致仕表》：「尸禄素餐，久紊彝典；負乘致寇，徒煩有司。」

③ 操觚：執簡。謂寫作。《文選·陸機〈文賦〉》：「或操觚以率爾，或含毫而邈然。」李善注：「觚，木之方者，古人用之以書，猶今之簡也。」明宋濂《王冕傳》：「操觚賦詩，千百言不休。」

④ 游息：游玩與休憩。宋歐陽修《吉州學記》：「學有堂筵齋講，有藏書之閣，有賓客之位，有游息之亭。」

之設雖同，而長民者作興有勤怠，用志有淺深耳。茲以前守之善於興創者言〔四一六〕。在唐，天寶間房琯①首立學校，而列郡是式〔四一七〕；乾元中鄭審改建頖宮，而士風茲盛〔四一八〕。迨宋，景德竭力營修者楊侃也，皇祐之大肆創造者祖無擇也，他如淳熙之張杓、慶元之江古亮〔四一九〕。延于清朝②〔四二〇〕，又有劉伯起、周鐸、何澄諸君子迭守是邦。或修禮殿，或造書閣，或更門廡、增齋舍，皆具載志書，傳之碑刊〔四二一〕，足徵也。然年代攸邈，廢興相仍，必有賢智而後事功以立。不然，何因循之多而成功者之鮮歟〔四二二〕？

成化八年，榆社常公顯以給事近臣奉命來守於袁〔四二三〕。期年而威惠大行，士民樂業。政暇，禮謁先聖廟庭，顧瞻梁棟蠹朽、墁瓦脱落、廊廡齋厨亦將傾側，徘徊久之，慨然以興創爲己任。乃乘歲稔，鳩工市材，開拓遺趾，盡撤其舊而新之。首建大成殿，塗以丹涞，飭以金碧，焕乎一新。次構明倫堂，四齋二廡，崇倍於昔。次廣泮池，正其階陛，遷庫舍、號房於泮東，置神庫、神厨、牲房於震兑，列師儒之舍於射圃之西。以間計者六十有奇，皆明靚爽塏，稱止宿焉。凡百經費之需，皆公所自任，不煩於民。經始於癸巳季春，畢工於甲午之閏夏。輔其成者同寅諸寮，董其事者倉大使秦燁也〔四二四〕。於是，郡教授蔡永偕諸師儒謀曰：『公之作新學校，功溥而意勤，宜有刻文以彰成績。』乃具書，遣泮生來徵吾言〔四二五〕。

竊惟學校，賢才之本也；守長，政教之先也。得其人而作之，則風化之行特易易耳。今公常以初政百務所繫〔四二六〕，乃能留心學校，大事建學〔四二七〕，不再期而殿堂齋廡咸加整飭，視唐宋以來諸名公之經濟有加美

---

① 房琯（六九七—七六三）：唐河南（今河南洛陽）人，字次律。開元十二年，以獻所撰《封禪書》，爲中書令張説所激賞，奏授秘書郎。歷任盧氏、慈溪、宋城、濟源縣令，所至常興利除弊。天寶中，歷琅邪、鄴郡、扶風太守。十五載，奔赴蜀中從玄宗，拜文部尚書、同中書門下平章事。旋奉使赴靈武，册立肅宗，遂執掌行在機務。十月，率兵反攻長安，在咸陽陳濤斜戰敗。至德二載，罷相。後任邠州、晋州、漢州刺史。寶應初，任刑部尚書，入京途中病卒。

② 清朝：清明的朝廷。唐羅隱《中元甲子以辛丑駕幸蜀》詩之二：『敢恨甲兵爲棄物，所嗟流品誤清朝。』宋蘇軾《故李承之待制之六丈挽詞》：『清朝竟不用，白首仍憂時。』

焉〔四二八〕，可謂崇儒重道〔四二九〕、爲時賢守者矣。雖然，公之所以拳拳①於此者，無非爲興賢設耳。士生於斯、游於斯者，其容以自負乎？聞之：古袁，前賢過化之地，先正啓迹之鄉也。以古文言，則有昌黎韓子之鳴於唐；以理學言，則有南軒張氏之鳴於宋；以科第而論，則有盧肇舉進士第一，父子俱任學士，顯於會昌間。此皆所當景仰而仿法者。誠能晝而學焉，暮而思焉，引而伸之，及其時暢其志而行焉，則人物繁盛，有光茲土，於賢太守之作新期望，庶幾有在矣〔四三〇〕。謹爲序其創構始末，劖勒於石〔四三一〕。兼仿《魯頌·思樂之什》，作詩一篇繫於後，爲多士勉。其詩曰：

惟袁作郡，吴楚之墟。萍川西注，秀水東馳。群峰疊翠，回環千里。儒文之盛，在昔罕比。有美學宫，界於闤闠②。作自天寶，徙於乾元。由唐而宋，屢修屢圮。建於天朝，每勤詔旨。允矣常公，股肱近臣。來守是邦，重道崇文。歲豐人和，大肆經始。撤舊更新，易樗以梓。首崇聖殿，次堂次齋。廊廡厨湢，罔不克諧。象設尊嚴，籩豆有楚。聖賢感惠，奚遜鄒魯。凡茲駿功，賢守所爲。一郡之華，百世之規。咨爾多士，從師問學。游焉息焉，毋忘先覺。文以昌黎，道必南軒。科仿二盧，庶幾希賢。龍山鳳臺，凝聚精彩。勉嗣休風，永光學海〔四三二〕。

袁郡重建廟學記

林瀚 三山人，侍郎。

守於袁而宅心興學愛民者，在唐則有房公琯、韓公愈，在宋則有祖公無擇、張公杓。汗青所載，千百世猶有

---

① 拳拳：勤勉貌。唐柳宗元《天爵論》：「拳拳於得善，孜孜於嗜學。」清王晫《今世説·德行》：「孫幼闇少貧，訓童子學，拳拳忘勞，有不率教，則撻之。」

② 闤闠：里巷内的門。後多借指里巷。《史記·平準書》：「守闤闠者食粱肉，爲吏者長子孫，居官者以爲姓號。」唐白居易《湖亭望水》：「岸没闤闠少，灘平船舫多。」

光也。迨我朝克踵四公之芳躅①、師其心而行其政者，昔有江陰何公澄，兹有吾閩王公俊也。

公自弘治改元以地官員外郎來守是郡，恒顧瞻學宫傾圮日甚，時臨師生，嘆曰：『敝矣！鼎新者，吾責也。』然當宣化之初，恐用民財力，或有不堪，謂宜徐圖之。越五六載，政通人和，境内大治。遂偕二守姑蘇周楷、郡判新安鄭循協謀舉之。且以規畫財用、萬無病民大端告於臺省，諸公一惟注措是從。乃集功於肆，取財於林，伐石於山，陶瓦磚於冶。爰命義官劉顥者董其役，而以黄定武相之。首建大成殿兩廡及戟門、欞星門。門之外護以石欄，皆極壯麗，出於舊制殆倍蓰②什百耳。後建明倫堂、四齋以及神厨、庫庾之類，皆漸次告成。是役也，始於弘治甲寅，逾丁巳秋畢工。其廟學規模焕然一新，觀者罔不稱嘆。未幾，公已秩滿，尋拜東廣參政之命以去，尚念師生廨宇軒舍容有未周，回顧猶歉然者。適蘭谿童公勉和又以給事黄門出守於青，改任於袁。凡前人慮有所未及、功有所未加者，悉力贊之，用成厥美。宜春劉侍御德資爰述其始末如此，請記於石，以示將來。

惟夫泮宫修矣，黎庶無告勞者，非賢郡守愛民興學並行而不悖，未必功之克成而下之無怨也。況袁爲西江大郡，代有名公守之，如房如韓如祖如張如何如王如童者，心同於興學，心同於愛民，孰謂教化之不行，政治之不舉，而風俗之不淳且厚哉！袁之士荷朝廷之教育，思賢守之作興，惟孝惟忠惟禮義以爲立身之本。出而用世則執此以往，將爲天下之士，非但一方之賢也，顧自勵何如耳。

王公字世英，予同年友也，嘗以《春秋》魁天下。入翰林爲庶吉士，官户部，爲會試考官。其文名才望，素重於時。此特治郡之一事耳，今參雄藩大用，又將有大效。他日廣人頌德，殆未必無秉筆以記之者。

---

① 芳躅：指前賢的蹤迹。《史記·萬石張叔列傳》唐司馬貞述贊：『敏行訥言，俱嗣芳躅。』

② 倍蓰：謂數倍。倍，一倍；蓰，五倍。《孟子·滕文公上》：『夫物之不齊，物之情也。或相倍蓰，或相什百，或相千萬。』

奉詔視學堂記　楊循吉　蘇州人，主事。

由開闢以來，人極①爲大。素王，人師也。故陳其道而布之方册，俾萬世法而行之。歷漢迄今，餘祀二千而天下大同。去封建，除井田，變肉刑，然未嘗不治者何也？恃其道存焉耳。道之攸存，民用永賴。故言治者，必本諸孔氏。其盛至於天子親釋奠尊禮，公卿大夫咸出門下。環海之内誦其言而以儒稱者，又不可勝數。夫豈徒然哉！由夫子之道則治而已矣。

雖然，道之害，厥今惟浮屠爲甚。不攘不除，民眩且惑，兹分宜之所以有堂於學也。蓋邑儒學之側有佛是居曰『真果院』者，實據左方，傲而弗經。今歲弘治癸亥，生徒言於郡太守川東朱公華，請去之。遂屬邑令吴君蘭經畫其事。吴君，吾姑蘇崑山人也，以進士宰是邦。敦尚儒雅，祇命惟力。事既就緒，遂以其地爲學屬。適提學按察副使邵公寶巡歷至邑，見故殿屋材頗良，不欲廢。又屬君改而爲堂，題之曰『奉詔視學之堂』。既成，吴君使來請記。

仰惟聖朝以孔子之道理天下，郡縣建廟設學無間遐邇，士之起而升用者率此焉。出而兩京十二省，必設臺憲總督之。則學校者，出治之地，而提學使又士之本也，任亦重矣。肆我皇上法古圖治，尤以教化爲先務。選督學政，率用哲人。故邵公特奉簡命莅於大江之西，所至較藝考行，以身率士，務造真材，用稱上德意。一時陝西有王公云鳳，山西有王公鴻儒，湖廣有姚公文灝，廣東有潘公府，皆與公聲名相映發，可謂盛矣。

袁統邑四，分宜去郡治八十里，山水清僻，俗樸尚簡。公每出道必由，且嘉吴君之能官而不以擾治也。至輒留連乃去。於是，風聲所及，袁獨先受。賢大夫不謀而同，皆欲爲公所爲，而是邑遂有斥浮屠、廣學宫之事。遺

---

①人極：綱紀，綱常。社會的準則。唐白居易《立制度策》：『夫制度者，先王所以下均地財、中立人極、上法天道者也。』元揭傒斯《劉先生墓志銘》：『聖賢之述作雖殊，所以扶天綱，立人極一也。』

廬巋然，莫定攸處。公則又扁之名而爲堂焉。其曰『奉詔』者何？凡提學使出巡，必奉敕書行事，示有尊也。曰『視學』者何？斯堂之設，非游非息，惟學政是視，示有專也。惟夫子之道賴聖皇而行，行道之詔又必良使者而後有成功。昔李泰伯之記袁學，固嘗喟於有司之難矣。袁實本郡，宋去今未遠，分宜士宜稔聞之。今是堂也，撤土偶，居制使；黜夷狄，談唐虞①，俾其民曰『異端去乎』，士曰『吾道尊乎』，蓋莫不有以知厥志之攸在也。夫朝廷所爲詔公者，宜不外是，而公獨爲之。然則善奉詔者莫如公，善視學者亦莫如公。無他，正其邪而已矣。嗚呼！休哉！

公字國賢，直隸無錫人。登成化甲辰進士第，由户部郎中升今官。淹貫②經史，贍於述作，志操端正，古人流也。故其爲是堂，有韓歐排佛之風，不可以弗志。遂書以載之石，俾後來者知堂之所由始。

袁州郡學廟器新成記

劉案　訓導

夫自大學遍及天下，州郡若邑。惟孔子之祀之盛，日必上丁、祀必用王者之禮樂，何哉？孔子之道，植三綱，正五常，繼往開來，萬世永賴，與天地育物同功。非若自古帝王道被一世，則功亦止於一世。功止一世，則其祀事寧與孔子侔盛哉！

袁郡左廟右學，前守三山王公俊實營度③之。然祭器、樂器猶未暇及。比歲，辰陽賈公澄以名進士莅是邦，興

---

① 唐虞：唐堯與虞舜的並稱。亦指堯與舜的時代，古人以爲太平盛世。《論語・泰伯》：『唐虞之際，於斯爲盛。』《史記・汲鄭列傳》：『陛下内多欲而外施仁義，奈何欲效唐虞之治乎！』

② 淹貫：深通廣曉。唐楊炯《杜袁州墓志銘》：『淹貫義方，周覽典籍。』明沈受先《三元記・講學》：『六經淹貫，諸史旁通。』

③ 營度：謀劃，規劃。明宋濂《毛公神道碑》：『小大庶政，咸出公營度。』

學造士，於斯深注意焉。乙丑履端①，公謁孔子廟，歷觀几筵，顧謂諸生曰：「嗟乎！禮樂未備，何以奉神靈而表誠敬也？」衆再拜曰：「惟公其圖之。」公遂考古制，務殫厥誠。繇是，籩豆簠簋②樽俎罍爵之飭、琴瑟磬管之音、羽籥③綴兆之容，秩然大備。凡器以磁者，悉易以銅，餘各有差。樂工舞師，裒而習者洽旬。始事於是月之辛丑，告成於丙辰。公省之曰：「此直器耳，有本焉，敬與和而已矣。」祭之日，公肅④雝對越，執事者罔或不駿奔。禮之周旋，樂之節奏，一時觀聽者莫不稱賞嘆息。既竣事，諸生復請曰：「茲學之制甲江右，而門爲弗稱。」公命卜之，門於左方，且鑿泮引泉而通道其旁，從衆志也。

嘻！公之興學，固其夙心。抑公之爲，理所操以正壁，猶立木四達之衢，無少欹側，有目者之所共睹，故其施爲知所先後。斯舉也，民不費，役不煩，而亟收功焉。昔在周則有魯侯能修泮宮，在漢則有蜀守文翁能首儒學，今公能法古之大同於魯蜀，是不可以無述。庸識之石，俾袁之人士知所嚮慕。若夫器數之目，則列之於碑陰。弘治十八年三月望日。

---

① 履端：年曆的推算始於正月朔日，謂之「履端」。《左傳·文公元年》：「先王之正時也，履端於始，舉正於中，歸余於終。」杜預注：「步曆之始，以爲術之端首。」孔穎達疏：「履，步也，謂推步曆之初始，以爲術曆之端首……曆之上元，必以日月全數爲始，於前更無餘分，以此日爲術之端首，故言履端於始也。」後因以指正月初一。

② 簠簋：簠與簋。兩種盛黍稷稻粱之禮器。《禮記·樂記》：「簠簋俎豆，制度文章，禮之器也。」

③ 「羽籥」句：羽籥，古代祭祀或宴饗時舞者所持的舞具和樂器。羽，指雉羽。籥，一種編組多管樂器。《周禮·春官·籥師》：「祭祀，則鼓羽籥之舞。賓客饗食，則亦如之。」鄭玄注：「文舞有持羽吹籥者，所謂籥舞也。」《禮記·文王世子》：「春夏學干戈，秋冬學羽籥。」朱彬訓纂：「干戈，萬舞，象武也，用動作之時學之；羽籥，籥舞，象文也，用安靜之時學之。」綴兆，謂古代樂舞中舞者的行列位置。《禮記·樂記》：「屈伸俯仰，綴兆舒疾，樂之文也。」鄭玄注：「綴，謂酇舞者之位也。兆，其外營域也。」南朝梁劉勰《文心雕龍·章句》：「其控引情理，送迎際會，譬舞容迴環，而有綴兆之位。」周振甫注：「舞時表行列的叫綴，舞時進退的範圍叫兆。」

④ 「公肅雍」句：肅雍，莊嚴雍容，整齊和諧。形容祭祀時的氣氛和樂聲。《詩·周頌·清廟》：「於穆清廟，肅雝顯相。」毛傳：「肅，敬；雝，和。」《漢書·劉向傳》引作「肅雍顯相」。對越，猶對揚。答謝頌揚。《詩·周頌·清廟》：「濟濟多士，秉文之德；對越在天，駿奔走在廟。」王引之《經義述聞·毛詩下》：「『對越在天』與『駿奔走在廟』相對爲文。『對越』猶對揚，言對揚文武在天之神也……揚、越一聲之轉。」

袁州府進士題名記

徐璉 見職官，真定武邑人。

袁爲江右名郡，風土爽塏，山水明秀。士習儒術，敦尚藝文，登科第而擅芳名者，時不乏人。成化初，劉守立石郡學，備刻進士名氏，李學士爲記。迄今五十餘年，風雨剥落，漫不可讀。正德丁丑冬，進士郭君叙承命歸省宜陽，告余曰：『某舊游芹泮，見殘碑缺壞及先大夫與續登者皆未獲鐫，謀欲改刻，第志有未伸、力有未逮，弗果。今獲登黄甲①，其志遂而力可爲也。請爲記以垂永久。』余曰：『郭君雄偉之器，真「有志者，事竟成」矣。及思修舉廢墜，郡牧事也，遂命匠治石，爰咨同寅。舊刻止府學所出，然屬邑人才皆袁之望也，詎可自立町畦②，欲將郡邑國朝登進士者並刻之。』同寅曰：『善。』乃以科目先後彙次名氏題刻，附其官於下，虚其地以俟續刻。

余考成周以鄉三物教民，謂之『賓興』。獻賢能之書於王，王拜受之，登於天府，其求士之重與士之自重可見矣。迨漢舉賢良方正、射策對策，已有科舉之習。至隋始有進士之科。唐初，進士、明經並盛，後中葉明經漸輕。宋熙寧王荊公用事，改取士之法，進士獨存，明經始廢。其間或因革，或輕重，或得失，科舉法制尚未兼備。至我朝洪武開科以來，進賢之途雖多，惟以科目爲第一等事而加重之。三年大比，秋選於京闈藩省，謂之『鄉試』。

---

① 黄甲：科舉甲科進士及第者的名單。因用黄紙書寫，故名。《舊五代史·選舉志》：『其判成諸色選人，黄甲下後，將歷任文書告赤連粘。』宋趙昇《朝野類要·舉業》：『正奏名五甲也，吏部謂之黄甲闕榜，第五甲舊多貴顯，故或稱爲相甲。』明彭大翼《山堂肆考·科第·登第》：『黄甲由省中降下，唱名畢，以此升甲之人，附于卷末，用黄紙書之，故曰黄甲。是日貢院設香案于庭下，狀元引五甲内士人拜香案，禮部亦遣官來贊導，置黄甲於案中，而望闕引拜。』

② 町畦：界域；界限。唐獨孤及《雨晴後陪王員外泛後湖得溪字》：『沿泝任舟楫，歡言無町畦。』金元好問《趙閑閑真贊》：『不立崖岸之謂和，不置町畦之謂誠。』

春選於南宮，謂之『會試』。重考官，設監臨，主提調與夫巡綽①、受卷、彌封②、謄録③、對讀④各有所掌。三場命題各異，其法制詳矣。及會試中式者策於廷，定其甲第，授以品秩，名爲『進士』。諏日天子登寶殿，傳臚賜冠服、寶鈔有等；名掛金榜，宴錫瓊林⑤；刊示有録，立石題名太學；釋菜解褐⑥，視政九卿。其禮遇厚矣！厥後循甲授職，雖有内外之殊，要其考績、擢用、歷躋卿相者，率多由此。其任用重矣！上而光顯祖宗，下而垂裕子姓；近而播名當時，遠而流芳後世。其榮耀隆矣！與是選者，盍思上之所以求賢者，爲圖治也。夙夜惕厲，修職業，竭忠誠以共成正大光明之業，庶不負朝廷寵任之重，而膺顯名亦無愧焉。苟徒藉口耳之學，取拾青紫⑦，貪饕⑧富貴，名雖登籍，實碌碌耳。

---

① 巡綽：即巡逴，巡察警戒之意。《通俗編・政治》引明楊慎《丹鉛録》：『今之場屋有巡綽官……則巡綽字非，當作巡逴。《樂府・伏知道〈五更轉〉》：「一更刁斗鳴，校尉逴連城。」正是巡警之義，此一大證也。』

② 彌封：把試卷上填寫姓名的地方折角或蓋紙糊住，以防止舞弊。宋高承《事物紀原・學校貢舉・封彌》：『《國史異纂》曰：「武后以吏部選人多不實，乃令試日自糊其名，暗考以定其等第。」蓋糊名考校，自唐始也。今貢舉發解，皆用其事曰彌封。』

③ 謄録：用工楷謄清抄録。科舉時試卷校閲前的手續之一。宋吴曾《能改齋漫録・事始一》：『取士，至仁宗始有糊名考校之律。雖號至公，然尚未絶其弊。其後袁州人李夷賓上言，請别加謄録。因著爲令，而後識認字畫之弊始絶。』《清史稿・選舉志三》：『士子用墨，曰墨卷。謄録用硃，曰硃卷。』

④ 對讀：猶校對。宋吴自牧《夢粱録・諸州府得解士人赴省闈》：『却於每卷上打號頭，三場共一號，方發往謄録所謄録卷子，依字號書寫，對讀無差，方納入考試官各房考校。』

⑤ 瓊林：宋太平興國九年至政和二年，天子均於瓊林苑賜宴新進士，故稱。後世賜宴雖非其地，然仍襲用其名。宋辛棄疾《婆羅門引・用韵别郭逢道》：『見君何日？瓊林宴罷醉歸時。』

⑥ 解褐：謂脱去布衣，擔任官職。《晋書・曹毗傳》：『安期解褐於秀林，漁父罷鉤於長川。』唐陳子昂《麈尾賦》序：『甲申歲，天子在洛陽，余始解褐，守麟臺正字。』

⑦ 青紫：本爲古時公卿綬帶之色，因借指高官顯爵。《漢書・夏侯勝傳》：『勝每講授，常謂諸生曰：「士病不明經術；經術苟明，其取青紫如俛拾地芥耳。」』唐陳子昂《爲金吾將軍陳令英請免官表》：『不以臣駑怯，更加寵命，授以青紫，遣督幽州。』

⑧ 貪饕：貪圖；貪得無厭。《戰國策・燕策三》：『今秦有貪饕之心，而欲不可足也。』

諗茲勒石，俾登甲第者傳名於不朽。雖未顯注其行迹，然名實黑白自有不可掩者。矧立於風化之地，公議攸寓。邇來袁之士子席珍藏修、負奇望者雲集，慕進士之名，時或誦覽，將指其名而議之曰：『某也，名與實稱，可以爲法』，『某也，名與實拂可以爲戒』。奮勵磨淬①，涵養胸襟，期刻是石而爲全人之歸，則題名之舉，匪直專美於先達，抑有以啓迪後人也。故記之，置於明倫堂左。

仰韓堂記

袁之府治後堂舊名『景韓』，今易『仰韓』，盖以韓文公莅守是邦，後人慕之而取雅詩『高山仰止，景行行止』之義以揭扁。余與②同僚當幹濟協恭之餘，休暇會談之頃，踵其所躅，息其所處，撫其山川故迹，覽其棟宇遺址，思其政教之所施設，接目警心，每興悽愴，秉彝③好德之心自有不能遏者。時或賓客士大夫往來登斯堂者皆起仰慕，或有知其名而莫知其希踪之實，猶拳拳致問焉。僚友屬余爲記，刻石以便仰覽。

余考公貫昌黎，居南陽，後魏封安定王之裔也。生於大曆。三歲孤苦，隨兄韶嶺。兄卒，托鞠鄭嫂。幼聰敏，日記數千百言。比壯，六經百家，群書罔不通究。貞元八年登進士第，十二年入仕途，署觀察推官，遷監察御史，改江陵法曹參軍，三爲縣令，三爲博士，三爲部郎，轉考功制誥，進中書舍人，改太子右庶子，貶潮州刺史，移刺袁州，拜國子祭酒，爲京兆尹。前後五轉侍郎，贈禮部尚書。奔馳險途，靡費時月，趨朝之日無幾矣。在當時

---

① 磨淬：磨礪，鍛煉。唐韓愈《南内朝賀歸呈同官》：『法吏多少年，磨淬出角圭。』宋蘇轍《子瞻寄示岐陽十五碑》：『魏華自磨淬，峻秀不包裹。』

② 『余與』句：幹濟，本指成就或辦事幹練之意，此處似僅指辦事而言。協恭，勤謹合作。《書·皋陶謨》：『同寅協恭，和衷哉。』孔傳：『以五禮正諸侯，使同敬合恭而和善。』

③ 秉彝：持執常道。《詩·大雅·烝民》：『民之秉彝，好是懿德。』毛傳：『彝，常。』

如皇甫鎛、李逢吉忌直誹擠，可爲痛惜。間有知者，以爲才高運蹇；不知者，以爲違世①自取。殊不知公惟以濟時行道爲心，鮮不以寵辱爲欣戚②。闡六經，排二家，以開示後學爲己任。是以百世之後，後人皆起慕，而况吾袁所守之地哉！粤唐以來，郡牧不可勝數，何獨仰韓？豈不以韓之才、之賢可爲程式而謬揭以名堂也。余粗其可仰實迹，以爲來者告：事君仰其忠，交友仰其信，愛民仰其政，養士仰其學，恤孤仰其慈，進諫諍仰其鯁直③，扶世教仰其原道，排異端仰其《佛骨表》，除民患仰其馴鱷魚，憫收贖仰其禁爲隸，慕文章仰其泰山北斗。酌古準今，驗諸用而揆諸體，究其言而踐其行，斯得其仰之實矣。

或曰：『人品懸絶，不可企及。』余曰『不然。』天之生人，稟質雖異，賦性則同。顧所爲何如耳。伯淳曰『學以至乎聖人之道』，濂溪以『明通公溥』爲學聖之要，殆與顏子希舜、周公師文相符合也，聖賢之言豈欺後人者哉！觀此，則韓之賢苟得其仰之實，則亦無不可至之理矣。

璉淺陋無似，恧憾無聞，然十室之邑必有忠信，不可以己不足畏而謂秦無人也。故忘其塵穢④，掇拾顛末，以發仰韓之意，爲後人勸。猶未敢遽以爲是，俟有識君子觀之，求取正焉。

浚渠亭記

宜陽官渠，考諸《志》：唐元和中，刺史李公將順因郡民恒罹火患，距西郭外南行十里許，舊俗名鯉魚潭下，

---

① 違世：避開塵世。《子華子·神氣》：『吾聞之：太上違世，其次違地，其次違人。』亦指逃避世事而隱居。宋曾鞏《虞部郎中戚公墓誌銘》：『侍郎家梁自祖琮，違世恬幽樹儒術。』

② 欣戚：喜樂和憂戚。《魏書·孫紹傳》：『奉國四世，欣戚是同。』

③ 鯁直：剛直；率直。《後漢書·黄琬傳》：『（刁韙）在朝有鯁直節，出爲魯、東海二郡相。』

④ 塵穢：猶污穢。《後漢書·列女傳·班昭》：『盥浣塵穢，服飾鮮絜，沐浴以時，身不垢辱，是爲婦容。』

兩溪夾洲，相地勢築陂漲水，鑿石開渠，延山麓引入城。縈迴曲折，可容小舟抵東門北隅，注秀江。其始爲弭火災，而民田藉以蔭灌者不可頃計。其智謀訏遠，比之白公穿池陽渠、鄧艾開白水陂，功尤過焉。郡民獲利思德〔四三三〕，目之曰『李渠』。後二百年淤盡。宋至道中，王守懿大疏之。元禧年，通判袁延慶再疏。宣和年，通判孫琪繼疏。年久湮塞。至我朝洪武初，劉守伯起重疏如舊。迄今弘治年，朱守華疏。後壅頽日甚。

正德癸酉歲，璉來守。抵袁，江北嶺火起，左右告曰：『舊有官渠備火，久塞當疏。』余拒之曰：『未下車，愧無先聲以爲民望〔四三四〕。既下車〔四三五〕，未能反風以拯民災，遽興徵役，勞民力，費民財，殆有不可。』未幾，旬日回禄三報，燎焰益熾〔四三六〕，民心驚悸。余曰：『古渠之疏，或有待於余也。』乃詢及吏民耆老，謀諸僚友，皆曰：『當疏。』遂督集夫匠，循舊堰址疊石覆土。高數尺，闊丈餘，堰固勝昔。瀹渠培圳，決壅砌頽，分布並工〔四三七〕。未半月，告成。諏吉放水〔四三八〕，上下流通。外而原隰丘畦，内而井塘池圃，灌溉沾足，居民飲食、滌濯①咸取給焉。繼後防微杜漸，視其塞者即疏之，水流不息。

適今戊寅上巳，前余與諸同寅巡行渠堰處，見嶅谿委會②，地勢殊勝，嘉其景而憩焉。縣尹張參亦與晝，爲經久之計〔四三九〕，欲建亭立石以紀事。過月餘〔四四〇〕，亭完，余携僚友佳客會飲以落之〔四四一〕。躡亭〔四四二〕，棟簷軒昂，窗扉耿爽。背巖谷，面洄流，穿石越嵌，湍激潺湲。前有怪石盤踞，巋然岌然，如企如伏。其遠翠巒屏，環列巃

① 滌濯：洗滌。《周禮・天官・冢宰》：『及執事，視滌濯。』鄭玄注：『滌濯，謂溉祭器及甑甗之屬。』唐歐陽行周《回鸞賦》：『雰霾掃蕩於寰區，塵埃滌濯乎皇都。』

② 委會：匯聚。唐柳宗元《陪永州崔使君游燕南池序》：『其崖谷之委會，則泓然爲池。』

嵸①。傍村多楓枏松篁，近渚多蘭芷②蔬蒲。野花競香，幽鳥諧鳴〔四四三〕，駭娛心目。余嘆曰：「山水之景在在有之，顧所遇何如耳。會稽山陰不有蘭亭，則翠峰流觴付之荒没。斯亭之作，山增其輝，水益其媚，信乎有徵矣〔四四四〕。」賓主飲歡，羨賞賡詠③〔四四五〕。

令尹請余名亭以記，余遜在座者各立名擇之。少頃，有曰「香泉」，有曰「清流」。余知「香泉」蓋取醉翁琅琊「泉香酒洌」之義，「清流」蓋取五柳東皋「臨流賦詩」之義。命名雖美，吾懼後人欣慕異景，將以爲登游逸樂之所，與古渠通塞不加之意焉。余欲名曰「浚渠」，使登斯亭者知爲渠而建，覽斯記者知爲渠而作，又知渠開創於前者如彼之難，繼浚於後者如此之易，利澤及民者又如此大且遠。感激民牧修葺疏導〔四四六〕，自不容懈，利民之功將垂之無窮，豈特專美於前哉。衆皆歡騰，交口稱善〔四四七〕。遂扁諸亭而刻諸石。

重修宜春縣學記

宜春邑學舊附於州學。宋淳熙間，郡守張杓始與邑宰柯春卿議建今地，即唐狀元盧肇故居也。元季兵毁。至我朝洪武七年，劉守伯起重建。迄正德，時久，頽圮日甚。七年，姚守汀始撤舊鼎創大成殿兩廡，通判錢君士宜董其事。諸生議與秀江驛易地，啓提學李憲副，允其請。姚守以事去，未成。癸酉冬，璉來守，慨前歲荒、民饑未蘇，其興學考課止循故事，修舉亦失之略。

---

① 巃嵸：山勢高峻貌。北魏楊衒之《洛陽伽藍記·聞義里》：「高山巃嵸，危岫入雲，嘉木靈芝，叢生其上。」宋歐陽修《秋懷二首寄聖俞》：「群木落空原，南山高巃嵸。」

② 蘭芷：蘭草與白芷。皆香草。《楚辭·離騷》：「蘭芷變而不芳兮，荃蕙化而爲茅。」王逸注：「言蘭芷之草，變易其體而不復香。」唐沈佺期《別侍御嚴凝》：「静言芟枳棘，慎勿傷蘭芷。」

③ 賡詠：相繼詠和。宋陳巖肖《庚溪詩話》卷上：「君臣會遇，形於賡咏，此與唐虞賡載，事雖異而意同也。」

乙亥歲，師生舉易學事，詢及甲子科後，士子勤業勝昔，獲效甚鮮，或疑於風水不利。余曰：『不然。觀學之規模，遠面春臺，近臨秀水；西横畫舫，東峙盧洲。旁有墨池石笋之狀，背有巉岏①峻嶺之倚，不可謂無形勝也。況成化丁酉，張公某舉鄉薦，登辛丑進士，今任副都御史，有重名，亦由舊學所出，何以改爲？詳考前代庠序學校之設，逮我國家尊崇聖道，建學立師，陶鎔士類，基風化，固國本，貴得所養也。濁者養之以清，薄者養之以厚，愚者養之以明，柔者養之以强，邪者養之以正，過不及者養之以中。一旦登庸顯達，必能奮忠義，忘身家，爲國爲民，庶無愧爲士之名矣。若鼓瑟彈鋏，足趦趄②而口囁嚅，自炫自媒，孳孳於幸進，此古士羞爲恥談也。』諸生汗顔而退。

過月餘，復請，乃權宜處之。欲正方向，疊江改門，其經營曲折尚多。謀諸師生，曰：『可』。謀諸别駕黄君信及諸同寅，曰：『可』。遂積木石，置磚瓦，分屬工匠，委典史侯鳳暉監工。建明倫堂及東西二齋各五楹，分豎、學、官三舍於殿東空地。江崖築土壘石，增闊丈餘。填塘窪，易民田，度方正，築墻垣，改櫺星門，建興賢樓，立育才坊。環抱向水，並力勤功。三月落成，黌宫③焕然一新，過者駭矚。

丙子秋闈，庠生郭鵬獲解元選。余喜，幸自語：『是雖人事盡，天理見，群疑藉此破矣。將來豪傑輩出，儒風益盛，亦未必不自此而丕振④耶！』越明年，秋初，余述職南還，適通守朱君祺、徐君麟、節推陳君軺接踵下車，莅學嘉其事。陳公復立亭三間於殿東隅空址，移舊石刻、司寇象於内。新任邑宰張參同教諭陳玺、訓導林昭、

---

① 巉岏：峻峭突兀。

② 趦趄：亦作『趑趄』『趑趣』『趦趄』。猶想前進又不敢前進。形容疑懼不决，猶豫觀望。《文選·張載〈劍閣銘〉》：『一人荷戟，萬夫趑趄。』李善注：『一夫揮戟，萬人不得進。』

③ 黌宫：亦作『黌門』『黌校』。學校。《幼學瓊林》卷三《宫室類》：『黌宫膠序，乃鄉學之稱。』《儒林外史》第六回：『身在黌宫，片紙不入公門。』

④ 丕振：大力振興。《東周列國志》第六九回：『乃不思大展經綸，丕振舊業，以光先人之緒。』

趙通率諸生請余記以紀事，辭不已，應之。

論及李泰伯《郡學記》雄文巨筆，振勵士風久矣。余愧襪綫①，恐未慊衆意，諸生曰：『雖然，亦有疑焉。末云「爲臣死忠，爲子死孝」，不幾難乎？』余曰：『此爲處變發也。』俯首静思：聖門誘人，因憤悱而啓發。於此不言，則諸生之惑終不能解，是余誤之也。乃進於堂而語之：『忠孝一理也。孔子云：「事親孝，則忠可移於君。」曾子以事君不忠爲非孝。古者求忠臣於孝子之門，正謂此耳。若夫比干剖心，死忠也；季詮隨溺，死孝也。觀夫魏徵願爲良臣，虞舜大杖則走，則知死忠死孝不若生忠生孝之爲愈。余冀諸生爲子盡孝，爲臣盡忠，要亦經權適宜耳。諸生欣然拜而謝曰：『生雖不敏，願以是自勖②。』

盧洲書屋記

宜陽東郭外東北陬百步許，秀江中流夾洲，乃唐盧肇肄學舊址也。登會昌三年進士第一，後人奇其地靈，目曰『盧洲』。歷歲悠遠，景物蕭條，惟洲迹蹲踞③猶存，終鮮珫瓟④。後爲郡民所得，農者、漁者往來。過者陋其丘墟，穢其蓁蕪⑤，利無所産，睨⑥之，曾少注目。主人欲貨，價雖廉，恨其無來售者有年矣。

---

①襪綫：謂學藝博而不精，無一而長。此喻才學短淺。
②勖：勉力；勉勵。《説文》：『勖，勉也。從力，冒聲。』《書·牧誓》：『夫子勖哉。』《詩·邶風·燕燕》：『以勖寡人。』《後漢書》：『奮忠毅之操，躬史魚之節，董臣嚴綱，勖臣懦弱。』
③蹲踞：此指祠廟前蹲立或踞伏的石刻獸類。
④珫瓟：疑即鼿珫。危險貌；动摇不安貌。唐元稹《論寶》：『豫章無厚地，危柢真珫鼿。』
⑤蓁蕪：雜亂叢生的草木。清方文《雲間五子詩·陳卧子子龍》：『大雅隕霜露，周行蔽蓁蕪。』
⑥睨：斜著眼（看）；斜視。此處有厌恶、輕蔑之意味。《禮記·中庸》：『執柯以伐柯，睨而視之，猶以爲遠。』

幸遇鄉宦大中丞劉公，以科第傳家，爲子擇地以教之，慕其名，往而相度，欣然動中：此地可以洗硯，可以濯纓，可以采玉、釣鰲，可以乘風破浪，可以登皋舒嘯①、臨流賦詩也。舍此何求？乃輸己資以貿之。修平蓺植②，構精舍於水滸，竪孤亭於洲上。六經、諸子百家書積萬軸，令其子庠生祉與姪禧、祜居是焉。祉生豪俊穎敏，尤拔萃，朝夕玩讀，時會直諒多聞之友，資以濯磨③。扁曰『盧洲書屋』。

嗚呼！昆山之玉以陸雲而得名，陳蕃之榻以徐孺而後顯。地靈本於人傑，審矣。雖然，時也，運也，地與人同耳。按，此洲盧棄之後，迄今六百餘年矣。茲幸主劉誠陰剥陽復、晦極明生之時也，洲與人其有遭焉。

適正德丁丑中秋翌旦，邀余寮采會飲，冠蓋④莅止。第見嘉木幽芳，芬菲葳蕤⑤，翠繞巖畔。渡洲，又見飛簷倒影，湍波縈迴；梟鷺戲汀，睢鳩鳴渚；舸艋飄帆，鼓枻⑥嘔啞；颯然而金風淅瀝，澹然而灝氣肅清。其煙霏雲霞，繽然而拂騰出没，時景與物景若相得也。韓昌黎有云『賢者所居之處，山川爲之明媚，草木爲之津潤也』，信哉！

及入室，象管、龍紋、鸜眼、藤角，文寶精緻，奇堆帙案。公延賓朋，忘尊卑之分，盡東南之美。唱酬交作，

---

① 舒嘯：猶長嘯。放聲歌嘯。晋陶潜《歸去來兮辭》：『登東皋以舒嘯，臨清流而賦詩。』元張可久《山坡羊·感舊》：『憑高凝眺，臨風舒嘯。』

② 蓺植：蓺，同『藝』。耕種；栽植。《北史·鐵勒傳》：『近西邊者，頗爲藝植，多牛而少馬。』

③ 濯磨：亦作『濯摩』。洗滌磨煉。比喻加强修養，以期有爲。宋蘇軾《〈居士集〉叙》：『自歐陽子出，天下争自濯磨，以通經學古爲高，以救時行道爲賢，以犯顔納説爲忠。』元劉壎《隱居通議·雜録》：『思昔仁祖嘗下詔書，以古道飭天下士。天下士皆自濯摩，亦翕然丕變，一歸于正。』

④ 『冠蓋』句：冠蓋，泛指官員的冠服和車乘。冠，禮帽；蓋，車蓋。《史記·魏公子列傳》：『平原君使者冠蓋相屬於魏。』莅止，來臨。唐劉禹錫《武陵北亭記》：『（竇公常）莅止三月，以碩畫佐元侯平裔夷，降渠魁。』

⑤ 葳蕤：草木茂盛枝葉下垂貌。漢東方朔《七諫·初放》：『便娟之修竹兮，寄生乎江潭。上葳蕤而防露兮，下泠泠而來風。』南朝梁江洪《咏薔薇》：『當户種薔薇，枝葉太葳蕤。』

⑥ 鼓枻：亦作『鼓栧』。劃槳。謂泛舟。《楚辭·漁父》：『漁父莞爾而笑，鼓枻而去。』

情洽醉飽。其子侄竹立，儼然謝家蘭玉①、燕山竇郎②。余欲叩其所蘊而問生曰：『士莫先於立志，而志之所學、所師者，何歟？』生對曰：『所學者，格致誠正之理、修齊治平之道；所師者，講道則宗洙泗之繩規，窮理則依紫陽之遺訓，作文則踵子長之芳躅，吟咏則竊草堂之鼓吹，字書則襲臨川之巨筆。』余嘆羡曰：『此真儒也！』又知生養之純、學之博、才之富，重望無虚，或有惜其志之不遂者，豈知生之志哉！豈知天造就乎生者哉！譬之水與射焉，溢於既盈之餘則其流必長，發於既彀③之後則其至必遠。今日之屈，異日之伸也。將來聳壑昂霄，掇巍科，躋顯仕，潤澤生民，笙簧治道，是即溢於盈、發於彀。宦業洪遠，未易以涯涘耶夫。然則地靈歸之洲，人傑歸之生，庭訓④之功歸之大中丞，名當更爲『劉洲』矣。非余私情也，衆人之公望也。余嘉其地，慕其景，重其人，乃爲之記。生其勖之，以徵吾言。

（下缺一頁）

袁州府《舊志》序

王一夔　新建人。春坊諭德。

袁，《禹貢》揚州之域；天文，星紀爲斗；分野，周末屬吴楚，秦屬九江。自是或爲郡，或爲邑，建革靡

① 謝家蘭玉：即『謝庭蘭玉』，亦省稱『謝玉』《藝文類聚》卷八一引晋裴啓《語林》：『謝太傅問諸子姪曰：「子弟何預人事，而政欲使其佳？」諸人莫有言者，車騎答曰：「譬如芝蘭玉樹，欲使生於階庭耳。」』後遂用以『謝庭蘭玉』比喻能光耀門庭的子侄。

② 燕山竇郎：《宋史·竇儀傳》載：『儀學問優博，風度峻整。弟儼、侃、偁、僖，皆相繼登科。馮道與禹鈞（竇儀父）有舊，嘗贈詩，有「靈椿一株老，丹桂五枝芳」之句，縉紳多諷誦之。』時稱竇氏兄弟爲燕山五龍。後遂用以比喻能光耀門庭的子侄輩。

③ 彀：張滿弓弩。弓弩張滿，方能將箭射出很遠。《漢書·周亞夫傳》：『已而之細柳軍，軍士吏披甲，鋭兵刃，彀弓弩，持滿。』

④ 庭訓：《論語·季氏》記孔子在庭，其子伯魚趨而過之，孔子教以學《詩》《禮》。後因稱父教爲庭訓。《舊唐書·劉贊傳》：『贊久爲廉察，厚斂殖貨，務貢奉以希恩。子弟皆虧庭訓，雖童年稚齒，便能侮易驕人，人士鄙之。』

定。隋開皇中，始因袁山而置袁州。我朝仍之而升爲府，轄邑四。東距臨江之蒙嶺，西抵瀏陽之鐵山，南據吉安之伏虎峰，北連寧邑之大陽巔。廣二百九十里，袤視廣半强，方六倍於袤。其間山水秀麗，四塞環固，人才物産之勝，亦江右上游之名郡也。

舊有志，多紛舛錯落，太守永平劉君懋、同知東吴莫君昂、通判杭郡夏君繼先、推官清源常君琳亟欲編正之而難其人。於是，遍擇境内之富學識而克勝厥任者，得郡司訓山陰陳君定而屬之。陳君取舊志，合衆説，摭遺事，芟繁剔疑，彪分昈列①，爲《凡例》二十有九，總之爲九卷。於是，環千數百里之内，上下二千年之間，若疆域、若山川、若風俗、若形勝、若土産、若貢賦、若人才、若名宦、若橋梁壇祠寺觀仙釋之類，可一覽悉得之。劉君等喜書有成，將綉梓②以永其傳，乃謁予序之。

竊惟自古疆理，郡邑凡隸於輿圖者莫不有志以記之。然志之作非得夫而人，則近不足以啓士夫之觀覽，而遠不足以垂示於方來。蓋必考據精，紀載當，去取公，斯爲稱也。今觀是志之作，可謂得而人者歟！志得而人，將後之生於斯、長於斯、游宦於斯者得以觀焉。凡其所以修己、所以善俗、所以居官，一惟前聞人之卓卓者如韓、李、歐陽諸公而景仰師法之，則禮讓之俗興，循良之政舉。其有益於後人，功豈淺哉？然則是書也，豈特足以啓士夫之泛覽於一時已耶？因劉君等之請，姑書之首簡。

同寅協恭序

徐璉　見職官，真定武邑人。

同官爲僚，其來尚矣。《詩》詠民勞，《書》載共政，又曰『同寅協恭』，蓋古者冢宰以八法治官府。迨及我

---

① 彪分昈列：謂排列分明。元潘昂霄《金石例》：『彪分昈列，其亦放乎《春秋》之例也。』

② 綉梓：謂雕版印刷。元史弼《景行録》：『予寸懷如春風，願與天下共，故綉梓以廣其傳。』

朝革封建之政，立郡治之法，在内有府、部、院、寺、司、監之制，在外有藩、臬、府、衛、州、縣之設，各建官以掌之。及慮政務繁冗，一官不能獨治，又分官聯事以佐之，即古官聯以會官治是也。但任是選者，負重托之寄，薄僚友之情，見利忘義，自相矛盾。予嘗考乎古之善友道者如寇賈①結歡情、李郭②勉忠義、雷義以薦讓陳重③、宗元以柳易夢得④，與夫代貶分謗者可數也。至若蕭瑀⑤性狷而寡合，文静⑥酒酣而怨望，盎錯⑦避居，鄭盧撲硯，比之薄交、賣友之流耳。

---

① 寇賈：東漢寇恂與賈复的並稱。按，郭泰，《後漢書》作者范曄避父言韦改作郭太。執金吾賈復部將殺人，汝南太守寇恂捕殺之。賈以爲耻，揚言要殺寇恂。寇效藺相如爲大局退讓。後經光武帝調解和好。見《後漢書·寇恂傳》。後作爲顧全大局解除私怨的典故。《周書·文帝紀上》：『共追廉藺之迹，同慕寇賈之風。』

② 李郭：東漢李膺和郭泰的並稱。郭泰，后漢書作者范畔避父讳改小郭太。《後漢書·郭太傳》：『郭太字林宗，太原界休人也。家世貧賤……乃游於洛陽。始見河南尹李膺，膺大奇之，遂相友善，於是名震京師。後歸鄉里，衣冠諸儒送至河上，車數千兩。林宗唯與李膺同舟而濟，衆賓望之，以爲神仙焉。』後因以『李郭同舟』『李郭同船』比喻知己相處，不分貴賤，親密無間。南朝梁陸倕《以詩代書別後寄贈》：『李郭或同舟，潘夏時方駕。娱談終美景，敷文永清夜。』

③ 參見本書卷八『陳重』條。

④ 韓愈《柳子厚墓志銘》：『（柳宗元）召至京師而復爲刺史也，中山劉夢得禹錫亦在遣中，當詣播州。子厚泣曰：『播州非人所居，而夢得親在堂，吾不忍夢得之窮，無辭以白其大人；且萬無母子俱往理。』請於朝，將拜疏，願以柳易播，雖重得罪，死不恨。遇有以夢得事白上者，夢得於是改刺連州。』

⑤ 蕭瑀：見《新唐書》卷一百一十四、列傳第二十六。

⑥ 文静：即劉文静。唐朝宰相，開國功臣。武德二年，劉文静與裴寂有隙，並於酒後狂言欲斬寂，被小妾告發謀反。唐高祖聽信裴寂讒言，將劉文静殺死，抄没其家。見《新唐書》卷八十八、列傳第十三。

⑦ 盎錯：指漢文帝時的袁盎和晁錯。袁晁二人素不相善，據載，『盎素不好晁錯，晁錯所居坐，盎去；盎坐，錯亦去。兩人未嘗同堂語』。見《史記》卷一百一，《袁盎晁錯列傳》第四十一。

予與諸同寅公餘休暇，凡可以爲法爲戒者，蓋嘗判其淑慝①，以故篲塵刮垢，實踐協恭，乃有今日之盛舉。璉號玉峰，祖貫恒山，叨中黄甲而郎官户曹，重分虎符而濫膺五馬。治中别駕黄氏君實，譜温陵而留守金臺，登甲第而歷任秋官。宜陽奥區，兩設監郡。天吉朱公，武昌世家而蚤占經元②。文瑞徐君，錢塘巨族而先任光禄。職司節推陳，字以載，冠端溪之英豪，掇甲子之高科。地雖殊而官則同，事雖異而心則一。寓公堂則端莊正論，處私所則和氣襲人。以至議政務，賡賦詠，勸德業，規過失，高談雄辯，略無阿諛、詭隨③、乖忤④之誚。真無忝於協恭矣。

予嘗慨夫今之爲僚友者，或有居尊而凌卑，處卑而傲尊。剛者茹其懦，奸者弄其愚。渾渾而詰皎皎，汶汶而訾察察⑤。嫉賢生讒，妒能興謗。擅竊權柄，回護吏僕。面交心逆，詆侮鬥狠。甚至落陷阱弗手援，反擠之而又下石焉者，此天壤間罪人也。予同僚五人，無是病焉。

---

① 淑慝：猶善惡。《書·畢命》：「旌别淑慝，表厥宅里。」孔傳：「言當識别頑民之善惡，表異其居里。」《舊唐書·懿宗紀》：「凡合誅鋤，審分淑慝，無令脅從横死，元惡偷生。」

② 經元：舊時科舉以五經取士，鄉試的第一名到第五名一定要在五經裏各取一名，故稱鄉試的前五名爲「經元」。《聊齋志異·卷二·陸判》：「未幾，科試冠軍，秋闈果中經元。」亦稱爲「經魁」。

③ 詭隨：謂不顧是非而妄隨人意。《詩·大雅·民勞》：「無縱詭隨，以謹無良。」毛傳：「詭隨，詭人之善，隨人之惡者。」朱熹集傳：「詭隨，不顧是非而妄隨人也。」

④ 乖忤：同「乖迕」。漢王充《論衡·逢遇》：「君不欲爲治，臣以忠行佐之，操志乖忤，不遇固宜。」《北史·儒林傳上·李興業》：「與其好合，傾身無吝；有乖忤，便即疵毀。」

⑤ 「汶汶」句：汶汶，不明貌。漢劉向《新序·節士》：「汶汶嘿嘿，以是爲非，以清爲濁。」訾，詆毀；指責。《禮記·曲禮上》：「不登高，不臨深，不苟訾，不苟笑。」孔穎達疏：「相毀曰訾。」察察，明辨；清楚。《老子》：「衆人察察，我獨悶悶。」

嗚呼！人心不同，有如其面。父子，天性也，猶有借鋤德色①之形；兄弟，骨肉也，猶有②鬩墻角弓之反。矧僚友異姓而同處，合衆而爲一，協恭誠難矣哉。或問曰：『其知死生存亡之一體，富貴貧賤之一致乎？』予對曰：『均知之。知之，斯可以言協恭矣。雖然，協恭善哉！恐而畏之者，當思其職也，職有不盡，則協恭之道隳；當慮其終也，終有不善，則協恭之道廢。』同寅唯唯。

序成，繼詠。設宴於仰韓堂，名爲『五友協恭會』。遂各書一軸，懸諸亭，俾朝夕警省；韞諸匱，俾子孫以爲世講焉。

廣右唱和集序

人臣立身行道，險夷不變而建炫赫之功於世者，要亦有節義以爲之根柢③。豈惟人臣仗此，而國家興敗盛衰之機亦係焉。粤自三代盛時，有學校以養之，有教化以率之。爲臣者皆知奮發義氣，共成雍熙之治。延及東漢，數君子庶無愧焉。迨元興以降，貴戚專權，嬖倖寵任，紀綱廢弛。當是時，其在位者若袁安、楊震、陳蕃、李膺之儔，面折廷諍，用公議以扶其危，至有冒斧鉞④僵觸仆於前，視死如歸而忠義之志不屈。以故終漢之世不軌之徒猶

---

① 借鋤德色：《漢書·賈誼傳》：『故秦人家富子壯則出分，家貧子壯則出贅。借父耰鉏，慮有德色。』顔師古注：『言以耰及鉏借與其父，而容色自矜爲恩德也。』德色，自以爲對人有恩德而表現出來的神色。

② 『猶有』句：鬩墻和角弓均有對立不和之意。鬩墻，语本《詩·小雅·常棣》：『兄弟鬩于牆，外禦其務。』谓兄弟相争于内。后用以指内部相争。角弓，以獸角爲飾的硬弓。《詩·小雅·角弓》：『騂騂角弓，翩其反矣。』

③ 根柢：比喻事物的根基、基礎。《後漢書·王充王符傳論》：『百家之言政者尚矣，大略歸乎寧固根柢，革易時敝也。』

④ 斧鉞：亦作『斧戉』。斧與鉞。泛指兵器。亦泛指刑罰、殺戮。《左傳·昭公四年》：『王弗聽，負之斧鉞，以徇於諸侯。』宋岳飛《乞褒贈張所札子》：『張所以忠許國，義不顧身，雖斧鉞在前，凜然不易其色。』

知忌憚，罔敢直遂①，每以尊漢爲辭。而漢之社稷危而遲亡者，謂非仗節義以維持之耶？

余與宜陽大中丞張公深有取焉。公以英邁不群之才，素以豪傑稱。自弘治壬戌歲，分符滇南，政平人和。當道以重望推委②，深入木邦，著撫夷大功。時以單騎見虜頌之，詔賜綵幣。越乙丑秋，適廣西思恩軍民府土官府守岑濬謀爲叛逆，殄戮之後，撫鎮等官疏奏，改爲流官③。下庭臣會議：新設流官乃起家之始祖，必選用得人，庶克有濟。銓曹以赤心幹事、才識優長、素知夷情者首推公，疏擢廣右臬藩大參，掌思恩府事，請敕以重其權。

考思恩乃古百粤地，民多猺獞④，不事詩書，近雖粗知禮義，而夷風未變。且繼以開創流職，更化尤難，如入虎穴，探龍頷，聞者鮮不歔欷鬱邑⑤，跋前疐後⑥，垂首喪氣，委靡不振。而公以剛大之氣，素養於集義無害之時，故忠肝義膽，每發於臨難處變之際。公之言曰：『吾聞之：「九夷可居，蠻貊可行。」昔方叔南征而蠻荊來威⑦，南仲城朔方而玁狁于襄⑧，周公攝相事而越裳以三象重譯而獻白雉⑨。苟明夫慎德懷遠之道、征討綏和之義，雖夷

---

① 直遂：謂直接表達，放言無憚，而不拐彎抹角，遮遮掩掩。

② 推委：推舉委任。宋范仲淹《推委臣下論》：『初以推委而天下治，終以推委而天下亂，何弊之然者。』

③ 流官：明清時朝廷派遣到川滇黔等少數民族地區的地方官。因其有一定任期，非世襲，非土著，有流動性，故稱。

④ 猺獞：舊時分別指瑤族和壯族。

⑤ 『聞者』句：歔欷，悲泣，抽噎；嘆息。鬱邑，亦作『鬱悒』，憂傷；憂悶。《楚辭·離騷》：『曾歔欷余鬱邑兮，哀朕時之不當。』

⑥ 跋前疐後：喻進退兩難。語出《詩·豳風·狼跋》：『狼疐其尾，載跋其胡。』孔穎達疏：『狼進前則躐其胡，却退則跲其尾，是進退有難。』

⑦ 『昔方』句：方叔，周宣王時賢臣。《詩·小雅·采芑》：『顯允方叔，征伐玁狁，蠻荊來威。』鄭玄箋：『方叔先與吉甫征伐玁狁，今特往伐蠻荊，皆使來服於宣王之威，美其功之多也。』

⑧ 『南仲』句：南仲，周宣王初年的軍事統帥，受命征伐玁狁。南仲先築城於鎬京之北，後尋機進攻，玁狁大敗而遠遁，西北邊境遂安。玁狁，即獫狁。我國古代北方少數民族。《詩·小雅·采薇》：『靡室靡家，玁狁之故。』毛傳：『玁狁，北狄也。』鄭玄箋：『北狄，今匈奴也。』襄，平定。

⑨ 『周公』句：越裳，亦作『越常』，亦作『越嘗』。古南海國名。象，古代通譯外族語言的官。亦特指通譯南方語言的官。《禮記·王制》：『五方之民，言語不通，嗜欲不同，達其志，通其欲，東方曰寄，南方曰象。』鄭玄注：『通夷狄之言者曰象。』白雉，白色羽毛的野雞。古時以爲瑞鳥。《後漢書·南蠻傳》：『交趾之南，有越裳國。周公居攝六年，制禮作樂，天下和平，越裳以三象重譯而獻白雉。』

狄之俗，魋結可化爲冠裳①，鴃舌可變爲弦歌②。矧思恩地歸版圖，民屬統馭，貢賦中國有年矣，何不治哉！』衆皆矍服。

將趣裝戒行，寮采及游宦、故舊携相舉餞，贈以佳什，暢別懷，播德政，勉忠義，而公之賡詠慷慨奮發，傑然以忠義爲己任，更相唱和近一百七十餘律。觀首云『聖主恩深當死報，丈夫義重敢生還』之句，則知公中有所主，不以險隘易其操。及抵郡，岑濬族類占據府城，抗阻進治。公僑寓南寧，設法招撫，謀擒訊醜，方入府任事。撫以恩，畏以威，夷民信服帖然，四載無干戈甲胄之擾，殆與龔遂平渤海、狄仁傑撫戎而得歡心相伉儷焉。及躋顯要，磊磊落落，謇謇③諤諤，無喔咿嚅唲④之態。是宜勛業掀揭，克全晚節於未艾，益知贈者不失言，受者無赧色。余以節義歸之，足徵矣。

公搜篇帙，圖鋟以傳，乃借聽於聾，屬余爲序。余以長者之命，義弗敢辭，謹述其概以復。若特書大書，耀琳琅⑤而薰汗簡，將有歸於操史筆者。

---

① 『魋結』句：魋結，亦作『魋髻』。結成椎形的髻。《史記·酈生陸賈列傳》：『陸生至，尉他魋結箕倨見陸生。』司馬貞索隱：『謂爲髻一撮似椎而結之，故字從結。』冠裳，指文明、禮儀制度。清莫友芝《有感》詩之一：『卧榻事殊南越遠，可容鱗介溷冠裳。』

② 『鴃舌』句：鴃舌，伯勞弄舌啼聒。比喻語言難懂。《孟子·滕文公上》：『今也南蠻鴃舌之人，非先王之道。』趙岐注：『鴃，博勞鳥也。』《新唐書·柳宗元傳》：『楚越間聲音特異，鴃舌啅譟，今聽之恬然不怪，已與爲類矣。』弦歌，指禮樂教化。《論語·陽貨》：『子之武城，聞弦歌之聲，夫子莞爾而笑曰：「割雞焉用牛刀。」子游對曰：「昔者偃也聞諸夫子曰：『君子學道則愛人，小人學道則易使也。』」子曰：「二三子，偃之言是也，前言戲之耳。」』

③ 謇謇：忠貞，正直。《楚辭·離騷》：『余固知謇謇之爲患兮，忍而不能捨也。』王逸注：『謇謇，忠貞貌也。』諤諤：直言争辯貌。《舊唐書·儒學傳下·郭山惲》：『遂能志在匡時，潛申規諷，謇謇之誠彌切，諤諤之操逾明。』

④ 喔咿嚅唲：强笑獻媚的樣子。《楚辭·屈原·卜居》：『將哫訾栗斯，喔咿嚅唲以事婦人乎？寧廉潔正直以自清乎？』亦作『喔咿』。

⑤ 琳琅：指優美詩文、珍貴書籍。晋葛洪《抱樸子·任命》：『崇琬琰於懷抱之内，吐琳瑯於毛墨之端。』

《萍鄉縣志》前序

袁之屬曰萍鄉，巨邑也。在元爲州，至國朝洪武二年改爲縣，三隅七鄉，編户一百三十里。地界吴楚，水接瀟湘，其路則通江夏、川廣、雲貴之衝衢①。往來士夫景慕形勝，每詢其故迹，恨無志考證。前有司因循，曾未有加意者。

正德丁丑夏，鳳陽潁上高氏名桂擢宰是邑。越明年，政務之暇，慨興修舉。因與翰林孔目、臨川鄒君晹素善，稔知學博才充，遣吏禮請修輯，申於府。

余嘉其善慮，恐志懈，諭之曰：『前有所作則後易爲功。是邑故無志，創修誠難矣哉。難之中有尤難者寓焉。蓋志，古史之流也。國有史，地有志，體制異而書法②近似。然修史隱處於密閣幽室之地，藏諸金匱，俟後世方出。雖有威福之權，法不得而撓之。其秉筆之公，職司之重，昭然矣。及觀修志，操筆之頃，駭人耳目。間有遺録直述者，浮議沸騰。排訾沮厄，鮮克終其事。毋謂百里之邑而無滑稽之口，當速成以補闕典。』

過二月餘，遣庠生持志稿若干卷。余與同寅啓覽，見目録條分，事實詳悉。或疑其繁且華，余曰：『邑之志固如是也。在朝廷有一統志，紀天下之事迹，掇繁就簡，斂華就實，詳則弗勝書矣。在藩司有省志，紀一省所屬之事迹，視一統志加詳焉。在府州有郡志，紀一郡所屬之事迹，視省志又加詳焉。至於縣，他無所屬，不過紀一邑之事迹，繁且華而益加詳焉，宜也。雖然，簡失脱略，繁失冗複，樸失俗窘，華失浮麗，適中者蓋鮮矣。今觀斯志，若風土、形勝、財賦、吏治、人才、忠節之類，府志所載者盡收之，其遺略者考訂群書，搏采流風，延訪

① 衝衢：交通大道。

② 書法：古代史官修史，對材料處理、史事評論、人物褒貶，各有原則、體例，謂之『書法』。《左傳·宣公二年》：『董狐，古之良史也，書法不隱。』

士夫耆老之談，比事立言，彙次成編。繁不涉於複雜〔四四八〕，華不流於浮誕。就中書載，直筆殆與史法合也，則鄒君館閣才名信不虚譽。』

志成，爰命鋟梓①以傳，便考覽，勸風化，俾政教，使將來觀風、纂實録者采取焉，則高尹創修之功久而愈彰矣。余愧謭薄，叨任②袁守。因其請，輒謬序於前。若高尹居官歷履，嫌於治屬，故略之。

頌

分宜縣吴侯遺愛碑頌

黄雲　崑山人。

皇明定律令，禁見任官立碑。蓋官見任，則以勢位臨民，爲之書德政、頌遺愛者不免曲筆諛辭。禁之，所以懲宋元之弊也。宋之南渡，元社將屋，凡書德政、頌遺愛者，穹碑巨碣，林立於公治之宇、佛老之宫，山水道路之會。君子以仁厚望人，固不可皆謂之溢美爽實③，視史遷所傳循良之吏則有間矣。

夫惟既去而思、没而慕、久遠而不忘者，必其德政可書，遺愛④可頌。若分宜吴侯，斯無愧矣。侯諱瑀，字德潤，淮安山陽人也。景泰五年，賜進士出身。七年春，來知縣事。盡革積弊，一切屏去前政繁瑣。門無監鑰，而

---

① 鋟梓：刻板印刷。書板多用梓木，故稱。元韋居安《梅磵詩話》卷上：『眉山史學齋繩祖内子著《錦官百咏》，鋟梓於柯山倅廨。』

② 叨任：擔任職務，自謙之辭。《儒林外史》第三四回：『在下姓孫，叨任守備之職。』

③ 爽實：失實。

④ 遺愛：指留於後世而被人追懷的德行、恩惠、貢獻等。《後漢書·西南夷傳·邛都》：『天子以張翕有遺愛，乃拜其子湍爲太守。』晋陶潛《影答形》：『立善有遺愛，胡可不自竭。』

私謁請托無一敢至。適饑饉薦臻①，民艱食，侯憂切於心，殫力忘勩②，加賑恤③，民賴全活者甚衆。謁廟學，顧頹廢，欲修建，咸以歲歉請緩其役。侯曰：『教化所基，他可緩，是可緩耶？』規畫財用，工徒子來，不日成功。歲常稔，民亦多流徙。侯詢其故，衆白以『民稠地寡，無恒産，糊其口於異縣耳。』侯聞之，入山谷相沃衍處，勸率墾闢成田土，量丁力給畝數，俾種藝爲業，而流徙悉復。舊税額重且徵收粒米，山農躋踆④歷險，負運不便，即備由申上官許派折色，至今利賴。先是，歲辦軍需物料、祭祀勘合各項用度所費不貲，污者乘之爲奸利。侯總計概縣里甲銀數，里以兩，甲以錢不過於六，比前數省大半而民便用足。上官嘉之，取其法通行一省，爲定則焉。民投陳訴訟，慮隸卒擾害，一不差遣，令原投陳者拘攝。民信侯之令，樂趨訟庭，無敢後。兩造具備，決以片言，莫不帖服。既訟而願息聽，由是刑清訟簡，獄無繫囚。時邊方有警，守發袁州兵往征，所過輒肆掠。兵艦將抵昌山，侯單騎迓勞，爲防禦出境，民得無恐。至於修清源之浮梁，備淫雨之暴漲；歲旱齋沐⑤致禱，甘雨隨至；文告城隍，市虎⑥遠遁：其惠既足以孚於民，誠又足以感乎神，則其成治邑之功，豈幸而致哉！

侯治分宜六年，吏部書上考。天順六年，以急闕風憲徵，車馬戒途，謳吟載道，如失父母。授監察御史。成

---

① 薦臻：接連到來，屢次降臨。薦，通『洊』。《詩·大雅·雲漢》：『天降喪亂，饑饉薦臻。』

② 勩：勞苦。《詩·小雅·雨無正》：『正大夫離居，莫知我勩。』毛傳：『勩，勞也。』

③ 賑恤：以錢物救濟貧苦或受災的人。《後漢書·郎顗傳》：『立春以來，未見朝廷賞録有功，表顯有德，存問孤寡，賑恤貧弱。』宋范仲淹《奏爲災異後合行疏决刑獄等六事》：『詔天下州縣長吏，訪問民間孤獨不能存活者，特行賑恤。』

④ 踆：行走，踢，蹲等含義，均作動詞用。此處疑爲『峻』之訛。作『峻』，則與『險』對。

⑤ 齋沐：齋戒沐浴。唐盧綸《酬李端公野寺病居見寄》：『齋沐暫思同静室，清羸已覺助禪心。』

⑥ 市虎：市中的老虎。市本無虎，因以比喻流言蜚語。語本《韓非子·内儲説上》：『龐恭與太子質於邯鄲，謂魏王曰：「今一人言市有虎，王信之乎？」曰：「不信。」「二人言市有虎，王信之乎？」曰：「不信。」「三人言市有虎，王信之乎？」王曰：「寡人信之。」龐恭曰：「夫市之無虎也明矣，然而三人言而成虎。今邯鄲之去魏也遠於市，議臣者過於三人，願王察之。」』漢王充《論衡·累害》：『夫如是市虎之訛，投杼之誤不足怪，則玉變爲石，珠化爲礫，不足詭也。』

化改元，監陝西軍。三年，巡按廣東，積勞成疾，卒於官。巡撫都御使韓公雍以聞，遣官護柩歸葬，仍給其家，蓋異數也。

今四十年矣，父老談侯之舊政，尚嗚咽流涕。儒學諸生件右侯之政迹，陳於知縣吴蘭，圖壽侯之傳君，以衆所欲請於知府朱公，同知許公。二公以衆志非阿私，欣然謀協，乃走書幣，委雲文諸貞石。

雲考歷代取士之制不一，明經其一也。今制取士一以明經，蓋以經爲聖賢適用之具。故用本於經者，則純乎仁義而無功利術數之雜。侯以明經進，而其治乎己者，持敬秉公守法，行簡治迹平易，皆仁義所發。昔人明經致用，乃於侯而見夫效之實焉。故既去而思，没而慕，亦理之在於人心者，不容泯也。

朱公名華，字素卿。許公名鵬，字雲程。卓異之政皆可書。吴君初政，簡肅能盡人情事變之曲折。衆屬以前政之傳者，所以冀其踵侯之芳躅，且同姓，非偶然也。雲職瑞之教事，當執筆紀載，此特書侯之德政之繫於分宜者耳，然辭慚不斐。山深世長，後之來者師範侯之政治而於是乎徵焉。雲獲托侯以不朽，抑何幸哉！頌曰：

治平第一，有漢吴公。雲仍流衍，追躡古踪。作民之牧，憫民之恫。如疾在己，必求藥攻。扶養元氣，復於實充。昔豈無令，屋雨衣風。今有父母，粟餘布豐。破啼爲笑，舉目融融。變呻爲謡，盈耳諷諷。天子有召，以旌厥功。峨峨冠豸①，行行馬驄。桂嶺炎海，爲虬游空。民之懷矣！於今州霜。乃告新尹，以祀一宫。郡侯別駕，與尹志同。匹其休哉！用發耿光。永昭於遠，惟堅是礱②。篆刻史頌，曷其有窮！

---

① 冠豸：豸冠，即獬豸冠，古代御史所戴的帽子。唐白居易《見蕭侍御舊山草堂詩因以繼和》：「台中蕭侍御，心與鴻鶴同，晚起慵冠豸，閑行厭避驄。」

② 礱：磨。《國語·晉語八》：「趙文子爲室，斲其椽而礱之。」韋昭注：「礱，磨也。」宋洪邁《夷堅甲志·盤谷碑厄》：「出治堂者，元祐中宰傅君愈所建，秦少游作記，且書之刻石。崇寧時爲觀望者礱去。」

〔校勘記〕

〔一〕「誦」，《康熙志》卷之十五、《嘉慶志》卷三十二、《同治志》卷九之三均作「講」。

〔二〕「名」字原闕。按下文言書「隱齋」二字以寄，則其弟所請之事乃爲便齋命名，《康熙志》卷之十五、《嘉慶志》卷三十二、《同治志》卷九之三「請」下均有一「名」字，文意完足，今據補。

〔三〕此句《康熙志》卷之十五、《嘉慶志》卷三十二、《同治志》卷九之三均作「茍惟不知是心之存」。

〔四〕「有」字原闕，今據《康熙志》卷之十五、《嘉慶志》卷三十二、《同治志》卷九之三補。

〔五〕「克」，《康熙志》卷之十五、《嘉慶志》卷三十二、《同治志》卷九之三均作「免」。按，若言人之情於事之始莫不惴惴然懼其不成功，則當從本書作「克」爲是。

〔六〕「滿」，《康熙志》卷之十五、《嘉慶志》卷三十二、《同治志》卷九之三均作「偏」。按，所謂「志得意滿」，當從本書作「滿」爲是，疑「偏」爲「滿」之訛字。

〔七〕「汩」，《康熙志》卷之十五同，《嘉慶志》卷三十二、《同治志》卷九之三均作「泊」。按此謂惻隱之心漸爲日常因循之事所湮滅，故作「汩」義較長。「泊」「汩」蓋形近而訛。「怠」，《康熙志》卷之十五、《嘉慶志》卷三十二、《同治志》卷九之三均作作「息」。按「怠」「息」兩通，二者蓋亦形近而訛。

〔八〕此文《康熙志》卷之十五、《嘉慶志》卷三十二、《同治志》卷九之三均題作「新修州學記」。

〔九〕後一「其」字，《康熙志》卷之十五、《嘉慶志》卷三十二、《同治志》卷九之三均作「夫」。

〔一〇〕《康熙志》卷之十五、《嘉慶志》卷三十二、《同治志》卷九之三「之」下均無「有」字。

〔一一〕「世」，《康熙志》卷之十五、《嘉慶志》卷三十二、《同治志》卷九之三均作「時」。

〔一二〕「宋」，《康熙志》卷之十五、《嘉慶志》卷三十二、《同治志》卷九之三均作「皇」。

〔一三〕《康熙志》卷之十五、《嘉慶志》卷三十二、《同治志》卷九之三「王」字下均無「所以」二字。

〔一四〕「愛」，《嘉慶志》卷三十二作「受」，誤。「澤」，《同治志》卷九之三作「擇」，亦誤。

〔一五〕《康熙志》卷之十五、《嘉慶志》卷三十二、《同治志》卷九之三於「記」下均有句曰：「今守名杓，實栻之弟也。是月庚戌記。』似爲他人附註之語。

〔一六〕此文《康熙志》卷之十五、《嘉慶志》卷三十二、《同治志》卷九之三均題作「州學三先生祠堂記」，《朱子全書·晦庵先生朱文公文集》卷七十八題作「袁州州學三先生祠堂記」。

〔一七〕「宜春」二字原闕，《康熙志》卷之十五、《嘉慶志》卷三十二、《同治志》卷九之三、《朱子全書·晦庵先生朱文公文集》卷七十八「太」字上均有「宜春」二字。按有「宜春」二字所指更明確，今據補。

〔一八〕「辭」，《康熙志》卷之十五、《嘉慶志》卷三十二、《同治志》卷九之三、《朱子全書·晦庵先生朱文公文集》卷七十八均作「詞」。

〔一九〕「適」，一作「識」。「正」，《康熙志》卷之十五、《嘉慶志》卷三十二、《同治志》卷九之三、《朱子全書·晦庵先生朱文公文集》卷七十八均作「主」，未知孰是。

〔二〇〕「此」，《康熙志》卷之十五、《嘉慶志》卷三十二、《同治志》卷九之三、《朱子全書·晦庵先生朱文公文集》卷七十八均作「是」。

〔二一〕「周」下原有一「公」字，《朱子全書·晦庵先生朱文公文集》卷七十八同。按「公」字疑衍，今據《康熙志》卷之十五、《嘉慶志》卷三十二、《同治志》卷九之三刪改。

〔二二〕《康熙志》卷之十五、《嘉慶志》卷三十二、《同治志》卷九之三、《朱子全書·晦庵先生朱文公文集》卷七十八「始」字上均有一「乃」字。

〔二三〕《康熙志》卷之十五、《嘉慶志》卷三十二、《同治志》卷九之三、《朱子全書·晦庵先生朱文公文集》卷七十八「而」字上均有「詞義雖約」四字。

〔二四〕「炙」，《康熙志》卷之十五、《嘉慶志》卷三十二、《同治志》卷九之三、《朱子全書·晦庵先生朱文公文集》卷七十八均作「見」。按，作「見」雖亦勉強可通，然作「炙」義較長。疑「炙」「見」形近而訛。

〔二五〕《康熙志》卷之十五、《嘉慶志》卷三十二、《同治志》卷九之三、《朱子全書·晦庵先生朱文公文集》卷七十八「而」下均無「乃」字。

〔二六〕「切」，《朱子全書·晦庵先生朱文公文集》卷七十八同，《康熙志》卷之十五、《嘉慶志》卷三十二、《同治志》卷九之三均作「功」。按上文言某些人「舍近求遠，處下窺高」，均爲不切實際的表現，而「即事求理」，才是「切於修己治人之實」，故當從本書和《朱子全書，晦庵先生朱文公全集》作「切」爲是。

〔二七〕「有不」，《康熙志》卷之十五、《嘉慶志》卷三十二、《同治志》卷九之三、《朱子全書·晦庵先生朱文公文集》卷七十八均作「不有」。

〔二八〕後一「之」字原闕，《康熙志》卷之十五、《嘉慶志》卷三十二、《同治志》卷九之三、《朱子全書·晦庵先生朱文公文集》卷七十八「揆之」之下均有一「之」字，今據補。

〔二九〕「張杓」，《康熙志》卷之十五、《嘉慶志》卷三十二、《同治志》卷九之三同，《朱子全書·晦庵先生朱文公文集》卷七十八作「張枃」。按，目前對於任職於袁州的是「張杓」還是「張枃」是有爭論的，姑存疑待考。

〔三〇〕《康熙志》卷之十五、《嘉慶志》卷三十二、《同治志》卷九之三、《朱子全書·晦庵先生朱文公文集》卷七十八「存」下均有一「者」字。

〔三一〕「納」字原闕，今據《康熙志》卷之十五、《嘉慶志》卷三十二、《同治志》卷九之三、《朱子全書·晦庵先生朱文公文集》卷七十八補。

〔三二〕「祠」，《朱子全書·晦庵先生朱文公文集》卷七十八同，《康熙志》卷之十五、《嘉慶志》卷三十二、《同治志》卷九之三均作「祀」。

〔三三〕《同治志》卷九之三題作《萍鄉縣治勞拙堂記》、《（同治）萍鄉县志》卷六題作《勞拙堂記》，內容均與本書大致相同，而文字則迥異，兹抄録於此：

縣苦兵火久矣。官舍蹴成，卑且狹。有莞爾堂焉，向君之所取義也。余既至，詫之曰：「嘻！傲哉！割雞也，而果牛刀哉！名之曰『勞拙』其可乎？」客有見之者曰：「《書》云『作僞心勞日拙』，垂戒也，子乃冒其所戒，何哉？」余應之曰：「然，有是言也。不曰撫字，心勞催科，政拙乎？之二者，陽城之書下下考也。余則爲之。獨不見今之課最者乎？陂塘淤塞也，則曰『水利興』；人民餓莩也，則曰『賑法遍』。養奸縱惡則以獄空聞，瘠公肥私則以羡餘獻。緣是曲意彌縫，愚上耳目，得大官好爵者比比矣。勞則有之，拙，蓋未之見也。」客曰：「子之言吾不能盡抑，中有激耶。子謂向君傲，子之傲似倍甚於向也。」余笑之，弗置辯。復鑱其語於壁間以諗，後人請擇於斯二者。淳熙十四年秋八月記。

〔三四〕「賦工」，原作「賦二」義不可通。「賦工」，猶「賦役」「賦事」，分配勞作之事。今徑改。「延」，疑當作「廷」，通「庭」。

〔三五〕「善治」，疑當作「繕治」。

〔三六〕此文《康熙志》卷之十五、《嘉慶志》卷三十二、《同治志》卷九之三均附於鍾詠《萍鄉縣西社倉記》之後，《（同治）萍鄉縣志》卷六題作「縣社倉記跋」。

〔三七〕此句《（同治）萍鄉縣志》卷六與本書同，《康熙志》卷之十五、《嘉慶志》卷三十二、《同治志》卷九之三「士」下均無「君子」二字。

〔三八〕「扣」，《康熙志》卷之十五、《嘉慶志》卷三十二、《同治志》卷九之三、《（同治）萍鄉縣志》卷六均作「叩」。按「扣」通「叩」，故兩通。

〔三九〕此句《康熙志》卷之十五、《嘉慶志》卷三十二、《同治志》卷九之三、《（同治）萍鄉縣志》卷六「鍾」字下均有「君」字，「爲」均作「記」。

〔四〇〕《康熙志》卷之十五、《嘉慶志》卷三十二、《同治志》卷九之三與本書同，《（同治）萍鄉縣志》卷六「登」下無「載」字，「密」作「悉」。

〔四一〕《康熙志》卷之十五、《嘉慶志》卷三十二、《同治志》卷九之三與本書同，《（同治）萍鄉縣志》卷六「士」字下有一「子」字。

〔四二〕《康熙志》卷之十五、《嘉慶志》卷三十二、《同治志》卷九之三與本書同，《（同治）萍鄉縣志》卷六「矧」字下無「曰」字。

〔四三〕「亦」，原作「曰」。按《康熙志》卷之十五、《嘉慶志》卷三十二、《同治志》卷九之三、《（同治）萍鄉縣志》卷六均作「亦」，今據改。

〔四四〕「事」，《（同治）萍鄉縣志》卷六同，《康熙志》卷之十五、《嘉慶志》卷三十二、《同治志》卷九之三均作「士」。按下文「是非曲直」當指「事」而言，故當從本書作「事」。

〔四五〕「故若余」，《康熙志》卷之十五、《嘉慶志》卷三十二、《同治志》卷九之三與本書同，《（同治）萍鄉縣志》卷六作「顧予」。

〔四六〕「請」，《康熙志》卷之十五、《嘉慶志》卷三十二、《同治志》卷九之三同本書，《（同治）萍鄉縣志》卷六作「求」。

〔四七〕「使讀之者」，原作「使諸來者」。按，曰「使後人」「使其」均可，曰「使諸來者」之語似不合於表達習慣，疑「讀」「諸」形近而訛。《康熙志》卷之十五、《嘉慶志》卷三十二、《同治志》卷九之三、《（同治）萍鄉縣志》卷六均作「使讀之者」，今據改。

〔四八〕「題」，《康熙志》卷之十五、《嘉慶志》卷三十二、《同治志》卷九之三與本書同，《（同治）萍鄉縣志》卷六作「跋」。

〔四九〕「並」，《康熙志》卷之十五、《嘉慶志》卷三十二、《同治志》卷九之三與本書同，《（同治）萍鄉縣志》卷六作「寄」。

〔五〇〕「幸毋」，《康熙志》卷之十五、《嘉慶志》卷三十二、《同治志》卷九之三與本書同，《（同治）萍鄉縣志》卷六作「使無」。

〔五一〕「晦翁」，《康熙志》卷之十五、《嘉慶志》卷三十二、《同治志》卷九之三、《（同治）萍鄉縣志》均作「晦菴」。「乙酉」，《（同治）萍鄉縣志》卷六作「辛巳」。按，慶元庚申年春分日似爲二月二十七日癸未，二月乙酉爲二十九日，二月辛巳爲二十五日，而清倪濤《六藝之一録續編》卷五明言二月十四日春分。諸説莫衷一是，姑存疑待考。

〔五二〕此文《同治志》卷九之三題作「待補莊碑」。

〔五三〕「張嗣古」，《同治志》卷九之二作「羅克開」。

〔五四〕「大」，原作「夫」，《同治志》卷九之二作「大」，今據改。按：大比，即鄉試。

〔五五〕「又」，原作「人人」。按此處上下文難易對比，作「人人」不通，今據《同治志》卷九之二改。

〔五六〕「百」，原作「有」。按此句意謂參考人數二千五百，如名額爲十三，則録取率爲每二百人取一人。今據《同治志》卷九之二改。

〔五七〕「取」，原作「收」。按，常言考取功名科第，不應作「收」，今據《同治志》卷九之二改。

〔五八〕《同治志》卷九之二「元」字下有一「子」字。按「子」字疑衍。

〔五九〕「曝眼」，《同治志》卷九之二作「暴浪」。按：「暴浪」費解，「曝眼」似爲望遠以緩解眼部疲勞之意。

〔六〇〕「糶」，原作「糴」。按，既言「發」，則是糶出，不當作「糴」，今據《同治志》卷九之二改。

〔六一〕「據」，《同治志》卷九之二作「居」，疑誤，當從本書爲是。

〔六二〕「旴」，《同治志》卷九之二作「盱」。

〔六三〕「曳」，《同治志》卷九之二作「更」。

〔六四〕「至臨汝五千」五字原闕，今據《同治志》卷九之二補。按原文言起程十千，然只言發軔五千，因知此處當有脱文。

〔六五〕「亦」，原作「赤」，不通，今據《同治志》卷九之二改。

〔六六〕「鄉」，《同治志》卷九之二作「卿」。

〔六七〕《同治志》卷九之二「澣」下無「記」字。

〔六八〕此文《同治志》卷九之二題作「重修郡城記」。

〔六九〕《康熙志》卷之十五、《嘉慶志》卷三十二、《同治志》卷九之三、《（康熙）宜春縣志》卷十五「郡」下均無「頒春之初」四字。

〔七〇〕《康熙志》卷之十五、《嘉慶志》卷三十二、《同治志》卷九之三、《（康熙）宜春縣志》卷十五「解」下均無「井井有條理」五字。

〔七一〕《康熙志》卷之十五、《嘉慶志》卷三十二、《同治志》卷九之三、《（康熙）宜春縣志》卷十五「足」下均無「以」字。

〔七二〕《康熙志》卷之十五、《嘉慶志》卷三十二、《同治志》卷九之三、《（康熙）宜春縣志》卷十五「愒」下均無「苟簡」二字。

〔七三〕《康熙志》卷之十五、《嘉慶志》卷三十二、《同治志》卷九之三、《（康熙）宜春縣志》卷十五「乃」下均無「命巡檢使汪世顯」七字。

〔七四〕「瓦甓」，《康熙志》卷之十五、《嘉慶志》卷三十二、《同治志》卷九之三、《（康熙）宜春縣志》卷十五均作「甓瓦」。

〔七五〕「三萬」，《康熙志》卷之十五、《嘉慶志》卷三十二、《同治志》卷九之三、《（康熙）宜春縣志》卷十五均作「二萬」。

〔七六〕「樓壘矗迄」，《康熙志》卷之十五、《嘉慶志》卷三十二、《同治志》卷九之三、《（康熙）宜春縣志》卷十五均作「樓臺屹立」。

〔七七〕「咸」，原作「借」。按，「借」或爲「皆」之訛字，《康熙志》卷之十五、《嘉慶志》卷三十二、《同治志》卷九之三、《（康熙）宜春縣志》卷十五均作「咸」，今據改。

〔七八〕「封」，《康熙志》卷之十五、《嘉慶志》卷三十二、《同治志》卷九之三、《（康熙）宜春縣志》卷十五均作「壤」。

〔七九〕「一」，原作「亦」，今據《康熙志》卷之十五、《嘉慶志》卷三十二、《同治志》卷九之三、《（康熙）宜春縣志》卷十五改。

〔八〇〕「建」，原作「逮」，誤。《康熙志》卷之十五、《嘉慶志》卷三十二、《同治志》卷九之三、《（康熙）宜春縣志》卷十五均作「建」，今據改。

〔八一〕「刓闕」，原作「疏闕」。按《康熙志》卷之十五、《嘉慶志》卷三十二、《同治志》卷九之三、《（康熙）宜春縣志》卷十五均作「刓闕」，今據改。

〔八二〕「健於」二字疑衍。《康熙志》卷之十五、《嘉慶志》卷三十二、《同治志》卷九之三、《（康熙）宜春縣志》卷十五「以」字下均無「健於」二字。

〔八三〕「興治」，今據《康熙志》卷之十五、《嘉慶志》卷三十二、《同治志》卷九之三、《（康熙）宜春縣志》卷十五均作「釐廢」。按：上文「理財」與「聽訟」對舉，此處若作「釐廢」，則適與「補弊」對舉。

〔八四〕「缺」，《康熙志》卷之十五、《嘉慶志》卷三十二、《同治志》卷九之三、《（康熙）宜春縣志》卷十五均作「决」。

〔八五〕「蹈」，《康熙志》卷之十五、《嘉慶志》卷三十二、《同治志》卷九之三、《（康熙）宜春縣志》卷十五均作「習」。按「踵」「蹈」對舉，作「蹈」較妥。

〔八六〕「類」字原闕，今據《康熙志》卷之十五、《嘉慶志》卷三十二、《同治志》卷九之三、《（康熙）宜春縣志》卷十五補。

〔八七〕「直」，《康熙志》卷之十五、《嘉慶志》卷三十二、《同治志》卷九之三、《（康熙）宜春縣志》卷十五均作「真」。按「直」「真」兩通，今不改。

〔八八〕《康熙志》卷之十五、《嘉慶志》卷三十二、《同治志》卷九之三、《（康熙）宜春縣志》卷十五此句下均有「世所緩而公急之」之句。

〔八九〕《康熙志》卷之十五、《嘉慶志》卷三十二、《同治志》卷九之三、《（康熙）宜春縣志》卷十五字以下均作「此公之所以爲遠慮也。」

〔九〇〕「且」，原作「具」。按《康熙志》卷之十五、《嘉慶志》卷三十二、《同治志》卷九之三、《（康熙）宜春縣志》卷十五均作「且」，今據改。

〔九一〕「保」，原作「懷」。按〔康熙〕袁州府志》卷之十五、《嘉慶志》卷三十二、《〔同治〕袁州府志》卷九之三、《（康熙）宜春縣志》卷十五均作「保」，今據改。

〔九二〕此文《康熙志》卷之十五、《嘉慶志》卷三十二、《同治志》卷九之三、《（康熙）宜春縣志》卷十五均題作「韓文公新廟記」。

〔九三〕「彰彰」，《康熙志》卷之十五、《嘉慶志》卷三十二、《同治志》卷九之三、《（康熙）宜春縣志》卷十五均作「章章」。按「彰彰」「章章」兩通。

〔九四〕〔康熙〕袁州府志》卷之十五、《嘉慶志》卷三十二、《同治志》卷九之三、《（康熙）宜春縣志》卷十五均「子」字下有一「蓋」字。

〔九五〕「一何」，《康熙志》卷之十五、《嘉慶志》卷三十二、《同治志》卷九之三、《（康熙）宜春縣志》卷十五均作「壹何」。按「一何」「壹何」兩通。

〔九六〕「踳駁」，原作「摧駁」。按〔康熙〕袁州府志》卷之十五、《嘉慶志》卷三十二、《同治志》卷九之三、《（康熙）宜春縣志》卷十五均作「踳駁」，今據改。

〔九七〕《康熙志》卷之十五、《嘉慶志》卷三十二、《同治志》卷九之三、《（康熙）宜春縣志》卷十五「比」字下均有一

「於」字。

〔九八〕《康熙志》卷之十五、《嘉慶志》卷三十二、《同治志》卷九之三、《（康熙）宜春縣志》卷十五「公」字下均有一「固」字。

〔九九〕「宫市」，《嘉慶志》卷三十二作「宫示」，誤。

〔一〇〇〕「公」字原闕，據《康熙志》卷之十五、《嘉慶志》卷三十二、《同治志》卷九之三、《（康熙）宜春縣志》卷十五補。

〔一〇一〕「由」字原闕。按下文有「居仁由義」，又《康熙志》卷之十五、《嘉慶志》卷三十二、《同治志》卷九之三、《（康熙）宜春縣志》卷十五「仁」字上均有一「由」字，今據補。

〔一〇二〕「身」，原作「道」，按《康熙志》卷之十五、《嘉慶志》卷三十二、《同治志》卷九之三、《（康熙）宜春縣志》卷十五均作「身」，今據改。

〔一〇三〕「之」，《康熙志》卷之十五、《嘉慶志》卷三十二、《同治志》卷九之三、《（康熙）宜春縣志》卷十五均作「子」。按「孟之醇」與「荀楊之疵」對舉，此處應作「之」爲是。

〔一〇四〕《康熙志》卷之十五、《嘉慶志》卷三十二、《同治志》卷九之三、《（康熙）宜春縣志》卷十五「又」字下均無「少」字。

〔一〇五〕《康熙志》卷之十五、《嘉慶志》卷三十二、《同治志》卷九之三、《（康熙）宜春縣志》卷十五「則」下均無「曰」字。

〔一〇六〕「具在是」，《康熙志》卷之十五、《嘉慶志》卷三十二、《同治志》卷九之三、《（康熙）宜春縣志》卷十五均作「不難進也」。

〔一〇七〕「自」字原闕，今據《康熙志》卷之十五、《嘉慶志》卷三十二、《同治志》卷九之三、《（康熙）宜春縣志》卷十五補。

〔一〇八〕「僅」字原闕，《康熙志》卷之十五、《嘉慶志》卷三十二、《同治志》卷九之三、《（康熙）宜春縣志》卷十五補。

〔一〇九〕「鄙」，今據《康熙志》卷之十五、《嘉慶志》卷三十二、《同治志》卷九之三、《（康熙）宜春縣志》卷十五均作「陋」。

〔一一〇〕此句今據《康熙志》卷之十五、《嘉慶志》卷三十二、《（同治）袁州 府志》卷九之三、《（康熙）宜春縣志》卷十五均作「廟之役始於嘉定戊寅之十月，其成以己卯之三月，董其役者司户高炎。後三月望日記」。

〔一一一〕「月」，《康熙志》卷之十五與本書同，《嘉慶志》卷三十二、《同治志》卷九之三均作「日」。按一斛爲六斗四升，一日不可能食用如此之多，故當從本書作「月」。

〔一一二〕《康熙志》卷之十五、《嘉慶志》卷三十二、《同治志》卷九之三「不」字上均有一「則」字。

〔一一三〕《康熙志》卷之十五、《嘉慶志》卷三十二、《同治志》卷九之三「乞」字上均無「則」字。

〔一一四〕「濟糶」，原作「濟糴」。按，既爲「濟」，則應是「糶」米給餓者，作「糴」則矛盾矣。《康熙志》卷之十五、《嘉慶志》卷三十二、《同治志》卷九之三正作「濟糶」，今據改。

〔一一五〕「探」字原闕。按此句《康熙志》卷之十五、《嘉慶志》卷三十二、《同治志》卷九之三均作「如探篋中物隨取即獲」，今據補。

〔一一六〕此句《康熙志》卷之十五、《嘉慶志》卷三十二、《同治志》卷九之三均作「其利不既遠矣乎」。按上文言「隨取即獲」，即指設此倉有快捷迅速之利，故此處當從本書作「速」爲是。然語氣上此處應是問句，故據補一「乎」字。

〔一一七〕「稽」，《康熙志》卷之十五、《嘉慶志》卷三十二、《同治志》卷九之三均作「計」。

〔一一八〕「修」，原作「殊」。《康熙志》卷之十五、《嘉慶志》卷三十二、《同治志》卷九之三均作「修」，今據改。按，廩庾不修則壞也，防禁不立則耗也，故下文言「廢壞折耗」。由此可知此處「殊」當作「修」。

〔一一九〕此句《康熙志》卷之十五、《嘉慶志》卷三十二、《同治志》卷九之三均作「見米才什之五」。按「見存」或爲「見存粟（米）」之省；「財」亦可通「才」，合而言之，其義較各志爲長，故不改。

〔一二〇〕「蠹」，《康熙志》卷之十五、《嘉慶志》卷三十二、《同治志》卷九之三均作「浪」，亦通。

〔一二一〕「資」，《康熙志》卷之十五、《嘉慶志》卷三十二、《同治志》卷九之三均作「貲」。按「貲」通「資」，故兩通。

〔一二二〕「亟」，《康熙志》卷之十五、《嘉慶志》卷三十二、《同治志》卷九之三均作「極」，兩通。

〔一二三〕《康熙志》卷之十五、《嘉慶志》卷三十二、《同治志》卷九之三「九重」均作「朝廷」二字，其下均「亦每不輕予人故」等七字。

〔一二四〕《康熙志》卷之十五、《嘉慶志》卷三十二、《同治志》卷九之三「茲」下均無「不載」二字。

〔一二五〕《康熙志》卷之十五「石」下有「嘉定十四年四月日」八字，《嘉慶志》卷三十一、《同治志》卷九之三則有「嘉定十四年四月日記」九字。

〔一二六〕「一」字疑衍。

〔一二七〕此文《康熙志》卷十四、《嘉慶志》卷三十一題作「書萍鄉縣廳」，《（康熙）萍鄉縣志》卷之七題作「書縣廳壁」，《同治志》卷九之三題作「書萍鄉縣廳壁記」，《（同治）萍鄉縣志》卷六題作「縣廳壁記」。

〔一二八〕「杭」，《（同治）萍鄉縣志》卷六與本書同，《康熙志》卷十四、《嘉慶志》卷三十一、《同治志》卷九之三、《（康熙）萍鄉縣志》卷之七均作「航」。按「杭」「航」兩通。

〔一二九〕「渡」，《康熙志》卷十四、《嘉慶志》卷三十一、《同治志》卷九之三、《（康熙）萍鄉縣志》卷之七、《（同治）萍鄉縣志》卷六均作「度」，誤。《（同治）萍鄉縣志》卷六「經」上有一「程」字。

〔一三〇〕「初」字原闕。按，上文言自己來省元明，此處倒叙元明曾如何送自己，故當有一「初」字領起，《康熙志》卷十四、《嘉慶志》卷三十一、《同治志》卷九之三、《（康熙）萍鄉縣志》卷之七、《（同治）萍鄉縣志》卷六「元」字上均有一「初」字，今據補。

〔一三一〕「氏」字原闕。按「尉氏」，縣名，今屬河南。《康熙志》卷十四、《嘉慶志》卷三十一、《同治志》卷九之三、《（康熙）萍鄉縣志》卷之七、《（同治）萍鄉縣志》卷六「尉」下均有一「氏」字，今據補。

〔一三二〕《康熙志》卷十四、《嘉慶志》卷三十一、《同治志》卷九之三、《（同治）萍鄉縣志》卷六「許」字上均無「抵」字。《（康熙）萍鄉縣志》卷之七「抵」下「許昌……四十八」二十字均闕。

〔一三三〕「淩」，《康熙志》卷十四、《嘉慶志》卷三十一、《同治志》卷九之三、《（同治）萍鄉縣志》卷六均作「渡」。

〔一三四〕「略」，《（同治）萍鄉縣志》卷六作「越」。

〔一三五〕「摩圍山」，原作「圍摩山」。按《康熙志》卷十四、《嘉慶志》卷三十一、《同治志》卷九之三、《（康熙）萍鄉縣志》卷之七、《（同治）萍鄉縣志》卷六均作「摩圍山」。《（康熙）彭水縣志》卷之一載：「摩圍山，縣城西。（下略）一名摩雲峰，又名雲頂峰。」可見，「圍摩」乃「摩圍」之倒訛，今據各志乙正。

〔一三六〕《（同治）萍鄉縣志》卷六『留』字上無『淹』字。

〔一三七〕《（同治）萍鄉縣志》卷六『乃』字下無『肯』字。

〔一三八〕《康熙志》卷十四、《嘉慶志》卷三十一、《同治志》卷九之三、《（康熙）萍鄉縣志》卷之七、《（同治）萍鄉縣志》卷六『無』字下均有一『相』字，《（同治）萍鄉縣志》卷六『見』字下有一『期』字。

〔一三九〕『白首』，《康熙志》卷十四、《嘉慶志》卷三十一、《同治志》卷九之三、《（康熙）萍鄉縣志》卷之七均作『白頭』，《（同治）萍鄉縣志》卷六作『白髮』。

〔一四〇〕『憂喜交並』，《康熙志》卷十四、《嘉慶志》卷三十一、《同治志》卷九之三均作『悲喜兼懷』，《（康熙）萍鄉縣志》卷之七作『悲喜交集』，《（同治）萍鄉縣志》卷六作『悲喜兼集』。

〔一四一〕此句《同治志》卷九之三、《（同治）萍鄉縣志》卷六句均作『予入宜春境』，《（康熙）萍鄉縣志》卷之七於上一『之』字下有一『初』字。

〔一四二〕此句《康熙志》卷十四、《嘉慶志》卷三十一、《同治志》卷九之三均作『以謂元明盡心盡力』，《（康熙）萍鄉縣志》卷之七、《（同治）萍鄉縣志》卷六均作『以爲元明盡心盡力』。

〔一四三〕『仁慈』，《康熙志》卷十四、《嘉慶志》卷三十一、《同治志》卷九之三、《（康熙）萍鄉縣志》卷之七、《（同治）萍鄉縣志》卷六均作『慈仁』，且於『仁』字下有『太過』二字。

〔一四四〕《康熙志》卷十四、《嘉慶志》卷三十一、《同治志》卷九之三、《（康熙）萍鄉縣志》卷之七、《（同治）萍鄉縣志》卷六『嘆』字上均有『元明』二字。

〔一四五〕『弟子』，《康熙志》卷十四、《嘉慶志》卷三十一、《同治志》卷九之三、《（康熙）萍鄉縣志》卷之七、《（同治）萍鄉縣志》卷六均作『子弟』。按『弟子』『子弟』兩通，今不改。然『弟子』一般作『學生』講，作『子弟』似更妥。

〔一四六〕『盜賊』，《（康熙）萍鄉縣志》卷之七、《（同治）萍鄉縣志》卷六與本書同，《康熙志》卷十四、《嘉慶志》卷三十一、《同治志》卷九之三均作『賊盜』。『北海』，《康熙志》卷十四、《嘉慶志》卷三十一、《同治志》卷九之三與本書同，《（康熙）萍鄉縣志》卷之七、《（同治）萍鄉縣志》卷六均作『渤海』，下同。

〔一四七〕此句《（康熙）萍鄉縣志》卷之七、《（同治）萍鄉縣志》卷六均與本書同，《康熙志》卷十四、《嘉慶志》卷三十一、《同治志》卷九之三「及」下均無「入見」二字。

〔一四八〕「且」，《康熙志》卷十四、《嘉慶志》卷三十一、《同治志》卷九之三、《（康熙）萍鄉縣志》卷之七、《（同治）萍鄉縣志》卷六均作「夫」。

〔一四九〕「予」，《（康熙）萍鄉縣志》卷之七與本書同，《康熙志》卷十四、《嘉慶志》卷三十一、《同治志》卷九之三、《（同治）萍鄉縣志》卷六均作「吾」。

〔一五〇〕「以警」，《（康熙）萍鄉縣志》卷之七與本書同，《同治志》卷九之三、《（同治）萍鄉縣志》卷六「以」下均有一「自」字，《嘉慶志》卷三十一、《康熙志》卷十四均作「而自警」。

〔一五一〕「奸凶」，《康熙志》卷十四、《嘉慶志》卷三十一、《同治志》卷九之三、《（康熙）萍鄉縣志》卷之七、《（同治）萍鄉縣志》卷六均作「奸宄」。

〔一五二〕「於」，《（康熙）萍鄉縣志》卷之七同，《康熙志》卷十四、《嘉慶志》卷三十一、《同治志》卷九之三、《（同治）萍鄉縣志》卷六均作「如」。

〔一五三〕「鳳凰」，原作「鳳鳴」。《康熙志》卷十四、《嘉慶志》卷三十一、《同治志》卷九之三、《（康熙）萍鄉縣志》卷之七、《（同治）萍鄉縣志》卷六「鄉」字下均有「邑里」二字；「鴟鴞」均作「鴟梟」，兩通，今不改；「鳳鳴」均作「鳳凰」，今據改。按，既爲鴟鴞，焉得爲鳳凰之鳴？故「鳳鳴」當作「鳳凰」。

〔一五四〕此句《（康熙）萍鄉縣志》卷之七與本書同，《康熙志》卷十四、《嘉慶志》卷三十一、《同治志》卷九之三、《（同治）萍鄉縣志》卷六「莠」字下有一「皆」字。《嘉慶志》卷三十一「稂」作「狼」，誤。

〔一五五〕《康熙志》卷十四、《嘉慶志》卷三十一、《同治志》卷九之三「云」字下無此三句，《（康熙）萍鄉縣志》卷之七末句作「而去以四月之己亥」，《同治萍鄉縣志》卷六末二句作「以崇寧元年四月乙酉，而去以是月之己亥」。

〔一五六〕《（同治）分宜縣志》卷九「則」下「爲」字。

〔一五七〕《（同治）分宜縣志》卷九「急」下有「者」字。

〔一五八〕「除」，原作「徐」，今據《（同治）分宜縣志》卷九改。

〔一五九〕「以」，《（同治）分宜縣志》卷九作「爲」。

〔一六〇〕《（同治）分宜縣志》卷九「滿」下無「載」字。

〔一六一〕《（同治）分宜縣志》卷九「座」下有「之尊」二字。

〔一六二〕《（同治）分宜縣志》卷九「府」下有「之重」二字。

〔一六三〕「青瑣」，《（同治）分宜縣志》卷九作「青鎖」。按「青瑣」「青鎖」兩通。

〔一六四〕「寖」，原作「浸」，據《（同治）分宜縣志》卷九改。

〔一六五〕《（同治）分宜縣志》卷九「七」下有「悉書之」三字。

〔一六六〕「優劣」，《（同治）分宜縣志》卷九作「後進」。

〔一六七〕「職業操守」四字，《（同治）分宜縣志》卷九作「守於今日」。疑誤。

〔一六八〕「邑」，《（同治）分宜縣志》卷九作「壁」。

〔一六九〕《（同治）分宜縣志》卷九「日」下有「奉議郎知縣趙師懿」八字。

〔一七〇〕「如」，《（同治）分宜縣志》卷九作「而」。

〔一七一〕「馮公汝舟」，《（同治）分宜縣志》卷九作「洪汝舟」，誤。

〔一七二〕「權官」，原作「權公」，據《（同治）宜春縣志》卷九改。按：馮汝舟紹興十六年任，之後在紹興二十四年呂輔繼任，期間並無權姓官員任職。故知「權公」乃「權官」之誤。

〔一七三〕「上司」，原作「土司」，據《（同治）分宜縣志》卷九改。

〔一七四〕「蘇」，原作「更」，據《（同治）分宜縣志》卷九改。按：疑「更」「甦」形近而訛。

〔一七五〕「復」，原作「猶」，據《（同治）分宜縣志》卷九改。

〔一七六〕「財用」，《（同治）分宜縣志》卷九作「財賦」。

〔一七七〕「打筭」，《（同治）分宜縣志》卷九作「打算」。

〔一七八〕『若』字原闕，據《（同治）分宜縣志》卷九補。按王公以出入之數打算，是假設推測，補一『若』字則語意通暢。

〔一七九〕『文』，原作『石』，據《（同治）分宜縣志》卷九改。按，苗米之數爲若干石，科折後，應稱錢若干文。『石』字當因上文而訛。

〔一八〇〕『八百九』，《（同治）分宜縣志》卷九作『八十九』。

〔一八一〕『裁減』，《（同治）分宜縣志》卷九作『裁革』。

〔一八二〕《（同治）分宜縣志》卷九『文』下有『有零』二字。

〔一八三〕《（同治）分宜縣志》卷九『給』字上無『今』字，『龍』字下有『是』字。

〔一八四〕《（同治）分宜縣志》卷九『以』字上無『深』字。

〔一八五〕『財用』，《（同治）分宜縣志》卷九作『財計』。

〔一八六〕《（同治）分宜縣志》卷九『將』字下有一『此』字。

〔一八七〕『合』，《（同治）分宜縣志》作『並』。

〔一八八〕『計』，原作『既』，據《同治宜春縣志》卷九改。

〔一八九〕《（同治）分宜縣志》卷九『力』字下無『少』字。

〔一九〇〕『各色』，原作『名色』，據《（同治）分宜縣志》卷九改。

〔一九一〕《（同治）分宜縣志》卷九『質』字下有『寒踪』二字。

〔一九二〕『前賢』，原作『前政』，據《（同治）宜春縣志》卷九改。

〔一九三〕『屢聞於朝』，《（同治）分宜縣志》卷九作『聞之於朝』。

〔一九四〕『未知』，《（同治）分宜縣志》作『未必』。

〔一九五〕《（同治）分宜縣志》卷九『此』字下無『邑人民』三字。按無此三字則文意不暢，故當以本書爲是。

〔一九六〕『舁』，原寫作『羿』，疑爲『舁』之俗體。

〔一九七〕『因』，原作『固』，據《康熙志》卷十五、《嘉慶志》卷三十二、《同治志》卷九之三改。

〔一九八〕「視」，原作「徂」，據《康熙志》卷十五、《嘉慶志》卷三十二、《同治志》卷九之三改。按上文言「睇」，則下文當作「視」與之對舉，作「徂」則費解。

〔一九九〕「圃」，《康熙志》卷十五、《嘉慶志》卷三十二、《同治志》卷九之三均與本書同，湯銳校點整理本《歐陽玄全集》作「囿」。

〔二〇〇〕「庖」，原作「脆」，據《康熙志》卷十五、《嘉慶志》卷三十二、《同治志》卷九之三改。

〔二〇一〕《康熙志》卷十五、《嘉慶志》卷三十二、《同治志》卷九之三「常」「事」二字倒乙。

〔二〇二〕「𢥞」，《康熙志》卷十五、《嘉慶志》卷三十二、《同治志》卷九之三均作「㦟」，清道光鄧顯鶴編校《歐陽文公圭齋集》作「䐤」。「壚」，《康熙志》卷十五、《嘉慶志》卷三十二、《同治志》卷九之三均作「墟」。

〔二〇三〕「祴」，《康熙志》卷十五、《嘉慶志》卷三十二、《同治志》卷九之三均作「械」。

〔二〇四〕「漫漶」，《康熙志》卷十五、《嘉慶志》卷三十二、《同治志》卷九之三均作「浸漶」。按「漫漶」爲詞，故當從本書爲是。

〔二〇五〕「後先」，《康熙志》卷十五、《嘉慶志》卷三十二、《同治志》卷九之三均作「先後」。

〔二〇六〕「練日」，《康熙志》卷十五、《嘉慶志》卷三十二、《同治志》卷九之三均作「於日」。按「練日」爲詞，「於日」不可解，當從本書作「練」。

〔二〇七〕「穰穰」，原作「穰穰」，據《康熙志》卷十五、《嘉慶志》卷三十二、《同治志》卷九之三及湯銳校點整理本《歐陽玄全集》改。

〔二〇八〕「畨」，《康熙志》卷十五、《嘉慶志》卷三十二、《同治志》卷九之三、湯銳校點整理本《歐陽玄全集》均作「蕃」。

〔二〇九〕「於」，原作「工」，據《康熙志》卷十五、《嘉慶志》卷三十二、《同治志》卷九之三改。按「工」字疑爲「于」之壞字。

〔二一〇〕「楊」，《康熙志》卷十五、《嘉慶志》卷三十二、《同治志》卷九之三均作「揚」。未知孰是。

〔二一一〕《康熙志》卷十五、《嘉慶志》卷三十二、《同治志》卷九之三「求」字下均無「予文」二字。按本文四言一句，故當從本書爲是。

〔二一二〕此句《康熙志》卷十五、《嘉慶志》卷三十二、《同治志》卷九之三均作「爲從子游」，誤。按「爲」當爲「撝」之訛字，「子」當爲「予」之訛字。

〔二一三〕「佽」，《康熙志》卷十五、《嘉慶志》卷三十二、《同治志》卷九之三均作「欽」。按，當從本書作「佽」爲是。

〔二一四〕「土木」，《康熙志》卷十五、《嘉慶志》卷三十二作「土水」，《同治志》卷九之三作「上水」，均誤。

〔二一五〕此文《嘉慶志》卷三十二、《同治志》卷九之三均題作「分宜縣官題名記」。

〔二一六〕「累政」，《同治志》卷九之三與本書同，《嘉慶志》卷三十二作「歷政」，《圭齋文集》薈要本作「莅政」，四庫本作「前尹」。

〔二一七〕《嘉慶志》卷三十二、《同治志》卷九之三「玄」均作「某」，「鈐南」均作「鈐岡南」。

〔二一八〕《嘉慶志》卷三十二、《同治志》卷九之三「嘗」上均無「玄」字。

〔二一九〕「題名」，原作「題石」，據《嘉慶志》卷三十二、《同治志》卷九之三改。

〔二二〇〕《嘉慶志》卷三十二、《同治志》卷九之三「也」字下均無「久」字。

〔二二一〕「無才」，原作「非才」，據《嘉慶志》卷三十二、《同治志》卷九之三改。

〔二二二〕《嘉慶志》卷三十二、《同治志》卷九之三「厲」字下均無「民」字。

〔二二三〕《嘉慶志》卷三十二、《同治志》卷九之三「玄」均作「其」，「爲」均作「謂」。按「其」疑爲「某」之訛。

〔二二四〕此文《嘉慶志》卷三十二、《同治志》卷九之三均題作「分宜縣學復田記」。

〔二二五〕「劉」，原作「鎦」，《嘉慶志》卷三十二、《同治志》卷九之三均作「劉」，下文應丑之子「劉自昭」亦「劉」，今據改。

〔二二六〕《嘉慶志》卷三十二、《同治志》卷九之三、湯鋭校點整理本《歐陽玄全集》「會」字下均有一「宋」字。

〔二二七〕《嘉慶志》卷三十二、《同治志》卷九之三「所」字下均有一「於」字，疑衍。

〔二二八〕「某」，原作「其」，據《嘉慶志》卷三十二、《同治志》卷九之三改。

〔二二九〕「予」，《嘉慶志》卷三十二、《同治志》卷九之三均作「與」。未知孰是。

〔二三〇〕「乎」，原作「夫」，據《嘉慶志》卷三十二、《同治志》卷九之三改。

〔二三一〕「枉」，《嘉慶志》卷三十二、《同治志》卷九之三作「往」，誤。按上文言：「直至劉自昭盜賣砧基之後，始生詭謀，則其枉直，較然易知也已」，顯然「枉」「直」對舉。下文「事直則易斷」，則此處必作「事枉則必復」矣。

〔二三二〕「碩」，《嘉慶志》卷三十二、《同治志》卷九之三作「石」。

〔二三三〕《嘉慶志》卷三十二、《同治志》卷九之三「附」上均無「特」字。

〔二三四〕此文王頲《虞集全集》題爲《袁州路儒學新建尊經閣記》。

〔二三五〕《康熙志》卷十五、《嘉慶志》卷三十二、《同治志》卷九之三、《（康熙）宜春縣志》卷之十五「迨」字下均無「夫故宋」三字。「旴」，《同治志》卷九之三作「盱」。

〔二三六〕《康熙志》卷十五、《嘉慶志》卷三十二、《同治志》卷九之三、《（康熙）宜春縣志》卷之十五「以」下均無「極世變之故而」六字。

〔二三七〕「教」，《康熙志》卷十五、《（康熙）宜春縣志》卷之十五與本書同，《嘉慶志》卷三十二、《同治志》卷九之三均作「化」。

〔二三八〕《康熙志》卷十五、《嘉慶志》卷三十二、《同治志》卷九之三、《（康熙）宜春縣志》卷之十五「庶」字上無「其」字。「從」，《同治志》卷九之三作「成」。

〔二三九〕此句《康熙志》卷十五、《嘉慶志》卷三十二、《同治志》卷九之三、《（康熙）宜春縣志》卷之十五均作「國朝」。

〔二四〇〕「府君」，《康熙志》卷十五、《同治志》卷九之三、《（康熙）宜春縣志》卷之十五均與本書同，王頲點校本《虞集全集》作「府公」。按「府公」，六朝時爲王府僚屬對其主的稱呼，唐、五代時爲官府幕僚對節度使、觀察使的稱呼，又是對府、州級的長官的泛稱，而「府君」自漢以後用於對太守、郡相的尊稱，然也用於對已故者的敬稱。相比較而言，似作「府公」爲義長。

〔二四一〕《康熙志》卷十五、《同治志》卷九之三「乎」字下闕「仲毅職在文史，（中略）則有俟乎君子矣」一段文字。

〔二四二〕《康熙志》卷十五、《同治志》卷九之三「入」字下無「無敢逋遺」四字。

〔二四三〕「今太守……民以寧壹」兩句，《康熙志》卷十五、《同治志》卷九之三作「今太守廣信張侯熙祖寬厚治辦，民以寧壹。」

『簡靖』，王頲《虞集全集》作『簡清』。按本書作『簡靖』是。

〔二四四〕《康熙志》卷十五、《同治志》卷九之三『壹』字下無『監郡……順而不撓』等文字。

〔二四五〕『垩』，原作『暨』，王頲點校本《虞集全集》作『墍』，均文意不通，《康熙志》卷十五、《同治志》卷九之三作『垩』，今據改。

〔二四六〕《康熙志》卷十五、《同治志》卷九之三『明』字下均無『施諸斯文之崇重』等七字。

〔二四七〕《康熙志》卷十五、《同治志》卷九之三『於』字下均無『仍改』二字。

〔二四八〕《康熙志》卷十五、《同治志》卷九之三『得』字下均無『從而』二字。

〔二四九〕『長吏』，《康熙志》卷十五、《同治志》卷九之三均作『史』。

〔二五〇〕『失』，《康熙志》卷十五、《同治志》卷九之三、《（康熙）宜春縣志》卷之十五均作『矣』。

〔二五一〕《康熙志》卷十五、《同治志》卷九之三、《（康熙）宜春縣志》卷之十五『風』字上無『由之而不知者，（中略）猶未著於言也』等文字。

〔二五二〕《康熙志》卷十五、《同治志》卷九之三、《（康熙）宜春縣志》卷之十五『開』字下均無『人文宣朗』四字。

〔二五三〕《康熙志》卷十五、《同治志》卷九之三『憂』字下均無『盛哉！（中略）恭敬奉持者哉！』等文字。

〔二五四〕《康熙志》卷十五、《嘉慶志》卷三十二、《同治志》卷九之三『以』字下均無『其』字，『恩』均作『思』。

〔二五五〕『高妙』，《康熙志》卷十五、《嘉慶志》卷三十二、《同治志》卷九之三均作『高遠』。

〔二五六〕此文王頲點校本《虞集全集》題爲《袁州路南軒書院新建藏書閣記》。

〔二五七〕『杓』，《道園學古録》卷三十六、王頲點校本《虞集全集》均作『构』。

〔二五八〕《道園學古録》卷三十六『不』字下有『敢』字。

〔二五九〕《道園學古録》卷三十六『有』字下有『所』字。

〔二六〇〕《嘉慶志》卷三十二、《同治志》卷九之三『宋』上均無『故』字。

〔二六一〕『喜』，《嘉慶志》卷三十二、《同治志》卷九之三、《道園學古録》卷三十五均作『善』。『喜』『善』疑形近而訛，然兩通，今不改。

〔二六二〕「毋綏」，《嘉慶志》卷三十二、《同治志》卷九之三均作「無綏」。

〔二六三〕「弘敞」，《嘉慶志》卷三十二、《同治志》卷九之三作「宏敞」。按「弘」作「宏」避乾隆諱，然亦兩通，今不改。

〔二六四〕「泰」，原作「太」，據《嘉慶志》卷三十二、《同治志》卷九之三、王頲點校本《虞集全集》改。「盱江」，《同治志》卷九之三作「旴江」。

〔二六五〕「况」，原作「泛」。按作「泛」義不可通，疑「况」「泛」形近而訛，今據《嘉慶志》卷三十二、《同治志》卷九之三、《道園學古録》卷三十五改。

〔二六六〕「焉」，原作「馬」，顯爲刻寫之誤，據《嘉慶志》卷三十二、《同治志》卷九之三、王頲點校本《虞集全集》改。

〔二六七〕「乎」「廟」二字原倒乙，據《道園學古録》卷三十六、王頲點校本《虞集全集》乙正。

〔二六八〕「摩盪」，原作「磨盪」，據《道園學古録》卷三十六、王頲點校本《虞集全集》改。

〔二六九〕「以」，《道園學古録》卷三十六作「而」。

〔二七〇〕《嘉慶志》卷三十二、《同治志》卷九之三自「雖然，丞之思有以教其人」至「所以端其進修之序也」等一大段文字均闕。

〔二七一〕「論議」，《道園學古録》卷三十六作「議論」。

〔二七二〕「器服牲幣」，原奪一「牲」字。按下文有「器服牲幣」之語，王頲點校本《虞集全集》「服」下亦有「牲」字，今據補。

〔二七三〕「衢」，《道園學古録》卷三十六作「術」，疑誤，當以本書爲是。

〔二七四〕此文《康熙志》卷十五、《嘉慶志》卷三十二、《同治志》卷九之三均題作「萬載縣馮侯修學記」，《（雍正）萬載縣志》卷十三題作「馮侯修學記」，《（同治）萬載縣志》卷二十九、《（民國）萬載縣志》第十三册均題作「三新宣聖廟記」。

〔二七五〕「令」，《（雍正）萬載縣志》卷十三、《（同治）萬載縣志》卷二十九、《（民國）萬載縣志》第十三册與本書同，《康熙志》卷十五、《嘉慶志》卷三十二、《同治志》卷九三均作「今」。按當從本書作「令」爲是。

〔二七六〕「餘年」，《康熙志》卷十五、《（雍正）萬載縣志》卷十三、《（同治）萬載縣志》卷二十九、《（民國）萬載縣志》第十三册與本書同，《嘉慶志》卷三十二、《同治志》卷九三均作「年餘」。按，「餘年」義較長，當從本書爲是。

〔二七七〕《（同治）萬載縣志》卷二十九、《（民國）萬載縣志》第十三册、王頲點校本《虞集全集》「副」字下均有「憲」字，《康熙志》卷十五、《嘉慶志》卷三十二、《同治志》卷九之三、《（雍正）萬載縣志》卷十三均與本書同。

〔二七八〕「人以」，原作「以人」，《（雍正）萬載縣志》卷之十三與本書同，《康熙志》卷十五、《嘉慶志》卷三十二、《同治志》卷九之三、《（同治）萬載縣志》卷二十九、《（民國）萬載縣志》第十三册本句均作「人以」。按，作「以人」不通，當是二字倒乙所致，今乙正。

〔二七九〕《康熙志》卷十五、《嘉慶志》卷三十二、《同治志》卷九之三、《（雍正）萬載縣志》卷十三、《（同治）萬載縣志》卷二十九、《（民國）萬載縣志》第十三册各本均闕「所以別善良也；取諸樂易而無所厭者」等十五字。

〔二八〇〕「敦」，《康熙志》卷十五、《（雍正）萬載縣志》卷十三、《（同治）萬載縣志》卷二十九、《（民國）萬載縣志》第十三册均與本書同，《嘉慶志》卷三十二作「教」，《同治志》卷九之三作「化」。

〔二八一〕《康熙志》卷十五、《嘉慶志》卷三十二、《同治志》卷九之三、《（雍正）萬載縣志》卷十三、《（同治）萬載縣志》卷二十九、《（民國）萬載縣志》第十三册各本均闕「仍改至元之五年秋八月、具官虞集記」十五字。

〔二八二〕《同治志》卷九之三、《（雍正）萬載縣志》卷之十三題作「張巖書院記」。《（同治）萬載縣志》卷二十九、《（民國）萬載縣志》第十三册均題作「重修張巖書院記」，王頲點校《虞集全集》據明初翻印至正刊本《道園類稿》卷二四題爲「〔萬載縣〕張巖書院記」。

〔二八三〕「有」字疑衍。「張君千崖世居之」，王頲點校《虞集全集》據明初翻印至正刊本《道園類稿》卷二四作「千崖張君某世居之」。

〔二八四〕「麗」，《（雍正）萬載縣志》卷十三、《（同治）萬載縣志》卷二十九、《（民國）萬載縣志》第十三册均作「嚴」。

〔二八五〕「儗」，《（雍正）萬載縣志》卷十三、《（同治）萬載縣志》卷二十九、《（民國）萬載縣志》第十三册均作「擬」。按「擬」「儗」兩通。

〔二八六〕《同治志》卷九之三以上文字均無，僅作「張岩巖書院者，臨江教授千崖張君作也」。「之所有者也」，《（雍正）萬載縣志》卷十三、《（同治）萬載縣志》卷二十九、《（民國）萬載縣志》第十三册均作「之有所自也」。

〔二八七〕《同治志》卷九之三「崖」下無「君」字。

〔二八八〕「出」，《同治志》卷九之三作「遠」。

〔二八九〕《同治志》卷九之三「兹」下無「者且四十年」五字。

〔二九〇〕自「萍鄉榮君」至「來求文以記之」等文字，《同治志》卷九之三作「而其甥榮岳孫請諸舊氏，捐貲鳩工繕治，不數月而成，來求文以記之。」

〔二九一〕「宜春」，《同治志》卷九之三作「袁州」。

〔二九二〕「學官」，《（雍正）萬載縣志》卷十三作「學宫」，誤。

〔二九三〕「違」，《（雍正）萬載縣志》卷之十三作「遺」。

〔二九四〕「登高」，《同治志》卷九之三作「登山」。按，「登高」與「眺遠」對舉，故作「登高」義較長。

〔二九五〕「未有過之者矣」，《同治志》卷九之三作「未有過於是者」。

〔二九六〕「微」，《（雍正）萬載縣志》卷十三作「徵」。

〔二九七〕「高虚」，《同治志》卷九之三作「高遠」。按「高遠」多爲褒義，此處形容沽名釣譽者，當從本書「高虚」爲是。

〔二九八〕「宜春」，《同治志》卷九之三作「袁州」。

〔二九九〕「古學」，《同治志》卷九之三作「學古」。按當從本書作「古學」。

〔三〇〇〕「他日」，《同治志》卷九之三作「異日」。

〔三〇一〕《同治志》卷九之三、《（雍正）萬載縣志》卷之十三、《（同治）萬載縣志》卷二十九、《（民國）萬載縣志》第十三册「已」字下均無「仍改至元之元年十二月，具官虞集記」之句。

〔三〇二〕此文《江西通志》卷一百二十九題作「袁州重建衛治記」。

〔三〇三〕《道園學古録》卷三十六「韋」下無「後」字。

〔三〇四〕《道園學古録》卷三十六「會」作「領」。

〔三〇五〕《康熙志》卷十六、《嘉慶志》卷三十三、《同治志》卷九之三「之」下均無「適幕僚知事戚順代去，而北平王郁至。協相共謀」等文字。

〔三〇六〕《康熙志》卷十六、《嘉慶志》卷三十三、《同治志》卷九之三「堂」下均無「扁以「帥正」」四字。

〔三〇七〕《康熙志》卷十六、《嘉慶志》卷三十三、《同治志》卷九之三「策」下均無「扁曰「鎮静」」四字。

〔三〇八〕「廉」，《康熙志》卷十六、《嘉慶志》卷三十三、《同治志》卷九之三均作「撫」。

〔三〇九〕《嘉慶志》卷三十三、《同治志》卷九之三「室」上有「器」字，全句作「合用之器，室無不備」。

〔三一〇〕《康熙志》卷十六、《嘉慶志》卷三十三、《同治志》卷九之三「牖」下均無「無不飭」三字。

〔三一一〕《康熙志》卷十六、《嘉慶志》卷三十三、《同治志》卷九之三「煌」字下均無「精緻完美」四字。

〔三一二〕《康熙志》卷十六、《嘉慶志》卷三十三、《同治志》卷九之三「成」字下均無「豈直觀美」四字。

〔三一三〕《康熙志》卷十六、《嘉慶志》卷三十三、《同治志》卷九之三「能」字下均無「然兵之用非難，（中略）然後能治而用之」等文字。

〔三一四〕《康熙志》卷十六、《嘉慶志》卷三十三、《同治志》卷九之三「焉」字下均無「故不辭而備述之」七字。

〔三一五〕《康熙志》卷十六、《嘉慶志》卷三十三、《同治志》卷九之三「哉」字下均無「是役也，（中略）並書」等文字。

〔三一六〕《同治志》卷九之三題作「新修府學記」。

〔三一七〕《康熙志》卷十六、《嘉慶志》卷三十三、《同治志》卷九之三「閣」字下均無「五間」二字。

〔三一八〕《康熙志》卷十六、《嘉慶志》卷三十三、《同治志》卷九之三「齋」字下均有「歲久敝壞」四字。

〔三一九〕《康熙志》卷十六、《嘉慶志》卷三十三、《同治志》卷九之三「元」字下均無「教授徐倫以廟學歲久，棟宇敝壞，乃告於」等文字。

〔三二〇〕《康熙志》卷十六、《嘉慶志》卷三十三、《同治志》卷九之三「俸」字下均無「作」字。

〔三二一〕《康熙志》卷十六、《嘉慶志》卷三十三、《同治志》卷九之三「中」字下僅作「乃議興作」四字。

〔三二二〕《康熙志》卷十六、《嘉慶志》卷三十三、《同治志》卷九之三「月」字下均無「董其事者，（中略）幸爾苟完」等文字。

〔三二三〕「諸」，《康熙志》卷十六、《嘉慶志》卷三十三、《同治志》卷九之三均作「乎」。

〔三二四〕「郡邑」，《康熙志》卷十六、《嘉慶志》卷三十三、《同治志》卷九之三均作「都邑」。按「郡」「都」疑形近而訛，雖兩通，然當以作「郡邑」爲義長。郡邑，府縣也，自朝廷至府縣，語義通暢。都邑，城市之謂也，自朝廷至城市，則與文意有所出入，故當從本書作「郡邑」爲是。

〔三二五〕「隋」，《康熙志》卷十六、《嘉慶志》卷三十三、《同治志》卷九之三「惰」。按「隋」，古同「惰」，今不改。

〔三二六〕《康熙志》卷十六、《嘉慶志》卷三十三、《同治志》卷九之三「文」字下均無「素稱樂土，（中略）未嘗乏人」等文字。

〔三二七〕《康熙志》卷十六、《嘉慶志》卷三十三、《同治志》卷九之三「繼」字下均無「者，殆如常矣」五字。

〔三二八〕「都察院僉都御史」，《康熙志》卷十六、《嘉慶志》卷三十三、《同治志》卷九之三均作「都御史」。

〔三二九〕「徙」，《康熙志》卷十六作「徒」，誤。

〔三三〇〕《康熙志》卷十六、《嘉慶志》卷三十三、《同治志》卷九之三「民」下無「其」字。

〔三三一〕《康熙志》卷十六、《嘉慶志》卷三十三、《同治志》卷九之三「不」下無「嘖嘖」二字。

〔三三二〕「味」，《康熙志》卷十六與本書同，《嘉慶志》卷三十三、《同治志》卷九之三作「咏」。按作「詠」似義較長，然作「味」亦通，今不改。

〔三三三〕《康熙志》卷十六、《嘉慶志》卷三十三、《同治志》卷九之三「云」字下均無「其於茲役，（中略）茲不復著」等文字。

〔三三四〕此題因原書闕頁而脱漏，《康熙志》卷十六、《嘉慶志》卷三十三均題作「重修萬載縣治記」，《同治志》卷九之三題作「萬載重修縣治記」，《（同治）萬載縣志》卷二十九題作「陳令修縣治記」，《一峰文集》卷五題作「萬載縣興造記」。今據《康熙志》、《嘉慶志》補。

〔三三五〕明羅倫《一峰文集》卷五「養」字上有「以」字。

〔三三六〕「甘美」，明羅倫《一峰文集》卷五作「甘固」。按，此處當就上文飲食而言之，意謂易「菲惡」之飲食爲「甘美」，故當作「甘美」爲是，作「甘固」則不通矣。

〔三三七〕「輕使」，明羅倫《一峰文集》卷五作「輕便」。按，此處當就上文「車服」而言，「輕便」似較義長，然「輕使」似亦可通，今不改。

〔三三八〕自篇名至「非過」等文字原闕，今據《康熙志》卷十六、《嘉慶志》卷三十三、《同治志》卷九之三、《（同治）萬載縣志》卷二十九補。

〔三三九〕「蓋」，原作「于」。明羅倫《一峰文集》卷五作「于」，《康熙志》卷十六、《嘉慶志》卷三十三、《同治志》卷九之三、《（同治）萬載縣志》卷二十九均作「蓋」。按，作「于」似不可通，當從各志作「蓋」爲是，今據改。

〔三四〇〕「徒」，《康熙志》卷十六、《嘉慶志》卷三十三、《同治志》卷九之三、《（同治）萬載縣志》卷二十九、明羅倫《一峰文集》卷五均作「獨」。按，「徒」「獨」似音近而訛，然又似兩通，今不改。

〔三四一〕《康熙志》卷十六、《嘉慶志》卷三十三、《同治志》卷九之三、《（同治）萬載縣志》卷二十九「載」字下均無「爲邑」二字。

〔三四二〕「麗帶」，《康熙志》卷十六、《嘉慶志》卷三十三、《同治志》卷九之三、《（同治）萬載縣志》卷二十九均作「礪帶」。按「礪帶」乃「礪帶河山」之省，語出《史記·高祖功臣侯者年表序》：「封爵之誓曰：『使河如帶，泰山若厲，國以永寧，爰及苗裔。』」後因以「礪帶河山」比喻封爵與國共存，傳之無窮。如唐順之《皇陵行》：「已聞帝王自有真，更説南陽多貴人，戈矛貔虎三千士，礪帶河山十八臣。」亦省作「礪帶」。《明史·顧時吳禎薛顯等傳贊》：「圭裳之錫固足酬功，而礪帶之盟不克再世，亦可慨矣夫。」故此處作「礪帶」似爲不妥，當從本書作「麗帶」爲是。

〔三四三〕《（同治）萬載縣志》卷二十九「知」字下奪「其」字。按有「其」字語義更順暢，當從本書爲是。

〔三四四〕「百餘」，原作「餘百」，今據《嘉慶志》卷三十三、《同治志》卷九之三、《（同治）萬載縣志》卷二十九乙正。

〔三四五〕「殆」，原作「迨」，誤，今據《康熙志》卷十六、《嘉慶志》卷三十三、《同治志》卷九之三、《（同治）萬載縣志》卷二十九改。

〔三四六〕《康熙志》卷十六、《嘉慶志》卷三十三、《同治志》卷九之三「然」字下無「掃地赤立」四字。《（同治）萬載縣志》卷二十九「赤立」作「壁立」。按「赤立」「壁立」兩通，今不改。

〔三四七〕「人」，《康熙志》卷十六、《嘉慶志》卷三十三、《同治志》卷九之三、《（同治）萬載縣志》卷二十九均作「民」。

〔三四八〕《康熙志》卷十六、《嘉慶志》卷三十三、《同治志》卷九之三、《（同治）萬載縣志》卷二十九「則」字下均無「成」字，下同。

〔三四九〕「則」，《康熙志》卷十六、《嘉慶志》卷三十三、《同治志》卷九之三、《（同治）萬載縣志》卷二十九均作「否」。按，承上文「否終則傾」則言「傾則爲泰」，依下文「易壞爲新」則言「傾否爲泰」亦通。

〔三五〇〕《（同治）萬載縣志》卷二十九「遠」字下無「於」字。

〔三五一〕「琇」，原作「秀」。按《康熙志》卷十六、《嘉慶志》卷三十三、《同治志》卷九之三、《（同治）萬載縣志》卷二十九均作「琇」，《嘉慶志》卷十八亦有「王琇」者，當是同一人。今據諸志改。

〔三五二〕《康熙志》卷十六、《嘉慶志》卷三十三、《同治志》卷九之三、《（同治）萬載縣志》卷二十九「世」字下有「成化十三年」五字。明羅倫《一峰文集》卷五「陳」字下僅有「某伻告紀成，乃文其成以詔來世」等文字。

〔三五三〕《同治志》卷九之三題作「萬載重修大成殿記」，《（雍正）萬載縣志》卷之十三、《（同治）萬載縣志》卷二十九、《（民國）萬載縣志》第十三册均題作「陳令修學記」。

〔三五四〕「萬載縣」，《（同治）萬載縣志》卷九之三、《（民國）萬載縣志》第十三册均作「萬邑」。

〔三五五〕《同治志》卷九之三、《（同治）萬載縣志》卷二十九、《（民國）萬載縣志》第十三册「禮」字上均無「廟」字。

〔三五六〕「明」字原闕。按此句《同治志》卷九之三、《（同治）萬載縣志》卷二十九、《（民國）萬載縣志》第十三册「學」下均作「及明倫堂成」，《（雍正）萬載縣志》卷之十三作「學明倫堂成」。今據各志補一「明」字。又上下文均是分別從廟、學兩個方面敘述，故此處亦當有一「學」字。

〔三五七〕《同治志》卷九之三、《（同治）萬載縣志》卷二十九、《（民國）萬載縣志》第十三册「庖」字上均無「廟」字，《（雍正）萬載縣志》卷之十三與本書同，是。

〔三五八〕『廢』，《同治志》卷九之三、《（同治）萬載縣志》卷二十九、《（民國）萬載縣志》第十三册與本書同，《雍正萬載縣志》卷之十三作『費』，當爲音近而訛。

〔三五九〕『可謂』，《同治志》卷九之三與本書同，《（雍正）萬載縣志》卷之十三、《（同治）萬載縣志》卷二十九、《（民國）萬載縣志》第十三册均作『可爲』。按作『可謂』是。

〔三六〇〕『而』字原闕。按下文『吾容有久頹而弗葺者』與此句對舉，故此處當亦有一『而』字，又《同治志》卷九之三、《（雍正）萬載縣志》卷之十三、《（同治）萬載縣志》卷二十九、《（民國）萬載縣志》第十三册『廢』字下均有一『而』字，今據補。

〔三六一〕《同治志》卷九之三、《（雍正）萬載縣志》卷之十三、《（同治）萬載縣志》卷二十九、《（民國）萬載縣志》第十三册『已』字下均無『記也，並學以爲諸士子告，當亦陳君之意哉』等文字。

〔三六二〕《同治志》卷九之三題作『萬載雙虹橋記』，《（雍正）萬載縣志》卷之十三、《（同治）萬載縣志》卷二十九、《（民國）萬載縣志》第十三册均作『重建雙虹橋記』。

〔三六三〕『其』，《（雍正）萬載縣志》卷之十四與本書同，《同治志》卷九之三、《（同治）萬載縣志》卷二十九、《（民國）萬載縣志》第十三册均作『爲』。按『其』『爲』兩通。

〔三六四〕此句《（雍正）萬載縣志》卷之十四與本書同，《同治志》卷九之三、《（同治）萬載縣志》卷二十九、《（民國）萬載縣志》第十三册『人』字下均無『不』字。按『不』字的有無只是語氣的不同，均通。下同。

〔三六五〕此句《（雍正）萬載縣志》卷之十四與本書同，《同治志》卷九之三、《（同治）萬載縣志》卷二十九、《（民國）萬載縣志》第十三册『矧』字下均無『諸』字，下同。

〔三六六〕《同治志》卷九之三、《（雍正）萬載縣志》卷之十四、《（同治）萬載縣志》卷二十九、《（民國）萬載縣志》第十三册『縣』字下均無『儒學』二字。

〔三六七〕此句《（雍正）萬載縣志》卷之十四與本書同，《同治志》卷九之三、《（同治）萬載縣志》卷二十九、《（民國）萬載縣志》第十三冊均作『涉者病焉』。

〔三六八〕此句《（雍正）萬載縣志》卷之十四與本書同，《同治志》卷九之三、《（同治）萬載縣志》卷二十九、《（民國）萬載縣志》第十三冊『然』字下均無『興嗟』二字。

〔三六九〕《（雍正）萬載縣志》卷之十四與本書同，《同治志》卷九之三、《（同治）萬載縣志》卷二十九、《（民國）萬載縣志》第十三冊『曰』下均無『惡』字。

〔三七〇〕此句原作『復於橋徇俗廟關王以鎮』，《（雍正）萬載縣志》卷之十四作『復北橋狗俗廟關王以鎮』，均晦澀難解，《同治志》卷九之三、《（同治）萬載縣志》卷二十九、《（民國）萬載縣志》第十三冊均作『復橋北立關王廟以鎮之』，句意顯豁易懂，今據改，並於『復』下保留一『於』字。

〔三七一〕《同治志》卷九之三、《（同治）萬載縣志》卷二十九、《（民國）萬載縣志》第十三冊『之』字下均無『厥規壯，厥繪麗，巍焉！煥焉』十字。

〔三七二〕『浦』字下原衍一『而』字，據《同治志》卷九之三、《（同治）萬載縣志》卷二十九、《（民國）萬載縣志》第十三冊刪。

〔三七三〕『於』，原作『之』，《（雍正）萬載縣志》卷之十四與本書同。按與下文『訖於』對應，此處當作『肇於』，《同治志》卷九之三、《（同治）萬載縣志》卷二十九、《（民國）萬載縣志》第十三冊均作『於』，今據改。

〔三七四〕『五月』，《（雍正）萬載縣志》卷之十四作『午月』，亦通。按夏曆以寅月爲歲首（正月），所以稱五月爲午月。

〔三七五〕《同治志》卷九之三、《（同治）萬載縣志》卷二十九、《（民國）萬載縣志》第十三冊『月』字下均無『落成際』三字。

〔三七六〕《同治志》卷九之三、《（同治）萬載縣志》卷二十九、《（民國）萬載縣志》第十三冊『功』字下均無『巨矣』二字。按『成』字下疑奪一『之』字。

〔三七七〕《同治志》卷九之三、《（同治）萬載縣志》卷二十九、《（民國）萬載縣志》第十三冊『騷』字下均無『宛鬼神焉，幻而』六字。

〔三七八〕《同治志》卷九之三、《（同治）萬載縣志》卷二十九、《（民國）萬載縣志》第十三冊『殆』字上均無『固』字。揣其文意語氣，當從本書爲是。

〔三七九〕『無』，原作『可』，與文意相左，疑原文『可』字上奪一『無』字，或訛『無』爲『可』。今據《同治志》卷九之三、《（同治）萬載縣志》卷二十九、《（民國）萬載縣志》第十三册改。

〔三八〇〕『袁』，原作『元』，今據《同治志》卷九之三、《（雍正）萬載縣志》卷之十四、《（同治）萬載縣志》卷二十九、《（民國）萬載縣志》第十三册改。

〔三八一〕『賢於』，原作『寧賢』，據《同治志》卷九之三、《（同治）萬載縣志》卷二十九、《（民國）萬載縣志》第十三册改。

〔三八二〕『達』，《（雍正）萬載縣志》卷之十四與本書同，《同治志》卷九之三、《（同治）萬載縣志》卷二十九、《（民國）萬載縣志》第十三册均作『建』。按『達』或亦通，爲『通達』之義，意謂原有橋，今重修之使通達。且下文『玆一橋之能達』之『達』，各本均作『達』，故今不改。

〔三八三〕『宜有大平此者』，原作『宣乎此者』，語義不通，據《同治志》卷九之三、《（同治）萬載縣志》卷二十九、《（民國）萬載縣志》第十三册改。

〔三八四〕『寧』，《同治志》卷九之三、《（同治）萬載縣志》卷二十九、《（民國）萬載縣志》第十三册均作『詎』。兩通。下同。

〔三八五〕『賦』字下原缺一字。

〔三八六〕《康熙志》卷十六、《嘉慶志》卷三十三、《嘉慶志》卷九之三此段文字均闕。

〔三八七〕『所』，《康熙志》卷十六、《嘉慶志》卷三十三、《嘉慶志》卷九之三均作『許』。按『所』『許』均可作不定數詞，表示大概的數目，故兩通。

〔三八八〕《康熙志》卷十六、《嘉慶志》卷三十三、《同治志》卷九之三『所』字下均無『前人之述備矣，（中略）橋之勝於是爲勝』等文字。

〔三八九〕《康熙志》卷十六、《嘉慶志》卷三十三、《同治志》卷九之三『懋』下均無『奉上命』三字。

〔三九〇〕《康熙志》卷十六、《嘉慶志》卷三十三、《同治志》卷九之三『狀』下均無『甚虞往來病涉航渡顛隮』十字。

〔三九一〕『石旻、邵琦』，《康熙志》卷十六、《嘉慶志》卷三十三均作『石公原』，《同治志》卷九之三作『石旻等』。

〔三九二〕《康熙志》卷十六、《嘉慶志》卷三十三、《同治志》卷九之三「理」下均無「百爾工作經緯於心。（中略）率先凡役」等文字。

〔三九三〕「椓況」，《康熙志》卷十六、《嘉慶志》卷三十三與本書同，《同治志》卷九之三作「砌岸」。按「椓況」一詞甚是費解，故存疑。

〔三九四〕「仰」，原作「俛」，《康熙志》卷十六與本書同，《嘉慶志》卷三十三、《同治志》卷九之三均作「仰」。按「俛」與下文「府」重複，作「仰」則文意通暢，亦與「俯」對，今據改。

〔三九五〕「卬須」，原作「印須」，誤，「卬」「印」形近而訛。按：「卬須」，語出《詩經・邶風・匏有苦葉》末章：「招招舟子，人涉卬否。人涉卬否，卬須我友。」卬，我；須，等待。故「卬須」，即「我等待」之意。此處「岸無卬須」句意謂「岸邊再無徘徊等待之人」。又「卬須」一詞明清詩文常作「邛須」，亦爲形近而訛，故《康熙志》卷十六、《嘉慶志》卷三十三、《同治志》卷九之三作「岸無邛須」，亦誤。

〔三九六〕「視」，原作「題」，據《康熙志》卷十六、《嘉慶志》卷三十三、《同治志》卷九之三改。

〔三九七〕「志」，《康熙志》卷十六、《嘉慶志》卷三十三、《同治志》卷九之三均作「至」，未知孰是。

〔三九八〕「惟知」，原作「故惟」，據《康熙志》卷十六、《嘉慶志》卷三十三、《同治志》卷九之三改。

〔三九九〕《康熙志》卷十六、《嘉慶志》卷三十三、《同治志》卷九之三「至」字上均無「尚千百年」四字。

〔四〇〇〕《康熙志》卷十六、《嘉慶志》卷三十三、《同治志》卷九之三「守」字下均無「義以濟恩，威以克愛」八字。

〔四〇一〕《康熙志》卷十六、《嘉慶志》卷三十三、《同治志》卷九之三「怨」字下均無「細大具舉，行可辟人」八字。

〔四〇二〕《嘉慶志》卷三十三、《同治志》卷九之三、「知」字下均無「崎嶇委折」四字。

〔四〇三〕《嘉慶志》卷三十三、《同治志》卷九之三「果」字下無「不」字。揣摩文意，「果」下當有一「不」字。

〔四〇四〕《康熙志》卷十六、《嘉慶志》卷三十三、《同治志》卷九之三「思」字下均無「而不恤其存讟」六字。

〔四〇五〕「祜」，《康熙志》卷十六、《嘉慶志》卷三十三、《同治志》卷九之三均作「祐」。按「祜」「祐」均有「福」之義，故兩通。然「祜」乃「大福」，故「祜」較義長。

〔四〇六〕《康熙志》卷三十三、《同治志》卷九之三「命」下均無「侯曰：「吾志也」遂鑱之玫。」」九字。

〔四〇七〕「修」，原作「稍」，據《康熙志》卷十六、《嘉慶志》卷三十三、《同治志》卷九之三改。按，下文有「悉力」之語，揣摩文意，此處似當作「稍葺」以前後對比，然「每致稍葺」殊不通順。

〔四〇八〕《康熙志》卷十六、《嘉慶志》卷三十三、《同治志》卷九之三「然」字下均無「有意」二字。

〔四〇九〕「庖湢」，原作「庖溜」，據《康熙志》卷十六、《嘉慶志》卷三十三、《同治志》卷九之三改。

〔四一〇〕《康熙志》卷十六、《嘉慶志》卷三十三、《同治志》卷九之三自「雖然，（中略）前將何傳」等文字均闕。

〔四一一〕《康熙志》卷十六、《嘉慶志》卷三十三、《同治志》卷九之三「又」上均無「凡於前工已訖而告敝者」等十字。

〔四一二〕《康熙志》卷十六、《嘉慶志》卷三十三、《同治志》卷九之三均無此句。按本書記載顯得更爲翔實生動，當從本書爲是。

〔四一三〕《康熙志》卷十六、《嘉慶志》卷三十三、《同治志》卷九之三「士」字下均無「尚可操觚弄翰、專力於文字以爲學耶？吾知」等文字。

〔四一四〕《康熙志》卷十六、《嘉慶志》卷三十三、《同治志》卷九之三「作」字下均無「所以修」三字。

〔四一五〕《康熙志》卷十六、《嘉慶志》卷三十三題作「袁州府修儒學記」，《同治志》卷九之三題作「修郡儒學記」。

〔四一六〕《康熙志》卷十六、《嘉慶志》卷三十三、《同治志》卷九之三「昔」字下均無「然科第人物有隆有替，（中略）以前守之善於興創者言」等若干文字。

〔四一七〕《康熙志》卷十六、《嘉慶志》卷三十三、《同治志》卷九之三「校」字下均無「而列郡是式」五字。

〔四一八〕「兹」，《康熙志》卷十六、《嘉慶志》卷三十三、《同治志》卷九之三均作「並」。按「兹」「並」或形近而訛，且「士風」非二，不得稱「並」，故當從本書作「兹」爲是。

〔四一九〕「迨宋，（中略）江古亮」句，《康熙志》卷十六、《嘉慶志》卷三十三、《同治志》卷九之三均作「迨宋，楊侃、祖無擇、張杓、江古亮。」

〔四二〇〕「清朝」，《同治志》卷九之三作「皇朝」，大謬。

〔四二一〕「碑刊」，《康熙志》卷十六、《嘉慶志》卷三十三、《同治志》卷九之三均作「碑刻」。

〔四二二〕《康熙志》卷十六、《嘉慶志》卷三十三、《同治志》卷九之三「仍」字下均無「必有賢智而後事功以立。不然，何因循之多而成功者之鮮歟」等文字。

〔四二三〕「奉命來守於袁」，《康熙志》卷十六、《嘉慶志》卷三十三、《同治志》卷九之三均作「奉命守袁」。

〔四二四〕《康熙志》卷十六、《嘉慶志》卷三十三、《同治志》卷九之三「夏」字下均無「輔其成者同寅諸寮，董其事者倉大使秦燁也」等文字。

〔四二五〕《康熙志》卷十六、《嘉慶志》卷三十三、《同治志》卷九之三「書」字下均無「遺泮生來」四字。

〔四二六〕「公」字原闕，「繫」字原作「索」，今俱據《康熙志》卷十六、《嘉慶志》卷三十三、《同治志》卷九之三校補。

〔四二七〕《康熙志》卷十六、《嘉慶志》卷三十三、《同治志》卷九之三「校」字下均無「大事建學」四字。

〔四二八〕《康熙志》卷十六、《嘉慶志》卷三十三、《同治志》卷九之三「公」字上均無「名」字，「公」字下均無「之經濟」三字。

〔四二九〕《康熙志》卷十六、《嘉慶志》卷三十三、《同治志》卷九之三「謂」字下均無「崇儒重道」四字。

〔四三〇〕《康熙志》卷十六、《嘉慶志》卷三十三、《同治志》卷九之三自「爲時賢守矣」句下均無「雖然，（中略）庶幾有在矣」等若干文字。

〔四三一〕「於」，原作「上」，疑「於（于）」「上」乃形近而訛，今據《康熙志》卷十六、《嘉慶志》卷三十三、《同治志》卷九之三改。

〔四三二〕《康熙志》卷十六、《嘉慶志》卷三十三、《同治志》卷九之三自「劖勒於石」句下均無「兼仿魯頌思樂之什，（中略）永光學海」等若干文字。

〔四三三〕《康熙志》卷十六、《嘉慶志》卷三十三、《同治志》卷九之三「民」字下均無「獲利思德」四字。

〔四三四〕《康熙志》卷十六、《嘉慶志》卷三十三、《同治志》卷九之三「曰」字下均無「未下車，愧無先聲以爲民望」等文字。

〔四三五〕「既」，《康熙志》卷十六、《嘉慶志》卷三十三、《同治志》卷九之三均作「甫」。

〔四三六〕《康熙志》卷十六、《嘉慶志》卷三十三、《同治志》卷九之三「報」字下均無「燎焰益熾」四字。

〔四三七〕《康熙志》卷十六、《嘉慶志》卷三十三、《同治志》卷九之三「頹」字下均無「分布並工」四字。

〔四三八〕《康熙志》卷十六、《嘉慶志》卷三十三、《同治志》卷九之三「成」字下均無「諏吉放水」四字。

〔四三九〕《康熙志》卷十六、《嘉慶志》卷三十三、《同治志》卷九之三「經」上均無「爲」字。

〔四四〇〕「過月餘」，《康熙志》卷十六、《嘉慶志》卷三十三、《同治志》卷九之三均作「逾月」。

〔四四一〕《康熙志》卷十六、《嘉慶志》卷三十三、《同治志》卷九之三「友」字下均無「佳客」二字。「落」，《康熙志》卷十六與本書同，《嘉慶志》卷三十三、《同治志》卷九之三均作「樂」。按「落」，「落成」之意，故當從本書作「落」爲是。

〔四四二〕《康熙志》卷十六、《嘉慶志》卷三十三、《同治志》卷九之三均無「躡亭」二字。揣摩文意可知，此處有此二字則文意更爲通暢完整。

〔四四三〕「譜鳴」，《康熙志》卷十六亦作「譜鳴」，《嘉慶志》卷三十三、《同治志》卷九之三均作「喈鳴」。

〔四四四〕「信乎有徵矣」，《康熙志》卷十六、《嘉慶志》卷三十三、《同治志》卷九之三均作「信有徵乎」。

〔四四五〕《康熙志》卷十六、《嘉慶志》卷三十三、《同治志》卷九之三均無「賓主飲歡，羨賞賡詠」八字。

〔四四六〕《康熙志》卷十六、《嘉慶志》卷三十三、《同治志》卷九之三「遠」字下均無「感激民牧」四字。

〔四四七〕《康熙志》卷十六、《嘉慶志》卷三十三、《同治志》卷九之三「皆」字下均無「歡騰，交口」四字。

〔四四八〕複雜，原作「復離」，今徑改。

〔四四九〕「糾」，原作「斜」。文意不通，徑改。

《袁州府志》後序

袁州以袁山名，袁山以袁京名。袁京，高士也，讀書山下，以名其山，後遂因之以名郡。歷代相承，建革靡常。至我太祖高皇帝削平僭僞①，混一寰宇，改袁州爲府，領縣四而宜春附郭，分宜居其東，萍鄉峙其西，萬載環其北。廣以里計二百九十，輪以里計二百一十，方逾千三百里。山川秀特，户口滋殖，風俗醇美，城郭完固，宫室壯麗；貢賦重大，物産蕃盛；名宦相繼，人才輩出，實江右一大郡也。

郡舊有志，舛午②異同，識者不能無議。真定徐侯璉以地官尚書郎出守，去年冬下車，首詢及此，慨然有文獻不足之嘆，乃禮聘嚴内翰維中氏修之。維中，郡人也，有才有學有識。不數月成書，侯謂鳳宜序其後。

予惟郡之有志，其來尚矣。昉於《夏書·禹貢》《周禮·職方》《春秋》、列國之史，漢唐宋輿地之志，所以辨土疆，陳職貢，同貫利，彰人文。志非史，史類也，有史之體。古人謂作史有三長，而志亦不可闕一，志豈易爲哉！所以江文通論作志之難，信矣！於戲！匪志之難也，難乎其人耳！

維中，太史也，修國史者也。其爲小吏外史之事，輕車熟路，何難之有哉！發凡立例，提綱析目，莫不有書法存焉。彙次成編，侯遂鋟梓以傳。噫！侯自視篆以來，庶事畢舉，而於是志尤惓惓焉。用心如此，可謂知爲治

① 僭僞：舊指割據一方的非正統的王朝政权。《宋書·武帝紀下》：『奸宄具殲，僭僞必滅。』宋周煇《清波別志》卷上：『内外相制，無輕重之患，所以能削平僭僞，馴至丕平。』

② 舛午：亦作『舛忤』『舛迕』，差錯之意。

之先務者矣。他如浚渠以滅火、練兵以弭盜、興學以造士、明允以折獄，禁革積年之輿皁①，賑濟無告之困窮，未及一期，善政四達，歷歷可紀。予非阿其所好者，庸書以俟。若夫糾〔四四九〕《舊志》之繁，病《續志》之略，叙《新志》來歷之詳，自有董狐之筆②在前，不俟予三尺喙③。

正德九年，歲次甲戌秋八月吉，賜進士、都察院右副都御史、前奉敕巡撫山東等處地方致仕、郡人張鳳書。

---

① 輿皁：亦作「輿皂」。古代十等人中兩個低微等級的名稱。因用以泛稱賤役；賤吏。《宋書·竟陵王誕傳》：「驅迫士族，役同輿皁。」《周書·文帝紀上》：「賊臣高歡，器識庸下，出自輿皂，罕聞禮義。」

② 董狐之筆：後人對那些公正不偏，不因爲各人的好惡或利害關係，而捏造不實言論的人的稱呼。《左傳·宣公二年》載趙穿殺晉靈公，身爲正卿的趙盾没有管，董狐認爲趙盾應負責任，便在史策上記載説趙盾弑其君。爲趙盾所殺。後孔子稱讚説：「董狐，古之良史也，書法不隱。」

③ 三尺喙：《莊子·徐无鬼》：「丘也聞不言之言矣，未之嘗言，於此乎言之。市南宜僚弄丸而兩家之難解，孫叔敖甘寢秉羽而郢人投兵。丘願有喙三尺。」后多用以比喻能言善辯。宋楊萬里《和王司法雨中惠詩》之一：「絶憐法曹三尺喙，不辨太倉五升米。」

跋

關注《正德袁州府志》，始於關注嚴嵩。關注嚴嵩，初始於高中時讀過《明史》鄢懋卿與其合傳。真正進入研究狀態，緣於對《嚴嵩詩集箋注》的沉潛。耗時近四年的五十餘萬字《嚴嵩詩集箋注》，二〇一六年九月在廣陵書社正式出版。

歐陽君文，與我同事。其對《正德袁州府志》用力甚深，從文字識別、録入，到文本句讀、校勘，殫精竭力，斷斷續續，歷時五年。出於對我的了解，《正德袁州府志》又恰是嚴嵩主修，我又正好對嚴嵩其人其詩文有所觸及，自然接受歐陽君文的盛情相邀，參與箋注。負責藝文志（卷十至卷十四）的全部注釋。

所幸，地處『江南佳麗之地』的袁州，乃『文物昌盛之邦』。自古州學、書院興盛，文化積澱厚重，素有尊師重教的優良傳統，有『袁州進士半江西』的美譽。發掘地方文化，其樂無窮。《周德清評傳》《晚唐臣擘鄭鷓鴣》《姚勉評傳》《龍榆生評傳》《嚴嵩詩集箋注》《蘇轍筠州詩文繫年箋注》《故事宜春》《詩詞宜春》，拙著的出版，一掀我心中之瀾，幸得味外之旨。

現存最早的《袁州府志》爲正德刻本，記述了袁州區域內自然、社會和人文的歷史狀況，既有山嶽、河川、湖塘、井泉的詳細記載，又有大量描寫自然景致和人文景觀的詩文記述。

袁州，自然風景迷人，民俗風情淳樸，政治經濟向民，文化科學發達，農耕技術精進。

袁州，蘊涵著深厚的物質文化遺產，承載著人們在社會實踐活動中創造出的物化成就與精神成果。

這裡，宜春，春宜人；這裡，秀江，江秀麗。

我們所知于《正德袁州府志》，實在膚淺，乃管窺蠡測，捉襟見肘，聊供智識之士識其涯略而已。

拙稿完成後，承蒙兩位評審專家之推許，得以出版。

感謝上海師範大學中國語言文學文學博士後流動站負責人、古籍研究所副所長、中國古典文獻學專家徐時儀先生的擡愛，給予如下評審意見：

歐陽文、鄢文龍二位先生以一九六三年十月上海古籍書店影印的寧波天一閣藏明正德刻本《袁州府志》爲底本，傾力加以標點、校勘和注釋，具有徵引廣博、取材宏富、訂訛存疑、填漏補缺、校注精審、注釋詳實、圖文並茂等特點，遵循了『無版本根據一般不改』的原則，校點原文十六余萬言，糾正九百多處訛、脱、衍、倒錯誤，校注文字達三十五萬多字，使這一珍貴的地方文獻有了定本，爲人們瞭解和研究袁州歷史和人文提供了可信的資料。由其點校的《袁州府志》可以縱觀一個地方的社會變遷，不僅爲歷史研究尤其是區域研究提供了詳盡的資料，有裨於感受厚重的文化積澱，繁榮地方文化，打造提升區域文化品位，擴大地方文化的社會影響力，而且折射出中國文化的總體發展方向，有裨於弘揚中華民族生生不息的文化元素。

感謝武漢大學中國古典文獻專業博士生導師羅積勇先生的推重，給予如下評審意見：

歐陽文、鄢文龍二位先生對《正德袁州府志》進行了校勘、標點和注釋，遵循了古籍整理的程式，態度嚴肅認真，工作不辭辛苦，稿中的判斷與處理合理、正確，使這一珍貴的地方文獻有了定本，爲人們瞭解和研究袁州歷史和人文提供了可信的資料。

在校勘方面，該書廣泛搜集明正德以後的各種《袁州府志》，利用同地府志的繼承性來返校《正德袁州府志》，解决了不少問題。而當遇府志收録相關人士的詩文時，校注者也能努力尋其原集校勘之。在校記的撰寫中，有理有據，實事求是，校注者不但充分運用了干支紀年和地理沿革等歷史文化知識，而且熟諳當地方音俗語，不少校釋斷語極爲精當，如校論『王瓜』即黃瓜，說當地『岡』、『江』同音，等。在校出異文的改與不改上，嚴格遵循了『無版本根據一般不改』的原則。該稿在標點方面也極爲用心，特別是在第十至第十四卷爲各體文章標點時，準確地體味了『古文』的氣韻和節奏，短逗長句，咸得其宜。標號、點號的使用符合規範。在注釋方面作者也下了一番功夫，勤查辭書，仔細推敲上下文，釋義無誤。

感謝時儀先生在給予評審意見之後，又欣然提筆作序，獎掖後進。

感謝宜春學院列入學術文庫予以資助出版。

承暨南大學出版社人文分社社長杜小陸先生垂青，同意出版《正德袁州府志》，戰戰兢兢，夙夜匪解，無奈綆短汲深，猶多瑕疵。又幸時儀與積勇先生學富心細，丹黃爛然，郢斧生風，補苴罅漏，匡正頗多，庶幾乎大雅之譏焉。蒇事之際，思緒萬千，卷末爰書數語，聊以寄慨。《千家詩》有言：『時人不識余心樂』。整個書稿的完成完全惜時於八小時之外，常常是半張明月半桌書。那讀書與箋注的滋味，清代名士張心齋盡道個中之妙：『少年讀書，如隙中窺月。中年讀書，如庭中賞月。老年讀書，如臺上望月。』庭中賞月，臺上望月，自得其趣，自醉其中。趙伯陶深有體會：『儘管是一臠之嘗，略知其味，但管中窺豹，一斑足矣。』

北京大學何九盈先生曾說：『詳人之所略，異人之所同；取人之所長，補己之所短。』這正是我們箋注《正德袁州府志》的主宗意旨。『況乎螢光自照，蟻封自高，得其所得，聊爲怡悅，詎謂與斯世競短長哉！』①『故雖一字

① 王筠《說文釋例》卷二十，第二〇〇八頁，商務印書館萬有文庫本，中華民國二十六年。

一句，必標其本書，蓋不以一己之意爲是，而必求諸古今之公論。』①

其實，箋注的過程，『初如食橄欖，真味久愈在。』那快樂無異於吴趼人之言：『無事一樽酒，心閑萬慮清，古書隨意讀，佳句觸機成。幽鳥寂不語，落花如有聲。此中饒雅趣，何必問浮生。』

書成之後，錯誤難免。『好雲無處不遮樓』。好在蘇軾説得好：『西湖天下景，游者無愚賢，淺深隨所得，誰能識其全。』

願孤獨不是一種狀態，而是一種選擇，一種快樂的選擇，一種創造的選擇。

蟄伏三十年，雖無人理解，抑或不受認可，我們相信：天賦可以承擔短暫的精彩，但唯有堅持才能賦予永恆的改變。

鄢文龍

丁酉葭月於西子湖畔紫金庭園

---

① 錢大昕《潛研堂文集》（三）卷二十四，第三四二頁。